馮永軒 著

馮天瑜 整理

馮永軒集

（上）

荆楚文庫編纂出版委員會

武漢大學出版社

荆楚文庫

馮永軒集
FENGYONGXUAN JI

圖書在版編目（CIP）數據

馮永軒集：全 2 冊/馮永軒著；馮天瑜整理.
—武漢：武漢大學出版社，2019.10
ISBN 978-7-307-20563-5

Ⅰ.馮…
Ⅱ.①馮…　②馮…
Ⅲ.史學—中國—文集
Ⅳ.K207-53

中國版本圖書館 CIP 數據核字（2018）第 223673 號

責任編輯：陳　帆　蔣培卓　胡程立
整體設計：范漢成　曾顯惠　思　蒙
責任校對：汪欣怡
出版發行：武漢大學出版社
地址：武昌珞珈山
電話：（027）87215822　　郵政編碼：430072
錄排：衆欣圖文設計室
印刷：湖北新華印務有限公司
開本：720mm×1000mm　　1/16
印張：54.5　插頁：18
字數：757 千字
版次：2019 年 10 月第 1 版　2019 年 10 月第 1 次印刷
定價：272.00 元（上、下冊）

ISBN 978-7-307-20563-5

9787307205635

出版説明

湖北乃九省通衢，北學南學交會融通之地，文明昌盛，歷代文獻豐厚。守望傳統，編纂荆楚文獻，湖北淵源有自。清同治年間設立官書局，以整理鄉邦文獻爲旨趣。光緒年間張之洞督鄂後，以崇文書局推進典籍集成，湖北鄉賢身體力行之，編纂《湖北文徵》，集元明清三代湖北先哲遺作，收兩千七百餘作者文八千餘篇，洋洋六百萬言。盧氏兄弟輯録湖北先賢之作而成《湖北先正遺書》。至當代，武漢多所大學、圖書館在鄉邦典籍整理方面亦多所用力。爲傳承和弘揚優秀傳統文化，湖北省委、省政府決定編纂大型歷史文獻叢書《荆楚文庫》。

《荆楚文庫》以"搶救、保護、整理、出版"湖北文獻爲宗旨，分三編集藏。

甲、文獻編。收録歷代鄂籍人士著述，長期寓居湖北人士著述，省外人士探究湖北著述。包括傳世文獻、出土文獻和民間文獻。

乙、方志編。收録歷代省志、府縣志等。

丙、研究編。收録今人研究評述荆楚人物、史地、風物的學術著作和工具書及圖册。

文獻編、方志編録籍以 1949 年爲下限。

研究編簡體橫排，文獻編繁體橫排，方志編影印或點校出版。

《荆楚文庫》編纂出版委員會
2015 年 11 月

馮永軒1948年攝於國立西北大學

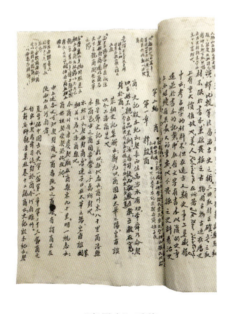

《商周史》手稿

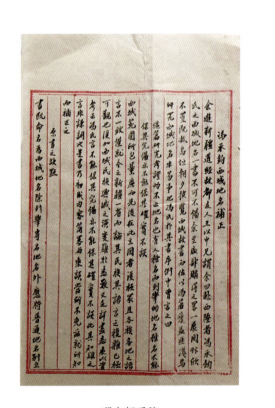

馮永軒手稿

1926年，清華國學院師生合影。前排右起第五爲趙元任，第六爲王國維，第七爲梁啓超。后立二排爲第一期研究生。二排右起第六（立於王國維後）爲馮永軒。

1926年夏，張君勱自上海訪問北京，梁啓超率清華國學院弟子在松坡圖書館迎迓。前排左起第四爲張君勱，第五爲梁啓超。二排右起第二白衫者爲馮永軒。

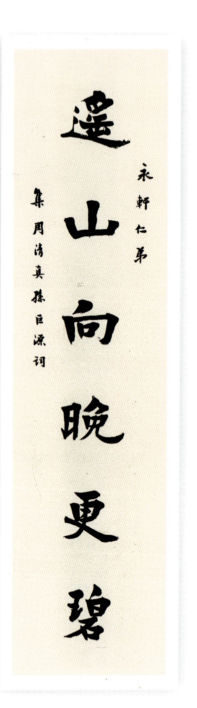

1926年，梁啓超贈馮永軒對聯

羲農去我久舉世少復真汲汲魯
中叟彌縫使其淳鳳鳥雖不至禮樂
暫得新洙泗輟微響漂流逮狂秦詩書
復何罪一朝成灰塵區區諸老翁為事
誠殷勤淵明飲酒詩

永軒仁弟屬　觀堂王國維

1926年，王國維贈馮永軒條幅

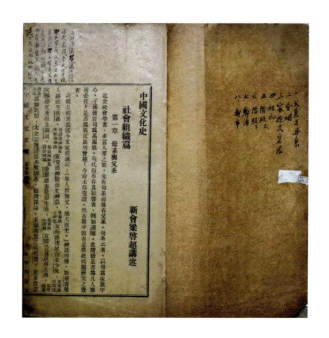

梁啓超《中國文化史》，馮永軒眉批

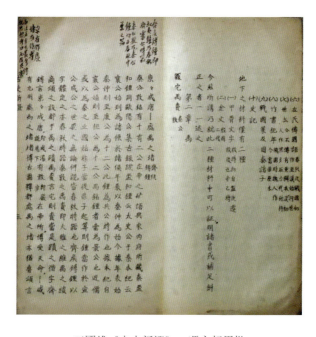

王國維《古史新證》，馮永軒眉批

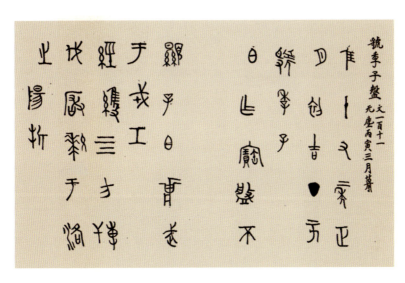

馮永軒書金文

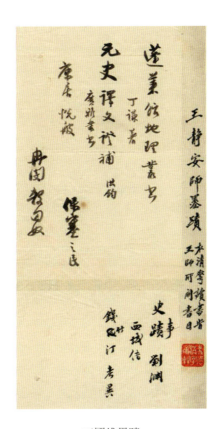

王國維墨蹟

　　1957年，馮氏全家福。前排右起依次爲馮永軒（60歲）、張則勤（張秀宜族姐，料理馮氏家務，61歲）、張秀宜（56歲）。後排右起依次爲三子馮天璋（21歲）、二子馮天瑋（張式谷，24歲）、長子馮天琪（28歲）、四子馮天瑾（19歲）、五子馮天瑜（15歲）。

唐醉石篆刻馮氏印章

前　言

　　教書、撰著、搜集鑒賞文物(有《馮氏藏墨》《馮氏藏劄》《馮氏藏幣》合成之"馮氏三藏"),是先父馮永軒(1897—1979)終身致力的幾項彼此聯通的工作,其撰著多以講義形態圍繞教學需要展開,並以文物與典籍共爲二重證據,考析古史。

　　2012 年始,今之清華大學國學研究院主編《清華國學書系》,搜集 20世紀 20 年代清華國學研究院導師(梁啓超、王國維、趙元任、陳寅恪),教師(吳宓、李濟、梁漱溟、馬衡、趙萬里、林志鈞等),四屆國學院弟子(有"七十子"之稱)的論著,由江蘇人民出版社刊行,已成若干册。作爲清華國學研究院一期生(1925 年入學)的先父,其關於中國史學史、新疆民族史、楚史的論著集成《馮永軒文存》(余婉卉編),以"書系"之一種,於 2014 年 1 月出版,流傳學林。

　　自 2014 年開端,湖北省編纂大型叢書《荆楚文庫》,分甲編"文獻"、乙編"方志"、丙編"研究",《馮永軒文存》更名《馮永軒集》入選甲編,武漢大學出版社出版,委筆者選輯整理,期以較完整地呈現先父的學術著述。

　　《荆楚文庫》編纂宗旨,甲編收録先秦至 1949 年前湖北籍學者論著及省外學者研究荆楚史地、政治、經濟、文化的撰述。先父籍屬湖北黄安(今紅安),1949 年以前,先後任新疆編譯委員會委員長,安徽學院(安徽大學前身)、西北大學、湖南大學歷史系教授,研討西北史地、先秦史、楚史,擔任中國古代史、中國史學史、史學通論、古文字學、聲韻學等課程,所編纂論著,直逼學術前沿,史料翔實,評斷精審。其商周史、楚史,以地下之遺物與紙上之遺文相比照,運用綜匯辨析過的第一手史料推衍論證,不乏睿見,如《商周史》采用甲骨文、金文文獻,提升考證的深度與廣度,每獲公允結論,時過大半世紀的今日讀來,仍覺生趣盎然、啓示良多；又如其古文字研究，在肯定許慎文字學價值的前提下，不囿於章黄學派以《説文解字》爲圭臬的理路，發揚羅振玉、王國維先生風範，大量採用甲骨文、金文作實據，突破未見甲骨文、少見金文的東漢許慎所著《説文解字》的局限，將考釋漢字原起及演變歷程的視野，推前到殷商，故每每有糾謬歸正的發現；再如其作史學史、史學通論，承繼梁任公先生博學廣識、王國維先生求真求實精神，古今中外縱横捭闔，簡約中見史學述古又創新之大氣象，亦表明先父這代學人不僅熟稔國學，且於西學頗有涉獵，並用心於中西比較。

尊師重道是先父的自然品行，我們兄弟常常聽到先父對其師尊（梁啓超、王國維、黄侃諸先生）風骨及學識的讚美，廳堂常年懸掛三老親書條幅，而"任公先生""王師""季剛先生"等，是我們自幼耳熟能詳的尊號，三先生成爲我們家親近的、仿佛時時在側的長老。今次整理先父遺稿，隨處可見對"梁任公先生""王觀堂師"論説的引用與闡發（因先父受王國維直接指導，故引述並發揮王著尤多），洋溢着對前哲由衷的敬重與服膺。然先父又懷着"愛吾師尤愛真理"信念，論著中往往依據新材料，運用新方法，與先賢結論辯議，并與師説展開討論，如《商周史》第二編對評析王國維先生名作《殷周制度論》的諸多異議詳加介評，并發表自己的獨立見解（見《王静安師〈殷周制度論〉及不同意見》一目）；在《古文字學》中，對黄侃先生執守《説文解字》的字源詮釋，每以甲文、金文爲據，給予辨證指誤。指出甲文出土，昭示文字本義，故須適當修訂《説文》所講引伸義之不足。至於對其他先哲時賢之論斷，亦多作考辨，近其義者發揮之，異其見者辯駁之，決不盲從、苟同，顯示了一位嚴肅學者在學術面前人人平等的執守。

依據《荆楚文庫》體例，本次選編，保留《馮永軒文存》中1949年以前作品，基本舍去1949年以後的篇什（僅存《史記楚世家會注考證校補》，該篇雖在先父辭世後十餘年的1993年由筆者整理出版，然書稿撰於民國年間），補入近年發現之先父1949年以前未刊書稿七種：《商周史》《史學通論》《史部目録學》《古文字學》《金文研究》《聲韵學》《小學拾屑》，論文三篇：《馮承鈞〈西域地名〉補正　［附］帕米爾》《略論封建制度與井田制度》《論中國中央集權專制政體形成的原因》。後二文持守"封建"本義和國際通義，批評開始風靡的泛化封建論，昭顯了"獨立之精神，自由之思想"。先父的這些文稿連同《商周史》《史學通論》等封存在一個紙箱中（可能是先父所爲），數十年未曾面世，筆者半年前方開箱意外發現，而筆者 2005—2006 年撰《"封建"考論》，其説竟與先父 60 年前所議大約相合，此真乃天意燭照也！

　　上述曾經刊發和未曾刊發的論著今次得以結集，先父自武昌師範大學（武漢大學前身）師承黃侃先生，自清華國學研究院師承王國維、梁啓超諸導師從事的各項研究領域——古文字學、西北史地、先秦史、史學史、史學通論、楚史，均有實績展現。

　　先父洞達世事，感同民艱，深悟"民貴君輕"精義，奉行"遠權貴，拒妄財"的人生哲學，終身清貧自守，又屢歷坎坷，然在顛沛四方、艱難困頓中始終堅持學術研究，重視實地考察，旁搜遠紹，兼采有字書、無字書，直接文獻、間接文獻，深思默識，筆耕不輟，精進無已，樂以忘憂。直至晚年半身不遂、僵卧八載（1971—1979），仍博覽群籍，以顫抖之手筆，批註於書刊天頭地角，並時常召我從工作單位所在的漢口回到武昌老家（先父與三兄同住），至病榻旁討論文史問題（如中國歷史分期、新近出土文獻、乾嘉考據學之優長與缺失，乃至中外史事種種細節，如某歷史人物的秉性及業績，某事件發生的時間與地段，乃至突然問到"第一次世界大戰時美國總統爲誰"、"龔自珍與魏源年齡誰長"一類具體題目），所幸余略備雜學，可以説出大概，父子每每議至夜深，耄耋老翁常作廣涉古今中外的崇論宏議，其情景鮮明如昨（在外地工作的大哥天琪、四哥天瑾偶然回漢，也有類似經歷）。惜乎先父從事的古文字學、西北史地、楚史諸專學，余多未承襲下來，時感汗顏，然先父治學精神及方法對我日後從事中國文化史、歷史文化語義學、湖北區域史志及元典研究、封建社會研究，多有浸潤、啓迪，而其"遠權貴，拒妄財"的處世風格，更樹立楷範，吾輩兄弟於數十年間，追蹤不捨。

　　近年我三罹重症，久臥病室，得醫生全力治療、老伴精心照料，方脫險境。住院前後，尤覺光陰難再，有來日無多之歎，遂懷"搶救"之念，勉力搜集、整理先父遺著。幾年來，於青燈黃卷間，閱改歇筆之際，思緒泉湧，不時浮現先父靄然仁者又偶爾怒目金剛的神態，憶及半世紀前爲余講授《史記》等典籍時旁徵博引，品議古今人物、事變的風采。而閱覽老人家工整典雅的斑斑墨蹟，親炙其守先待後，向先哲時賢請益不止又辯難不已的意趣，深爲那種"大著述者必深於博雅，而盡見天下書，然後無遺恨"（鄭樵《通志略》語）的風儀所激勵，故以病軀而莫能止歇習讀、考析。

　　本集若干篇目取自先父生前初訂文本（如《商周史》《中國史學史》《史學通論》《西北史地論叢》等）；《史記楚世家會注考證校補》是所著《楚史》（四十萬言文稿於"文革"中被抄家而失踪）的準備材料；有些是書稿草本（如《古文字學》《金文研究》《聲韵學》《小學拾屑》），卻可見其構思大著的脈絡。先父用笔洗練，又不乏細密考釋和精選史材。諸書所列甲文、金文等古字匯釋例，有些尚未分類、條貫，一如某些乾嘉考據學著述所呈現的散記狀態，然碎金片玉，光華不掩，在下略事修訂編纂，以供考古者選取參酌，其有欠精當處，盼識者匡正。

　　依老輩學人習慣，先父引用典籍常作縮語，如《左傳·昭公十年》以《左昭十年》示之，《漢書·地理志》簡作《漢志》，班固《漢書·藝文志》簡作《班志》，《隋書·經籍志》簡作《隋志》，《説文解字》以《説文》示之，有時還將"許慎《説文解字》"簡謂"許書"，段玉裁注本《説文解字》簡作《段注》；徵引文獻往往取其大意，並未逐字録取；某些人名也作簡稱，如漢武帝謂"漢武"、司馬遷班固謂"馬班"、段玉裁謂"段氏"，地名亦或作略寫，或用古稱；甲骨文、金文無標準印刷體，則手描筆摹。諸如此類，今編《馮永軒集》保持文稿原貌，望閱覽諸君明鑒。

　　以余有限聞見學識，會編整理前輩博大而精微的遺著，每有力不能企之感，不勝惶恐，所幸武漢大學出版社勿避繁難，將先父以行楷（間有草字）書寫的多部文稿録入爲印刷體文本，並容許在初樣上再三修訂。

編輯陳帆勤力用心，又獲王雪華、姚彬彬、康和平、張智勇諸君協助校勘，余反復斟酌考訂，并略加按語及註釋，終於編就新本，由《馮永軒文存》三十餘萬言增至《馮永軒集》約七十五萬言(上下冊)，可概見先父著述生涯大貌，略存清華國學研究院遺澤於百一，不亦幸乎！在此對長期以來伸出援手的單位及各位朋友，一併深至謝忱。

馮天瑜　2019 年 2 月 7 日
敬撰於武漢大學人民醫院楚康樓 805 室

總　目　録

西北史地論叢

目　録

整理者按：先父馮永軒自 20 世紀 20 年代中期就學清華國學院期間，在王國維先生指導下，開始致力於西北史地研究。30 年代中期赴新疆實地考查，利用典籍、考古發現、口述材料等多重證據，探討新疆歷史、地理、民族諸題，糾正某些名篇的錯訛，於 30 年代中至 40 年代末，撰就此文叢。

"特勒"非誤辨

特勒一名，原爲突厥族的一種職官稱謂，我國史籍中，多寫作特勒，間也有寫作特勤的。自從蒙古和林地方出現了唐時闕特勤碑，於是中外的考古家和歷史學家都說史書中的特勒是錯誤的，應該寫作特勤。我讀古籍，綜合特勒一名的演變，而所得的結論，特勤固不錯，而特勒也非誤。現在將我的意見，約略述之：

特勒(或特勤)的意義

特勒之名，本爲突厥語，以漢文譯之，有不同的說法：

《周書·突厥傳》說："大官有葉護，次沒(應作設)，次特勒，次俟利發，次吐屯發。"

《北史·突厥傳》說："大官有葉護，次特勤，次俟利發，次吐屯發。"(按大官葉護下奪"次設"二字。)

《隋書·突厥傳》記，和上面所說的相同，茲不舉出了。

《通典·突厥上》說："其子弟謂之特勒，別部頓兵者，謂之設，其大官屈律啜泣，次阿波，次頡利發，(次)吐屯，次俟斤。"

《舊唐書·突厥傳》說："可汗者，猶古之單于；妻號可賀敦，猶古之閼氏也。其子弟謂之特勒，別部領兵者謂之設。其大官屈律啜，次阿波，次頡利發，次吐屯，次俟斤。"

《新唐書·突厥傳》說："更號可汗，猶單于也，妻曰可敦……其別部典兵者曰設，子弟曰特勒……"

《太平寰宇記·突厥上》所載與《舊唐書》同，茲從略。

由以上所引各書所述，可知特勒爲突厥族的一種官職，然特勒譯爲漢語，究爲何意，説者也頗分歧。上面所引的書中，有的已提到爲可汗的子弟，清人錢大昕在《十駕齋養新録》中、盛昱在《跋闕特勤碑》中都是這樣説法。岑仲勉先生也説："特勒之義，爲可汗子弟。"近人有的説是"親王"，有的説是"太子"。這些説法，還是和可汗之子弟意思相近。而張星烺在《中西交通史料匯編》第五册中，謂特勒義爲首領，我覺得這一譯法，似欠明晰。

關於特勒一名的語源，伯希和在《突厥名稱之起源》中説："的斤，蒙古語作 tagin，波斯語作 tegin。此字並不發源於突厥語，乃是發源於蒙古語的，因爲是經柔然（Avares）流傳於突厥的。"Parker 在所著《韃靼千年史》卷四第一章中説："突厥子弟謂之特勤（teghin），帕雷狄阿斯（Palladuis）以爲即蒙古文（dere）也。"……特勒一名，可能是出自蒙古語系，暫不作深究。

特勒、特勤孰是孰非的争辯

特勒一詞，在古籍中有寫作特勤的。如清人勞季言格曰："《舊唐書》雖作特勒，亦間有作特勤者，《張長遜傳》，號爲割利特勤，新傳則作特勒矣。舊傳據聞人詮本，官本作特勒。"勒與勤不惟形近，音也相似，因而有人在這裏寫特勒，又有人在那裏寫作特勤。這些寫法，本非奇事，而執著的人要説這非那是。首先提出這個問題的是顧炎武，葉廷琯《吹網録》説："顧氏炎武《金石文字記》，辨契苾明碑特勤字再見皆特勒之訛。又柳公權《神策軍碑》亦云大特勤喌没斯，皆書者之誤。並引《通鑑·梁紀》承聖元年突厥子弟謂之特勒《考異》曰：諸書或作特勤，今從劉昫《舊唐書》及宋祁《新唐書》。按今《考異》單行本則作特勤，而元刻音注本又作勅勒，與顧氏所引皆不合，此蓋由各本寫刻涭淆，以致互異也。錢氏大昕《養新録》云：外國語言，華人鮮通其義，史文轉寫，或失其真，惟石刻出於當時真跡，況契苾碑宰相婁師德所撰，公權亦奉敕書，斷無譌舛，當據碑以訂史之誤，未可輕爲訾議。又謂古人讀敕如忒，敕勤即特勤（見卷六《特勤當從石刻》）。錢説誠當，惜尚無確據可證。曾以質諸勞君季言，乃爲録所考見示曰：元耶律鑄《雙溪醉隱集》二《凱樂歌詞曲》取和林注：和林城，苾伽可汗之故地也。歲乙未，聖朝太宗皇帝城此，起萬安宮。城西北七十里有苾伽可汗宮城遺址，城東北七十里有唐明皇開元壬申御製書闕特勤碑。按《唐史·突厥傳》，闕特勤，骨咄禄可汗之子，苾伽可汗之弟也，名闕。可汗之子弟謂之特勤。開元十九年（原注：《舊書》二十年，此從《新書》），闕特勤卒，詔金吾將軍張去逸、都官郎中吕向齎璽書，使北弔祭，并爲立碑。上自爲文，別立祠廟，刻石爲像，其像迄今存焉。其碑額及碑文，特勤皆是殷勤之勤字。唐新舊史凡書特勤，皆作銜勒之勒字，誤也。諸突厥部之遺俗，猶呼其可汗之子弟爲特勤特謹字也，則與碑文符矣。碑云特勤苾伽可汗之令弟也，可汗猶朕之子也，唐新舊史並作毗伽可汗。勤、苾二字，當以碑文爲正。以上俱耶律説，以唐碑校唐碑，得此明確佐證，非但知亭林之誤糾，及《通鑑》正文與考異皆可訂正矣。"

古籍中特勒，有寫特勤，顧亭林認爲"勤"是錯字，而葉廷琯又以爲"勒"是誤文。自闕特勤碑出現後，中外學者對這個名稱争辯，如葉昌熾在所著《語石》卷二中説："闕特勤碑，開元二十年御製，可證《唐書》闕特勒之誤。"盛昱《跋闕特勤碑》，其文見於《吹網録》中，他是以特勤爲正，特勒爲誤。西人 Parker 説，特勒之勤字，中文有作勤者，亦有作勒者，正應作特勤，方得突厥文之真也（見前引書）。沙畹在所作《西突厥史料》中，將史書中所用的特勒一詞，都改爲特勤（tegin），顯係以特勒爲誤。伯希和在所作《中亞史地叢考》吐魯番之數種文書中説：考唐人譯 tegin，當作特勤，常誤作特勒。關於這個名詞的争辯，恐怕還不只這些，有此，也足見主張特勤爲正之多了。

特勒非誤

由上面所引各家的説法，大多數説特勤爲正，特勒是誤，就是説"特勤説"占了上風。按特勤一名，不僅見於唐代石刻，就是古籍中也有寫作特勒的。如《洛陽伽藍記》卷五中説："至正光元年四月中旬，入乾陀羅國，土地亦與烏場相似，本名業波羅國，爲嚈達所滅，遂立特懃爲王。"又如温大雅《大唐創業起居注》説："丙寅，突厥始畢使達官級失特勒等先報已遣兵馬上道，計日當至。"《舊唐書·張長遜傳》："號爲割利特勤。"由此可知特勤、特勒是一名的兩樣寫法，没有誰是誰不是之分。就石刻上的文字來説，如唐代咸陽昭陵的六駿馬，其中有一駿爲特勒驃（是李世民平宋金剛時所乘的一匹馬）。又如元人歐陽圭齋文集《高昌偰氏家傳》中，寫作闕特勒。若是特勒的勒字是誤，爲什麽有些學者不用特勤，而仍用特勒呢？關於特勒非誤，三多《跋闕特勤碑》已談到，他説："凡稱闕特勤者，非名，官也。曰諱，從俗以成文也。古碑額例書官，不書名，此爲故闕特勤之碑，可知官矣。何官？貳特勤也，骨咄禄之次子，苾伽可汗之弟，非貳特勤而何？疑即《欽定金史國語解》之德（特）伯（伊）勒也，解曰：迭勃極烈，倅貳之官，迭勃極烈，即德（特）伯（伊）勒也。蒙古謂其次曰德（特）。《漢書》單于既得翕侯，以爲自次王。《陳湯傳》：康居有副王。傳云：毗（苾）伽可汗以特勤爲左賢王。此三者又可爲貳特勤之證。可汗爲酋長，特勤亞於可汗，以序行論，以官爵論，闕均可訓次。且隋大業中，西突厥酋長射匱，有弟曰闕達設，今蒙古汗王第二子，猶稱德（特）台吉。滿洲語謂貳讀若拙，與闕音尤近。突厥語與蒙古語，輕重緩促，微有不同，突厥曰可汗，今曰汗；可汗妻曰可敦，今曰哈屯；大臣曰葉護，今曰賽特，長言之爲德（特）伯（伊）勒，短言之，豈非闕特勤乎？特勒爲特勤之本音，汗王子弟之通稱，近世所謂台吉者也。譯人人殊。碑作勤，蓋御製御書，取雅訓耳。然不僅此，唐人以勒爲勤，亦數見焉。《唐書》武后改默啜爲斬啜，又改骨咄禄爲不卒禄，碑云：'特勤，可汗之弟也。可汗，猶朕之子也。'父子之義，既在敦崇，兄弟之親，得無連類，其改勒爲勤宜矣（顧變光《夢碧簃石言》一）。"此跋陳衍《石遺室詩話》卷二十亦有記載，其結尾云："此跋考訂，極爲翔實。特勤必當作特勒。迭勃極烈與德特台吉兩證至確。作勤者，唐人臆改之也。絧齋好學深思，必未見此跋，故反以作勒爲誤歟。"三多的這段文章中，很明顯地説特勒不是誤字，而是特勒的本音。又説闕特勤碑之所以寫作特勒，爲取雅訓，其言是矣，但没有闡明其所以然，我再申述之於後。

考古之敕勒族（敕又作勅，古讀爲弍），又作鐵勒族、狄歷、丁零、丁令、丁靈，都是一名的異譯。敕勒既可寫作丁零等名，特勒又何不可書作特勤呢？在音韻學上，令與連音近，史記有"西至令居"，姚氏説令音連，《漢書》地理志的令居，孟康也音爲連，這是令有連音的明證。連與勒也爲一音之轉。所以敕勒、鐵勒可以譯作丁令、丁零等。勤與令、零音近，明乎此，特勒不誤，特勤也是。又如《晉書》匈奴有赤勤種，赤勤一作赤勒，也就是敕勒、鐵勒。這也是説明勤勒可通之證。

關於特勒又寫作特勤的原因，有人説是因爲不慣發 ng 音的民族，常將 ng 音省去，或變爲 l 音，我以爲這種説法很有道理，如契丹語之捺體，又作剌鉢，女真語之女真，又作慮真，就是例證。又如蒙古人自稱爲蒙古勒（Mongol），是從 Mongon 或 Mongun 變來的。又如蒙古地區的百靈廟，又有寫作百林廟、白令廟，實際是貝勒廟的音變。ng 音變爲 l 音，此例很多，不是奇事。那末，tegin 變作 tegil 是可能的。史學家和考古學家認爲特勤是誤，與顧亭林先生認爲特勒爲誤是一樣的，實際兩者是可通用的，並無誰是誰非的存在。

特勒一詞的演變

特勒是突厥族可汗子弟的稱謂，也是一種職官的名稱，這個名稱在我國史書中，古今有各種不同的寫法。

有寫作特瑾、敕瑾、敕勤的。《舊唐書·突厥傳》："敕瑾未至。"敕瑾就是特勤。

有寫作狄銀的。《五代史》和《宋史》有狄銀一名，《册府元龜》卷九百六十七説："後唐同光二年，其國權知可汗仁美遣使貢方物，莊宗册仁美爲英義可汗，其年仁美卒，其弟狄銀阿咄欲立，遣使朝貢。"按狄銀，就是特勤的異譯。伯希和所作《中亞史地叢考·吐魯番之數種文書》説："而在此刻中文則作'特銀'，用鼻音字寫强音字，唐時爲例甚多，然在事實上，tegin 一字，在九二四年，始見寫作狄銀。"由此可知狄銀爲特勤之明證。

有寫作的斤的。《元史·巴而尤阿而忒的斤傳》："回紇之先世曰不可汗……傳三十餘君。是爲玉倫的斤。"張星烺《中西交通史料匯編》第五册第四十七頁第一百三十節小註中説，的斤爲古突厥君長之稱號，宋時可疾寧朝有阿勃的斤（Alp-tegin），薩拔克的斤（Sabak-tegin），即其例也。按的斤也是特勤的異譯。

有寫作的乞的。日本河野元三《蒙古史》第一章第五節，汪古部酋阿剌忽思的乞火力，《多桑蒙古史》譯作阿剌忽思的斤忽里，其原文爲 Alaoausch-tegin-couri。由此即知的乞就是的斤。

有寫作德濟的。《新疆圖志·人物志》中巴而尤阿而忒的斤，寫作巴而珠阿勒坦德濟。虞集傳有伯顔不花的斤，一作巴延布哈德濟。按德濟也是特勤的異譯。

有寫作德克津。上述伯顔不花的斤，一作巴延布哈德克津。

有寫作剔吉的。《新元史·阿剌兀思剔吉忽里（即上述的阿剌忽思的乞火力、阿剌忽思的斤忽里，拉施持《史集》作 Alahush-tegin-kuri）傳》云："阿剌兀思剔吉忽里，汪古部長也。蒙古謂汗之子弟爲剔吉，亦曰的斤，統數部之長爲忽里。"按剔吉即上述之的乞或的斤，亦爲特勤的異譯。

有寫作特濟的。元人巴罕的斤，有寫爲伊克特濟。

有寫作達臘或達喇的。元順帝太子名愛猶識里達臘，一作阿裕錫里達喇。按達臘、達喇也是特勒、特勤的異譯。

特勒或特勤一名，蒙古語又作台吉，台讀如太，吉讀如級。太特級勒（或勤），音都相近。清人又寫作太級，都是王公子弟的名稱。據此，可知特勒或特勤之名，突厥族、回紇族、突騎施族、勃律族、汪古部、蒙古族、女真族都使用着。原爲音稍有變易，翻譯的人各以音近之字譯之，所以寫法有上述種種，實爲一詞的變化，並不是勤爲是，勒爲僞的問題。

前面已提到貝勒爲特勒或特勤的異譯，而東胡族所稱的貝勒，又可寫作孛堇。清人俞正爕《癸巳存稿》卷三貝勒條説：《宋史》《金史》，孛堇亦作勃堇，今改譯貝勒。以勃堇之音未全，其對音應作勃極烈。而《金史》兵志、百官志則以部長爲勃堇，官長爲勃極烈，元人應知金語，此語未能明也。金在劾里鉢時，太祖阿骨打初稱勃極烈，太宗初稱按班勃極烈。又有國語勃極烈。《靖康紀聞》《大金弔伐録》俱有都骨盧你移賫勃極烈、揩班勃極烈。《松漠紀聞》有揩版勃極烈、阿盧禮移賫勃極烈。《愧郯録》有譜版孛極列。今知按班、揩版、譜版，勃極烈、孛極列，即大貝勒。國語骨盧勃極烈，即固倫貝勒。勃極合爲貝，烈書爲勒。勃極烈三音爲貝勒二字也。元則祖元皇帝號敖羅勃極烈，是蒙古貝勒也。今貝勒止稱多羅貝勒。蓋金人初入中原之時，止自書孛堇，岳飛紹興十年捷奏云："五里店金陣内一名，甲上着紫袍，斫二屍首，並馬鬃上紅漆牌子，上題寫阿李欒孛堇。"是名從主人作孛堇之證……

俞氏的這段文章，説明貝勒就是孛堇，那末，特勒一作特勤也由此可得到旁證。

上面所引的狄銀（或特銀）、的斤、德克津等名稱，我想都是特勤的異譯，而的乞、德濟、達臘、達喇、台吉、太極等是特勒的異譯。我國譯外國名詞，向不統一，文人爲行文之便，各以音近之字譯之，也就是説譯名無定形。總之，特勒、特勤是一名的異譯，不能説誰是誰非。

回教傳入新疆考

　　新疆就是古代的西域，它的西部雖有地勢險阻的帕米爾高原，但其間有道路可循。當海運未開以前，中西交通，多是取道於此。新疆是中西交通孔道，往來人多，因而這一塊地方，住有各種民族。我國是一個多民族的國家，而新疆是一個多民族的自治區。新疆不惟民族複雜，各種宗教也錯綜其間。有些人只知道新疆是回教勢力極大的地方，不知道還有其他宗教也在這個地區發展過，不過是自回教傳入新疆後，其他各宗教逐漸式微。我現在在敘述回教未傳入新疆前，將其他宗教在新疆的興衰談一下，這於研究回教傳入新疆這一問題是有好處的。

回教未傳入前新疆地方的各種宗教

　　有人說新疆和內地的交通起源甚早，這是事實，但文獻資料中記載很久，我在這裏略而不談。人所共知的，自西漢張騫通西域後，交通就日益頻繁起來。這一帶地方文化是比較落後，各種宗教容易在這裏繁榮滋長。如高昌麴氏好儒術，史稱孔孟學說就大行其地。新疆地接印度，尤與信奉佛教的大月氏國相近，佛教勢力很早就傳到新疆。元代前，天山南北，都是佛教的勢力範圍，如北疆的孚遠、南疆的吐魯番和庫車等地的千佛洞，都是佛教的遺蹟。儒釋之在新疆，人所皆知，這裏也略而不述，茲將其他各宗教在新疆的經過介紹之。

　　祆教：祆教是波斯人瑣羅斯德(Zoroaster，宋姚寬西溪叢語作薛魯支)所創，他生於紀元前一千年左右，有人說他和我國孔子同時，又有說他當我國周靈王二十一年時創教。又有人說他生於紀元前六百六十年，死於紀元前五百八十三年。其經典名 *Zend Avesta*，中心内容爲善惡二神，善神名奧瑪斯德（Ormuzd），是光明真理坦白太陽神，惡神名阿利曼（Ahriman），爲陰私狡猾黑暗神。常用火爲代表善神，人們都拜火，所以又名爲拜火教（簡稱火教），又以日爲光明之原，拜日，所以又名太陽教，又稱爲祆教（祆省爲天），祆教是什麼時候傳到我國，已不可考。約在南北朝時，這種宗教在我國勢已漸盛，到了唐代，更是發展起來了。相傳唐高祖時，長安建立有祆神祠，太宗貞觀五年，波斯人何禄來長安傳教，又建祆祠，並設祆正，祆祝，主祀祆。

祆教的名稱，見於我國史書中的兹選録之：

有人説祆教之名，始見於杜預注，以《左傳·僖公十九年》“夏、宋公使邾文公用鄫子於次睢之社，欲以屬東夷”。杜注説：唯受汴，東經陳留，梁、譙、彭城入泗，此水次有祆神，皆社祠之。這裏所用的祆，是錯字，今各本皆作妖。由這一條僞悖，不能説明祆教晉時已進入我國。

又有人引《梁書·蔡撙傳》：“宣城郡吏吳承伯挾祆道，聚衆攻宣城，殺太守朱僧勇。”因文中有祆道兩字，就説祆教在梁時已有了。我看這個祆字也是妖字之訛，本此而説南朝的梁時有了祆教，不足爲據。

談祆教的資料，要以下列諸書爲可信。

《魏書·西域傳》云：焉耆俗事天神，波斯有胡律置於祆祠。（《北周書·異域傳》，《北史·西域傳》也有此文，並有“高昌俗事天神”一語）按祆字可省爲天，祆，乎煙切，胡神也。《説文》新附作火千切，火千與乎煙同。由此字與妖字迥别。

《舊唐書·西戎傳》云：疏勒（今喀什噶爾），俗事天神，有胡書文字，于闐好事天神，波斯西域諸胡事火祆者，皆詣波斯受法焉。《新唐書·西域傳》，《舊五代史·外國傳》于闐條下，都載有此文。

《酉陽雜俎》説：孝乙國界三千餘里，舉俗事祆，不識佛法，有祆祠三千餘所。德建國烏滸河中有火祆祠，相傳其神本自波斯國來，祠内無像。

以上數條，都是説新疆境内和境外在唐代或唐以前就有了祆教，下面再將它進入内地活動記載説一下。

《墨莊漫録》説：東京城北有祆廟祆神，本出西域，蓋胡神也。與大秦穆護同入中國，俗以火神祀之。按《墨莊漫録》所説的大秦，意指景教，穆護有的説就是摩尼教，也誤。穆護原爲上德，牧師神父的意思。我國也有譯作牧護，木瓠的。曲中有穆護子，是火教祀神的曲子。書中又説"與大秦穆護同入中國"，時間上也錯了。

《西溪叢語》説：波斯國人奉火祆教，貞觀初，有傳法穆護何録以其教入長安，作歌祀祆祠，其賽神曲也。

宋敏求《東京記》説：寧遠坊有祆神廟。注曰：四夷朝貢圖云：康國有神名祆，畢國有火祆祠，或傳石勒時立此，是祆教其來已久，不始於唐。

杜佑《通典》卷四十載：薩寶府祆正。注云：祆者，西域國天神，佛經所謂麼醯首羅也。武德四年置祆祠及官，常有群胡奉事，取火呪詛。貞觀二年置波斯寺……

祆教進入中國内地的情況，上面已説了。這個教在唐武宗反對佛教中，它也遭受打擊，據説自武宗會昌五年後，其勢力已衰落。

景教：景教是基督教的一個支派，紀元四二八年間，東羅馬人聶斯托良（Nestorius）所創，東方人士多信奉它，因名聶斯托良派。約當我國魏宣武帝、梁武帝時，這派宗教已傳入中國。唐太宗貞觀九年波斯人阿羅本（Olopen）齎其教經典到了長安，將他留在禁中翻譯經典，並建波斯寺，度僧二十一人，其徒自稱其教爲景教，取其炳耀教旨的意思（據説原名爲丙教，因唐代諱丙，而代以景）。高宗時崇阿羅本爲鎮國大法王，因而此教大行。唐玄宗時知道了景教不是波斯的宗教，而是大秦的，因改爲大秦寺（《長安志》所載的大秦寺，初名爲波斯寺）。德宗建中二年，大秦寺上德（僧的意思）景净等更立大秦，景教流行中國碑於長安，至武宗時排除異教，其教也漸衰了（元代的也里可温教就是這一派的異名）。

自大秦景教流行中國碑出土後，研究宗教史的人都説這派宗教在唐時盛行中國内地，而其教傳入的經過，人少注意及之。考阿羅本來中國，是從波斯，經沙漠，越山嶺而到長安的，他所走的路綫是經過新疆的，既經過新疆，在那裏必有傳佈。以近日考古資料證之，確無疑義。如高昌(今吐魯番)出土的基督教寺院的壁畫，就是聶斯托良派的遺蹟。日人羽田亨所著《西域文明史概論》中說："是德國探險隊在高昌附近所發掘者，爲基督教寺院廢墟之壁畫，亦爲今日所知其地唯一的基督教美術。"又敦煌鳴沙山下莫高窟出土的景教三威蒙度贊一卷(見羅振玉《莫高窟石室秘録》)，羅氏說："按景教古經，傳世絶少，數年前徐家匯天主教堂於西安回民家得景教羊皮古經，乃如德亞文，已寄羅馬教皇許。今此贊完好，後附景教經目三十三種，足資彼教之考證。"洪鈞《元史譯文證補》景教考云："近年回疆之亂，俄人襲伊犂守之，查得其地有聶斯托爾(良)教内華民三四百人。"

由以上所引各書的記載看來，景教東來的路綫，自西亞而新疆，而甘肅，而陝西，所以在這條綫上有他的遺蹟。新疆在回教未傳入以前，景教必然在那裏傳佈過。馬哥孛羅在 1275—1279 年遊記中說："在中國的吐魯番、喀什伽、敦煌、肅州、甘州、涼州等地，都遇見景寺、景衆。"由此可見由新疆至甘肅，到元時還存在。

摩尼教：摩尼教是波斯人摩尼所創的，他生於公元三世紀中葉。他采取祆教的教義，又取佛教和基督教的哲理而組成的。因爲這派宗教是摩尼所創，所以名爲摩尼教。這派宗教何時傳入中國，近人蔣斧說應在北周(558—581)、隋(581—618)兩朝之間(見沙畹著，馮承鈞譯《摩尼教流行中考》)。《佛祖統紀》卷三十九說："延載元年(694)波斯國人拂多誕(卷五十四云：西海大秦國人)持二宗經僞教來朝(引書同上)。"據沙畹的考證，"拂多誕非人名，乃爲一種稱號……"華言"知教義者"(見同上書)。這種宗教東來，首先到了今日的新疆，那時新疆是回鶻人的勢力範圍，回鶻人多參入了摩尼教。唐自安史之亂以後，常藉回鶻的兵力入平內亂，其有戰功的，得留京師。德宗時，各地多建立摩尼寺，並賜額爲"大雲光明"。到了憲宗元和二年又在河南府、太原府等地置摩尼寺，同時並置大秦寺和祆寺，時稱三夷寺。到了武宗時，這派教也衰微下去了，摩尼教來中國的經過，也是先到新疆，進而甘肅、中原。

威爾斯《世界史綱》說："摩尼教之教主曰摩尼，生於紀元後二一六年，摩尼不但往來於伊蘭，傳其最後所滿意之新觀念而已，其教且輸入土耳其斯坦，輸入印度，甚而逾山嶺（指葱嶺）而潛入中國焉。"

羅振玉《莫高窟石室秘錄》摩尼經殘卷中說："首尾均殘缺，然繕寫至精。今摩尼教漢譯本，僅此數行。前數年，德人在吐魯番得摩尼經不少，然無漢譯者。"

法國漢學家沙畹的考證說："十世紀間，甘州、高昌、和闐等地，概言之，昔日之新疆全部，皆有摩尼教徒。"

法國漢學家伯希和《近日東方古言語學及史學之發明與其結論》云：當是時，唐室亦漸衰，外有吐蕃新建帝國與之抗衡，遂失屬地一部之宗主權；內則變亂相繼，於是突厥族中之回紇族日以張大，動則干涉內政，支那君臣相睨，恒視回紇可汗之向背以爲勝負。此時摩尼教徒竟籠絡回紇之王公人民，盡奉其教，其手腕誠有可驚者。然爾時摩尼教徒之在西方者，其境遇頗惡。據阿白爾法拉瞿所著書，凡回教傳佈之處，摩尼教爲之銳減。如拔額達特本有摩尼教徒三百人，至第十世紀僅存五人。又言彼世紀之初，有摩尼教徒五百人會於颯末建公傳其教，呼羅珊侯惡而欲殺之，支那王使人謂侯曰：我國內之回教徒，其數多於汝國之摩尼教徒遠甚，汝若殺餘同教一人者，餘當屠國內之回回教。於是呼羅珊侯不敢殺，但課以丁稅云云。按阿氏謂支那王，實回紇可汗，非大唐皇帝也。然則摩尼教於本國受迫害，却受東方回紇可汗之保護。而回紇不但自奉摩尼教，且進而保護波斯之同教徒，故摩尼教實回紇之國教也。此事支那之正史，和林之斷碑，阿剌伯之史料，其說全同。

由以上所引各說看來，摩尼教的東來，也是先到新疆，然後進入內地。元代時，高昌偰氏猶崇奉摩尼教。新疆爲其教東來的起點，是無問題的。

綜計上面所說的三種宗教，都是先到新疆，而後入於中原。日人羽田亨《西域文明史概論》說："中國唐代自西方傳入宗教，共有三種：其一自波斯傳入的拜火教，即中國所謂祆教。其二亦自波斯傳入爲摩尼教。其三則爲基督教之一派聶斯託略教，即唐之景教。祆之傳入，實早於唐代，約在南北朝時，而在社會上有部分勢力，却直至唐代……至於此三教究於何時傳入中國，尚不可知，但和佛教同樣即未傳入中國以前，西域已有此三教了。"他的這種説法是可靠的。回教未傳到新疆以前，已有上面所説的三種宗教即在那裏活動的情況説明了，下面再談回教傳入新疆的經過。

回教的名稱

回教一名天方教（天方有作天房。有人説天方之名，起於明代，其義爲聖人在天之方），又作天堂教，又名爲伊斯蘭（Islam，有譯爲以思喇穆）教。我國各地多稱爲回教。回教又稱爲回回教，有人説回回教是回紇教的變音。又名爲清真教（一作清浄教），又曰穆教，俗稱爲小教。清人屠敬山説：唐時蔥嶺東西之突厥、回紇，盛行其教。其後回紇衰微，降人入中國，中國人見回紇之奉此教也，因謂之回紇教，語誤爲回回。其實蔥嶺以西爲波斯等國人奉此教者，自稱曰木速兒蠻（義爲正義之人）。中國之奉此教者，顔其寺曰清真，今此教蔓衍於我國天山南北及內地甘肅、陝西、雲南。在雲南者，稱木塞伊斯。在天山南北者，稱登根（登根蓋騰格里之變，殆自謂天山一路人也）。

按蒙古人稱回回爲胡同登根，今多作東干，屠氏説登根是騰格里之變，這是不足信的。我有另文辨明此事，兹不贅述。回教的名稱起於唐之回紇，這一説法也是錯誤的。我在前面已説過，唐時的回紇族所信奉的是摩尼教，由回紇傳入內地的也是摩尼教，不是現在所稱的回教。回紇自西遷後，到了宋代在新疆吐魯番一帶建立畏兀兒國。成吉斯汗興起漠北，畏兀兒人因受西遼的壓迫，起而反遼，而降於蒙古。畏兀一名，實是回紇、回鶻、回回語音之少變。自蔥嶺以西的大食强盛後，回教自是逾嶺而東，廣播於新疆各地，畏兀兒人漸多信奉。自蒙古滅了南宋，奄有中原，畏兀兒於蒙古人征伐各地有功，於是遷居內地的日多，回教也隨着傳入我國西北各省，近人童書業先生在《中國疆域沿革略》中說："伊斯蘭教至明代以後，中土人士方正名統稱之回教，此乃由回紇、回回之轉，以種族之名而名宗教也。"關於回教的名稱，近幾十年來論述的人很多，而陳援庵先生的《回回教入中國史略》一文爲最完美，現在我將他所作的回回教徒的名稱，各代譯音不同的表錄之。

```
                                                                    ┌《外五秋澗集》
                                    回鶻  ―  回鶻  ―  ┤《偉兀歐陽圭齋集》
                                  (《遼五代史》)(《宋金元史》) │《畏吾兒元史》
                                                                    └《畏兀兒元史》
                                                                    ┌《黑韃事略》
                                                          回紇    │《癸辛雜志》
                                                                    │《心史》
回紇―回鶻                                                          ┤《西遊記》
(唐)(唐元和以后)                                                    │《西遊錄》
                                                                    └《元史》
                                  阿薩蘭回鶻 ― 回回                ┌《黑韃事略》
                                  (《遼史》)                 回回  │《心史》
                                                                    ┤《宋史・兵志》
                                                                    └《元史》
                                                          外五    《郝經集》


                          ┌阿薩蘭
                          │(《遼史》)
阿悉爛―伊悉爛            ┤                      阿斯蘭  ―  阿昔蘭 (今多作伊斯蘭)
(唐書)  (唐書)           │阿思懶            (《宋史》) (《元史》)
                          └(《遼史》)


                                                            ┌天方教┐
                                                            │(明) │
    大  食  法  ― 大食教度 ― 回回教門 ― 回回教┤            ├回教
  (唐《經行記》)(宋《諸蕃志》)(明初《瀛   (明)│清真教│(今)
                                        涯勝覽》)          └(明) ┘
```

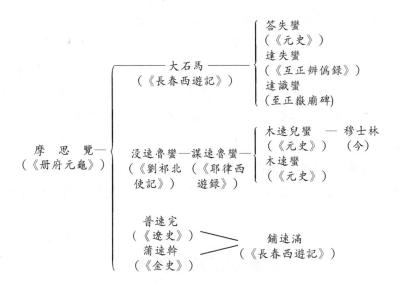

回教的名稱既有不同譯法，已如上述，還有些人常將它和別的宗教混而爲一，下面也簡單説一下。

關於這個問題，馬鄰翼在所著《伊斯蘭教概論》中談得很明確，他説：“往時民智未啓，回教常與他教混。”有人將它和摩尼教混的。《甘州府志》藝文志説：“摩尼，回回掌教也。按回紇初奉摩尼教。後奉回教，不知其究竟者，遂同一視之。實未當也。”有人將它與猶太教混的，屠寄《中國地理教科書》中説：“猶太教……其地主人謂之挑筋教，或謂之青回回，其實與天方教絶不相蒙。”陳援庵先生《開封一賜樂業教考》説：“猶太教與回教不同，人或混視爲一，推原其故，則回教爲吾人所習見，回教寺名清真，一賜樂業寺亦名清真。《正德碑》力避清真之名，正以此故。開封猶太人面目與漢人特異，而習俗與回教略同：回教奉祀一神，一賜樂業亦奉祀一神。回教守安息日，一賜樂業亦守安息日。回教每日五時禮拜，一賜樂業亦每日三時禮拜。回教行割禮，一賜樂業亦行割禮。回教不食豕肉，一賜樂業亦不食豕肉。回教能書記者謂之毛喇，一賜樂業亦謂通經者爲滿喇。《正德碑》叙述先世有阿躭（亞當）、女媧（挪亞）、阿無羅漢（亞伯拉罕）、以思哈㦿（以撒）、雅呵厥勿（雅各）、乜攝（摩西）。回教叙述祖師，亦有阿丹、努海、易卜臘欣、易司哈格、葉而孤白、母撒。以此種種，局外人容易混視。今開封人稱一賜樂業爲青回回或藍帽回子者，因其用於儀式之纏頭布及靴等皆青藍色，與回教徒之用白色者殊。回教與一賜樂業教源同而流異。一賜樂業之爲教，遠在回教之前，回教興後，一賜樂業子孫乃屢被征服，今回教經典中所稱爲朱乎得者，即一賜樂業人也……然其人不食豕肉，又每執牛羊屠之業，又與開封回人雜處，不與漢族通婚。晚近間有娶回人女者，族姓日就式微，久無掌教滿喇爲之誦經祈禱，投入回教，在所不免，然究與回教不相容也。"

回教的起源和發展

關於回教的起源和發展，有些人已在這方面談得很清楚了，我在這裏僅簡略地叙述一下。

回教是穆罕默德（Muhammad）所創的，他生於紀元五百七十年（有作紀元五六九年或五七一年的）。當我國陳宣帝太建二年（有三年的），他是麥加（也有譯作默伽或麻嘉的，Mekka）人。他於紀元六一〇年八月（隋大業六年七月）宣佈伊斯蘭教的成立，這時他年四十（有作四十一的）歲。他的教義是融會猶太教和基督教而成的，著有可蘭經（Koran）。自穆氏死後，繼主的人就向外傳佈，後來其勢力跨亞、非、歐三洲。回教徒所建立的國家，西人稱爲薩拉森（Saracens）帝國，吾國史傳稱爲大食（有作多氏、大寔、大石的），外文有作 Tadjike, Tajiks, Tazih 的，有人說大食是波斯文的譯音，是唐時人從波斯學得這種稱呼（《杜環經行紀》説：大食一名亞俱羅）。至第二加利發奧瑪（Omar, 634—644）時，回教的勢力就向東西發展，東達伊蘭（朗），西到北非，征服了西亞和埃及，東西滅波斯。四傳至奧瑪耶朝 Omayyads（661—749）時，遷都於大馬士革，其勢力東到印度，又逾葱嶺，陷于闐，爲回教極盛時代。中國史載，唐玄宗天寶十年（751 年）時，唐朝和大食曾發生一次大戰，這是有名的怛邏斯之役。在這次戰役後，兩國的關係並未惡化，唐肅宗至德二年（757 年）正月，大食應中國的邀請，出兵助平安史之亂。回教的起源和發展只説到這兒。

回教傳入新疆的年代及其發展

回教傳入中國，其來路有二：一是海道，二爲陸路。由海上來的，是從波斯灣，經印度洋，繞馬來半島，抵廣州。由陸路來的，從大食經波斯，中亞細亞，到新疆，進而抵甘肅，到長安。由海上來的情況，與本題無關，兹略不述。由陸路至新疆的，始於何時，各書所記很不一致。

《舊唐書・大食傳》説："永徽二年，始遣使朝貢。其姓大食氏，名噉密莫末膩，自云有國已三十四年，歷三主矣……龍朔初，擊破波斯，又破拂菻……長安中，遣使獻良馬。景雲二年，又獻方物。開元初，遣使來朝。"從這一段文字看，大食在唐高宗時代已和中國有來往，而他所經過的地方，雖没有顯明地指出新疆，事實上是取道新疆是無疑的。

洪鈞《元史譯文證補・舊唐書大食傳考證》説："西元七百十六七年時，大食將庫退投自費爾干據今喀什噶爾之地。"按西元七百十六七年，就是唐玄宗開元四五年，和《舊唐書》所説的"開元初遣使來朝"正相合。由洪氏所考證的結果，足證大食人唐時在新疆居住過。

《新唐書・大食傳》説："永徽二年，潵密莫末膩始遣使朝貢，自言王大食氏，有國三十四年，傳二世。開元初，復遣使獻馬鈿帶，謁見不拜，有司將劾之，中書令張説謂殊俗慕義，不可置於罪，玄宗赦之……十四年遣使蘇黎滿獻方物……至德初，遣使者朝貢，代宗取其兵平兩京……貞元時，與吐番相攻……十四年，遣使者含嵳、烏鷄、沙北三人朝。"

日人桑原騭藏《東洋史要》説："阿浦族諾大食舊壤，阿蒲羅拔立爲加利弗，東遷都安壩城，是爲阿浦朝（即阿拔斯朝，Abbas）。卒，弟阿蒲荼拂立，始建於報達。至德初，遣使貢唐，唐用其兵平兩京。”

《漢西域圖考》回鶻回回辨説：“回回之來，遠自唐末。”《亞剌伯沿革考》説：“號黑衣大食，羅拔卒，弟阿蒲恭（荼）拂嗣。肅宗至德中來貢，代宗爲元帥，用其兵以收兩京。肅宗寶應，代宗大曆中屢貢。”

上面所引三書中雖沒説到新疆，實際是到了新疆，和前面所説同。兹將顯明地提到到達新疆的資料。縷列於後：

《元史譯文證補》説：“可失哈耳，今曰喀什噶爾，爲漢疏勒故地……大食東來，侵奪其地，在開元年間。”

《河海昆齋録》説：“開元時，回教始及喀什葛爾。”又説，“開元時，逾嶺而西（西爲東之誤），流入西域。”

《新疆圖志·學校志》説：“隋唐以來，天方教人，東踰葱嶺……大業中，穆罕默德遣其徒撒哈八等入中國（此説不可信）。唐武宗後，散居磧西（即西域）諸城。”

桑原騭藏《東洋史要》説：“大食之破波斯也，素聞唐朝威靈，復憚波斯，將依唐。永徽二年，徼密莫末膩始遣使通好於唐。厥後大食來唐者夥，既滅波斯，更次第東向，蠶食烏滸河以北地。又南向破天竺。開元初，其勇將庫退拔自鐵汗（今蘇聯費爾干）進踰葱嶺，據疏勒（喀什噶爾），將侵唐地，以乏水草還軍。”《元史譯文證補》舊唐書大食傳考證也説：“西元七一五至七一七間（唐開元三年至五年），屈底波自拔汗那越葱嶺，佔領喀什噶爾。”

《東土耳其斯坦志》説：“八世紀中，回軍渠魁名庫太巴（Kotaiba）先以兵犯西土耳其斯坦，取撒馬兒罕，佛爾哈納。塔什干及浩罕等部，復進窺東土耳其斯坦，直至吐魯番及中國邊境而止。”

《于闐縣鄉土志》説：“譯考回書云：回教之始祖摩哈默特無子，以女妻同祖兄子兒札提阿里，生二子，曰亦麻木玉遜，亦麻木艾山玉遜。異母兄瑪哈麥特兒尼白，生子瑪哈麥特阿札里，由本國麥德拿糾合塔什干、浩罕等處之兵，征服喀什噶爾，阿克蘇各城，轉戰和闐，在克里雅河岸戰敗，兵潰身死，遂葬其處。纏回謂此爲博，謂戰敗爲瓦子，因名其地爲博瓦子，猶言此係戰敗之地也。後修卡倫，纏語呼爲闌干，又名博瓦子闌干，久遂成村落。今縣南有大博瓦子闌干莊，並阿札里之墓，即其地。事在一千二百四十年以前，即回曆一百二十一年，後二十七年，爲回曆一百四十八年，玉遜曾孫結比沙大克以兵取喀什噶爾。進攻和闐，戰不利，敗走，敵兵追之，至一沙山，爲重圍所困，遂遇害。後人就其處築塚，即今之尼雅麻札是也。結比沙大克八傳至四亦麻木，曰拉斯勒敦，曰卡瓦勒敦，曰摩爾勒敦，曰卓黑勒敦，於結比沙大克戰歿二百四十二年後，自木達英國（似即報達國之轉音）起兵，收喀什噶爾，以玉素普卡底罕阿支爲帕夏（首領之稱）。自率兵進攻葉爾羌，葉爾羌之人皆穴居，亦迎降。亦麻木以葉爾羌爲總匯之地，進取和闐，路經一處，居民有降者，有逃者，因名其地爲固莽。固莽者，猶華言有來有不來也（今皮山縣亦名固瑪，即固莽之轉音）。抵和闐，相持久之，敵追入山谷，沿水而行，經一石城（似在今努勒村，恰哈村），敢於城中預設疑兵，軍不敢過，後覺其詐，乃進追，敵人於山隘設伏要截，將卒死亡殆盡，四亦麻木亦被害。玉素普聞信。始自喀什噶爾來收葬焉，即今努勒村東之細黑喇莊麻札是也。按阿札里事，似在唐開元之末。結比沙大克事，當在唐肅宗時。四麻亦木事，則在宋真宗、遼聖宗之代。書中所叙敵人，有漢人，有蒙古，有已從回教之人。惜纏（維）文稱人名不能詳確，無從與正史考證耳。"

按《于闐縣鄉土志》所云：瑪哈麥特阿札里，由木國麥德拿糾合塔什干、浩罕等處之兵，征服喀什噶爾，阿克蘇各城，而他書則曰回教始至喀什噶爾者，名瑪哈木啻敏。如《回疆雜記》云："相傳始立回教者，名瑪哈木啻敏，回人以聖稱之。其墓在喀什噶爾城東五里許。"《西域聞見錄》云："喀城東約五里有墳園，土人名曰瑪雜爾，乃回酋布拉尼墪等先祖瑪哈木啻敏之墳。"然則瑪哈木啻敏是否即瑪哈麥特阿札里，疑不能定。

《疏附縣鄉土志》說："譯考回書云：其教祖曰摩哈默特（似即摩訶末之轉音），於唐高祖武德四年立國，紀元後一百二十一年，別將瑪哈麥特阿札里糾合塔什干、浩罕等處兵，征服喀什哈（即喀什噶爾之轉音，當時應無此名，蓋後追敘之）各城後，轉戰和闐，敗歿。一百四十八年，其教祖外孫玉遜之曾孫曰結比沙大克擊破東國兵，復其喀什哈，據之。考其時，正高仙芝擊大食敗之後，事適相合。後結比沙大克進攻和闐，戰不利，死之，遂連不已。蓋即大食傳所謂與吐蕃爲勁敵也。觀此，似自天寶以後，縣境又爲回部、吐蕃互相割據矣。回書又云：三百五十年，沙買泥（地名）阿則勒提蘇塘（回官名）阿布拉司里攻取諸國，據喀什哈，稱帕夏（回酋之稱，即可汗之轉音）。阿布拉死，子玉山波果拉汗嗣，玉山死，子玉素普卡底汗嗣，衆叛不服：玉素普因乞兵於西國亦麻木（回族掌教者之稱）拉斯勒頂等（拉斯卡瓦摩爾卓黑四勒頂），於三百九十年自木達英國（即木喇奚國，今之布哈爾）率衆十餘萬至喀什哈，衆復降。亦麻木遂率兵攻和闐，被敵人誘入山隘，殲之。後四玉素普死，衆復叛自立。"

《西域圖志·雜録》云："回部祖國名墨克，默德那，在葉爾羌極西境，相傳派葛木巴爾自祖國東遷至今山南葉爾羌、和闐等處，回教始盛，故回部紀元自派噶木巴爾始，至今乾隆四十四年己亥歲，共一千一百九十三矣。"

按《西域圖志》所説，乾隆四十四年，即回曆一千一百九十三年；乾隆四十四年，也就是公元一千七百七十九年。而《于闐縣鄉土志》所謂一千二百四十年以前即回曆一百二十年，《疏附縣鄉土志》作紀元後一百二十一年，以回曆一千一百九十三年即公元一千七百七十九年計之，回曆一百二十一年即公元七百○七年，就是唐中宗，景龍元年，李晉年所作《新疆回教考》，他説天寶元年，亞剌伯別將阿札里由麥德拿糾合塔什干、浩罕兵逾葱嶺攻喀什各城。所作天寶元年，不知是根據什麽。《于闐縣鄉土志》譯考回書的按語説，阿札里事，似在唐開元之末，結比沙大克事，當在唐肅宗時。而李晉年謂在唐代宗大曆四年（公元七百六十九年，回曆一百四十八年）。若以回曆一百二十一年，即公元七百○七年，而回曆一百四十八年，當即公元七百三十四年，也就是唐開元二十二年，和唐代宗大曆四年相間三十五年。

回教始至喀什噶爾各城的人。于闐和疏附兩縣《鄉土志》説是瑪哈麥特阿札里，《西域聞見録》説是牌罕伯爾，《回疆雜記》説是瑪哈木奮敏，《西域圖志》説是派葛木巴爾。《圖志》又在回部世系中説，"派葛木巴爾族屬，秉持回教之祖，派葛木巴爾爲第一世，其同祖兄於阿里爲第二世。"以上所述未知孰是。

威爾斯《世界史綱》説："阿布伯克於六三二年繼穆罕默德爲教主，六三四年卒，以教主之位傳於穆罕默德襟弟奧瑪。回教之武力，當以奧瑪(六三四—六四三)在位時代爲極盛。"又説："阿布伯克及奧瑪第一爲回教中之二要人，至於回教一百二十五年間之發展，自印度而至大西洋及西班牙，自中國邊境之喀什噶爾而至上埃及。"又説："此朝當太平無事之秋，其重要之教主有阿布都馬利克(Abdul Malik，在位時爲六八五年至七○五年)與窩利德第一(Walid，在位時爲七○五年至七一五年)二人，在位時代爲奧美雅(一作耶)朝極盛之世。版圖之廣，西至庇里尼斯山脈，東與中國接壤。"

外國史記載奧美耶朝的武功，説他東取花剌模、布哈，侵入印度河，更乘唐代內亂，侵入天山南路，踰葱嶺，陷于闐，幾與中國以兵戎相見，因乏水草引還。

上面所引的桑原騭藏《東洋史要》，他所用的材料，是採自《元史譯文證補》，桑原氏所説的庫退拔，又作庫太巴，也就是《于闐縣鄉土志》中所説的阿札里，以年代推之，就是奧美耶朝徹密莫末膩。《元史譯文證補》説："徹密莫末膩，據西人云，當時阿剌比語哀密耳阿而莫末甯之僞，言信從者之君也。奧自蠻先倭馬爾首膺此號。"

綜合上舉所説，回教來到新疆，有下列各説：有謂唐高宋永徽二年大食已來朝貢者，如新舊《唐書》《唐會要》和《册府元龜》，都是這樣説法。有謂在唐玄宗開元年間的，如《元史譯文證補》及裴氏《河海崑崙録》就是這樣主張。有謂在隋唐之際來到新疆的，如《新疆圖志》中有此説。有謂唐玄宗天寶元年來的：李晉年《新疆回教考》是如此認定。謂唐中宗景龍元年到達喀什的，如于闐、疏附兩縣《鄉土志》是這樣説法。證諸西史，當以奧美耶朝，六六一年至七四八年（就是唐高宗龍朔一年至唐玄宗天寶七年）之際來到新疆爲較可信。

回教在新疆的發展，前面已提到，新疆在元代以前，其境内雖有祆教、景教、摩尼教的傳播，因佛教在新疆的根深蒂固，這些教的勢力還不足和他相頡頏，訖今在天山南北佛教勝蹟，所在多有，就可以説明佛教在新疆的宏布。自突厥族人改奉回教後，新疆宗教情形爲之一變。至元統一西域，風氣爲之再變。原蒙古人本信佛教，後來到西域做統治者的，逐漸改奉回教，自是回教在新疆的勢力日益發展。

《新疆圖志·學校志》説：“元代釋氏稱極盛，而西北三藩，漸染莫罕默德教。”

元代初期，其人不獨信奉佛教，且有信仰基督教的，其後也改信回教。傅運森作《元西域宗王致法蘭王書考》説，“合贊薨，弟合爾班答立，時公元一七〇四年。合爾班答功奉基督教，名尼古剌。後從婦言，改奉回教，屬十葉派。回教人以合達班答稱之。合達班答者猶言上帝常奴僕也。與十葉派相反對之素尼派人，則稱之爲合兒班答（元史因之），合兒班答者，猶言驢夫也。”

《馬可波羅行記》（馮承鈞譯）上冊中説：“別兒哥者，成吉思汗之孫，而拔都之弟也。在一二五七至一二六五年間，君臨欽察，是爲其族皈依回教者之第一人。”

《馬可波羅行記》沙海昂本第五十章説：“可失合兒（Kachgar，Kashgar）皆是一國，今日隸屬大汗，居民信仰摩訶末。”第五二章，“鴨兒看（Yarkand）乃是一州，廣五日程，居民遵守摩訶末教法。”第五三章，“忽炭（khatan）屬大汗，居民崇拜摩訶末。”第五四章：“培因（Pein）居居民崇拜摩訶末。”第五六章：羅不（Lop）居民崇拜摩訶末。

《多桑蒙古史》二卷五章：“蒙哥即位，（畏吾兒亦都護）撒連的Solendi 方入朝朝賀，其國有偶像教之奴某，訴其亦都護欲盡殺別失八里（Beshbalik）及畏吾兒國之回教徒，擬乘其於金曜日集於禮拜寺時殺之。”由此可知回教當元代初朋在今之孚遠和吐魯番一帶有相當的勢力了。

李思純《元史學》中説："旭烈兀目滅報達後，即於其地建伊兒汗國（Ilkhanate），與奇卜察克汗國（Kipohak Khanate）察哈台汗國（Qagatai Khanate）並稱西北三大藩，然此三藩之中，惟伊兒汗與回、耶兩教之勢力消長問題，其關係最大。"

《瀛寰志略》卷二："阿刺伯回教既興，乃有天方、天堂等名，皆花門夸耀之稱，比其國於天上。其實本無此名。自李唐以後，其教漸行於西域。今則玉門以西，盡亞細亞之西土，周回數萬里，竟無一非回教者。"

《東土耳其斯坦志》説："十四世紀讬格拉克鐵木兒（Tughlak Timur）擴張其治權於崑崙山，鐵木兒信奉回教，遂禁其地居民不得信仰他教。鐵木兒本都阿克蘇，至是乃遷都喀什噶爾，建離宮於乙昔克厙爾湖濱。其子再遷都於撒馬兒罕。"

《疏附縣鄉土志》説："嘉定十五年，蒙古主（即元太祖）由輝和爾（舊作畏兀兒，據火州）擊定西域各國，以蒙古語易縣境名爲合失合兒，置達噶齊（猶華言掌印官，即達魯花赤）監治之，隸阿母河省，自是縣境又屬於元。太宗以爲諸王哈薩岱分地。英宗至治以後，各據地稱汗，互相攻擊。順宗至正二十五年，嗣王托和樂可鐵木兒汗改從回教，於是縣境遂爲回部，分築回莊、回堡，置阿奇木伯克等官以治之，遣和卓（又作和加，回語爲聖裔也）亦麻木等分往各城以傳其教。吐魯番以上，悅然從之……"（據吐魯番艾君學書云：其族入天方教約六百餘年。蓋即元時也。）

由以上所引各文看來，回教當元朝時期，在新疆有極大的發展。在新疆的西南部，如喀什噶爾一帶已成爲根據地，後來發展到中部，如阿克蘇吐魯番等地也成其勢力範圍。到了明代，回教在新疆更獲發展。

《藩部志略》吐魯番回部條説："吐魯番本高昌國，宋爲西州回鶻，遼爲阿薩蘭回鶻，皆回紇之遺種，而非天方西來回也。自摩哈麥居喀什噶爾，其教盛行於西域，及明，吐魯番强大，嗣是而回教遂興。"

《新疆圖志·建置志》吐魯番條云："瑪木特玉素，莫罕獻德二十六世孫也。當明季與兄弟分適各國，自默德那遷喀什噶爾，群以爲聖裔奉之。適額魯特方强，盡執元裔回部舊汗，遷居天山以北，於是各城始有回酋，而回教始盛行焉。"

有人謂新疆的回教發展，在公元十世紀末至十一世紀初。回教活動的地區，僅限於疏勒、莎車、于闐等地。至於高昌回鶻，一直到十五世紀還是信仰佛教，全疆改信回教，當在十五世紀以後。這種説法，固有道理，然在十五世紀或以前，高昌一帶不能説沒有回教的傳佈，説是至十五世紀以後則大盛，是合乎實際的，如果理解爲十五世紀前，概無回教的踪蹟，是不合乎事實的，陳垣先生説的很明確。他説："新疆今視爲回疆，然在明初，吐魯番、哈密猶奉佛教。永樂六年（西一四〇八年），吐魯番番僧來朝。猶授爲灌頂慈慧圓智普通國師，其非回教可知。至成化五年（西一四六九年），其酋阿力遣使來貢。自稱速檀，則已改從回教矣。永樂間鄭和由海道往西洋，陳誠由陸路往哈烈，經過吐魯番，猶謂居人信佛法，多建僧寺。哈密原有回回、畏兀兒、哈刺灰三族雜居，嗣爲吐魯番所據，始盡從回教。至於天山北路伊犁等處，清初猶奉佛教……"（見《回回教入中國之史略》）

回教何時傳入新疆和在新疆發展的情況上邊已述。就其大概來説，明朝時，其教主力蔓衍於天山南路，北部爲準噶爾勢力範圍，所以有南回、北準之稱。到了清代中葉，準人的勢力衰微，回教勢力就蓬勃於北疆，新疆又稱爲回疆，由此而起。

回教的派別

回教爲穆罕默德所創，但其教基礎的奠定，是他的密友阿布伯克耳（Abu Bekr，見威爾斯《世界史綱》）。自穆氏卒後，阿布伯克耳嗣位爲第一代加利發（六三二年至六四三年）。阿氏在位雖很短促，然對於回教大有闡發，如經典的纂修及教旨的説明，就是他的功績。相傳自他死後，其教分爲兩派，《無雅堂答問》卷二中説："回教有二派，摩哈默德之派，回色底特士教，今阿剌伯諸國奉之。摩氏傳其婿阿比釐，別爲阿比釐教，今土耳其、波斯諸國奉之。"又有人説，回教的分派，似在元時，其文云："元時回教似已有派別上之分別。吾人讀蒙古史，見旭烈兀西征時，有不少十葉派人在其軍中，鼓勵其對哈里發之征伐。此派人既能在旭烈兀之軍中，即未嘗不能至中國各地從事各種活動。且十葉派之根據地素在波斯，以當時波斯人來中國者之多，其間寧無十葉派人在内耶？至於與十葉派相對之遜尼派，元時當亦有之。"（見白壽彝《元代回教人與回教》）又有謂贊成阿布伯克耳的素尼派（Sunnites），又譯作遜尼派，或聖尼派，爲教士伯克答失蠻所創，所以又稱爲答失蠻派。這一派以在土耳其爲最多，反對者，爲十葉派（Shutes），其勢力在波斯、印度等地，這一派又名息脱派，他們常自稱爲木速蠻。傳到我國新疆的就是此派。相傳在奥美耶朝（一作奥瑪耶朝，Omayyads）時，阿力（Ali）之後奪波斯，自爲一派，名法捷瑪派（Fatima），其教義與十葉派同。奥美耶的叔父阿拔斯（Abbas）的後裔和奥美耶朝不相容，自成阿拔斯派，這一派傳佈於呼羅珊（Khorassan）一帶，初奉十葉，後改奉素尼。要之，不外十葉和素尼兩派。

　　十葉派又名木速蠻，一作木速兒蠻。阿剌伯語，木速兒意思是正義，蠻義爲人。此名見於我國典籍者，如邱長春《西游記》作鋪速蠻。烏古孫仲端《西使記》作没速魯蠻。耶律楚材《西游録》作謀速魯蠻。木速蠻即木速兒蠻的省稱。現於新疆維吾爾人常稱穆思蠻，然當以速兒曼（Musulman）爲正確。陶保廉《辛卯侍行記》説："其人自呼曰墨斯兒蠻（言所信惟天也，歐人稱回回曰媽呼里登），又有答失蠻（Danichmand）者。"《元史譯文證補》元史各教名考説：答失蠻亦木速兒蠻教中别派。昔有教士伯克答失創行此教，遂以人名名之，蠻義同前，今土耳其國内尚有此種教人。答失蠻又作達失蠻或達識蠻。清人改木速兒蠻爲穆蘇愛滿，改答失蠻爲達實密。西文又寫作 Tasiman，錢大昕謂答失蠻乃回回之修行者，此言誤也。又有謂答失蠻爲大食之轉音者。法人馬斯伯羅曰："且中國今尚呼回教僧侶曰阿渾（Akhound），蒙古史中稱之曰答失蠻，皆波斯語。"

關於回教在新疆的派別，近代史學著作中略有記載。

汪榮寶在所作《中國歷史教科書》中說："帖木兒帝國之盛也，四方回教學士，爭集其國都撒麻耳干，教祖摩訶末之後裔有和卓木（和卓又作和加，猶華言少爺也，和卓即聖裔）者，尤得尊信。當明中葉（公元十五世紀），和卓子加利宴及伊撒克昆弟自撒麻耳干移喀什噶爾，各集弟子說教，自汗以下，咸崇信之，明嘉靖時，喀什噶爾汗撒伊特數用兵東向，悉定天山南路，回教勢力，因之益蔓延其間。加利宴之門徒稱白山宗，伊撒克之門徒稱黑山宗，各習師說相標榜。及喀什噶爾汗衰，和卓子孫代握天山南路政權，而兩宗之軋轢由是益甚。"

汪氏這段文章和《新疆圖志·建置志》吐魯番條略同。汪文中所說的和卓木，沒有指是某人，是否即《新疆圖志》中所說的瑪木特玉素呢？關於回教有白山、黑山兩宗的，我在烏魯木齊時，曾和維吾爾族中有學識的阿力，談及此事。他說回教中沒有派別，可能是因所住的地方不同，而有不同名稱。如住在河岸的，稱爲河岸派，住於戈壁的，稱爲戈壁派。白山、黑山之分，當是如此。阿力所說的是否正確，須待進一步講究。

宋伯魯《新疆建置志》疏勒下說："其土著纏回有黑種、白種之別，而皆阿剌伯族也。"宋氏此文，語頗含胡，所謂黑種、白種，究何所指，是否爲別書所謂黑山宗、白山宗呢？

《新疆圖志·建置志》哈密條，哈密回王答陶模書說："畏兀兒、哈喇灰同奉摩哈默德教，衣服亦同，初以白帽束頭，故稱白帽回。後有用雜色者，稱紅帽回。各族久無分別，惟統稱纏頭回。猶之江南江西統稱漢人而已。卑部先世係白帽回，相傳多畏兀兒子孫。其於唐代，留居中土，改用漢裝，謂之漢回，亦呼回回。"

魏源《聖武記·道光重定回疆記》說："蓋白帽回非霍集占支派，張格爾縱白帽虐脅之，故阿克蘇、阿奇木曰伊薩克者，遣其黨分赴和闐，離間黑回，各伯克獻城內附，冬雪封山，兵未能進，復爲白回所陷。"

《三州輯略》說："常以白布蒙頭，故曰纏頭回，又名白帽回，回人呼白帽，達斯塔爾別有紅帽，輝和爾、哈拉回諸族。"

李晉年(字子昭)《新疆回教考》説："及至新疆，見白布裹首者，誦經典者也。其餘皆花帽，無所謂黑帽花帽之別。……以事實考之，白帽回者，摩哈麥之族也。黑帽者，異族也。"

蘇聯歷史學家基列耶夫説："這一時期在僧侶中形式上存在過兩個黨——阿克大格勒克(白山黨)和卡拉大格勒克(黑山黨)。這兩黨之間在細小的宗教儀式問題上的分歧並不妨礙他們進行一致的爭奪政權的鬥爭。"(見《一本把封建汗國理想化的書》)

以上各家所説，都以回教徒頭上戴的帽子的顏色來作爲分派的標準，事實上這是一種淺薄無知的説法。回教徒們用布纏頭，多用黑白兩色，絕無派別的意思，我聽説：帽子顏色不同，是其教中等級之分。有頭戴花帽的，是回民的一種儀觀，也不是宗派的標幟。往時新疆境內確有纏回和漢回之分。現在將這兩派的情況約略説一下。

纏回：《新疆圖志·禮俗志》説："纏回者，漢西域城郭國諸種人也。高鼻深目，多髭須，與泰西島民狀況相類，但眸子黑耳。天山之南，種族蕃庶，而分居疆北者，亦所在皆是。"

這裏所説的纏回，其名極不妥當。考此名出現的由來，大概從內地到新疆的人，看見有些人用布纏頭，不研究其究竟，而竟以此名其人曰纏頭，名其教曰纏回，其無知之甚，可令人笑。《禮俗志》中所説的"漢西域城郭國諸種人也"這一論斷，也極含胡。實際就是從前所説的畏兀兒人，就是現在所稱的維吾爾族。維吾爾族人們信奉回教，其經過情形，前面已説過了，茲不贅述。

漢回：關於漢回的解説，也極紛紜。《新疆圖志·禮俗志》説："甘回者(漢裝回多從河、湟遷徙者，故別之曰甘回)，突厥種人也。鼻高面眼微陷，男剃首，女纏足，居室衣服，皆從華制。"這段文章所説的也不清晰。漢回是從關內遷到新疆的，這些人的生活已經華化，改名曰漢回。我想漢回中有不少的漢族成員，説他們都是突厥種人，也失籠統。從河、湟遷到新疆的回民，維吾爾族人們稱他們爲回回，或曰東干。東干之名，有作登根的(見屠寄《中國地理教科書》)，又有作通罡的(見《疏附縣鄉土志》），又有作通尤的（見《辛卯侍行記》）。對於這一名稱的解釋，說者也不一致。

王金紱《西北地文與人文》中説："同化者爲東干回。……東干回即漢回，歐人稱爲東干，中國稱爲漢回。……甘肅漢回亦稱薩拉回，乃由中亞薩馬爾罕(Samarkan)遷移。"

屠寄説："登根爲騰格里之轉音，義爲天山一路之人也。"

馮承鈞《西域地名》："Tungan，新疆漢回之突厥語。"

《疏附縣鄉土志》説："通罡乃吐魯介之轉音，言其駐走關内也，義與僑居同。"

我在新疆時，曾和阿利先生(塔塔爾族，任維吾爾學校校長)談，他説："東干是由那裏遷到這裏的意思，如漢語僑居之義。"漢回不是新疆的土著，所以維吾爾族人呼他們爲東干(Tungan)，據說回鶻語稱東方爲Togar，我疑東干(Tungan)是 Togar 之變。

日人白鳥庫吉在所作《西域史的新研究》文中説：Turk 語中 Cagatai 語及 Kirgiz 語，稱伸張爲 Togar，Uigur(維吾爾)語稱東方爲 Togar，這裏所用的 Togar 就是 Tungan。

結　語

回教何時傳到新疆，我的主張，上面已經談了。王日蔚作《伊斯蘭入新疆考》(見《禹貢》半月刊)，説十世紀、十一世紀傳入新疆西南鄙的于闐、葉爾羌、喀什一帶，十三世紀至庫車，十四世紀、十五世紀至新疆東部，這種論點，大致和我相同，但我所引用的材料和他有所不同。近來有人説："伊斯蘭教約自第八世紀從今阿拉伯地方傳入新疆。"(樊圃著《西北的少數民族》第五節《維吾爾族的宗教信仰》)這種説法，似覺早了些，不知道他是根據什麼。

斡耳朵之沿革

我國北方，民族繁多，在歷史上各民族的興衰，真是不一其數。就是在某族稱霸時，他的統治下還有其他各族。在民族興衰中，而有些風俗習慣和語言，還是保存下來，就是説甲族的風尚和語言，乙族還是沿用着。此例甚多，現在僅就斡耳朵一詞的沿革探討一下，就知道這個道理了。

斡耳朵一詞，不獨在我國文字中有各種寫法，就是在外國，各國有各國的譯法。如外文中有 Ordo，Ordu，Ordou，Orda，Oludo，Horda，Horde，Kordu，Xordu 等。有人説 Ordo 原是 Kordu 或 Xordu，它的語根 Kor 和 Xor，意思爲中央，今土耳其語 Ortu 或 Xordu 都作爲中央用，即其例證。有人説中央不是他的本義，而是他的引伸義。

伯希和在所作(1930年作，馮承鈞譯)《斡耳朵》文中説："斡耳朵本古突厥語的 Ordu，語言營帳或宮殿，中世紀時，從突厥語移植蒙古語中，始讀作 Ordu，繼讀作 Ordo。後經君臨俄屬中亞的成吉思汗後裔，又從突厥語移植到波斯語中，最后移植到印度斯坦語中，而成爲印度的蒙古朝廷用語之代稱，即 Urdu 是已。"又説："黄河的河套名稱鄂爾多斯(Ordos)，就是 Ordo 的蒙古語多數。因爲其地以成吉思汗后妃結營帳(斡耳朵)而得名。"由伯氏文中，可以看出這個詞的發展和演變。這個詞在通古斯族中也用着，其音作 Ordo，我想這也是蒙古語中移植過去的。

斡耳朵一詞，見於我國書籍中，有各種不同的寫法。

《遼史·營衛志》説："居有宮衛，謂之斡魯朵。"又作斡魯多。

《金史·百官志》説："斡里朵，官府治事之所也。"《兵志》中有"天德間置迪河斡朵"。我想斡朵即斡耳朵的省稱。

耶律楚材《西游録》説："其西有城曰虎可窩魯朵，即西遼之都。"虎可窩魯朵有作虎思斡耳朵，或骨斯訛魯朵（虎思，突厥語意爲堅，斡耳朵意城）。《元史·曷思麥里傳》作谷則斡兒朵。《遼史》國語解，虎思斡魯朵，思亦作斯，有力稱，斡魯朵宮帳名。

長春真人《西遊記》有兀里朵，一作窩里朵或諤特克。

劉鬱《西使記》作亦堵。

《蒙古源流》云：“哈岱山陽之大諤特克地方建立陵寢。”諤特克又作鄂托克域鄂拓克，外文作 Ottok 或 Otok。

《黑韃事略》中有“窩里陀”。徐霆疏證説：“其制即草地中大氈帳。”

《元史·食貨志》説：“太祖四大斡耳朵。”他處又作兀魯朵。魏源《元史新編》作“太祖四大帳殿”。蒙古語帳殿曰斡耳朵。

明人陳士元《諸史譯語》説：“斡耳朵，華言帳房也，遼史稱斡魯朵，音之轉也。”

《明成祖北征紀行》初編説：“初二次開平，營於斡耳朵。華言宮殿也。”

蔣良騏《東華録》卷一中説：“居長白山東俄漢惠之野俄里城，國號滿洲。”

志費尼記畏兀兒之遷移説：古代城名鄂爾朵八里。

《多桑蒙古史》畏吾兒節説：現在斡兒寒河畔，尚有一城一宮之遺蹟。此城昔名斡耳朵八里（Ordou-Balic），今名卯危八里（Maou-Balic，馮承鈞譯註云：斡耳朵八里猶言斡耳朵城，卯危八里猶言惡城，別言之荒城也）。

馮承鈞《西域南海史地考證譯叢續編》高麗史中之蒙古語：“兀朵即是 Ordo 之對音，即言宮室。”

日本河野元三《蒙古史》第一章第五節：歸温都兒，又作阿爾訖（即龍庭）。

《秦邊紀略》卷二云：“黄兒城，元之永昌王牧馬地也，其時謂之斡耳朵城。”

洪鈞譯《蒙古錢譜》作惡耳都，倭拉都（即鄂爾多斯）（紀事本末作襖兒都司）。

陝西長安東北隅有一地，名斡耳垛。元人李好文《長安志圖說》城東北隅有元安西王宮。這裏斡耳垛，據考證就是元世宗的第三子安西王忙哥剌的宮殿的遺址。

由以上所引各書看來，斡耳朵一名，在漢文書籍中，有下列各種寫法：斡耳朵、斡魯朵、斡里朵、窩魯朵、訛魯朵、斡兒朵、窩里朵、窩里陀、兀魯朵、鄂爾朵、鄂爾多、訛彝朵、訛夷朵、骨斯朵、襖兒都司。又有溫都兒、兀朵、魯朵、鄂多、斡耳垛。這些寫法，實際就是斡耳朵的異譯。其中如襖兒都司，可能與鄂爾多斯之義同。

與斡耳朵意思相近的，還有一種，名曰捺鉢。《遼史·營衛志上》云："有遼始大，設置尤密。居有宮衛，謂之斡魯朵，出有行營，謂之捺鉢；分鎮邊圍，謂之部族。"斡魯朵和捺鉢雖有居行之別，我想遼在初起時，統治者住處必不是十分固定於某地。後來勢力大了，統治力強了，才設置宮衛，取名爲某斡耳朵（即某宮），固有宮衛的名稱，所以將行營名爲捺鉢。實則兩名不同，其義還是一樣。營衛志中說："隨水草，就畋漁，歲以爲常，四時各有行在所，謂之捺鉢。"《文昌雜錄》說："契丹謂住處曰捺鉢。"捺一作納。由兩段文字看來，斡魯朵和捺鉢僅是常住與不常住的區別。契丹國志中亦有捺鉢。元人周伯琦詩作納鉢，楊允孚雜咏作納寶。元人書中也有寫作剌鉢的。清人改爲巴納，按巴納應作納巴才對。

又有人將斡耳朵說是鄂拓克昀。鄂拓克又作諤特克，是準噶爾語，義爲部屬。遊牧人民，計算人數，常以多少帳爲單伍。鄂拓克可以說是部屬，也可以說是流動的帳房，和斡耳朵的原義相近。

斡耳朵是一譯名，它的意思上面所舉的那些名稱中，有些地方已說到華言作某了，但是沒有闡述詳盡，在這裏再敘述一下。斡耳朵，有人說猶華言宮殿、宮室；有的說是官府治事之所，有人譯爲帳殿、帳房，草地中之氈帳；有人說它的意思爲城，又人說意爲中央。布萊資須納德《西遼史》譯註（梁園東譯註）十四說："遼制，拱衛天子敦軍，設州縣領之，總稱曰斡魯朵，意即心腹。"梁氏此注似不確實，遼語以"算"爲心腹，《遼史·營衛志上》説："算斡魯朵，太祖置。國語，心腹曰算，宮曰斡魯朵。"梁氏在注文中又説："太祖，立斡魯法，裂州縣，割户丁，以强幹弱支，詒謀嗣續，世建宮衛，入則居守，出則扈從，葬則囚以守陵，有兵事則五京二州各提轄司傳檄而集，不待詞發。"此項心腹親軍，遼語爲斡魯朵。《遼史》明言斡魯朵爲宮，梁氏何所據而這樣注釋呢？

上面所説的關於斡耳朵的解釋，大半不是它的本義，其始義，釋爲氈帳，最爲妥當。易言之，猶現在的蒙古包，考氈帳或帳房等名稱，在匈奴時已有此名稱。古籍中謂之穹廬(見《史記》和《漢書》匈奴傳)，顏師古注曰"旃(同氈)帳也，其形穹隆，故曰穹廬"。穹廬又可寫作窮廬(見《淮南子·齊俗訓》)，又可書作穹閭或弓閭。這幾個字都是字音相近，可以通用。在《唐書·吐蕃傳》云："贊普聯毳帳(即氈帳)以居，號大拂廬，容數百人。"拂廬和穹廬同樣是住所。《漢書·西域傳》烏孫公主所作的一首歌："穹廬爲室兮旃爲牆。"這一句充分説明穹廬是氈房。也就是現在的蒙古包。關於蒙古包的原名，王樹枏《新疆禮俗志》説："冬窩曰玉木種(牧所謂之窩)，夏窩曰錫林，氈房曰色格勒，即今諺所云蒙古包也。"吳文藻在所作《蒙古包》文中説："蒙古包，因其用毛氈覆蓋，故有氈幕、氈帳、氈房、氈包之稱。蒙古語謂之蒙古爾克爾，或班布克克爾，西文則爲 Yurt。"我在蒙古時，聽蒙古人説，可以移動的，名烏古爾克爾；固定的，名托古爾克爾。張爾田《蒙古源流校補》説："《遊牧記》又引土默特德貝子語云：元太祖葬地，在榆林邊外極西北，地名察罕額爾格。察罕，白也；額爾格，帳房也。額爾格即鄂特克又作鄂托克，譯言部分，亦即帳房之義。額爾格、鄂特克、鄂托克者，亦斡兒朵之異也。"

斡耳朵叫名的沿革，可以説上自匈奴族的穹廬，中至吐蕃族的拂廬，後來契丹族、女真族、蒙古族都用作斡耳朵，實際上都是今之蒙古包，至於其他各義，都是後來的引伸。

伯希和作有《斡耳朵》一文，其大意，謂 Ordu 爲突厥語，意爲營帳或宮殿。中世紀時從突厥語移植到蒙古語中，始讀作 Ordu，繼讀作

Ordo。後經君臨俄屬中亞的成吉思汗後裔又從突厥語移植到波斯語中，最後移植到印度斯坦語中，而成爲印度的蒙古朝廷用語之代稱，即 Urdu 是已。可是這突厥語的 Ordu 字，同訓爲"中間"的 Orta 與 Orda 字毫無關係。金帳汗之"帳"（horde）字，當然是從 Ordu 字而來，我們語言中的 horde 名詞（猶言烏合之衆），也是本於此字的。黄河的河套名稱鄂爾多斯（Ordos），就是 Ordo 的蒙古語多數，因爲其地以成吉思汗后妃結營帳（斡耳朵）而得名。

從伯希和的這一段文章，可知斡耳朵一詞流變。其文見馮承鈞譯《西域南海史地考證譯叢》五編，二二頁至二三頁。

準噶爾辨正

準噶爾是衛拉特的四部之一，到了清代初期，他的勢力逐漸强大起來，吞併了其附近各部，因而和清政府衝突，清朝的統治者前後經過三次征討才將他打平。當他强盛時期，其勢力範圍，大半在新疆北部，所以天山北路過去有"準部"之稱。關於準噶爾部族的原委，史書中叙述多有分歧。

魏源《聖武記》説："曰衛拉持部，曰綽多斯，牧伊犁；曰都爾伯特，牧額爾齊斯；曰土爾扈特，牧雅爾；曰和碩特，牧烏魯木齊。"

俞正燮《癸巳類稿》卷八駐紮大臣原始條説："衛拉特分四部時，曰綽羅斯特，曰都爾伯特，曰土爾扈特，曰和碩特……四衛拉特之分界也，綽羅斯特治伊犁，和碩特治青海，都爾伯特治額爾齊斯，土爾扈特治雅爾；土爾扈特北去，輝特治之。"

《蒙古遊牧記》説："額魯特，舊分四部；曰和碩特，姓博爾濟吉特；曰準噶爾，曰杜(都)爾伯特，皆姓綽羅斯；曰土爾扈特，姓不著。部自爲長，號四衛拉特，總稱額魯特，即明史所謂瓦剌也。有輝特者，姓伊克明安，最微，初隸杜爾伯特，后土爾扈特徙俄羅斯境，輝特遂爲四衛拉特之一云。又説：杜爾伯特，元臣孛罕裔，姓綽羅斯，六傳至額森，生二子，長博羅納哈勒，爲杜爾伯特祖，額斯墨特達爾漢諾顔，準噶爾祖也。"

俞正燮説：(見前引文)"初綽羅斯特渾台吉卒，子僧格立，僧格爲其兄車臣巴圖魯所殺，立其子索諾木阿拉布坦，僧格弟噶爾丹入藏爲喇嘛，還伊犁，殺索諾木阿拉布坦，而遣使乞封於達賴喇嘛，達賴喇嘛爲準噶爾博碩克圖汗，是爲準噶爾。其衆曰厄魯特，其部曰衛拉特，古曰瓦拉，其居曰伊犁，其派曰綽羅斯特。"

《清史稿·藩部五》："厄魯特，舊分四部。曰和碩特，皆姓博爾濟吉特；曰準噶爾，曰杜爾伯特，皆姓綽羅斯；曰土爾扈特，姓不著，部自爲長，號四衛拉特，今稱厄魯特，即明時所謂阿魯台也。"屠寄《中國地理教科書》中説："額魯特，舊分四部。一曰和碩特（和碩特有福之謂），博爾濟吉特氏，成吉思之弟哈撒兒之後，乃純粹之蒙古種；一曰準噶爾，一曰杜爾伯特，皆綽羅斯氏（即赤那思，義爲狼），乃蒙古之分族（按準噶爾即杜爾伯特之一，杜爾伯特，蒙古語四數也。相傳蒙古有駝、馬、牛、羊四牧群，準其馬部也）；一曰土爾扈特，乃突厥種人；有輝特者，伊克明安氏，最微，初隸杜爾伯特。"《清史稿》和屠氏所述，和《蒙古遊牧記》的記載相同，屠氏多了一點解釋。

《古微堂外集·答友人問西北邊域書》云："……此漠北四部，總稱喀爾喀。由正北迤西曰準部，即天山北路……準部本有四衛拉特。"

《朔方備乘》説："準噶爾者，厄魯特四部之一，其先本元阿魯台部，聲訛厄魯特，後分爲四部……"

《漢西域圖考》説："瓦拉自也先死後，子孫分散，分爲四衛拉特……綽羅斯亦曰準噶爾。"

《嘯亭雜錄》卷一中説："準噶爾本元太尉也速後（與徐達戰於通州，見明史），以元綱不整，遂遁居伊犁，分四部：曰衛拉特，曰都爾伯特，曰和碩特，曰土爾扈特。"

《西域圖志·封爵一》云："按四衛拉特次序，舊首綽羅斯，次都爾伯特、和碩特、土爾扈特。因土爾扈特他徙，附以輝特，茲叙封爵，以都爾伯特歸誠最先，忠謹自保，爰爲首叙。"又云：乾隆二十年三月，準噶爾綽羅斯部台吉噶爾藏多爾濟等率屬内附。又云：乾隆十九年七月，準噶爾和碩特部台吉班珠爾等率屬内附。又云：乾隆十九年七月準噶爾輝特部台吉阿睦爾撒納等率衆内附。又云：準噶爾土爾扈特部爲四衛拉特之一，其汗和鄂爾勒克，當巴圖魯渾台吉時，與三衛拉特不和，率其子書庫爾岱青西北去屬俄羅斯之額濟納地。在此書御制伊犁將軍奏土爾扈特汗渥巴錫率全部歸順詩以志事。注云："準噶爾舊凡四部：曰綽羅斯，曰都爾伯特，曰和碩特，曰土爾扈特，爲四衛拉特。"

上面所引各書所説的，已可見其有些不同處，除此外，如《三州輯略》和《新疆圖志·禮俗志》等書中所記載的，也是不一致的，爲節省篇幅，兹不引了。

汪榮寶《中國歷史教科書》説："喀爾喀以西，天山以北，本厄魯特蒙古境也。其地，故元代牧場，分駝馬牛羊四部，稱爲四衛拉特，衛拉特者，譯言大部，元之衰也，其臣猛帖木兒據有其地，自爲部落，明時謂之瓦剌，瓦剌者，由衛拉特音轉而訛也。正統中，瓦剌極盛，其汗也先，數入寇邊。爲中國巨患。也先死，而瓦剌中衰，其地復分爲四部，一曰和碩特，居烏魯木齊附近，一曰準噶爾，居伊犁；一曰杜爾伯特，居厄爾齊斯河流域；一曰土爾扈特，居塔爾巴哈台附近，總稱厄魯特蒙古。"

蕭一山《清代通史》卷上第二十七章"準噶爾之役"一百二"準回兩部之起源與混一"中所説的，和汪氏聽述，大致相同，今將蕭氏所列之表，録之。

厄魯特蒙古	和碩特	居烏魯木齊附近，後襲青海(《清史稿》説姓博爾濟吉特)。
	準噶爾	牧薩犁，準噶爾與杜爾伯特均姓綽羅斯，故準噶爾亦稱綽羅斯部。
	杜爾伯特	牧額爾齊斯河流域。
	土爾扈特	居塔爾巴哈台"雅爾"附近。

張爾田説："按張石洲額魯特總叙，和碩特、準噶爾、杜爾伯特、土爾扈特，此明以來之舊四衛拉特也。和碩特、準噶爾、杜爾伯特、輝特(《蒙古源流箋證》卷三有和特，張爾田説和特印輝特，和輝一聲之轉也)，此新疆未辟以前之四衛拉特也。嗣天山底定，遊牧星羅，數其名則有六：厄魯特也，和碩特也，輝特也，綽羅斯也，杜爾伯特也，土爾扈特也。"(見《蒙古源流箋證》卷三注)。

根據上面所開引各書，可以看出叙述準噶爾的歷史，很爲混亂，有稱準噶爾爲綽羅斯的，理由是準噶爾姓綽羅斯。那末姓綽羅斯的還有杜爾伯特，如果單稱準噶爾爲綽羅斯，那末仿佛是杜爾伯特不姓綽羅斯了。我國姓氏兩字是有區別的，如左傳隱八年，"衆仲曰：天子建德，因生以賜姓，胙之土而命之氏，諸侯因謚爲氏，因以爲族"。更清楚地説，姓是以母系爲中心的産物，氏是父系時代的産物，可以説，氏是姓的分支。準噶爾是屬於厄魯特蒙古的一支，厄魯特又是蒙古族的一支。蒙古族，過去有人説是姓奇渥温，據研究結果，應該是姓邰特，張爾田《蒙古源流箋證》序中説是奇攸。準噶爾姓綽羅斯，綽羅斯是邰特的分支是無可疑的。照道理説應該是氏，而不是姓。關於這一點，屠寄的説法是對的。《清史稿》中甚而説："綽羅斯部，準噶爾種也"，尤不應該。

厄魯特原是蒙古的一部分，史稱爲厄魯特蒙古。照這樣説，厄魯特是一總名，這一總名之下分爲四部，《清史稿》中説："額（厄）魯特蒙古四衛拉特"。汪榮寶書中説："衛拉特，譯言大部。"照此説來，稱四部可，稱四衛拉特亦可。而《嘯亭雜録》中説："準噶爾本元太尉也速後，以元綱不整，遂遁居伊犁，分四部：曰衛拉特，曰都爾伯特……"這顯然是以準噶爾爲總名，它之下分爲四部，不是謬誤而何呢？

關於準噶爾是誰的後裔的問題，有的説是元太尉也速之後，有的説是瓦剌乜先之後，有的説是元臣孛罕的後裔。有的説是元臣猛帖木兒之後。《清史稿》中説是阿魯台部，並説厄魯特爲阿魯台之轉音。對於這一問題，我以爲屠寄的説法（文見前），最爲明確。

準噶爾一名，不僅在新疆天山北部有此名稱，在青海也有準噶爾，在内蒙古鄂爾多斯也有準噶爾族。然則準噶爾譯言是什麽呢？《西域圖志·雜録一》説："準噶爾本蒙古裔，準謂東，噶爾謂手，準人謂南爲東，蓋謂蒙古迤南部落也。"餘元盦《内蒙歷史概要》九四頁："準噶爾爲左翼之意。"説準噶爾爲蒙古迤南部落，我想這種解釋是對的，由鄂爾多斯之準噶爾族可作例證。但後來所稱的準噶爾不一定是原意了。有人説自天山北路準部强盛後，數與清政府衝突，清代統治者用兵西征，歷時甚久，才被鎮壓下去。乾隆帝不想再用準噶爾之名。就以綽羅斯代之。

因此，兩者常混淆不清，治史的人不能不加以辨正。馮承鈞氏所作《西域地名》，在 Oirats 條下説："Oirats 一作 Uirats，明史瓦剌，清之衛拉特，又作厄魯特(Eleuthes)，亦作準噶爾(Dzungars)。"馮氏之誤，已在前面説了，我認爲 Oirats 或 Uirats 不僅可譯作瓦剌或衛拉特，而並可譯爲綽羅斯。

西文中有 Kalmuck 一字，日人白鳥庫吉在所作《西域史的新研究》中説："準噶爾即係西人所稱的 Kalmuck，屬蒙古種。"近人岑仲勉説 Kalmuck 是衛拉特的譯音，並説是土耳其語，他又説 Kalmuck 又作 Kalmak(中亞方言)，Kalmik(窩爾加河方言，俄文同)，Kalmuk(遏都曼語)(見岑氏所作《中外史地考證》衛拉特即衛律説)。

蘇聯史學家沙赫馬托夫和邵英巴耶夫説："十八世紀初葉，準噶爾部(卡耳梅克—厄魯特)自東南侵入卡查赫斯坦。一七二三年至一七二七年(按即清雍正元年至五年)，雖然卡查赫人曾抵抗過，準噶爾部還是佔領了大朱孜(斜米列啓耶)和中朱孜(中部卡查赫斯坦)底大部，他們一直達到薩伊拉姆和土耳其斯坦，威脅着小朱孜(西部卡查斯坦)……"

萊芒脱(C. Lamont，美人)在所著《蘇聯民族之話》(紀伯庸譯)中説："最末一個伏爾加流域的自治共和國是加爾邁克(Kalmyk)，位於伏爾加河口附近，往西伸張到乾燥半沙漠地帶的里海邊緣。人口僅十二萬五千。原是蒙古的遊牧部落之一，信佛教，十七世紀時自中國西北部移居於此。一七七一年，因不堪凱撒林大帝的壓迫，他們曾集團的向東逃歸，詩人戴昆西(De Quincey)稱之爲'韃靼部落的飛奔'，有一部分來不及逃亡，便成爲現在的加爾邁克人的祖先(現名卡耳梅次卡亞自治州)。"

這些被遺留下來的加爾邁克人是住在伏爾加河西岸的，因此來不及和東岸的兄弟們一起跑。但那些逃亡的人可也真受透了罪，沿途成萬的人餓死凍死，更有些蠻强的部落劫掠他們，有些人在中途就定居於中亞，現在蘇聯的鄂伊略特自治區了。三十萬逃亡者中，只有三分之一回到他們的老家中國(戴昆西在此稱加爾邁克人爲韃靼，是不正確的，韃靼是蒙古的屬部，而加爾邁克人則爲真正的蒙古人)。

　　由以上各家所説的，有的以 Kalmyk 爲準噶爾人，有的説是衛拉特的譯音，有的説是準噶爾部，附注卡耳梅克—厄魯特，這些説法都欠正確。我説加耳梅克兒人，説他是厄魯特還可以，若説他是準噶爾或衛拉特，那就不明確了。厄魯特是一共名。其下分四衛拉特，準噶爾是四衛拉特之一，不能以準噶爾之名而統稱其他各部，有人將 Kalmuck 字譯爲"西人稱中國西部任何部落中信仰佛教的蒙古人"（韋氏大學字典），這是對的。其他説法都不確切。我想 Kalmuck 人是四衛拉特之中的土爾扈特人，而不是準噶爾人。前面所引各書有數處説到土爾扈特北去，所謂北去，就是遷移至俄境。俞正燮《癸巳類稿》俄羅斯事輯文中説："崇禎時，雅爾額什爾努拉之土爾扈特和鄂拉勒克汗，惡綽羅斯特（即準噶爾），越哈薩克（觀譯爲卡查赫斯坦），投俄羅斯。察罕汗指喀山額濟勒河之南，圖理雅斯科之東，哈薩克之北，馬努托哈無城郭地與之，使爲藩部。"又説："五十年（康熙五十年），土爾扈特使由俄羅斯至。五十一年五月，聖祖使圖理琛等往報之，道出俄羅斯，經西畢爾、喀山兩斯科，往返行三年，以五十四年三月歸。"又説："（乾隆二十三年）四月，厄魯特舍楞，害我副都統唐喀祿，而逃於俄羅斯，察罕汗受之，以屬土爾扈特……而舍楞於三十六年（西曆紀元 1771 年），誘俄羅斯土爾扈特全部趨伊犁。"俞氏記和萊芒脱所言完全相合，由此可得確證加耳梅克兒人是土爾扈特，而不是準噶爾。

厄魯特考釋

　　厄魯特爲蒙古族的一支。關於它的歷史，中外史學家的記載，很是分歧，兹將各書所述録之，然後判其誰是誰非。

　　《聖武記》説：“厄魯特亦蒙古也。元之亡，蒙古分爲三大部，漠南蒙古，漠北蒙古，喀爾喀蒙古，皆成吉思汗之裔。惟居西域者，出脱歡太師及乜先瓦剌可汗之裔，是爲厄魯特四衛拉特蒙古。”又説：“西域四厄魯特中，準噶爾最習鬥。”

　　《朔方備乘》説：“準噶爾者，厄魯特四部之一，其先本阿魯台部，聲訛爲厄魯特。”

　　《蒙古遊牧記》説：“額魯特舊分四部……號四衛拉特，統稱額魯特（額亦作厄），即史所謂瓦剌者也。”又説：“瓦剌即衛拉。或以烏喇特爲瓦剌之訛者，非也。阿魯台乃人名，非部落，或以厄魯特爲阿魯台之轉音，亦非也。”

　　倭仁《莎車行紀》説：“準噶爾四姓，於漢屬匈奴右地及烏孫車師……於唐爲突厥沙陀。伊犁一帶皆其部落。今厄魯特，其後裔也。本元阿魯台部，其聲訛爲厄魯特。”

　　和瑛《三州輯略》説：“額魯特别出阿魯台之部，其後聲訛，遂稱爲額魯特。”

　　《新疆圖志》説：“額魯特即明史所謂瓦剌，或謂爲阿魯台之轉音，非也。瓦剌今稱衛拉特。”

　　《元朝秘史》卷六中説：“不亦魯黑在元魯黑塔黑的地面。注云：此即額魯特之轉音，官書作厄魯特，或額羅德，皆此三字……兀魯塔，即額魯特，今伊犁一路。”卷七中説：“帖木真處厮殺的有誰，札木合説兀魯兀惕、忙忽惕。注云：兀魯兀惕，今額魯特其後也。忙忽惕即蒙古對音。二部皆出自孛端察兒曾孫納臣之後。"卷一中説："朵奔蔑干死了的後頭，他的妻阿蘭豁阿又生了三個兒子，一個名不忽搭吉(即《輟耕録》之博寒高也。《蒙古源流》作布固哈塔吉)，一個名不合禿撒勒只(即《輟耕録》之博合覩里吉也。《蒙古源流》作博克多薩勒濟圖)，一個名索端察兒(《輟耕録》作孛端叉兒，《源流》作孛端察爾)……納臣把阿禿兒生二子，一名兀魯兀歹(注云：兀魯兀歹，今額魯特種，疑其後也。近阿勒坦山及伊犁哈薩克處皆有之)，一名忙忽台……"

龔之鑰《後出塞録》説："厄魯特本元人牧奴，其初甚賤，迨元室漸微，厄魯特强盛，遂叛其主。"松漠《從軍雜詩》中亦載其説。

《清史稿》謂："……號四衛拉特，全稱厄魯特。即明時所謂阿魯台也。"

《新疆圖志·山脈志》説："巴爾魯克山……前額録特牧於斯山，號爲巴爾魯克部，巴爾魯克者，譯言樹木叢密也。"

屠寄《中國地理教科書》中説："金山有地名兀魯黑塔(科布多西北)，故號兀魯黑塔部，語訛爲額魯特，以其有森林，又謂之斡亦剌惕額兒干(譯言林木中之百姓)，語訛爲斡亦剌惕爲衛拉特，雲其後諸部分析，牧地他適，仍以舊號額魯特。"《元秘史山川地名考》説："林中百姓即今柳林也。地在額爾濟斯河附近。又云，林木中百姓：秘史蒙文作火因亦兒干。蒙古謂林曰槐因(即火因)，百姓曰亦兒干，又曰亦兒格。即今阿爾泰以北額爾濟斯河一帶之烏梁海部落也。"這裏所説的，和屠氏稍有差異，待後再述。

《蒙古人民共和國通史》第四篇，第四章，155 頁，注云："衛拉特即瓦剌，根據名從主人的原則，在順治入關以前，據《明史》譯爲瓦剌，在順治入關以後，據清人記述譯爲衛拉特。"

厄魯特又作額魯特，人説就是《元秘史》中的兀魯塔，或兀魯兀惕(歹)。也有寫作額羅德的。西文寫作 Eleuth。關於兀魯特蒙古因何而名爲厄魯特，有些人説是阿魯台的音變，有人已經説這種論斷是錯誤的。認爲是錯誤的，甚是，但尚未談出得名之由來。我以爲厄魯特之名是阿爾泰而來。阿爾泰一名也有寫作阿勒坦。突厥語和蒙古語謂金爲阿爾泰，我國文獻中又稱爲金山，漢書中名金微山。因這一帶産金，故有是名。後來有一部分蒙古人住在這裏，所以名爲阿爾泰蒙古，音變爲厄魯特蒙古。用這種説法來解釋厄魯特之名，讀史就無不通之處了。

厄魯特蒙古，後分爲數部，厄魯特本爲大名，而有些人常用其中之小名而代大名，我在《準噶爾辨正》文中已約略説過。張爾田先生對此問題有明確的叙述，兹節錄之，以作收束。

張石洲額魯特總叙，和碩特、準噶爾、杜爾伯持、土爾扈特，此明以來之舊四衛拉特也。和碩特、準噶爾、杜爾伯特、輝特，此新疆未辟以前之四衛拉特也。嗣天山底定，遊牧星羅，數其名則有六：厄魯特也，和碩特也，輝特也，綽羅斯也，杜爾伯特也，土爾扈特也。核其實，不過三，和碩特也，杜爾伯特也，土爾扈特也。要其種，則自明及今只一，曰額魯特而已。（引自《蒙古源流箋證》卷三注）

塔城遊記

新疆乃古之西域，自張博望西征以還，漸通中土。清季建爲行省，遂成爲我國行政區之一。然以距內地遼遠，交通不便，中原人士往游者少，西陲一切真象，不明者仍多。新疆物産豐富，帝國主義者早即垂涎，嘗聞西歐列強對新疆情況調查綦詳，如往歲德意志所舉行之各地風俗展覽，而新疆瑣物，均有陳列，其用心可知也。詢之國人，反瞠目而不能答，豈非懍然可畏事乎。

余性耽遊覽，尤喜訪古蹟。乙亥（一九三五年）中夏，行抵烏垣，閱簫餘暇，即登山臨水。是年冬有塔城之行，雖天氣嚴寒，由於好游因而敢冒風雪。

塔地元代名塔爾巴哈你，清乾隆中更爲塔爾巴哈台，民國初元改稱塔城。考塔爾巴哈台原治雅爾，雅爾即今蘇聯境魚鱗甲爾，距塔城約二百里，俗稱北雅爾，在今塔城縣之西。因其地夏多白蠅，冬季嚴寒，故徙其治所於楚呼楚，即今之塔城縣也。而新疆氓庶不審其故，仍稱塔城爲北雅爾。塔爾巴哈台乃蒙古語，義爲水獺，因此地盛産其物，即以此名地。塔爾巴哈台維吾爾人名曰邱庫卡克，義爲木碗。相傳回教某聖至斯播教，以木碗於井中取水，遺碗井中，用作紀念。據云塔城大盛洋行院中井內尚有木碗，即爲某聖之遺物。邱庫卡克之名，原於此也。昧以塔城古産木碗，故有邱庫卡克之稱，此乃無根之言也。

近人王金紱《西北之地文與人文》云："塔城即塔爾巴哈台（Tarbagatai），天津商人稱北雅，蒙古人稱屈固卡克（Chuguchak），屈固卡克乃一盌水之義，據稱蒙古人旅行至此得泉水，即取盌飲之，飲畢留其盌於泉旁，因以名焉。"《塔城鄉土志》云："回人以泉水爲屈固卡克，塔城有一良泉，故有固卡克之稱。"按上述兩説，均不足信。予之所言，依據考查所得，諒不誤也。

塔城居民，族類複雜，約言之，有漢、滿、蒙、回、俄、維、哈、塔、烏各種。漢族以天津楊柳青人爲最多，兩湖人次之。天津人多經商，兩湖人多營農業，新疆自民國十九年起，變亂迭作，漢人除死亡外，存者多回内地，是以人數鋭減。頃由蘇聯回國之華僑，麇集塔城、伊犁兩處，因而塔城漢族人數驟增。此次回新之僑胞，多娶俄婦，所生子女，黄髮碧眼，口操俄語，若不探其本源，即不知其爲漢人兒女也。近新省於塔伊二地廣設學校，令僑民子弟入學習漢文，使其知祖國文化。

塔城境内之滿族，原係清乾隆時拔調東北索倫、錫伯舊新兩營駐防伊犁，編爲外八旗。同治初，新疆亂作，該族人民避難至塔城，事平後，清政府仍令回駐伊犁，而有一部留塔未去。今在塔索錫旗民多務農業而生計之苦，聞爲塔屬各族冠。

蒙古人民居此者，向稱爲厄魯特營，俗呼爲十蘇木，多居山地，度遊牧生活，遷徙無定。

回民俗稱老回回，又稱甘回，維吾爾人呼爲通干。是族多居城市，操屠宰生涯，民國十九年新疆事變發生，該族死亡慘重，在塔回民幾滅三分之二。

塔城乃新疆邊陲，地與蘇聯相接，城北四十里之葦塘子，即兩國分疆處也。用是，俄人在塔城經商者極多。前清政府指定地點爲貿易圈，俗名洋巴札（巴札維吾爾語，義爲集市）。俄國自十月革命後，白俄來我國者多居塔城一帶。

維吾爾人多居城市，經營商業。聞該族居塔者，多富商大賈，塔城金融，操之是族，如吉祥涌爲塔城之最大商號，即爲是族所開設。

哈薩亦稱哈薩克，是族人民多居山中，度遊牧生活，在城市者，不爲小販，即充雇工，近由蘇聯遷來之哈薩，聚集塔城，因此人數激增，予當聞新省各族中，哈薩文化最爲落後。某日哈族假塔城蘇聯領事館演劇予往觀焉。劇情爲某地王爺欺壓人民，故事生動，而表演之團體合唱，音調雄壯，亦頗不俗。予由塔回省時，途遇一哈族青年，能操漢語，詢之乃千户長之子。阿山艾林王之婿，名劉培德，容儀清秀，話長流暢。渠云即赴蘇聯求學，由此可知哈族人民並非所傳之僿野也。

塔塔爾，俗呼爲老蓋依（王金絨《西北地文與人文》作老尕夷）。是族人極善經商，且工技術。其形態黃髮碧眼，頗類歐人。其女子明眸善睞，冰肌玉骨，可與蘇杭淑女相頡頏。

烏孜別克人與維吾爾相似，但不留須，其人多居蘇聯境内，如中亞之塔什干即烏孜別克共和國之首都。居塔城者多經商或作工。

塔城有新舊二城，相距里許。舊城名漢城，居西，城周圍二里七分，有東西南三門。築於清乾隆三十一年，知事衙署在焉。城中有牲税局，牛羊交易聚於此，每日午前，頗形擁擠。交易退後，頓現冷落。城内居民寥寥，屋寓毁圮，戰争殘破之蹟猶在。

新城又曰滿城，居東。城周三里，亦三門。築於清光緒十四年。行政長官公署在焉。頃因衙署破敗，移至舊城外前關監督處。城内景象，亦呈冷落。其中居民，多爲滿族，有旗民小學，近更名爲縣立第二小學，純爲索倫、錫伯二族之子弟，前馬赫英之擾塔城也，漢滿俄各族皆聚是城以自保。按《塔城縣志》云：新城於光緒十五年四月興工，十九年八月告竣，築城時間與傳説有異，姑志之。

塔城密邇蘇聯，一切設施，頗染歐化，新式樓房，亭亭道旁，絶無鄙野氣象。商務亦甚繁榮，商號之大者，有蘇聯貿易公司，新疆土産公司。而私人之商店，有維吾爾族之吉祥涌，資本雄厚，常壟斷市場。交易最繁盛之區，在新舊兩城之間，即所謂貿易圈是也。

新疆地位金方，孤懸塞外，自楊增新執政後，彼素懼知識分子，至新若爲學校出身者，百般防範，置諸閒散。對本省教育亦不提倡，秦皇愚民政策，大行於新疆，用是，新省毫無教育可言。自四一二後，新省府以救育爲立國大計，竭力倡導，而各地民衆亦感興學之重要，近兩年來教育之進展，如長江大河，一瀉千里。惜交通梗阻，設備多不合理：師資缺乏，教學不免陳腐、萌動之期，無足怪也。塔城向無學校，近年各族明達之士，熱心教育，捐資興學，氣象甚爲蓬勃。現已成立有漢族縣立第一小學，四一二女子小學，第二小學(前旗民小學)，俄人有塔城歸化小學。維吾爾族有小學十二所，內有女校二所，學生除維吾爾族子女外，有哈、塔、烏各族之青年，因彼等言語文字相同，故可合一爐而冶之。總之，塔城教育，方具雛形，如領導有方，不難躋入正軌。

評《新疆圖志》

（民國廿四年歲末作於烏垣）

引　言

　　史類至夥，約言之不逾從衡二端。從者以時間爲經，緯以故實，若全史及編年體等是也。衡者以地方以主，其體制如正史，若各省府州縣之方志是也。方志之興，肇端綦早，至宋元以後，更有發展，勝清一代，因當局提倡，而各省府縣，幾莫不有志，一時風氣所播，各地人士竞喜修纂，皇皇巨著；呈見萩林，有補正史良多，誠盛事也。自辛亥以還，此風少歇，方志之學，沈壓荒頓。比有二三學者，言治史須多讀志書，久輟之學，復爲學子所留意焉。

　　余喜誦史乘，當束髮受書，每聆塾師講既往故事，時縱歷久，猶娓娓無倦意。及克自修永籤乙部之書，韶華易逝，年將四十，自念所學，一無所成，夜闌思及，慨嘆無已。乙亥之夏，行達西域，公事畢即縱覽西域志書，遇有可記者，即泚筆書之。比成西域史地考證數十篇。學已荒落，復得重溫夙好，乃幸事也。《新疆圖志》一書，內容豐富，自抵烏垣後，經常翻閱。細視之。其書尚多缺點，兹就管窺所及而平之，俾後之修新省志書者，藉作參考也。

修志經過及其內容

　　《新疆圖志》纂修經過，其書總序云：歲己酉(即宣統元年)，爲今上龍飛伊始，振靡起弊，咸與維新，於是民政部臣有詔諭各省纂修省志之請，得旨俞允……設局三年，竟能蔵事。且共爲志二十九種，計書一百一十六卷，約二百餘萬言。

上述圖志之起始，實乃不然。據與其事者云：是書之修，原於光緒三十四年，時清政府命各省纂修省志。新疆圖志局之設，亦在是年。宋伯魯《新疆建置志・胡文瀟序》云：先生此書成於前清光緒丁未(即三十四年，先生時領新疆圖志局)。由胡文證之，修纂不始於宣統元年也明矣。

鐘廣生《新疆志稿跋》云：右新疆志稿三卷，爲己酉、庚戌間余謫居北庭之作。時新城王晉卿師開藩西土，政事之暇，不廢文學，尤殷殷網羅是彦，蒐討故聞。特開志局於迪化省垣。延霍邱裴伯謙先生景福，醴泉宋芝田先生伯魯，巴陵郭搏九先生鵬襄其事……佗若宋先生作建置志若干卷，余爲補譔一叙，故有叙無書。郭先生作職官表若干卷，余爲補譔十三序，故有序無表。裴先生作水道志，僅成于闐河，葉爾羌河一卷，旋詔赦入關，余爲續成之，今載省志中……

鐘氏所云修志時間與總序合，然籌劃當在此前，志局正式成立爲己酉之歲也。

圖志內容共二十九種，玆分列之：

建置志四卷	國界志五卷	天章志六卷
藩部志六卷	職官志六卷	實業志二卷
賦稅志二卷	食貨志四卷	祀典志二卷
學校志二卷	民政志八卷	禮俗志一卷
軍制志三卷	物候志一卷	交涉志六卷
山脈志六卷	土壤志二卷	水道志六卷
溝渠志六卷	道路志八卷	古蹟志一卷
金石志二卷	藝文志一卷	奏議志十六卷
名宦志一卷	武功志三卷	忠節志二卷
人物志二卷	兵事志二卷	

修纂人及其著作

關於圖志修纂人，是書首卷有纂校諸家表

總　　裁	袁大化					
總　　纂	王樹枏	王學曾				
總辦局務	王樹枏	榮霈	陳際唐	杜彤	楊增新	
協　　纂	郭鵬	李晉年				
提辦局務	劉鴻烈					
分　　纂	劉文龍	鐘鏞	劉人俊	錢汝功	鄭履亨	
	段永恩	文篤周	楊茂春	華承謨	徐仁鑑	
	稽應瑞	孫逢辰	魏承耀	郭祖雍	張得善	
	彭懷智	張錫壽	田桂荸	張映川	馬服麒	
	朱清華	陳阜鈞				
總　　校	郭鵬					

其他無關重要之職員，茲不録。

是書所舉纂校諸人，有因位高而得列名者，實則一文未作，徒擁虛號，如袁大化本一荷戈之流，以巡撫地位，而爲總裁，郭鵬以新疆知府而爲協纂。茲就余知負纂校之責者，略叙於後。

《新疆圖志》之舉辦，乃王樹枏晉卿先生所發起，后王先生因事離新，志尚未成，由王學曾少魯繼主其事，茲分別言之。

王樹枏字晉卿，河北省新城人，纂建置、國界、禮俗、水道、溝渠諸志。按《新疆建置志》，據與其事者云：此志確爲晉卿先生所作。然宋伯魯亦作有《新疆建置志》，有單行本行世，文與《新疆圖志》中之建置志全同。是志究爲誰作。晉老新故，無由質之。

王學曾字少魯，山西文水人，作有天章、奏議諸志。

段永恩字季丞，甘肅武威人，纂藩部、金石、職官諸志。藩部志，原創於方觀察，因案卷未全而輟，後由段先生完成。金石志，段先生作於前。文篤周又續末篇。王晉卿先生陶廬叢書中之新疆訪古錄，幾與金石志内容全同，此中經過，余居烏桓時，與段先生常有過從，未詢其故，可惜也。

鐘鏞字廣生，號瑒盦，又號笙叔，浙江杭縣人，作有實業、道路諸志。《新疆圖志》於各志之前，有一序文，署爲袁大化作，實乃鐘廣生之手筆也。渠刊有新疆志稿(湖濱補讀廬叢刻之一)，多中有實業志。道路志初名郵傳志，鐘廣生所作《西疆備乘》中有郵傳志總序可證也。

劉文龍字銘三，湖南嶽陽人，著有賦稅志。

宋伯魯字芝田(一作芝洞)，陝西咸陽(一作澧)人，作食貨志，有《新疆建置志》單行本行世，序云：又著有新疆山脈志四卷。

魏建勛著祀典志。

劉熺字黎軒，新疆鎮西人，曾爲傅達書院山長，著學校志。

楊茂春，甘肅人，著民政志。

李晉年字子昭，河北灤縣人，國子監南學學生，於修《新疆圖志》之功最高。局務多由先生擘劃。著有物候志，王晉卿《陶廬叢書》中之夏小正，即此志之變名也。

裴景福字伯謙，安徽霍邱人，著交涉、山脈諸志。又作有《河海崑崙錄》，多述西域史蹟。宋芝田著有山脈志，未知與裴氏之山脈志是否有關。

劉鴻烈又作宏烈，著土壤志。有謂此志爲王晉卿所作。王先生陶廬百篇中有新疆土壤表序及後序。

彭懷智，甘肅通渭人，著古蹟志。

華承謨，江蘇人，著藝文志。

徐仁鑑，江蘇宜興人，著武功志。

周仲彪，甘肅秦安人，著忠節志。

朱清華，安徽阜陽人，著人物志。

鄭履亨，湖南人，著兵事志。

其它若軍制、名宦二志，不知作爲誰，茲闕焉不述。

内容之乖誤

志書之作，貴在文簡事賅，而《新疆圖志》文多繁複，如書之首有總序，而每志之前復有一序或兩序，詞近敷衍，實駢枝物也。乖誤之處，所在多有，茲就初次流覽所及，約略述之。

考證之訛者：建置志卷一：纏商列市南部。注云：“按纏頭回，即回回，漢裝回鶻，不同類。”考纏回與漢回不同類固是，而謂纏頭回即回回，漢裝回爲回鶻，實乃不然，余於《維吾爾族史略》中已言之，茲不贅。同前書卷二：“其後元太祖破泰陽罕於杭海山。注云：杭海亦阿爾泰之變音也。”按杭海山即今之杭愛山，爲阿爾泰山之分支，不得杭海山爲阿爾泰山。且杭海與阿爾泰音迥不相近，何得謂之變音邪？此事余於《額魯特考釋》一文中言之差詳，茲亦不贅。

同名而先後異稱者：建置志卷三：開成中有龐特勒者，據焉耆稱葉護。又云：龐特勒以後始有回教。又云：代宗大曆以後，龐特勒居焉。其它若額魯特又作厄魯特，和闐又作于闐，博克達山又作巴克達山。如此類者，不勝枚舉，新疆地名，以漢書之，本多譯音，凡屬音近之字均可用。然一書之中，宜求統一，不可先後歧異。此書常於一卷之内一名面前後不同，非善事也。

前後秩序顛倒者：職官表五，歷代職官題名中，年代顛倒者甚多，茲舉一二爲例。楊胄，顯慶間爲西域屯衛大將軍，居前；侯君集，貞觀間爲交河大總管，居後；鄭仁泰，龍朔三年爲涼鄯武衛將軍，居前；薛萬均，貞觀十四年從侯君集征高昌，在後。

内容過略且無眉目者：藝文志編纂大意，其序云：其載諸正史者（如《漢書·西域傳》之類）俱未列入。而又遵欽定《四庫全書目録》之例，只詳書名卷數，而於書中要旨，各爲案語，以撮其要，而舉其凡，俾考古之士隨其旨趣而知所祈向焉。

又藝文志叙言云：竊嘗讀《四庫書目提要》，稱馬文煒《安邱縣志》僅列古人著述，最爲清省。其末附詩文二十餘篇，則不如仿范成大《吳郡志》散在各條之下，旨哉言乎。兹謹師其意，録成書不録散文，以免冗濫之譏。

觀上所述，編纂大意，昭然若揭，兹就余之所見而平之。

新疆地居吾國西陲，自張博望鑿空以還，中雖時通時絶，然中原文化不斷西被，自清代新疆改爲行省，與華夏更爲密切，關於研究新省各方面之著述日見增多，閫府内幕，漸爲人知，是爲史學上一大勝事。《新疆圖志》之藝文志，宜廣爲收羅，分門別類列入，爲治西陲史地之南鍼，而圖志纂者未注意及此，乃一憾事。

自清中葉以後，中原與新疆聯繫日密，關於新疆各方面之著述寖多，若《西北域記》《西遊記金山以東釋》《漢西域圖考》《西域水道記》《漢書西域傳補注》等，皆缺爲未載。其它若非純述新疆之著作，而内容有不少新省之史實，如《聖武記》《朔方備乘》等，更棄置未收。又如陶保廉之《辛卯侍行記》，圖志中征引極多，足見其重要，而亦未列入，未審何意。近年來中西學者喜治吾國西北史地，圖志中之藝文志應多列有關新省書目，作簡明提要，爲欲治西北史地者指出蹊徑，而是書未如斯作，亦美中不足也。

藝文志爲目録學性質，不惟應廣加搜集，且宜分別部居。全中之藝文志或經籍志莫不皆然。而是志所收者，未加分類，似散亂無章，未知何所據而如是也。

人物志中有巴哩珠阿勒坦德濟（印元史之巴而尤阿爾忒的斤），後又有巴哩珠阿勒坦，後缺德濟二字，所述事蹟全同。實爲一人，而誤列爲二。

人物志分爲二類，一爲土著，一爲流寓。土著類中列有堂邑氏奴甘父，一作堂邑父（《史記》大宛列傳），與堂邑氏胡奴甘父俱出隴西。清人李慈銘《史記札記》謂，按《漢書·張騫傳》堂邑氏奴甘父，無故胡二字，服虔注，謂堂邑姓，漢人，其奴名甘父。劉氏刊誤，謂奴甘父是此人名號，胡人名號，多以奴爲稱，非堂邑氏之奴。下文祇稱堂邑父，知其姓堂邑，而名奴甘。按服説固非，而劉説亦未盡，奴甘既名號，何以又加父字。且下文何以不稱奴甘父，而曰堂邑父，蓋此本匈奴人名奴甘父，降漢而居堂邑者。胡人無氏姓，遂以堂邑爲氏，其名亦可單稱一字，故曰堂邑父。又下文曰堂邑父，故胡人，則此處故胡二字，疑後人妄加，非史文本有也。由此可知堂邑奴甘不爲西域人，而列爲土著，是失考也。

内容之缺失

《新疆圖志》一書，内容相當豐富，諦視之，其不足之處尚多，今即其大者述之。

新省民族複雜，有人分爲十四種。然各族均有沿革可尋，是書宜立民族志，詳述各族之歷史。此類資料，固不易收集，如勤加檢尋，尚非難事，今新省各族多昧其本原，一憾事也。

新省民族複雜，而宗教派別亦夥。人民迷信綦深，常因宗教細故，輒滋事端，是書應立宗教志，闡述各教在新布教之經過。而圖志對斯亦缺焉不載。

圖志中有金石志，内多碑碣。近數十年來，新省地下蘊藏之古代遺物，出土漸多。如南疆戈壁中之竹簡，吐魯番出土之古代寫經，孚遠庫車等地千佛洞中之壁畫，以金石名志，收容非當，王晉卿先生於《陶廬叢書》中將圖志之金石志略加增損，更名爲《新疆訪古録》。金石志一名，似不能包金石以外之物，而出土者不限於金石，王晉卿先生改爲稽古録，是也，地下出土之物，咸與史乘有關，余謂金石志可易爲稽古志，即非金石，亦可隷其下。

人物志中所收羅人物固多，然亦有旅居新省之重要學者，轉未列入，如劉鐵雲之在新，只字未提，是何故也？

蘇武牧羊地

天漢間，蘇武使匈奴，匈奴欲武降，武不從，後徙武北海上無人處，使牧羝，羝乳乃得歸。古今治史者多以北海即今之貝加爾湖。頃閱《甘州府志》及《五涼志書》均載有蘇子卿牧羊處，與主貝加爾湖之說者異，茲錄出之，以作參考。

《甘州府志·山川志》：居延海，唐胡魯紀詩以蘇武牧羝於北海上，或即此海——胡魯，《居延海》："漠漠平沙際碧天，問人云此是居延，停驂一顧猶魂斷，蘇武爭禁十九年。"

清人莊學和，輯《甘州志咏四十韵》（節錄），"每稱遮虜夸陵勇，凡遇牧羊詡武忠"。注云：牧羊處甚多，或在甘邊，或在晉徼，皆指爲蘇子卿者。清生員任己任蘇武牧羊場，注云：或今平川，或居延海，或鎮番皆有蹟。羊臺隘口近平川，道住蘇卿十九年，到處忠臣人競護，繇來傑士地爭妍。

《五涼志書·鎮番縣志》，古蹟類：蘇武廟臺，縣東三十里蘇武山上有廟址，古碑大書漢中郎將蘇武牧羝處。

名宦類：漢蘇武，今蘇武山即牧羝處。明時立祠山上，後移建城西北隅。每歲春秋上戊日，有司親詣行禮，配享有漢金日磾，明馬昭、吳輔、張玉、許昇、李堅等十九人。王慎機《蘇武山高》："山名蘇武說當年，萬仞孤高尚杰然，日照丹岩連曙色，雲開翠岫障青天，古祠零落封秋草，幽窟荒涼鑽暮煙，屬國歸來旌節老，恨隨流水夜濺濺。"

除《甘州府志》及《五涼志書》所述蘇武牧羝處外，亦見於別書。

慕壽祺《甘寧青史略》正編卷一云：今民勤縣東南三十里蘇武山上（一作右）有廟，俗傳蘇武牧羝於此。雍大記云：西北拱來伏之岫東南崎，子卿之山，即謂此也。民勤在西漢爲武威縣，有休屠澤在其東北，古文以爲瀦野澤。衆水所歸。名之曰海，亦無不可。至元時號小河灘城，蘇武牧羊北海上，其在民勤無疑。近人以貝加爾湖當之，失之遠矣。

唐人温飛卿《蘇武廟詩》云：雲邊雁斷胡天月，隴上羊歸塞草煙。宋程大昌《北邊備對》云：若夫北海，則又甚遠者矣。而霍去病之封狼居胥山也，其山實臨翰海者，北海也。蘇武郭吉皆爲匈奴所幽，置諸北海之上。明徐應秋《玉芝堂談薈》"西海、北海條"，全採《北邊備對》之文。《秦邊紀略》卷二云：白亭海爲蘇武牧羝處（白亭海又曰休屠澤，今曰魚海子，在甘肅鎮番縣東北，蒙古阿拉善旗）。又云：蘇武牧羝於居延海。

《九邊志》云：榆林，漢月氏國，爲蘇武牧羝處。清海霈《西行日紀》云：蘇武城在今大同。

蘇武牧羊處，古今人其説不一，陶保廉《辛卯侍行記》卷四云：甘州志藝文有王學瀦居延辨，考核未精，且妄改古書（漢書謂蘇武牧羝北海，輒改爲居延海之類），特此以正之，陶氏辨居延海甚詳，茲不引。余考蘇武牧羝處決不在居延海，若鎮番縣之蘇武山，大同之蘇武城，全屬傅會之談，與史實未合。

蘇武天漢元年使匈奴，至昭帝始元六年歸，《漢書》蘇武傳言蘇武使匈奴二十年不降。昭帝紀始元六年云：移中監蘇武前使匈奴，留單于庭十九歲乃還。以天漢元年至始元六年，正二十年，蘇武傳所書不誤。《漢書・路博德傳》云：爲强弩都尉，屯居延卒。史未書路博德之卒年。而《漢書》武帝紀太初三年（《史記・匈奴列傳》亦作太初三年），强弩都尉路博德築居延（《史記》作築居延澤上）。天漢四年，强弩都尉路博德步兵萬餘人與貳師會，廣利與單于戰余吾水上。胡三省謂余吾水在朔方北。丁謙謂余吾水當即翁金河（一作瓮金河），此河爲漠南北衝要之途。《史記・匈奴列傳》云：又使騎都尉李陵將步騎五千人，出居延北千餘與單于會合戰（似在天漢四年）。《漢書・李陵傳》作將其步卒五千人出居延。以上所引各文證之，居延於漢武之際，常爲漢之軍事據點，安有置子卿於北而漢庭不知也。《漢書・蘇武傳》又云：武居北海，丁零盜其牛羊。丁零族地在今外蒙古北。由丁零盜其牛羊之事證之，蘇武所居之北海爲貝加爾湖無疑也。丁謙謂丁零部地在貝加爾湖東南，其説極確。

關於居延名稱之演變，岑仲勉所作《元初西北五城之地理的考古》文中曾有所述，兹節録之。

（乙）猪野。《漢地志》武威縣，休屠澤在東北，古文以爲猪野澤；武威《尚書後案》云：今甘肅鎮番縣地。按居、諸一音之轉（如日居月諸），野延同聲，余以爲猪野者後世居延之等詞也，亦因《魏書》悉居半之語原相當於 Sarigh Chaupan 而知之。

居延澤，考者已多，而"居延"之語原，尚未有説，兹並及之。《漢書》地理志，張掖郡，居延，居延澤在東北，古文以爲流沙；意謂澤地即古流沙所在也。突厥語呼此譯爲 Gashiun Nor，英籍作 Koshun，法籍作 Gachoun。其上源曰額濟納河，發 Richthofen 山脈，經甘州北淳沙中。《寰宇記》一五二云："居延城，漢爲縣，廢城在今縣東北，即本匈奴中地名也，亦曰居延塞。"足知居延是譯名。居可對 Ko，自無疑義；《史記》匈奴傳，北服渾庚、屈射、丁靈，索隱射音亦，亦音石，又僕射之射，關中讀曰夜，是 Y 與 Sh 亦有通轉之可能；申言之，今呼之 Koshun，即古之居延也。Koshun 近代繙爲噶順，《漢書西域傳補注》云："白龍堆按即今噶順沙磧，千餘里無水草。"又今羅布泊新成之湖，亦稱 Kara Koshun Kul，則噶順（即居延）一辭，殆通用於沙磧或鹽滷之地者。

總言之，策古語收音之-n，在譯名時或用或不用，故秦前之猪野，於西漢轉爲居延，北荒語言簡質，數地同名，史書數見，古猪野所在，余雖未敢決其必今居延，要可信其爲逼近沙漠之澤，故同膺一樣之稱也。

《辛卯侍行記》四涼州府下云："城東北二里有池二畝，名禹池，府志謂即猪野，誤也。《禹貢》猪野，《漢地志》以武威縣東北休屠澤當之，《府志》引《漢書》而不知漢武威縣在今鎮番縣北，非今之武威縣，晉省武威入姑臧，故《括地志》云猪野在姑臧東北也。"按荒野之地，古人指方，往往遠在數百里，後儒唯泥爲近北，故輒以小池當之，其實今鎮番迤北迄居延澤，皆鹽滷沙地，謂漢武威之北曰猪野，要自不誤。所失者班氏未知猪野指鹽卤地帶，必取一澤以當之，又未知猪野，居延，異名同譯，歧而爲二耳。

岑氏所謂猪野即居延，而猪野指鹽卤地帶，此言誠是。顧頡剛先生在《禹貢》注釋中云："猪野澤。在今民勤（舊名鎮番）縣，東北長城外，接内蒙古巴彦浩特市界，今名魚海子，又名白亭海，即古休屠澤。或以爲原隰既不專指一地，猪野亦非獨謂一澤，今内蒙古巴彦浩特市以西到額濟納旗，廣袤八九百里，有白河、黑河、郭河、水磨川等，所猪有居延澤、昌寧湖、玉海、白亭海等，皆西河諸水所都，惟有'猪野'兩字足以形容它，不是一海所能盡。"這種解釋，也有道理，不過《禹貢》雍州北界是否有今内蒙古的西北部還很難説。今巴彦浩特市南有巴音克德池。頭道湖、巴音布魯克池、雙合山池、察汗池、伯爾克罕池，甘肅民勤縣又有白亭海、青土湖等，皆在雍州北邊，或即《禹貢》泛指的猪海。猪是水所聚，《史記》夏本紀作"都"，意義相象。

余書此文，旨在説明蘇武牧羊地究在何所，古今史家多主北海即今之貝加爾湖，證諸史乘，此説良不可易。而各地修志書者，每喜將名人事遺蹟強爲牽入，多其表彰先賢之意固善，而傅會穿鑿，易使不察者受其迷惑，後之修志者，於此可注意焉。

夷齊鮮卑人説

　　章太炎謂：伯夷叔齊爲鮮卑人。聞者駭之。黄季剛云：《路史》記夷叔爲墨胎氏，墨胎氏係出鮮卑，足爲章説之佐證。《史記·齊世家》稱桓公救燕，遂伐山戎，至于孤竹而還，《集解》引服虔曰：山戎北狄，蓋今鮮卑也。伐山戎而至孤竹，則孤竹當更遠，其地似爲今之恰克圖。

　　高加索，《尚書》謂之渠搜。

　　高句麗，即《左傳》之介葛廬。

馮承鈞《西域地名》補正

余遊新疆，道經故都，友人王以中兄謂余曰：“赴西陲者，馮承鈞氏之《西域地名》一書不可不備。”余至廠肆購得之，略一展閱，忭欣不置。既抵烏垣，朝夕披覽西域故書，而佐以馮著，獲益匪淺焉。研究西域地名非易事也，馮氏於其書序例中曾言之曰：

> 這篇研究考證的不止地名也，有人種名，而列舉的地名、種名，不能保其完備，亦不能保其確實不誤。

西域範圍所包綦廣，而先後在此立國者，複極衆，且各族各地之語言不一致，僅就今之新疆一省而論，其民族、其語言之複雜，已極可觀也。複加西域民族興滅之演變，難於悉數，又乏詳盡志乘以資考正，馮氏言不能保其完備，亦不能保其確實不誤，此其知難之言，非謙詞也。是書乃初成，內容簡略與乖誤當所不免，茲就所知而補正之。

原書之缺點

書既命名爲《西域地名》，除列舉專名地名外，應將普通地名別立篇章，並詮釋其義，使人易解。如蒙古語謂山爲鄂拉，回語謂山爲塔克。嶺則兩族同稱之曰達巴（或作打坂、達坂，若迪化南之達坂城，因城在山嶺而得名也）。又如蒙古語名水爲烏蘇，謂河爲郭勒。回語謂河爲達里雅。蒙古語謂泉爲布拉克，謂湖爲淖爾（或作羅爾腦爾）。回語謂湖爲庫勒，謂潴成之河爲諤斯騰。蒙古語以疊石爲祭，處名鄂博。謂城爲八里(或作巴勒)，回語則爲沙爾。《西域地名》專名中常加用普通名者，如別失八里是也。

地名之由來，必有其意義，此不惟某處如此，幾中外皆然也。若新疆之烏魯木齊、塔爾巴哈台等，其意爲何，治西域地名者倘能以各族之語言詮釋之，讀者無不稱快。是書未克及此，乃一缺點也。

原書之乖誤

書之第十四面，D 字類中，Dyungano 準噶爾見 Oizats 條。E 字類中 Eleutheo 厄魯特見 Oizats 條。二十八面，O 字類中 Oizatz 一作 Uinato，《明史》瓦拉清之衛拉特又作厄魯特(Eleutheo)，亦稱準噶爾(Dyungano)。三十九面，W 字類中 Wisato 見 Oizats 條。

上列諸條乖誤甚大，原厄魯特蒙古中分四部，曰準噶爾(一作綽羅斯或綽羅斯特)，曰土爾扈特，曰都爾伯特，曰和碩特。準噶爾至清初勢雖強大，而其他三部之名仍在，何得謂《明史》瓦拉清之衛，拉特又作厄魯特，亦稱準噶爾。如此含胡是其乖誤。

考上列各名稱，應於 Dyungats 下書準噶爾，並説明準部之沿革。Elauthes 下書厄魯特，又作額魯特衛，拉特瓦拉，並説明其沿革。Ekebtgeo 下書瓦魯特，又作額魯特衛，拉特瓦拉，並説明其沿革。Oizats 與 Uizato 二字下應書見 Eleuthes 條，則得之矣。致其所以之故，余詳於《額魯特蒙古考釋》中。

又二十一面，K 字類中 Konethahz 下云：突厥語，此言舊城與新城 Yangi Theahs 相對言，大概用以分名，新疆回漢二城同在一地，如阿克蘇、温宿疏、附疏勒之例是也。四十一面，Y 字類中 Yangi Theahs 下云：突厥語此言新城，參照 kana thahs 條。

按舊城新城，云者，皆係普通稱謂，非專名也。如某地有兩城，土人分之某爲舊城新城，而正式名中不謂此也。考舊城新城，不僅阿克蘇、温宿疏、附疏勒，有是稱，如紀昀《烏魯木齊》詩云"迢滯新城接舊城"，是指魯垣新舊城而言，迪化正式稱謂中，從此新城舊城之名也（有謂 Yangi Theahs 即英阿雜爾）。如僅爲新舊之分，不宜列於專名之中也。

又三十八面，T 字類中 Jangans 下云，新疆漢回之突厥語名，此字漢文譯作東干登根，畏兀兒人稱漢回也。此非地名，不應列入。余於《新疆回教考》中言之詳矣，茲不述。

又三十五面，T 字類中 Jaklonnakans 下云：突厥語沙海以名新疆六大戈壁也，此亦普通名稱，不宜列入。

此書既名爲《西域地名》，不應將南海及東亞之地名屢入，此例甚多，略不舉焉。

原書之脱落

西域範圍若就廣義言之，將所包之各地名一一縷列，勢所難能，然其重要之所，何可忽略。原書爲 C 字類中竟缺昌吉（Change），考昌吉不惟爲今日新疆之名區，稽之古昔，亦爲重鎮。《元史·地理志》附錄有仰吉八里。八里，蒙古語城也，仰吉與昌吉音近，八里或作巴里、巴勒，西域人物，略有昌都剌城，都剌爲里、爲勒、爲吉之緩音，昌都剌者，即昌吉也。《元史譯文證補》云：彰八里、昌八里、操八里，亦爲昌吉。

又鄂畢河 Oti，爲同域著名之河流，馮著中收額爾齊斯河，而遺鄂畢河，非也。

又以 P 字類中，有波斯 Pasoa，而於 F 字類中，不錄 Faso（漢文譯爲法斯、法爾斯、法爾西），I 字類中不錄 Gnase（或作 Gnon，guin），脱落甚多，不僅此也。

帕 米 爾

　　吾國河流皆自西徂東，由是可知全國地勢西北高於東南。帕米爾高原爲吾國山脈之起點，而河流亦多由此發端，是以欲明水道之究竟，須先知帕米爾之形勢。

　　許景澄《帕米爾圖敍例》云：帕米爾，古稱帕米勒尼耶，帕米者，波斯語，平頂屋之稱。勒尼耶，世界之稱。總言大地屋頂也。

　　丁謙《新舊唐書西域傳地理參證》云：識匿爲今諸帕米爾地，帕米爾者，波斯語平頂屋之稱諸，帕居葱嶺絶頂，地勢雖高，而山形頗垣，無帕皆兩旁有河，中間之山斜迤而下，可資耕牧，故以平頂屋爲比。

　　帕米爾古時亦稱爲波謎羅，唐時有波謎羅川，即帕米爾河，又作播密(見《新唐書·西域傳》)，播密川亦即帕米爾河，唐時高仙芝登葱嶺，涉播密河，即帕米爾河也。

　　帕米爾在新疆疏勒莎車之西，蒲犂在其東麓，自烏仔別里迄穆斯塔格山，皆帕米爾之東部也。帕中之水西流者爲阿母河流域；東流，北流者爲塔里木河流域；南流者爲印度斯河流域。而與阿母河源阿克蘇噴赤兩河之關係，尤大蒲犂以西，縱橫各二度有餘，其間以帕米爾名者，凡七烏仔別里附近曰，哈爾果什帕米爾(一作和什庫，珠克帕米爾)，其東南曰朗庫里帕米爾，西南曰薩雷茲帕米爾，又曰阿里楚爾米爾(一作雅什里帕米爾)，穆斯塔格山之西北，曰塔克敦巴什帕米爾，又西北曰小帕米爾(一名庫爾得帕米爾)，又西北曰大帕米爾(一名庫蘭帕米爾)，又西北即阿里楚爾帕米爾相接也。帕之西瓦罕什瓦之地，亦有帕米爾稱者，則其餘，波里阿里楚爾以北爲帕之北部，以南爲南部。北部之水，多入阿克蘇河，南部之水多入噴赤河。此帕米爾之大勢也。帕米爾山，皆橫行東南邊，縱行之赫色勒山阿近，即古葱嶺。

遊武功所到各處

（民國三十八年春）

有邰氏國，秦始皇以邰爲斄，漢改爲武功縣。

姜嫄墓在南門外。

姜嫄廟——育唐臺在城內稷山。

報本寺——唐塔即神堯之舊宅，在北門外。

唐太宗祠，即鴻禧觀，三清殿內有魚化石碑，在北門外。

教稼臺，即社稷壇，在東門外。

蘇武墓，在北門外。

康對山墓，在南門外。

隋文帝陵，在城南，距西北農學院不遠。

唐相國蘇環墓，距隋文帝陵不遠。

漆水今謬爲武水，北受漆水，南受湋水，入渭。

武功隋文帝陵

武功縣西有隋文帝陵，旁有畢阮所樹之碑，鄉人多呼之爲煬陵，然此陵是否爲文帝之陵，疑不能明。

康對山《武功縣志》卷一《地理志》有隋煬帝墓，而無文帝陵。其文云：在縣西原，武德五年八月辛亥，唐高祖葬帝于此。

孫景烈注云：按《煬帝本記》將軍陳稜葬帝於吳公臺下。唐平江南之後，改葬雷塘。唐《高祖本紀》武德五年八月辛亥葬隋煬帝。唐《地理志》武功西原，殤帝所葬。殤帝無考，煬、殤字相似，易訛。

　　《資治通鑑綱目》第十七卷云：四年（仁壽）秋七月，太子廣弑帝於大
寶殿而自立……冬十月葬泰陵。馮智舒曰：隋文陵曰泰陵，在西安府武
功縣西南二十里三畤原。

　　畢沅《關中勝蹟圖志》卷十八，隋文帝泰陵，陵在扶風縣東南四十五
里。

　　《隋書·后妃列傳》：獨孤皇后仁壽二年八月葬於泰陵。

　　《文帝紀》：高祖文皇帝仁壽四年十月合葬於泰陵，同墳而異穴。
《元和郡縣志》《太平寰宇記》皆云，文帝泰陵在武功西南二十五里三畤
原。《一統志》從之。畢氏云：考武功西南二十里，已交扶風界，陵今扶
風境。

［附］已閱之書

長春真人西遊記　　　　河海崑崙録

大唐西域記　　　　　　養素堂文集

西域地名　　　　　　　陶盧百篇

新疆識略　　　　　　　味蘗齋文集

西域圖志　　　　　　　辛卯侍行記

新疆圖志　　　　　　　撫新記程

海國圖志　　　　　　　葉迪記程

地理今釋　　　　　　　新疆回教考

輿地廣記　　　　　　　西北叢編

乾隆府廳州縣圖志　　　新疆遊記

朔方備乘　　　　　　　西北地文與人文

敦煌縣志　　　　　　　西域文明史概論

甘州府志　　　　　　　西北古地研究

五涼志書　　　　　　　四夷考

秦州新志　　　　　　　皇朝四夷考

涼州耆舊傳　　　　　　元史學

北徼彙編　　　　　　　東洋史要

康輶紀行　　　　　　　（屠寄）中國地理教科

西疆備乘

新疆往返日記

目　　録

一九三五年由武漢赴新疆途中日記①

五月七日　晴

車抵大同，天已微明，丹叫我起來，我覺沒有睡足，仍蒙頭高臥——睡在上鋪，"高臥"二字甚恰。

車經豐鎮，正午抵平地泉，平地泉即綏遠之集寧縣，元時爲集寧魯。據説民國八年平綏路修道蘇集（豐鎮轄地）的時候，預備在平地泉村設二等車站，該地民衆堅決反對，後將車站移到老窪嘴（集寧縣的舊名），因備案爲平地泉車站，故相仍爲改。鄉民無知舉動，清末舉辦新政多方阻撓，時至民國，猶復如此，可發一笑！

前進抵卓資山，"卓資"一作"卓子"，前進爲武川縣的下營，又前進到白塔車站，塔離車站約數里，據云浮屠七級，高二十丈，蓮花爲臺，中嵌金世宗時閱經人姓名，俱漢字。前行遥見歸綏新城，午後一時半抵歸綏車站。

下車後，有中西旅社接客的，因沒來過此地，不知什麼旅館可住，於是雇車到舊城中西旅社。二時半到，旅社就在綏遠飯店旁邊，行李卸下。休息約一小時，雇車到新綏汽車總站。該站在北門外寬巷子，入門後由門房引到牟主任處。牟是山東人，説話不太好聽，我還沒有説出原委，他就説你快轉去，不要在綏遠候，最近兩個月絶没有你們坐的車，就是最近有車，也要運義軍家屬，你們也不得坐。我説了些請他通融的話，他强硬如故，既然如此，再不願多説。

掃興而出，自聽了老牟這一番話，宛如當頭一棒，途中思來想去，

---

① 此日記已殘缺，僅剩 1935 年 5 月 7 日至 6 月 24 日從大同至迪化（即烏魯木齊）之日記。

悔不該來！到了旅社同丹談交涉經過，她聽了毫無結果，也起凄然之感！

　　五時叫飯吃，綏遠吃的東西口味甚淡，入新交涉既不如意，食物又不合口，越是覺得塞北窮苦，不可久居。食畢，丹又到汽車站去見老牟，結果是和我一樣。不得已，就寫快信到天津總公司詢問究竟。又拍一電報到新疆請少丹兄設法。辦畢，就展被就寢。

在綏遠

五月八日　晴

　　綏遠天氣與口里迥異，現在已在初夏了，每晚睡時須蓋棉被。晨起穿棉衣。漱洗畢，時已九點，我又到汽車公司和老牟交涉。我委婉的説，我們是新省要我們去辦教育的。一提此事，他就發牢騷。他説許多人是去辦教育，其實多一個大字不識，我認爲他是當場侮辱我，簡直不可以理喻，又無結果而返。心境不快，南歸之念遂起。

　　綏遠城內喇嘛廟很多，且甚有名。十時許，我偕丹及二子往觀。舊城內最有名的是大召、小召、舍力圖召及五塔召。"召"是"召提"的省稱，顏師古等《慈寺碑》有云"招提攸茸"，杜工甫《游龍門奉先寺》詩云"已從招提游，更宿招提境"，可見唐時就有此名。《僧史》云："魏太武始光元年，創造伽藍，立招提之名。"又《僧輝記》云："招提者，梵言拓門提奢，唐言四方僧物，但傳筆者，訛拓爲招，去門奢留提字，即今十方住持耳。"又《唐會要》云："官賜額爲寺，私造者爲招提蘭若。"按"拓"與"招"形近而訛爲"招"，"招"與"召"通，今綏遠多用此"召"字。

　　大召在舊城西南大召街。蒙古人叫做依克召。依克是"大"的意思，召就是寺廟。廟又叫無量寺。寺內闢爲共和市場，有點像北平前門外的天橋，開封的相國寺。內多小販，大半是賣食物的，篷內設備，極不清潔。進寺內見喇嘛數十人正在盤坐唸經，時而鑼鼓喇叭齊奏，有一蒙古幼女，年約廿，在旁進香。寺內供釋迦牟尼像，布置華麗，燦爛耀目。寺的大門懸有"九邊第一泉"一匾，書法蒼老，寺前百餘步有玉泉井，上有九孔，傳説康熙到此，馬渴，以蹄抉地，泉即涌出。此事頗類武昌的卓刀泉。無稽之談，不足爲信，出大召至舍力圖召。

　　舍力圖召一名錫拉圖召，雍正四錫拉圖胡圖克圖居此。故名錫拉圖召，舍力圖召是其轉名。胡圖克圖是喇叭之道行高尚的意思。康熙三十五年西征至此，賜名延壽寺，寺中御制碑文，大殿懸有"陰山古刹"一匾，字法蒼古。該寺地址宏闊，爲綏市各寺之冠，聞大殿壁畫甚好，未得一視，僅在殿前攝一影而出，出到小召。

　　小召在舍力圖召之東，相距約百餘步。蒙古人稱曰"巴甲召"，巴甲是"小"的意思，又名崇福寺。康熙三十六年納依齊讬音呼圖克圖所建。康熙征準噶爾凱旋駐於此。院內有御制碑文，紀平準功績，文長不錄。據云寺之盛時，殿宇峙立，雕梁畫棟，今多傾圮，頹敗已甚。綏遠有俗語："大召不大，小召不小。"由這句可知小召與大召可相伯仲也。聞寺中藏有康熙帝的甲胄，見寺門深閉，未去一看，寺前大半是賣東西的，聽説有古董商性質。

　　看了以上三寺，覺得有些疲倦，遂返寓了。時已十二點多，午餐後在寓休息，兼看冰心女士《平綏遊記》。這時心緒不佳。身居塞外茫茫無識，實在寂寞。信步到城外省黨部，後又到省立圖書館，管理員王君爲人謙下，引導參觀，館內書籍無多，而布置尚屬雅潔，我問王君綏遠有沒有湖北人，他介紹了幾個，並寫明住所，內中屠先生在綏最久，現住新城留園內，我出館雇車往訪。

　　綏遠舊城原是土默特旗，明代嘉靖間爲俺答所據，隆慶間封俺答爲義順王，封其妻三娘子爲忠順夫人。相傳舊城爲忠順夫人所築，稱之曰"歸化"。今北門巍然獨存，時正重修。而土城大半拆毀，舊城在清時是漢人居住地，商業發達，今民政、財政兩廳在此。

　　新城距舊城約五里，中有馬路，往來甚便。此城爲清乾隆四年所築，設綏遠城，省府及教育、建設兩廳在焉。城內是清代將軍駐所，中多滿人。自革命後，滿人他遷，城內空曠，儼如荒村。

　　車抵留園，屠先生已到省府辦公，由屠先生同鄉蕭先生接見，談了些關於綏遠的事情，出來又到省府。省府在鼓樓之北，形式矮小，但尚

清潔。又傳達引到屠先生辦公處。屠先生名義源，做官多年，見面很冷
淡，我看他似無熱情，不願久坐，辭別回寓，心益煩悶。晚餐後，在寓
看《平綏遊記》到篇末，記有清華畢業學生蔣恩鈿在綏省立一女師範教
書，看了大喜欲狂，打電話問蔣先生是否在校。蔣先生來接，請我即刻
去談。我雇車往謁，相談約兩小時之久，蔣女士是一位有爲青年，我與
她有同學之誼，見面好像故知，她説綏遠有清華八九人，歸綏中學就有
六位，許明日介紹見面。我在清華時，没聽説綏遠有同學，所以有昨今
兩天的苦悶。時已十一點，拜別回寓，與丹談述蔣女士，她聽了也欣喜。
在這裏，我要感謝冰心女士了。十二點就寢。

五月九日　晴

今天是國恥紀念日，綏市没有表示，身居塞外，動多愁苦。察綏前
途危險，惜居是土者多無覺悟。午前在寓讀王樹枏所作之《新疆小正》。
午飯畢，恩鈿女士來約往歸綏中學。及抵校霍世休同學(校長)接談，於
是米景沅、左登金、王鴻逵、郭清寰、李瑋各同學都來，談了些關於同
學的狀況，丹同蔣李兩女士到翟家花園去看海棠。丹等回來了，大家一
同到西北飯店，同學們的盛意，實在感激，談起汽車問題，同學們都願
幫忙交涉。六時許各散回寓，晚仍閲《新疆小正》。

五月十日　晴

晨起閲馮承鈞所作《西域地名》一書。午飯後赴女師參觀，該校規模
尚小，而辦事尚屬勤懇。由恩鈿同學處借了顧頡剛所作之《王同春開發
河套記》、吳文藻所作《蒙古包》各一册回寓。晚間在寓閲《王同春開發河
套記》，是書文筆流暢，王的歷史也頗奇特，讀之不忍釋手。王的功績甚
多，兹不録寫。

五月十一日　晴

綏遠天氣變化無常，今天大風陡起，飛塵翳目。午前在寓閲書未出，

午後一人往視五塔召。

五塔召在綏市東南隅，即慈燈寺，蒙古人名叫"塔布斯普爾罕召"。"塔布"是"五"的意思，"斯普爾罕"是"塔"的意思。漢人稱曰"五塔召"，又名"新召"。清雍正五年建，十年賜名慈燈寺。我從側門入，寺內狼藉不堪，殿頂五塔矗立。寺旁見工人用羊毛制細繩，仿如南方人之抽絲。其法極笨，嘆我國工業不進步，市場充斥外貨。晚間在寓閱《新疆禮俗志》。

五月十二日　晴

午前在家閱書。午後恩鈿女士偕張宣澤先生來。張是四川人，字梅生，北平軍分會派他爲駐綏代表。舉止端詳，且甚誠實，乃一有爲青年。綏市居民惡習極深，吸鴉片的舉目皆是。烟土竟然公買，聞城外多植阿芙蓉。據本地人説，舊城共分六區，而一區之內就有四五十家煙館。聽了實在可怕！私娼特多，此地稱私娼爲"破鞋"。在街行走的少女，十有八九是破鞋。有人説，一女有三丈夫，就算貞節女，其糟的程度可想而知。張君居是兩載，一無沾染，誠可貴也！張君願與汽車公司交涉，我很感激。蔣女士詳述來綏經過，綏遠風氣閉塞，社會不堪明瞭。她初有很多誤會，經長久奮鬥，現已冰消雲散了。談了約三小時，張赴汽車公司，蔣返學校。四時許，天津總公司來信，準我們乘此次車西去，大家歡喜無既！六時許，左、葛兩同學來問汽車交涉結果，彼等均願幫忙。晚間恩鈿女士來電話説，張先生交涉結果尚好，我説天津已有信來，想老牟再不致爲難了。

五月十三日　陰

昨夜狂風怒吼，天氣驟寒，今晨開門外視，瓦楞上鋪有白雪，寒氣襲人，我頗驚訝！初夏的天氣，猶見飛雪，這是南方人夢想不到的。吃了早點，持天津總公司信往見牟主任，老牟見我態度忽變和藹，説了許多客氣話。我暗中發笑，何前倨而後恭呢？我大談這幾年生活概況，他越是謙下，既準下次搭載。遂出公司赴新城省府往謝張先生。寒風撲面，遠山全白，忽憶及唐人東方虬詩，"胡地無花草，春來不似春"。因是有感，遂急成一絕：

> 暮春發鄂渚，周遭草木深。
> 故園春已盡，塞外始逢春。

時約十時抵省府，張君接見，并介紹湖北同鄉趙、曾兩秘書來談。十二時許返寓。午餐畢，小睡二時許，與丹及二子到街上閒玩。我幼居河南，深愛豫人性之古樸忠誠，九年來長住武昌，痛惡湖北人的叫囂。今來北方，還是羨北人的直爽，而行動蠢笨，遠不及南方人的活潑。處這競爭劇烈的世界，蠢笨也非絕生存。因此常爲北人擔心。綏遠人不愛清潔，衣服有自做成後至毀沒有洗一次，殊爲可笑。晚間在寓看開發西北及西北問題的刊物。

五月十四日　晴

天氣新雨後，風不揚塵，與丹商游昭君墓。買些點心，雇車前往，九時出發。墓在城南二十里，當大黑河之南，現有綏昭汽車路，交通甚便。丹與二子乘車，我在後追隨，車夫姓馮，安徽人。他說十幾歲逃出當兵，轉戰南北，又曾經商蒙古，頗能說蒙古話，當即告訴我幾句，並談蒙古人習慣風俗。車夫體壯，拉車不費力氣，我在後有點趕忙。清風徐來，空氣新鮮，見農人正揚種，從湖北起程，時麥已冒穗，經一月，而塞外始種，南北相差之遠，令人駭異！

昭君墓一名漢明妃墓，一名青冢，杜甫《咏懷古蹟》五首之第三首云：群山萬壑赴荊門，生長明妃尚有村，一去紫臺連朔漠，獨留青冢向黃昏。石崇《明君詞序》云："明君本昭君，觸晉文帝諱改焉。"

青冢之名，《歸州圖經》云："胡地多白草，昭君冢獨青。"鄉人思之，爲立廟。青冢之名，除見杜工部咏古蹟詩外，唐柳中庸《征人怨》詩云："歲歲金河復玉關，朝朝馬策與刀環，三春白雪歸青冢，萬里黃河繞黑山。"

昭君,湖北興山人,杜工部《負薪行》云:"若道巫山女粗醜,何得此有昭君村。"《寰宇記》云:"歸州興山縣有王昭君宅,即此邑人也。"故曰昭君之縣。村連巫峽,香溪在邑界,即昭君所游。《方輿勝覽》云"歸州東北四十里有昭君村",《琴操》云:"昭君死胡中,鄉人思之,爲之立廟,廟有大柏,又有搗練石在廟側溪中,今香溪也,廟屬巫山縣。"

昭君墓之所在地,議論紛紛。《香溪一統志》云,昭君在古豐州西六十里,除綏遠南二十里有昭君墓外,包頭西五十里亦有昭君墓,今屬五原縣。在包頭西北,今不甚顯,在歸綏南者,自遼史列於地理志,文人學士,喜登臨憑弔。據綏遠友人云:綏市南之昭君墓,係僅葬鞋一雙,包頭西之墓,較爲可靠。旅中無書,未得詳考,以俟異日。

墓高如山,登巔可以望遠,墓前有石碑,多俗不可耐。玩了約兩小時,吃了點心,攝了兩片,遂興盡返寓。途中車夫説了許多關於昭君墓的神話,全不可信。同一事體,因知識有別,信仰就生差異,各地都是如此。歸途中徐行神怡,五時抵寓,晚飯後,在寓作日記及閱書。

昭君嫁單于,《洪北江詩話》中所記的一段,頗有價值,抄錄於後:

王昭君賜單于一事,琴操之言最得其實,云:王昭君者,齊國王襄女也。年十七,獻元帝,會單于遣使,求一女子。帝謂後宮欲至單于者起,昭君喟然而嘆,越席而起,乃賜單于。是昭君之行蓋由自請,而《西京雜記》妄以爲事毛延壽,説最鄙陋,而世俗信之,何耶?余曾有一絶正之云:"奇重請尺組,奇女請和戎,莫信無稽説,嬙妍出畫工。"

五月十五日　晴

自游昭君墓歸來,兩腿微痛。因此不願外出,整日在寓寫信看書。閱日人藤田豐八郎所作之《西北之古地研究》,因有所感。日人對我國邊疆早就注意研究,而我國人士還蒙然不知。我輩身爲學子,對此應負責研究,以期國人知如何開發西北,此次赴新即以此爲鵠的。丹午後到女師範去看蔣女士,我在寓照料小孩。

五月十六日　晴

晨十時有湖北同鄉王君新從廣西來，欲在綏謀一枝栖。談了一時之久，浩從平來，王君辭出。午後蔣女士來談，她詳述她來綏的目的。聽了她的奮鬥經過，深佩其人。五時許同到豐軒喫飯，是館爲教門，在綏很負盛名。吃了後，果知名不虛傳。綏遠人多喝代酒，其味道似花雕。食畢回寓，繼看《西北古地研究》。

五月十七日　晴

昨夜許久未睡，今晨起得特別的遲，午後在寓看書。四時少丹兄由新來電，文云督座準提前附車。

五月十八日　晴

晨起漱洗畢，到街上閒逛，在書局買了一把信紙即回寓。午後屠義源先生來訪，談了些關於他在綏的經過，他曾做過幾任知事，又曾做過幾任丁長。現年五十以上，見人面似冷酷，實亦誠懇。人在宦海中浮沉過久，態度多變淡漠，屠先生當然不能例外。他約我們明天到他家吃便飯，却之不恭，只得允許。他説住綏砲二十一團團長李載青是黃安東屋嘴人，丹的外祖父家即是該村，想此人必與我們有關係。屠先生去後當即雇車往訪，適未回公館，投二刺而歸。

五月十九日　晴

晨七時起，八時和丹同往李載青，他最近爲檢閲很忙，又没得見。午前在寓看《新疆訪古錄》。午後五時到新城屠先生家喫飯。屠先生欲綏以終老，故名其園爲留園。他説綏中小學教科書由上海各書局出，多不適用。

李團長之侄明科來玩，談起家鄉事情，大家都很興高采烈。晚間繼續看書，十一時睡。

五月廿日　晴

晨八時許鐵鈞(明科字)同杜醫官來，談了約兩小時，約我們大小到麥香村喫飯，此館在綏遠最著名。味確是不錯，飯畢回寓，晚五時李團長也請到麥香村喫飯。有九舅娘作陪，談了許多話，食畢，團長及九舅娘同到旅社來談，團長在陝西有三十多年，自幼從軍，人極慷慨，且富經驗，分別後在寓寫信。

五月廿一日　晴

晨八時鐵鈞來，九時許同到二十一團訪杜醫官。參觀大砲，據云：都是山西兵工廠出品。出來又到小召，喇嘛開了正殿，引我們參觀。引着我們的喇嘛都能說中國話，王樹枏《新疆禮俗志》云：蒙古人有兄弟三個，就須有兩個去當喇嘛。王謂並無此事。我看別的書上說，有兄弟二人，就得有一個去當喇嘛，綏遠友人也是這樣說。王書謂無此事，我即生疑寶，當問喇嘛是否有此事。年長的喇嘛說："在康熙時規定有兄弟三人，就要有兩個去當喇嘛，現在隨便。"大召盛時，喇嘛幾千人之多，所念的經是用皮紙寫的，一塊塊的，不相聯綴。外用木版夾着。出寺回寓，飯後在寓休息，四時許到團長公館，室內清潔，這是在塞外不易見到的。六時許喫飯，談了些關於人生處世的話，八時許回寓。

五月廿二日　晴

晨起在寓看《西北地方與文人》，記河套開渠的事，王同春的名字其中也有，但不很詳細。王同春真是了不得的人才，他是一個老粗出身(北方人叫不識字的人爲"老粗")，而做出偉大的事業，綏遠地方的人，幾乎無人不知。他的女兒叫"二老財"，也是幹才，有河套穆桂英之稱。我在綏遠常聽友人談他們父女的故事。十時許北平同仁堂少老闆樂紹虞來訪，他在綏遠開一藥鋪，名宏達堂。他與李團長是親戚，於是他和我也攀親戚，談起他家的生意，其狀實在可以驚人，可算得中國藥鋪中托剌司了。下午三時回看，順便認識公安局白局長，他們都喜抽煙打牌，我不願多坐，遂一人回寓。同旅社有位李執一先生，是河南淮陽人，北平警高畢業，談吐不錯，近日來時常往來。他的同學有幾個在綏做警察工作，他們很清楚地方風俗。李先生由哪些聽得，於是轉說給我聽。綏遠表面雖似堂皇，而人民生活之苦，人民嗜好之深，聽了實在痛心！老子云："天地不仁，以萬物爲芻狗。"綏市之不景氣，我國到處皆是，但未若此地之深。人民何辜，遭此不幸。晚間在燈光下講故事給兩小孩聽。

五月廿三日　晴

晨起天氣清和，同丹等到北門外龍泉公園去玩。公園距城約里許，路旁植樹，葉像才出，塞外風光，由此可知其寒了。龍泉公園俗名臥龍岡，據云：前幾年有一農人在土包處挖，於是水即涌出，土人疑爲有神，後來建設廳在此修了兩個茅亭，鑿一水池，辟有稻田，隙地遍種楊樹，於是每晚遊人麕集，其實以南方人眼光看之，值不得看，沙磧荒寒，龍泉公園居然也成了勝景。十二時許回寓。午後在寓未出，繼閱《西北地方與人文》。

五月廿四日　陰

今天天氣陰沉，整日在家未出。看《綏遠分省調查概要》一書。晚間蔣女士來談，我發表我的開發西北的主張，晚間雨不住的下，綏遠天久未雨，這次可說是甘霖。綏遠人民都極喜悅。

五月廿五日　陰

街上路途泥濘不堪，宏達堂請我喫飯，我以習慣和他們不同，不願去應酬。德浩一人去了，我在家照料小兒。晚間領二子到理髮店理髮，那裏面的人，個個面帶煙色，聲音也不清晰，我同丹笑說，這些都是癮君子。人們無知，他們不知他們不幸，而還要自沉苦海，他們可惡，政府當道也不能辭其咎！他們在裏理髮，我一人順北門大道前行，走約里許，沒見什麼，於是回頭約丹等回寓。浩由宏大堂歸來，說我沒去，樂先生很不高興，我説欲使人人高興那才難啦！

五月廿六日　晴

雨復新晴，灰塵絕蹟，聽説民政廳後園甚雅，九時許同德浩、執一、天琪往游，即抵大門，由該廳職員孫祝三領導遊覽。是園名叫懌園，慈禧太后之父惠徵在此做過道尹（民政廳即前道尹公署），西太后兒時隨父在任，常在後園遊玩，繼任者築亭曰懿覽亭以爲紀念。亭後有一土岡，上有一亭，登此可以眺遠。今天天氣清明，五十里路外的喇嘛洞，歷歷入目，亭旁有屋，孫先生説是西太后祖父讀書處，下有兩塊大白石，説是慈禧兒時常在上面坐玩。後來又到了大仙廟，内陳從前的儀仗。孫君説此地人極信神，每衙門内有大仙廟。登屋一看，幙内坐一滿人式年老人之泥像，下來又到亭内坐玩。園内種花木，在塞外真是難得。午後蔣女士來談，六時許，丹到李團長家。九時回來。

五月廿七日　晴

是新晴的天氣。早起覺得有點冷。綏遠地當寒帶，現已入夏了。而氣候極似鄂中之新春。上午在家看書，午後到城外省立圖書館看報，館内闃靜無人，我久没閱讀報章，在那兒盡情翻閱。綏遠設省不久，所以既無省志，復無縣志，最近由民眾教育館作了一《綏遠各縣調查概要》，内容大致還好。四點時候步行回寓。晚飯復在家談天。

五月廿八日　晴

早起在寓看書，午後鐵鈞來約我們到城外龍泉公園去玩，大家慢慢的走，剛到那裏，只見西北方黑雲涌起，我們就趕緊轉回來。晚飯後在寓閱書。

五月廿九日　陰

自到綏遠，每天都到館中喫飯，口味與我們不合，且覺得不潔。上午鐵鈞來了，談起此事，他說可到團長公館去借汽爐，自炊，說了他就回去拿。下午五時，他拿來了，並帶些面來，在綏似長居久安之慨，但西行無期，我甚急灼。

五月卅日　晴

早起在家看書，午後又到大召去逛，後來在街上走時，見本地所織的呢和毯，粗不美觀，而顏色尚不俗，手工業能以產此，已算可貴。

五月卅一日　晴

每天苦悶無聊，到第一中學米君處去借了一部杜詩、《文選李注義疏》二本，作遣悶之品。傍晚恩鈿女士又來了，談了好久始散。

六月一日　晴

綏遠這幾天頗見熱鬧，各處設招待處。而"破鞋"（妓女之別名）也大形活涌。蒙古各旗王公也陸續來綏，聽說王委員長應欽要來。各旅館都設爲招待所，每天只見招待的各先生們走進走出。街道也比以前清潔了，各召的門前寫上某王的住所，我住的中西旅社也被設爲招待處，出進的人頓形踴躍，大非從前的寂靜樣子。我無事就街上去逛逛，憲兵們也加多了。靠左邊走也執行較嚴了。

六月二日　晴

早起在寓未出，聽說今天閱兵，我因無心看熱鬧，所以沒去觀光，在寓和小兒們談天。

六月三日　晴

往西開的汽車，聽說決定明天開，我收拾東西，交還在各戚友處借來的物品，又向各處去辭行。整整的忙了一天，晚上鐵鈞又來談了。黃昏時候已將行李送到汽車局，新綏汽車的辦事態度欠和藹，當我們東西没有送去的時候，百方説不準多帶，我檢之又檢，將要帶去的物件寄回家中，在中國這個國度裏，旅行真是不易，不僅使行人物質上有極大損失，並給精神上一大刺激，中國常説一動不如一静，現在方瞭解這話的來歷了。

綏哈道上

六月四日　晴

在雞聲没鳴的時候，起來收拾行李。三時半由中西旅社到新綏汽車站，久盼不得的西行的日期，現在方算是實現了。七時半車將開動，秩序毫無，旅客大爲不便。這次西開的車共有八輛，内有轎車一個，丹和佩和谷兒都在内，我和浩及琪兒在另外一車上。同伴有依勢欺人者，我們也在被欺之列，一時很覺氣憤，過後也就一笑置之。出綏遠城，經過大青山(即陰山)，車在山上爬上爬下進度很慢。時已正午了，車達武川。我國地圖多將武川繪在陰山之南，真是荒唐之極。武川範圍極大，遠不若内地的一大鄉村。車出武川，漸入平原，而滿目荒涼，不見青草。時已至夏，尚且這樣，秋冬兩季更可想而知了。唐柳中庸説"黄砂磧裏本無春"，一點兒也不錯。這時天氣比從前較冷了，稍高的山上還有積雪。時約三點的時候，車陷在泥坑中，費了許多時的工夫才拉出來，車停在荒野，有幾個蒙古女郎到車旁來玩，長辮皮衣，這套裝束南方人是没見過的。這時天起烏云，將要落雨。車就加速度的前開。走到召河，天已微雨，並也暮色蒼茫，同行人們就決定在此住一宿。召河是因由喇嘛召得名，只有兩三家住户。我們一家人就在一個蒙古女子開的店中住，裏面髒極了。這個店主婦，是一個寡婦，姿態並不惡劣，其行爲甚浪漫，聽説她有幾個姘頭。晚上雨止，極目的平原上，見那成群結隊的駱駝，頸繫鐵鈴，走時鐺鐺作響，又有那無數百靈鳥，在空中飛旋，其聲宛轉好聽。在這沙漠上有了這些點綴，可破孤寂。晚餐用駝糞燒好了，大家都飢得發慌，爭去取食，古人説飢不擇食，而今目及了。

六月五日　晴

天尚未亮，就被人催起，收拾行李，準備開車，在六點時，車就行發動。昨天在車上嘔吐了幾次，極爲難過，今晨調換方向，免去暈眩。車出召河，路上十分平坦，車行極快，在日上三竿時候，百靈廟已呈見我的目前。百靈廟一作貝勒廟，此處是內蒙古政治中心，蒙政委員會設在此處。車剛抵百靈廟，有蒙兵前來上稅，停了約半點鐘，手續完畢，就到新綏汽車站，途中看見蒙人在山上馳馬，其快如飛。車抵站後，蒙人老幼都來參觀。我今天雖比昨天好，但仍暈嘔。站內極髒，且蒙兵時出時進，異常擁擠。大家都吃了飯，時已正午。我在此作了一封家信，攝了兩張影片。車開了，我改座在車的樓裏，須出洋十元。出百靈廟即渡一小河，再上山坡，路極坦夷，車跑甚速，行約六十里，見後面一輛車沒來，有兩輛又開轉探聽。回到離百靈廟十里路的地方，有一輛車停在那裏，始知車夫東西遺失在百靈廟，轉去取物。在車旁有兩蒙古包，我到裏面一看，方知裏面盡是歐美各國的人民，陳設甚好，且人都和藹。內有美國人、法國人、瑞典人。有一位曾於斯文赫定同伴遊歷過新疆。取物人來，車又前進，走有十幾里處，見有汽車翻倒，有四人受傷。出門真是不易，我見了內心不覺就起了恐懼心。前面的車見後面的車不去，都開轉來了，車壞了人傷了，於是決議折回百靈廟。回轉到百靈廟，時已半晚，帳篷支起，大家就篷內住宿。地下盡是馬糞，臭不可言。我約了一位同伴，找一位蒙政委員會的職員作向導，去參觀百靈廟。廟的範圍有兩三里路的寬大，內有幾重大殿。旁有許多小屋房。是喇嘛住所。殿頗堂皇，聽說是康熙時修的，出了廟，就到蒙政委員會處一游。廟旁有很多蒙古包，裏面有雲王、德王的住所。雲王是委員長，德王是秘書長，雲王年老，一切大權都在德王手中。他倆都不在家，我在王君處休息了一會，就回站了。百靈廟傍山面河，河內有水緩流，聞不準人民在裏面洗澡滌東西。河東是市鎮，有郵局，有無綫電臺，有雜貨店，在此處做買賣的都是山西人。河西是百靈廟。兩旁有很多蒙古包，住有蒙兵。黃昏時，我登山遠望，只見廟宇金碧輝煌，誠一壯觀。山下壘石，插一小旗，名曰鄂博，是蒙人每年競賽的場所。百靈廟附近山上產煤，聽說王爺不準開採，怕是走了風水。

六月六日　晴

昨天翻的那輛車回綏遠修理，須候那車轉來才能西開，今日決定不走了。借着這個機會到各處去參觀。早晨起來，領着一家大小到河邊去玩，在水裏洗滌手幅，見有幾百蒙古兵在旁下操。我走近一看，其奇形怪狀，活像一群乞丐，有的着長袍，有的穿短衣，有的戴帽，有的光着頭。教官頭有長辮，戴瓜皮帽。口唱蒙語，兵們立正開步走，全不對，這些武裝同志們有什麼用處呢？蒙人吃的是牛羊肉，路旁盡是白骨，又聽說他們要是死了人，就棄之中野，任野獸大飽一餐，如許久没野獸照顧，全家就認為不利，必須請喇嘛唸經祈禱。又聽說百靈廟對面的山谷中，從前每天晨夕，總有美妙的音樂奏着，康熙皇帝有一次到此，聽了音樂，就問所以然，據說此處將要出皇帝。康熙聽了大驚，想方法要破此風水。於是就在百靈廟的大殿上修一陽物，正對那仙女們住的山谷。從此仙女們遠揚，音樂再也聽不着了。這件事姑妄聽之吧！蒙古水極稀少，此處有水縈帶，無怪是重要所在。午飯後又到鎮上去玩，見有由西人將要建築的百靈廟飯店基址。範圍不很小。市上賣的東西極貴。像罐頭一類的東西，在武漢值三角者，此處非一元不賣。晚五時往綏遠休息那輛車轉來了，準備明晨西開。

六月七日　晴

晨三時，就被人催起，收拾行李，微明時車就開，出了百靈廟約二十里，彌望平原，車行甚速，時已亭午，在車上遙望前面有一極大森林，及到附近，是一荒野，如是者數次，開始我不解其故，細思：或即物理學上之反映。沙漠上很少青草，但路的兩旁却綠茵如毯，其他就是不毛之地了，在午後約二時許，我們的車中有一輛壞了，大家議論紛紛。有主張轉回百靈廟的，有主張前進的，有主張在此靜候的。結果有一輛回百靈廟，我們在這曠野中搭起帳篷，在此等候。此處有兩個蒙古包，裏面有老年夫婦二人，他們有子女各一，有羊數百，有頭牛三十多只圍繞蒙古包，是用羊馬糞做的塊磚，大概是預備過冬的。包旁有一井，水很清冽。這家人老夫婦倆勤懇的工作，少女照料羊群，而少年男子，則騎馬外游。聽説蒙古人的男子地位極優裕，每天走東逛西，而女子就一天到晚不得休息。晚上我走上山巔，看波浪似的小山，全無草木，内蒙全部荒寒固然是自然的賜予，同時也是人爲摧殘。牧畜生活，很容易使土地變作沙磧。站在天空地闊的山上，清風徐來，連日來的勞頓，幾全消掉。晚飯吃的是稀粥，裏面常見羊糞，我吃不飽，内心很覺不快。天黑了，我一人在帳篷外踱來踱去，直到更深人静，我才入内去睡。

六月八日　晴

東方紅日還没昇起，篷内的小孩兒們都鬧起來了，我本想多睡一下，但是也不能再睡了。洗了臉，我與丹同到蒙古包的前後一游，他們白天都到野外去牧牛牧羊，房内空無一人。我與丹携手又到山巔，談了些關於人生問題，玩了約兩小時，始緩緩步歸。蒙古人一早將牛羊趕出去，到正午全部都回來喝水，那小女孩將水打入水槽裏，牛羊都來吸飲。打水的器具是皮作的。大概是用了午飯，又將牛馬趕出。小女孩一人督隊，隨跟大犬幾個。到了黄昏時節就回來了。他們過的真是日出而作，日入而息的生活。

六月九日　晴

早上起來，没有事做，只有和家人及同伴們談談閒話。有時逛逛山景，在這平凡的地方，除了感覺着自然界的偉大，别的一無可取，轉回的車來了，並添了一輛，少停，車都一齊開了。至黑沙圖時已是下午兩點了，此處住有王靖國軍隊，並有通包頭的汽車，我們在此休息約一點鐘，車就開了。黄昏時車抵烏泥烏蘇，此處也住有王靖國的軍隊。晚飯後，我到一個蒙古包裏去睡，今天共走四百多里。

六月十日　晴

早五時車開。今天途多沙灘，車時被陷，沙漠中雖無奇景，但有時望前面像一片汪洋，又遠處山谷中涌出萬頃波濤，宛如一大瀑布，此景時見，詢之同伴，多不能解釋，是不是光學上的亂反射，只有存疑。到鬆稻巔時已正午，少停又開，傍晚達海牙阿馬圖。此處有很多的蒙古包，是做買賣的。我戴①丹到一店家，買了一點酒，藉以遣愁。

六月十一日　陰

天剛亮時，狂風大作，車開了，途中多沙，車時被陷，進行十分困難，自今天起，途中不見青草，只有一片黃沙，今天僅幾十里路，車就停了。

六月十二日　晴

天還亮就出發了。今天沙漠還多，進行甚慢，正午抵阿卜敦，前面不遠就是銀根，這兩地方緊接外蒙。銀根一帶是一片沙磧，上多碎石，有奇形怪狀的石子，我拾了不少。

傍晚時有幾個車都陷入沙中，我就步行至班定陶賴蓋。到了站，弄點兒水洗洗臉，班定陶賴蓋的意思，據說班定是某佛，陶賴蓋是帽子。因此處有一小山，形似佛帽，故有此名。此處很有幾家山西商人，我們出了一點錢，自己作了一頓飯吃了。其中有一商人，曾在外蒙經商。後因事變，被迫出境。談起來，他有憤怒的氣概。此人頗有常識，且知註音符號。從前我常說中國人沒有冒險性，今天和這幾個人談了話，知道他們出死入生，在這廣大沙漠中經營他們的事業，也不能不佩服他們的精神偉大了。今夜月白風清，談了許久，才回帳篷。

六月十三日　晴

車至十一時才開，途仍多沙漠，車常被陷。近幾日所走的道全是砂

---

①　此處應爲“帶”。

磧，正是內外蒙交界處的一帶大沙漠。黃昏時車抵察罕典禮俗，他的意
思是白芨芨草。此處有幾個蒙古包，也有山西人在此處做買賣。有一個
蒙古包裏面沒有住人，據說從前在裏面死了幾個人，現在沒有人敢到裏
面去。今晚月白風清，我吃了晚飯，就在帳篷外散步。

六月十四日　晴

晨起車開，道較平坦，途中我與白某因誤會而有小衝突，他常仗勢
欺人，我實在看不下去。傍晚達二里子河，此地又名烏蘭愛里根，靠近
居延海有一小河直通其中。後綏遠到哈密至此是一半，此書新綏汽車設
的有分站，中央設的有無線電臺，辦事人是南方人。河旁有許多砂丘，
上長胡桐，許久不見草木，今天看見了青枝綠葉，很爲可愛！車夫們買
了一只羊，殺了煮食，我不喜其味，未嘗染指。飯後我到砂丘上去玩，
後來又到河中洗腳。聽說這裏砂丘常常移動，如果有一陣大風吹來，它
就移到別處。開車的準備在此休息一天，晚上到電臺裏面去聽廣播。

六月十五日　陰

昨夜起了大風，天亮時更加狂吼，篷內鋪的被子都爲砂子掩覆。外
面黃砂蔽天，無處可去，只好跑到汽車前面樓內暫避。午後風稍煞，我
同一家大小到河邊洗衣被，晚飯在外面散步至十時方入內就寢。

六月十六日　晴

微明時由二里子河出發，走了十幾里路，沙漠甚鬆，車行不快，又
行約三十里，就看見一片碧綠的居延海。車子幾繞此海的三面，如能從
海上經過，可省二百里的路程。途中很多灌木，形似柏樹，都不成材。
我拾了一棵，其質不堅。蒙人以此作柴，俗曰"加剛"。今天所走的道
路，有極難走的，有極平坦的，有爲黃泥鋪平的道路，比之通都大邑的
柏油路還好。車在這種道上行走，其快如飛，晚上到了一塊極平坦的地
方，車就在此停了。此處沒有人住，且無井。車上用石油筒帶來的水，

喫喝時聞着一股煤油味，實難下肚。

六月十七日　晴

晨起出發，正午時抵蘆草井子。站設在一個破關帝廟內。除此廟外，別無住戶。新綏汽車公司派有一人在此受站，旁有一井，井水不好，吃了的人，輕者大便是黑色，重者就要生病。丹到井邊洗物，有同伴彭某故意尋釁，丹百方忍受！沒起風波。這次旅行，常受仗勢欺人的壓迫，只有以忍了之。晚到石板井子，我甚疲憊，飯罷就寢。

六月十八日　晴

天已大明，車始出發。途中很多小山，沙漠中有小樹，晚抵火燒井子。

六月十九日　晴

早六時出發，此處是安西地界，設有一卡，來往商人，都要在此上稅。聽說從前有一商人經此，他在內地買的有一箱紙煙，價值四十元左右，到此上稅要六十元。商人說：“我這件貨價僅值四十元，而你要六十元，我不帶了。將這件貨送給你吧。”上稅的人說：“如果真送給我，那還得交二十元大洋才行。”我國各地官吏，任意妄為，真是可惡！時約十一點，抵公婆泉，新綏汽車公司設有油站。此處也是安西地界。設有稅局。山上有一土寨，據說三年前有一股土匪在此盤踞，這寨及土房是他們建築的。至今尚完整，正午時遇一群從新疆回內地的商人，說新省近來很好，午後三時到新省地界，山嶺漸多，但都是童山。日尚未落時，車抵鴨子泉，此地井水甚多，決在此住宿。此處距哈密僅三百里，明天一定可到。晚飯後，大家議給車夫酒資，我們一家共給十四元。

六月二十日　晴

晨起出發，路極平坦，走不及百里，23號車翻了，車上幸無乘客，東西損壞不少。這兩次車翻，都是極平坦的地方。大概是在平坦地方，客車的人多很疏忽。

到廟兒溝的時候已達正午，山有一座廟宇，聽說是宗教家的避暑處，距哈約數十里的地方人烟漸稠，但路是沙漠，車很難行。再前行，看到青葱的樹木，碧綠田園，流水清淺，維吾爾族老少婦女夾道觀望。路旁有杏樹，同伴有摘取的。到了哈密，只見破敗的土城，殘壞土房，大概是近幾年新疆變亂的遺痕。車抵站時，各族人士展於目前，五光十色，奇形異樣。這種風光，是長江流域所見不到的。不久保安局來檢查完畢，我們到承順店暫住。這店是堯樂博士司令設的招待處。有兵幾人在裏面招待我們，也很舒服自在。近十幾天來，風塵僕僕，身上盡是灰塵，極感不適，要了點水，洗了洗。晚七點時喫飯，蔬菜很可口。今天琪兒的生日，旅途中沒有東西給他玩耍，留在到迪化再講吧！

在哈密

六月廿一日　晴

晨起漱洗畢，堯司令來訪，談了許久，堯司令別去，我們就用早餐，吃的稀飯麵包，菜很有味，這是自從出了綏遠所未嘗到的。飯後，我同浩及宋先生去拜劉行政長，坐了一下，又去拜訪堯司令。司令部、行政長衙門、縣公署都在舊城，裏面很蕭條，兩湖會館及定湘王廟也在其中。到了司令部，堯司令出來接見，談了不久，就到汽車局去取箱子。我又到保安局去拜訪杜、藍兩局長，坐了一下，就出來去看同路的張績廷先生。

起初我看見定湘王廟很不明白，後來才知道當左文襄平定新疆時，所領的全是湘軍，他們多崇拜定湘王，所以大軍所到的地方就立廟供奉。聽說新疆各地都有定湘王廟，又名王爺廟。

這次新省的變亂是發端於哈密，而哈密也糜爛最重，至今雖漸恢復，但市面仍現凋零氣象。

晚五時許，堯司令及劉行政長公宴這一次來的人們，我們一家大小都去了，筵席甚好，有幾樣東西是內地吃不到的，吃了約兩小時之久，宴罷回寓。店中餵了幾只孔雀，小兒們極喜去看。

哈密是新省東方門戶，出口的東西吐魯番的棉花、葡萄乾、杏乾爲大宗，店中存的棉花很多，是準備運甘肅去的。

迪哈道上

六月廿二日　晴

晨起整理行裝準備上車，堯司令來送行，別後就赴車站，七時許車開，我們坐在車後，顛簸異常，經過回城旁見有高大的浮屠式的墳墓。路中灰塵很大，在車坐了不久，幾爲灰塵所埋，我不可耐，下去坐在別的車上，那知這車尾上振動比前更兇，痛苦極大，我欲回轉。後同伴另想辦法，換坐在車的前上部前方才稍好，出門真是不容易，我這次旅行，實在是受有生以來沒有受過的痛苦！午後三時許，就到七角井，聽説此處有設治居，但辦事不在此處。七角井在亂山環抱中，有一土城，傾圮不全，裏面的破落土房，沒有居人，僅住兵一連，以資鎮守。我們住在一間破土房裏，髒極了。

七角井子有兩條道可通迪化，一是經鄯善、吐魯番，一是經木壘河、古城子、孚遠，據説夏天車走古城子等地，冬季經吐魯番，在古城子與七角井之間有一個地方名叫大石頭，每到冬天爲雪所封，故不能通行，現已消開了，明天定走北道。

從哈密出來，沿途的房屋都是四壁，沒見一人，戰後的瘡痕閲之令人心酸，聽説這次事變，各族相復仇殺，毫無意義的損失了幾多的群衆。

六月廿三日　晴

微明出發，經過山谷中，望見紅日昇起。正午時抵木壘河，市面很小且甚蕭條，看縣長率領人們出來求雨。我吃一碗面，每碗五十兩，鷄蛋每個也是五十兩。車開了，午後四時抵古城子。老奇臺離此尚數十里，在站停了很久，聽説縣長設的招待處在文廟。於是我們移至文廟。吃的是稀飯，丹吃不飽。此處有兩湖會館，我同浩進去看看，裏面有一個黃陂人，有一個湖南人，都是年老力衰，每天的喫喝很難謀得。異鄉得此，不禁起無限感慨！蕭縣長來到招待處，談了片刻就走了。後來保安局長張局長及殷肇湘來了，送些食品，談了不久就分別了。古城子就是奇臺縣的所在地，爲北疆重鎮，商務也很發達，但是我看街上蕭條得很，談不上是重鎮。

六月廿四日　晴

早上起來蕭縣長在館中預備了些菜和面，同伴們都去吃了一頓，七時許車開了，新疆是天然的汽車道路，路極平坦，車行甚速。經孚遠，途中渠水很深，車走不易，麥已漸黃，農人很忙。此時江南一帶，麥早割了，而新疆有的尚青。氣候不同，生物也就有遲有早了。距孚遠十幾里，有一千佛洞。在車上可以望着。聽說裏面有大佛一尊，是唐時物，惜無機會往閱。車抵阜康少停，聽說此處產酒，途中聞着酒氣。車開了，行進如飛，到古牧地時，省內已有各要人至此迎候。少停，車開了，午後四時達迪化，車到車站，來了一隊軍人揚言：“有督辦的電報就不檢查。”果然還是和督辦有關係的人們都平平安安的走了。留下來的幾個商人和我們在那裏候他們檢查。翻箱倒篋，實在令人感覺不快，最好笑的是我受北平同仁堂的囑托帶了幾張廣告到新疆，檢查的科長及其他的人們說：“這重要，帶局細看。”又有人說：“不必帶。”又有人說：“重要。”結果還是拿去，他們能力如何，由這件事就可知道了。

張太太及式婉們來迎。收拾行李，坐汽車到廳，近兩月來的露宿風餐的生活是告一段落了。

一九三六年由新疆返武漢途中日記①

東歸記（民國二十五年春）

四月十八日

在迪化住了將近一年，除了去年年底到塔城一游，費時約一個月，其餘的時間都消磨在烏魯木齊。新疆政府對於新去的人們，不準回家。我從不知道有這麼一回事，自到新省，才聽着這驚人的消息。當時前思後想，萬分焦灼！我本爲好游而到新疆，那知陷於囚犯似的生活，這是如何的不幸啊！我雖處於這種苦境中，而每天總是千方百計應付當局能放我東歸。好容易省府通過的進關案，一些熟人們都來給我道賀，大家都説我是多麼幸運，他們儼如模範監獄中無期徒刑的囚人。

德浩在伊犁没得一見，谷兒放在教育廳，我同琪兒東歸。回憶起去年來時一群同伴，而今僅兩人回去，骨肉分離，泪不禁自下！

今天是烏垣的植樹日，各機關的人們都到西公園植樹去了，我九時許到汽車站，候了約三小時車才装置就緒。現在因奇台一帶的積雪很多，車不能走，這次仍翻天山經吐魯番達哈密。這一趟道是我没去過的，今得走新途徑，是一件可喜的事。

十二時許車由迪化開了，經過南大街和南關。這些地方都是我常游的區去。古詩云："黄鶯留人渾相識，欲別頻啼四五聲。"何況是萬物之靈的人類呢！

近來天氣漸漸地温暖了，迪化城裏溝渠涓涓始流。車出南關，在山谷中行走，不見青草，只見童山。午後一點二十分抵柴火鋪，芨芨遍野，

---

① 此日記亦殘缺不全，僅剩 1936 年 4 月 18 日至 4 月 26 日之日記（由烏魯木齊至哈密）。

遠望着極像一片黃沙，面前有一帶碧水，大概是積雪所融成的，這是在戈壁中希見的東西。居民盡是維吾爾族，生活簡陋，極不清潔。

晚五時許到達坂城，"達坂"是"嶺"的意思，因此城靠近天山，故有此名。很早就聽説此地比別處冷些，現在真是覺得比迪化寒得多了。此地是軍事上的重鎮，前幾年新疆內戰迭起，此城屢受重創，所以迄今人烟稀少，市面非常蕭條，簡直不如內地的一個破村落。我同琪兒進了一個回回飯館，下了兩碗，吃了兩個纏頭饢（維吾爾族人做的面餅），膻氣熏人，真是難以下咽。飯後到街頭眺望，見天山麓烏雲密佈，氣象的是雄渾森嚴。天黑了，回店整頓行李，在一土臺上就寝，臭氣逼人，頗難入夢。

四月十九日

早六時起身，昨晚睡在土臺上，不惟臭氣難聞，且灰塵之大幾將被面遮住不見，店家連水就不供給，但是索錢尚多，同行的人都和店主爭吵，結果我給二百兩銀子完事。一出達坂城，路上盡是泥坑，前面的車陷入泥中，費了兩小時的工夫始出。前進即爲山口，地勢確是險要。山中有一土城，爲清代安集延酋妥明所築以抗大軍，周不過里許，聞近無居人。車至此，經行深谷中，有淙淙的水聲在山下流着，此時真有山重水復疑無路的佳況，不覺愁苦少釋。車有時走入狹途，在上面向下望，實在有點可怕！聽説去年冬有一汽車翻下，死傷十餘人。在山谷中走約三四小時，到一某腰站，有維吾爾人賣食物，站旁有一小溪，清潔可愛。同行的維吾爾族同胞下車喝溪水啖饢以充飢，我甚贊他們的生活簡便。車出山谷，天空中灰塵極多，望着究似大霧，這大概是天久不雨的原因。到吐魯番境，真是赤地千里，而沿溝渠的草木已青，很像江南仲春的氣象，絕不似迪化冰天雪地樣子。途中多由吐魯番運往迪化賣菜的商人，都是用小駱駝載。車至天馬寺，水從井中流出，樹木很多，且頗整齊。午後三時抵吐魯番，到此天氣驟熱，袷衣幾不能用。車到站，保安局派人來檢查。費了幾多唇舌，猶要翻箱倒篋的看，真是麻煩！車站在農林試驗場，在新舊二城之間，下車稍事休息，即到新城飯館喫飯。街道清潔整齊，溝渠直貫城中，街上都搭有涼篷。吃的是羊肉面，味還不錯。此地確是熱，喫飯時我僅穿着夾制服，然汗流不止。飯後在街頭閒逛，欲尋求古物，但一無所得。吐魯番有新舊兩城，相距有三里路。新城爲商業中心，舊城多住軍及各政治機關。今天頗感疲憊，晚六時許就睡了。

四月二十日

晨六時起身，車出站，經舊城，出城就是水渠，在車上看見一條條的坎井，其工程之大，真令人驚服。吐魯番若是沒有這種設備，一定是一片焦土。

車行道上，灰塵極大，車至勝金口時，見些崇高的山都爲黃土所積成。清季在吐魯番發掘出六朝人及唐人寫經。字尚完好，論者謂有神靈呵護，這是迷信。此地終年不下雨，土質爲黃土層，地下物歷久而不壞，並非奇事。沿途古蹟很多，惜車不停止，未得流覽。十一時抵鄯善，大家分頭去用午餐。吃畢，我在街上逛一逛，一切情形大不如吐魯番。聽說此地瓜乾很有名，我買了兩卷。車離鄯善，只見溝渠縱橫，麥子將出土，其後比吐魯番冷。午後三時抵七角臺，有一土城，尚巍峨存在，聽說是安集延某酋所築。出七角臺，車行山谷中，天氣驟冷，比之吐魯番、鄯善差得多。天下小雨，時又昏黑，無店可宿，大家都很焦急！七時許，抵西鹽池，此地僅有矮屋兩間，中住數十人，且髒到萬分，我頗以爲苦。新疆的氣候非常特別，有的地方非常冷，有些地帶則極熱。有人說炎涼只在咫尺間，由我今天所得的經驗，確非虛語。

四月二十一日

早五時半由鹽池出發，風怒吼不止，身上穿着皮襖尚覺不暖。八點時達七角井子。這裏是由哈密至此分路的所在，去年曾在此住宿過。此地爲一設治局，省府所委的官吏住木壘河，因此地太苦，所以不願來。城外全是碱地，不生五穀。車在此停了約兩小時，我在一家飯店裏去吃了一些不生不熟的飯。吃完車開。午後四時抵三堡。此處哈密堯司令設有緝察，專探訪由省來人。探清則用電話報告，如無問題，然後準向前進。堯樂博士與盛督辦積怨較深，故成對立形勢。車停一破院中，我到一鄰近人家去買飯吃，這一家是漢族，甘肅人，彼此的言語尚通，倒是一件快意的事。

四月二十二日

早六時起身，車行甚速，十一時抵哈密。車到城門口，有兵士擋住不準進，聽說等到報告保安局和司令部以後，然後才許進。候了約一小時，兵們懶洋洋地站着，簡直沒一點尚武精神。不一下看見出來一大隊人，裏面有堯司令、劉行政長帶着各機關的人員到龍王廟去植樹。他們過去，我們才能入站。車到站後，保安局、司令部、行政長公署三方面的檢查員蜂擁前搜索檢查，驗明了護照，檢查了行李。放的井井有條的各物，翻得七上八下。完畢，才雇人將行李送到店裏。檢查的人對我尚存客氣，對同來的人甚至衣服中、褲子裏兜要抹一抹。今天確實有些疲倦，在店中休息。

四月二十三日

吃了飯到舊城區訪劉行政長，他是魯委員長繩伯的外甥。我在迪化一年，和魯先生往來最多。魯先生是甘肅人，在新疆多年，歷任府道各職，為人極忠實，且善書畫，家中收藏甚富，我常去賞鑒。劉行政長也知道我與魯先生的關係，故對我甚厚。見面就談哈密的情形，經費又非常困難，他言外的意思很不想幹。新省做官實在不易，如沒有家境裕如，定會將人餓死。劉行政長留我吃便飯，談了約五小時，出來順便到新綏汽車公司去打聽最近是否有到肅州去的車子。結果得着過幾天再看的話而歸。去年來新是從蒙古草地來的，我這次回去想經過甘陝看一些另外的地方。新綏汽車公司距蘭州段是最近才得新疆省政府通過的，所以組織尚沒就緒。我取道甘肅的心已決，有許多人勸我仍走綏遠，我堅不允從。午後在店裏沒出去。同伴中有是從前東北義勇軍的官長的，談些義勇軍在東北抗日紀律如何的糟，不得民衆的同情和援助，所以才失敗。我聽了後，十分難過！

四月二十四日

早六時起身，吃畢飯去拜謁堯司令，在他的公館裏會着了，請他幫助交涉汽車的事，他都允許幫忙。堯是哈密警備司令，名堯樂博士（譯音）。聽說他的父親是湖南人，母親是央哥子（纏頭女子名）。他曾經同他的母親回到湖南過，因某種關係，又回到哈密。他曾經到許多地方，所以漢話說得極好。性爽直，但殊粗野。民國十九年新疆亂起，他就是發難人。那時是金樹仁主新，在哈密的漢人官吏强佔維吾爾族的土地，維吾爾族人起來反抗，當時由現在省副主席和加尼孜同堯司令領導，殺官吏，在哈密宣佈獨立，金主席派盛世才來剿，和堯奔竄山中，盛班師回省，和堯又出來勾結住肅州的馬仲英。新疆大亂從此起矣。現在新省已經統一了，堯司令常怕盛督辦解決他，所以心懷不安，每日戒備。聽說他最近將山裏面哈薩都組織成軍，一旦有事，就可應戰。堯司令毫無軍事知識，軍容簡直像乞丐，又加他勇而無謀，絕不是盛督辦的對手。午後在店沒出。

四月二十五日

午前到保安局謁杜局長，杜是甘肅人，聽說是流氓出身，因會刺探消息，得昇爲局長。見面略事寒暄就出來了。當我到哈密的時候，有許多人告訴我以少說話，尤其是對保安局的人。杜爲人狠毒，不講面情，哈密人畏之如蛇蝎。新疆各處都設有保安局，其權非常的大，有人說等於俄國的格別烏。聽說近改名爲公安局。新疆這種設施的利害我不敢批評，而給人以觸手皆禁的政治，是否有當，有待事實證明。午後在店裏看書沒出去。

四月二十六日

午飯畢與同伴游新城，城中住戶不多，到處闌珊不堪。出城門過一小溪，前進一二里許到了回城。城是土築，尚巍峨可觀。進了城門，街道甚髒，尤呈破落氣象。居民盡是維吾爾族。街中有一八扎（纏頭的禮拜寺），門前有一碑，全係維文。後到回王宮，宮在。①

---

① 今存日記到此中止。

商 周 史

目　　録

整理者按：作者在諸大學長期講授中國古代史，其研習重點在殷商兩周。本篇擬於 20 世紀 40 年代任教西北大學、湖南大學之際。

第一編　如何研究商周史

治史者云：吾國古史爲一本胡塗賬，商周史乃早期古史，其爲胡塗賬也必矣。既爲胡塗賬，其難理懂也亦必矣。然近數十年來，治史之士，未因難理而弗攻，反而研究古史之風，勃焉興起。揆其原因，不外受西洋治史方法之影響，及地下古物之發現。職是之故，吾國古史，不惟研究者蓁衆，而成就亦多斐然可觀。是爲吾華學術界極可慶幸之事也。輓近研究古史，既云盛矣，然每因觀點不同，方法有異，於是派別生焉。要而言之，大抵可分爲舊史學派（亦稱泥古學派），新史學派，疑古學派。**舊史學派**，墨守往古代代相承之説，或博采諸子以相塗附，而反對新史學，因其故步自封，成就自然有限。**新史學派**以地下掘得之史料，而補舊史之不足，此派不屈舊以就新，不紲新以縱舊（語載《殷虛文字類編》王忠愨公序），態度純正，成績卓異。**疑古學派**以懷疑爲治學之要訣，英人 A. Johnson 在所作 *Dsistocian and Distocical Evidence* 云："在歷史研究之中，懷疑爲智慧之起始。"由此可知懷疑之重要也。吾國疑古派過勇於假設，師心自用，好立異説，其敝不免志大言誇，荒唐無稽。然則吾人研究古史，以何者爲正軌？吾以爲泥古者專憑書本，材料無多，且有真偽，其方法又不合乎科學，吾不敢取。疑古者稍窺皮毛，即信口雌黄，吾亦不喜其武斷學術。吾之治古史所取之法則：一曰**態度謹嚴**，即不夸大，不附會，不荒唐，不武斷之謂也。二曰**方法周密**：所謂方

王静安師《古史新證·總論》曰："至於近世，乃知孔安國本《尚書》之譌，《紀年》之不可信，而疑古之過，乃併堯舜禹之人物而亦疑之，其於懷疑之態度及批評之精神不無可取，然惜於古史材料未嘗爲充分之處理也。"

法者，即科學方法也。以觀察、試驗、歸納、演繹、比較等法爲治古史之術。三曰**取材正確**，吾之取材，不限於書本，兼采發掘之古物。因古物古蹟在歷史上有重大價值故也。美人 J. H. Robinson 在所著 *The New History* 中云，考古學的材料，不但在遠古人類史事上其威權遠過於書本的記載，即在有文字有書本以後亦爲治史事者所重視，由此可知矣。

第二编　商①

第一章　釋殷商②

商

《史記·殷本紀》云：“契長而佐禹治水有功，帝舜乃命契曰：‘百姓不親，五品不訓，汝爲司徒，而敬敷五教，五教在寬。’封於商。”（《尚書·舜典》作“五品不遜，汝作司徒，敬敷五教，在寬”。）

裴駰《史記集解》云：“鄭玄曰：‘商國在太華之陽。’皇甫謐曰：‘今上洛，商是也。’”

張守節《史記正義》曰：“《括地志》云：‘商州東八十里商洛縣，本商邑，古之商國，帝嚳之子卨所封也。’”

《水經注》云：“契始封商。”魯連子曰：“在太華之陽。”皇甫謐、裴駰並以爲上洛商縣也。

北魏改代爲萬年。崔浩曰：“昔太祖應受天命，兼稱代、魏，以法殷商。”

五品謂父子、君臣、夫婦、朋友、長幼。

因其品秩而教之，謂之五教。

《尚書·湯誓》鄭康成注曰：“契始封商，遂以商爲天下之號。商國在太華之陽。”

《左傳·襄公九年》疏用服虔云：“相土居商丘，故湯以爲天下號。”案《襄九年傳》士弱曰：“陶唐氏之火正閼伯居商丘，相土因之。”

《資治通鑑》卷三，周報王元年，“管叔監商。”

臣光曰：“古殷商通稱，商者以始封爲國號，殷者以都亳爲國號……”

---

① 《史記·五帝本紀》：“契爲商姓，子氏。”

② 《史記·殷本紀》：“太史公曰：‘余以頌次契之事，自成湯以來，采於《書》《詩》。契爲子姓，其後分封，以國爲姓，有殷氏、來氏、宋氏、空桐氏、稚氏、北殷氏、目夷氏。’”

剪伯贊《中國通史》上册《左昭十七年》傳云："采大辰之虛也……大辰之虛實即殷虛。"

殷在古代有大辰之稱。

蒙文通《古史》六、《海岱民族》：《左氏傳·昭十七年》傳，"宋，大辰之虛也"……中國王者古無大辰。《三國志·東夷傳》謂："辰韓，古之辰國也。"《後漢書》以三韓七十八國各在山海間，地方合四千余里，東西以海爲限，皆古之辰國也，焉韓最大，共立其種爲辰王。辰之號，沿自古昔，與宋爲大辰，儻有關耶。

今商州有唐虞契廟，在商縣東九十里。明《一統志》云："商始祖契受封於此，故祀。"

由上述各文，可知契封商，而商爲陝西之商縣。有謂商不在陝西而在河南者。

夏曾佑《中國古代史》第一篇第一章第二十三節《商之自出》云："契爲舜司徒，封於商，今河南睢州。"

王靜安師《觀堂集林》卷十二《説商》云："《史記·殷本紀》云：'契封於商'，鄭玄、皇甫謐以爲上雒之商，蓋非也。古之宋國，實名商邱，邱者墟也。宋之商邱，猶洹水南之稱殷虛，是商在宋地。"

商究在陝西抑在河南，下文詳述。

商又稱大商。

《詩·大雅·大明》云："保右命爾，燮伐大商。"

又稱殷商。

《大雅·大明》云："摯仲氏任，自彼殷商。"

《大雅·蕩》云："咨女殷商。"

又稱天邑商。

《卜辭通纂》："乙丑卜，貞，在獄天邑商公宮，衣，茲月亡咎，寧，在九日□午卜貞，在□天邑商□宮，衣，茲□亡咎，寧，龜甲獸骨文字一葉廿七。"《書·多士》云："予一人惟聽用德，肆予敢求爾天邑商。"

又稱大邑商。

已酉卜貞，余正三年方，令邑，弗每，不□□□在大邑商，王乩曰，大吉，在九月，遘上甲，五牛。(《殷虛書契後編》上葉十八)

甲午王卜貞，余酒，朕，酉余步，從侯喜正夷方。示，□受又，不，告于大邑商，亡，在。王乩曰，吉。在九月，遘上甲，隹王十祀。(《通纂》

五九二片）

宋亦可稱商。

周初封微子啓于宋，春秋時則或謂之商。顧亭林《日知錄》引《左氏傳》"孝惠娶於商"（哀廿四年）。"天之弃商久矣"（僖廿二年）。"利以伐姜，不利子商"（哀九年）。王静安師《觀堂集林》卷十二引《左傳》説商云："（昭八年）大蒐于紅，自根牟至于商衛，革車千乘。"商衛即宋衛也。《吳語》"闕爲深溝，通于商魯之間"，謂宋魯之間也。《樂記》師乙謂子貢曰："商者五帝之遺音也。商人識之，故謂之商。齊者三王之遺音，齊人識之，故謂之齊。"子貢之時，有齊人無商人，商人即宋人也。

商，《説文》隸周部，言上半從章省，皆非是，此字雖用法歧異，而遞變之蹟至顯，約經四階段。初作丙，主火之意，後用爲地名，更後又用爲朝代名，此第一階段也。既加口作商，爲商量之商，此第二階段也。更後作𤾩，即星宿參商之商，此第三階段也，末又有𧶜字，即商賈之商，此第四階段也。此四種各有其作法，各有其專義，本不相混，今統用一商字，而丙𤾩𧶜皆廢，此後世所以誤解滋多也，請申説之。

丙字《説文》未收，甲文作丙𦎫𦎫等形。金文作𦎫𦎫等形。締構一致，下從冂，冂爲丙字，丙火也。上從辟省，（甲文辟作𨝯作𨝯）辟，君也，主也。《爾雅釋詁》皇王后辟君也。丙謂主火也，《左傳》昭元年"遷閼伯於商邱，主辰。"注：辰，火也。《史記·殷本紀》司馬貞《索隱》又引《左傳》云："昔陶唐氏火正閼伯居商邱，相土因之。"古人取火，不似後世之利便，國家設專官以主之。孟子有舜使益掌火之言，閼伯爲陶唐氏火正，則更在益前，故丙爲主火之意。古既得火困難，必有終年不熄之火，原任民引取。火源所在，必爲高燥之地，此闕伯之所以居商邱也。邱以商名義更可想。商之祖先既都於此，其後奄有天下，便以爲國號，其都城雖屢經遷徙，然獨多稱大邑商，是並以始都之地名名其都也。

商加口而爲商，此以口商量之商，初非商代之商之本字，商後又作商，籀文作商(商，叡敦)者，此爲星名。(見《東方雜志》第四十三卷第四號蔣逸雪《三代釋名》)

商本爲地名，如卜辭中常用"在商""入于商""至于商""歸于商"，據此可知爲地名也無疑矣。王靜安師曰："商之國號本於地名。"其言是也。然商之名何自起乎？

明焦源清作《雍勝略》曰："商，山形如商字，湯以國爲號，郡以爲名。"(明李應祥亦有《雍勝略》)

殷

《史記·殷本紀》曰："殷契母曰簡狄。"簡遏。

《索隱》曰："契始封於商，其後裔盤庚遷殷，殷在鄴南，遂爲天下號。契是殷家始祖，故言殷契。"

由裴駰及司馬貞之文視之，殷之名始于盤庚之遷殷。《水經注·谷水》曰："昔盤庚所遷改商曰殷。"金履祥《通鑑前編》竟直書："盤庚改國號曰殷。"其實誤也。

羅叔言先生《殷虛書契考釋序》云："史稱盤庚以後商改稱殷，而徧搜卜辭既不見殷字，又屢言入商。因游所至曰往，曰出。商獨言入，可知文丁帝乙之世雖居河北，國尚號商。"

然古之《詩》《書》及周初金文中常稱商又曰殷。而殷之名究何自起乎？吾曰殷爲地名，前人多謂在河南，以

姜兹剛《殷商民族與文化》曰："商的地名，是商人游牧之移住之後始定名，原來未必有地名曰商。"

《殷本紀》："盤庚涉河南治亳。"

《集解》引鄭玄曰："治於亳之殷地，商家自此徙而改號曰殷。"

《商頌譜》疏云："成湯之初，以商爲號。及盤庚遷於殷以後，或呼爲殷。"

《詩·玄鳥》云："殷受命咸宜。"《殷武》云："撻彼殷武。"是其兼稱殷也。

梁玉繩《史記志疑》曰："《竹書》夏帝芒三十三年，商侯子亥遷於殷。乃始稱殷。"

《史記·韓世家》："(韓衰侯)二年滅鄭，因徙都鄭。"

《戰國策》謂韓王曰鄭惠王。

《竹書紀年》："(幽王二年)晉文侯同五子多父伐鄶，克之，乃居鄭父之丘，是爲鄭公。"

殷爲亳地，其實非也。殷在河北，今由卜辭考之可斷言也。商自盤庚以後，帝乙以前，皆宅殷虛，故上下稱之曰殷。猶魏都梁稱梁王，韓都鄭稱鄭王云爾。非盤庚自稱也。亦猶契都於商，後人因謂之商。《商頌》"天命玄鳥，降而生商"，商即契也。湯都於亳，時人謂之薄君。薄即亳之聲譌（訛），《周書·殷祝》"以薄之君，濟民之殘，何更君爲。"盤庚以後都殷，周人稱之曰大邦殷，微子復居商邱，其後故又稱商。

殷之一字，不見於卜辭，前已言之矣，而此字始見於金文《盂鼎銘》："我聞殷墜命。"

殷一作依，作衣：

《易·益》：六四，中行，告公從，利用爲依遷國。

《國語》：凡黃帝之子二十五宗，其得姓者十四人，爲十二姓：姬、酉、祁、己、滕、箴、任、荀、僖、佶、儇、依是也。

以上二書"依"字，亦當爲"衣"，讀如殷。衣與殷通。如《禮記》中"庸壹戎衣"，《左傳》作"殷"。鄭注云："齊人言殷聲如衣。"又曰"今姓有衣者，殷之冑。"殷字雖不見於甲骨，而卜辭中多用衣字爲祭名，衣即後日之殷也。

近人郭沫若君由卜辭證噩、衣、盂、雔四地相近，又由噩、雔所在地證衣在今沁陽境。

《卜辭通纂序》云：水經沁水下"朱溝自枝渠東南徑州城南，又東徑懷城南，又東徑殷城北"。《注》引《竹書紀年》："秦師伐鄭，次于懷城殷。"謂即是城，以證殷名之古。……知衣爲殷城，卜田于此地之辭極多，蓋殷人設有離宮別苑於此，故其國號本自稱商，而周人稱之爲衣，後又轉變爲殷也。

《竹書紀年》"（夏帝芒）三十三年商侯遷于殷。"徐文清箋云："此遷殷，蓋玄冥之子子亥也。"《世本》云"子亥遷殷"。計夏后帝芒三十三年下距湯始居亳之殷地百六十年，其時已先稱殷。

《沈子它敦》："念自先王先六，迺妹克衣。"妹爲地名，爲牧野之牧，或作畮，衣即殷。

傅斯年《夷夏東西説》："豕韋即韋，即衛，即郼，即殷，即衣。則其地在今河北南部濮陽。"

《御正衛簋》："五月初吉，甲申，懋父賞御正（征）衛，馬匹自王，用作父戊寶尊彝。"此器周初物。《作雒解》"二年作師旅，臨衛政（征）殷，殷大潰震"，是知衛乃殷時舊稱。

《吕覽·慎勢篇》云："湯其無郼，武其無岐，豐也。"注：郼，殷舊封國名。《廣韻》："郼，殷國名。"

《乙亥鼎》有"王郼"，言湯爲天子，王于郼也。（見吳大澂《愙齋集古録》《釋文剩稿》）

《韓非子·内儲》："殷之法，刑弃灰於街者。"

《史記·衛世家》云："封康叔爲衛君，居河淇間，故商墟。"（《索隱》曰："宋忠云，今定昌也。"）

殷又作韋，作郼。

劉師培先生《殷韋同字考》云：《佚周書·謚法解》"隱拂不成曰隱，獨斷作違拂"。《文選·上林賦》"殷天動地"，李注"殷猶隱也"。……殷韋古字既通，故殷商之殷，由韋得名，而衛國又因殷得名。韋即古代之豕韋也。……《襄二十四年》杜注云：豕韋，國名，東郡白馬縣東南有韋城。《續漢書·郡國志》云：東郡白馬有韋鄉，是韋地在今滑縣附近。韋于商初爲霸國，其疆土必宏，故凡大名衛輝之地總名曰韋。猶之齊楚燕秦也。韋轉音即爲殷，商都河北，故亦沿韋之名，稱之曰殷。《吕氏春秋》曰："湯爲天子，夏民親郼如夏。"高注"郼讀如衣"，此殷亦作韋之確徵。……而《白虎通·德論》以殷爲得天下之大號，訓殷爲大，乃望文生訓者也。

殷商

殷商二字連用，見於《詩》中。如《詩·大雅·蕩》有"咨女殷商"之語。有謂"晚周之際，已不辨商爲都邑，殷爲國號，直並都邑國號爲一辭，此殷商所以互亂也"。予謂殷商原皆地名，都商號商，都殷號殷，後人因見有二稱，有時爲行文之便，故合用之。

有謂殷爲形容字，與大禹之大，大夏之大同。殷商者，大商也。此説甚屬牽强。

第二章　商民族由來

吾國近數十年來，因受外來學説影響，及地下史料之發現，而各人之觀點不同，對於古史看法亦各不同。如殷商民族之來源，説者紛紛，莫衷一是，如爭中國民族之由來，其紛拏相埒也。此乃學説未成熟期自然現象，無足怪也。兹將商民族由來各家之説分別述之。

商民族起自西方説

主商民族起於西方者，古之以契封商，商爲陝西之商州者均是。前章已述，兹不贅言，以商人起自西方有系統之文章，當以清人張介侯之《有娀考》（見《養素堂文集》）爲最，兹節録之，用作參考。

《有娀考》　張澍

《呂氏春秋》云：有娀氏二佚女，搏燕覆以玉筐，得遺卵，二女作歌，始爲北音。《史記》云："契母簡狄，有娀氏之女，三人行浴，見玄鳥墮卵，吞之。"《古史考》云："有娀氏與宗婦三人浴於川。"《列女傳》云："簡狄，有娀氏之長女也，與其妹娣浴於玄丘之水。"宋羅長源謂玄丘之水，即晉丘之水，今浚儀清丘一曰玄池。樂史《寰宇記》亦謂娀女簡狄浴於晉丘之水，有玄鳥遺卵，吞之，即青丘之玄池。然《淮南子·墜形訓》云："有娀在不周之北，長女簡

譙周《古史考》："契生，堯代舜，始舉之。必非嚳子，以其父微，故不著名。其母有娀氏女，與宗婦三人浴於川，玄鳥遺卵，簡狄吞之。則簡狄非帝嚳次妃明也。"

狄，次女建疵，相與浴於玄水。"余按玄水即今張掖之黑水。故《太平御覽》引《張掖記》云："黑水出縣界雞足山，亦名玄圃，昔有娀氏女簡狄浴於玄止之水，即黑水也。"若馬遷言桀敗於有娀之虛，張守節《正義》謂有娀在蒲州，蓋東遏既爲帝嚳所娶，處於陝虢之間，本其所生，錫名此地，以寓懷土之意，猶之女趨生於巴郡，而九江壽春有山；姜嫄育自武功，而章丘龍蟠有蹟，皆因游止之蹤而稱之，非其質也。《楚辭·天問》云黑水玄趾，三危安在？玄趾即《張掖記》之玄止，止與趾同。故《詩·麟之趾》，古作止。《左傳》舉趾高，《漢書》引作止。高誘曰，止是也。鄭注《士昏禮》曰：古文止作趾也。……而又繼之曰：望瑤臺之偃蹇兮，見有娀之佚女。瑤臺即呂不韋所謂九成之臺者，則有娀之在不周，斷斷無疑。《路史》謂有娀在西方，去偩都太遠。不知黃帝都彭城，纍祖乃出西陵；高辛居殷亳，慶都乃産常芊。苟屬絲緒，千里典雁，豈必望衡對宇始結昏媾哉。《宋書·符瑞志》言簡狄以春分玄鳥至之日從帝祀郊禖，有玄鳥銜卵而墜，簡狄吞之，孕生卨。歐陽修、蘇洵皆謂無吞卵之事。按《秦本紀》云：女修織，玄鳥隕卵，女修吞之，生子大業。則吞卵者不止簡狄矣，亦豈在春分日哉……

張氏此文雖未明言商民族起於西方，但證有娀在張掖，其意則謂商之起於甘肅極顯然矣。吾國人善於附會，某一古蹟，甲地有，乙地有，甚至兩地亦有，此等論證，十分脆弱，無足憑信。

劉申叔《中國歷史教科書》第一册第五課云："故湯興西方，湯聘伊尹於有莘（今渭水旁）之野。"

莘一作藝，作侁。

桂文燦《毛詩釋地》曰："商，今陝西商州。"

清人俞正燮《癸巳類稿》有"湯從先王居"一文，其意爲商人起於西方，説詳第四章。

孫淵如謂："'伊尹耕于有莘之野'，亦在曹。"

金鶚《求古錄》《禮説》卷十有《湯都考》。

商民族起於東方説

主商民族起於東方者，其説頗盛。清人孫星衍作《湯陵考》謂曹南之薄爲湯都。曹州南十八里有湯陵，謂商在東方。後王静安師謂契封於商之"商"爲商邱，是其證也。又曰殷以前帝王宅京皆在東方，惟周獨崛起西方，其界劃至爲明白。（文詳見王師《殷周制度論》）

徐中舒曰："余疑古代環渤海灣而居之民族，即爲中國文化之創始者。而商民族即起於此。史稱商代建都之地，前八而後五，就其遷徙之蹟觀之，似有由東西漸之勢，與周人之由西東漸者，適處於相反之地位。"

明義士在濟南龍山城子崖發見新石器時代之石器，同時並有其重要物出土。王獻唐云：此次出土物，除石器外，並有陶器。與殷虚出土陶器從色素上可判定爲同一文化系統之遺物。出土又有甲片，其灼製情形，與殷虚出土者亦無別。由此可知商族乃由東向西發展。（見吕振羽《史前期中國社會研究》）

顧頡剛、史念海《中國疆域沿革史》第四章第一節《殷商民族起於東方説》曰：若商湯，則太史公固亦謂起自西方矣。如云："或曰：'東方物所始生，西方物之成熟。'夫作事者必於東南，收功實者常於西北。故禹興於西羌；湯起於亳(案此亳指西亳)。"（《六國表序》）近傅孟真先生於《夷夏東西説》一文中已辨其非。蓋商湯之亳，實在東方。在商湯以前，關於商代祖先之種種傳説，皆足以説明商起於東北，後錯處河濟間，其後乃西漸而滅夏。《詩·商頌·玄鳥》有云："天命玄鳥，降而生商。"玄鳥

傅斯年《東北史綱》云：且殷商與東北之關係，不僅可以玄鳥之故事證之，更有他事可以爲證者。一曰亳之地望，二曰朝鮮與箕子之故事。亳之所在，經王國維證其爲漢之山陽郡薄縣（今山東曹縣），其説至確。而京兆杜陵西亳之説，自不能成立（見《觀堂集林》，王氏説實本於胡天游）。然吾案，沿濟河下游之薄之音轉爲地名者尚有多處，薄姑其一也。且"肅慎燕亳"之亳，尤當在今河北省東北境，如謂與商無涉，亦無證據。經分解之後，參以其他證據，以爲商之起源，當在今河北東北，暨與濟水入海處。湯之先世，溯濟水而上，至于商丘。《詩》所謂"相土烈烈，海外有截"者，其海外當即指渤海之東。是湯之先祖已據東北爲大國矣。此説見吾所著《民族與中國古代史》一書二月後出版。文繁，本文中無術移録，請讀者參看之。

余永梁有《商周民族文化的關係》一文，稱商是東方民族，發祥於山東。

姜亮夫有《夏殷民族考》，皆主殷民起於東方。

傳説之核心，在於祖宗以卵生而創業。後代神話與此説屬於一源而分化者，全屬東北民族及淮夷。如《論衡·吉驗篇》云："北夷橐離國王侍婢有娠，王欲殺之。婢對曰：有氣大如雞子，從天而下，我故有娠。"《魏書·高句麗》傳："高句麗者，出於夫餘，自言先祖朱蒙，朱蒙母河伯女，爲夫餘王閉於室中……既而有孕，生一卵，大如五升。"此外高麗好大王碑，高麗王氏朝金富軾撰《三國史記·高句麗紀》，朝鮮《舊三國史·東明王本紀》，清太祖《武皇帝實錄》等書，均記有此種傳説，由此可知此種傳説在東北各部族中之普徧與綿長。在東北以外，古淮夷亦有此種神話。如《史記·秦本紀》云："秦之先顓頊之苗裔，孫曰女修，女修織，玄鳥隕卵，女修吞之，生子大業。"雖記秦事，實敘淮夷之祖。因秦本嬴姓，嬴姓乃東方濱海之民族也。淮夷本東海上部族。《詩·魯頌》云："至於海邦，淮夷來同。"是其證。據此種種佐證，則知所謂"天命玄鳥，降而生商"，實與東北民族各神話同一來源。持此以證商民族與東北有密切關係，蓋爲無疑也。

呂思勉《先秦史》第八章夏殷西周事蹟。

契之本封，鄭玄皇甫謐之言蓋因後世地名而誤。湯之所居，《管子·地數輕重》，甲，《荀子·議實》《呂覽》具備，《墨子·非政》下篇，皆作薄，惟《非命》上篇及《孟子》書作亳。《説文》亳字下不言湯所都，然《史記·六國表》以湯起於亳，與禹興於西羌，周以豐鎬代殷，秦用雍丹，典漢之典，自蜀漢並言，則漢文混薄亳爲一，故緯候有天乙，在亳。《東觀》於洛之文，以吾族原起東南言之，自以謂在東方爲是。

商民族起於南方説

主此説者爲衛聚賢氏。

衛聚賢《古史研究》，第三集第一章《中國民族的來源》第二節，《殷爲南方民族》云：中國的民族，分爲夏殷兩種，夏爲西北。殷爲南方最老的土著。

第三節《殷民族發源地在四川》云：以單音語系中心地言，殷人發源於四川。

第四節《殷民族由南方沿海北上的》云：《詩·商頌·

玄鳥》"天命玄鳥，降而生商"，苗民的羅羅説他們的祖先是鳥，與殷人的神話同，是同爲以鳥作圖騰的。

又云：春秋時有夏正，殷正，周正三種曆法。在中國各地各別的通行。殷正較夏正早一個月過年，即陰曆的十一月底過年。現在苗民的羅羅及暹羅均於陰曆的十一月底過年，其曆法與殷同。

衛氏舉證甚多，文長不録，今將其結論述之於後。

衛氏云：殷人原在中國西南部，沿長江南岸東下，至鎮江而止，自名其族爲丫。（苗蠻吳越閩馬來，古音均有 w）故於鎮江附近遺留之國爲吳（吳王夫差之吳）。渡江沿海北上（那時江蘇的江北全爲海），經安徽至河南商丘而止。

商民族起於東南説，主是説者爲呂思勉，其《先秦史》《民族原始》云：殷人起自東南，效越人琢刻之技爲飾耳。

四説評議

以上四者，而東南説無論矣，西方説證據較薄弱，但頗近情。因吾國文化來自西方。殷民族文化既高，由西向東發展，不爲無理。有俟地下古物之發現，以證此説之不誤。南方説雖爲洋洋大文，而立論多屬牽强，乃荒唐無稽之談也。東方説佐證豐贍，且言之成理，故信此説者頗多云。

藍文徵《中國通史》第四章謂殷人起於東方，舉七例證之——

（一）由商人之先世爲證。相土（商湯十一世祖）活動於商丘，又向東發展到黃河下游。

（二）由湯用兵證之。

（三）由兩周稱商爲夷證之。

（四）由箕子避朝鮮證之。

（五）由齊魯諸國文化推之。

（六）由奄與蒲姑之叛證之。

（七）由周人岐視宋人證之。《左傳》嘲"宋襄公之仁"；《孟子》嘲宋人"揠苗助長"。

馬培棠《三代民族東遷考略》（《古代中國民族考》第四篇）載《禹貢》半月刊第七卷第六七合期）云：夏人東遷之時有商人者繼之而起，《詩·長發》曰：

> 洪水茫茫，禹敷下土方，外大國是疆。幅員既長，有娀方將，帝立子生商。

禹敷下土，民得再生，有娀之國方日見強大。《淮南·墜形》曰"有娀在不周之北"，又曰"西北方曰不周之山"，又曰"不周在海隅"。海者，西海，則不周在西海之北隅矣。故《離騷》曰："路不周以左轉兮，指西海以爲期。"西方之海，厥爲弱水，則有娀之國正在弱水之涯涘。蓋娀，戎也，弱水之濱，固戎居也。皇天祚之，生契玄王，契出於有戎，長於不周，遷居於亳，王國維説契至於成湯八遷，曰："契本帝嚳子、實本居亳、惟亳。"

第三章　商之先世事蹟

《史記‧殷本紀》曰："殷契，母曰簡狄，有娀氏之女，爲帝嚳次妃。三人行浴，見玄鳥墮其卵，簡狄取吞之，因孕，生契。契長而佐禹治水有功，帝舜乃命契曰：'百姓不親，五品不訓，汝爲司徒，而敬敷五教，五教在寬。'封於商，賜姓子氏。契興於唐、虞、大禹之際，功業著於百姓，百姓以平。""契卒，子昭明立；昭明卒，子相土立；相土卒，子昌若立；昌若卒，子曹圉立；曹圉卒，子冥立；冥卒，子振立，振卒，子微立，微卒，子報丁立；報丁卒，子報乙立；報乙卒，子報丙立；報丙卒，子主壬立；主壬卒，子主癸立；主癸卒，子天乙立，是爲成湯。"

"曹圉"，《索隱》曰：《系本》作"糧圉"也。《祭法疏》引《世本》作遭圉，且云遭圉生根圉，根圉生冥，則較本紀多一世。《國語‧周語》曰：玄王勤商，十四世而興。《荀子‧成相》云：契玄王生昭明，居於砥石、遷於商，十有四世，乃生天乙，是成湯。與《國語》合。則《世本》似誤也。

自清季殷虛甲骨出土，對於殷代史實，極多補正。王靜安師作《古史新證》，貢獻甚大。茲將有關於殷先世事蹟，第三章《殷之先公先王》一文，約略述之，並附董作賓等之增補。

一、夒(奴刀切)

卜辭夋又作夒,
故夒遂轉爲夋, 夋轉
爲俈。

卜辭中屢見貞于夒之文, 並有時稱高祖。王靜安師曰:卜辭惟王亥稱高祖, 王亥(後編卷上第二十二葉), 或高祖亥(戩壽堂所藏殷虛文字第一葉), 大乙稱高祖乙(後編上第三葉), 則夒必爲商先祖之最顯赫者, 以聲類求之, 蓋即帝嚳也……嚳爲契父, 爲商人所自出之帝, 故商人禘之。卜辭稱高祖夒, 乃與王亥大乙同稱, 疑非嚳不足以當之矣。

郭沫若《甲骨文
字研究·釋干支》:
"云契之名, 本爲禼,
爲蠆, 然以其爲毒
蟲, 故其後世子孫諱
之, 而改爲同音之
契, 若偰。其選用此
二字者, 疑商人亦以
書契爲其祖先之所發
明(《書》《多士》'惟
殷先人, 有册有
典')"。

二、𥝊 契又名商, 卜辭有王商

董作賓曰:卜辭祭𥝊用豕, 同于夒、土、王亥諸先王, 疑即是契。……今卜辭中夒爲嚳, 季爲冥, 唐爲湯, 不應獨無契, 故契之爲𥝊, 自屬可能。

三、土 《荀子·解蔽篇》作乘杜

王靜安師曰:土疑即相土……相土或單名土。

四、季

王先生曰:季亦殷之先公, 即冥是也。

五、王亥

王静安师曰：卜辞中王亥称高祖，又其牲用五牛，三十牛，四十牛，乃至三百牛，乃祭礼之最隆者，必殷之先公先王无疑。案《史記·殷本紀》及《三代世表》，殷先祖无王亥，惟云：冥卒，子振立，振卒，子微立。振，《索隐》：《系本》作核。《漢書·古今人表》作垓。然則《史記》之振，當爲核或垓之譌也。《大荒東經》曰：有困民國，句姓而食，有人曰王亥，兩手操鳥，方食其頭。王亥託于有易，河伯僕牛，有易殺王亥，取服牛。郭璞注引《竹書》曰：殷王子亥賓于有易而淫焉，有易之君緜君殺而放之。是故殷主甲微假師於河伯以伐有易，克之，遂殺其君緜臣也。今本《紀年》帝泄十二年，"殷侯子亥賓于有易，有易殺而放之。"十六年"殷侯微以河伯之師伐有易，殺其君緜臣。"是《山海經》之王亥，古本《紀年》作殷王子亥，今本作殷侯子亥，又前於上甲微者一世，則爲殷之先祖，冥之子，微之父無疑。

六、王恒

王先生曰：王恒之爲殷先祖，惟見於《楚辭·天問》，《天問》自"簡狄在臺嚳何宜"以下二十韻，皆述商事，其問王亥以下數世事，曰"該秉季德，厥父是臧。胡終弊于有扈，牧夫牛羊？干協時舞，何以懷之？平協曼膚，何以肥之？有扈牧豎，云何而逢？擊牀先出，其命何從？

恒秉季德，焉得夫朴牛？何往營班祿，不但還來？昏微遵蹟，有狄不寧？何繁鳥萃棘，負子肆情？眩弟並淫，危害厥兄？何變化以作詐，後嗣而逢長。"此十二韵，以《大荒東經》及郭注所引《竹書》參證之，實紀王亥、王恒及上甲微三世之事。而《山海經》《竹書》之有易，《天問》作有扈，乃字之誤。蓋後人多見有扈，少見有易，又同是夏時事，故改易爲扈。下文又云："昏微循蹟，有狄不寧"，昏微即上甲微，有狄亦即有易也。古狄易二字同音，故互相通假。……要之《天問》所說，當與《山海經》《竹書》同出一源。而《天問》就壁畫發問，所記尤詳。恒之一人，並爲諸書所未載。卜辭之王恒與王亥，同以王稱，其時代自當相接。而《天問》之該與恒，適與之相當，前後所陳，又皆商家故事。則中間十二韵，自當述王亥王恒上甲微三世之事。然則王亥與上甲微之間，又當有王恒一世，以《世本》《史記》所未載，《山（海）經》《竹書》所不詳，而今於卜辭得之。《天問》之辭，千古不能通其解者，而今由卜辭通之，此治史學與文學所當同聲稱快也。

七、上甲

《魯語》一作殷侯微，亦曰上甲，又作上甲微。（《竹書》）

王先生曰：《殷本紀》："振卒，子微立。"《魯語》："上甲微能帥契者也，商人報焉，是商人祭上甲微。"而卜辭不見上甲。郭璞《大荒東經注》引《竹書》作主甲微，而卜辭亦不見主甲。余由卜辭中有▨▨▨三人名，其乙丙丁三字皆在匚或丁中，而悟卜辭中數十見之囝，即上甲也。卜辭中凡田狩之田字，其囗中橫直二筆皆與其四旁相接，而人名之🄭，則其中橫直二筆或其直筆必與其四旁不接，與田字區別較然。🄭中十字即古甲字。甲在囗中，與乙丙丁三字在匚或コ中同意。卜辭中亦有橫直二筆與四旁接而與田狩字無別者，則上加一作🄼以（別之）。上加一者，古六書中指事之法。一在田上，與二字之一在一上同意。去上甲之意尤近。羅雪堂參事聞余此説，乃於《殷虛書契後編》中發見🄼字，始知🄼即🄼之省，嗣余於英人明義士之《殷虛卜辭》中，檢出🄼字三科，亦足證明余説。

八、匸匚匸

王先生曰：《史記·殷本記》："微卒，子報丁立；報丁卒，子報乙立；報乙卒，子報丙立；報丙卒，子主壬立；主壬卒，子主癸立。"卜辭中絕未見此五人。曩羅參事頗疑卜辭之匸匚匸即報乙、報丙、報丁；示壬示癸即主壬主癸，而未得確證。余於《殷卜辭中所見先王先公考》，始爲疏通證明之。未幾檢理英倫某氏所得之劉鐵雲舊藏甲骨，於一骨中發見🄭匸示癸諸名，與《書契後編》所載一骨上有匚匸諸名者文例及字體皆相似，取而合之，乃知一骨折爲二者，合讀其文，則商之先公先王自🄭至太甲皆在焉。其次：首🄭，次匸，次匚，次匸，次示壬，次示癸，次大丁，次大甲，世數全與《殷本紀》及《三代世表》同。所異者匸在匚後，此又可證《史記》之誤也。

商之先世事蹟，《史記》所載，至爲簡略，且有譌誤，自甲骨出土，經學者之整理，能補其未詳，正其乖誤，此可謂史學上一大快事也。

丁山《新殷本記》謂昭明即王吳也，云商之爲商，始于昭明。

商代先世世系表

帝嚳—契—昭明—相土—昌若—曹圉—冥┬核—微—報乙—報丙

　　　　　　　　　　　　　　　王　王
　　　　　　　　　　　　　　　亥　恒

報丁—主癸—主壬

　　另有研究所編制之商代先世世系表

　　夋—契（商）—龍—王兒—夒（羔）穌—土—若（昌若）—季—王亥—王恒—報甲—報乙—報丙—報丁—示壬—示癸

　　（吳其昌《卜辭所見殷先公先王三續考》）

第四章　自契至湯八遷

《史記·殷本記》云："成湯，自契至湯，八遷。湯始居亳，從先王居。"自契至湯八遷，古籍所載未備，後世言此者，紛紛其説，今録各家之文，以明其究竟。

呂思勉《先秦史》曰：所謂八載者，義疏僅數其四，既爲不具，且數契居商爲一遷。夫契本封商，不可云遷也。今案揚雄《兖州牧箴》云："成湯五徙，卒都於亳。"然則湯身凡五遷，自此以前，共得三耳。三者？《水經·渭水注》引《世本》曰"契居蕃"，蓋自商丘而遷，一也。《荀子·成相篇》曰："契玄王，生昭明，居於砥石，遷於商。"云居於砥石，與書疏引《世本》合，二也。居於商，蓋即相土事，《成相》皆三七言句，爲言數所限，故言之不具，三也。成湯五徙者？湯始居亳，蓋自商丘而遷，一也。《吕覽·慎大覽》曰："湯立爲天子，夏民大説……親郼如夏。"《具備篇》曰："湯嘗約於郼薄矣。"郼即韋，《詩·商頌·長發》曰："韋顧既伐，昆吾夏桀。"蓋湯伐郼之後，嘗徙居其地，二也。《周書·殷祝》曰："湯將放桀於中野，士民聞湯在野，皆委貨扶老攜幼奔，國中虚。桀請湯曰：國所以爲國者，以有家，家所以爲家者，以有人也。今國無家，無人矣，君有人，請致國，君之有也。湯曰：否。昔大帝作道，明教士民，今君王滅道殘政，士民惑矣，吾爲王明之。士民復致於桀曰：以薄之君，濟民之殘，何必君更？桀與其屬五百人南徙千里，止於不齊。不齊士民，往奔湯於中野。桀復請湯，言君

清梁玉繩《史記志疑》有自契至湯八遷之説，多爲强合，兹不録。

劉恕《通鑑外紀注》云：契居商，昭明居砥石，相土居商丘，湯居亳四遷事見經傳，而不見餘四遷。清胡克家補注：契始居商，昭明再遷砥石，三遷商，相土四遷商丘，帝若時五遷殷，帝孔甲時六遷商丘，湯七遷南亳，八遷西亳。

之有也。湯曰：否。我爲君明之。士民復重請之，桀與其屬五百人徙於魯。魯士民復奔湯，桀又曰：國，君之有也，吾則外人有言，彼以吾道是邪？我將爲之。湯曰：此君王之士也，君王之民也。委之何？湯不能止桀，湯曰：欲從者從之。桀與其屬五百人去居南巢。"此以湯之放桀，文致爲禪讓之事，言湯三讓然後取桀之國也。文致爲禪讓，非云取桀之國則實矣，是三遷也。《春秋繁露》三代改制《質文篇》曰："湯受命而王，作宮邑於下洛之陽。"此蓋滅桀後所作新邑，既作之，必嘗居之，是四遷也。《風俗通・三王篇》曰："湯者，攘也，言其攘除不軌，改亳爲商，成就王道，天下熾昌。"改亳爲商，即揚雄所謂卒都於亳，乃湯最後定居之事也，是五遷也。

　　宜解者，《史記・封禪書》之"杜亳"，《集解》引徐廣曰："京兆杜縣有亳亭。"杜縣故城今陝西長安南，則亳在渭濱也，《水經注》又引《世本》曰"契居蕃"，闞駰曰"蕃在鄭西"，鄭故城今陝西華縣北，則蕃更與渭近，《史記・殷本紀》又稱"契封於商"，鄭箋曰"商國在太華之陽"，太華亦渭旁山也，契眾至此勢力大盛，故國號獨襲其名，要之亳也，蕃也，商也，西望不周，已沿渭而東徙。

　　後至昭明乃遷砥石。《荀子・成相》曰："契玄王生昭明，居於砥石，遷于商"，楊倞曰："砥石地名，未詳何在。或曰即砥柱也"，或者之言亦近情理，砥柱在今河南陝縣境，則昭明遷於砥石，由渭及河，時夏方盛，不可逼處旅返故居，復遷於商，居此十餘世，至成湯根基益固，國勢益張，乃克夏人而都於亳。《史記・殷本紀》曰"湯始都亳"，亳本契之舊邑而言始都，則非杜亳可知。《漢書・地理志》曰"偃師尸鄉，殷湯所都"，則湯亳當在偃師之地，《史記正義》曰"按亳，偃師也"，又引《括地志》曰"亳邑故城在洛州偃師縣西十里"，但其所以取名曰亳者，蓋契爲商之始祖，湯爲商之始受命者，欲追祖蔭而夸功德，爰取舊名故曰"從先生居"也，偃師在河南砥石之東，西望商丘，又沿河而東侵。

後王仲丁東遷於敖，《史記正義》引《括地志》曰"滎陽故城在鄭州滎澤縣西南十七里，殷時敖地也"，則敖地適在河南，古河北折之曲，及河亶甲復遷於相。《史記正義》引《括地志》曰"故殷城在相州内黄縣東南十三里，即河亶甲所築都之"，内黄遠在滎澤之東北，則遷相蓋沿古河之東畔，及祖乙又遷於邢。按邢，即邢丘。《史記正義》引《括地志》曰"予皋故城在懷州武德縣東南二十里本邢丘邑也"。武德故城在今河南武陟東南，則邢丘又遠相地之西南。蓋嘗渡河焉，比至盤庚，乃遷殷虚。《史記正義》引《括地志》曰"相州安陽本盤庚所都，即北冢。殷虚南去朝歌城百四十六里"。安陽故城在今河南安陽西南，則殷虚又遠去邢丘之東北，而仍爲古河之右。故《史記·殷本紀》曰："盤庚之時，殷已都河北。"《正義》又引古本《竹書紀事》曰"自盤庚徙殷，至紂之滅，七百七十三年，更不徙都"。是商人居殷最久，故亦稱殷。《詩》《書》之文皆殷商互言，或兼稱殷商，其故以此。紂亡而後，餘民保商丘，是謂宋，今河南東部也。按商人自弱水而渭，而河，曰商，曰殷，曰宋，其運浸絶矣。

　　錢泳《履園叢話》卷三　亳

　　　顧亭林《日知録》論《説文》云："亳爲京兆杜陵亭，此地理之不合者。"案《史記集解》徐廣曰："京兆杜縣有亳亭。"《索隱》："秦寧公與亳王戰亳，王奔，遂滅湯社。皇甫謐云：'周桓王時自有亳王號湯，非殷也。’”此亳在陝西長安縣南。若殷湯所封，是河南偃師之薄，《書》《傳》及本書原作薄，如《逸周書·殷祝解》云：“湯放桀而歸薄。”《郊特牲》：“薄在北牖。”《管子·地數篇》云：“湯有七十里之薄。”《墨子·非攻篇》云：“湯奉桀衆以克，有屬諸侯於薄。”《荀子·議兵篇》云：“古者湯以薄。”《呂覽·具備篇》云：“湯嘗約於郭薦矣。”高誘注：“薄，或作亳。惟《孟子》作湯居亳，蓋借音字。則《説文》所指京兆杜陵亭者，未嘗誤也。”桐城孫炎之教授嘗著《榷經齋札記》，考之甚詳。

郭沫若《甲骨文字研究·釋干支》曰：“商之先人爲契，或作𥝢，”見《漢書·古今人表》。《説文》云：“𥝢，蟲也，從厹，象形，讀與偰同。”𥝢，古𥝢，此古文𧔥字，與古文𧔥字之形極相似，殆即萬蠆之變形。《説文》：“𧒒，毒蟲也。”此即蝎之象形。古金文中千萬之萬多如是作，如靜敦之𥝢，仲敦之𥝢是也。故蠆與萬實係一字，𧔥與蠆亦當爲一字。知𧔥蠆爲一字，則知契即商星，即閼伯而中國之古商星本即枨，爲蝎形也。契之名本爲𧔥，爲蠆，然以其爲毒蟲，故其後世子孫諱之，而改爲同音之契，若偰。其選用此二字，疑商人亦以書契爲其先祖之所發明（《書·多士》：“惟殷先人，有册有典。”），𥝢字亦當由𧔥若蠆之變，蓋亦以毒蟲爲可諱，以閼伯若契本爲至上神，高辛氏之子，故變蠆形爲人形也。殷人以子爲姓之子，亦當即蠆形之變。蓋古民族之姓，即該民族之圖騰。殷人以𧔥爲祖先，殆即以蠆爲其圖騰耳。王襄《殷契徵文考·釋帝系》云：“𧔥即蠆，獵謂象猴形，乃商祖之契。”（古人以契爲玄鳥子生，故姓子。）

《史記》明言自契至湯八遷，未詳果何八遷，是以後之治古史者，紛紛考證，而呂思勉不得其八遷之數，合以湯之五遷與先世之三遷，是牽强之論也。

王靜安師自契至於成湯八遷曰：

《尚書》序：自契至於成湯八遷。《正義》僅舉其三，今考之古籍，則《世本·居篇》云：契居蕃。契本帝嚳之子，實本居亳，今居於蕃，是一遷也。《世本》又云：昭明居砥石。由蕃遷於砥石，是二遷也。《荀子·成相篇》云：契玄王，生昭明，居於砥石，遷於商。是昭明又由砥石遷商，是三遷也。《左傳·襄九年》傳云：陶唐氏之火正閼伯居商邱，祀大火，而火紀時焉，相土因之，故商主大火。是以商丘爲昭明子相土所遷。又“定九年”傳祝鮀論周封康叔曰：取於相土之東都，以會王之東蒐。則相土之時曾有二都，康叔取其東都，以會王之東蒐。則當在東岳之下，蓋如泰山之祊，爲鄭有者，此爲東都，則商丘乃其西都也。疑昭明遷商後相土又東徙泰山下，後復歸商丘，是四遷，五遷也。今本《竹書紀年》云：帝芬三十三年商侯遷於殷。是六遷也。又孔甲九年殷侯復歸於商丘，是七遷也。至湯始居亳，從先王居，則爲八遷。

梁園東氏以王先生八遷之說尚有可商，因作《商人自契至湯八遷重考與商民族興于東方駁議》一文，載於《東方雜志》第三十卷第十九號，茲節錄之。

……然王先生文中，尚有一大缺點，即在一方面實不足八遷，只得七遷；而另一面乃成九遷，不止八遷。其一，因王先生强析相土之東都與相土因之之商丘爲二，以足八遷之說，而東都之是否在東岳下，與商丘之是否爲二，王先生並無證據可舉，此點實有未妥。萬一相土之東都即是商丘，則王先生所指之八遷實只得七遷也。其二，契封於商，商人因以爲號，此不惟見於《史記·殷本紀》，《商頌》所言亦如此。獨裴駰據《左傳》"閼伯居商丘，相土因之"語，謂在相土時始封於商，使果如此，《商頌》又何不祖相土，而必祖契呢？古代稱祖之例，幾全係以其初封地，或初居地言，如夏之於大夏，周之於周原，秦之於秦亭等皆是，絶無例外。商人絶不能弃其初封於商之相土而尊契，今已尊契，是必自契時已有商名無疑。静安先生遽依裴駰之說，略去契封於商一段，而直謂契本帝嚳之子，實本居亳，今居於蕃，是一遷也，其實非是。若以商加入，使爲"契本帝嚳之子，實本居亳，後封於商是一遷，由商遷於蕃是二遷。"如此合王先生所謂泰山下之相土東都，豈非適成九遷乎。此兩點實應改正。則自契至湯八遷蹤跡，更不容不變更矣。

梁氏謂閼伯居商丘之商丘，賈逵云在漳南，即漳水之南……即顓頊之虚，在今河北省濮陽西南。

商：以上洛商縣爲近似。

宋：梁國睢陽，本只名宋，未名商。

相土之東都即商丘(濮陽)。

湯居亳之亳，《皇覽》以帝嚳冢在濮陽頓丘城南陰野中，《括地志》以洛陽偃師西即亳邑故城。

自契至湯八遷重訂

商人始祖契初封於商(今陝西商縣),因以商爲號(《殷本紀》)。惟契本帝嚳子,其原始居實在亳(今偃師),其封於商,乃遷於商,是爲商人之最初遷居,契遷商後,又遷於渭水南岸之蕃地(《世本》),是爲二遷。契子昭明時,復由蕃遷於砥石(《世本》),又由砥石歸於商(《荀子》),是爲三遷四遷。昭明子相土時趁夏代國亂,力向東發展,遂得佔據商丘(今濮陽縣)而居之,然實以舊商爲根據地,故商丘號爲相土之東都(《左傳》"襄九年"及"定九年"),是爲五遷。相土以後數代至王冥時,因河水爲患,王冥治之未成而死,其子王亥因由商丘遷居於殷(《竹書紀年》),是爲六遷。此後商人居於殷甚久,至夏孔甲時始復由殷歸於商丘(《竹書紀年》,其時或當在主壬時),是爲七遷。至湯時,似因其南祝融之後各族强盛,商人被迫,乃由商丘而歸至帝嚳故亳,是爲八遷。自亳以西,本爲商民族根據地,湯歸亳後,乃整飭其族,東向以滅韋顧昆吾,以至滅夏。

湯居亳:清人俞正燮《癸巳類稿》有解,兹録之以爲參考。

俞云:"鄭樵《通志·都邑略》云:太史公言禹興于西羌,湯起於亳,在今長安南,及湯有天下,始居宋地。漢後説亳者,惟此最通。"並引數事證之。其一,《詩·商頌》《正義》引《雒予命》云:"天乙在亳,東觀於洛。"《曲禮下》《正義》引《雒予命》云:"湯東觀於洛曰:寡人慎

《竹書紀年》云:"帝嚳高辛氏元年帝即位居亳。"

闞駰曰:"亳本帝嚳之虛,在《禹貢》豫州河洛之間。"《括地志》:"亳邑故城,在洛州西十四里,本帝嚳之虛,商湯之都也。"

機。是湯自亳東觀洛。"亳在洛西明矣。其二,《史記·六
國表序》云禹興於西戎,湯起於亳,周以豐鎬,秦用雍
州,漢自蜀漢,皆在西方,謂湯始居之亳在西。其三,
莘商世姻,《周頌》言莘在洛陽渭涘,亦陝西地也。

古時以亳名地者是多,《路史》云有五,實何能以五
限也。因湯居亳,而各亳皆穿鑿附會,以爲湯都,此類
糾紛,在吾國史籍中難以枚舉,然湯都之亳,究在何所?
臣瓚云:在山陽郡之薄。王静安師是其説,作有《説亳》,
文長不録。

《續漢書·郡國志二》:"薄故屬山陽,湯所都。"孫淵如《湯都考》,主在山陽之薄。

第五章　湯之創業

湯之名號

湯名履，又稱天乙。《索隱》引譙周說曰：夏殷之禮，生稱王，死稱廟主，皆以帝名配之，天亦帝也，殷人尊湯，故曰天乙。卜辭中無天乙，有大乙。羅叔言先生曰：天與大形近易譌，故大戊，卜辭中亦作天戊，以大丁大甲例之，作大者是。譙周為曲說矣。王靜安師曰：

> 湯名天乙，見於《世本》及《荀子·成相篇》，而《史記》仍之，卜辭有大乙，無天乙。羅參事謂天乙為大乙之譌，觀於大戊，卜辭亦作天戊。卜辭之大邑商，《周書·多士》作天邑商，蓋天大二字形近，故互譌也。且商初葉諸帝，如大丁，如大甲，如大庚，如大戊，皆冠以大字，則湯自當稱大乙。

王先生又曰：

> 卜辭又屢見唐字，亦人名。其一條有唐、大丁、大甲三人相連，而下文不具。……據此，則唐與大丁、大甲連文，而又居其首，疑即湯也。《說文》口部，暘，古文唐，從口易，與湯字形相近。《博古圖》所載《齊侯鎛鐘銘》曰：虩虩成唐，有嚴在帝所，

《史記集解》引張晏曰："禹湯皆字也。"

《漢書·古今人表》師古曰："禹陽皆字也。"梁玉繩《人表考》曰："《路史發揮五》注謂湯是商國中一邑名，今相之湯陰是確。觀《史》《秦紀》有'亳王湯'可見。蓋以地爲號，故稱湯，爲謚者，固非以爲字與名者，亦非？

《詩·玄鳥》曰："宅殷土芒芒，古帝命武湯。"

成湯一稱武湯

《繹史》曰："常人狃於便安，聖心公於天下，故陳師誓衆，喻以天命、民心，動以賞罰、威勸，戰而弔伐之義申，兵已輯，民已安矣，號曰武湯，不亦宜乎。"

又有謂曰："武湯，曰成湯者，乃自稱也。其意爲自尊自大。"（見姜蘊剛《殷商民族與文化》）

湯又稱成商

《史記解》曰："昔者有洛氏宮室無常，池囿廣大，工功日進，以後更前，民不得休，農失其時，饑饉無日，成商伐之，有洛以亡。"

有洛即桀。

成商即湯。

專受天命。又曰：奄有九州，處禹之都。夫受天命，有九州，非成湯其孰能當之？《太平御覽》八十二及九百一十二引《歸藏》曰：昔者桀筮伐唐，而枚占熒惑，曰不吉。《博物志》六亦云。案唐亦即湯也，卜辭之唐必湯之本字，後轉作喝，遂通作湯。

崔述《考信録》云：（商）按《尚書》之《酒誥》《多方》《立政篇》，皆稱爲成湯，無但稱湯者。蓋名也，成湯號也。古書多以一字名，未聞有以一字號者。然則成湯乃其本號，湯則後世之省文也。（《詩》）《商頌》《殷武》亦稱成湯，《玄鳥》稱武湯，唯《長發》或但稱湯，或稱武王。蓋史册主於紀實，詩人主於頌美，故其稱參差不一。武王者，子孫追崇之稱，即後世謚法所自仿。既或省文爲湯，因以武加之爲武湯耳。春秋戰國以後，率但稱湯，稱成湯者鮮矣。今從本號，稱爲成湯，不敢從省，亦致慎之意也。

梁玉繩《史記志疑》曰：湯非名，以地爲號，故稱成湯、武湯。《路史》發揮注云：湯特商國中之一邑名，成湯者，猶成周。

饒宗頤有"商即湯説"（見中山大學史學專刊）。

《竹書紀年》曰：湯有七名。

湯伐桀之所

湯積德行仁，其勢漸盛，而鄰近之葛伯不祀，湯始伐之，故《孟子》謂"湯一征，自葛始"。湯舉伊尹，任以國政。當是時夏桀虐政淫荒，而諸侯昆吾氏爲亂，湯乃興師率諸侯，伊尹從湯，湯自把鉞以伐昆吾，遂伐桀，桀敗於有娀之虚，奔於鳴條，夏師敗績，湯遂伐三㚇，俘厥寶玉，於是諸侯畢服，湯乃踐天子位，平定海内，還亳，乃改正朔，易服色，上白，朝會以晝。

《逸周》《易》《殷祝解》《尚書大傳》並云：湯放桀而復薄，三千諸侯大會，湯取天子之璽，置之天子之坐，右退而再拜從諸侯之位曰：此天子位，有道者可以處之，天下非一家之有也，惟有道者理之紀之，宜久處之，三千諸侯莫敢即位，然後湯即天子之位，皇甫謐曰：即位十七年，而踐天子位爲天子十三年，年百歲而崩。（《太平御覽》引《韓詩内傳》云："湯爲諸侯十七年，爲天子十三年，百歲崩。"）

《日知録》卷二《帝王名號》云：

曰湯曰紂，則亦號也。……曰大舜，曰神禹，曰大禹，曰成湯，曰寧王，而稱號繁矣。

丁山《新殷本紀》謂：

湯，卜辭作唐。宗《齊叔弓鐘銘》作成唐。唐與天乙皆廟號。履其生稱。《史記》誤，天乙爲生稱。

㚇又作嵕，《郡國志》"濟陰定陶縣有三嵕亭。"

《山海經》云："成湯伐夏桀于章山。"《吕氏春秋》云："未接刃而桀走，逐之至大沙。"

《墨子》："湯放桀于大沙。"《史記》："桀敗于有娀之虚，奔于鳴條。"

鳴條，孔安國謂在安邑之北。鄭玄曰："南夷地名。"

《逸周書》："成湯將放桀于仲野，桀去之不齊，又之魯，而後奔南巢。"

《帝王世紀》："湯放桀于歷山，與妹喜衆妾同舟浮江，奔南巢之山而死。"

《淮南子》："湯以革車三百乘，伐桀南巢，放之于夏臺。"

《竹書紀年》："帝癸三十一年，商師征三朡，戰于郕，獲桀于焦門，放之于南巢。"

第六章　商之列王

湯崩，太子太丁未立而卒，於是乃立太丁之弟外丙，是爲帝外丙。

《孟子·萬章》："湯崩，大丁未，立外丙二年，仲壬四年，大甲顛覆湯之典刑，伊尹放之於桐。三年，大甲悔過。"

卜辭作卜丙。《尚書序》云：成湯既没，太甲元年，不言有外丙仲壬，太史公據《世本》有之。

帝外丙即位二年崩，立外丙之弟中壬，是爲帝中壬。[中壬即仲壬]

董作賓曰：卜辭中不見中壬，疑南壬即是中壬。

帝中壬即位四年崩，伊尹乃立太丁之子太甲，太甲成湯嫡長孫也，是爲帝太甲。帝太甲既立三年，不明，暴虐，不遵湯法，亂德，於是伊尹放之於桐宮，三年，伊尹攝行政當國以朝諸侯。帝太甲居桐宮三年，悔過自責反善，伊尹乃迎帝太甲而授之政，帝太甲稱太宗，太宗崩，子沃丁立。

董作賓曰：今於第三次發掘所得骨版中發見"𧽸祖丁"一辭，知即沃丁。

郭沫若《卜辭通纂》曰："仲己當即雍己，雍仲音相近也。"
董作賓曰："卜辭之中己即雍己。"
董作賓、郭沫若曰：卜辭之𣏌甲，即河亶甲。郭氏曰：河亶者，戔之緩言也。
隞，一作敖，今河南榮澤縣。

沃丁崩，弟太庚立，是爲帝太庚。帝太庚崩，子帝小甲立。(《集解》徐廣曰：《世表》云，帝小甲，太庚弟也。)帝小甲崩，弟雍己立，是爲帝雍己，帝雍己崩，弟太戊立，是爲帝太戊。是時伊陟爲相，殷復興，故稱中宗，中宗崩，子帝仲丁立，帝仲丁遷于傲(《索隱》云：隞亦作囂)，河亶甲居相，祖乙遷于邢(《索隱》：邢音耿)。帝仲丁崩，弟外壬立，是爲帝外壬。

外壬，卜辭作卜壬。

帝外壬崩，弟河亶甲立，是爲帝河亶甲，時殷復衰，河亶甲崩，于帝祖乙立，帝祖乙立，巫賢任職，殷復興。

卜辭有中宗祖乙，王先生此辭稱祖乙爲中宗，全與古來《尚書》家之說違異，惟《太平御覽》八十三引《竹書紀年》曰：祖乙滕即位，是爲中宗，居庇。今由此片觀之，知《紀年》是，而古今《尚書》家皆非也。《史記·殷本紀》以太甲爲太宗，大戊爲中宗，武丁爲高宗，此本《尚書》今文家說，今徵之卜辭，則大甲祖乙往往並祭，而大戊不與焉。卜辭中大乙大甲之後獨舉祖乙，而不及大戊，亦中宗是祖乙而非大戊之一證。《晏子春秋》内篇《諫上》云："夫湯、大甲、武丁、祖乙，天下之盛王也。"亦以祖乙與大甲武丁並稱。

祖乙崩，子帝祖辛立；帝祖辛崩，弟沃甲立，是爲帝沃甲（《索隱》《世本》作開甲也）；沃甲崩，立沃甲兄祖辛之子祖丁，是爲帝祖丁。帝祖丁崩，立弟沃甲之子南庚，是爲帝南庚。帝南庚崩，立祖丁之子陽甲，是爲帝陽甲。

卜辭有羊甲，羅叔言曰：羊甲即《史記》之陽甲，羊陽古通。董作賓曰：案字作𠂤，當爲羌，羌爲羊人合文……非即羊字，應作羌甲。

帝陽甲崩，弟盤庚立，是爲帝盤庚。帝盤庚之時，殷已都河北，盤庚渡河南，復居成湯之故居。帝盤庚崩，弟小辛立，是爲帝小辛。帝小辛崩，弟小乙立，是爲帝小乙。

董作賓曰：卜辭中有后祖乙，小祖乙，即小乙也。

帝小乙崩，子帝武丁立，武丁得傳說（卜辭作夢父），修政行德，殷道復興。帝武丁崩，殷人立其廟爲高宗。子帝祖庚立。帝祖庚崩，弟祖甲立，是爲帝甲。帝甲崩，

卜辭芳甲繇甲，郭沫若謂即沃甲。

卜辭𣤶甲象甲，郭氏謂即陽甲。

二大辛即小辛。

子帝廩辛立（《索隱》《漢書·古今人表》及《帝王世紀》皆作憑辛）。帝廩辛崩，弟庚丁立，是爲帝庚丁。

王先生曰：卜辭無庚丁，而有康丁及康祖丁。羅氏以爲即庚丁，蓋商人以日爲名，斷無用庚丁兩日者，羅説是也。

帝庚丁崩，子帝武乙立，殷復去亳，徙河北，武乙獵於河渭之間，暴雷，武乙震死，子帝太丁立。

王先生云：《竹書紀年》大丁作文丁。案大丁與湯子大甲父同名。且此丁於丁爲最後，不得稱大，《紀年》是也。卜辭有文武丁，羅氏以爲即文丁。

帝太丁崩，子帝乙立，帝乙崩，子辛立，是爲帝辛，天下謂之紂。自湯之得天下，迄紂之亡，其間世數，古籍中極爲歧異，王先生《古史新證》中有商先王世數一文，末附《殷世數異同表》，兹録之於後。

受名辛，紂其號也。《書·牧誓》："今商王受。"今文《尚書》受作紂。《正義》引鄭君説曰："紂帝乙之少子，帝乙愛而欲立焉。"號曰"受德時人"。傳聲轉作紂也。

殷世數異同表

帝名	殷本紀	三代世表	古今人表	卜辭	世數
湯	主癸子	主癸子	主癸子	主癸子	一世
大丁	湯子	湯子	湯子	湯子	二世
外丙	大丁弟	大丁弟	大丁弟	大丁弟	
中壬	外丙弟	外丙弟	外丙弟	外丙弟	
大甲	大丁子	大丁子	大丁子	大丁子	三世
沃丁	大甲子	大甲子	大甲子		
大庚	沃丁弟	沃丁弟	沃丁弟	大甲子	四世
小甲	大庚子	大庚子	大庚子		
雍己	小甲弟	小甲弟	小甲弟		

續表

帝名	殷本紀	三代世表	古今人表	卜辭	世數
大戊	雍己弟	雍己弟	雍己弟	大庚子	五世
中丁	大戊子	大戊子	大戊子	大戊子	六世
外壬	中丁弟	中丁弟	中丁弟		
河亶甲	外壬弟	外壬弟	外壬弟		
祖乙	河亶甲子	河亶甲子	河亶甲子	中丁子	七世
祖辛	祖乙子	祖乙子	祖乙子	祖乙子	八世
沃甲	祖辛弟	祖辛弟	祖辛弟		
祖丁	祖辛子	祖辛子	祖辛子	祖辛子	九世
南庚	沃甲子	沃甲子	沃甲子		
陽甲	祖丁子	祖丁子	祖丁子	祖丁子	十世
盤庚	陽甲弟	陽甲弟	陽甲弟		
小辛	盤庚弟	盤庚弟	盤庚弟		
小乙	小辛弟	小辛弟	小辛子	小辛弟	
武丁	小乙子	小乙子	小乙子	小乙子	十一世
祖庚	武丁子	武丁子	武丁子	武丁子	十二世
祖甲	祖庚弟	祖庚弟	祖庚弟	祖庚弟	
廩辛	祖甲子	祖甲子	祖甲子		
庚丁	廩辛弟	廩辛弟	廩辛弟	廩辛弟	
武乙	庚丁子	庚丁子	庚丁子	庚丁子	十四世
大丁	武乙子	武乙子	武乙子		
帝乙	大丁子	大丁子	大丁子		
帝辛	帝乙子	帝乙子	帝乙子		

虎，董作賓釋爲虎甲，謂虎沃音近相通……謂虎甲，即沃甲。有虎祖丁即沃丁可證。

沃丁，卜辭作羌丁，河亶甲作戔甲。羌，沃甲，作羌甲。

虤，陽甲，作瞉甲，又作和甲。卜辭又稱小乙爲後祖乙。

商代帝王世系表

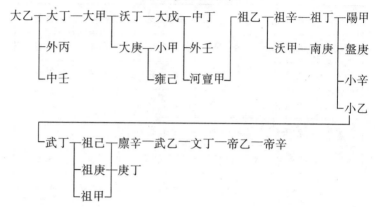

本章述商之列王，其事蹟已詳見《史記·殷本紀》者，因易翻檢，故多略而未言。

又殷之歷代帝王，雖已見上表，而古書中述具世次多寡，極不一致，《史記·殷本紀》作三十王，《三代世表》又云"從湯至紂二十九世"，《大戴記·少問篇》《國語·周語》所言皆與此合，而《國語·晉語》又云："商之享國三十一王"，或并武庚而數之耶？又有謂二十八帝者。王先生曰："二十八帝中不見於卜辭者，僅六帝耳。"近董作賓曰："王氏所謂二十八帝之六帝，今在卜辭中可以確定者三：爲沃丁，沃甲，廩辛，尚在疑似之間者三：爲中壬，雍己，河亶甲，是殷代帝王除末二世之外，全見於卜辭矣。"世次多寡既如此糾紛，而總共年數亦甚分歧，譙周《古史考》曰："殷凡三十一世，六百餘年。"《汲冢竹書》云："二十九王，四百九十六年。"《史記正義》引《竹書紀年》云："自盤庚徙殷，至紂之滅，七百七十三年，更不徙都，其相繆戾如此。"

《鶡子》云："湯之治天下也，得慶誧、伊尹、湟甫且、東門虛、南門蝡、西門疵、北門側，得七大夫佐以

《史記·呂后本紀》："古者殷周有國，治安，皆千餘歲。"

班固《世經》云："殷三十一王，六百二十九歲。"

《三朝記·少間》云："成湯卒崩，殷德小破。二十二世，乃有武丁即位。武丁卒崩，殷德大破。九世，乃有末孫紂即位。"

今本《竹書紀年》云："商二十九王，用歲四百九十六年。"

《左氏·宣三年傳》云："鼎遷於商，載祀六百。"

治天下，而天下治，二十七世，積歲五百七十六歲至
紂。”

董作賓作《新獲卜辭寫本》附《後記》云：新獲卜辭
“令周侯”及“惟王八祀”二版，因確知殷虛爲武乙至帝乙
之故都。

郭沫若《卜辭通纂序》駁董氏之説，謂帝乙末年必曾
移徙，其政治中心於朝歌，特安陽之舊都仍存，其宗廟
存儲無改。

第七章　商之都邑及疆域

自契至於成湯屢次遷都，《尚書正義·胤征》有"八遷"之說。成湯而後，至盤庚，自昔傳説，尚有五遷。惟其説不一耳。

《史記·殷本紀》云：盤庚渡河南，復居成湯之故居，五遷無定處。

《尚書·盤庚上》曰：盤庚五遷，將治亳殷……先王有服，恪謹天命，兹猶不常寧。不常厥邑，于今五邦。（《釋文》引馬云：五邦謂商丘、亳、囂、相、耿也。）

自上文觀之，可謂盤庚一生五遷也。然有謂五邦者，乃自成湯居亳之後，歷外丙、仲壬、太甲、沃丁、小庚、小甲、雍己、大戊八君皆居亳，至仲丁始遷於囂，歷外壬而河亶甲自囂遷於相，繼之祖乙元年自相遷於耿，二年圮於耿，自耿遷於庇，歷祖辛、沃甲、祖丁皆居庇，南庚二年遷於奄，歷陽甲而盤庚，至十四年自奄遷於北蒙曰殷。則五邦者，合囂、相、耿、庇、奄而言之也，非特不數後之盤庚，并不數前之湯居亳也，此又一説也。

《竹書紀年》云：自盤庚遷殷，至紂之亡七百七十三年，更不遷都。

《國語·楚語》曰：武丁入於河，自河徂亳。

以上二説，不相統一，《紀年》謂盤庚後未遷都，《國語》謂武丁由河北遷於亳（在河南），但殷之亡，實在河北，如《國策·魏策》曰：殷紂之國……前帶河，後被山。云前帶河，當在河之北，然自亳復遷河北，《殷本紀》謂在武乙時；《帝王世紀》謂在帝乙時，未知誰是。由此盤庚後又有二遷，則可知矣。

商自湯滅夏而有天下，武功最盛之時，除湯外則爲武丁，《詩·商頌》曰："武王載斾……九有有截，韋顧既伐，昆吾夏桀。"此言湯之武功也。又云："在武丁孫子，武丁孫子，武王靡不勝。龍旂十乘，大糦是承。邦畿千里，維民所止，肇域彼四海。四海來假，來假祈祈。"此言武丁之盛也。自商征伐所及觀之，商之疆域，東自濱海之地，西至汧隴，北至河北及山西北部，南不出今河南省界，西北至包頭，東南至淮水流域，縱橫數千里，超越前代遠矣。此可謂一大王國也。

俞正燮《癸巳存稿》卷一《盤庚五遷》：

> 盤庚云：于今五邦。《書序》云：盤庚五遷，將治亳殷。謂五邦之後乃五遷。案《序》"湯始居亳"，"從先王居"，"仲丁遷於囂"，"河亶甲居相"，"祖乙圮於耿"，則自相居耿，中有遷也。《史記·殷本紀》"祖乙遷於邢"，是亳爲一邦，囂爲一邦，相爲一邦，耿爲一邦，邢爲一邦，凡五邦。《書》《正義》所列五邦最確。五邦則四遷，盤庚將復治亳殷，則五遷，耿、邢本二地，唐人司馬貞、張守節解《史記》"邢爲耿"，漢馬融謂五邦爲商邱、亳、囂、相、耿，其誼未是，宋人非《書序》云：篇中言五邦，則盤庚前有五遷，《序》謂盤庚五遷，考之不詳，謬云爾也。夫《書》言五邦，則必是四遷，盤庚又遷，始爲五遷，自不知計數，反以孔子《書》《序》爲謬。且《史記》云：盤庚渡河南，復居成湯之故居，迺五遷，無定處，統殷事言之，乃誣之云，史遷謂盤庚自有五遷，誤人之甚，古今讀《史記》者俱明其文理不曾誤人也。

商之常遷徙，舊文多以爲避河，愚以社會進化眼光視之，商人尚未脫游牧生活，故不常厥邑。

第八章　商之文化

　　文化之興起，必其淵源有自。無源之流，絕不克有洶騰澎湃之勢也。商之文化，粲然可觀，然來自何所，訖今尚不能確知，此乃因古代史料之不豐，兼以我國民族來自何方，尚無定説，是以商代文化如何興起一題，不能得一答案，是有待於地下材料之發掘方足以證明也。

　　今之言商代文化者，有就古籍中所載以爲資料者，然古書多僞，苟取材不真，而所談全爲廢語，是以選擇史料不可不慎，自清季河南彰德龜甲出土，本爲研究商史之最好資料，然語多簡約，每不能獲其真相，近之治古史者，每據甲骨中之一詞一語，加以推測，言得其實者固不乏其人，而一般矜奇立異者，援此穿鑿附會，信口雌黃，吾之此章，選其信而有徵者，其他如讕言囈語者，概不與焉。下述商之文化。

殷教尚敬，尚質。

　　《説苑·修文篇》曰：夏后氏教以忠，而君子忠矣；小人之失野，救野莫如敬。故殷人教以敬，而君子敬矣。

　　又云：商者，常也，常者質，質主天。

色尚白

　　《詩·周頌·有客》：“有客有客，亦白其馬。”此爲微子來見祖廟之詩。殷尚白，修其禮物，仍殷之舊也。

　　《檀弓》：“殷人尚白，大事斂用日中，戎事乘翰牲用白。"

殷虛發掘曾得一白陶,或爲殷人祭祀之用品,此可爲殷人尚白之一確證。

以十二月爲正月(殷建丑)

《尚書大傳》:殷以季冬爲正。

今以古物證之,殷曆一年之月數可分爲平年,閏年兩種,平年爲十二月,閏年爲十三月。殷人紀目次序爲一、二、三……十一、十二,但一月亦稱正月。

歲曰祀

《爾雅》:夏曰歲,商曰祀,周曰年,唐虞曰載。

殷人稱年曰祀,亦曰司。羅叔言先生曰:《爾雅·釋天》:商曰祀,徵之卜辭稱祀者四,稱司者三。曰佳王二祀,曰住五祀,曰其佳今九祀,曰王廿司,是商稱年曰祀,又曰司也。

宗教

《禮記》曰:"殷人尊神,率民以事神,先鬼而後禮,先罰而後賞。"《史記·殷本紀》曰:"葛伯不祀,湯始伐之。"

葛伯不祀,爲不信神,湯往伐之,含有維護宗教之意味。然所祀之神爲何,其主要爲天神。(胡厚宣著有《殷代之天神崇拜》,可參考)

《禮記》曰:"非我族也,不在祀典。"

殷人爲一宗教思想極濃厚之民族,除尊禮祖先及天神外,今之見於卜辭者,無往而不卜,亦足見迷信之盛且廣也。

郭沫若《甲骨文字研究·釋干支》云:"殷人初製月份,時每月規整三十日,無大無小……人殷已有月大月小之分。"

大事,喪事也。《吕氏春秋·應同篇》:"及湯之時,天先見金刃於水。湯曰:金氣勝。"金氣勝,故其色尚白,其事則用金。

今之治殷曆者,有以殷代平年十二月,閏年十三月,大月三十日,小月二十九日,董作賓、吳其昌主之。有以殷代一年十二月,無閏年,月無大小,通常皆爲三十日,惟在特殊情形下,某月可附加十日或二十日,劉朝陽、孫海波主之。

近胡厚宣作《殷代年歲稱謂考》,謂殷人有以年紀年者,有以歲紀年者,有以祀紀年者,有以春紀年者,有以秋紀年者,有以事紀年者。

文字

　　我國文字，相傳創於蒼頡，然蒼頡何時人，古籍中所載，極爲岐異，而謂蒼頡爲我國文字之創始者，殊爲可疑之事也。自龜甲出土，可謂爲我國最古之文字。此文字爲創作，抑爲因襲，今無堅實憑證，未敢遽下判語，世之治卜辭者，將殷虛文字分爲五期：第一期文字雄偉，第二期謹飭，第三期頹靡，第四期勁峭，第五期嚴整。總之殷虛文字即其書法言之，其結構極爲可愛，吾恐此類文字之興起，絕非突如其來也，必有所因，蓋無疑也。

文具　筆

　　相傳秦時蒙恬製筆，孰知上古時已有筆之雛形。

　　朱芳圃《甲骨學·商史編》卷六《書契之具》云：筆即毛筆，殷代已有了毛筆的使用，這話似乎要使人驚異。不過這裏所謂毛筆，不必如現世所用的竹管兔毫，只要是一支小獸的尾巴，或者一叢捆在一起的細毛，功用同於毛筆的，都可以叫它作毛筆。仰韶期的陶片上小狗小鳥……精細的花紋，都須要用筆去圖繪，而在民國二十年冬季，我們在距小屯三里以內的後岡所得的仰韶期用毛筆彩繪的陶器，也至少在四千五百年以上。（詳見梁思永《小屯、龍山與仰韶》）這些是要證明在殷代以前已有了毛筆的使用。至於殷代使用毛筆，我們還有直接的證據，是在卜用的牛胛骨版上發現了寫未刻的文字。

殷人之衣服

　　在殷墟中尚未得殷人之衣服。但在侯家莊西北岡墓出土之石刻跪坐人像，實爲研究殷人服制之惟一資料。

此像交領，右衽，短衣短裙，裹腿，翹尖鞋。由此可見殷代一部人之裝式。

書契

殷人寫字之工具爲毛筆，所用之顏料有朱墨二種。殷墟之甲骨分爲五期，武丁及其以前(盤庚、小辛、小乙)爲第一期，祖庚、祖甲爲第二期，廩辛、康丁爲第三期，武乙、文丁爲第四期，帝乙、帝辛爲第五期。其中最堪注意者，有一塊第一期牛胛骨刻契卜辭。右邊一辭爲貞人韋，所寫字中塗朱；左邊一辭是貞人畫，所寫字中塗墨。細視之，其筆力之肥瘦、疏斂，顯然各有其特殊作風。

朱墨

同書又云：將已刻文字的甲與骨加以朱或墨的裝潢塗飾，這是武丁時代卜辭的一種特色。

銅器

商代彝器存於今者，爲數尚多，其製作皆爲合金，名曰青銅。其器物上花紋之精緻，遠非後代所及，亦足證其藝術程度之高也。在殷虛發掘中，曾得一小銅刀，似作刻契之用。由此可知殷尚無鐵，爲銅器時代。

由卜辭中可見有"漁獵牧畜耒耜農桑"等字，足證殷代爲半牧畜半農業社會，殷人迭次徙都，前人謂爲因避水患，以社會進化眼光觀之，實乃游牧無定居之表現也。

王靜安師《殷周制度論》及不同意見

有關殷之制度，王靜安師《殷周制度論》言之詳備。

文見《觀堂集林》卷十。

王先生此文，可謂爲吾國史學界之皇皇鉅製，其言亦多發前人之所未發，其貢獻可謂大矣，然自斯文出後，治史者有數點意見與王先生相違，兹分述之：

一、殷周之原起

王先生曰：黄帝之崩，其二子昌意玄囂之後代有天下。顓頊者，昌意之子；帝嚳者，玄囂之子也。厥後虞夏皆顓頊後，殷周皆帝嚳後。

王先生之言，皆本之《史記》，而近日討論民族之起源者，多不主此説。

梁任公先生《中國文化史·社會組織篇》第一章《母系與父系》云：

> 至如商周之祖契稷，史家皆謂帝嚳之子，然《玄鳥》之詩曰："天命玄鳥，降而生商。"《長發》之詩曰："有娀方將，帝立子生商"。《生民》之詩曰："厥初生民，實維姜嫄。"《閟宫》之詩曰："赫赫姜嫄，其德不回，上帝是依……是生后稷。"此皆商周人祀祖廟之樂章，皆頌其妣，而不及其祖，使商周果帝嚳之胤，詩人曷爲舍而不言！

郭沫若《甲骨文字研究·釋祖妣》云：夋爲嚳之名，而舜與嚳復由後世儒家分化而爲二帝也。

又云：舜嚳同出者，猶有扈與有狄同出，乃傳聞異辭，或後人之所改易也。

又云：古説嚳有四妃，上妃有邰氏女曰姜嫄，生后稷；次妃有娀氏女，曰簡狄，生契；次妃陳豐氏女曰慶都，生帝堯；次妃諏訾氏女曰常儀，生帝摯，常儀即常義（古儀羲同讀我音），亦即女英女匽，余疑與簡狄是一非二，摯契古音同部，亦當爲一人，姜嫄實即娥皇，亦即羲和、娥嫄、歌元對轉也。堯母慶都，殆後人之所附益耳。卜辭稱湯爲唐，疑唐堯亦即湯之轉變。

如郭氏之説，殷周乃爲虞後，而姜蘊剛在其《殷商民族與文化》中曰："殷商與舜同族。"

衛聚賢《古史研究·周民族的來源》曰：周人自承認他是夏後裔。此文引證甚多，俟下編再述。

錢穆在其《神農與黃帝》文中曰：

> 則黃帝，與帝嚳似屬古代較東之一支，黃帝既征炎帝蚩尤，爲一時共主，姬姜兩族，漸趨合流，故周人與黃帝俱爲姬姓，而其祖妣曰姜嫄，則顯爲東西之相融也。至若虞夏世系，皆溯源於帝顓頊，帝顓頊亦爲黃帝後裔與否，今無可論，而秦楚先祖，亦出顓頊，秦楚皆發跡於西方，是帝顓頊之苗裔，皆西系也，商人之先，出自帝嚳，既確可證其爲東系矣，而周人之先祖亦爲帝嚳，與虞夏不同，是周人殆亦以東支而西移者也。

又云：

> 神農虞夏，爲西系之大宗，秦楚爲西系之旁孼，自黃帝戰蚩尤於涿鹿，東方部族之勢力乃漸伸展而西，久則與同化焉，如周人是也。故周人亦儼若爲西支焉，今所傳古史系統，多出西周以後人之傳述，故西方詳而東方略。

黃帝是否姬姓，《史記》未言，僅云："姓公孫。"崔述《上古考信録》又謂："公孫非姓。"《國語》以黃帝長於姬水，故有姬姓之説。此不足置信。

《國語·晉語》云："黃帝以姬水成，炎帝以姜水成。成而異德，故黃帝爲姬，炎帝爲姜。二帝用師以相濟也。"

錢氏以周爲帝嚳後，而自圓其説，謂周乃東系之西移者，迷離仿佛之言，未可信也。古之民族，究某族出自某，本不易言。此問題之解決，尚待考古學人類學之努力也。

近人有謂吾國史前初期民族爲夏族，夏族居鄂爾多斯，東徙中原者謂東夏，又稱華夏，或稱時夏，西徙甘肅者，謂之西夏，又稱蠻夏，其留居鄂爾多斯者，後世稱爲大夏。（見陳安仁《中國史前之社會形態與文化形態》）此亦爲想象之詞，姑存之而已。

二、爲商之繼統法

王先生《古史新證》曰：

> 商之繼統法，以弟及爲主，而以子繼輔之，無弟然後傳子，自湯至於帝辛二十九帝中，以弟繼兄者凡十四帝，其傳子者，亦多傳弟之子，而罕傳兄之子。
>
> ……
>
> 吾國治史者，多謂殷之傳統爲兄終弟及，《春秋繁露·三代改制質文篇》云："商質者主天，夏文者主地；主天者法商而王，故立嗣予子篤母弟，主地者法夏而王，故立嗣子孫篤世子。"《公羊傳·隱公七年》何注：母弟，同母弟；母兄同母兄……分別同母者，《春秋》變周之文，從殷之質，質家親親，明當厚異於群公子也。

王先生之言，商之繼統法，不惟根據史實，且有所承，而近人亦有謂其主張之非是者。

郭沫若《甲骨文字研究·釋祖妣》云："參以多父之例，其實即亞血族群婚之遺習也。在此制度之下，猶以母性爲中心，男子須連翩出嫁，女子承家，故父子不能相承，而兄弟轉可以相及。殷代帝王多兄終弟及者，正職此故。其故有父子相承，然所謂父子，實屬疑問。蓋母權時代之翁婿關係，實如父子也。"

施之勉《殷人兄弟相及質疑》(載《東方雜志》第四十二卷第五號)云:

王國維《古史新證》曰:《史記》所述商一代世系,以卜辭證之,雖不免小有舛駁,而大致不誤,可知《史記》所據之《世本》,全是實錄,而由殷周世系之確實,因之推想夏后氏世系之確實,此又當然之事也。案《史記·夏本紀》,從禹至桀十七君十四世,父死子繼者十五君,兄死弟及者,二君而已。人言禹傳於子,而家天下,當可信也。是傳子之局,蓋昉於夏后氏矣,殷因於夏禮,周因於殷禮,立嗣必子,遂爲定制。《史記·孝文本紀》:"元年正月,有司請立太子,曰:'古者殷周有國,治安皆千餘歲,古之有天下者,莫不長焉,用此道也。'"立嗣必子,所從來遠矣。是子繼之法,三代共之,而王氏必謂始於周公製禮以後,何也?

《大雅·大明》"天位殷適",《傳》"紂居天位,而殷之正適也"。《呂覽·當務》"紂之同母三人,其長子曰微子啓,其次曰仲衍,其次曰受德。受德,乃紂也,甚少矣,紂母之生微子仲衍也,尚爲妾,已而爲妻而生紂,紂之父紂之母,欲置微子爲太子,太史據法而爭之曰:'有妻之子,而不可置妾之子。'紂故爲後"。《史記·殷本紀》:"帝乙長子曰微子啓,啓母賤,不得嗣,少子辛,辛母正后,辛爲嗣,天下謂之紂。"是殷明有嫡庶貴賤之別矣,而王氏不信,以爲此乃周代之制,何也?

《古史新證》又曰:"商之繼統法,以弟及爲主,而以子繼輔之,無弟然後傳子,自湯至於帝辛,二十九帝中，以弟繼兄者，凡十四帝，其傳子者，亦多傳弟之子，而罕傳兄之子。蓋周時嫡庶長幼分貴賤之制，商無有也。故兄弟之中，有未立而死者，其祀之也，與已立者同。"案王氏此説，似是而實非。《殷本紀》從契至帝辛四十三帝，以弟繼兄者十四帝，而傳子者乃有二十八帝。卜辭自上甲至於帝辛，三十八帝中，父子相傳者，凡十九帝，兄弟相及者十四帝而已(吳澤説)。是商之繼統法，實以子繼爲主，而以弟及爲輔，甚明白也，何得云以兄弟相及爲主耶？又考卜辭上甲大乙至祖丁十世，報乙至主癸五世，小乙至武乙五世，二十世中，每世僅一人入宗廟，嫡長相承，皆爲大宗(董作賓説)。當合祭時，但祀大宗，上甲、報乙、報丙、報丁、主壬、主癸、天乙、太丁、太甲、沃丁、太戊、中丁、祖乙、祖辛、祖丁、陽甲、武丁、祖巳、廩辛、武乙。小宗如外丙、中壬、太庚、小甲、雍己、外壬、河亶甲、沃甲、南庚、盤庚、小辛、小乙、祖庚、祖甲，則不預於合祭之列(吳澤説)。是殷時嫡庶長幼已有上下貴賤之別，何得云商人祀其先王、兄弟同禮耶？

施之勉引《史記·梁孝王世家》：

> 袁盎等曰：周道，太子死，立適孫。殷道，太子死，立其弟。

施氏説，《殷本紀》："自中丁以來，廢嫡而更立諸弟子，弟子或爭相代立"，造成"比九世亂""諸侯莫相朝"的局面。據此則知商之繼統法，確爲父子相傳，嫡長相承，太子死立其弟，非經常之道，故諸弟之子不得代立，必致其位於太子之子，湯崩，太子太丁未立而卒，弟外丙立，外丙崩，弟中壬立，中壬崩，立太子之子太甲，太甲，湯嫡長孫也，其例一。沃丁崩，弟太庚立，太庚崩，弟小甲立，（小甲，太庚弟，據《三代世表》）小甲崩，弟雍己立，雍己崩，立沃丁之子太戊，（太戊，沃丁子，據董作賓《殷代先公先王世系圖》）其例二。中丁崩，弟外壬立，外壬崩，弟河亶甲立，河亶甲崩，立中丁之子祖乙，（祖乙，中丁子。據卜辭）其例三。祖辛崩，弟沃甲立，沃甲崩，立沃甲兄祖辛之子祖丁，其例四，祖丁崩，立沃甲之子南庚，南庚崩，立祖丁之子陽甲，其例五。自太丁至於陽甲九世十七君，其以子繼父者皆爲嫡長大宗，太甲、沃丁、太戊、中丁、祖乙、祖辛、祖丁、陽甲八帝是也。外丙、中壬、太庚、小甲、雍己、外壬、河亶甲、沃甲、南庚九帝皆以弟及爲王，無有以位傳於其子者，南庚雖爲沃甲之子，然其得立，亦爲兄弟相及，而非父子相傳也。觀於此，則殷人以父子相繼爲大經大法，兄弟相及，非經常之制，斷可識矣，陽甲以後三世，如小乙，如祖甲，如庚丁，以弟繼兄，而傳於子，或者嫡長無嗣，乃以小宗入承大統，此在歷代亦往往有之也。庚丁以後至於帝辛，及殷之亡，五世傳子。然其先代自契至湯十有四世皆傳於子，此尤足證殷人父子相繼，弟及非正矣。

　　傳子之法始於夏后氏，余前已言之矣，而王先生謂此制實自周公定之，是又不可以不辨。《殷周制度論》曰："舍弟傳子之法，實自周公始，當武王之崩，天下未定，國賴長君，周公既相武王，克殷勝紂，勳勞最高，以德以長，以歷代之制，則繼武王而自立，固其所矣，而周公乃立成王，而已攝之，後又反政焉。攝政者，所以濟變也；立成王者，所以居正也。自是以後，子繼之法，遂爲百王不易之制矣。"又曰："定爲立子立嫡之法，以利天下後世，此制實自周公定之。"案《周書·武儆》"惟十有二祀四月，王告夢，丙辰，出金枝郊寶開和細書，命詔周公旦立後嗣，屬小子誦文，及寶典"，又《五權》"惟王不豫，召周公旦曰：昔天和降命於周，維在文考，克致天之命，汝惟敬哉。先後小子，勤在維政之失。政有三機五權，汝敬格之哉。克中無苗以保小子於位。嗚呼，敬之哉，汝慎和稱，五權維中是以，以長小子於位，實維永寧"(《周書序》"武王有疾，命周公輔小子，告以正要，作五權")。據此，則武王未崩時，已立成王爲嗣，武王有疾，即命周公輔成王，王氏謂周公立成王而己攝之，其語不經，輕蔑古人，不謂王氏精於考據之學，其於殷周制度疏略紕謬如此之甚也(王氏又云周公繼武王而攝政稱王，其謬與鄭康成注《禮記·明堂位》解天子爲周公，同周公攝政未稱王也)。夫立成王者乃武王，而非周公，立子立嫡之法，斷然非周公所定矣，蓋周自太王以前十餘世，皆父子相傳，文王舍伯邑考而立武王，權也(鄭康成説見《禮記·檀弓注》)。太王立季歷，太伯逃之以避季歷，可知季歷之立爲非正，是周有立子立嫡之法，固已久矣，無俟周公製禮而後定也。又案《左傳·襄三十年》魯穆叔曰：太子死，有母弟則立之，無則立長，年鈞擇賢，義鈞則卜，古之道也。《昭二十六年》王子朝曰：昔先王之命曰王后無適，則擇立長，年鈞以德，德鈞以卜，古之制也。夫穆叔子朝所言者，周制也，是周道雖不得立弟，然國有長君，社稷之福，有時亦不得不立弟，周之繼統法固與殷無大異矣。

三、爲封建制度

王先生曰:"又與嫡庶之制相輔者,分封子弟之制是也。商人兄弟相及,凡一帝之子,無嫡庶長幼,皆爲未來之儲貳,故自開國之初,已無封建之事,矧在後世⋯⋯周人既立嫡長,則天位素定,其餘嫡子、庶子,皆視其貴賤賢否,疇以國邑。開國之初,建兄弟之國十五,姬姓之國四十。"

由王先生之文觀之,封建制度當始於周。吾國昔賢論封建者多矣,大都主起自遠古,如羅泌《路史·封建後論》曰:"封建之事,自三皇建之於前,五帝承之於後,而其制始備。"《國名紀序》又曰:"列王分茅,自有民始。"

馬驌《繹史》曰:"封建肇於三皇,至五帝而制備,歷夏洎商爰周郅隆,其法尤密矣,武王之有天下也,大封公侯於天下,班彝分器,作之屛翰,以衛王室。"

羅、馬所言,乃屬猜度之辭,不能置信,而王先生謂封建子弟之制始於周,近有異説。

胡厚宣《甲骨學商史論叢·殷代封建制度考》曰:

封建制度起源於何時,以眞實文獻之不足,難得而徵之,然由卜辭觀之,至少在殷高宗武丁之世已有封國之事實,則古人以封建制度源於三皇五帝之世者,雖屬無稽,然即謂封建制度實爲周公之所獨創者,亦難遽信。以下試分而論之。(以下文長不録)其結論曰:

總之殷代自武丁以降,確已有封建之制,如武丁時諸婦被封者,有婦妌、婦好、婦姛。婦妌大約封於今河南沁陽之東南，諸子被封者，有子畫、子宋、子奠、子㠱，子漁、子畫封於今山東臨淄西北，子宋封於今河南商丘，而稱白，子奠封於今陝西華縣而稱侯，子㠱則封於北方。功臣被封者，武丁時有𢦏、崔、亘、咠。𢦏封於沚，而稱白，約在今山西南部，崔封於今山西介休縣，而稱侯，至武乙文丁時，亦稱男，亘封於今山西，垣曲縣，咠則封於西方，而稱史。史者，亦爲專任邊防之官。帝乙帝辛時，功臣被封者，則有喜，封於攸，而稱侯，約在今山東定陶附近。方國被封者，武丁時有井方、虎方、鬼方、易、犬方、周。井方在今陝西岐山之南，封爲白，犬方在今陝西興平東南，封爲侯，虎方及周封爲侯，鬼方、易封爲白，俱在殷之西方。帝乙帝辛時有盂方、夷方，皆封爲白、侯，在殷之東方。此外如武丁時之示侯、巒侯、杏侯、丁侯、禾侯、伊侯、先侯、斬侯、𩵋侯、犬侯、侯𣪊、侯光、侯唐、侯專、侯昌、侯告、侯叔、侯㫃、侯甶、雇白、𠅘白、葉白、𦙷白、谷白、兔白、白𢦏、白𦃃、白弘、白多，祖庚、祖甲時之㱙白、武乙，文丁時之䧹侯、救侯，帝乙帝辛時之𡠜侯、冀侯、侯綌、𩰬白、男𠤳、田𠚕，其爲功臣方國，雖不可確知，然皆爲殷王所封，則無可疑也。

　　故漢代及其以後之舊籍，以封建之制起源於三皇五帝之世，或更以前，此固不可信，然近儒謂封建之制，不特爲周之所特有，且係周公之所獨創者，亦不然也。

　　蓋今人每以中國文化之變革莫劇於殷周之際，中國一切傳統的文化禮制，大半皆由於周公之制禮，據吾人觀之，周起西土，在早期幾無文化之可言，及入主中土，乃全襲殷商之文化，幾乎無所變革，故殷與西周實爲一個文化單位，其劇變不在殷周之際，乃在東周以來，周初之文化制度，不特非周公一人所獨創，且亦非周代所特有，舉凡周初之一切，苟非後世有意之傳會，則皆可於殷代得其前身也。

殷代既有封建之制，則土地必本爲國家所有，經王之分封，乃屬於封建侯白；或土地本爲諸國族部落所有，經王之封，始承認其爲自有之土地。總之，無論如何，由卜辭觀之，殷代確已有土地私有之制度，則毫無可疑，今人或以殷人共產，尚無土地私有之觀念，大不然也。

至於封建侯白，對于殷王之義務，舉其要者，則有五端：一曰防邊，遇外寇來侵，則走告王朝；二曰征伐，受殷王之指揮，以征討叛逆；三曰進貢，或貢龜，或貢牛，或貢珍寶飾物，凡王所喜及所用者皆貢焉；四曰納稅，其稅爲何？則爲農產物品，黍稻最爲普通，麥則爲稀貴之物；五曰服役，除自耕之外，尚須率領國衆以爲王耕。

殷代封建，除婦子之外，有侯白男田，侯白意近，男田相通，故侯白男田者，亦可歸爲侯田二種。田者近郊耕作之官也，侯者外圍防邊之官也。故卜辭每以"多田與多白"或"侯田"爲諸侯之稱，比實爲後世五等爵及畿服説之起源也。

殷代封建，除子婦之外，雖有侯白男田四目，然侯與白通，男與田通，且侯與田雖可分爲二類，然其用實亦無嚴格之別。故侯白男田皆不過爲諸侯之異稱而已，絕無所謂貴賤等級之分。又公字雖見於卜辭，然其義實爲先祖，亦與爵名不同，至於西周，雖已漸有公、侯、白、子、男五名，然亦往往無定稱，仍不過爲國君之通稱，並非爵禄，更無所謂等級。直至戰國，新儒家興起之後，託古改制，始造成所謂公、侯、伯、子、男五等爵禄之説。

殷代封建之侯田，至後世亦漸演爲畿服之説，在殷代時只有侯田，田在內，侯在外。至西周侯田之外，又取一男或又加一衛，同時已有服稱。迄乎東周，乃取侯田之名與服相聯，即成所謂畿服之説。至戰國末，乃由新儒家造成所謂五服，與五等爵禄，大約爲同時之物，至於六服九服之説，則又由五服演變，總之皆爲戰國末年之説也。

封建制度起於何時，其説紛紜，既如上述，然"封建"二字，其義爲何？説者亦弗一致。

呂思勉《先秦史》第十四章第一節《封建》云："分立之世，謂之封建，統一之時，號稱郡縣，爲治史者習用之名，然以封建二字該括郡縣以前之世，於義實有未安。何則？封者，裂土之謂，建者，樹立之義。必能替彼舊酋，改樹我之同姓、外戚、功臣、故舊，然後封建二字可謂名稱其實，否即難免名實不符之誚矣。"

郭沫若《甲骨文字研究·釋封》云："是故封建之事，在古本樹畿封、建社壝之意，如今人之所謂殖民，與爵土分封，建立屏蕃之事有別，爵土分封，建立屏蕃之封建，自漢以後始見諸實行，所謂五等諸侯之制，實春秋中葉以後儒者所擬設之虛文，此由古彝器銘識可得其究極之證據。"

四、爲宗法制度之建立

王先生曰：

是故，由嫡庶之制，而宗法與服術二者生焉，商人無嫡庶之制，故不能有宗法，藉曰有之，不過合一族之人奉其族貴且賢者而宗之。其所宗之人，固非一定而不可易，如周之大宗小宗也。周人嫡庶之制，本爲無子諸侯繼統法而設，復以此制通之大夫以下，則不爲君統而爲宗統，於是宗法生焉。

封建與宗法關係密切，即謂有封建制度，必有宗法之產生。沈垚《落颿樓文集·與張淵甫書》云：“古人於親親中寓貴貴之意，宗法與封建相維，諸侯世國則有封建，大夫世家則有宗法。”胡厚宣主張殷有封建制度，則當亦有宗法，故其《殷代婚姻家族宗法生育制度考》曰：

或謂殷代無宗法，此不確之論也。夫宗法之含義有三：一曰父系，二曰族外婚，三曰傳長子。此在殷代似皆不成問題，殷爲父權之家族社會，其帝王臣寮皆男姓，王后生育，且以男子爲嘉，女子爲不祥，則其必不爲母系可知矣，或以殷人特祭先妣，是其母性地位必高，不知殷代雖有特祭先妣之例，但遠不如特祭先祖者之多，卜辭又多見合祭先祖之例，而先妣無有焉，且其特祭先妣者，多舉其先祖之名而稱某某奭，則仍是妣以祖貴之義，又安能以爲殷非父系之證耶？王國維氏謂殷代女子不以姓稱，女子稱姓與同姓不婚爲周制之所特有，論者多從其說，以爲殷代女子以甲乙爲名而無姓，自無行族外婚之理。不知殷代無論男女雖死後皆以甲乙爲其祭祀之廟號，但其生前，則皆自有其名，如前舉子漁、子畫之類，皆男子之名也；帚妌、帚好之類，皆女子之名，亦即姓也，觀武丁之配，有名帚嫀、帚周、帚楚、帚杞、帚嫛、帚姝、帚龐者，嫀、周、楚、杞、嫛、姝、龐，皆其姓，亦即所自來之國族，他辭又或言“取奠女子”。奠即鄭，取即娶，此非族外婚而何？王氏又謂殷人制度之大異於周者，爲兄終弟及之制。夷考其實，則殷末康丁、武乙、文丁、帝乙、帝辛五世皆傳子。已非兄終弟及。《呂氏春秋·當務篇》曰：“紂之同母三人，其長子曰微子啓，其次曰仲衍，其次曰受德。受德乃紂也，甚少矣。紂母之生微子啓與仲衍也，尚爲妾，已而爲妻而生紂，紂之父，紂之母，欲置微子啓以爲太子，太史據法而爭之曰：有妻之子，而不可置妾之子。紂故爲後。”《史記·殷本紀》則云：“帝乙長子爲微子啓，啓母賤，不得嗣，少子辛，辛母正后，故立辛爲嗣。”兩說不同，但隱示商末已有立嫡之制則一也。且嚴格論之，周初太王舍太伯而立王季，武王之兄伯夷考不得爲大宗，周公旦稱王，則亦兄終弟及，僅立沖子爲儲，有後來授政之諾言耳，又成王之立，容爲立嫡，亦非立長，或周公不免有所作用於其間，於是管蔡譁然，聯武庚以叛耳。是傳長子之法即在周初，亦並未完全確定實行，則謂殷爲兄終弟及，周乃傳子，殷周禮制，絕對不同，殆非是也。蓋宗法之制，在殷代早已見其端緒，歷西周數百年，迄戰國末年，新儒家興起之後，始有整齊固定之法則，謂宗法爲周人之所特有，謂宗法之制爲周公所首創，皆不然也。

又云：

　　惟合祭之廟，則只用大宗小宗之名，而成其所謂宗法，（大宗者，大廟也，合祭直系先祖之所也；小宗者，小廟也，合祭旁系先祖之所也。）此種初期之宗法，經西周春秋至戰國及秦漢之際，乃演爲新儒家有規律成系統之所謂宗法制度者，即《儀禮》《禮記》及《白虎通》一類書，所言是也。論者謂周之大異於商者，爲宗法制度之產生，不知所謂規律的宗法制度者，不特在西周經籍、金文中，無其痕跡，即其學說之完成，亦不能早於戰國末年新儒家興起之後，且是否即曾見諸實施，亦大有問題，惟言其原始，言其前身，則在殷代後半期，確已有之。周之制度，乃由商代漸漸演化而來，非截然大異於商也。

第九章　殷之外族

一、鬼方

殷時外族最著者爲鬼方，《易·既濟·爻辭》曰：高宗伐鬼方，三年克之。《汲郡古文》：武丁三十二年伐鬼方，次於荆；三十四年克鬼方，氐羌來賓。此族在殷時勢力頗强，與殷爲敵，故伐之，鬼方金文作𫠊方（見《盂鼎》），又作魌方（見《原伯戈》），有謂𫠊魌二字，確爲畏字，鬼方之名，當作畏方。

鬼方究在何所？自來説者，紛紛不一。《毛傳》云："鬼方，遠方也。"《史記·楚世家》索隱引《世本》云："陸終娶鬼方氏之妹，生六子，其六曰季連，芈姓楚是也，是以鬼方爲荆楚也。"《文選·揚子雲趙充國頌》注引《世本》宋衷臣云："鬼方于漢爲則先零羌。"《曹全碑》："興師攻疏勒王，銘云征鬼方，是以鬼方爲氐羌也。"干寶《易臣》（李鼎祚《周易集解引》）云："鬼方，北方國也。"《史記》索隱："匈奴，唐虞以上曰山戎，亦曰熏粥，夏曰淳維，殷曰鬼方，周曰玁狁，漢曰匈奴。"是以鬼方爲匈奴也。近人鄒漢勛《攷紅崖刻字》，謂爲殷高宗伐鬼方所作，以鬼方在貴州也。李黼平《毛詩紬義》，謂九字與鬼通，《殷本紀》命西伯、九侯、鄂侯爲三公。徐廣曰："九侯即鬼侯，鄴縣有鬼侯城是也。"呂思勉《先秦史》第十章云：

"《史記》之九侯，明當作鬼侯，則《詩》稱殷商覃及鬼方，正指紂脯九侯之事。《易》言高宗伐鬼方，《大戴記》言陸終取於鬼方氏，皆氐羌部落矣。……宋翔鳳《過庭録》謂《詩》'我征自西，至於艽野'之艽野即鬼方，亦即《禮祀·文王世子》'西方有九國焉'之九國，《列子》稱相馬者九方皋，乃以國爲氏(見《艽野即鬼方》)，其説却殊精焉也。"

清甘肅張澍謂鬼方在荆楚，並云《易·既濟·九三》"高宗伐鬼方，三年克之"即《殷武詩》所詠"奮伐荆楚，覃及鬼方"也。

王静安先生《獯鬻獫狁鬼方匈奴考》謂鬼方之地實由宗周之西，而包其東北，與所考昆夷獫狁正同(有謂鬼方之根據地爲今之山西，但陝西涇洛之間亦爲其屢代出没之地)。

二、土方

卜辭中有"伐土方，及土方，正于我東鄙，土方牧我田"之文，郭沫若曰：土方乃殷人西北方之大敵。是則土方之疆域，當在包頭附近，不斁殷有馭方獫狁，《詩》言"城彼朔方"，朔御(馭)土古音同部，當即同是一族，蓋獫狁之一部語也，郭氏謂土方即夏，不可信也。

《卜辭通纂·征代》"土方亦必在殷之北"，"土方之距殷京有十二三日之路程也。每日行程平均以八十里計，已在千里上下，則土方之地望，蓋在今山西北部"。

日人白鳥庫吉謂獫狁爲突厥種，匈奴爲蒙古種。

井方

卜辭屢稱隹王正(征)井方，此井方在渭水上游，大散關附近。

唐蘭、陳夢家二人釋爲邛，謂其字從口從𠬝。𠬝於卜辭爲工字（吾方當在河內）。

胡厚宣云："吾者疑即共，《詩·長發》'小共大共'，《書序》'九共'。共字皆借爲工，其地在今陝北。"

三、𠂤方　吕方

孫詒讓釋爲昌，葉玉森釋作苦，郭沫若釋吕。

卜辭中有"伐𠂤方"之文。自湯時即有之，郭沫若曰：殷人之敵在西北，東南無勁敵，最常見之敵爲𠂤方及土方，乃游牧民族，其地當在今山西北部，蓋獫狁之一部落也（林義光又有謂即鬼方）。武丁時嘗以三千人征吕。

董作賓曰：武丁時西北有兩個强鄰，就是𠂤方和土方，伐𠂤方算是那時的一件大事，所以貞卜的次數也最多。……據《殷虚書契考釋》所輯卜辭，伐土方的只有四次，伐𠂤方的卻有二十六次之多，這還是一部分的材料，可見土方𠂤方與殷人的關係了。

葉玉森《殷虚書契集釋》："土方𠂤方明爲二國……不能强斷爲一國……且據安陽發掘報告，獲甲有鬼方二字，則𠂤方非鬼方，亦非土方可以斷定上矣。"

四、母

卜辭中之母，葉玉森曰殷之母國，當即《詩·皇矣》之串夷，又《竹書紀年》之申戎，疑串爲申誤。

郭沫若曰：卜辭之母字，均係國族之名，金文之古者，亦多用爲族徽，蓋古有母國或干國，而其後與周爲毗鄰，周金之干氏，叔子盤之干氏，殆即後裔矣。

五、羌

卜辭中有"王 ![字] 北羌伐""朕獲羌""歸羌妻""令五族伐羌""不其獲羌"等文。

董作賓曰,《尚書·牧誓》："及庸蜀羌髳,微纑彭濮人。"疏云："八國皆戎蠻之國謂西戎南蠻。"《詩·殷武》："自彼氐羌。"鄭箋："氐羌,夷狄,國在西方者。"《說文》："羌,西戎,牧羊人種也。"是羌爲古國,遠在商周之際,羌姜本是一字,後世姜姓之國,都是羌族的苗裔。

《括地志》云："岷洮等州以西爲古羌國。"蔣延錫《尚書地理今釋正義》云："蜀都分爲三:羌在其西,故曰西蜀。"蘇氏云："先零抱罕之屬,在今甘肅陝西以西,南接蜀漢,塞外也。"《漢書·地理志》："隴西郡下有羌道。"注云："羌水出塞外,南至陰平出白水。"《水經》："羌水出羌中參谷。"注云："羌水在隴北。"是以羌水證之,羌之地也,當在陝西甘肅之間了,今陝西漢中的寧羌,甘肅的伏羌(鞏昌)、安羌(蘭州)、懷羌、來羌、制羌、破羌、臨羌(西寧),皆是古羌地。

羌方是早被征服了的民族,武丁時有"師獲羌"的記載。祖甲以來,他們常供給祭祀的樂舞,後來不服從了,所以在廩辛康丁有"于父甲求戈羌方"之辭,是禱于祖甲在天之靈,要他降災罰于羌方,武乙之世,羌方又來賓了,卜辭有"王于宗門逆羌"的記載。

唐蘭《豐京新考》(《史學論叢》)云:京師實本地名,篤《公劉》之詩所謂京師者是也。師者,周初都邑之通稱,如洛爲雒師(見《書·周書·洛誥》),周稱周師(見《諫

人方即東夷

佳夷即淮夷,亦即後所稱之島夷,島乃鳥之變,鳥與佳形義俱近。

卜辭有佳尸(見後編),《殷契粹編考釋》第十三片有"正佳",即征伐淮夷之事。

殷》)之類，則京師者即京也……京地又稱爲豳……公劉以後國號曰京，及太王遷周，乃號曰周，故如《大明》之"于周"及"于京"《下泉》之"念彼京周"，每以京周封稱，明京是地名而非指王者所居也。

所謂京師，非宗周而當爲豳者。於金文有確證。馬克鐘云："王在周，康剌宮，王呼士昌，召克王親，命克遹涇東至于京師。"夫既云王在周，康剌宮，則王在宗周也。云"命克遹涇東至于京師"，則京師者，決非渭南之宗周，而當爲涇濱之豳可無疑義矣。

邠，《説文》周太王國在右扶風美陽，從邑，分聲。

豳，美陽亭即豳也。民俗以夜市有豳山，從山從豩闕。

段注云：按此二篆説解可疑。豳者，公劉之國，《史記》云慶節所國，非太王國，疑一。《漢書·地理志》《毛詩箋》《郡國志》皆云豳在右扶風枸邑，不在美陽，疑二。《地理》《郡國》二志皆云枸邑有豳鄉。徐廣曰"新平漆陽之東北有豳亭"，疑三……假令許果以豳合邠，當云或邠字，而不言及，疑五。蓋古地名作邠，山名作豳，而地名因於山名，同音通用。

《三國志》魏文帝延康元年六月，南征，霍子性諫曰：豳王不爭，周道用興。

朱良裘曰謂太王也。

第三編　西　周

第一章　釋　周

《説文·口部》:"周,密也,從用口",▢古文周字,從古文及,周字甲骨文與金文多作▢,前人多釋爲鹵,假爲魯,吳大澂於公伐▢鼎"▢受多福",始釋周。孫詒讓之《契文舉例》,商承祚之《殷字類編》,容庚之《金文編》,均釋周,然所舉"▢敦之公仲在宗▢",及"免簠之王在▢",均非究極之證明,因魯亦可稱宗魯也,《孟子·滕文公篇》:"吾宗國魯先君。"郭沫若釋"寇"曰:字固周字,其證有二:一爲無惠鼎之王各于周廟作▢,乃周之省,則知▢乃周之省,一爲畫字,古金文畫字從周,如畫▢畫▢二畫字,毛公鼎作▢,師兑敦作▢,番生敦作▢,從周省,與無惠鼎周字同。録伯敦作▢,蓋琱字之省,琱亦通周,(▢皇父作周娟,匜之周娟,▢皇父敦作琱娟,即其明證。)而宅敦則作▢,從▢省,是▢爲周之明證矣。又云:近出土矢令彝兩周公,字一作▢,一作▢,此▢爲周之鐵證。

近有人謂▢字乃由田字演變而來,周爲農業民族,

《釋名·釋州國》:"周地在岐山之南,其山四周也。"

《説文》:"邠,周太王國。"

《文選·安陸昭王碑》文,李注引《莊子》邠人謂邠王曰:"吾契妻子以從王乎此。"邠王即太王。

黎東方《先秦史》謂周字上邊是一個田字,下邊是一個口字。

又云:"周的國名是到了岐山以後才起的,以前稱幽公。"

徐廣曰:"邑於周地故始改國曰周。"

郭沫若謂▢字象四中有種植之形,足證周人以農業之發達爲其特征。

其周字作𡆆字形者，乃像田中種植，此爲望文生義，何足爲訓。

周之所以號周者，《史記正義》曰："因太王所居周原，因號曰周。"《地理志》云："右扶風縣岐山西北中水鄉，周太王所邑。"《括地志》云："故周城一名美陽城，在雍州武功縣西北二十五里，即太王城也。"一説周原在岐山縣東北四十里，《詩·大雅》"周原膴膴"，《毛詩》："周原，漆沮之間也。"

第二章　周民族由來

《史記·周本紀》曰：

《國語·周語》
泠州鳩曰我姬姓
出自天黿
忔一作屹

> 周后稷名棄，其母有邰（一作台，又作斄）氏女，
> 曰姜原，姜原爲帝嚳元妃。姜原出野，見巨人跡，
> 心忻然説，欲踐之，踐之而身動如孕者，居期而生
> 子，以爲不祥，弃之隘巷，馬牛過者皆辟不踐，從
> 置之林中，適會山林多人，遷之，而弃渠中冰上，
> 飛鳥以其翼覆薦之，姜原以爲神，遂收養長之。初
> 欲弃之，因名曰棄。棄爲兒時，屹如巨人之志，其
> 游戲，好種樹麻、菽，麻、菽美。及爲成人，遂好
> 耕農，相地之宜，宜穀者，稼穡焉，民皆法則之。
> 帝堯聞之，舉棄爲農師，天下得其利，有功。帝舜
> 曰：“棄，黎民始飢，爾后稷，播時百穀。”封棄於
> 邰，號曰后稷，別姓姬氏，后稷之興，在陶唐虞夏
> 之際，皆有令德，后稷卒，子不窋立。

由《史記》之文視之，周之始祖爲后稷，而封於有邰，
《説文·邑部》：“邰，炎帝之後，姜姓所封，周棄外家
國，字一作斄。”《括地志》云：“斄城一名武功城，在雍州
縣西南二十二里，今陝西邰州南門外有履跡坪，邰州南
有隘巷，有姜嫄祠。”《元和郡縣志》云：“后稷祠在武功
西南二十三里。”周之發祥地在今之陝西，治史者以其與
東方殷人封立，目爲西方民族，錢穆謂周亦東方民族之

西徙者，前已言之，兹不贅述，近日言周民族之由來，亦有新奇之説者，如衛聚賢《古史研究》第三集《周民族的來源》中，一曰周人自承認他是夏後裔，引《書·康誥》《詩·周頌》爲證；二曰周人的詩名夏，《詩》的《大雅》《小雅》，即大夏小夏……周人作的詩而名爲夏，是周爲夏人之後；三曰周襃同爲夏民族，以《國語·鄭語》爲證；四曰周人髮爲捲曲，引《詩·小雅·采綠》"予髮曲局，薄言歸沐"……夏人接近高加索種，其髮捲曲，周人髮亦捲曲，是周亦夏民族。

> 《康誥》有"用肇造我區夏"，《周頌》有"肆于時夏"。
> 一作　又作纂

顧頡剛反對古公亶父爲太王。（其文見《古史辨》第一册一四七頁）

　　公亶父這人，自孟子以來都説是太王，我覺得不對，公亶父在《緜篇》上看，是一個"蓽路藍縷以啓山林"的國君，太王是文王的祖，已在周民族很盛的時候。他們的時會是不同的，況且太王既已稱王，謚太，何以于《緜篇》又稱公呼名？《雅》《頌》同爲西周時作，不應當把稱號亂用如此。推其所以致誤之故，一由于公亶父"至于岐下"而太王亦"居岐之陽"；二由于公亶父娶的是姜女，而文王之母亦"思媚周姜"。但我以爲周國始終不曾離開過岐山，"至岐"只有始遷的第一代，"居岐"儘不妨沿着多少代，這二者不能强合爲一事。周與姜本係老親，看后稷的母名姜嫄可知，不能説太王娶的周姜即是《緜篇》上的姜女，而合太王于公亶父使他們併作一人。又看《緜篇》以"緜緜瓜瓞"發端，而首章言"民之初生自土沮漆"，末章言"文王蹶厥生"，其爲原始要終之詩，言周民族自微而盛，自開國以至成大業，此意甚明。公亶父乃是初定國基之君，故詳言其始至之狀，若在太王時，便不容有這等事了。自從孟子言太王避狄，硬拉公亶父覓地的事做證據，又言太王好色，硬引《緜篇》“爰及姜女”的話做證據，于是公亶父與太王合而爲一，反在公劉之後，有似乎中衰，而《緜篇》紀始的本義就失去了。

《漢書·人表》列舉上古以來人物，也提及周人祖先古公亶父。清梁玉繩《人表考》曰：

> 大王亶父（公祖子）大王始見《書·武成》《詩·周頌·天作》《魯頌·閟宫》，亶父始見《大雅·緜篇》，大王亶父始見《莊子·讓王》《吕氏春秋·審應》，公祖子始見《史記·周本紀》。大又作泰（《淮南子·詮言》），父又作甫（《書大傳·略説》），亦曰古公（《詩·緜》），亦單稱古（《楚辭·天問》），亦曰豳公（《詩·緜傳》），亦曰周公（《竹書》），亦曰豳王（《三國志·魏志·文帝紀》注）。

《魯公伐郐鐘》銘文：

《春秋·僖公十三年》：“公會齊侯、宋公、陳侯、衛侯、鄭伯、許男、曹伯于鹹。”杜注以鹹爲衛地，“文十一年，敗狄于鹹”。又以爲魯地。屬魯爲是。

《善夫克鼎》銘文：

方濬益曰：“周字從，與古文同意。”《説文·部

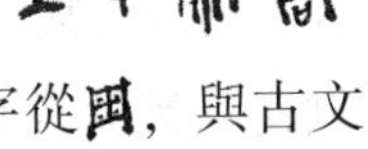

首》：“鹵，西方鹹地也，從西省，象鹽形。”安定有鹵縣，東方謂之㡀，西方謂之㓼。《漢書》：“鄭當時鑿涇水爲渠，以溉瀉鹵。宣帝微時，嘗困蓮勺鹵中。”是雍州地有鹹鹵之證。按周之爲字，本取象於關中之地形，四圍周密，河山四塞之固也。從口，則并崤函之險而象之，篆文變從𡇝，失古意矣。

屬正，職如都尉。

卒正，職如太守。（《後漢書·光武紀》）

周人的周字是古初的琱（雕）字，函《皇父簋》周娟，一件作琱娟，便是明證。字象平板上有點線的琱畫，金文畫字下體從周，也就是象徵一支手執刀筆在琱刻點線，有人以古周字和田字相近（古文周或者口，而於田字形的空白中各加一點），以爲是象周人的農田種植（郭沫若《十批判書·古代研究的自我批判》），那也完全是臆説。

《漢書》顏師古注：“岐山在美陽，即今之岐州岐山縣箭括嶺也。”又云：“其山兩歧，俗呼箭括嶺。”

《岐山縣志·山川》：“周原在縣東北四十里箭括山陽岐陽宮之南，即《詩》所謂‘周原膴膴’也。”

備逯：《説文》高平之野，人所登，從辵。備逯今《經典通》作原。

段注：高平曰逯。

《古史考》曰：“《國語》云，世后稷以服事虞夏。言世稷官是失其代數也。若以不窋親棄之子，至文王千餘歲，惟十四代，實亦不合事情。”《毛詩正義》曰：“虞及夏殷，共有千二百歲。每世在位皆八十年，乃可充其數耳。命之短長，古今一也。而使十五世君在位皆八十許載，子必將老始生，不近人情之甚。”

《吳越春秋》言公劉避夏桀於戎狄。

《鬻子》言湯治天下，將伊尹慶節（慶節，公劉子）。

婁敬曰：“周自后稷封邰，十有餘世，公劉避桀居豳。”

《通鑑前編》云：“《國語》十五王而文始平之，其指賢而有聞者言之，抑自公劉數至文王。”

《史記志疑》謂十五王爲廿五王之誤。

狄氏《中庸質疑》引《藝文類聚·帝王部》載孔融論周自后稷至武王，積五十代。謂十五乃五十之誤。

黃以周《周十五王説》曰：“《周語》自后稷之始基靖民，十五王而始平之。當以后稷、不窋、鞠及公劉後之爲諸侯者……”

其解“周原膴膴”曰：周原，《水道提綱》云：“汾水東北自河津縣城西南流注曰汾口，西嶠即韓城東之周原堡也。”周民族由山西汾城之古（古是地名），遷於陝西韓城之周原，始名爲周，甲骨文有“命周侯”，可知此時周決不遠在陝甘之交的豳，而在山陝之交韓城。

又云：周原係夏民族在山東，被殷人北上所敗，乃西徙於山西沁縣，再至汾城，渡河而西居於陝西韓城，徙於土，遷於豳，後至岐山之下。

又云周人不純粹是夏民族，也混合了苗民的羌（姜）人在内，如周人以其始祖后稷之母爲姜嫄。

錢穆《西周地理考》曰：“邰即臺駘之地……《周書》度邑武王升汾之阜以望商邑，汾即邠，亦即豳，然則公劉舊邑實在山西，太王踰梁山，當在今韓城，岐山亦當距梁山不遠也。”

劉節《詩經中古史資料》考釋《大雅·崧高》：“王命申伯，式是南邦，因爾謝人，以作爾庸，王命召伯，徹申伯土田，王命傅御，遷其私人。”這裏私人同《大東》裏的私人是一種，就是"公入于戎州己氏"的己氏，這個己字釋文作"祀"，音"紀"，音應當取祀音，己氏就是甲骨文中的"己羌"，今人釋作"厶羌"，原本都是一個字，古文姒字、臺字所從的ζ形都是這個字，原是象蛇形，中國民族最古的民族圖騰是蛇，所以祀字從己，其不用蛇作圖騰的，是北方民族，所以祀字也有從異作祼的，氾水也有從異作潩的，而北方稱冀方，正是從此異聲，圖騰本來是秘密的，所以己字就是私字。《説文》釋羌爲西戎牧羊人，其實殷代的羌散佈東方，照甲文裏的資料看，殷人所活動的中心區域在河淮之間，而這種甚多的羌人，也就在殷人的近旁，"己羌"不過其中一種。羌字從羊從人，説他們以游牧爲中心生活而已，其種族類別，仍是貊貉。己羌之外，甲文中還有"來羌"。周人其實是"己羌"與"來羌"的混合種，《詩·生民》"有邰家室"，是周人的發祥地。有邰即有臺，臺字從ζ從口，《爾雅·釋詁》"臺、予，我也"，從口表示發聲，臺即己羌之自稱，例同舒族自稱曰"余"曰"予"，攻敔族自稱曰"吾"相同。

有謂自封后稷於至不窋立三十四字之間，后稷二字凡有三解，號曰后稷之后稷指棄，后稷之興之后稷包棄以後，不窋以前，居稷官者，后稷卒之后稷，則不窋之父也。

近人丁山著《由三代都邑論其民族與文化》，又著《吳回考》，謂周人來自西域，丁氏又作有《開國前周人文化與西域關係》（載《禹貢》半月刊第六卷第十期）以七日週制以事紀年二事爲證。

徐炳昶《中國古代史的傳説時代·炎黃集團》云：我們在寶雞縣東的鬥雞臺發掘，發現史前的居民在陶器裏面藏着已經黴黑的穀粒，就是顯著的證明。我們疑惑周棄的"教民稼穡"就是從他母家姜姓氏族裏面學來。周氏族從他以後才進入農業階段，所以他就成了稼穡的神祇。

馬培棠《三代民族東遷考略》：

禹敷下土，萬邦漸作。有姜嫄者，生后稷，繼禹而爲天下王。是后稷者，追宗大禹，而實生於姜氏。姜者，羌也，本戎之別支，居於阺岷，則后稷亦西方之人矣。《山海經·海内經》曰："西南黑水之間有廣都之野，后稷葬焉。"葬地或距生地匪遥。《詩·生民》謂后稷"即有邰家室"，毛傳曰"邰，姜嫄之國也"，當在羌地。按邰，台聲，若從省字之例，邰宜作台。《白虎通》引《詩》邰正作台。《楚辭·天問》曰："禹之力獻功，降省下土方，焉得彼嵞山女，而通之於台桑。"王逸曰："言禹治水，道娶塗山氏之女，而通夫婦之道於台桑之地。"是"台桑之地"當即"嵞山氏"之所居。嵞山爲氏，以地而起，則嵞山、台桑當係一名之異文。蓋台與嵞，桑與山，音讀皆相近，且嵞山可省稱余，通作予，若予道；台桑可簡稱台，亦作邰，若有邰。《書·湯誓》曰："台小子。"《墨子·兼愛下》作"予小子"，故《爾雅·釋詁》曰："台，予也。"然則后稷家於有邰，即禹之塗山，漢之予道，今之渭源境也。後人不得乎塗山，因而有邰亦失其地。有邰右望黑水，左瞰渭流，以商人雄據東方，故子孫乃北徙。

《周語》曰："及夏之衰也，棄稷不務，我先王不窋，用失其官，而自竄於戎狄之間。"《史記正義》引《括地志》曰："不窋故城，在慶州弘化縣南三里，即不窋在戎所居之城也。"弘化故城，今甘肅慶陽北，涇水之上流也。至公劉自戎狄遷於豳。《漢地志》曰：
"栒邑，有豳鄉。《詩》豳國，公劉所都。"栒邑故城，
今陝西栒邑東北，是周人沿涇稍稍南徙。時也，商
人已漸東去，周人因伏南下之機。《詩·公劉》曰：
"篤公劉，于豳斯館，涉渭爲亂，取厲取鍛。"故至太
王，乃遷岐山。《漢地志》曰："美陽，岐山在西北，
中水鄉，周太王所邑。"美陽故城，今陝西武功西南，
則遷岐已南達渭水之濱。其地有周原，爲天下膏腴，
國號由此而起，王瑞自兹而興。《詩·閟宮》曰："后
稷之孫，實惟大王，居岐之陽，實始翦商。"

第三章　周之先世事蹟

本章自不窋敘起，至文王止。

《史記·周本紀》云："不窋末年，夏后氏政衰，去稷不務，不窋以失其官，而奔戎狄之間。不窋卒，子鞠立，鞠卒，子公劉立，公劉雖在戎狄之間，復脩后稷之業，務耕種，行地宜，自漆、沮度渭，取材用，行者有資，居者有畜積。民賴其慶，百姓懷之，多徙而保歸焉。周道之興自此始。故詩歌樂思其德，公劉卒，子慶節立，國於豳。慶節卒，子皇僕立。皇僕卒，子差弗立。差弗卒，子毀隃立（《集解》：《世本》作榆。《索隱》：《世本》作偽榆）。毀隃卒，子公非立（《索隱》：《系本》作公非辟方。皇甫謐云：公非，字辟方也）。公非卒，子高圉立（《索隱》：《系本》云高圉，侯侔）。高圉卒，子亞圉立（《集解》：《系本》云亞圉，雲都。皇甫謐云：雲都，亞圉字。《索隱》：《漢書·古今人表》曰雲都，亞圉弟。按如此說，則辟方侯侔亦皆二人之名，實未能詳）。亞圉卒，子公叔祖類立（《索隱》：《世本》云太公，組紺諸盩。《三代世表》稱叔類凡四名。皇甫謐云：公祖，一名組紺諸盩，字叔類，號曰太公也）。公叔祖類卒，子古公亶父立。古公亶父復脩后稷、公劉之業，積德行義，國人皆戴之。薰育、戎狄攻之，欲得財物，予之。已復攻，欲得地與民，民皆怒，欲戰。古公曰：有民立君，將以利之，今戎狄所爲攻戰以吾地與民，民之在我，與其在彼，何異？民欲以我故戰，殺人父子而君之，予不忍爲。乃

祖紺，《竹書紀年》作組紺。

皇甫謐曰：公祖一名組紺諸盩，字叔類，號曰太公也。

仁釜氏曰：公非之後有辟方，高圉之後有侯牟，亞圉之後有雲都，雲都之後爲太公組紺諸盩。

《竹書紀年》高圉、亞圉均稱邠侯組紺亦稱邠侯。

《竹書紀年》武乙三年命周公亶父賜以岐邑，《詩疏》引中侯稷起注云："亶父以字爲號。"

徐文清《統箋》云："亶父是名也。"

二十一年周公亶父薨。《統箋》云："自組紺以上皆曰邠侯，至亶文遷于岐周始命爲公，故曰周公亶父。"

與私屬遂去豳，度漆、沮，踰梁山，止於岐下，豳人舉
國扶老攜幼，盡復歸古公於岐下，及他旁國聞古公仁，
亦多歸之，於是古公乃貶戎狄之俗，而營築城郭室屋，
而邑別居之，作五官有司，民皆歌樂之，頌其德。古公
有長子曰太伯，次曰虞仲，太姜生少子季歷，季歷娶太
任，皆賢婦人，生昌，有聖瑞。古公曰：我世當有興者，
其在昌乎？長子太伯、虞仲知古公欲立季歷以傳昌，乃
二人亡如荆蠻，文身斷髮，以讓季歷。古公卒，季歷立，
是爲公季，公季脩古公遺道，篤於行義，諸侯順之，公
季卒，子昌立，是爲西伯，西伯曰文王。"

周之先世後之治史者有數問題生焉，如下。

一、世數多寡

《路史·發揮》曰："后稷子曰檠璽（或作璽），黎璽生叔均（《山海經·海內經》曰：稷之孫曰叔均）。"

《史記·周本紀》：自后稷至文王，其間世數爲十五王。故《國語·周語》：太子晉謂自后稷之始基靖民十五王，而文王始平之。衛彪傒謂后稷勤周，十有五世而興，此二説與《史記》合。

《漢書·古今人表》以辟方爲公非子，高圉爲辟方子，侯侔、亞圉皆高圉弟，雲都爲亞圉弟，則多辟方、侯、雲三代，故杜氏《釋例》以高圉爲不窋九世孫。（《路史·發揮》引）

二、何人首先居豳

《史記》言慶節立國於豳。

《史記·劉敬傳》：敬言，公劉避桀居豳。

三、周先世之年代問題

《史記·匈奴列傳》曰：夏道衰，而公劉失其稷官。
韋注《國語》謂不窋當太康時。

殷虚遺址的年代

董作賓在安陽發掘報告的一期（1929）謂洹濱之虚，
爲武乙（前 1198—前 1195）至帝乙（前 1191—前 1155）所
都，因此於河患而廢。

郭寶鈞在《B 區發掘記之一》中説：吾謂殷都成虚，
乃帝卒。

殷虚乃是廢弃，非由淹没。

帝乙、帝辛遷都問題

主未遷都的理由：

《竹書紀年》説：殷自盤庚至紂，未嘗遷都，朝歌，
邯鄲皆爲離宮別館。

卜辭有“武且乙”，則此辭至早是武乙之孫帝乙時代
的，也可能是帝辛時代的。但是，我們若證明“文武帝”
是帝乙的稱號……則我們因而確定安陽有帝辛時代的卜
辭，也因而證實殷庚至紂更不徙都之説。（見《考古學報》
第八册陳夢家《商王廟號考》。）

周道之興起於何時

顧頡剛氏《中國疆域沿革史》第五章第一節《周民族起

於西方及其東侵》曰：周之始祖，相傳爲棄，爲帝堯之農師，舜時之后稷也。然依《史記》所載，自后稷至文王，共有十五世，而佔時千餘年之久，於理不合，雖《世本》謂自公劉至文王爲十六世，較《史記》多四世，其相差仍巨。如依《吳越春秋》之説，謂公劉當夏桀之世，然公劉上三代即后稷，以三世而佔四百餘年，尤不合理，故有謂不窋以上失官，世次無可考者（如戴震），以上之世數與年代問題，雖似不能解決，然苟打破傳統觀念，不以后稷爲虞廷之官，而依《左傳·昭公二十九年》所云：“有烈山氏之子曰柱，爲稷，自夏以上祀之，周棄亦爲稷，自商以來祀之。”則知弃本商稷，世數年代固無不合也。

《戴東原集》有《周之先世不窋以上闕代系考》

　　以上所云，非徒考其世系，亦所以説明棄非東方之傳説人物，乃西方傳説中之農師也，史謂其始封於邰。后稷卒，子不窋立。依《史記·周本紀》謂“夏政衰，去稷不務，乃奔於戎狄之間”，夏代衰，而不窋奔去之原因，雖未可信，但謂不窋奔於戎狄則有可能，蓋殷商之際，環中國西北而居者，多爲戎狄，周之所以崛起於涇渭間者，亦因此時之奔去也，史云公劉雖居戎狄之間，復修后稷之業，自漆沮渡渭，取材用，行者居者有所資畜，民賴其慶，百姓懷之多徙而從，周道之興，自此始。又言公劉子慶節始立國於豳，然據《詩·大雅·公劉》曰：“篤公劉，於豳斯館。”《史記·匈奴傳》亦曰：“夏道衰，而公劉失其稷官，變於西戎，邑於豳。”《漢書·地理志》亦云：“栒邑縣有豳城，《詩·豳風》公劉所都。”則國於豳者，自公劉始，不始於慶節也。公劉後數傳至古公亶父，復修后稷公劉之業，積德行義，國人皆戴之，但因薰育、戎狄屢事侵略，乃與其私屬去豳，渡漆沮，踰梁山，止於岐下，而豳人舉圍扶老攜幼盡復歸之於岐下，其他各

國聞其仁，亦多歸之者，古公亶父或謂即文王之祖太王也（按此説甚有問題）。以上周初發達之蹟，可以《漢書·郊祀志》引張敞之議總之曰：“臣聞周祖始乎后稷，后稷封於斄，公劉發跡於豳，太王建國於郊梁……”

以今日之地言之，斄即邰，一作嫠，在今陝西武功縣界，《元和郡縣志》曰：“豳，公劉所居之地，後魏置豳州，開元中以豳字與幽字相陟，改爲邠字。”實誤也。《説文》：“邠，周太王國，在右扶風，從邑分聲。”豳、郊梁皆在陝西扶風附近。

劉申叔《中國教科書》第二册有“文王初，國于岐”之文。

第四章　文王業績

《史記·周本紀》曰：

西伯者，紂封文
王爲雍州牧伯，因所
封之國在西，故稱西
伯。（見《書》鄭注）

《括地志》云：
古虢國城在同州河西
縣南二十里。

《括地志》云：
"陰密故城在涇川鶉
觚縣西。"密，今陝
西靈臺西。

黎，《説文》作
𪏰，作𪏪，作飢者，
皆假借字，今山西黎
城東北。

邘，今河南懷慶
西北。崇有謂在河南
嵩縣附近。

西伯曰文王，遵后稷、公劉之業，則古公、公季之法，篤仁，敬老，慈少，禮下賢者，日中不暇食以待士，士以此多歸之。伯夷、叔齊在孤竹聞西伯善養老，盍往歸之。太顛、閎夭、散宜生、鬻子、辛甲大夫之徒皆往歸之。崇侯虎譖西伯於殷紂曰："西伯積善累德，諸侯皆嚮之，將不利於帝。"帝紂乃囚西伯於羑里。閎夭之徒患之，乃求有莘氏美女，驪戎之文馬，有熊九駟，他奇怪物，因殷嬖臣費仲而獻之紂，紂大説，曰："此一物足以釋西伯，况其多乎！"乃赦西伯，賜之弓矢斧鉞，使西伯得征伐，曰："譖西伯者，崇侯虎也。"西伯乃獻洛西之地，以請紂去炮烙之刑，紂許之。西伯陰行善，諸侯皆來決平，於是虞芮之人有獄不能決，乃如周。入界，耕者皆讓畔，民俗皆讓長，虞芮之人未見西伯，皆慚，相謂曰："吾所爭，周人所恥，何往爲！祇取辱耳！"遂還，俱讓而去。諸侯聞之，曰："西伯蓋受命之君。"明年，伐犬戎，明年，伐密須，明年，敗耆國（一作黎）。殷之祖伊聞之，懼，以告帝紂。紂曰："不有天命乎？是何能爲？"明年，伐邘，明年，伐崇侯虎，而作豐邑，自岐下而徙都豐。明年，西伯崩，太子發立，是爲武王。西伯蓋即位五十年，其囚羑里，蓋益《易》之八卦爲六十四卦，詩人道西伯蓋受命之年稱王而斷虞芮之訟，後十年而崩，謚爲文王，改法度製正朔矣，追尊古公爲太王，公季爲王季，蓋王瑞自太王興。

文王業績，除《史記·周本紀》所述外，文王尚有居郢事，《孟子·離婁篇》云："文王生於岐周，卒於畢郢。"《周書·大匡解》曰："維周王宅程，三年遭天之大荒。"《大開武解》曰："天降瘝於程。"程即郢，是文王又嘗居郢也。

《詩·皇矣》曰："文王居岐之陽。"即《史記》所謂"自岐下而徙居豐"之岐下，其地亦名鮮原，《周書·和瘝解》所謂"王乃出圖商至於鮮原"。孔晁注謂，鮮原近岐之地，張澍《養素堂文集》謂，鮮原當在豐鎬左右，又云鮮原亦即西原，在武功縣，亦稱雍原。

《尚書大傳》云："文王受命一年斷虞芮之質，二年伐于，三年伐密須，四年伐畎夷，五年伐耆，六年伐崇，七年而崩。"

《韓非子·難二》曰："昔者文王侵盂，克莒，舉酆，三舉事而紂惡之。"盂即于，《史記》託作邘。

夏曾佑《中國古代史》云："文王即位之四十二年（年九十歲），甲子日，赤雀銜丹書止於户，是爲文王受天命之始（古人受天命，必有符瑞。大約及身而王者，其符爲河圖、洛書；不及身而王者，其符爲鳥書。孔子所謂'鳳鳥不至，河不出圖'是也。唐人尚明此義，至宋人始昧之）。文王受命稱王，一年斷虞芮之訟，二年伐邘，三年伐密須，四年伐犬戎，五年伐耆，六年伐崇（《周本紀》與此次序不同），七年而崩。"

文王受命稱王見《詩疏》。

孫淵如有《文王受命稱王考》。

文王稱王：鄭注緯侯，以文王稱王，在受命六年後，（見《文王序疏》）崔東壁《酆鎬考信録》謂文王未稱王。王靜安師有《古諸侯稱王説》一文，曰："古時天澤之分未嚴，諸侯在其國自有稱王之俗，即徐、楚、吳、越之稱王者，亦沿周初之舊習，不得以僭竊目之。"王先生又云："諸侯稱王，夏商已然，文王受命稱王，亦用商之舊俗也。"

第五章　武王克殷

殷之末帝曰紂，暴虐無道，玆將《史記‧殷本紀》述其行爲録之：

　　帝紂資辯捷疾，聞見甚敏，材力過人，手格猛獸，知足以距諫，言足以飾非，矜人臣以能，高天下以聲，以爲皆出己之下。好酒淫樂，嬖於婦人，愛妲己，妲己之言是從。於是使師涓作新淫聲，北里之舞，靡靡之樂。厚賦稅，以實鹿臺之錢，而盈鉅橋之粟。益收狗馬奇物，充仞宮室。益廣沙丘苑臺，多取野獸蜚鳥置其中。慢於鬼神，大聚樂戲於沙丘，以酒爲池，縣肉爲林，使男女裸相逐其間，爲長夜之飲。百姓怨望，而諸侯有畔者，於是紂乃重刑辟，有炮烙之法。以西伯昌、九(音仇)侯、鄂侯爲三公，九侯有好女，入之紂，九侯女不喜淫，紂怒，殺之，而醢九侯。鄂侯爭之彊，辨之疾，并脯鄂侯。西伯昌聞之，竊嘆。崇侯虎知之，以告紂，紂囚西伯羑里，西伯之臣閎天之徒求美女奇物善馬以獻紂，紂乃赦西伯，西伯出而獻洛西之地，以請除炮烙之刑，紂乃許之，賜弓矢斧鉞，使得征伐，爲西伯。而用費中爲政，費中善諛好利，殷人弗親。紂又用惡來，惡來善毀讒，[諸侯]以此益疏(以此上應有諸侯二字)。西伯歸，乃陰修德行善，諸侯多畔紂而往歸西伯，西伯滋大，紂由是稍失權重，王子苻堅欲伐東晉，左僕射權翼曰："昔紂爲無道，三仁在朝，武王猶爲之旋師。"

孫淵如有《武王還師論》謂還師因受伯夷叔齊之諫也。

《竹書》周武王十二年，辛卯，伐紂。

武王克殷之年，後世說者紛紛，錢大昕《十駕齋養新錄》有《武王克殷之年》一文。謂後儒妄說，皆未可信。近日人新城新藏作《周初之年代》，其所考之結果與姚文田所考定者同，定武王克殷之年爲西歷紀元前一〇六六年。

有謂文王卒後之四年武王伐紂。

比干諫，弗聽。商容賢者，百姓愛之，紂廢之。及西伯伐飢國，滅之，紂之臣祖伊聞之而咎周，恐，奔告紂……紂曰："我生不有命在天乎?"祖伊反，曰："紂不可諫矣。"西伯既卒，周武王之東伐至盟津，諸侯畔殷，會周者八百。諸侯皆曰："紂可伐矣。"武王曰："爾未知天命。"乃復歸。紂愈淫亂不止。微子數諫不聽，乃與大師、少師謀，遂去。比干曰："爲人臣者，不得不以死争。"乃强諫紂。紂怒曰："吾聞聖人心有七竅。"剖比干，觀其心。箕子懼，乃詳狂爲奴，紂又囚之。殷之大師、少師乃持其祭樂器奔周，周武王於是遂率諸侯伐紂，紂亦發兵距之牧野。甲子日，紂兵敗，紂走，入登鹿臺，衣其寶玉衣，赴火而死。周武王遂斬紂頭，縣之白旗，殺妲己，釋箕子之囚，封比干之墓，表商容之閭，封紂子、武庚、禄父，以續殷祀，令修行盤庚之政，殷民大説。

關於紂之醢九侯、脯鄂侯事，有與《史記》所述稍異者。如《楚辭·天問》云："何怪人之一德，卒其異方——梅伯受醢，箕子詳狂。"《九章·涉江》又云："忠不必用兮，賢不必以，伍子逢殃兮，比干菹醢。"賈誼《惜誓》云："梅伯數諫而致醢兮，來革順志而用國。"

劉向《九歎·怨思》云："若龍逢之沈首兮，王子比干之逢醢。"

《周書·明堂解》曰："大維商紂暴虐，脯鬼侯以享諸侯。"

《戰國策·趙策》魯仲連曰："昔者鬼侯、鄂侯、文王，紂之三公也。鬼侯有子而好，故入之於紂，紂以爲惡，醢鬼侯。鄂侯争之急，辨之疾，故脯鄂侯。”

《吕氏春秋·行論篇》云：“昔者紂爲無道，殺梅伯而
醢之，殺鬼侯而脯之，以禮諸侯於廟。”

《韓非子·難言篇》曰：“文王説紂，囚之，翼侯炙，
鬼侯臘，比干剖，梅伯醢。”（有云翼侯即鄂侯）

《潛夫論·潛歎篇》曰：“昔紂好色，九侯聞之，乃獻
厥女，紂則大喜，以爲天下之麗莫若此也，以問妲己，
妲己懼進御而奪己愛，乃僞俯而泣曰：‘君王年即耆耶？
明既衰邪？何貌惡之若此而復謂之好也？’紂於是渝而以
爲惡，妲己恐天下之愈進美女者，因白‘九侯之不道也，
乃欲以此惑君王也，王而弗誅，何以革後？’紂則大怒，
遂脯厥女，而烹九侯。”

關於武王遂斬紂，懸之白旗，後世亦有異説：

梁玉繩《史記志疑》曰：“此乃戰國時不經之談，竄入
逸書克殷解，史公誤信爲實，取入殷、周二《紀》及《齊世
家》，三代以上無弒君之事，詎聖如武王而躬行大逆乎？
《世表》於帝辛下書弒，蓋因誤信懸旗一節，故書弒字，
孟子稱‘武王誅一夫紂，未聞弒君’，奈何妄加以弒哉？”
《論衡·恢國篇》云：“齊宣王憐釁鐘之牛，賭其色之觳觫
也。楚莊王赦鄭伯之罪，見其肉袒而形暴也。君子惡，
不惡其身，紂屍赴於火中，所見凄愴，非徒色之觳觫，
袒之暴形也，就斬以鉞，懸乎其首，何其忍哉！”又《雷虚
篇》云：“紂至惡也，武王將誅，哀而憐之。故《尚書》予
惟率夷憐爾。”此與帷守一端，足明武王之心。由斯而推，
則《離騷》云“後辛菹醢”，《周書·世俘解》云“太師負紂，
懸首白旗”，《荀子·正論》及《解蔽篇》云“紂懸于赤斾”，
《韓非子·忠孝篇》云“湯武人臣而弒其主，刑其尸”，
《墨子·明鬼篇》云“武王逐奔入宮，萬年梓株折紂，而繫

之赤環，載之白旗"，《淮南子·本經訓》云"武王殺紂于
宣室"，褚生《補龜策傳》云"紂自殺宣室，身死不葬，頭
懸車軫，四馬曳行"，岐詞詭説，同爲誣矣。

《殷本紀》末節，詳述紂之暴虐無道，而武王之征伐，
言之甚略，兹再録《周本紀》以明其詳。

《周本紀》曰：

武王即位，太公望爲師，周公旦爲輔，召公、
畢公之徒左右王師，修文王緒業。九年武王上祭於
畢，東觀兵，至於孟津，爲文王木主，載以車，中
軍，武王自稱太子發，言奉文王以伐，不敢自
專……是時，諸侯不期而會盟津者八百。諸侯皆曰：
紂可伐矣。武王曰：女未知天命，未可也。乃還師
歸，居二年，聞紂昏亂暴虐滋甚，殺王子比干，囚
箕子。太師疵、少師彊，抱其樂器而奔周。於是武
王徧告諸侯曰：殷有重罪，不可以不畢伐。乃遵文
王，遂率戎車三百乘，虎賁三千人，甲士四萬五千
人，以東伐紂。十一年十二月戊午，師畢渡盟津，
諸侯咸會，曰：孳孳無怠。武王乃作太誓，告於衆
庶。……二月甲子昧爽，武王朝至於商郊牧野，乃
誓……誓已，諸侯兵會者車四千乘，陳師牧野。帝
紂聞武王來，亦發兵七十萬人距武王，武王使師尚
父與百夫致師，以大卒馳帝紂師，紂師雖衆，皆無
戰之心，心欲武王亟入。紂師皆倒兵以戰，以開武
王。武王馳之，紂兵皆崩，畔紂。紂走，反入登於
鹿臺之上，蒙衣其珠玉，自燔於火而死。武王持大
白旗以麾諸侯，諸侯畢拜武王，武王乃揖諸侯，諸
侯畢從。武王至商國，商國百姓咸待於郊。於是武

王使群臣告語商百姓曰："上天降休。"商人皆再拜稽首，武王亦答拜，遂入至紂死所，武王自射之，三發而後下車，以輕劍擊之，以黃鉞斬紂頭。縣大白之旗。已而至紂之嬖妾二女，二女皆經自殺。武王又射三發，擊以劍，斬以玄鉞，縣其頭小白之旗。武王已乃出復軍。其明日，除道，修社及商紂宮，及期，百夫荷罕旗以先驅，武王弟叔振鐸奉陳常車，周公旦把大鉞，畢公把小鉞，以夾武王。散宜生、太顛、閎夭皆執劍以衛武王。既入，立於社南，大卒之左右畢從，毛叔鄭奉明水，衛康叔封布茲，召公奭贊采，師尚父牽牲，尹佚筴祝曰："殷之末孫季紂，殄廢先王明德，侮蔑神祇不祀，昏暴商邑百姓，其章顯聞於天皇上帝。"於是武王再拜稽首曰："膺更大命，革殷，受天明命。"武王又再拜稽首，乃出。封商紂子祿父殷之餘民。武王爲殷初定，未集，乃使其弟管叔鮮，蔡叔度相祿父治殷。已而命召公釋箕子之囚，命畢公釋百姓之囚，表商容之閭。命南公括散鹿臺之財，發鉅橋之粟，以振貧弱萌隸。命南公括史佚展九鼎保玉，命閎夭封比干之墓，命宗祝享祀(又作祠)於軍，乃罷兵西歸。行狩……武王追思先聖王，乃褒封神農之後於焦，黃帝之後於祝，帝堯之後於薊，帝舜之後於陳，大禹之後於杞。於是封功臣謀士，而師尚父爲首封。封尚父於營丘，曰齊；封弟周公旦於曲阜，曰魯；封召公奭於燕；封叔鮮於管；弟叔度於蔡；餘各以次受封。武王徵九牧之君，登豳之阜，以望商邑。武王至於周，自夜不寐，周公旦即王所，曰：曷爲不寐？王曰：……我未定天保，何暇寐？王曰：定天命，依

天室……自洛汭延於伊汭，居易毋固，其有夏之居，
我南望三塗，北望嶽鄙，顧詹有河，粵詹雒伊，毋
還天室。營周居於雒邑而後去，縱馬於華山之陽，
放牛於桃林之虛，偃干戈，振兵釋旅，示天下不復
用也。

又云：武王病，天下未集，群公懼，穆卜，周公乃
祓齋，自爲質，欲代武王，武王有瘳，後而崩。（《史
記》言武王立二年而崩，非也。鄭玄書注云"武王伐紂
後二年有疾，疾瘳，後二年而崩"。與《金縢》合。是武
王立四年也）

陳穆堂《周公攝位辨》
（《國粹學報》第五期）

《書·序》云，武王崩，三監及淮夷叛。周公相
成王，將黜殷、作大誥。鄭注云：王謂攝也。周公
居攝，命大事則權代王也。案鄭說非是。周公相成
王乃攝政而非攝位，非周公自稱爲王也。又《書·洛
誥》云：在十二月，惟周公誕保文武，受命惟七年。
馬注云：惟七年周公攝政，天下太平，是漢儒說經，
猶知攝政與攝位之別。《逸周書·明堂解》云：既克
紂六年而武王崩。成王嗣，幼弱未能踐天子之位，
周公攝政，君天下弭亂，六年而天下大治，乃會萬
國諸侯於宗周，大朝諸侯明堂之位，天子之位，負
斧依南面立，率公卿大夫士侍於左右，末云：此宗
周明堂之位也。明堂，明諸侯之尊卑，故周公建焉，
而明諸侯於明堂之位，制禮作樂，而天下大服，萬
國各致其良賄。七年致政於成王。汪師韓曰：未能

焦，《地理志》：
"陜縣有焦城，故焦
國地。"
祝，東海郡，今
山東長清縣。
杜預曰："三塗
在陸澤。"
嶽：太行恒山又
晉州霍山，一名大
岳，在洛西北。
穆，敬也。

踐天子之位，猶曰未踐明堂之位，以聽政耳。其説
甚確。蓋周公因成王年幼，一切政令皆代成王行之，
故曰"君天下"，而不曰"爲天下君"。及成王年長，
周公擬以政令歸之，於是會諸侯於宗周，所謂天子
之位者，即成王之位也，所謂率公卿大夫士侍於左
右者，即周公率之以見成王也。王《會解》云：周公
在左，太公在右，旁天子而立於堂上，可與此文參
證。且周公建明堂，所以明諸侯之尊卑，若周公以
諸侯作天子，非自紊其制乎？《明堂位》妄改《明堂
解》文，改"明諸侯"爲"朝諸侯"，改"宗周"爲"周
公"，此蓋漢儒改以附王莽者，賴《明堂解》之文尚
在，得援此以證其非。又《竹書紀年》云"命周文公家
百官"，《尚書·大傳》云"周公身居位，聽天下爲
政"，蓋冢宰統百官，君居諒闇，則百官聽於冢宰，
成王年幼，而周公適爲冢宰，散諸侯以下亦聽命於
周公，即所謂周公攝政也。其曰"君天下"者，蓋謂
君理天下，非謂爲天下君也。

案，穆堂先生名逢衡，揚州江都人，作有《逸周書補
注》《山海經補箋》《竹書紀年箋釋》《穆天子傳疏證》諸書，
皆有刊本，惟文集未刊，此篇與《逸周書·明堂解篇》補
注，語多相符，蓋古代君字有虛用實用之别，故治理天
下謂之君，而操握治理天下之權者亦謂之君（猶之守城爲
守，而守城之官，亦爲守；統軍爲將，而統軍之將亦爲
將也。故後世有郡守、將軍諸官）。君與尹通（如《春秋左
氏傳》，君氏卒，《公》《穀》作"尹氏卒"、《左傳》棠君尚
釋文云，君或作尹，皆君、尹通用之證也）。《佚周書》言
周公君天下，即《左傳》定四年，所謂周公爲太宰相王室

以尹天下耳，故君陳、君奭、君牙，皆以人臣稱君，足證君字之稱，非必屬於帝王也。惜陳氏未及辨之耳，故即陳氏之説附及之，記者識。

《尚書·大誥》："王若曰。"鄭康成曰："王，謂攝也。周公居攝，命大事則權代王也。"《明堂位》云："告周公朝諸侯于明堂之位，天子負斧依南鄉而立"。注云："天子，周公也。"《明堂位》又云："周公踐天子之位以治天下。"

第六章　周公攝政

《史記·周本紀》曰：

　　太子誦代立，是爲成王。成王少，周初定天下，周公恐諸侯畔，周公乃攝行政當國。管叔、蔡叔群弟疑周公，與武庚作亂，畔周。周公奉成王命，伐誅武庚、管叔，放蔡叔。以微子開代殷後，國於宋。頗收殷餘民，以封武王少弟封爲衛康叔。晉唐叔得嘉穀，獻之成王，成王以歸周公于兵所。……周公行政七年，成王長，周公反政成王，北面就群臣之位。

“周公攝政”三説

　　周公攝政之事，後儒頗有懷疑者，有謂武王死後，周公爲王，非攝政也，故自戰國以還，對于周公事蹟之記述，有武王死後，周公繼位一説。又有武王死後，成王幼，周公立之而攝政一説。有謂攝政一説，實戰國中葉以還所産生，容出於儒家之託古，兹將載記言周公攝政者録之於後。

　　《左傳·僖公二十六年》：“昔周公、大公股肱周室，夾輔成王，成王勞之，而賜之盟，曰：世世子孫，無相害也。載在盟府，大師職之。”

　　《左傳·定公四年》：“昔武王克商，成王定之，選建明德，以藩屏周。故周公相王室以尹天下，於周爲睦。"

《禮祀·文王世子》："成王幼，不能涖阼，周公相，踐阼而治。仲尼曰：昔者周公攝政，踐阼而治。"

《禮記·明堂位》："昔殷紂亂天下，脯鬼侯以饗諸侯，是以周公相武王以伐紂。武王崩，成王幼弱，周公踐天子之位，以治天下。六年朝諸侯於明堂，制禮作樂，頒度量，而天下大服。七年，致政於成王。"

籍，王念孫《讀書雜志》："籍，位也。籍或作阼，阼爲正字，籍乃假文。"

《淮南子·氾論訓》："武王崩，成王幼少，周公繼文王之業，履天子之籍，德天下之政。……雖召公大賢不能不有疑於心……"

《韓詩外傳》卷三：周公踐天子之位，七年……成王封伯禽於魯，周公誡之曰："……吾文王之子，武王之弟，成王叔父也，又相天下。"卷七又云："武王崩，成王幼，周公承文王之業，履天子之位，聽天子之政。"

《史記·魯世家》："其後武王既崩，成王少，在襁褓之中，周公恐天下聞武王崩而畔，周公乃踐阼，代成王攝行政當國。"

綜合以上諸文，若履天子之籍，踐天子之位，以情衡之，似武王死後，周公繼位，或爲不可掩之事實。《荀子·儒效篇》曰：

> 武王崩，成王幼，周公屏成王而及武王以屬天下，惡天下之倍周也，履天子之籍，聽天下之斷，偄然如固有之，而天下不稱貪焉。……成王冠，成人，周公歸周反籍焉，明不滅主之義也，周公無天下矣。鄉有天下，今無天下，非擅也。成王鄉無天下，今有天下，非奪也。

由《荀子》之文思之，周公有繼位之事也，周公攝政之事，乃爲一疑案。

周公事蹟共有三説：一爲武王將死，讓位與周公，周公不受，此一説也；二爲武王死，周公立成王而己攝政，此又一説也；三爲武王死，周公繼位也，此三説也。

總之，周公對于周代之功績特大，周雖有太王、文王積世行德，武王克殷，苟無周公之繼武王未竟之業，掃平群夷，奠定政治大計，而周之天下尚不知爲誰家之天下也。

略論周公之偉業

武功：武王殁後，東方各地，乘機畔變，而三監亦散佈流言，是時周之社稷，危如累卵，而畔者聲勢最大者，若殷、東、徐奄、熊盈等。殷即武庚，東爲管叔等，徐奄《世本》云皆嬴姓國，爲東方之强大國家。（徐又稱徐戎，或徐夷。奄，説文作𨞜，有謂即淮夷。）熊盈亦當日東方之族助殷者，周公乃奉成王命，興師東伐，遂誅管叔，殺武庚，放蔡叔，收殷餘民，以封康叔於衛，封微子於宋，以奉殷祀，寧淮夷東土二年而畢定。

營東都：時東方初定，慮仍有變，故作東都以控制之。成王七年二月乙未，王朝步自周至豐，使大保召公先之雒相土，其三月周公往營成周雒邑，卜居焉。有謂周公營雒作都，乃成武王之意，三塗嶽鄙之間，居天下土中，以爲四方朝貢道里均也。其實周之所營東都者，意在鎮攝東方也。

製禮作樂：周公乃一多才多藝之人（《書·金縢》云："予仁若考，能多材多藝。"）《尚書大傳》云：周公居攝三年，製禮作樂。其所製作之大經大法，不惟有周一代受其利，亦可謂益及千百世也。王先生《殷周制度論》中已詳言之，茲不贅述。

綜上所述，此乃周公事蹟之卓卓大者，然其事蹟中，有若東征者，《尚書》《詩經》《列子》均言公因避流言而東征，《史記》則言奉成王命而東征，然二説果何是乎？汪中《述學》辨之，當以史遷之説爲當。其踐奄一事，鄭玄以是攝政三年事，清孫星衍作《踐奄異説》，主在周公七年反政之後，余以是説爲允當。

處商説：《墨子·耕柱篇》云："古者周公旦非關叔，辭三公，東處於商蓋。"汪容甫亦云："管叔、禄父相倚爲姦，周公豈得弃其官位，投身必死之地，此之不實，昭然可見。"

奔楚説：《史記·周公世家》云："及成王用事，人或譖周公，周公奔楚。"《索隱》曰："經史無文，其事或別有所出。"譙周以爲後出之説，此説之僞必矣。

附梁任公先生《中國歷史研究法》第五章《史料之蒐集與鑑別》節録：

> 又如舊史稱周武王崩後，繼立者爲成王，成王尚少，周公攝政。吾輩今日亦無直接之反證以明其不然也。但舊史稱武王九十三而終，藉令武王七十而生成王，則成王即位時已二十三，不可謂幼，七八十得子，生理上雖非必不可能，然實爲稀有，況吾儕據《左傳》確知成王尚有邗、晉、應、韓之四弟，成王居長嫡，下有諸弟，嗣九十三歲老父之位，而猶在沖齡，豈合情理？且猶有極不可解者，《尚書·康誥》一篇，爲康叔封衛時之策命，其發端云："王若曰：'孟侯，朕其弟，小子封。'"此所謂"王"者，

周公奔楚詳見《史記·蒙恬傳》。
奔楚即居東之事。
俞正燮以居東爲適楚。

誰耶？謂武王耶？衛之建國，確非在武王時，謂成
王耶？康叔爲成王叔父，何得稱爲弟而呼以小子？
然則繼武王而踐祚者，是否爲成王？周公是否攝政，
抑更有進於攝政？吾儕不能不大疑。

俞正燮《癸巳類稿·周公奔楚義》

　　《金縢》周公居東二年。東者，楚也。《史記·魯
世家》云：“成王少，時病。周公揃爪沈河，祝神，
藏册於府。”及成王用事，人或譖周公。公奔楚。成
王發府，見禱書，乃泣，反公。《蒙恬列傳》云：“成
王有病，周公揃爪沈河，書藏記府。及成王治國，
有賊臣言周公欲爲亂者，公走而奔於楚。此記府禱
書與《金縢》祝册自别爲一書，成王同時見之，史世
家兩言見者，非也。今知金縢居東，即是奔楚者。”
《論衡·感類篇》云：“古文家以武王崩，周公居攝，
管蔡流言，王意狐疑，周公奔楚，天大雷雨以悟成
王。是古文《金縢》正言居東爲奔楚，而《史記》以居
東爲畢定諸侯。馬融言：‘辟居東都。’鄭康成言：
‘出處東國。’”《墨子·耕柱》言：“東處於商。蓋《越
絶書》言出巡狩於邊。琴操言奔魯。傳聞不同。”今案
流言時商奄未滅，東都未營，未命伯禽爲公，後公
歸無所，故知是奔楚也。譙周言：“《史記》由秦燔書
説《金縢》事，失其本末。”案蒙恬時秦未燔書。恬言
周公奔楚，不容失其本末。又《左傳·昭公七年》“將
如楚，夢襄公，祖”。梓慎曰：“襄公之適楚也。夢
周公祖而行。”子服惠伯曰：“先君未嘗適楚，故周公
祖以道之。”襄公適楚矣。而祖以道君。然則襄公曾

適楚，故祖導昭公。以見周公曾適楚，故祖以導襄公。不應梓慎、子服惠伯、蒙恬三周人說周事，反不如譙周也。或曰："居東者，擁兵東伐也。使周公釋兵，出奔，將恐爲人所制戮。"答曰："時未致太平也。居疑地而擁兵，一敗即不可復救，齊欒高是也。未致太平則事權不一，貴戚之卿出奔待罪，賊臣亦不能制戮之，魯成季是也。周公奔楚，管叔不能逞；成季奔陳，共仲亦不能逞。成王出郊迎周公，閔公次於郎以待成季，均復位秉大政，知此則知周公之出奔，其慮深矣。"《左傳》周公祖襄公之義甚明，而《左傳》師儒無爲說者，亦無申論。申《論衡》所引古文義者，故爲此附之。

周公奔楚，見《史記·蒙恬傳》《魯世家》。
《論衡·感類篇》：
周公奔楚之楚，《左傳·昭七年》謂即荆楚之楚。
傅孟真《大東小東》說：以二南在成周之南，今河南魯山縣及其近地，即魯初封之邑，今河南郾城召陵諸城即燕召公初封之邑，楚名南國。

第七章　西周列王

成康之治

《史記·周本紀》云："武王崩，太子誦代立，是爲成王，成王少，用攝行政。……周公行政七年，成王長，周公反政。"時周公東征，成王亦在軍中，後自奄歸，宗周興，正禮樂制度，息慎來賀，王賜榮伯作賄息慎之命。

鄭康成《多方》注云："踐奄伐淮夷，皆周公事，非成王所爲也。"而《書·序》云："成王東伐淮夷，遂踐奄。"作成王征，此二説分岐，證以金文《矢令段》銘文，周公東征，伯禽征伐淮夷徐戎時，成王亦曾親自出馬，淮夷即楚人，亦即《逸周書·作雒解》中之熊盈族。（見郭沫若《殷周青銅器銘文研究》）

奄亦作炎，見《令段》，又作斥，見《𧾷卣》。又作瘖戎，即厭戎，見《班段》（舊名《毛公葬》）。

又作寒，見《南宫中鼎》。淮夷又作襄人，見《南宫中鼎》。

《周本紀》云："成王將崩，懼太子釗之不任，乃命召公、畢公率諸侯以相太子而立之。……太子釗立，是爲康王，成康之際，天下安寧，刑錯四十餘年不用。"史稱成康之治。

昭王

康王卒，子昭王瑕立，昭王之時，王道微缺，昭王南巡狩不返，卒於江上，其卒不赴告，諱之也。（《帝王世紀》曰：昭王德衰，南征濟於漢，船人惡之，以膠船進王，王御船至中流，膠液船解，王及祭公俱殁於水中而崩。）

穆王

昭王崩，立其子滿，是爲穆王，穆王即位春秋已五十矣，王道衰微，穆王閔武之道缺，乃命伯臩申誡大僕國之政，作臩(一作冏)命，復寧。穆王將征犬戎，祭公謀父諫，不從。王遂征之，將四白狼、四白鹿以歸，自是荒服不至，穆王立五十五年崩。

有謂穆王還都南鄭(今華州北,見《穆天子傳》)。

穆王西征

據《穆天子傳》，係自洛邑渡漳水，絕太行，循滹沱北征犬戎。或云乘八駿登昆侖，至今日之新疆，乃荒唐之説也。

相傳穆王西游，樂而忘歸，乃有徐偃王作亂，造父爲穆王御，歸而平亂。
劉申叔《中國歷史教科書》第二册謂懿王都犬邱，今陝西興平。
召公，《國語》作邵公。

共王(《國語》作恭王)—懿王—孝王—夷王—厲王

厲王

厲王立，好利，近榮夷公，大夫芮良夫諫之，厲王不聽，卒以爲卿士，用事。王行暴虐侈傲，國人謗王，召公諫曰：民不堪命矣！王怒，得衛巫，使監謗者，以告，則殺之。……三年乃相與畔，襲厲王，厲王出奔於彘(今山西永安)。

共和行政

厲王被逐，國中無王，共和行政焉，共和之説有二：
一説周、召二公共和行政。
《史記·周本紀》曰："厲王出奔彘，召公、周公二相行政，號曰共和。"(有謂召公即《詩經》中之召伯虎，乃召康公之後，食采於岐山縣之召亭。周公者，乃周公旦次子之後，食采於雍。)

《國語·周語》韋昭注曰："厲之亂，公卿相與和而修政事，號曰共和，凡十四年而宣王立。"

一説謂諸侯共和伯行天子事，號曰共和。

《史記正義》引《魯連子》云：衛州共城縣，本周共伯之國也，共伯名和，好行仁義，諸侯賢之。周厲王無道，國人作難，王奔於彘，諸侯奉和以行天子事，號曰共和元年。十四年厲王死於彘，共伯使諸侯奉王子靖爲宣王，而共伯復國於衛也。

《索隱》引《汲冢紀年》云："共伯于王位。"共音恭，共國伯爵，言共伯攝王政，故云于王位也。

《呂氏春秋·開春論》：共伯和修其行，好賢仁，而海内皆以來爲稽矣，周厲王之難，天子曠絶，而天下皆來歸矣。

《莊子·讓王篇》："共伯得乎共首。"釋文引司馬彪注云：共伯名和，修其行，好賢人，諸侯皆以爲賢，周厲王之難，天子曠絶，諸侯皆請以爲天子，共伯不聽，即干王位。十四年，大旱屋焚，卜於太陽，兆曰：厲王爲祟。召公乃立宣王。共伯復歸於宗，逍遥得意共山之首。共丘山，今在河内共縣西。

此説羅泌及梁玉繩從之。

《路史·共和辨》曰：

周室無君，周公、召公共和王政，故號曰共和，自史遷至温公無異議也，敢問所安，曰予不敢以爲然也，夫厲王之時，周公、召公非昔日之周、召也，予聞厲王之後有共伯和者，修行而好賢，以德和民，諸侯賢之，入爲王官。十有四年，天旱廬火，歸還於宗，逍遥共山之首，宣王乃立。是以王子朝告於

劉申叔《右盦外集》有《共和解》，共和之説，或云共伯和伯，或云共伯名和，或云和即衛武，説均後起。《史記》以周公召公二相行政號曰共和，立説較覈……二公行政因號共和猶《易》云同心《書》云協恭和衷。

諸侯，猶曰屬王戾虐，萬民弗忍，流王於彘，諸侯
釋位，以間王政，宣王有志而後效官。是宣王之前，
諸侯有釋位間於天子之事者矣。然則所謂共和者，
吾以爲政自共伯爾，若曰周召共和，吾弗信
也。……向秀、郭象援古之説，以爲共和者，周王
之孫也，懷道抱德，食封於共，屬王之難，諸侯立
之，宣王立，乃廢，立之不喜，廢之不怒，斯則得
其情矣。

梁玉繩《史記志疑》云：

　案以共和爲周召行政之號，史公之單説也，而
韋注《國語》，孔疏《左傳》，及《史通》獨宗之，後儒
並依斯解，其實不然。昭二十六年《傳》云：“屬王戾
虐，萬民弗忍，流王於彘，諸侯釋位以間王政，宣
王有志而後效官。”則知屬、宣之間，諸侯有代王行
政者矣。周、召本王朝卿士，倘果攝天子之事，不
可言釋位，別立名稱，若後世之年號，古亦無此法，
故顏師古以史公之説爲無據也。考《竹書紀年》《莊
子·讓王篇》《呂氏春秋·開春篇》，及《索隱》引《世
紀》，《正義》引《魯連子》，並以“共和”爲共伯和。
共，國；伯，爵；和其名。《人表》屬王後有共伯和，
其地近衛，即漢河內郡之共縣，周時亦謂之共頭。
《呂氏春秋·誠廉篇》“武王使召公盟微子於共頭之
下”是已。《古史》從《竹書》，《路史》有《共和辨》，
可互相證明。蓋屬流彘，諸侯皆宗共伯，若霸主然。
其時宣王尚幼，匿不敢出，周、召居京師，輔導太
子，及屬王没而民厭亂，太子年亦加長，共伯乃率

諸侯會二相而立之。參核情實，必是如是，凡有言
共伯至周攝政者，有言共伯干位篡立者，有言共伯
即衛侯者，盡屬不經之談爾。

以上二説，後之治史者，是甲者非乙，是乙者非甲，
蘇氏《古史》，亦采共伯和爲諸侯所宗之説，而崔東壁《豐
鎬考信録》又以周召共攝周政爲是，而今日史界猶紛紛聚
訟，兹不多贅。

有以共伯和爲衛
武公者。《師設毀》
銘有白(伯)龢父，
郭沫若《兩周金文辭
大系考釋》以爲即共
伯和。

宣王

宣王即位，周召二公輔之修政，法文武成康之遺風，
是時戎狄交侵，暴虐中國，宣王興師命將以征伐之，命
非子後秦仲伐西戎，西戎殺秦仲。復召其子莊公昆弟，
与兵七千，使伐西戎，破之。又命尹吉甫北伐玁狁，詩
人美其功曰：“薄伐玁狁，至於太原，出車彭彭，城彼朔
方。”又命方叔南征荆蠻，召伯虎東平淮夷，武功一時稱
盛，號爲中興，後與姜氏之戎戰于千畝，王師敗績。四
十六年，宣王崩。

宣王事蹟，古籍所載不一致，據《詩經》所述，則英
主也，而《國語》所書，失德實多，判若兩人，此何故也？
崔述《豐鎬考信》云：詩人之體，主於頌揚，言多溢美，
未可盡信；《國語》主於敷言，而宣王爲君，非盡若是。
宣王在位四十六年，或始勤終怠之君，如後世之梁之武
帝，唐之明皇也。

幽王

申氏原居西土，
爲西申，其地在今陝
西境。
犬戎亦作畎夷，
一作緄戎，一作混
夷。

幽王嬖愛褒姒，褒姒生子伯服，幽王欲廢太子。太
子母，申侯女而爲后。後幽王得褒姒，愛之，欲廢申后，

并去太子宜臼，以襃姒爲后，以伯服爲太子。襃姒不好笑，幽王欲其笑，萬方，故不笑。幽王爲烽燧大鼓，有寇至則舉烽火，諸侯悉至。至而無寇，襃姒乃大笑，幽王説之，爲數舉烽火，其後不信，諸侯益亦不至。幽王以虢石父爲卿用事，國人皆怨，石父爲人佞巧，善諛好利，王用之，又廢申后去太子也。申侯怒，與繒。西夷犬戎攻幽王，幽王舉烽火徵兵，兵莫至，遂殺幽王驪山下，虜襃姒，盡取周賂而去。於是諸侯乃即申侯而共立故幽王太子宜臼，是爲平王，以奉周祀。平王立，東遷于雒邑，辟戎寇。

上文係節録《史記》，其近神話者未述，《國語·晉語》曰：周幽王伐有襃，有襃人以襃姒女焉。《左傳·昭公四年》曰：周幽爲大室之盟，戎狄畔之。《左傳》又稱"攜王奸命，諸侯替之"，杜氏《集解》以攜王爲伯服，而《竹書紀年》云虢公翰立王子余臣于攜，則攜王乃余臣，非伯服。

> 《晉語》又云："襃姒有寵，生伯服，於是乎與虢石甫比，逐太子宜臼而立伯服。"

西周世系

武王—成王—康王—穆王┬共王—懿王—夷王—厲王—宣王—幽王
　　　　　　　　　　└孝王

西周共和以前，各代帝王，皆無明確年歲，是以西周共爲若干年，言人人殊，裴駰《周本紀集解》及《通鑑外紀》引《汲冢紀年》均言自武王至幽王二百五十七年，嚴安言《世務書》曰三百餘年，《史記·匈奴列傳》作四百餘年，《漢書·律歷志》作三百五十二年，其糾紛若此。王靜安先生有《西周年表》，近人陳夢家著有《西周年代考》，可參閱。

第四編　春秋

整理者按："春秋"得名於魯國史書《春秋》。該書記述從魯隱公元年(公元前722年)到魯哀公十四年(公元前481年)。史稱之春秋時期約從周平王元年(前770)東徙起，到周敬王四十三年(前477)止。是爲東周前期。

第一章　東周前期列王

周自平王至赧王之時，號爲東周。東周之時，復分爲二：自平王之四十九年，至敬王之四十一年，是爲春秋之時；自元王至赧王，是爲戰國之時。兹編所述，爲春秋之時，亦即東周前期也。平王之四十九年爲魯隱公元年，孔子托始於是年以作《春秋》，左丘明亦始是年爲《春秋傳》，於是東周之事，遂顯於後世，後遂目其時代謂之春秋。入春秋之第三年，平王崩，此後時局，與古大異，列强興起，迭爲起替，而王室徒擁虚名而已。事雖如此，而因之列王亦有先敘之必要。平王在位五十一年，太子洩早死，孫桓王林立，桓王伐鄭，鄭莊公射王，王師敗於繻葛。桓王在位二十三年崩，其子莊王陀立，

有王子克之亂，莊王在位十五年。子僖（一作釐）王立，
僖王在位五年（一作三年），子惠王立。叔父王子頹爲亂，
王奔溫，又奔於鄭之櫟邑（今河南禹縣），鄭伯及虢公林
父殺子頹，而王復位。惠王在位二十五年崩，子襄王立。
其弟子帶引狄人作亂，王奔鄭。後晉文公平定王室之亂，
襄王復位。襄王在位三十二年，子頃王立。頃王立六年
崩，子匡王立。匡王在位六年，其弟定王繼位。是時楚
莊王問鼎，王室危岌。定王在二十一年，簡王在位十四
年，靈王在位二十七年，此三代無大事可述。景王立，
鑄造大錢，爲吾國貨幣史中重要之事。景王在位二十五
年（一作二十年），子猛立，是爲悼王，未逾年而死。其
弟匄立，是爲敬王，在位四十三年（又有四十二年、四十
四年之説），是時吳越争霸，由春秋將進而爲戰國期矣。

東周前期列王世系

平王—（太子洩父）—桓王—莊王—僖王—惠王—襄王—頃王—匡王┐
└定王—簡王—靈王—景王┬悼王
　　　　　　　　　　　　└敬王

第二章 東周前期列國形勢

禹之時，塗山之會，執玉帛而朝者萬國；湯之時，三千國；武王時，猶有千八百國；至春秋國數僅五十餘。（顧棟高《春秋大事表》并古國列之凡二百有九）。然古時國何若是之多，及後何漸少耶？蓋群之由分而合也，此世運自然之理，且古之所謂國，義與今異，其存亡以有采地以奉祭祀與否為斷，而不以土地主權得喪為衡，忽滅忽現，史既不具，僻陋之國，又多不見載籍，據故籍所記而云某時有國若干，其去實際情形必甚遠也，而不見經傳之國，其與大局關係必甚淺，可斷言也。

周初諸部族中，以姬姓勢力為最大，此當與封建有關，《左傳·昭公二十八年》成鱄曰："武王克商，光有天下，其兄弟之國者，十有五人；姬姓之國者，四十八人。"《荀子·儒效篇》曰："周公兼制天下，立七十一國，姬姓獨居五十三人。"可見周封同姓之盛。《左傳·僖公二十四年》富辰曰："昔周公弔二叔之不咸，故封建親戚，以藩屏周。"管（今河南鄭縣，後其地屬鄶，鄶滅屬於鄭）、蔡（今河南上蔡，平侯遷新蔡，昭侯遷州來，今安徽壽縣）、郕（今山東汶上縣）、霍（今山西霍縣）、魯（今山東曲阜）、衛（今河南淇縣，戴公廬於曹，文公居楚丘，皆在今河南滑縣，成公居帝丘，今河北濮陽縣）、毛（未詳，或曰今河南宜陽縣境）、聃（今湖北荊門縣）、郜（今山東城武縣）、雍（今河南修武縣）、曹（今山東定陶縣）、滕（今山東滕縣）、畢（今陝西咸陽縣）、原（今河南濟源縣）、鄷（今陝西鄠縣）、郇（今山西臨晉縣），文之昭也。邢（今河南懷慶縣）、晉（今山西）、應（杜注：在襄陽城父縣。案城父當作父城，轉寫之誤。父城在今河南寶豐縣）、韓（今陝西韓城縣），武之穆也。凡（今河南輝縣）、蔣（今河南固始縣）、邢（今河北邢臺縣，後遷於夷儀，今山東聊城縣。《春秋》僖公二十五年滅於衛），茅（今山東金鄉縣），胙（今河南汲縣），祭（今河南鄭縣），周公之胤也。周自行封建後，其族散布各地，因形便而振興，且各維持甚久，此諸國中，入春秋後，晉稱霸，魯、衛、曹、蔡亦有聲勢，滕雖小，而存在亦久。除此，有虞封於北方者旋亡，而其南方者轉大。燕，春秋時無所表現，鄭與虢初封西方，後東遷。總之自文武以來，姬姓以今陝西爲根據地，廣佈其同族於河南北、山東西，及湖北而江蘇，則其展擴之極也。

姜姓相傳爲神農之後，其根據地在今之山東，唐虞之際，著績者爲四嶽，則其地移於河南。（《史記·齊太公世家》曰：“其先祖嘗爲四嶽，佐禹平水土有功，虞夏之際封於呂，或封於申，姓姜氏。”）周初太公封於營丘，其勢力乃又東漸焉，申、吕、齊、許同爲西周名國，申、吕亡於楚，許見迫於鄭，而依楚以自存，惟齊表東海稱大國焉。

嬴姓爲皋陶之後，其根據地爲安徽，英、六爲其初封。在其附近者，又有江（今河南正陽縣）、黄（今河南潢川）、蓼（今安徽霍邱），在西方者，梁爲小國（今陝西韓城縣），趙至戰國始列爲諸侯，惟秦襲周之舊最大。

《國語·鄭語》史伯曰：“融之興者，其在芈姓乎？芈姓夔越，不足命也，蠻芈蠻矣，惟荆實昭德，若周衰，其必興矣。”蓋祝融之後，本居今河南、山東、江蘇三省間，其後皆滋異族，而湖北西境，南郡南陽之間，古所謂周南之地，乃轉爲其發榮滋長之區也。

《國語》史伯曰："姜、嬴、荆、芈，實與諸姬代相干也。"是四姓於古部族中較大，而文明程度亦較高也。

春秋列國，除上述外，有任、宿、須句，顓臾、太昊之後也。郯爲少昊之後；薛與南燕爲黃帝之後；唐爲堯後；陳與遂爲舜後；杞、鄫及越爲禹後；宋、譚（今山東歷城縣）、蕭爲殷後。

以上所述乃東周前期列國之情形也。

第三章 五霸上——齊·宋

説霸與伯

《説文·月部》：“霸，月始生，霸然也。”霸魄疊韵，故可通用，後世又假借爲霸王之霸。王霸之霸，本爲伯字。《説文·人部》：“伯，長也。”段注：“凡爲長者，皆爲伯。”伯，金文及甲文只作白，多用爲兄弟之長也。後引申爲凡長者之稱。《曲禮》曰：“五官之長曰伯。”《周禮·大宗伯》：“九命作伯。”鄭注云：“長諸侯爲方伯是也。五霸者，諸侯之長也。”霸古多作伯。《左氏·莊十七年》傳：“齊桓始伯。”《僖十九年》傳：“諸侯無伯。”《荀子·仲尼篇》言“羞稱乎五伯”，《孟子》作“五霸”皆用本字。伯因與霸字聲近，久之，遂爲霸所專。霸爲諸侯之長，前已言之，有謂與歐洲希臘古之霸王 tyrant 或稱僭王之性質同，實亦有異也。

五霸

《白虎通義·凡列三》説：“曰昆吾、大彭、豕韋、齊桓、晉文。”應劭《風俗通義》，《吕覽·先已》高注，《左傳·成公二年》杜注，及《詩譜序疏》引服虔説從之。曰“齊桓、晉文、秦繆、楚莊、吳闔廬”，無從之者。曰“齊桓、晉文、秦繆、宋襄、楚莊”，《孟子·告子》趙注從之。《荀子·王霸篇》則以“齊桓，晉文、楚莊、吳闔閭、越勾踐”爲霸。以“一匡天下”之義言之，《白虎通》所列第二第三説及《荀子》之説皆可從也，此以霸限於五而言，若論曾長諸侯，晉悼、楚靈、齊景、吳夫差亦未嘗不可爲霸，今仍循通行之説，以“齊桓、晉文、宋襄、秦繆、楚莊”爲五霸，兹分述之。

齊桓公之霸業

《史記·齊太公世家》曰：“太公望吕尚者，東海上人，其先祖嘗爲四嶽，佐禹平水土，甚有功，虞夏之際，封於吕，或封於申，姓姜氏。夏商之時，申吕或封枝庶，子孫或爲庶人，尚其後苗裔也，本姓姜氏，從其封姓，故曰吕尚。”

齊太公，古書或言其居東海之濱（《孟子·離婁》，《吕覽·首時》），或言其屠牛朝歌，賣食棘津，（《戰國策》《尉繚子》《韓詩外傳》《説苑》）皆附會之説也，而太公確爲西方人，本出於吕，當不誣也。

《齊太公世家》又曰：“太公至國，修政，因其俗，簡其禮，通商工之業，便魚鹽之利，而人民多歸齊，齊爲大國。”

《齊太公世家》又曰：“及周成王少時，管蔡作亂，淮夷畔周，乃使召康公命太公曰：東至海，西至河，南至穆陵，北至無棣，五侯九伯，實得征之。齊由此得征伐，爲大國。”

《史記·貨殖列傳》曰：“太公望封於營邱，地瀉鹵，人民寡，於是太公勸其女功，極技巧，通魚鹽，則人物歸之，襁至而輻湊，故齊冠帶衣履天下，海岱之間，斂袂而往朝焉。”

以上乃述齊之立國及其富强之原因也。

齊至襄公，誅殺數不當，淫於婦人，其次弟糾奔魯。

次弟小白，奔莒。莊公十三年，襄公爲弟公孫無知所弑，無知又爲雍林人所殺（《左傳》作雍廩，齊邑名），魯發兵送公子糾，齊二卿高氏國氏陰召小白，小白先入，立，是爲桓公，發兵距敗魯，脅魯殺公子糾，而用其傅管仲修國政，齊國遂强。

以上述齊桓公之得立。繼而成霸業——

釐王元年，齊伐魯，魯師敗績，魯莊公請獻遂邑（遂邑，今山東肥城縣）以和，桓公與魯會盟於柯，魯將曹沫以匕首劫桓公於壇上，曰：反魯侵地。桓公許之，後悔，欲無與魯地而殺曹沫，管仲曰不可，遂與沫三敗所亡地於魯，此乃桓公立威立信之舉，而並爲結魯爲與國之計也。是時王室權失，號令不行，且異族侵入，中國不絶如縷，桓公洞悉大勢，欲創立霸業，須有合乎時代之政策不爲功，於是乃標尊王、攘夷、禁抑篡弑、裁製兼併四大政策，人心歸向，其"尊王攘夷""九合諸侯，一匡天下"之霸業乃成。

何謂尊王

《穀梁傳》：葵丘之盟，壹明天子之禁，如周王使宰孔賜齊侯胙，命無下拜，齊侯卒爲下拜，管仲平戎於王，王以上鄉禮饗之，仲辭，受下卿之禮而還。此"尊王"之舉也。

攘夷

自周室東遷，夷狄勢猖，若西北之山戎、北戎、北狄；南方之荆蠻，聲勢浩大，諸夏極感威脅，狄滅邢衛，桓公遷刑於夷儀，封衛於楚丘。山戎伐燕，桓公北伐山戎，又使管仲平戎於周，使隰朋平戎於晉。楚伐鄭，桓公伐楚。此乃"攘夷"之舉也。

禁抑篡弑

《葵丘盟辭·初命》曰："誅不孝，無易樹子，無以妾爲妻。"即爲此而發。

裁製兼併

《葵丘盟辭·五命》曰："無曲防，無遏糴，無有封而不告。"即此義也。

桓公既用管仲，仲連五家(十家爲軌)之兵，設輕重魚鹽之利，以贍貧窮，禄賢能，齊人皆説，仲請絃商爲大理，隰朋爲大行，甯武爲大田，公子成父爲大司馬，東郭牙爲諫臣(見《韓非子·外儲説》)，百政俱舉。齊之富强，因爲管仲之力居多，而桓公知人善任，亦爲足以稱霸之大因也，故桓公之世，與諸侯盟會二十四次，每居盟長，諸侯皆以齊之馬首是瞻，用兵二十八次，每次均佔優勢，是以孟子曰："五霸桓公爲盛。"信是言也。

桓公爲創霸之君，其英武可知，然亦多穢行，如有夫人三，如夫人六是也，四十一年管仲卒，易牙、開方、豎刁諸小人用事，國政日非。及其卒也，群公子争立，國勢寖衰。

宋襄之霸

齊桓既殁，晉文未興，北方無一等國，楚雖盛，中原諸國尚不願服從，是時宋襄欲乘機圖霸。

宋之始祖爲微子啓，周公既誅武庚，乃以微子代殷後，奉其先祀，十八傳至襄公，任公子目夷以政，宋於是治。齊桓公卒，襄公率兵送太子昭歸齊，是爲孝公。

遂有繼齊而霸之志。會諸侯于孟，爲楚成王所執，既而
釋之，後與楚人戰于泓（今河南柘城縣），宋師敗績，公
傷股，明年竟以是卒。泓之戰，《公羊》《左》《穀》皆謂襄
公不肯乘楚師未畢濟、未畢陳而擊之，是以致敗，是時
欲圖霸者，咸欲假仁義以服諸侯，宋襄亦有爲爲之，而
惜其力不足也，故後世有"宋襄之仁"之諺。

第四章　五霸中——晉

晉，唐叔虞者，周武王之子，成王弟。武王崩，成王立，唐有亂，周公誅滅唐（《左傳·昭元年》"成王滅唐而封大叔焉"），封叔虞於唐。唐在河汾之東方百里，故曰唐叔虞。唐叔子燮，是爲晉侯（《詩譜》曰：南有晉水。至子燮改爲晉侯）。九世穆侯娶齊女姜氏爲夫人，生大子仇，少子成師。穆侯卒，弟殤叔自立，仇出奔。四年，率其徒襲殤叔而自立，是爲文侯。文侯卒，子昭侯伯立。元年，周東遷。後二十六年也封文侯弟成師於曲沃（今山西聞喜縣）。曲沃邑大於翼。翼，晉君都邑也（今山西翼城縣）。成師封曲沃，號桓叔，好德，晉國之衆皆附焉。昭侯後六世遂爲桓叔孫曲沃武公所并，更號曰晉武公。時周釐王三年，入春秋後四十四年也。釐王五年，武公卒，子獻公詭諸立。惠王八年，士蔿説公曰：故晉之群公子多，不誅，亂且起。乃使盡殺諸公子，而城聚，都之，命曰絳，始都絳（晉後更徙新田，亦稱絳，而稱此絳爲故絳）。晉群公子亡奔虢，虢以其故再伐晉，弗克。十六年，獻公作二軍，公將上軍，太子申生將下軍，伐滅霍、魏、耿。十九年，使荀息以屈産之乘假道於虞伐虢，取下陽以歸。二十二年復假道於虞以伐虢，滅之，還，襲滅虞。《史記》稱"當此時晉彊，西有西河，與秦接竟；北邊翟，東至河內"。蓋河汾本沃土，晉始封於是，亦已植富强之基，特以翼與曲沃相争，未及向外開拓。

武公時，内争既定，獻公雄主，繼其後而用，而形勢逐一變矣。周惠王五年，晉伐驪戎，得驪姬，驪姬弟俱愛幸之。十二年，驪姬生奚齊。獻公有意廢太子，使太子申生居曲沃，公子重耳居蒲，公子夷吾居屈。太子申生，其母齊桓公女也，曰齊姜，早死。申生同母女弟爲秦穆夫人。重耳母翟之狐氏女也，夷吾母，重耳母女弟也。二十一年，驪姬謂太子曰：君夢見齊姜，太子速祭曲沃，歸釐其君。太子上其祭胙，驪姬使人置毒藥胙中。太子聞之，奔新城，自殺。驪姬因譖二公子，重耳走蒲，夷吾走屈。二十二年，獻公使兵伐蒲，重耳奔翟，伐屈，屈城守不能下。旋發賈華等伐屈，屈潰。夷吾將奔翟，冀芮曰：“不可，重耳已在矣，今往，晉必移兵伐翟。翟畏晉，禍且及，不如走梁。梁近於秦，秦强，吾君百歲後可以求入焉。”遂奔梁。

周襄王元年，晉獻公病，屬夷齊於荀息。獻公卒，里克邳鄭以三公子之徒作亂，殺夷齊於喪次。荀息立悼子（驪姬弟所生）而葬獻公。里克殺悼子於朝，荀息死之。使迎重耳於翟。重耳謝，還報，迎夷吾於梁。夷吾欲往，呂省卻芮曰：“内猶有公子可立者，而外求，難信。計非之秦輔强國之威以入，恐危。”乃使卻芮厚賂秦，約曰：“即得入，請以晉河西之地與秦。”及遺里克書曰：“誠得立，請遂封子於汾陽之邑。”秦穆公乃發兵送夷吾，齊桓公聞晉亂，亦率諸侯如晉，使隰朋會秦，俱入夷吾，是爲惠公。明年，使邳鄭謝秦，亦不與里克汾陽邑而奪之權。惠公以重耳在外，畏里克爲變，賜里克死。邳鄭聞里克誅，乃説秦穆公曰：“呂省卻稱冀芮，實爲不從。若重賂與謀出晉君，入重耳，事必就。”秦穆公許之。使人與歸報晉，厚賂三子。三子曰：“幣重言甘，必邳鄭賣我於秦。”遂殺邳鄭及里克、邳鄭之黨七輿大夫。邳鄭子豹奔秦，言伐晉，穆公弗聽，而陰用豹。五年，晉饑，乞糴於秦。邳豹説穆公弗與，因其饑而伐之。穆公用百里奚、公孫支之言，卒與之粟，以船漕車轉，自雍相望至絳。明年，秦饑，請糴於晉。惠公用虢射謀，不與，而發兵且伐秦。又明年，秦穆公伐晉，合戰韓原，虜晉君以歸。將以祠上帝，周天子聞之曰：“晉，我同姓。”爲請。晉君姊爲穆公夫人，衰絰跣曰：“妾兄弟不能相救，以辱君命。”穆公乃歸晉侯。晉侯至國，謀曰：“重耳在外，諸侯多利内之。”欲使人殺重耳於翟。重耳聞之，如齊。九年，使太子圉質於秦。十一年，秦滅梁。十四年，晉惠公内有數子，太子圉曰：“吾母家在梁，梁今秦滅之。外輕於秦而内無援，君即不起，大夫輕更立他公子。”遂亡歸。明年惠公卒，太子圉立，是爲懷公。子圉之亡，秦怨之。乃求公子重耳，欲納之。乃合國中“諸從重耳亡者與期，期盡不到者，盡滅其家”。秦穆公乃發兵内重耳，使人告欒郤之黨爲内應。重耳自少好士，年十七，有賢士五人，曰趙衰，狐偃（即咎犯），賈佗，先軫，魏武子。奔翟時年四十三歲，從此五士，其餘不名數十人。惠公欲殺重耳，重耳聞之，乃謀趙衰等曰：“始吾奔翟，非以爲可用興，以近易通故且休足。休足久矣，固願徙之大國。夫齊桓公好善，志在霸王，收恤諸侯。今聞管仲隰朋死，此亦欲得賢佐，盍往乎？”於是遂行。過衛，衛文公不禮。去，過五鹿（今河南濮陽縣），飢，從野人乞食。野人盛土器中，進之。重耳怒，趙衰曰：“土者，有土也。君其拜受之。”至齊，齊桓公厚禮，以宗女妻之。有馬二十乘，重耳安之。二歲，桓公卒，豎刁等爲亂，孝公之立，諸侯兵數至齊。留齊凡五歲。重耳愛齊女，無去心。趙衰、咎犯謀行，齊女勸重耳趣行。重耳曰："人生安樂,孰知其他,必死於此。"不能去。齊女乃與趙衰等謀,醉重耳,載以行。行遠而覺,引戈欲殺咎犯。過曹,曹共和不禮。大夫釐負羈諫,不從。負羈乃私與重耳食,置璧其下。過宋,宋襄公新困於楚,傷於泓。聞重耳賢,乃以國禮禮於重耳。宋司馬公孫固善於咎犯,曰:"宋小國,新困,不足以求入,更之大國。"乃去。過鄭,鄭文公弗禮。鄭叔瞻諫,鄭君曰:"諸侯亡公子過此者衆,安可盡禮?"叔瞻曰:"君不禮,不如殺之,且後爲國患。"鄭君不聽。重耳去之楚。楚成王以諸侯待之。居楚數月,秦召之,成王厚送重耳。重耳至秦,穆公以宗女五人妻重耳。故子圉妻與往,重身不欲受。司空季子曰:"其國且伐況其故妻子?且受以結秦親而求入。"遂受。子圉立,晉國大夫欒、郤等聞重耳在秦,皆陰來勸重耳。趙衰返國爲內應甚衆。秦穆公乃發兵與重耳歸晉。晉聞秦兵來,亦發兵拒之,然皆陰知公子重耳入也,惟惠公故貴臣呂郤之屬不欲立重耳。十六年,秦送重耳至河,咎犯與秦晉大夫盟。晉文公之霸略如下述——

重耳入於晉,師入曲沃,是爲文公。出亡凡十九年,時年六十二矣。文公修政施惠百姓,又用咎犯、趙衰、狐偃、先軫、欒、郤諸賢,晉於是强。時周襄王有弟子帶之難,出居鄭地,來告急。二年,晉發兵入王,殺子帶。襄王賜晉河內陽樊(今河南濟源縣)之地。四年,晉師救宋,敗楚軍於城濮(今河南陳留)。合諸侯於踐土(今河南滎澤縣)。天子使王子虎命晉侯爲伯。晉侯會諸侯於溫,欲率之朝周,力未能,恐其有畔者,乃使人言周襄王狩於河陽,遂率諸侯朝於踐土。取信立威,善用人才("楚才晉用"),四年而成就霸業。

　　九年，文公卒，子襄公立。秦師滅滑。滑，晉邊邑也。先軫主戰，襄公遂墨衰絰，遮秦兵於殽，大破之。七年，襄公卒，子夷皋立，是爲靈王。荒濫無道，爲趙穿所弑。趙盾迎襄公弟立之，是爲成公。再傳至厲公，敗楚於鄢陵，以無道被弑。襄公曾孫周立，是爲悼公，霸業復振。悼公卒，子平公立。權漸移於韓、趙、魏三家。

第五章　五霸下——秦·楚

秦之霸業

《史記·秦本紀》曰：

　　秦之先，帝顓頊之苗裔孫曰女脩。女脩織，玄鳥隕卵，女脩吞之，生子大業。大業取少典之子曰女華，女華生大費，與禹平水土……佐舜調馴鳥獸，鳥獸多馴服，是爲柏翳。舜賜姓嬴氏。大費生子二人，一曰大廉，實鳥俗氏；二曰若木，實費氏。其玄孫曰費昌，子孫或在中國，或在夷狄。費昌當夏桀之時，去夏歸商，爲湯御以敗桀於鳴條。大廉玄孫曰孟戲、中衍，鳥身人言。帝太戊聞而卜之，使御，吉，遂致使御而妻之。自太戊以下中衍之後，遂世有功以佐殷國，故嬴姓多顯，遂爲諸侯。其玄孫曰中潏，在西戎，保西垂，生蜚廉。蜚廉生惡來。惡來有力，蜚廉善走，父子俱以材力事殷紂。周武王之伐紂，并殺惡來。是時蜚廉爲紂石北方，還無所報，爲壇霍太山而報，得石棺，銘曰"帝令處父不與殷亂，賜爾石棺以華氏"。死，遂葬於霍太山。蜚廉復有子曰季勝，季勝生孟增。孟增幸於周成王，是爲宅皋狼(今山西離石)，皋狼生衡父，衡父生造父。造父以善御幸於周繆王……繆王以趙城封造父，造父族由此爲趙氏。自蜚廉生季勝已下五世，至造父別居趙，趙衰其後也。惡來革者，蜚廉子也，早死。有子曰女防，女防生旁皋。旁皋生太几，太几生大駱。大駱生非子。以造父之寵，皆蒙趙城，姓趙氏。非子居犬丘……孝王召使主馬於汧渭之間，馬大蕃息。孝王欲以爲大駱適嗣。申侯之女爲大駱妻，生子成，爲適。申侯乃言孝王……（孝王）分土爲附庸，邑之秦（今甘肅清水縣），使復續嬴氏祀，號曰秦嬴。亦不廢申侯之女子爲駱適者以和西戎。秦嬴生秦侯，秦侯立十年卒，生公伯，公伯立三年卒，生秦仲，秦仲立三年……西戎反王室滅犬丘大駱之族。周宣王即位，乃以秦仲爲大夫，誅西戎。西戎殺秦仲。秦仲立二十三年死於戎。

以上據《史記》之文而述秦民族之由來也。以中傅會之處甚多，難於憑信。近日談秦民族者謂與楚、趙同一來源，衛聚賢氏《古史研究·中國民族的來源·趙秦楚民族的來源》曰："趙在山西趙城，秦在甘肅天水，楚在湖北宜昌。三者相距甚遠，但實係一個民族，原在山東河北之間。其南下的爲楚，初居河南衛輝附近，再至許昌，再至南漳。其西去的至山西太原，由太原南下至趙城的爲趙。由太原西去經渭汧而至甘肅天水的爲秦。三者均夏民族熊氏族之分化。"並引《春秋·莊三十二年》"秋築臺于秦"，秦爲魯地，是魯古有秦而秦發源在山東。

秦：《說文·禾部》曰"秦，伯益之後所封國，地宜禾，從禾春省。一曰秦，禾名"。甲文有𥝫𥝫即秦字，象抱杵春禾之形。

秦仲有子五人，其長者曰莊公，周宣王乃召莊公昆弟五人，與兵七千人，使伐西戎，破之。於是復予秦仲後及其先大駱地尤丘并有之，爲西垂大夫。傳至襄公，犬戎殺幽王，襄公將兵救周有功。及平王東遷，襄公以兵送平王，平王封襄公爲諸侯，賜之岐以西之地，曰："戎無道，侵奪我岐豐之地，秦能攻逐戎即有其地。"與誓，封爵之。數傳至穆公，用蹇叔及百里奚，是時之秦可謂已襲周之舊業矣。

穆公之立也，送重耳入晉國，威益彰。及殽之戰敗，愈發奮圖强。三十六年，使孟明等將兵伐晉，濟河，焚舟，大敗晉兵，取王官郊（《史記》作鄗）。又用由余謀伐戎，八國服秦，闢地千里，遂霸西戎。天子使召公過賀穆公以金鼓。

衛氏主秦民族起於東方，蒙文通則謂起於西戎。其文曰：

《秦本紀》稱申侯言："昔我先酈山氏之女，爲戎胥軒妻，生仲潏，保西垂。"班固《律歷志》稱，張壽王治《黄帝調歷》，言："化益爲天子代禹。驪山女亦爲天子，在殷、周間。"仲潏生蜚廉，善走，以材力事殷紂。則酈山之女固在殷、周間，當即張壽王所謂驪山女爲天子者也。殷、周之間，中國安得有天子曰驪山女？斯其爲西戎種落之豪歟？故《史記》言："仲潏在西戎。"酈山之女爲戎胥軒妻，胥軒戎，自非華族。此秦之父系爲戎也。《左傳正義》引《竹書紀年》云："平王奔西申。"蓋以別于邑謝之申，則申侯者西申也。范蔚宗引古《竹書紀年》云："宣王征申戎，破之。"是也。則申侯之先、酈山之女亦當爲戎，此秦之母系亦爲戎也。《周書·王會》正北方："西申以鳳鳥。"考《西山經》有申山，畢注：即今陝西安塞縣北盧關嶺。又有"上申之山"，畢注：即陝西米脂縣北諸山。又有"申首之山，申水出其上"，畢注：案其道理，當在陝西榆林府北塞外。西申之所在，應在陝北，密邇安定，故召犬戎，共為禍梗也。《趙世家》言："蜚廉有子二人，曰惡來，惡來弟曰季勝。季勝生孟增，是為宅皋狼。皋狼生衡父，衡父生造父，幸於周繆王。造父以驥之乘匹與桃林、盜驪、驊騮、綠耳獻之繆王。繆王使造父御。西巡狩，乃賜造父以趙城。"《穆天子傳》注引古《竹書紀年》云："穆王時北唐之君來見，以一驫馬，是生騄耳。"《竹書》以驫馬騄耳之獻為北唐之君。《趙世家》以為獻自造父，則造父即此北唐之君。《周書·王會》云："北唐戎以閭。"孔晁注曰："北唐，戎之在西北者。"則仲潏、造父以來，于西周為北唐戎，此秦同族之趙，亦為戎也。是秦之為戎，固自不疑。

蒙文通：《古史甄微·秦之社會》

楚之霸業

《史記·楚世家》曰：

楚之先祖出自帝顓頊高陽……高陽生稱，稱生卷章，卷章生重黎，重黎為帝嚳高辛，居火正，甚有功，能光融天下，帝嚳命曰祝融。共工氏作亂，帝嚳使重黎誅之而不盡。帝乃以庚寅日誅重黎，而以其弟吳回為重黎後，復居火正，為祝融。吳回生陸終。陸終生子六人，坼剖而產焉。其長一曰昆吾，二曰參胡，三曰彭祖，四曰會人，五曰曹姓，六曰

金器有楚王酓章鐘，酓假為熊。

清方濬益《綴遺齊彝器考釋》卷廿八："邛仲嬭與王子申孟之嘉嬭皆楚女嬭，乃楚姓，即經傳之羋字。"羋乃同音假借，其本字正當作嬭。

郭沫若《兩周金文辭大系》嬭即楚姓之本字。

季連，羋姓，楚其後也。昆吾氏，夏之時嘗爲侯伯，桀之時湯滅之。彭祖氏，殷之時嘗爲侯伯，殷之末世滅彭祖氏。季連生附沮，附沮生穴熊。其後中微，或在中國，或在蠻夷，弗能紀其世。（《大戴記》所述與此違異）

《楚世家》又曰：

周文王之時，季連之苗裔曰鬻熊。鬻熊子事文王，蚤卒，其子曰熊麗。熊麗生熊狂，熊狂生熊繹。熊繹當周成王之時，舉文武勤勞之後嗣，而封熊繹於楚蠻，封以子男之田，姓羋氏，居丹陽。……熊繹生熊艾，熊艾生熊䵣，熊䵣生熊勝，熊勝以弟熊楊爲後。熊楊生熊渠，熊渠生子三人。當周夷王之時，王室微，諸侯或不朝，相伐。熊渠甚得江漢間民和，乃興兵伐庸、楊粵，至於鄂。熊渠曰："我蠻夷也，不與中國之號諡。"乃立其長子康爲句亶王，中子紅爲鄂王，少子執疵爲越章王，皆在江上楚蠻之地。"

《楚世家》又曰：

及周厲王之時，暴虐，熊渠畏其伐楚，亦去其王。後爲熊毋康，毋康早死。熊渠卒，子熊摯紅立。摯紅卒，其弟弒而代立，曰熊延。熊延生熊勇。熊勇六年……厲王出奔彘。熊勇十年，卒。弟熊嚴爲後。熊嚴十年，卒。有子四人，長子伯霜，中子仲雪，次子叔堪，少子季徇。熊嚴卒，長子伯霜代立，是爲熊霜。……熊霜六年，卒，三弟爭立。仲雪死，叔堪亡，避難於濮（今湖北石首）。而少弟季徇立，是爲熊徇。……二十二年，熊徇卒。子熊咢立。熊咢九年，卒，子熊儀立，是爲若敖。……二十七年，若敖卒，子熊坎立，是爲霄敖。霄敖六年，卒，子熊昫立，是爲蚡冒。……十七年，卒，蚡冒弟熊通弑蚡冒子而代立，是爲楚武王。……三十五年，楚伐隨。隨曰："我無罪。"楚曰："我蠻夷也，今諸侯皆爲叛，相侵或相殺，我有敝甲，欲以觀中國之政，請王室尊吾號。"隨人爲之周，請尊楚，王室不聽，還報。三十七年……（熊通）自立爲武王，與隨人盟而去。於是始開濮地而有之。五十一年，周召隨侯，數以立楚爲王。楚怒，以隨背己，伐隨。武王卒師中而兵罷。子文王熊貲立，始都郢。文王二年，伐申，過鄧……六年，伐蔡……楚彊，陵江漢間小國，小國皆畏之。十一年，齊桓公始霸，楚亦始大。十二年，伐鄧，滅之。十三年，卒。子熊囏立，是爲杜敖。杜敖五年，欲殺其弟熊惲，惲奔隨，與隨襲弑杜敖代立，是爲成王。……元年，初即位，布德施惠，結舊好於諸侯。使人獻天子。天子賜胙，曰："鎮爾南方夷越之亂，無侵中國。"於是楚地千里。……丁未，成王自絞殺，商臣代立，是爲穆王。……二十八年卒，子莊王立。

　　楚之先世據《史記》所載已如上述，其中亦多傅會之言，難可盡信。衛聚賢氏言與秦趙俱爲東方之夷。顧頡剛亦曰："楚亦群蠻之一也。蓋本東方夷族，周人遷之以西，遂竄居南土，稱爲强族。"（見《中國疆域沿革史》）林惠祥謂楚爲南方民族（見林著《中國民族史》）。

金文"楚公逆鎛"，孫詒讓謂楚公逆即熊咢。

成王名額（《左氏傳》）《公羊》《穀梁》均作髡。《史記》《楚世家》作惲，彝器省有楚王頵鐘，乃成王時物。

郭沫若《金文叢考》

《金文所無考》云："荆乃楚之別號，然楚人之器無自稱荆者，典籍亦然。是則荆乃周人呼楚之惡名，以其自名故斥之爲荆也。"

楚與荆之名

楚之國名亦可作荆。《説文·林部》：楚，叢木，一名荆也。載侗《六書故》曰：楚，荆也。楚地多産此，故以名國。荆楚一物，故楚國亦謂之荆。(《説文·草部》：荆，楚木也。) 又有謂荆爲羌之轉也 (見范義田作《雲南古代民族之史的分析》第一章)。

荆楚《詩》："撻彼殷武，奮伐荆楚。"

楚荆連用見《**狀毁**》**狀**馭從王南征，伐楚荆。

荆蠻，《史記·吳太伯世家》索隱曰："荆者，楚之舊號。"

莊王之事業

莊王立，楚大饑。戎伐其西南，又伐其西南。庸人率群蠻以叛楚，麇人率百濮聚於選，將伐楚。楚人謀從於阪高，薦賈曰："不可，我能往，寇亦能往，不如伐庸。夫麇與百濮謂我饑不能師，故伐我也。若我出師，必懼而歸。百濮離居，將各走其邑，誰暇謀人?"楚遂滅庸。六年，伐宋，宋師敗績。定王元年，楚子伐陸渾之戎，遂至於雒，觀兵於周疆。問鼎之輕重。八年陳徵舒弑其君，明年，楚莊王率諸侯伐陳，誅徵舒，因縣陳而有之。申叔時諫，乃復陳。十年，楚子圍鄭，鄭伯肉袒牽羊以迎莊王，退三十里與之平。大敗晉軍於河上。是歲楚子滅蕭，明年伐宋，以其救蕭也。是時楚勢可謂極盛。二十三年，莊王卒，子共王審立，幼，而形勢一變。

楚之疆域

顧棟高曰：楚在春秋吞併諸國，凡四十有二。其西北至武關，在今陝西商州東少習山下。《文十年傳》子西爲商公，即商州之雒南縣也，與秦分界。其東南至昭關，在今江南和州含山縣北二十里。昭十七年吳楚戰于長岸，即和州南七十里之東梁山，與太平府夾江相封是也。與吳分界。其北至河南之汝寧府南陽府汝州，與周分界。
其南不越洞庭湖，全有今湖北十府八州六十縣之地，惟
隨州爲隨國僅存。又全有河南之汝寧、南陽二府，光州
一州，又闌入汝州之郟縣、魯山縣，河南府之嵩縣，開
封府之尉氏縣，許州府之郾城縣，及禹州，與鄭接境。
四川夔州府之奉節縣，與已接境江西之南昌、南康、九
江、饒州，與吳錯壤。又全有江南之廬州、鳳陽、潁州
三府及壽州、和州之地，江寧府之六合，太平府之蕪湖，
徐州府之碭山，則與吳交兵處也。後廬壽之地多入于吳。

　　降及戰國，楚北滅陳杞，東滅於越，西及巴蜀，其
疆域益大。

第六章 吳越爭雄

吳的興起

吳之先世，《史記·吳太伯世家》曰：

吳又作句吳。金文（《者減鐘》）作工
敔攻吳（《鑑銘》）、
攻敔（《劍銘》）。

> 吳太伯，太伯弟仲雍，皆周太王之子，而王季歷之兄也。季歷賢，而有聖子昌，太王欲立季歷以及昌，於是太伯仲雍二人乃奔荆蠻，文身斷髮，示不可用，以避季歷。……太伯之奔荆蠻，自號句吳。荆蠻義之從而歸之千餘家，立爲吳太伯。太伯卒，無子，弟仲雍立。……仲雍卒，子季簡立。季簡卒，子叔達立。叔達卒，子周章立。是時周武王克殷，求太伯、仲雍之後，得周章，周章已君吳，因而封之。乃封周章弟虞仲於周之北故夏虛，是爲虞仲，列爲諸侯。周章卒，子熊遂立。熊遂卒，子柯相立。柯相卒，子彊鳩夷立。彊鳩夷卒，子餘橋疑吾立。餘橋疑吾卒，子柯盧立。柯盧卒，子周繇立。周繇卒，子屈羽立。屈羽卒，子夷吾立。夷吾卒，子禽處立。禽處卒，子轉立。轉卒，子頗高立。頗高卒，子句卑立。是時晉獻公滅周北虞公，以開晉伐虢也。句卑卒，子去齊立。去齊卒，子壽夢立。壽夢立而吳始益大，稱王。自太伯作吳，五世而武王克殷，封其後爲二，其一虞，在中國；其一吳，在夷蠻。十二世而晉滅中國之虞。中國之虞滅二世，而夷蠻

之吳興。大凡從太伯至壽夢十九世。王壽夢二年，
楚之亡大夫申公巫臣怨楚，將子反而奔晉，自晉使
吳，教吳用兵乘車，令其子爲吳行人，吳於是始通
於中國。

吳民族來源近日頗多異説，衛聚賢《古代研究》云吳
越民族是殷民族之一，因他尚居於江南，未與夏民族同
化。而後人以吳爲周民族，越爲夏民族。又云吳民族不
是周民族，疑他爲本地的土著，舉證甚多，茲不述。

顧頡剛《中國疆域沿革史》云：“吳越亦夷蠻之族，舊
説吳爲周後，越爲夏後，皆不可信。”

梁任公先生《中國歷史上民族之研究》云：“吳俗斷髮
文身，其族系與楚較近，抑與越較近，尚難斷定。”

吳之盛衰

壽夢卒。壽夢有四子，長曰諸樊，次曰餘祭，次曰
餘昧，次曰季札。季札賢，壽夢欲立之。季札讓不可，
乃立長子諸樊，攝行事當國。後諸樊伐楚，迫巢門，傷
射而薨。諸樊命授弟餘祭，傳以次，必致國於季子而止。
餘祭後爲閽人所弒，弟餘昧立。十八年，餘昧卒，欲授
弟季札。季札讓，逃去。乃立餘昧之子僚爲王。時伍員
奔吳，公子光客之。公子光者，諸樊子也。常以爲季子
不受國，光父先立，光當立。後光使專諸刺王僚代立，
是爲闔閭。闔閭舉伍子胥爲行人。九年，吳伐楚，取六
與潛。後吳師陳於柏舉，楚兵大敗，五戰及郢，昭王奔
隨。吳遂入郢。後吳伐越，越王勾踐迎擊之於檇李，敗
之姑蘇，闔閭傷指，遂病，傷而死。太子夫差立，立志
復仇。後悉精兵以伐越，敗之夫椒。越王以餘兵五千保

轉：譙周《古史
考》作柯轉，《者減
鐘》之“工𢾅王皮
𩧢”，當即柯轉。
（見郭沫若《兩周金
文辭大系》）

於會稽。越行成，吳許之。及夫差之克越，乃侵陳。吳之兵鋒遂轉向北方。三十八年，吳晉會於黃池。勾踐發習流二千人，教士四萬人，君子六千人，諸御千人，以伐吳，虜太子友，遂入吳。元王元年，越圍吳，四年吳師敗，吳王自到死。

越的興起

《史記·越王勾踐世家》曰：

> 越王勾踐，其先禹之苗裔，而夏后帝少康之庶子也。封於會稽，以奉守禹之祀。文身斷髮，披草萊而邑焉。後二十餘世，至於允常。允常之時與吳王闔廬戰而相怨。允常卒，子勾踐立。

《吳越春秋》曰：

> （禹）命群臣曰：吾百世之後，葬我會稽之山……啟使使以歲時春秋而祭禹以越，立宗廟於南山之上。禹以下六世而得帝少康。少康恐禹祭之絕祀，乃封其庶子於越，號曰無餘。無餘始受封，人民山居……無餘傳世十餘，末君微劣，不能自立，轉從眾庶，為編戶之民。禹祀斷絕十有餘歲，有人生而言語……指天向禹墓曰：我是無餘君之苗末……以承越君之後……自後稍有君臣之義，號曰無壬。壬生無睪，睪專心守國……無睪卒，或為夫譚。夫譚生元常，常立當吳王壽夢、諸樊、闔廬之時，越之興霸自元常矣。

《越絶書》云：

> 越王夫鐔以上，至無餘，久遠世不可紀也。夫鐔子允常，允常子勾踐，大霸，稱王，徙瑯琊都也。

由以上諸文視之，越爲夏民族，然亦有謂與楚同族者。

《國語·吳語》韋解云：勾踐祝融之後，允常之子，羋姓也。

《墨子·非攻下》：越王繄虧（一作翳虧），出自有遽，始邦於越。孫仲容《間詁》疑有遽即熊渠。（《間詁》，即《墨子間詁》）

衛聚賢《古代研究》謂吳越民族不是中原民族，而與馬來半島、南洋群島、印度支那及内地的畬民、苗民爲同族。

越與粵通。《史記·南越傳》《東越傳》，《漢書》作《南粵傳》《閩粵傳》。

勾踐之霸

《史記·越王勾踐世家》云：

> 勾踐已平吳，乃以兵北渡淮，與齊、晉諸侯會於徐州，致貢於周。周元王使人賜勾踐胙，命爲伯。勾踐已去，渡淮南，以淮上地與楚，歸吳侵宋地於宋，與魯泗東方百里。當是時，越兵橫行於江淮東，諸侯畢賀，號稱霸王。

《吳越春秋·勾踐滅吳外傳》云：

《越世家索隱》引《紀年》云："翳王（勾踐後第五世）三十三年遷于吳。"

（二十五年）從瑯琊起觀臺，周七里，以望東海。……使人如木客山取元常之喪，欲徙葬瑯琊。三穿元常之墓，墓中生燦風飛砂石以射人，人莫能入。勾踐曰：吾前君其不徙乎？遂置而去。勾踐乃使，使號令齊、楚、秦、晉，皆輔周室。血盟而去。秦桓公不如越王之命，勾踐乃選吳越將士西渡河以攻秦，軍士苦之。會秦怖懼，逆自引咎，越乃還軍，軍人悅樂。……二十六年，越王以邾子無道而執以歸，立其子何冬。魯哀公以三桓之逼來奔，越王欲爲伐三桓，以諸侯大夫不用命，故不果耳。二十七年冬，勾踐寢疾將卒……遂卒。

越非禹後

《世本》云：越爲芈姓，與楚同祖。《國語·鄭語》曰：芈姓，夔越。《吳語》韋解云：勾踐，祝融之後，允常之子，芈姓也。

《墨子·非攻下》云：越王繄虧，出自有遽，始邦於越。孫詒讓《墨子閒詁》曰：《楚世家》云熊渠立少子執疵爲越章王。《左傳·僖公二十六年》夔子曰：我先王熊摯。《漢書·古今人表》及《史記正義》引宋均《樂緯注》並謂熊摯亦熊渠子。竊疑夔越同出，出自有遽，或當云出自熊渠。

《漢書·地理志》注：臣瓚曰，自交阯至會稽，七八千里，百粵雜處，各有種姓，不得盡云少康之後。

《國語·越語》曰：范蠡曰，昔吾先君，固周室之不成子也。

《韓詩外傳·八》曰：越，亦周室之列封也。

以上二條言之，越非夏封明矣。

第五編　戰國

整理者按："戰國"以公元前453年韓趙魏三家分晉起始，至公元前221年秦統一六國終止。"戰國"一詞在東周後期即已使用，西漢末劉向編《戰國策》方正式用以指代東周後期兩百餘年歷史時期。

第一章　東周末期列王

周室東遷，本都王城。自周敬王徙居成周（今洛陽東二十里），時南方吳越競起，是由春秋而入爲戰國時期矣。敬王崩，子元王仁立。元王崩，子定王介立（一作貞定王）。王時三晉滅，智伯分有其地，定王崩，長子去疾立，是爲哀王。哀王立三月，弟叔襲殺哀王而自立，是爲思王。思王立五月，少弟嵬攻殺思王而自立，是爲考王。考王崩，子威烈王立。考王封其弟揭於河南（即王城，今洛陽西），是爲西周桓公，以續周公之官職。桓公卒，子惠公立（一作桓公之後有威公，威公卒，子惠公立），乃封其少子於鞏以奉王，號東周惠公。於是周分爲三，而有二東周矣。威烈王時始命韓、趙、魏爲諸侯。

威烈王崩，子安王驕立。王時齊田和始并爲諸侯。安王崩，子烈王喜立。烈王崩，弟顯王扁立。王時秦强大，僭稱王。其後諸侯多稱王。顯王崩，子慎靚王定立。慎靚王崩，子赧王延立。王時東西周分治，王寄住而已。後徙都西周(王城)。五十九年，秦昭王使將軍樛攻西周，西周君奔秦，頓首受罪……歸其君於周。周君王赧卒，周民遂東亡，秦取九鼎寶器而遷。西周君於𢁀狐(今河南臨汝)。後七歲，秦莊襄王取東西周，東西周皆入於秦。周既不祀。

顧亭林《日知録》云：

春秋終於敬王三十九年庚申之歲，西狩獲麟。又十四年爲貞定王元年癸酉之歲，魯哀公出奔，二年卒於有山氏。《左傳》以是終焉。又六十五年，威烈王二十三年戊寅之歲，初命晉大夫魏斯、趙籍、韓虔爲諸侯。又一十七年，安王十六年乙未之歲，初命齊大夫田和爲諸侯。又五十二年，顯王三十五年丁亥之歲，六國以次稱王，蘇秦爲從長。自此之後，事乃可得而紀。自《左傳》之終以至此，凡一百三十三年，史文闕軼，考古者爲之茫昧。如春秋時猶尊禮重信，而七國則絶不言禮與信矣。春秋時猶論宗周王，而七國則絶不言王矣。春秋時猶嚴祭祀重聘享，而七國則無其事矣。春秋時猶論宗姓氏族，而七國則無一言及之矣。春秋時猶宴會賦詩，而七國則不聞矣。春秋時猶有赴告策書，而七國則無有矣。邦無定交，士無定主，此皆變於一百三十三年之間，史之闕文，而後人可以意推者也。

日人瀧川龜太郎《史記會注考證》——

趙翼曰：武王定鼎於郟鄏，周公營以爲都，是爲王城，則河南也。周公又營下都，以遷殷頑民，是爲成周，則洛陽也。平王東遷，定都王城，其時所謂西周者，豐鎬也。東周者，王城也。及王子朝之亂，敬王徙都成周。《公羊傳》云：王城者何？西周也。成周者何？東周也。是時王城爲西周，而成周爲東周矣。及考王封其弟揭於王城，是爲河南桓公，桓公之孫惠公又自封其少子班於鞏，號曰東周，則此東周，又自西周之王城分出，而并非敬王所都之成周矣。分封於鞏者曰東周，而河南惠公本在王城，則仍西周之號，此東周西周皆在河南，而周王之都於成周自若也。戰國所謂周王者，都於成周之王也。所謂東周君西周君者，則河南之都於王城及分封於鞏者也。東周謂韓王曰，西周者，故天子之國也。曰故天子國，明乎是時西周已非天子所都也。顯王二年趙與韓分周爲二，於是東西各爲列國者，即河南之東西周也。而顯王抱空名，尚在成周，直至赧王始滅，則仍是敬王所遷之東周也。愚按二周之辯，鮑彪《國策注》，呂祖謙《大事記》，吳澄《東西周辯》，顧棟高《春秋大事表》，崔述《考信錄續篇》，各有出入，趙說近是。又按《史記》云"王赧時東西周分治"，又云"王赧徙都於西周"，恐非。

東周末期列王世系

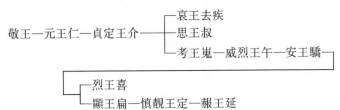

```
                        ┌─哀王去疾
敬王─元王仁─貞定王介──├─思王叔
                        └─考王嵬─威烈王午─安王驕─┐
      ┌─烈王喜
   ───┤
      └─顯王扁─慎靚王定─赧王延
```

第二章　三家分晉

自周敬王四十年至秦始皇二十六年，此間二百六十年，當時號爲强國者有七，各謀發展，戰爭益烈。而次等各國皆岌岌不足自保，史稱此朝爲戰國，或曰戰代。是時各國形勢之變遷，以晉之分關係爲最大。晉大夫之漸强，自厲公之被弑始，至平公以後而益甚。其時趙、魏、韓、范、中行及智氏，並號六卿，范、中行氏先亡，智氏又以過剛而折，而大權遂集於三家矣。茲分述之。

柳詒徵《中國文化史·上古文化史》第二十七章《周末之變遷》曰：

> 春秋之後是爲戰國。太史公作《六國表》，始於元王元年，迄秦二世，凡二百七十年。實則《春秋左傳》終於元王八年，當自貞王元年始入戰國，而秦始皇二十七年後，即秦統一之時，亦未可附於戰國。要戰國之始末，自周貞王迄秦滅齊，凡二百四十八年，其曰戰國者，亦以《國策》記其時事，劉向定其名爲《戰國策》，故緣書而名其時也。

趙

趙之先爲造父，前已言之。自造父以下六世，至奄父，曰公仲，周宣王時伐戎爲御。千畝之戰，奄父脱宣王。奄父生叔帶。叔帶時周幽王無道，去周如晉，事晉文侯，始建趙氏於晉國。以叔帶以下趙宗益興，五世而生趙夙。晉獻公伐霍、魏、耿，趙夙爲將，獻公賜趙夙耿。夙生共孟，共孟生趙衰，事重耳。重耳奔翟，趙衰從。翟伐廧咎如，得二女，以其少女妻重耳，長女妻趙衰，生盾。初，重耳在晉時，衰妻亦生同、括、嬰齊。反國，趙衰爲原大夫。晉之妻固要迎翟妻，而以其子盾適嗣。晉襄公之六年，衰卒，謚爲成季，盾任國政，靈公立，益專。靈公欲殺盾，盾亡，未出境，趙穿弒靈公，立成公，盾復反任國政。景公時，盾卒，謚爲宣。子朔嗣。朔娶晉成公姊爲夫人。晉景公三年，大夫屠岸賈者始有寵於靈公，至景公爲司寇，乃治靈公之賊，與諸將攻趙氏，殺朔、同、括、嬰齊，皆滅其族。朔妻有遺腹，走公宮，匿生男。屠岸賈聞之，索於宮中。朔客公孫杵臼及程嬰，謀取他人嬰兒負之，衣以文葆，匿山中。程嬰出，繆謂諸將軍曰："嬰不肖，不能立趙孤，誰能與我千金，吾告趙氏孤處。"諸將軍皆喜，許之，發師隨嬰攻杵臼，遂殺杵臼與孤兒。然趙氏真孤乃反在。居十五年，晉景公疾，卜之，大業云："後不遂者爲祟。"景公問韓厥，厥知趙孤在，乃曰："大業之後，在晉絕祀者，其趙氏乎？"於是景公因韓厥之衆以脅諸將而見趙孤。趙孤名曰武，遂反，與程嬰趙武攻屠岸賈，滅其族，復與趙武田邑如故。武續趙宗二十七年，晉平公立。平公十二年，武死，謚爲文子。文子生景叔景叔生鞅，是爲簡子。

趙初都山西太原縣治之晉陽，獻侯初立，改治今河南湯陰西之中牟。《戰國策·地理考》卷八云："後復居晉，趙肅侯徙都邯鄲。"

魏

魏乃畢公高之後也。畢公高與周同姓。武王之伐紂，而高封於畢，於是爲畢姓。其後絕封爲庶人，或在中國，或在夷狄。其苗裔曰畢萬，事晉獻公。獻公之十六年，以魏封畢萬，爲大夫，生武子。以魏諸子事晉公子重耳。重耳立爲晉文公，而令魏武子襲魏氏之後，列爲大夫，治於魏。生悼子，徙治霍。生魏絳，事晉悼公，徙治安邑，謚爲昭子。生魏嬴，嬴生魏獻子。獻子事晉昭公，生佟。魏佟之孫曰魏桓子。

韓

韓之先，與周同姓，姓姬氏，其後苗裔事晉得封於韓原，曰韓武子，武子後三世有韓厥，晉作六卿，韓厥在一卿之位，號爲獻子。卒，子宣子代。宣子徙居州。卒，子貞子代。貞子徙居平陽。卒，子簡子代。卒，子莊子代。卒，子康子代。

韓爲武王之穆，見於《左傳》《國語》韋昭注。《鄭語》但云宣王時爲侯伯，其後爲晉所滅，爲邑以賜韓萬，其亡當在平王時。

韓後都陽翟。《漢書·地理志》"潁川郡陽翟"，班氏曰："周末韓景侯自新鄭徙此。"

《吕覽·開春論》高誘注："韓氏本都弘農宣陽，其後都潁川陽翟，至哀侯滅鄭，更遷新鄭。"

三家分晉

晉平公以周景王十三年卒，子昭公夷立。十九年，卒，子頃立。去疾立敬王六年，晉之宗室祁氏、羊舌氏相惡，六卿誅之，盡取其邑爲十縣。六卿各令其子弟爲之大夫。八年，頃公卒，子定公午立。二十三年，趙氏與范、中行氏相攻，至三十年而范、中行敗奔齊。元王二年，定公卒。子出公鑿立。定王五年智伯伐鄭，趙簡子疾，使大子毋卹將而圍鄭。智伯醉，以酒灌擊毋卹。毋卹慍智伯。智伯歸，因謂簡子使廢毋卹。簡子不聽，毋卹由是怨智伯。十一年，智伯與趙、韓、魏共分范、中行地以爲邑，出公怒。出告齊魯，欲以伐四卿。四卿恐，遂反攻出公，出公奔齊，道死。智伯立昭公曾孫驕，是爲哀公。哀公大父雍，晉昭公少子也，號爲戴子。戴子生忌，忌善智伯，早死，故智伯欲盡并晉，未敢，乃立忌子驕爲君。當是時，晉國政皆決智伯，晉哀公不得有所制。智伯遂有范、中行地，最強。智伯請地韓、魏，韓、魏與之。請地趙，趙不與。智伯怒，遂率韓、魏攻趙。趙襄子奔保晉陽，三國攻晉陽，歲餘，引汾水灌其城，城不没者三版。襄子懼，使相趙孟同私於韓、魏，韓、魏與合謀，三國反滅智伯，分其地，時周定王十六年也。考王二年，哀公卒，子幽公柳立。幽公之時，晉畏，反朝韓、趙、魏之君，獨有絳、曲沃，餘皆入三晉。威烈王五年，幽公淫婦人，夜竊出邑中，盜殺幽公。魏文侯以兵誅晉亂，立幽公子止，是爲烈公。二十三年，周威烈王賜趙、韓、魏，皆命爲諸侯。安王七年，烈公卒，子孝公頎立。孝公卒，子静公俱酒立。二十六年，魏武侯、韓哀侯、趙敬侯滅晉，後而三分其地，静公遷爲家人，晉絕不祀。

第三章 田氏篡齊與燕之興起

以陳爲田，田氏代齊

陳完者，陳厲公佗之子也。厲公，文公少子，其母蔡女。文公卒，厲公兄鮑立，是爲桓公。桓公與佗異母。桓公病，蔡人殺桓公及太子免而立佗，是爲厲公。厲之既立，娶蔡女。蔡女淫於蔡人，數歸，厲公亦數如蔡。桓公少子林怨厲立，殺其父與兄，令蔡人誘厲公殺之，自立。是爲莊公。莊公卒，立少弟杵臼，是爲宣公。宣公十一年，周惠王五年。宣公殺其大子禦寇。禦寇素與完相愛，完恐禍及己，奔齊。桓公使爲工正。完卒，謚爲敬仲。仲生稺孟夷。

敬仲之如齊，以陳氏爲田氏。田穉孟夷生湣孟莊，田湣孟莊生文子須無。文子生桓子無宇，有力，事齊莊公，甚有寵。生武子開及釐子乞。乞事齊景公爲大夫，其收賦稅以小斗，其粟與民以大斗，行陰德於民，而景公弗禁。由此田氏得齊眾心，宗族益彊。周景十三年，陳鮑氏伐欒高氏，分其室。穆姬（景公母）爲之請高唐，陳氏始大。景公卒，田乞鮑牧與大夫攻高、國，立悼公。悼公立，乞爲相，專國政。卒，子常代立，是爲田成子。鮑牧殺悼公，齊人立其子壬，是爲簡公。初，簡公與父俱在魯，監止有寵焉。及即位，使爲政。田常後修釐子之政，以大斗出貸，小斗收。田常殺監止，簡公出奔，田氏之徒追執之徐州，遂弒之，而立簡公弟驁，是爲平公。時周敬王三十九年，獲麟之歲也。平公即位，田常爲相，專齊政，懼諸侯共誅己，乃盡歸魯、衛侵地，西約晉韓、魏、趙氏，南通吳、越之使，修功行賞，親於百姓，以故齊復定。田常於是盡誅鮑晏監止及公族之强者，而割齊自安平以東至瑯邪自爲封邑。封邑大於平公之所食。田常卒，子襄子盤代立。使兄弟宗人盡爲齊都邑大夫，與三晉通使。卒，莊子白立。莊子卒，子太公和立。齊平公卒於周貞定王十三年，子宣公積立。威烈王二十一年，卒，子康公貸立。淫於酒、婦人，不聽政。安王十年，太公遷康公於海上，食一城以奉其先祀。十三年太公與魏文侯會濁澤，求爲諸侯。魏文侯乃使使言周天子及諸侯，天子許之。康公十九年，田和立爲齊侯，遷康公海濱。二十三年，康公卒，吕氏遂絶不祀。

燕之興

《史記·燕召公世家》云：召公奭，與周同姓，姓姬氏。周武王之滅紂，封召公於北燕。其在成王時，召公爲三公。自陝以西，召公主之，自陝以東，周公主之。《史記》記燕事甚略。自召公九世至惠侯世次不具。惠侯以下亦僅具世次而已。第十六世桓侯，《集解》引《世本》云：桓侯徙臨易。宋忠曰：今河間易縣是也。子莊公，與宋、衛共伐周惠王，鄭執燕仲父而納惠王於周。山戎來侵，齊桓公救燕，遂北伐山戎而還。二十五世惠公多寵姬，欲去諸大夫而立寵姬。宋大夫共誅姬。宋惠公懼，奔齊。齊高偃如晉，請共代燕入其君，晉平公許之。與齊伐燕，入惠公。惠公至燕而死。三十世獻公。獻公十二年，爲魯西狩獲麟之歲。三十六世文公，始與六國合縱擯秦。

《水經注》卷十一分注曰："易水又東遙易縣故城南。"分注曰："昔燕文公徙易即此城也（此爲春秋時之文公），地在今河北雄縣西北十五里。"

今易縣者，乃燕昭王所城下都之武陽。

第四章　七雄上

戰國時，國之强者有七，史稱七雄是也。韓、趙、魏爲新起之邦，燕久淪狄域寂然無聞，至戰國時始露頭角，遂與諸侯争逐中原。齊自田氏篡後，仍可繼霸。除此五國外，秦、楚乃爲舊邦，至戰國時其勢依然威赫。兹述其縱横捭闔之大者。

入戰國後首先稱霸者爲楚悼王。悼王之立，在周威烈王二十四年。時魏之吳起因見疑而奔楚，悼王素聞其賢，至則以爲相。起乃明法審令，捐不急之官，廢公族疏遠者以撫養戰士，要在强兵，破馳説之言縱横者。於是南平百越，北并陳蔡，卻三晉，西伐秦，諸侯皆患之强。二十年，悼公卒，宗室大臣作亂，攻起殺之。楚勢衰。

三晉形勢本以趙爲最强，然敬侯頗荒淫，且當繼嗣之間又屢爭亂。故入戰國後百年勢頗弱。

韓世與鄭爭，至周烈王元滅之，蓋乘楚之衰，然僅足自保耳。

魏初富强及魏秦征伐

魏文侯師於李悝，集諸國刑典，造《法經》六篇。李悝又勸文侯盡地力之教，國以富强。

魏文侯、武侯兩代賢君，席履頗厚，故魏惠王欲繼楚悼王而圖霸焉。後受挫於秦，乃專欲開拓東方而忽於西，遂使秦如虎兕之出押，而秦之勢遂不可遏矣。

秦至靈公七年，魏城少梁（今陝西韓城縣），秦擊之。十一年，補龐城籍姑。是歲靈公卒，子獻公不得立，立靈公季父悼子，是爲簡公。十三年，與晉戰，敗鄭下（今陝西華縣）。十四年，魏文侯使子擊圍繁、龐，出其民。十七年，魏伐秦，築臨晉（今陝西大荔縣）、元里（陝西澄城縣），秦塹洛城重泉（陝西蒲城縣）。十八年魏伐秦，至鄭築雒陰（在大荔西）、合陽（陝西郃縣）。安王元年，秦伐魏，至陽狐。二年，簡公卒，子惠公立。十一年，伐韓宜陽，取六邑。十二年，與晉戰武城（今華縣境）縣陝（今河南陳縣）。十三年，侵魏陰晉（今華陰縣）。十五年，魏伐秦，敗於武下。是歲秦惠公卒，子出子立。十七年，庶長改迎獻公於河西而立之，殺出子及其母，沉之淵旁。獻公立，秦勢轉強。十八年，城櫟陽（今長安境）。烈王二年，縣之。顯王三年，敗韓、魏雒陰。五年，與晉戰於石門（今涇縣），斬首六萬，天子賀以黼黻。七年，與魏戰少梁，虜其將公孫痤。秦獻公卒，子孝公立。

秦孝公時商鞅變法

孝公元年，河山以東彊國六，淮泗之間小國十餘，楚、魏與秦接界，魏築長城，自鄭濱洛以北有上郡。楚自漢中，南有巴、黔中。……秦僻在雍州，不與中國諸侯之會盟，夷翟遇之。孝公於是布惠，招孤寡，招戰士，明功賞，下令國中，曰："昔我穆公，自歧雍之間，修德行武，東平晉亂，以河爲界，西霸戎翟，廣地千里，天子致伯，諸侯畢賀，爲後世開業，甚光美。會往者厲躁，簡公出子之不寧，國家内憂，外遑外事，三晉攻奪我先君河西地，諸侯卑秦，丑莫大焉。獻公即位，鎮撫邊境，徙治櫟陽，且欲東伐，復穆公之故地，修穆公之政，令寡人思念先君之意，常痛於心。賓客群臣有能出奇計彊秦者，吾且尊官，與之分王。"衛鞅聞是令下，西入秦。

十年，衛鞅説孝公變法修刑，設縣制，開阡陌，内務耕稼，外勸戰死之賞罰。孝公善之，甘龍、杜摯等弗然，相與爭之。卒用鞅法，秦民大悦。道不拾遺，山無盗賊，家給人足。民勇於公戰，怯於私鬪，鄉邑大治。秦勢益張，衹在待時而動矣，而魏又授之以隙。

魏、趙、齊混戰

魏武侯之卒，惠王與公中緩争立。韓懿侯與趙成侯伐之，戰於濁澤，魏氏大敗。魏君圍趙謂韓曰："除魏君，立公中緩，割地而退。"韓曰："不如兩分之。魏分爲兩，不彊於宋衛，則我終無魏患矣。"趙不聽，韓不説，以其少卒夜去。惠王乃得身不死，國不分。然魏是時本富強，惠王蓋亦有爲之主，故未幾即復振。顯王十三年，魯、衛、宋、鄭之君皆朝於魏。可見魏在東方形勢甚張。

顯王十五年，魏遂舉兵以圍邯鄲，明年，拔之。邯鄲之圍也，趙求救於齊，齊威王用段干朋策，使田忌南攻襄陵(今河南睢縣)，邯鄲拔，齊因起兵擊魏，大敗之桂陵(今山東菏澤縣)。魏圍邯鄲之歲，秦與魏戰元里，斬首七十，取少梁。十七年，衛鞅圍魏安邑，降之。諸侯亦圍魏襄陵。十八年，魏乃歸趙邯鄲，與盟漳水上。十九年，秦作咸陽，築冀闕，徙都之。并諸小鄉聚集爲大縣。縣一令，四十一縣爲田，開阡陌，東地渡洛。二

十一年，初爲賦。二十六年，天子致霸。是歲齊威王卒，
子宣王辟彊立。明年，秦使公子少官率師會諸侯於逢澤
（今河南開封縣西北），朝天子。案《戰國策・秦策》言，
魏伐邯鄲，退爲逢澤之遇，乘夏車，稱夏王，朝天子，
天下皆從。《齊策》言，魏拔邯鄲，又從十二諸侯朝天子。
則逢澤之會，猶是魏爲主，而秦縱之。然秦在是時已非
擯不得與於中國會盟者矣。二十八年，魏復伐趙，趙與
韓親，共擊魏，不利，韓請救於齊。齊宣王用孫臏計，
陰告韓使者而遣之，韓因恃齊，五戰不勝，而東委國於
齊。齊起兵救韓、趙，魏遂大興師，使龐涓爲將，太子
申爲大將軍，蓋傾國以求一決，然大敗於馬陵（今山東濮
縣），龐涓死，太子申虜。明年，秦、趙、齊共伐魏。衛
鞅虜魏公子卬，東地至河，齊、趙亦數破梁。梁以安邑
去秦近，徙都大梁。三十一年，秦破魏雁門（當作岸門，
在長社縣），虜其將魏錯。魏不能復振。三十三年，與齊
會平阿南（今安徽懷遠縣）。明年復會於甄（今山東濮
縣）。是歲惠王卒，子襄王立。明年，齊、魏會於徐州。
《史記・孟嘗君列傳》言田嬰使於韓、魏，韓、魏服於齊，
乃有東阿之盟。蓋自馬陵之戰以來，齊已執東方牛耳矣
三十七年，齊與魏伐趙，趙決河水灌齊、魏兵，兵乃罷。
蓋是時趙反不服齊，然亦未足爲齊之勁敵也。

第五章　七雄下

魏惠王圖霸之時，專力對趙，遂至力盡而均敝。時韓昭侯在位，用申不害爲相，史稱其修術行道，國內治，諸侯不來侵伐。然僅足自保而已。東方之地乃成爲齊、楚爭霸之局。齊、魏會於徐州之歲，楚威王伐齊，敗之徐州。是役也，《楚世家》云田嬰欺楚。徐廣云，齊說越攻楚，故云欺楚。然《孟嘗君列傳》謂，楚聞徐州之會而怒。則實非由越起也。周顯王四十年，楚威王卒，子懷王槐立。四十五年，齊宣王卒，子湣王地立。明年，楚破魏襄陵，欲移兵攻齊，以陳軫說而止。然懷王似無能，楚遂爲齊、秦所挫。

商鞅被誅，而秦富强之基已固

秦孝公以周顯王三十一年卒，子惠王立，誅商鞅。鞅之被誅也，其原因載所述不一。《呂氏春秋·無義篇》曰：公孫鞅因伏卒與車騎以取公子。即秦孝公薨，惠王立，以此疑公孫鞅之行，欲加罪焉。《戰國策·秦策》曰：孝公行之八年，疾且不起，欲傳商君，辭不受。孝公已死，惠王代，後莅政有頃，商君告歸。人說惠王曰，大臣太重者國危，左右太親者身危。今秦，婦人嬰兒皆言商君之法，莫言大王之法，是商君反爲主，大王更爲臣也。且夫商君，固大王仇讎也，願王圖之。商君歸還，惠王車裂之，而秦人不憐。《史記·商君列傳》云："秦孝公卒，太子立，公子虔之徒告商君欲反，發吏捕商君……殺之於鄭黽池。"秦雖有内變，然富强之基已固，國勢不因此而損。

合縱與連橫

秦國既强，東方諸侯俱生畏心，因是秦爲其共同對象，**蘇秦(？—前284)説六國合縱以擯秦之策**由是而生。東方諸侯一面懼秦之强，一面各懷詭計，不能徹底合作，合縱之策未能收巨大實效。周顯王三十七年魏即納陰晉於秦，明年，秦公子卬與魏戰，虜其將龍賈，斬首八萬。三十九年，魏納河西地。四十年，秦渡河取汾陰(山西榮河縣)、皮氏(河南河津縣)。圍焦(河南陝縣南)，降之。四十一年，張儀説魏，魏入上郡少梁於秦。秦以儀爲相，**後張儀(？—前309)出使游説各國，以"連衡"破"合縱"**。是歲，秦又降蒲陽(即蒲阪)，敗趙取藺離石。四十二年，歸魏焦、曲沃。四十六年，張儀相魏，欲令魏先事秦而諸侯效之，魏王不聽。明年，秦伐魏，取曲沃、平周(山西介休縣)。慎靚王二年，魏襄王卒，子哀王立。張儀復説哀王，哀王不聽。秦伐魏，敗之鄢。三年，爲秦惠王後元七年，楚懷王十一年，《秦本紀》云："韓、趙、魏、燕、齊帥匈奴共攻秦。"《楚世家》云："蘇秦約縱，山東六國共攻秦，楚懷王爲縱長。至函谷關，秦出兵擊六國，六國兵皆引而歸，齊獨後。"《六國表》於秦云，五國兵擊秦，不勝而還(五國者，除齊也)。明年，韓、趙、魏攻秦。秦庶長疾與韓戰修魚(即藺魚)，虜其將申差，敗趙公子渴、韓太子奐，而齊亦以是時敗魏於觀津。於是魏哀王不能支，聽張儀説，請成於秦。秦兵乃轉向韓、趙。五年，伐取趙中都(山西平遥縣)、西陽(今離石縣西)。六年伐取韓石章，敗趙將泥。赧王元年，魏倍秦爲縱，秦攻魏，取曲沃。樗里疾攻魏焦，降之。敗韓岸門。二年，庶長疾攻趙，虜趙將莊，魏復事秦。四年，惠王卒，子武王立，遂張儀以樗里疾、甘茂爲左右相。七年，使甘茂伐宜陽，明年，拔之。涉河城武遂（山西臨汾縣西南）。武王卒，無子，立異母弟，是爲昭襄王。十二年，攻魏，拔蒲陰（山西永濟北）、陽晉（山西虞鄉縣西）、封陵（永濟南）。明年，魏與秦會臨晉。時齊湣王與楚競，未暇合三晉擯秦。

楚、秦、齊争伐

六國攻秦，楚爲縱長，齊湣王欲挫之。

秦欲伐齊而楚與齊親，惠王患之。乃使張儀南見楚王，説以絶齊，予故秦所分楚商於之地，方六百里。懷王説，陳軫諫，弗聽。使一將軍西受封，張儀至秦，詳醉墜車，稱病不出三月，地不可得。楚王曰：“儀以吾絶齊爲尚薄乎？”乃使勇士宋遺北辱齊王。齊王大怒，折楚符而合於秦。秦、齊之交合，張儀乃起，朝謂楚將軍曰：“子何不受地？從某至某，廣袤六里。”楚將軍歸，報懷王，大怒，興師將伐秦。陳軫又曰：“伐秦非計也，不如因賂之一名都，與之伐齊。”王不聽，發兵西攻秦。時周赧王二年也。明年，秦庶長章擊楚於丹陽，虜其將屈匄。又攻楚漢中，取地六百里，置漢中郡。懷王大怒，悉國兵復襲秦，戰於藍田，大敗。韓、魏聞楚之困，乃南襲楚，至於鄧。楚聞之，乃引兵歸。四年，秦伐楚，取召陵。使使約，復與楚親，分漢中之半以和楚。楚王曰：“願得張儀，不願得地。”儀使楚，私於左右靳尚。靳尚爲請，又因夫人鄭袖言張儀而出之。儀因説楚王以叛縱約而與秦合親，約昏姻。是歲，惠王卒，武王立。韓、魏、

齊、楚、趙皆實從。八年，武王卒，昭襄王立。時齊湣
王欲爲縱長，惡楚之與秦合，使使遺楚王書，懷王許之。
九年復倍齊而合秦。秦厚賂，迎婦於楚，楚亦迎婦於秦。
十年，懷王與秦昭王會於黃棘（今新野），秦復與楚上庸
（今竹山）。十一年，齊、韓、魏伐楚，楚使太子質秦，
秦遣兵救楚，三國引兵去。十二年，秦大夫有私與楚太
子鬥，楚太子殺之而亡歸。十三年，秦乃與齊、韓、魏
共攻楚方城，殺其將唐昧。十四年，秦復攻楚，大破楚
軍，殺其將景缺。懷王恐，使太子質齊以求平。十五年，
秦遺楚王書，願會武關（今陝西商縣東）而相約結盟，詐
令一將軍伏兵武關，號爲秦王，楚王至則閉武關，遂與
西至咸陽，要以割巫（今巫山縣）、黔中之郡。楚王不許，
秦因留之。齊歸楚太子。太子橫至，立爲王，是爲頃襄
王。乃告於秦曰：“賴社稷神靈，國有君矣。”十六年，秦
昭王發兵出武關攻楚，大敗楚軍，取析（今内鄉）十五城
而去。是歲，齊、韓、魏共擊秦，敗其軍函谷。十七年，
楚懷王逃於魏，秦追之，復至秦。十八年卒於秦。是歲，
齊、韓、魏、趙、宋、中山六國共攻秦，至鹽氏（山西安
邑）。秦與韓、魏河北及封陵以和。魏哀王卒，子昭王
立。十九年，秦拔魏襄城。二十年，向壽伐韓，取武始
（今邯鄲）。左更白起攻新城（今洛陽南）。二十一年，周
與韓、魏攻秦，左更白起攻韓、魏於伊闕。秦乃遺楚王
書曰：“楚倍秦，秦且率諸侯伐楚。”頃襄王患之。二十二
年，楚迎婦於秦，秦楚復平。

《竹書紀年》隱王（即赧王）元年，齊師殺子之，醢其
身。

徐文靖《竹書統箋》云：

齊人伐燕。孟子以爲宣王時。《史記·六國表》燕王噲及子之死，在湣王十年。溫公《稽古錄》據《竹書紀年》周顯王三十七年爲齊宣王之元年，則隱王元年爲齊宣王三十九年。是年齊師殺子之與《孟子》合。《孟子》慎靚王三年見梁襄王，而去梁之齊纔三四年，則正齊宣王十八九年。《國策》載儲子謂宣王宜仆燕，正儲子爲相時也。王令章子將兵以伐燕，正孟子與游時也。朱子據《史記》以梁惠王三十五年孟軻至梁，不審其至梁在惠王改元之末年，當在慎靚王一二年間，而轉疑溫公《通鑑》以伐燕在宣王十九年，孟子去齊已久，安得見其取之復畔也？因云末詳。

狄子奇《孟子編年叙》：

《國策》齊宣王令章子將五都之兵伐燕，三十日而舉燕國，與《孟子》合。此报王元年事也。取燕，燕叛，孟子之去，宣王之薨，並在是年。《大事記》朱子《綱目》明白可據。乃黄氏《日鈔》謂伐燕有二，前伐燕爲宣王，後伐燕爲閔王。《孟子集注》又謂齊破燕後二年燕始叛。説者因據以爲孟子後事閔王之證。

狄氏《孟子編年》以慎靚王五年，燕君噲以國讓其相，子之报王元年齊伐燕。

樂毅興燕

燕文王以周顯王三十六年卒，子易王立。四十八年，卒，子噲立，屬國於相子之。三年，國大亂。齊王因令

《十駕齋養新錄》卷三有齊人伐燕云：《史記》燕王噲讓國子之，及齊伐燕，皆在齊湣王時，獨《孟子》書以爲宣王事，司馬溫公《通鑑》移湣王前十年爲宣王之年以合《孟子》，然燕人之畔，終在湣王時，仍不能强合，閻百詩又議以燕噲讓國至燕昭自立事移在前十數年以合孟子《游齊》之歲，益爲妄作。近寶應王予中嘗論之，謂《孟子》七篇所言齊王皆湣王，非宣王也。湣王初年兵强天下，與秦爲東西帝，其所以治國者，亦必有異矣，《孟子》謂以齊王猶反手，王由足用爲善皆道其實，而好勇、好貨、好色不能自克，末年之禍亦基于此。後來傳《孟子》者，改湣王爲宣王，爲孟子諱，其實無庸諱也。孟子去齊，當在湣王之十三四年，下距湣王之亡，蓋廿五六年，孟子不及見，《公孫丑篇》稱王不稱諡，蓋其元本，《梁惠王》《盡心》兩篇稱宣王者後人增益之耳。王氏此論最爲精確，前人移易宣、湣之年求合《孟子》終無實據，不若即就《孟子》本文斷之也。

章子將五都之兵以伐燕。燕士卒不戰,城門不閉,燕君噲死,子之亡。時周赧王元年也。三年,燕人乃共立太子平,是爲昭王。昭王卑禮厚幣以招賢者,弔死問孤,與百姓同甘苦,燕國殷富。乃使樂毅約趙,別遣使連楚魏,令趙啗秦以伐齊之利。周赧王三十一年,燕悉起兵,以樂毅爲上將軍,并護趙、楚、韓、魏之兵伐齊。齊兵敗,湣王出亡於外,燕兵獨追北,入至臨,湣王走莒,楚使淖齒將兵救齊,因相齊湣王。淖齒遂殺湣王而與燕共分齊之侵地,鹵掠。淖齒已去莒,莒中人及齊亡臣求湣王子法章立之,是爲襄王。齊城之不下者獨聊、莒、即墨,餘皆屬燕。三十六年,燕昭王卒,子惠王立。惠王爲太子時,與樂毅有隙。及即位,使騎劫代將,樂毅亡走趙,齊田單以即墨擊敗燕軍,騎劫死,燕兵引歸,齊悉復得其故城。

趙武靈王胡服騎射

是時三晉之君最有雄略者,爲趙武靈王。武靈者,肅侯子,以周顯王四十三年立。趙之遺策爲取胡地中山。中山者,《春秋》之鮮虞,《史記·趙世家》云獻侯。十年,中山武公立(有云中山武公爲西周桓公子,有疑。又有爲魏後)。周安王二十五年,趙敬侯與中山戰于房子(今河北高邑縣)。明年,伐中山,又戰于中人(今河北定縣)。烈王七年,中山築長城。赧王八年,趙武靈王北略中山之地,至於房子,遂之代,北至無窮,西至河,登黃華之上。遂胡服招騎射,後傳位何,是爲惠文王。武靈王自號主父。主父欲令子主治國,而身胡服將士大夫,西北略胡地,從云中九原直南襲秦。於是詐自爲使者入秦,略地形,觀秦王之爲人。秦昭王不知,已而怪其狀

清人雷學淇云:齊人伐燕,孟子明謂宣王時事,《史記》於齊失載悼子、侯剡二代,將威宣之主皆移前二十二年,於齊人伐燕事,不知折衷孟子,而《年表》謂湣王十年,司馬溫公終求其說而不得,乃將宣王即位下移十年以遷就孟子。自後說者,疑信各半,皆未有定論,全據《紀年》則伐燕在宣王七年,實周赧王之元年。凡《孟子》書所記古人年歲以《史記》《漢書》之說推之,皆不合者,以《紀年》推之無不合。

甚偉，非人臣之度，使人逐之。而主父馳，已脫關矣。
審問之，乃主父也，秦人大驚。十九年，滅中山，封長
子章爲代安陽君。明年，朝群臣，安陽君亦來朝。主父
令王聽朝，而自從旁觀窺，見其長子章傫然也，心憐之，
欲分趙而王章於代，計未決而輟。主父及王游沙丘異宮，
章以其徒作亂。公子成與李兌自國至，乃起四邑之兵入
距難，章敗，往走主父。主父開之。成、兌因圍主父宮，
章死戰，兌謀曰：“以章故圍主父，即解兵，吾屬夷矣。”
乃遂圍主父，主父餓死宮中。

第六章　秦滅六國

列國兼併

　　秦滅六國，蓋始基於魏冉，再而成於呂不韋、李斯。魏冉者，秦昭襄王母宣太后異父弟也。周赧王二十年爲相，舉白起，有伊闕之捷，因脅楚與秦平。二十四年，韓與秦武遂地二百里。明年，魏入河東地四百里。又明年，客卿錯擊魏至軹(今河南濟源縣)，取城大小六十一。二十七年攻魏，拔垣(山西垣曲)。二十九年，錯攻魏河內，魏獻安邑，秦出其人，募徙河東，賜爵，赦罪人遷之。是時韓、魏方睦於齊，而其爲秦弱如此，齊霸之漸成弩末可見矣。三十一年，尉斯離與三晉。燕伐齊，破之。秦遂獨强於天下。明年，伐魏，拔安城(河南原武東南)，兵到大梁，燕、趙救之，乃去。三十三年，拔趙五城。三十五年，錯攻楚，楚軍敗，割上庸漢北予秦。白起攻趙，取代、光狼城(山西高平縣)。三十六年，白起攻楚，取鄢、鄧、西陵。明年，起復攻楚，取郢，燒先王墓，夷陵，襄王兵散東北，保於陳。秦以郢爲南郡。三十八年，蜀守張若伐楚，取巫郡及江南，爲黔中郡。明年，楚襄王收東地兵，得十餘萬，復西取秦所拔江旁十五邑，爲郡以距秦。四十年，穰侯魏冉攻魏，至大梁，魏入三縣請和。明年，客卿胡傷攻魏巷(河南原武縣)、蔡陽、長社，取之。趙、魏攻華陽，白起擊破之，魏入南陽以和。秦與趙觀津(山東觀城縣)，欲以伐齊。齊襄

武遂今山西臨汾。司馬錯，時爲客卿。

魏巷在鄭州西北

王懼，使蘇代遺穰侯書，穰侯乃引兵歸。四十三年，置南陽郡，令白起與韓、魏伐楚，未行而楚使黃歇至，上書說昭王。昭王許之。楚入太子爲質，黃歇侍。四十四年，攻齊，取剛壽(山東東平縣)。是時韓魏楚皆服，乃出兵攻齊。是歲，范雎見秦王，秦王用其言，免穰侯，相雎。立遠交近攻。四十六年，中更胡傷攻趙閼與(山西和順縣東北)，趙奢擊破之。明年，攻魏，拔懷。四十九年，攻魏，取邢丘(河南溫縣)。趙惠王卒，太子再立，是爲孝成王。秦攻之，趙求救於齊。齊師出，秦乃罷。是歲宣太后薨，穰侯出之陶，秦拜范雎爲相，封以應，號爲應侯。五十一年，白起攻韓，拔陘城(山西曲沃西北)、汾旁，因城河上廣武(河南河陰縣)。明年，楚頃襄王病，黃歇說應侯歸太子，應侯以聞。秦王曰：“令太子之傅先往問楚王病，反而後圖之。”歇爲楚太子計，變服亡歸，歇爲守舍，度太子已遠，乃自言。應侯言秦，因遣歇。頃襄王卒，太子完立，是爲考烈王。以歇爲相，封以吳，號春申君。五十三年，五大夫賁攻韓，取十城。

白起征伐　長平坑趙卒四十萬

五十五年，白起伐韓野王(河南沁陽)，野王降。王齕攻上黨，上黨降趙，秦因攻趙，趙使廉頗軍長平(山西高平縣)。頗堅壁拒秦，秦行間，趙以趙括代將。括至則出擊秦，秦軍詳敗走，張奇兵絶其後。趙軍分而爲二，糧道絶，秦王聞，自之河內，賜民爵各一級，發年十五以上悉詣長平，遮絶趙救及糧食。趙括出鋭卒自搏戰，秦軍射殺括。括軍敗，卒四十萬人降，武安君白起盡坑殺。遺其小者二百四十人歸趙。趙人大震。五十六年，秦軍分爲二，王齕將伐趙武安(河南武安縣)、皮牢(山西翼城縣），拔之。司馬梗北定太原，兵罷，復守上黨。十月，五大夫王陵攻邯鄲。時武安君病，不任行。五十七年，陵攻邯鄲，少利，秦發兵佐陵，陵兵亡五校。武安君病愈，秦王欲使武安君代陵將。武安君言曰："邯鄲實未易攻也。且諸侯救日至，秦卒死者過半，國內空，遠絕河山而爭人國都。趙應其內，而諸侯救其外，破秦軍必矣。不可。"秦王自命，不行。乃使應侯請之，武安君終辭，不肯行，遂稱病。秦王使王齕代將，攻邯鄲，不能拔，秦軍多失亡。武安君言曰："秦不聽臣計，今如何矣？"秦王聞之，怒，彊起武安君。武安君遂稱病篤。應侯請之，不起。於是免武安君爲士伍，遷之陰密（甘肅靈臺縣）。武安君病未能行。居三月，諸侯攻秦軍急。秦軍數卻，使者日至。秦王乃使人遣白起，不得留咸陽中。武安君既行，出咸陽西門十里，至杜郵，使使者賜之劍自裁。

信陵君救趙

魏公子無忌（世稱信陵君）姊爲趙惠文王弟平原君夫人，數遺魏王及公子書，請救於魏。魏王使將軍晉鄙將十萬眾救趙。秦王使使者告魏王曰："吾攻趙，旦暮且下，諸侯敢救趙，必移兵先擊之。"魏王恐，使人止晉鄙，留軍壁鄴（河南臨漳）。初，王所幸如姬父爲人所殺，公子使客斬其仇頭，敬進如姬。乃因如姬盜兵符，與屠朱亥俱袖四十斤鐵椎椎殺晉鄙，將其軍救趙。王齕還奔汾城旁軍，圍遂解。

呂不韋相秦

周赧王亡後五年，秦昭襄王薨，子孝文王立。明年，卒。初，昭王太子死，次子安國君爲太子，即孝文王也。安國君有子二十餘人，有愛姬曰華陽夫人，無子。安國君中男名子楚，子楚母曰夏姬，無愛。子楚爲質於趙。呂不韋，陽翟大賈，家累千金，賈邯鄲。見之曰："此奇貨可居。"乃以五百金與子楚爲進用，結賓客，以五百金置奇物玩好，自奉而西游秦，皆以獻華陽夫人。使夫人姊，夫人言於安國君，立子楚爲嗣子。安國君許之。呂不韋取邯鄲諸姬絕好善舞者與居，知其有身，獻之子楚。至大期中生子政，子楚遂立姬爲夫人。王齕圍邯鄲急，趙欲殺子楚。子楚與不韋謀，以金六百斤與守吏，得脱，亡赴秦軍。遂以得歸。趙欲殺子楚妻子。子楚夫人，趙豪家女也，得匿，以故母子竟得活。孝文王立，華陽夫人爲王后，子楚爲太子。趙亦奉子楚夫人及子政歸秦。孝文王卒，子楚代立，是爲莊襄王。莊襄王元年，以呂不韋爲相國，封文信侯，大赦罪人，修先王功臣，施德厚骨肉而布惠於民。使蒙驁伐韓，韓獻成皋、鞏，界至大梁。初置三川郡。二年，使蒙驁攻趙，定太原。三年，蒙驁攻魏高都(山西晉城縣)，汲拔之。攻趙榆次、新城(今朔縣境)、狼孟(今陽曲境)，取三十七城。四年，王齕攻上黨，初置太原郡。

嬴政立爲秦王

初，魏公子無忌既卻邯鄲之圍，使將將其軍歸，而留趙。及是，復歸魏，率五國兵(無齊)敗蒙驁於河外。秦東封之勢後小挫。是歲，莊襄王卒，子政立爲秦王，年十三。當是之時，秦地已并巴蜀、漢中，越宛，有郢，置南郡矣。北取上郡，以東有河東、太原、上黨郡，東至滎陽。滅二周，置三川郡。呂不韋爲相國，招致賓客游士，欲以并天下。李斯爲舍人，蒙驁、王齕、麃公等爲將軍。王年少初即位，委國事大臣。二年，趙孝成王卒，子偃立，是爲悼襄王。三年，蒙驁攻韓，取十三城。王齕死。將軍蒙驁攻魏暘，有詭，四年拔之。是歲信陵君卒。五年，蒙驁攻魏，取二十城。初置東郡。六年，韓魏趙衛楚共擊秦，取壽陵（在常山）。秦出兵，五國兵罷。秦攻魏，拔朝歌。楚去陳，徙壽春，命曰郢。七年，拔魏汲。八年，嫪毐封爲長信侯，予之山陽地（河南修武），令毐居之。宮室車馬衣服苑囿馳臘恣毐，事無大小皆決於毐。又以河西太原更爲毐國。九年，王冠，長信侯毐作亂而覺，矯王御璽及太后璽，以發縣卒及衛卒宮騎戎翟君公舍人，將欲攻蘄年宮爲亂。王知之，令相國昌平君、昌文君發卒攻毐，戰咸陽，毐等敗走。即令國中有生得毐，賜錢百萬，殺之五十萬，盡得毐等，衛尉謁內史肆佐弋謁中大夫令齊等二十人皆梟首。車裂以徇，滅其宗，及其舍。輕者爲鬼薪，及奪爵，遷蜀四千餘家。家房陵（湖北房縣）。楚考烈王無子，趙人李園事春申君爲舍人，進其女弟，知其有身，園乃與其女弟謀，園女弟承間説春申君進已楚王。生子男，立爲太子，以李園女弟爲王后。楚王貴李園。園用事，恐春申君語泄，陰養死士。考烈王卒，園先入，伏死士刺春申君，斬其頭，盡滅春申君之宗。園女弟所生子立，是爲楚幽王。十年，秦相國呂不韋坐嫪毐免齊人茅焦説秦王，秦王乃迎太后於雍，而入咸陽宮。後居甘泉宮。大索逐客，李斯上書，乃止。而李斯用事。十一年，王翦、桓齕、楊端攻鄴，取九城，拔閼與，趙悼襄王卒，子幽繆王遷立。十二年，呂不韋死。

秦併六國

不韋雖廢，秦之事併吞如故。是時楚益衰，韓、魏皆自顧不暇。燕、齊少寬，然二國仍歲相攻，又與趙相攻，齊襄王卒，子建立，王后用事，僅圖自保，秦遂得擇肥而噬。始皇十三年，桓齮攻趙平陽（河南臨漳）。明年，取宜安（河北冀城縣西南），李牧與戰肥下（今藁城縣），卻之，封牧武安君。十五年，秦大興兵，一軍至鄴，一軍至太原。秦攻番吾，李牧卻之。十六年，發卒受韓南陽。十七年，內史騰攻韓，得韓王安，盡納其地以爲潁川郡。十八年，大興兵攻趙。王翦將上地下井陘，端和將河內羌瘣伐趙。端和圍邯鄲城，趙使李牧司馬尚禦之。秦多與趙王寵臣郭開金，爲反間。趙王使趙蔥及齊將顏聚代李牧，牧不受命。趙使人殺之，廢司馬尚。後三月，王翦因急擊，大破殺趙蔥。明年，王翦羌瘣盡定趙地，虜王遷及其將顏聚，引兵欲攻代。趙公子嘉率其宗數百之代，自立爲代王。東與燕合兵。楚幽王卒，同母弟猶代立，是爲哀王。庶兄負芻之徒襲殺哀王而立負芻。二十年，燕太子丹使荊軻刺秦王。秦王覺之，體解軻以徇。而使王翦辛勝攻燕。燕代發軍擊秦，秦軍破燕易水之西。二十一年王賁攻薊，乃益發卒詣王翦軍，遂破燕太子軍，取燕薊城，得燕太子丹首。燕王東收遼東而王之。二十二年，王賁攻魏，引河渭灌大梁。大梁城壞，其王假請降。盡取其地。始皇問李信：“吾欲攻取荊，於將軍度用幾何人而足？”李信曰：“不過用二十萬人。”問王翦，王翦曰：“非六十萬人不可。”始皇曰：“王將軍老矣，何怯也！李將軍果勢壯勇。”遂使李信及蒙恬將二十萬南伐荊。荊人大破李信軍。始皇復召王翦，强

起之，使將擊荆，取陳以南，至平興（汝南東南）。二十
四年，虜其王負芻。荆將項燕立昌平君爲荆王，反秦於
淮南（一作江南）。二十五年，大興兵，使王賁攻燕遼東，
得燕王喜。還攻代，虜代王嘉。王翦蒙武攻荆，破荆軍，
昌平君死，項燕遂自殺。翦遂定荆江南地。降越君，置
會稽郡。二十六年，齊王建與其相後勝發兵守其西界，
不通秦，秦使將軍王賁從燕南攻齊，得齊王建。六國皆
亡，天下遂統一矣。

　　秦竟併天下，尊王爲皇帝（是爲秦始皇），以李斯爲
丞相。夷郡縣城，銷其兵刃，示不復用。使秦無尺土之
封，不立子弟爲王、功臣爲諸侯，使後無戰攻之患。中
國第一個中央集權的專制君主國家建立。

秦滅六國表

秦始皇帝十七年 韓王安九年	公元前二三〇	秦滅韓	
秦始皇帝十九年 趙王遷八年	公元前二二八	秦滅趙	
秦始皇帝二十二年 魏王假三年	公元前二二五	秦滅魏	
秦始皇帝二十四年 楚王負芻五年	公元前二二三	秦滅燕	
秦始皇帝二十五年 燕王喜三十三年 代王嘉六年	公元前二二三	秦滅燕	擄代王嘉
秦始皇帝二十六年 齊王建四十四年	公元前二二一	秦滅齊	統一中國

第六編　東周疆域

整理者按：東周前期(春秋)列國領土合計 158 萬平方公里。東周後期(戰國)七雄領土合計 218 萬平方公里。

第一章　春秋列國疆域

春秋時國邦林立，若每一均述，實爲繁複。今舉華夏諸國之強大者，略述其疆域情形，以覘華夏勢力范圍之所在。

齊爲異姓之大國。《左傳·僖公四年》管仲云："賜我先君履，東至於海，西至於河，南至於穆陵，北至於無棣。"《史記集解》引服虔曰："是皆太公始受封土地疆域所至也。"有謂太公始封時疆域必不如此之大，此蓋桓公時之疆域。所謂東至於海，蓋北臨渤海，東與南並臨黃海也。古黃河道經今南樂冠縣西，大名東，館陶清平南，正當齊之西境，故曰西至於河也。今山東臨朐縣南百五十里有穆陵關，在大峴山上，齊南境也，故曰南至於穆陵。今河北鹽山縣即古無棣，爲齊北境，故曰北至於無棣。太公初封都營邱(即臨淄)，胡公徙都薄姑，獻公以下復都臨淄。

魯爲周公封國，當春秋時，兼有九國之地（極、項、郯、邿、根牟、向、須句、鄪、鄫）。其疆域初佔有今山東省之曲阜、寧陽、泗水、金鄉、魚臺、汶上、濟寧、嘉祥等縣地，後又兼涉滕縣、鄒縣、嶧縣地，與邾接境。泰安與齊接境，兼有新泰、萊蕪、臨沂、費、沂水、鄆城、鉅野、武城、單等縣地，又兼安、邱諸城二縣地，與莒接境。又河南項城縣爲魯所滅項國。南又涉江蘇之東海縣地，都今曲阜，地跨三省，共佔今二十餘縣焉。

晉爲武王少子唐叔虞之封國。春秋前後晉所兼併約二十國左右。景公時，翦滅眔狄，盡收其前日蹂躪中國之地。又東得衛之殷墟，鄭之虎牢，周之陸渾等地。自西及東延袤二千餘里，有今山西省大半之地，又有河北之元城、邯鄲、成安、清河、永年、順德、邢臺、任縣、唐山、晉縣、趙縣、冀縣、葉城、欒縣、柏鄉、臨城等地，並有山東省之恩、冠、範等縣地，與齊、魯二國接境。更有河南省之濟源、修武、孟縣、溫縣、汲縣、淇縣、輝縣、濬縣、新鄉，南自平陸渡河，又有陝縣、閿鄉、靈寶、永寧、澠地、偃師等地。後又得今嵩縣、陸渾之地，與周、鄭、衛接境。西自永濟渡河，又有陝西之朝邑、韓城、澄城、白水等縣，與華陰、膚施、臨潼、商縣等地，俱與秦接境。蓋晉在華夏諸國中疆域最廣，地跨五省，初都翼城（絳），後遷於曲沃（新田）。

秦爲周孝王臣非子封國，至襄公始列爲諸侯。初國西垂（今甘肅禮縣），遷都平陽縣（陝西岐山縣），又遷於雍（陝西鳳翔縣）。秦本西陲附庸，乘衰周之亂，逐戎有岐山以西之地。其後稍稍蠶食西畿、虢、鄭遺城，至穆公又滅梁、芮，勢力遂與晉相接觸。春秋時之秦地，約佔今陝西中部及北部南部之一部，兼涉甘肅之東部，東與晉、楚接壤，西與羌戎比鄰。其河西要地多爲晉所佔據，故終春秋之世秦不甚得意焉。

宋爲殷後微子啓之封國，都於商邱。春秋之時，兼有六國之地(宿、偪陽、曹、杞、戴、彰城)。其封域全有舊歸德府一府之地，兼涉杞縣、封邱、蘭封、滑縣、睢寧、西華，及江蘇省之銅山、沛縣、蕭縣，安徽之太和，山東省之金鄉、嶧縣、東平、曹縣菏澤、定陶等地，地跨四省。

衛爲武王弟康叔封國。其始封也，都朝歌(今淇縣)。兼有"三監"之地，封域本大，後再遷楚丘、帝丘，而其舊封多入於晉、狄，乃迫狹矣。春秋之初，諸侯多務兼并以自廣。衛介在齊、晉、宋魯、鄭諸大國之間，無所發展，又被狄難，崎嶇遷徙，愈爲不振。其地略有今河北省之濮陽、元城、魏縣、長垣等地，又錯入河南省之滑縣、修武、安陽、內黃、林縣、封邱等地，山東省之濮縣、曹縣、陽穀、東阿等地。地多奇零，與諸國交錯。

鄭爲宣王庶弟桓公友之封國。初封陝西華縣，東周之初，武公吞并虢、檜之地，遷都新鄭。武公子莊公英武有爲，然因四面皆逢强國，亦無能爲開疆啓王之計。春秋二百四十年中，僅再滅許，肆其吞噬。而虎牢入晉，犨、櫟、郟入楚，鄭之封疆亦蝕於晉、楚矣。約計其疆域，則佔有今河南省之開封、蘭封、中牟、陽武、鄢陵、洧川、尉氏等縣，兼涉杞縣，與楚接界。陳留與陳接界。封邱與衛接界。許縣爲其所奪許國之地。又及於延津、登封、鞏縣、偃師、扶溝、武陟、雎縣等地。其河北省則有長垣縣地，爲祭仲邑，東明縣有鄭武父地。

總上諸國疆域所在，合以河南西部之周，河北中北部之燕（其疆域不詳），知當時所謂華夏之疆，僅限於黃河流域，今陝西、山西、河北、河南、山東等省而已。

附　春秋時蠻夷戎狄之分佈

東周之際，王綱解紐。不惟各國諸侯據地自雄，與王朝抗，而各方外族，其勢猖獗，均欲吞併上國。是時苟無二三強大諸侯鎮撫其間，華族將變爲披髮左衽可斷言也。今分別述之。

狄與戎

有謂春秋隱、桓之間，但有戎號。《説文·戈部》："戎，兵也。"《王制》："西方曰戎。"《大戴記·千乘篇》："西辟之民曰戎。"有云西方之民所以稱戎，因西方金象，亦兵之引申也。至莊、閔以後，乃有狄號。《説文·狄》："赤狄，本犬種。"狄之爲音，淫辟也。狄亦作翟。有云狄有五種，又有謂狄分三種，總之，狄與戎皆中國語，非外族之本名。吾國古人謂北方曰狄，西方曰戎。然此二稱實不強分也，古籍戎狄並稱者甚多，如管仲曰"戎狄豺狼"，魏絳曰"戎狄薦居"是也。

狄之勢力最強者爲赤狄、白狄、長狄，《史記》謂赤翟、白翟居河西。杜預云白狄在晉西。清顧棟高則謂狄處晉東，與西無預。實則晉之東西北三方，無不有狄。狄爲騎寇，飄忽無定，遷徙極易。《春秋》自魯莊公三十二年狄禍始起。此後如火燎原，東華悉被其殃。閔二年狄人伐衛，僖十年狄人滅溫。其後伐齊，伐魯，伐鄭，伐晉，並蹂躪王室，其強可見。自宣十五年晉師滅赤狄

王靜安先生曰："其見於商周間者曰鬼方，曰混夷，曰獯鬻。其在宗周之季則曰獫狁，入春秋後則始謂之戎，繼號曰狄。戰國以降，又稱之曰胡，曰匈奴。綜上諸稱觀之，則曰戎曰狄者，皆中國人所加之名。曰鬼方曰混夷曰獯鬻曰獫狁曰胡曰匈奴者，乃其本名。而鬼方之方，混夷之夷，亦爲中國所附加，當中國呼之爲戎狄之時，彼之自稱決非如此。"

潞氏，而赤狄之威殺。晉人又滅赤狄甲氏及留吁，赤狄之禍絕蹟。昭十二年晉苟吳又滅白狄肥。昭十五年滅鼓白狄。所餘僅鮮虞。魯文公十一年，長狄腹瞞侵齊、伐魯，叔孫得臣敗狄於鹹。腹瞞居地在今山東省境內。由上觀之，狄之分佈，今陝西渭水以東，北及乎蒲（今山西永濟）、屈（今吉縣），而晉之西北遼曠之區則爲狄土無疑。東則自山西以迄河北河南，至山東境，此狄之情況也。

戎

春秋之時，戎稱複雜。有戎，北戎，允姓之戎，揚拒泉皋伊雒之戎，茅戎，犬戎，驪戎等。其所佔地區可分爲三，戎在山東省濟寧菏澤一帶，北戎在今河北省，其餘諸戎則居渭水流域以迄伊洛流域。《左傳·昭九年》傳云：允姓之姦居於瓜州。杜注：瓜州，今燉煌（有謂瓜州當在陝西省）。揚拒泉皋、伊雒之戎，雜處於伊雒二水之間，蓋自西陲遷來。犬戎則一見於渭汭，再見於桑田（今河南靈寶縣境），原居豐鎬之西，其後蔓及成周。驪戎在今陝西境內，有謂在臨潼縣。

陸渾戎春秋時自瓜州遷伊川。

蠻

蠻之種類至夥，統稱曰群蠻，曰百濮。約略計之，有盧戎、群蠻、百濮、巴等。巴約在四川東部，湖北西部。盧戎在今湖北南漳縣境。楚爲群蠻之一也，至春秋時併吞諸夏小國，與蠻夷部落，其勢漸大。其疆域約包有今湖北全省，北抵河南南部，西至陝西東南境與四川東境，東及江西、安徽，兼江蘇西南部。南抵洞庭湖。初都丹陽（在今河南西南部丹淅二水交流處。舊説在秭歸北)。後遷於鄀,復遷於郢(今湖北宜城),號爲鄢郢。

吳越亦夷蠻之族。吳地有江蘇大部,西抵安徽、江西,南及浙江,都姑蘇。越地初僅有今浙江及江西之一部,都會稽,爲今紹興。

夷

春秋之時,夷族亦夥。語其著者,有淮夷、介、萊、根牟。大凡夷族盛時舉族北上,至齊魯邊境,衰則南退徐揚。《左傳·僖公十三年》:"淮夷病杞,齊桓公會諸侯城緣陵以遷杞。"《僖二十九年》:"介葛盧來此。"介見經之始,其地在今山東膠縣境。萊始見於宣七年,根牟見於宣九年。萊在今山東黃縣,根牟則在山東臨沂。此外有群舒,及江、黃、六、蓼之屬,雜處淮水流域,皆爲淮夷別種。

宋洪邁《容齋隨筆》卷五《周世中國地》云:

成周之世,中國之地最狹。以今地里考之,吳、越、楚、蜀、閩皆爲蠻,淮南爲群舒,秦爲戎,河北真定中山之境乃鮮虞、肥、鼓國,河東之境有赤狄、里氏、留吁、鐸辰、潞國,洛陽爲王城,而有揚拒泉皋蠻氏,陸渾、伊洛之戎。京東有萊、牟、介、莒,皆夷也。杞都雍丘,今汴之屬邑,亦用夷禮。邾近於魯,亦曰夷。其中國者,獨晉、衛、齊、魯、宋、鄭、陳、許而已,通不過數十州,蓋於天下特五分之一耳。

第二章　春秋時諸侯兼併
及夷狄華夏化

　　春秋時强權伸張，弱肉強食。往時所遺之小國，不爲強大者所併吞，即爲某強之附屬，俯首聽命，受其驅遣而已。是時霸者多以攘夷爲號召，故周天子得以苟延殘喘，華夏文化亦賴之不墜。今錄陳漢章《補史記十二諸侯表》以見當時兼併之略。

十二諸侯表補

殷 邶 鄘 共 胙 南燕 邢 九	并滅於衛
奄 極 項 須句 向 祝 郜 郕 邿 鄟 單 顓臾	并滅於魯
茅 須句	先滅於邾
鄫 向	先滅於莒
權 聃 鄧 穀 鄀 羅 盧 鄀 郧 貳 軫 絞 州 蓼 息 鄧 申 呂 弦 黃 夔 江 六 蓼 麋 宗 巢 庸 道 柏 房 沈 蔣 蓼 舒庸 舒鳩 賴 康 頓 胡 應 郹 唐 微 盧 濮 屬 疇 許 杞 隨 摯 褒 英氏 東不羹 西不羹 陳 蔡	以上五十八國盡滅於楚
州來 鐘離 巢 鐘吾 桐	皆滅於吳
吳 郯 莒	繼滅於越
載 蕭 徐 宿 偪 焦 葛 偪陽 曹 部	皆滅於宋
紀 郕 譚 遂 郭 陽 萊 介 牟 任 薛 郭 州 夷	皆滅於齊
唐 韓 耿 霍 魏 虢 虞 荀 賈 楊 焦 溫 原 邢 滑 沈 姒 葛 黃 趙 微 雍 邘 冀	皆滅於晉

續表

虢 鄶 許 管 邘 祭	皆滅於鄭
召 芮 毛 畢 彭 鄷 密 邘 郇 杜 亳 崇 芮 梁	皆滅於秦

　　春秋時各強大者兼併鄰近諸侯，而且夷狄亦多被吞没。如萊、介之見滅於齊，根牟被滅於魯，盧戎、蠻氏之滅於楚，驪戎、亳之滅於秦，陸渾之戎、腹瞞、潞氏、甲氏、留吁、鐸辰、東山皋落氏、廧咎如、肥、鼓之見滅於晉。而此時異族又多與華人通婚姻，如周襄王之狄后，晉獻公之驪姬，文公之季隗，是其證也。春秋時固爲戰爭最烈之世，而文化之傳播因是開展。南方之楚，東南吳越，西方之秦，均努力華夏化，是中原文化南及楚，東至長江下游，西抵隴，非昔日黃河下游之狹小范圍也。

第三章 戰國時華夏疆域擴張及民族同化

　　戰國時爭戰益烈，厥爲拓土。如北方之國，義渠最強，秦屬公伐之於前，惠王征之於後。至於昭王，義渠乃滅。是爲侵略北方之舉。西斬獂王於渭水以西，置隴西郡，是爲侵略西方之舉。其後用司馬錯之議伐蜀，及昭王之世定蜀之師，而巴漢之間悉爲秦壤。稽其疆域，南達黔中，是爲侵略南方之舉。秦之疆土日闢，遂爲大國。

　　趙則春秋末年處其西北者，有林胡、樓煩，與其雜居。有中山國，襄子踰句注破，併代、臨胡、貉，而趙之北境直達雁門。中山兵力最強，惠文王三年滅其國。又北破胡、樓煩，築長城於高闕，置云中、雁門、九原郡。及李牧爲將，大破東胡，趙人勢力侵及漠南，西至河套，東至恒山，皆爲漢族之地矣。

　　燕則戰國之時處其北境者，有東胡、山戎諸族。由今宣化達灤州，及秦開襲破東胡，拓地千里，築長城，自造陽至襄平，置上谷、漁陽、右北平遼西、遼東郡，而東北之地遂直達於朝鮮。

　　楚當戰國時，封疆萬里，東滅越，地達海隅，而越裔居江南者悉稱臣納貢。莊蹻闢地西南，東起黔中，西通滇國。

　　由是可知戰國時開化之地已佔有今陝西、湖北、湖南、江西、浙江、安徽、江蘇、山東、河南、河北、山西、甘肅、四川以及貴州、綏遠、察哈爾、熱河及遼寧之一部，其疆域視春秋又廣矣。

第四章　郡縣起源

縣之原起

《漢書·地理志》曰："秦遂兼併四海，以爲周制微弱，終爲諸侯所喪，故不立尺土之封，分天下爲郡縣。蕩滅前聖之苗裔，靡有孑遺。"後之人祖述其說，遂以爲廢封建、立郡縣始自秦始皇，其實不然也。

有謂縣即懸字。周武王克殷後，以天下土地爲己有，自據者爲王畿，餘則分封子弟功臣。而有區域未封某人，則懸之而已。如唐當武王時，無適當之人可封，以不若懸之爲愈。至成王時始封其弟於唐。因唐逼近王畿，不得其人，故懸之。此吾國縣之起源也。

至春秋之世，强弱相併，國土日廣，各懲周封建之失，不再分封。凡所滅之國，亦懸之不決，命人暫時治理其地，名其官曰縣尹、縣令、縣公，或縣大夫，懸而久不決，縣長官迭相更換，而縣如故，日久縣遂成定制矣。春秋時之縣，唯大國有之，多爲毀人國家而縣之者。如魯莊公十八年，楚武王克權，使斗緡尹之。宣公十一年，楚子縣陳。昭公八年，楚公子棄疾帥師滅陳，使穿封戍爲陳公。昭公十一年，楚子滅蔡，使棄疾爲蔡公。哀公十七年，彭仲爽，申俘也。(楚)文王以爲令尹。實申息是楚滅人社稷而縣之，以家人或俘虜爲其縣長官。

《史記·秦本紀》："武公十年伐邽冀戎，初縣之。十一年初，縣杜、鄭，亦均夷人之國而縣之。"中原晉國有奪大夫之田爲縣者。魏獻子爲政，分祁氏之田爲七縣，羊舌氏之田爲三縣(《左傳·昭公二十八年》)。然晉雖縣之而仍可賞人。晉襄公以再命命先茅之縣賞胥臣(《左傳·僖公三十三年》)，晉侯賞士伯以瓜衍之縣(《宣公十五年》)，後來椒舉奔晉，晉侯(平公)將予之縣以比叔向(《左傳·襄公二十六年》)。齊之縣，《齊侯鐘銘》記齊侯錫叔夷"其縣三百"。《晏子春秋》載齊景公謂晏子曰："昔吾先君桓公，予管仲……其縣十七以爲子孫封邑。"吳國亦有縣。《史記·吳世家》云："主餘祭二年，齊相慶封有罪，自齊來奔吳。吳子與慶封朱方之縣以爲奉邑，富於在齊。"是吳有縣也。

以上述縣之起源。

《山海經·南山經》云："見則郡縣大水。"郝懿行《箋疏》云："郡縣之制起於周。"《周書·作雒篇》及《左氏傳》具有其文。畢氏引《淮南·氾論訓》："夏桀殷紂之盛，人亦所至，舟車所通，莫不爲郡縣。"以此證郡縣之名起於夏殷也。

郡之原起

郡之設立，秦始皇以前亦有之。原各國設郡，似與國防有關。《史記·匈奴傳》云秦有隴西北地上郡，築長城以拒胡。魏有西河、上郡，以與戎界邊。趙武靈王依胡、樓煩，築長城，並陰山下高闕塞，而置云中、雁門、代郡。燕置上谷、漁陽、右北平、遼西、遼東郡。以上各國所置之郡，似爲防胡而設。有無胡可防而置郡者，乃爲防鄰之侵而設者。《史記·春申君傳》云春申君言楚王曰，淮北地邊齊，其事急，請以爲郡。《楚世家》云："復西取秦所拔我江旁十五邑以爲郡拒秦。"《史記·仲尼弟子列傳》云吳發九郡兵伐齊。由以上諸文視之，郡爲軍事之設置也。

然則縣與郡在政治單位上，初無大小之分。如《左傳‧哀公二年》趙簡子之誓曰：“克敵者，上大夫受縣，下大夫受郡。”又《國策‧秦策》甘茂對曰：“宜陽，大縣也……名曰縣，其實郡也。”由上兩文視之，縣與郡似無大小之分，實乃縣郡初起之時，僅有已有把握控制與初控制之分也，非若秦漢以後有郡大縣小之區別也。

第七編　周之制度及文化

第一章　封建

"封建"二字，有釋爲"封"乃裂土之謂，"建"爲樹立之意。封建謂封土建國。然封建之制始於何時，馬端臨《通考序》曰："封建莫知其所從始也。"王先生於《殷周制度論》中已言之矣，兹不贅述。

周自武王滅殷後，由當時形勢之需要，故不能不施行封建，且足以表現其政治之組織也。武王踐天子位後，曾大行封建子弟與功臣，此爲周人第一期之封建。及武王崩，周公攝政，東征管蔡後，重封國，此爲周人第二次之封建。

至於封建制度究爲何情況，足資考證爲《禮記·王制》與《周官》(即《周禮》)二書，言之較詳。然其書乃僞託，不可盡信。故近之治史者不重視也。如五等爵之説，以金文銘詞證之，其文不足爲據。今略而述郭沫若之《五等爵禄》(見《金文叢考》第二《金文所無考》)用作參考：

《周禮》大宗伯之職"以玉作六瑞，以等邦國。王執鎮圭，公執桓圭，侯執信圭，子執穀璧，男執蒲璧"，於王之外有公、侯、伯、子、男五等爵禄。(郭氏所引遺"伯

執躬圭"一句）

《禮記·王制》："王者之制爵禄，公、侯、伯、子、男凡五等。"

鄭注《王制》云："周武王初定天下，更立五等之爵。"

《孟子》所傳之五等說，稍有懸異。其《萬章》下云："北宮錡問曰：周室頒爵禄也如之何？孟子曰：其詳不可得聞也。"（案此乃事實）"諸侯惡其害己也，而皆去其籍。"（案此乃出於推臆）然而軻也嘗聞其略也。天子一位，公一位，侯一位，伯一位，子男同一位，凡五等也。

孟子之說出於傳聞，《王制》所集周史曾經劉歆點竄，是知五等之說已自不可盡信矣。

春秋以五等爵號稱當時之諸侯。然如宋君稱公，亦復稱子。衛、蔡、陳、紀、滕諸國稱侯稱子不定。薛一稱伯，一稱侯；杞一稱子，一稱伯。是則所謂等伯，並非固定。

證之金文，則其懸異尤有甚者。

其一，諸侯每稱王，有《𣄼伯毁》疑康王器，上言"王命仲到歸𣄼伯詔裘。王若曰：𣄼伯，朕不顯祖玟珷，應受天命，乃祖克奉先王，異自它邦，有𠦅于大命"；下言"𣄼伯拜手頶首天子休……用作朕皇考《武𣄼》《幾王》障毁"。此以伯而稱王。有録《伯戜毁》疑穆王器，上言"王若曰：録伯戜，繇自乃祖考，有𩞑于周邦"；下言"録伯戜敢拜手頶首，對揚天子不顯休，用作朕皇考釐王寶障毁"。亦以伯而稱王。更有《大伯彝》，其爵伯也，而有《大王尊》則稱王。《同卣》"大王錫同金車弓矢"。《散氏盤》"毕受圖大王于豆新宮東廷"均稱王。王國維有《古諸侯稱王説》(《觀堂別集補遺》)即據此數器斷言"古者天澤之分未覆，諸侯在其國，自有稱王之俗。即徐、楚、吳、越之稱王者，亦沿周初舊習，不得盡以僭竊目之"。其説無可易矣。

其二，公、侯、伯、子無定稱。《春秋》稱魯爲公，彝銘文有"魯侯""禺魯侯""叚魯侯角"，均稱侯。《明公敦》言"王令明公遣三族伐東國在伏邑，魯侯有囙工"，明公即魯侯，而公侯之稱不别。《春秋》稱晉爲侯，而晉公壺稱公，新出《羌鐘》言"賓于晉公"，亦稱公。《春秋》稱秦爲伯，而《秦公敦》《秦公鐘》稱公。别有《秦子戈》稱子。《春秋》稱楚爲子，而楚王《頵鐘》、楚王《酓章鐘》、楚王《賸邛》、仲妳《南鐘》稱王。楚公《逆鎛》、《楚公豪鐘》稱公，《禽敦》言"王伐楚侯"稱侯。《矢令敦》"唯王于伐楚伯"稱伯。楚子《暇簠》亦復稱子。《春秋》稱邾婁爲子，而邾公《牼鐘》、邾公《華鐘》、邾公《釛鐘》均稱公，邾伯《御戎鼎》復稱伯。凡此稱謂之參差，與《春秋》之不一致，正自舉不勝舉也。

其三，男之稱謂罕見。《大令方彝》言"諸侯侯田男"，是知男亦諸侯之一。然古金中男之稱謂罕見。《春秋》稱許爲男，而鄦子《虤師鐘》鄦子《妝簠》(鄦即許之本字)均稱子。有《趞小子敦》文云："趞小子爵(衛)曰其夋(有)作竉男王姬竉彝。"(《周金文存》卷三，八七)竉男當即竉國之君也。又有《瑩侯簠》文云"《瑩》侯作《叔姬》《寺男》媵滕簠"(同卷三，一三四)，寺男疑叔姬之名，如爲叔姬所嫁之夫，則當爲寺國之君。寺亦作邿，存世有《邿伯鼎》二具。則邿之稱男亦復稱伯矣。(又案邿乃姬姓之國，有《邾造鼎》可證，則寺男恐仍是叔姬之名。）

準上可知，王、公、侯、伯、子、男實古國君之通稱。《爾雅・釋詁》："皇、王、后、辟、公、侯，君也。"伯、辟一音之轉耳。君復稱子者殆天子之略。卜辭每稱王爲子，如云："己亥子卜貞在川人歸。"（《龜甲獸骨文字》二卷廿二葉二片）又"癸未子卜人歸"（同上六片），子卜即王卜也。殷彝亦然。如《甲寅父癸角》云"子錫𠂤𦥯𤔲貝"（《殷文存》上、廿三），又敶棠卣"子錫敶棠璧一"，子錫亦即王錫也。男之稱謂似早廢，其初蓋取義於農事，猶古之爲民長者之或稱牧也。是知五等爵禄實周末儒者託古改制之所爲。蓋因舊有之名稱而賦之以等級也。

胡厚宣有《殷代封建制度考・五等爵之來源》，其述殷之部份者茲略之，今錄其關于周代者——

> 及周代以來，則公之義每與君同。《爾雅・釋詁》："公，君也。"釋名同。《周禮》："牛人掌公牛，中車掌公車。"鄭注並云"公，猶官也"。《史記・孝文紀索隱》："官，猶公也。"公亦爲官，官亦爲公，公官一聲之轉。廣雅："官，君也。"是官、君、公得相通也……在早年實無以公爲爵之事也。
>
> 且不特公非爵禄，即侯、伯、子、男亦往往無定稱。又諸侯稱公之外，亦且稱王。如春秋時魯稱公，亦稱侯。晉稱王，稱公，稱侯，亦稱伯；曹稱公，稱侯，亦稱伯；衛稱公，稱侯，亦稱伯；鄭稱王，稱公，稱伯，亦稱男。吳稱王，稱公，亦稱子；燕稱伯，亦稱公；滕稱侯，稱子，亦稱公。……楚稱王，稱公，稱侯，稱伯，亦稱子，亦稱男。……

知王、公、侯、伯、子、男者，皆不過古國君之通稱，非必爵禄，更無所謂等級也。

至於戰國，北宮錡問孟子："周室頒爵禄如之何？"孟子曰："其詳不可得而聞也。若言其略，則天子一位，公一位，侯一位，伯一位，子男同一位，凡五等也。"及新儒家興起之後，則言"王者之制爵，公、侯、伯、子、男凡五等"，或言"以玉作六瑞，以等邦國。王執鎮圭，公執桓圭，侯執信圭，伯執躬圭，子執穀璧，男執蒲璧"。於王之外，亦有公、侯、伯、子、男五等。公本爲祖，又爲君，今則變爲爵禄。稱侯、伯本可相通，今亦兼爲爵禄之號。另加子、男而爲五，乃周末五行學説盛行之後，儒者託古改制之所爲，就舊有之名而定等級也。

章太炎先生《太炎文録一》有《封建考》可參閱。

第二章　宗　法

　　周初施行封建制度，前已言之矣，然與封建制度相輔而行者，尚有宗法制度。兩者同時並行，始成一大規模有系統之組織。

　　宗法制度者，乃氏族社會之外表猶存，而爲父系家長制度之産物。此制之發生，乃始於分封子弟，由是而有別子爲祖，繼別爲宗，繼禰者爲小宗之體系。別子雖被分封而獲得土地，然於所自封最大之宗仍須宗之。故最初之大宗復統多數大宗，周室之宗主權即由是建立。故宗法制就是封建貴族的世襲繼統法，將氏族組織演爲國家機關。

　　及典籍中多有宗周之名者，即由此宗法而來。

　　宗周之名，見於古器者，有《周寶鐘》（西清），獻侯作《丁侯鼎》（攈古），辰父《癸番》（集古），《史頌鼎》《善鼎》《匽侯旨鼎》。

　　魯，一具體而微之宗，故亦稱宗魯。《宗魯彝銘》云"唯八月甲申公中在宗魯"（攈古），《孟子》云："吾宗國魯先君亦莫之行。"

　　此外虞以晉爲宗。

　　"宗子"之名見於《善鼎》。

　　"宗婦"之名見於《宗婦鼎》《晉邦盦》。

　　"大宗"之名見於《分敖壺》《叡編鐘》《已伯鐘》《陳逆簠》《陳逆殷》。

"宗室"之名見於《大保鼎》《周𣆔𣪘》《鼇伯鼎》《豆閉𣪘》《叔𢑚𣪘》《叔𣪘父𣪘》《郜史碩父鼎》《周生豆》《癸𣪘》《師器父鼎》《曼龏父簠》《井叾安鐘》。

《詩·采蘋》云："于以奠之,宗室牖下。"《傳》云："宗室,大宗之廟也。"又《士昏禮》注云："宗室,大宗之家。"

亦稱曰宗。叔氏《寶林鐘》《召伯虎𣪘》《宮寶壺》《周𡥿壺》。此宗當爲宗室之簡稱。

"宗老"之名見於《辛中鼎》《辛中姬鼎》。

"皇宗"之名見於《矢作丁公𣪘》。

"從宗"之名見於《遉開作從彝》。

梁任公先生《中國文化史·社會組織》述宗法制度頗詳,録之於下:

封建實藉宗法相維繫,故研究封建興替之跡及其原因,不能不對於宗法稍加説明。宗法之制,"別子爲祖,繼別爲宗,繼禰者爲小宗,有五世則遷之宗,有百世不遷之宗"(《大傳》文),"五世而遷之宗,其繼高祖者也。故祖遷於上,宗易於下"(《喪服小記》文)。今試以封建時一諸侯爲中心,作簡單之解釋。假定一諸侯於此生有三子,其長嫡子襲爲諸侯,餘二子不襲爵者,謂之別子,各自爲開宗之祖。繼其世者,謂之宗。宗有大小。大宗者,此別子之長嫡,累代襲繼者也。凡此別子所衍之子孫,皆永遠宗之,其國一日不已,則其家一日不絶,故曰百世不遷之宗。小宗者,例如此別子復有三子,其長嫡子繼世爲大宗,餘二子復各自立宗,繼之者謂之繼禰。其所衍之宗謂之小宗。小宗亦長嫡世襲。其支庶亦代代劈立小宗。宗之世襲法大小一也。所異者，大宗則同此一祖所出之子孫永遠宗之，小宗則宗至同高祖昆弟而止。故曰五世則遷之宗。今爲圖以明之。

宗法系統圖（局部）

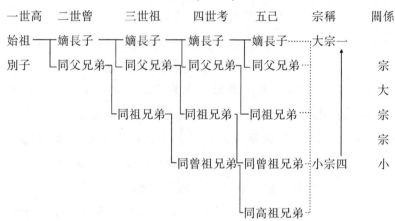

一世高	二世曾	三世祖	四世考	五己	宗稱	關係
始祖——嫡長子——嫡長子——嫡長子——嫡長子……大宗一						
別子——同父兄弟—同父兄弟—同父兄弟—同父兄弟……						宗 大
同祖兄弟—同祖兄弟—同祖兄弟……						宗 宗
同曾祖兄弟—同曾祖兄弟—小宗四						宗 小
同高祖兄弟……						

後世"祖宗"合爲一詞，若祖即宗，宗即祖者。其實不然。《白虎通·宗族篇》云："宗，尊也。爲先祖主者，宗人之所尊也。"故祖者父道也，宗者兄道也。以事父之道事其祖，以事兄之道事其宗，則子無室者繼體之。今君即其宗，不敢兄君，故無宗名耳。自餘則人人皆奉一大宗，而因其世次之尊卑，兼奉一小宗。至四小宗而止。故謂之五宗。凡宗人之於宗子，皆事以兄道。有一宗者，其兄事者一，有五宗者，其兄事者五也。

小宗五世而遷者，何也？《記》曰："親親以三爲五，以五爲九，上殺，下殺，旁殺，而親畢矣。"此義云何？凡人之生，多逮事其祖，故愛敬其父若祖。

祖、父並己身爲三代，故言親以三起算。愛其祖，以及其祖之祖，推之高祖而極，高曾祖父並己身爲五，故曰以三爲五。上數四代，下數四代(子、孫、曾、玄)，並己身爲九，故曰以五爲九。《堯典》所謂以親九族也。愈上則愛愈殺，愈下則愛愈殺，平屬愈疏則愛愈殺，故曰上殺，下殺，旁殺，而親畢。喪服之隆殺準此而立，盡於高祖者，推愛至此而極，過此則不復爲親屬。故祭祀則有四親之廟，高祖以上"親盡則祧"，而宗亦五世則遷也。故以親則至小宗極矣，大宗者則以廣其意，非親之事，而族之事也。《大傳》曰："親親故尊祖，尊祖故敬宗，敬宗故收族。"《喪服傳》云："大宗，收族者也。"故《周禮》言九兩繫民"五曰宗，以族得民"。《大傳》亦言："同姓從宗，合族屬。"謂大宗也。

試假定一國君有三子，其子復各有三子，世世如是，則至第三代時(此君之孫之時)，此君所衍有三大宗。第四代有三大宗，六小宗。第五代有三大宗，二十四小宗。似此除大宗固定不遷外，小宗以三遞乘，孳乳至十代，其小宗之數多至何如？假定繼世之君，君亦各有三子，累至十世，其大小宗之數合計又多至何如？而諸侯者，則爲國之群宗所共宗。天子又爲王國內及群侯國群宗所共宗。"篤公劉"之詩曰："君之宗之。"《傳》曰："爲之君，爲之大宗也。"是天下諸侯雖無大宗之名，而有其實也。諸侯與諸侯間亦各相宗。故虞公曰："晉，吾宗也。"滕文公曰："吾宗國魯先君。"如是一國中無數小宗以上屬於大宗，無數大宗以上屬諸侯。諸侯迭相宗，而同宗天子。故亦"宗周"。層層系屬，若網在綱。

《白虎通》謂："大宗率小宗，小宗率群弟，以紀理族人。"則社會上一大部分事業皆可以親睦的意味行之。由父親部落進爲"家族主義的國家"，其組織於是大完。

右所舉例，國君同姓之宗也。異姓亦有宗。鄭玄注"別子爲祖"，謂"公子若始來在此國者"。則大宗之祖以二種資格取得，一爲公子，一即始遷者。第二種當兼同姓異姓而言，唐叔封晉，分殷餘民懷姓九宗。懷姓即隗姓，實狄族，則不必周同姓始有宗法可知。周制同姓不婚，則異姓之宗皆爲甥舅。故天子之於諸侯。同姓稱伯父、叔父，異姓稱伯舅、叔舅，而原邑之民自謂"夫誰非王之昏姻"。則宗法又可以爲同異姓之連鎖，此家族政治之旁通也。

宗法以何時始衰壞耶？《板》之詩曰："宗子維城，毋俾城壞。"此幽王時詩也。憂其壞，則其漸壞益可知。然春秋初年"翼九宗五正逆晉侯"，則宗法與政治之維繫尚甚密切也。春秋之末，其郭郭確猶存在。叔向云"肸之宗十一族"，謂一大宗下有十一小宗也，自戰國以後，其痕跡遂不復見。

郭沫若《金文叢考》第三《周官質疑》：

大士余詔，當即內史《曲禮》"史載筆士載書"，士與史對言，自爲大史與大士。《玉藻》"動則左史書之，言則右史書之。"與載筆載言之説一致，則大史爲左史，大士爲右史。《大戴禮·盛德篇》："內史太史，左右手也。"盧臣"太史爲左史，內史爲右史"。《書·酒誥》："大史友內史友。"鄭注："大史、內史掌記言、記行。"(《禮記正義·玉藻疏引》)是則大士即是內史矣。《左傳·襄三十年》"鄭使大史命伯石爲卿"，《覲禮》"賜諸公奉篋服大史是右"，此二大史均當作大士，蓋音之訛也。

又云：

> 準《顧命》文，知大宰大宗在王之右(以階而言由西，以位而言則在王右)，大史在王之左。與大史爲對之大士亦稱內史，自亦在王右。如是六大之中之大祝、大卜在王左矣。三左即大史、大祝、大卜。三右即大宰、大宗、大士。

要之，"宗法"與"封建"是互爲表裏的權利繼承制度。封建是宗法在政制層面的體現，宗法是封建的精神內核。兩制結合，共守以下法則：
(一)嫡長子繼承制。
(二)小宗服從大宗，大宗保護小宗。
(三)由家庭組織擴展爲國家組織。
兩制協和的典型時期是周代，尤其是西周。儒家之"從周"，便是追慕宗法—封建協和的秩序。

第三章　官制

古代官制，今古文説不同，官制亦不能盡信。近郭沫若氏作《周官質疑》(見《金文叢考》第三)一文，以金器銘文爲根據而述周之官制，其文長，兹選録之。

《周官》一書，其自身本多矛盾，與先秦著述中所言典制亦多不相符。然信之者每好曲爲皮傳，而教人以多聞闕疑，不則即以前代異制或傳聞異辭爲解。因之疑者自疑，信者自信，紛然聚訟者千有餘年，而是非終未能決。良以舊有典籍傳世過久，嚴格言之，實無一可以作爲究極之標準者。故論者亦各持其自由而互不相下也。余今於前人之所已聚訟者不再牽涉，以資紛擾。僅就彝銘中所見之周代官制，揭橥於次，而加以考覈，則其真僞純駁與其時代之早晚可以瞭然矣。

一、卿事寮，大史寮　《令彝》有"卿事寮"，《毛公鼎》亦有。《番生殷》《小子𤔲殷》《𩑸叔多父盤》有卿事，《番生殷》《毛公鼎》皆有大史寮。

以上卿事之官亦見於卜辭，字作卿史。古史事、吏事一字也。羅振玉《殷虛書契考釋》云："士古皆訓事，卿事即卿士也……"

二、三左三右　《小盂鼎》有三左三右

三左三右，此器僅見，亦爲舊文獻中所無……《逸周書·大匡篇》："王乃召冢卿三老三吏大夫百執事之人，朝于大庭。"孔注："冢卿，孤卿。三吏，三卿也。"余疑"三老三吏"即三左三右之訛。蓋後録書者於左右之例罕

見，乃取形近之字以易之也。三左三右者，當即《曲禮》之天官六大（大宰、大宗、大史、大祝、大士、大卜），蓋三人在王左，三人在王右也……三左即大史、大祝、大卜，三右即大宰、大宗、大士。

三、作册

《般獻》："王[圖]《夷方》舞玅咸王商（賞）作册般貝。"

《令啟》："作册[大]令障[圖]于王姜，姜賞令貝十朋，臣十家，鬲百人。"

《毳卣》："王姜命作册毳安夷伯夷伯，賓毳貝布。"

《[冊]卣》："公錫作册[冊]𠮷貝。"

《麥尊》"侯作册麥，錫金于辟侯。"

《大鼎》"公賞作册大白馬。"

作册，官名。彝銘中至多見。其見於典籍者，《洛誥》有作册逸，《顧命》言"命作册度"（王國維謂度爲人名，案以上下文推之，當是動詞，言令作册之官籌畫也）。《史記·周本紀》有"作册畢公"，《漢書·律曆志》引貞古文《畢命》"王命作册豐刑"（案豐刑即畢公之謫），刑古文多作丼，與丹字極近。《説文》"[丹]，古文丹"，則又與金文公之作[丹]（《虢文公鼎》《邿公華鐘》如是作），若[丹]（又鹵《應公鼎》如是作）極近。戈壁中書畢公字作[丹]，古文家讀[丹]爲丹而成畢丹，録書者復因形近之故誤畢爲豐，誤丹爲丼，遂成豐刑也。

舊於作册不得其解，孫詒讓始疑爲内史之異名。其《古籀拾遺》下"周尤[敦]"跋云："内史掌册命之革，或即稱爲作册。"《書·洛誥》云"王命作册逸祝册"，又云"作册逸誥"，尹佚蓋爲内史，故謂之作册逸。《周禮正義·内史疏下》亦著此説。近時王國維作《釋史》（《觀堂集林》卷六四葉）及《書作册詩尹氏説》（《觀堂別集補遺》）復暢申其旨，今就後文撮述其論證如下：

作册亦稱作册内史：

《師艅敦》（敦當作殷，下同）："王呼作册内史，册命師艅。"

《宂盂》（宂當作免）："王在周，令作册内史錫宂鹵百陞。"

亦稱作命内史：

《刺鼎》："王呼作命内史册命刺。"

亦單稱内史：

《師奎父鼎》："王呼内史駒册命師奎父。"

《虎敦》："王呼内史吳（原注：即吳尊蓋之作册吳）册命虎。"

《牧敦》："王呼内史吳册命牧。"

《揚敦》："王呼内史先册命揚。"

《豆閈敦》："王呼内史册命豆閈。"

《趩尊》："王呼内史册命趩。"

内史之長曰内史尹，或曰作册尹：

《師兌敦》："王呼内史尹册命師兌。"

《師𡐊敦》："王呼作册尹册命師𡐊。"

《宂敦》（當作免殷）："王受作册尹者（原注：書字之假借）俾册命宂。"

亦單稱尹氏：

《詩·大雅·常武》："王謂尹氏命程伯休父。"

《頌鼎》："尹氏受王命書。"

《克鼎》："王呼尹氏册命克。"

《師㝨敦》："王呼尹氏册命師㝨。"

或稱命尹（原注：古命、令一字，楚之令尹名昉于此）：

《伊敦》："王呼命尹巩（此字當作與殆封之異文）册命伊。"

余謂王之論證可謂詳晐。然余於"作册即内史"之説不能無疑。考之《顧命》，畢公爲大史，而《史記》稱作"策畢公"，是大史亦可稱作册也。（王以《史記》之畢公爲誤，據《律曆志》所引畢命文謂"壁中古文作作册豐"，引癸亥《父巳鼎》"王賞作册豐貝"，其説不足信。）余意作册乃左史、右史之通名，事與史同例。册者，典册。非必册命。無論記言記事，均須製作典册。大史掌建邦之六典，建典猶言作册矣。作册爲兼名，其中自可包括内史，而内史非必即是作册。彝銘中每言"作册内史"者，蓋先舉其兼名，而後舉其别名，與今世生物學學名之兼别名並舉者爲事正相同。

《蔡毁》："王在雝位，旦，王各廟即立，宰曶入右，蔡立中廷，王呼嬧册命蔡。王若曰：蔡，昔先王既命汝作宰，𤔡王家，今余隹𧧔乃命，命汝眔曶䌛正對各從𤔡王家，外内毋敢不𤔥（聞），𤔡百工出入。姜氏命：𤕩有見有即命，𤕩非先告蔡，毋敢斥有入告，汝毋弗善效姜氏人，勿使敢有斥亡（擅妄）從獄。"

此銘中有二宰，宰曶在王之左，右乃大宰；蔡出納姜氏命乃内宰也。内宰一稱，奄尹《月令》："仲冬命奄尹申宮令：審門閭，謹房室，必重閉。"鄭注云："奄尹主領奄豎之官也，於周則爲内宰，掌治王之内政、宮令、幾出入及開閉之屬。"一稱宮宰，《祭統》"宮宰宿夫人"，鄭注"宮宰守宮官"。今據此銘，則大宰、内宰均稱宰，其職以外内爲正對，則其位階亦當將相埒。今《周官》以大宰爲卿，内宰爲下大夫，二人此足異也。又賈公彦以内宰與大宰爲對，孫詒讓非之，"謂内宰與小宰相對爲内外”。案以此銘則賈是而孫失之矣。

在王之左右而贊王命者之宰，彝銘中尚多有之。如：
《吳彝（或作尊）》有宰朏，《頌鼎》有宰弘。
《師湯父鼎》有宰雁，《望毁》有宰倗父。
《師遽彝》有宰利，《師𣆒毁》有宰琱生。
《𡧛盤》有宰頵，《害毁》有宰辟父（薛十四卷宰辟父敦）。

列國之器則多見大宰，如：《齊子仲姜鎛》《歸父盤》《原父毁》《邾大宰簠》。

四、宗伯

洹子《孟姜壺》有宗伯。

宗伯之職僅此器一見。

五、大祝

《禽鼎》有大祝，《禽毁》有祝。

此二器當為一人所作。余謂禽即魯公伯禽，亦即令彝之明保在周，曾為王朝卿士，職司大祝，以康叔為周司寇，聃季為周司空。例之此大祝自當為《曲禮·天官》六大之一，而非周官所云下大夫也。

六、司卜　冢司徒

《舀鼎》有𨽻卜，《舀壺》有冢𨽻土（司徒）。

此二器亦一人所作，冢𨽻土者，大司徒。《周官》大宰一稱冢宰。鄭玄謂：“進退異名，百官，總焉則謂之冢，列職於王則稱大冢，大之上也，山頂曰冢。”今大司徒亦言冢司徒，則冢之稱不限于冢宰矣。所謂進退異名者，其説殆不免穿鑿。又此以成周之冢司徒而兼司卜事，自當為王朝之大卜。《周官》以大卜屬諸宗伯，又以為下大夫。凡此均與古器銘文不合者也。

司徒之名凡器之較古者均作𨽻土，如《散盤》《幽尊》

宗伯亦可簡稱宗。《國語·楚語》：而心率舊典者謂之宗。

注云：宗，宗伯，掌祭祀之禮。

《𤔲𣪘》等。

其所職司之事之可知者有耤田。《載𣪘》有"官𤔲耤田"。

有林衡、虞師、牧人。《免簠》《免𣪘》有牧，爲林之假借字。林，林衡。《同𣪘》有林吳牧。林即林衡。吳爲虞，即山虞澤虞之類。

牧，《周官》有牧人，屬司徒。又有牧師，屬司馬。此殆指牧人也。又耕耤之事，周官爲甸師所掌，屬于冢宰。而古器銘則明明屬于司徒矣。

𤔲上見于器之較晚者，則作𤔲徒。如《無𤔲鼎》《楊𣪘》《弘卣》《仲白匜》《伯吳𣪘》《伯𤔲父鼎》。

七、司工、司空

《免觶》有𤔲工。

𤔲工、司空，凡司空之職，彝銘均作𤔲工，無作司空者。又此《免觶》與上《免簠》《免𣪘》等乃一人之器。彼受王命作司徒，此受王命作司空，二者不知孰先孰後也。又有《史免簠》者，亦同人之器，則免似又曾任史職矣。

司空之職之稍詳者，見于《揚𣪘》："王若曰揚、作𤔲工、官𤔲㝫田甸、泉𤔲位、泉𤔲𢏐，泉𤔲寇泉𤔲工司，錫汝亦畍市旂訊訟。"

司甸、司位、司𢏐，均《周官》所無。以司空而兼司寇，是證司寇之職本不重要。古者三事，大夫僅司徒、司馬、司空，而不及司寇。

𤔲工之見於他器者，如《散盤》《司空𣪘》《叔山父簠》。

八、司寇

《南季鼎》《司冠良父𣪘》《虞司寇壺》均作𤔲寇。

九、司馬

𤔲馬之官散見于彝銘者，有𤔲馬井伯（《師奎父鼎》

《走毁》）、𤔲馬共（《師晨鼎》《諫鼎》），均在王左右，贊右王命。當係周官之大司馬。散盤有𤔲馬𥄂𦩻，乃散人有司，則諸侯之司馬也。

有家司馬之職，見于《趩鼎》。

《周官·夏官》有家司馬。

又有邦君𤔲馬，見《豆閉毁》。

邦君𤔲馬，蓋周官之都司馬也。

都司馬、家司馬，均爲王臣。則《周官》之都宗人、家宗人，與都士、家士，亦必爲王臣無疑。鄭玄以屬都者爲王臣，屬家者爲私臣。賈公彥伸其説。孫詒讓以鄭賈爲非，謂均家臣之命於王者。今以古器案之，則鄭賈尚得其一，孫卻全失之矣。

十、司射

《静毁》有𤔲射。

司射事，《周官》爲射人所掌，與小子小臣諸僕等同隸于司馬……小子之職有預于射者，亦見令鼎。

郭文又有左右戲緐荊、左右走馬、左右虎臣、師氏、善夫、小輔及鼓鐘、里君。

均僻於史，不常見。

十一、有司

《散盤》有有𤔲。

凡官司之人統稱曰有司……與有司因例之語有御事，《尚書》中多有之。彝銘僅《盂鼎》一見而已。

十二、諸侯諸監

《仲幾毁》有諸侯諸監。

諸監，此器僅見。周初有三叔監殷，餘所未聞，疑周滅殷之後，凡殷時舊國歸順於周者，均曾置監以監視之。

又諸侯之制，古亦有別。

整理者按：西周官制分卿士—諸侯—卿大夫三等。卿士輔佐周天子執政，上有太師、太傅、太保(三公)，下分設六卿、五官。諸侯世守其國。卿大夫輔佐諸侯理國。春秋以強大諸侯爲周王正卿，爲伯(霸)。戰國時王室淪爲小國，各諸侯國重要職官爲司徒、司馬、司空、司寇，并實行國野制，後演爲郡縣制。

第四章　國土區畫

周之國土區畫四種

一、九州

"九州"之區畫，相傳起之甚古。而周之區畫，附載民物之事例，視昔爲詳。

《周禮·夏官·職方氏》：

"東南曰揚州。其山鎮曰會稽，其澤藪曰具區，其川三江，其浸五湖，其利金錫竹箭，其民二男五女，其畜宜鳥獸，其穀宜稻。正南曰荆州。其山鎮曰衡山，其澤藪曰雲瞢，其川江漢，其浸潁湛，其利丹銀齒革，其民一男二女，其畜宜鳥獸，其穀宜稻。河南曰豫州。其山鎮曰華山，其澤藪曰圃田，其川滎雒，其浸波溠，其利林漆絲枲，其民二男三女，其畜宜六擾，其穀宜五種。正東曰青州。其山鎮曰沂山，其澤藪曰望諸，其川淮泗，其浸沂沭，其利蒲魚，其民二男二女，其畜宜雞狗，其穀宜稻麥。河東曰兗州。其山鎮曰岱山，其澤藪曰大野，其川河沛，其浸盧維，其民二男三女，其畜宜六擾其穀宜四種。正西曰雍州。其山鎮曰嶽山，其澤藪曰弦蒲，其川涇汭，其浸渭洛，其利玉石，其民三男二女，其畜宜牛馬，其穀宜黍稷。東北曰**幽州**。其山鎮曰醫無閭，其澤藪曰貕養，其川河泲，其浸菑時，其利魚鹽，其民一男三女，其畜宜四擾，其穀宜三種。河內曰**冀州**。其山鎮曰霍山，其澤藪曰揚紆，其川漳，其浸汾潞，其利松柏，其民五男三女，其畜宜牛羊，其穀宜黍稷。正北曰**并州**。其山鎮曰恒山，其澤藪曰昭餘祁，其川虖池嘔夷，其浸淶易，其利布帛，其民二男三女，其畜宜五擾，其穀宜五種。

郭沫若《金文叢考·金文所無考·四、九州》：

《尚書·禹貢》稱夏禹敷治洪水，分天下爲九州，曰冀、兗、青、徐、揚、荆、豫、梁、雍。其地東漸于海，西被於流沙，朔南暨，聲教訖于四海。據有東部亞細亞之全部。《爾雅·釋地》、《逸周書·職方篇》(《周禮·職方氏》文采此)、《吕氏春秋·有始覽》所舉九州之名，均無梁而有幽。《職方》更無徐而有并，《爾雅》則青作營，所載疆域均各有出入。論者以《禹貢》爲夏制，《爾雅》爲殷制，《職方》爲周制。(《吕覽》與《爾雅》爲近，舊未有説。)又因諸書所錯見之州名，恰爲十有二，故又以爲乃《虞書》"十有二州"之舊。案此均莫須有之説也。虞夏之書，均係僞託，九州之分劃，蓋春秋時某一大師之私見，傳其學之弟子，各敷衍爲文，故小有出入耳。虞可無論，即夏之存在，亦尚無古物可徵(傳世峋嶁碑文及薛氏款識之"夏瑂戈""夏鈎帶"等均僞器)，縱令

存在，其疆域斷無《禹貢》所言者之廣大，其文化程
度至高亦無過新石器時代之末期，斷無《禹貢》所言
者之誇誕也，《禹貢》之爲僞，近人已頗能知之，其
構成，當在春秋戰國之際，作者或本係戲爲寓言，
無心作僞，後之未深考者，乃錄之爲正史也。

又《逸周書・大匡篇》"三州之侯咸率"；《程典篇》
"文王合六州之侯，奉勤于周"；《商頌・玄鳥》"奄有九
有"，傳云"九有，九州"；《長發》"帝命式于九圍"，傳
亦云"九圍，九州"。郝懿行據此以爲殷有九州之證(《爾
雅・義疏》中之五)。近人鮑鼎著《九州釋名》，襲其説，
蓋云：《齊侯鎛》"虩虩成唐(湯)，有嚴在帝所……奄有
九州，處禹之都"，亦可爲據。案《周書》二篇，亦周末人
所僞託，《商頌》作於春秋時之宋人，《齊侯鎛》則明言乃
齊靈公時器，凡此均不足據證也。鮑鼎《釋名》，更於卜
辭以求之。見卜辭有〇字，以爲即是冀州。有地名〇者
(原辭言"王田""王餕")，其地甚小，以爲即是雝州。有
〇字，以舊釋公爲非，謂即許書"〇，讀若沇州之沇"字，
即是兗州(謂〇當從口，小篆有從口者乃譌變)。〇字(原
辭爲"王往于〇不薄雨"，見前編卷四第四十五葉，當是極
小之地名)釋爲荆，謂即爲荆州。有〇字，從王襄《釋
徐》，謂即徐州。有〇字(見《後編》下廿一葉，原片殘折
僅餘"于〇"二字，鮑云"凡卜辭之例，于下必爲地名"。
實則于下亦多人名之例，如云"貞于王亥求年"，又"貞求
年于妣乙"之類是也)釋爲營，謂即營州。更釋〇爲幽字，
謂即幽州。此直可謂牽強傅會之尤者矣。蓋其腦中先含
一殷代有九州之觀念，秉之以皮傅卜辭諸疑字，勉強可
合，遂反手以爲殷代有九州之明證，此所謂循環論證之

模范也。

　　要之卜辭中無九州之痕蹟，金文除《齊侯鎛鐘》一例外，亦決未有見。《舀鼎》"井叔在異爲事"，《鮑鼎》謂即冀州，其謬與此傳卜辭者同。又屢見荆字，如《貞殷》"貞從王伐荆"，《𧴪伯殷》"𧴪伯從王伐反荆"，狄殷"𢼊馭從王南征伐楚荆"，荆乃楚之別號，然楚人之器無自稱荆者，典籍亦然。是則荆乃周人呼楚之惡名，以其自居名楚，故斥之爲荆也。荆州人之名，即因荆楚而得，且必在楚已入通中原，而使荆之惡名遺失其惡意以後。即此可知九州之説，不得宗周以前，且不得在春秋以前也。

二、畿服

　　畿服之制，指將王都以外地區按其與王朝的關係及離王都遠近分爲幾個區域的制度。相傳商時僅有五服（見於《書》者曰"甸侯男采衛"），至周時而爲九畿，或曰九服。

劉師培有《古代要服荒服建國考》，見丁未年《國粹學報》，章炳麟有《封建考》。

　　《周禮·夏官·大司馬》：

> 乃以九畿之籍，施邦國之政職。方千里曰：國畿，其外方五百里曰侯畿，又其外方五百里曰甸畿，又其外方五百里曰男畿，又其外方五百里曰采畿，又其外方五百里曰衛畿，又其外方五百里曰蠻畿，又其外方五百里曰夷畿，又其外方五百里曰鎮畿，又其外方五里曰蕃畿。

　　《職方氏》：

> 乃辨九服之邦國，方千里曰王畿，其外方五百

里曰侯服，又其外方五百里曰甸服，又其外方五百里曰男服，又其外方五百里曰采服，又其外方五百里曰衞服，又其外方五百里曰蠻服，又其外方五百里曰夷服，又其外方五百里曰鎭服，又其外方五百里曰藩服。

郭沫若氏《金文所無考·五·畿服》

今案畿服之分與九州同。同是春秋時人之紙上規撫，古代並無此制度。倡之者當是一人，傳之者則斟酌損益，各爲異詞，故或爲五，或爲九，或爲六，其散見於他書者名稱里數均各有參差。今就所見及者揭之如次：

《虞書·皋陶謨》："禹曰：予惟荒度土功，弼成五服，至于五千。"

《周書·作雒篇》："乃作大邑成周於土中，制郊甸方六百里，因西土爲方千里。"

《周書·王會篇》："方千里之內爲比服，方二千里之內爲要服，方三千里之內爲荒服。"

《國語·周語》祭公謀父曰："夫先生之制，邦內甸服，邦外侯服。侯衞賓服，夷蠻要服，戎狄荒服。"

又"襄王謂晉文公曰：昔我先王之有天下也，規方千里以爲甸服。"《左傳·襄十五年》："王及公、侯、伯、子、男、甸、采、衞、大夫各居其列。"又襄二十五年"昔天子之地一圻，列國一同，自是以衰，今大國多數圻矣"。

《商頌·玄鳥》："邦畿千里，維民所止。"

《呂覽·慎勢》："凡冠帶之國，舟車之所通，不用象譯狄鞮，方三千里，古之王者擇天下之中而立國……天下之地，方千里以爲國。"

凡此均宗周以後之文獻也。《皋陶謨·王會篇》均非實錄。左氏內外傳多經劉歆改竄，而祭公謀文之語正是爲九畿九服之反證。自漢以來之學者於此等文獻一律視爲實錄，見里數稱名之不同則多方以求其匯通，然亦至今猶聚訟未決，蓋所謂徒費氣力者也。

然畿服之名亦略有所本。

《康誥》："周公初基作新大邑于東國洛，四方民大和會，侯甸男邦采衛，百工播民（猶言農民）和，見士（事）于周。"

《酒誥》："自成湯咸至于帝乙，成王畏（威），相惟御事，厥棐（非）有恭（供），不敢自暇自逸。矧曰：其敢宗飲，越在外服，侯甸、男衛、邦伯，越在內服，百僚庶尹，惟亞惟服，宗工，越百姓里居（居當爲君字之譌），罔敢湎于酒。"

又"汝劼毖殷獻臣，侯甸男衛"。

《召誥》："周公乃朝，用書命庶殷侯甸男邦伯。"

《君奭》："百姓王人，罔不秉德明恤，小臣屏（并）侯甸。"

凡此均商代官制之孑遺，其見於金文者，亦有一二例。

《大令方彝》，與《大盂鼎》是也。

偽孔傳於《康誥》之"侯甸男邦采衛"釋爲五服，並列里數以爲與《禹貢》異制。羅振玉《玅釋令彝》謂

"侯田男"即侯服甸服男服。案此均因先入之見而誤者也。彝銘之田，自即經典之甸，然《令彝》之"侯田男"統攝於諸侯之下，與卿事寮等為對文，《盂鼎》之"侯田"亦對言百辟，則侯田男乃諸侯之異稱，而非畿服之名號也。證諸典籍，理亦如是。"侯甸男邦采衛"即侯甸男等之諸侯與邦采邦衛采衛，均職之名。采猶言宰，"侯甸男衛邦伯"即侯甸男衛等之邦伯。邦伯即諸侯。《酒誥》之外服內服，即外官內官，非謂內外之畿服也。然有此等根蔕，故春秋時之創為畿服說者，即假用其名以託諸古，後世離古愈遠，又蔽於儒說之一尊，遂深信之而不疑矣。要之畿服之制，乃後人所偽託。金文無畿字，服字多見，與《酒誥》義同，並非地域之區劃也。

《畿服辨》（束世澂）

古代畿服制度，說者不一，近人頗疑為子虛烏有，愚固篤信殷周有畿服制者也，然其所信，又與自漢以來之說殊異。

說畿服制之見於《書》者，以《皋陶》及《禹貢》所稱為早。

《皋陶謨》"禹曰：予惟荒度土功，弼成五服，至于五千。"

《禹貢》："五百里甸服……五百里侯服……五百里綏服……五百里要服……五百里荒服。"是謂虞夏時分天下為五服也，此二篇在《尚書》中頗難信為實錄，其所稱述，要在存而不論之列。

降是，有《周官·職方》："乃辨九服之邦國，方千里曰王畿，其外五百里曰侯服，又其外方五百里曰甸服，又其外方五百里曰男服，又其外方五百里曰采服，又其外方五百里曰衛服，又其外方五百里曰蠻服，又其外方五百里曰夷服，又其外方五百里在曰鎮服，又其外五百里曰藩服。”是謂西周分天下爲九服也。

然《周官·大行人職》則曰：“邦畿方千里，其外方五百里曰侯服，歲壹見，其貢祀物。又其外方五百里謂之甸服，二歲壹見，其貢嬪物，又其外方五百里謂之男服，三歲壹見，其貢器物。又其外方五百里謂之采服，四歲壹見，其貢服物。又其外方五百里謂之衛服，五歲壹見，其貢材物。又其外方五百里謂之要服，六歲壹見，其貢貨物。九州之外，謂之蕃國，世壹見，各以其所貴寶爲摯。”是謂西周分天下爲六服也。

《周語》記祭公謀父之言曰：“夫先生之制，邦内甸服邦外侯服，侯衛夷蠻要服，戎狄荒服。”是又謂西周僅有五服也。

同一説西周制度者，《周官》一書，前後互異，《國語》之與《周官》，不僅名數不同，次第尤異，自來注家於此多捉襟見肘之窘，鮮疏通證明之効。

尤有難言者，《書·康誥》曰：“周公初基，作新大邑于東國洛，四方民大和會，侯甸男邦采衛，百工播民和，見士於周”。鄭玄注云：“不見要服者，以遠王事也”。是氏以爲《康誥》所云，即《大行人職》文之侯甸男采衛也。然《康誥》明言“侯甸男邦采衛”不容與大行人混同，且如所言，則《召誥》曰“命庶殷侯甸男邦伯”，又何以減而爲三。《酒誥》曰“越在外服侯甸男衛邦伯"，何以獨遺采服。

自吾說觀之，殷周確有畿服制度，然實只有甸服、侯服。王畿之內爲甸服，王畿之外爲侯服，獨爲近實，作《周官》者，乃誤解《尚書》而爲之，後人更轉而引《周官》以注《尚書》，遂窒礙難通矣。欲明吾說，請列三證：

（一）殷周確有畿服制度證：在可靠之典籍中有下列之記載。

《詩·文王》："商之孫子，其麗不億，上帝旣命，侯于周服。"

《詩·蕩》："文王曰：咨，女殷商，曾是彊禦，曾是掊克，曾是在位，曾是在服。"

《書·君奭》："商實百姓王人，罔不秉德明恤，小臣屏侯甸，矧咸奔走，惟兹惟德稱，用乂厥辟。"

《文王》《蕩》二詩所謂"侯于周服""曾是在服"，若不釋爲畿服之服，即不能文從字順，《書·君奭》所謂"小臣屏侯甸"，尤爲殷服制之確證，屏之爲言屏藩也，《左傳》所謂"封建親戚以屏藩周"，其義正同，或釋屏爲并，失其解矣。

不僅文字記載有畿服制度之確證，吉金銘辭亦有之：

《盂鼎》："佳殷邊侯甸，越殷正百辟，率肆于酒，故喪師祀。"

《毛公鼎》："今余唯緟先生命，命女亟一方，弘我邦我家，……善効乃友正，毋酗于酒，女毋敢隊，在乃服。"

《番生敦》："丕顯皇祖考，穆穆克誓厥德，嚴在上，廣啓厥孫子于下，耀于大服。"《周公敦》："佳三月王命燮眔内史曰：鼙井侯服，錫臣三品，州人秉人暴人。"

《毛公鼎》之"在乃服"，與《詩·蕩》"曾是在服"，語氣正同，《盂鼎》及《周公毁》則明稱侯服甸服，不可爲殷周有畿服制之明證耶？然説者謂《盂鼎》之侯甸，非畿服名（愚别有辨詳下），而《周公毁》所謂"鼙井侯服"云者，鼙葛乃燮之名，井乃國名，是謂莒服井侯（郭沫若君説見《兩周金文辭大系》），不可引以爲證。

愚意不然，金文服字屢見，無有用作服從義者，即在較古典籍中，亦不用作服從解，惟《吕刑》有"五刑不服"語，《吕刑》一篇，固有疑其晚出者矣。證之《毛公鼎》曰"在乃服"，《番生毁》曰"擢于大服"，明指地方言，則《周公毁》中"侯服"二字，自當連讀，又鼙字從拜從害聲，愚意仍以舊釋"割"爲是，井字非指井田，亦非井國，金文恒叚（假）爲典刑之刑，此處亦刑之假借字。"割刑侯服"云者，《書·君奭》曰"在昔上帝，割申勸寧王之德"，割乃發語詞，割刑侯服，猶言刑于侯服也。要之《禹貢》及《周官》所言之整方形畿服制，固顯爲一種理想，而非事實，然不可因此遽謂古無畿服制，遂并可信之證據一筆抹，殺與以曲解也。

（二）殷周惟有侯甸二服證：以甲骨吉金及可信之典籍觀之，惟有侯甸二服。

卜辭："（上缺）灑朕（缺）從多田于（缺）盂方白（缺）。"（後上二十）（田即甸白即伯）

又"丁卯王卜……余其從多田于多白正盂方……"（三·二·〇二五九）（多田于多白，係多白于

多田之倒文)

《令彝》："佳八月甲申，王令周公子明保，尹三事四方，受事寮，丁亥，令矢告于周公宮，公令𥅓同卿事寮。佳十月吉癸未，明公朝至于成周，𥅓令舍三事令，眔卿事寮，眔諸尹，眔里居，眔百工，眔諸侯，侯田男，舍四方令"。此《方孟鼎》及《周公𣪘》皆見前引。

《書·酒誥》："自成湯咸至于帝乙……不敢自暇自逸……越在外服，侯甸男衛邦伯……"又"汝劼毖殷獻臣侯甸男衛"。

《書·康誥》："周公初基，作大邑于東國洛，四方民大和會，侯甸男邦采衛白工播民和，見士于周。"

《書·顧命》："王若曰：庶邦侯甸男衛，惟予一人釗報告。"

《書·召誥》："周公乃朝用書，命庶殷侯甸男邦伯，厥既命殷庶，庶殷丕作。"

據《書·酒誥》《書·康誥》《書·召誥》觀之，似殷周有侯、甸、男三服或侯、甸、男、衛四服，但男、衛二字之見于甲骨吉金者，無一用作畿服名號，且《白虎通》引《酒誥》"侯甸男衛邦伯"，作"侯甸任衛作國伯"，則男之義爲任，而男衛非畿服名明矣。采之爲言幣帛也。文公六年《左氏傳》"分之采物"，《史紀·周本紀》"召公奭爲采"，皆指幣帛言。《書》所謂采衛者，言供幣帛及兵衛也，其非畿服名更屬顯然。據甲骨吉金以參驗《尚書》，惟有侯甸二服耳。《周語》所謂"侯衛賓服蠻夷要服戎狄荒服"者，本篇空名其名，亦有分寸，故曰《周語》獨爲近實也。

近人有絕對否認畿服制，并侯甸二服亦不認其曾經實有者，傅斯年、郭沫若二君是也。二君之說，皆有理致，當加以探討。

傅斯年君引《書·康誥》《書·酒誥》《書·召誥》《書·顧命》（均見上引）謂："鄭玄以五服之稱釋此數詞，而詁經者宗之，此不通之說也。按五服說之最早見者爲《周語·上》，其文曰：夫先王之制，邦內甸服，邦外侯服，侯衛賓服，蠻夷要服，戎狄荒服。甸服者祭，侯服者祀，賓服者享，要服者貢，荒服者王，此言畿內者爲甸，畿外者爲侯，侯之附邑爲賓，蠻夷猶可羈縻，戎狄則不必果來王也。……又戰國人書之《禹貢》所載五服爲甸、侯、綏、要、荒，固與《周語》同，綏服即賓服，而與《周書》中此數詞絕非指一事者，若《康誥》《顧命》所說，乃正與此不類，甸在侯下，男一詞固不見于五服，而要服荒服反不與焉，明是二事。"

傅君更引《令彝》（見上引）以校《尚書》，謂《顧命》之"庶邦侯甸男衛"者，應作"庶邦侯侯田男"，猶云諸侯及諸侯封域中之諸男也。"侯甸男衛"者，"侯，侯田男，衛"，猶云諸侯及諸侯封域中之諸男及諸衛也。"侯甸男邦采衛"者，猶云諸侯及諸侯封域中之諸男及邦域之外而納采之諸衛也……"侯甸男邦伯"者，猶云諸侯及諸侯封域中之諸男及諸邦之伯也……以校《尚書》，則知侯下有重文，傳經者遺之，此所云云，均稱呼畿外受土者綜括列舉辭，而甸乃侯甸非《國語》所謂王甸之服，與五服故說不相涉也。"（《論所謂五等爵》）

傅君未明白否認畿服說，然謂《尚書》所言與五服説不相涉，則畿服説失其依據矣，其中解釋《周語》之五服説，語語犀利，得未曾有，辨男采衛非畿服名，尤先得我心，其校《尚書》語亦新穎可喜，惟以爲《尚書》與《國語》非指一事，與鄙見不合，又謂侯甸男爲諸侯封域中之諸男，語嫌生硬，當于下文論之，兹再陳郭君之説。

"彝銘中之田，自即經典之甸，然《令彝》之'侯田男'，統攝於諸侯之下，與卿事寮等爲對文；《盂鼎》之'侯田'，亦對言百辟，則侯田男乃諸侯之異稱，而非畿服之名號也。證諸典籍，理亦如是。侯甸男邦采衛，即侯甸男等之諸侯與邦采邦衛，采衛均職位之名，采猶言宰。'侯甸男衛邦伯'，即侯甸男衛等之邦伯，邦伯即諸侯，《酒誥》之外服內服，即外官內官，非謂內外之畿服也，然有此等根蒂，故春秋時之創爲畿服説者，即假用其名，以託諸古，後世離古愈遠，又蔽於儒説之一尊，遂深信之而不疑矣。"（《金文叢考·金文所無考》）

郭君之説，出于傅君之後，蓋爲傅説之修正者。其曰侯甸男皆諸侯之異稱，又曰侯甸男衛等之諸侯，則又認衛亦諸侯之異稱，自較傅君謂爲諸侯封域中之諸男及諸衛省爲勝，但二説皆僅就《令彝》解釋，別無左證，似有望文生義之嫌，且《令彝》"眾諸尹，眾里君，眾百工，眾諸侯侯田男"，每一辭各指一職位不同者而言，若侯甸男皆諸侯之異稱，未免辭費矣，從此點觀之，郭之釋《令彝》似尚不如傅説之細密也。

傅、郭二君之説所以差異，在于解釋"侯甸男"不同，而其所以否認有畿服者，亦由二君對"侯甸男"各有其特殊之解釋也，以鄙見觀之，二君皆未得其正解，今請釋所謂"侯甸男"，則其餘問題可迎刃而解矣。

在《左傳》中有一千古未得其解之文句，其辭曰："卑而貢重者，甸服也，鄭伯男也。"(子產語，見昭公十三年《傳》) 鄭眾服虔皆以爲伯爵在男服，《正義》疑鄭云京師不容此數。

漢以後學者先橫亘一五服説于胸中，其釋經往往非是，《正義》疑之是矣。然猶未曾并上文"卑而貢重者甸服也"全讀也，子產之語，固明言鄭在甸服矣，而又謂"鄭伯男也"，將作何解？愚觀于《令彝》乃得其解，鄭伯爵也，甸男者，甸服之男邦也，謂鄭乃甸服之男邦也。

"侯甸男邦采衛"云者，侯服甸服之男邦，平時供天子以幣帛，有事任護衛也，男之爲言任也，《令彝》之"侯甸男"，即侯甸男邦之省辭也。

"庶邦侯甸男衛"，侯甸任衛之庶邦也。

"侯甸男衛邦伯"云者，侯服甸服任衛之君也。

"侯甸男邦伯"，侯服甸服男邦之君也。

……

持《令彝》以讀《尚書》，不必增字，可以全通，由《尚書》以證《令彝》，則知侯甸確爲畿服名號可無疑也。然曰"眾諸侯侯甸男"何也？曰諸邦與男邦有別也。《顧命》曰："庶邦：侯甸男衛。"《牧誓》曰："嗟我友邦眾君"是國有友邦、庶邦之別，庶邦者，男邦也。可與《令彝》相印證也。

然則諸邦與男邦之別何在？曰：周代之封建，可分二類。(一) 舊部落之承認與興滅繼絕，若徐、

郾、陳、宋等國是也。（二）功臣子弟之分封以爲屏
藩，若齊、魯、晉、鄭等國是也。（本梁啓超先生
説）屬于第二類之國家，乃爲男邦，而第一類則非男
邦也。此兩類性質不同，職責自異，男邦有采衛之
責，而尤重在"衛"，《左傳》所謂"夾輔周室"是也。
男邦之職責自不能同樣責之于諸邦，有如宋國，《周
頌》稱之曰客，吉金亦以客稱之，天子方以客視之，
豈可與男邦同日而語，此諸邦與男邦之别也。春秋
二百四十年中，天子有急難求救于齊、秦、晉、鄭
見于《左氏傳》者屢矣，而絶未嘗求救于宋，此顯然
可證者也。

　　（三）殷周侯服在外、甸服在内證：漢儒蔽于《周
官》，謂侯服在内，甸服在外，其實不然。周因于
殷，侯服在甸服之外，而甸服即王畿也。此可由吉
金及《詩》《書》證之。（侯之義爲捍，甸之義爲定，
由其名號觀之，已可知侯在外，甸在内。）

　　《盂鼎》："隹殷邊侯甸，越殷正百辟，率肆于
酒，故喪師祀。"猶言殷邊侯甸之百辟以至殷正之百
辟皆酗酒，故喪其民人失其宗祀。《書·酒誥》："自
成湯咸至于帝乙……不敢自暇自逸。"契曰："其敢崇
飲，越在外服，侯甸男衛邦伯，越在内服，百僚庶
尹，惟亞，惟服宗工，越百姓里居，罔敢湎于酒。"
兩者皆言殷事，内容亦同，兩相對照，知殷代分内
外二服，侯服甸服，統稱外服，正稱内服，兩者皆
自外至内言之，故知侯在外，甸在内，而正又在甸
服之中也。《詩·閟宫》記伯禽之封曰："乃命魯公，
俾侯於東。"公與侯對舉，公指爵言，侯指服言也
（《左傳·文公四年》"曹爲伯甸"，桓公三年《傳》"晉

甸侯也"。侯伯爲爵，甸爲服，辭例正同可證)。考之《史記》及《尚書》伯禽對於曲阜，即叛奄所居地，而與淮夷、徐戎鄰處，是當日之魯，因周之東邊，而《詩》稱爲侯服，則西周侯服，因在邊境與殷相同，故曰"周因于殷"也。

於此有當解釋者，《盂鼎》之所謂"正"者，果何指耶？以《酒誥》證之，內服有百僚庶尹，則所謂"正"及所謂內服者，即中央政府及其直轄也。其名至西周猶未改。《書·無逸》曰："文王不敢盤于遊田，以庶邦惟正之供。……繼自今嗣王則其無淫于觀，于逸，于遊，于田，以萬民惟正之供。"可爲明證。孔子謂"周因於殷"，誠不我欺也。

然何以知王畿即爲甸服也？此在前引《周語》，固已明言"邦內甸服邦外侯服"，猶有他證。襄王謂晉文公曰："昔我先王之有天下也，規方千里，以爲甸服。"(亦見《周語》)《左氏·襄公廿五年傳》曰："昔天子之地一圻，列國一同。"(子產語)諸說皆相符合，而晉、曹、鄭皆在甸服。見前引則王畿千里爲甸服可徵也。《商頌·玄鳥》亦曰："邦畿千里。"與周相同。以周因殷禮推之，在殷代蓋亦以王畿爲甸服也。(《左傳·襄十五年》："王及公侯伯子男甸采衛大夫，各居其列。"甸采衛大夫孫指天子之邑大夫言，亦可證甸爲王畿。)

昔之說"方里千"者，曰："乃作大邑于成周……制郊甸方六百里，因西土爲方千里。"(《逸周書·作雒解》)《漢書·地理志》亦曰："初洛邑與宗周通，封畿東西長，南北短，短長相覆，爲千里。"因不以爲整方豆腐乾式也。邦內如此，則邦外之侯服更不

可以道里限可知而作《禹貢》《周官》者，鑿指道里，
圈畫重重，亦已過矣夫。

注：曾國在山東定陶，似不在王畿内。然試以
洛陽爲圓心，以地圖上比例尺五百里爲半徑，畫一
圓周，則曹適在此圓周内，惟宗周在其外五十里。
度王畿所包，東西當溢出此圓周之外，所謂東西長
南北短，信爲不誣。

《殷代封建制度考·畿服説之成變》（胡厚宣，見《甲骨學商史論叢》）

殷代封建除婦子之外，有侯白男田。侯與白近，
男與田通，是殷代封建除婦子之外只有侯田二種，
故卜辭每以"多田與多白"或"侯田"以概諸侯之名。
余謂此亦即後世畿服説之起源也。

前引三七五、三七六、三七七、三七八、四七
二辭皆言"多田于（與）多白"，白與侯通，四七三辭
言"侯田"。倘以畿服視之，是殷代只有侯田二服也。
舊籍中言畿服者，以《周語》爲最早。其言曰："夫先
王之制，邦内甸服，邦外侯服。侯衛賓服，夷蠻要
服，戎狄荒服。""邦内甸服，邦外侯服"，與卜辭之
"多田于多白"及"侯田"合，甸即田也。《左傳·昭
公十三年》言"卑而貢重也，甸服也，鄭伯男也"，可
證甸服在内，王畿也，耕作之區域也。侯服在外，
爲抵禦外患，以武力保護邊境之區域也。《周語》又
曰："襄王謂晉文公曰：昔我先王之有天下也，規方
千里以爲甸服。"《商頌·玄鳥》："邦甸千里，維民
所止。"皆可爲乃王畿在内之證。《禹貢》"五百里甸

服，五百里侯服，五百里綏服，五百里要服，五百里荒服"亦以甸服在内，侯服在外。《書·酒誥》："越在外服，侯甸男衛邦伯，越在内服，百僚庶尹，惟亞，惟服，宗工，越百姓里居，罔敢湎于酒。"先外後内，而言"侯甸"，亦可爲甸内侯外之證。惟《酒誥》於侯甸之外，另加一男衛。又《周語》"侯衛賓服，夷蠻要服，戎狄荒服"，於侯服加一附庸，而夷蠻戎狄亦皆與一服，顯然爲後添以足五數者。至《禹貢》所云則益整齊劃一，各與以五百里之間隔，爲更後之事耳。

至於西周則於侯田之外，又加一男。《令彝》："明公朝至成周，出令舍三事，令眔卿事寮，眔諸尹，眔里君，眔百工，眔諸侯，侯田男，舍四方令。"《書·康誥》："周公初基，作大邑于東國洛，四方民大和會，侯甸男邦采衛，百工播民和，見士于周。"又《召誥》："周公乃朝用書，命庶殷侯甸男邦伯。"或又加一衛。《酒誥》："越在外服，侯甸男衛邦伯。"又曰："汝劼毖殷獻臣，侯甸男衛。"又《顧命》："王若曰：庶邦殷侯甸男衛，惟予一人釗報告。"且已有服稱。如《周公段》言："王命焚眔内史曰：舊井侯服，錫臣三品州人衾人裏人。"《番生段》言："丕顯皇祖考穆穆，克誓厥德，嚴在上，廣啓厥孫子于下，勔于大服。"《毛公鼎》言："女毋敢隊在乃服。"《詩·大雅》文王言："上帝既命，侯于周服。"《蕩》言"曾是在位，曾是在服"者是也。

迄乎東周乃以服與侯甸之類相聯，而成爲所謂畿服之説。大約《商頌》"邦甸千里，維民所止"，《周語·襄王謂晉文公》"昔我先王之有天下也，規方

千里以爲甸服"及祭公謀父所言"邦內甸服,邦外侯
服"之說爲最早。惟《周語》"侯衛賓服、夷蠻要服、
戎狄荒服",於侯服加一附庸,夷蠻戎狄亦皆與一
服,則顯然爲後來所加,以湊足五數。蓋五行學說
盛行以後之事也。《禹貢》:"五百里甸服,五百里侯
服,五百里綏服,五百里要服,五百里荒服。"《禹
貢》爲戰國時之書,此點大約仍本於《周語》,綏服即
賓服。不過五服之間更距以五百里以整齊劃一,而
五行化之耳。《皋陶謨》"禹曰予惟荒度土功,弼成五
服,至于五千",仍本《禹貢》。

《周禮·大行人》則曰:"邦畿方千里,其外方五
百里曰侯服,又其外方五百里謂之甸服,又其外方
五百里謂之男服,又其外方五百里謂之采服,又其
外方五百里謂之衛服,又其外方五百里謂之要服。
九州之外謂之蕃國。"是又分天下爲六服之說也。

《職方》則於王畿之外又分天下爲九服。"乃辨九
服之邦國,方千里曰王畿。其外方五百里曰侯服,
又其外方五百里曰甸服。又其外方五百里曰男服,
又其外方五百里曰采服。又其外方五百里衛服。又
其外方五百里曰蠻服。又其外方五百里曰夷服。又
其外方五百里曰鎮服。又其外方五百里曰蕃服。"《大
司馬》則稱爲九畿。

或謂《大行人》之要服即蠻服,蕃國即夷鎮蕃三
服,仍爲九服。《逸周書·王會解》"方千里之內爲比
服,方二千里之內爲要服,方三千里之內爲荒服",
說又不同。

要之,皆當爲戰國末年之說也。

第五章　謚法起源

整理者按：謚法指追謚帝王及公卿大夫的準則，朝廷根據亡者生前事蹟及品行，給予一個評定性的稱號。謚法起始於西周中葉。

《大戴禮》曰："昔周公旦太公望相嗣以制謚法。"《周書》之說亦然。故今《周書》有《謚法》一篇，頗爲簡要。至杜預取而納之釋例，而世遂重出之，謂春秋謚法，蓋不知也。（見《路史·論謚法篇》）

郭沫若氏《金文叢考》第五有《謚法之起源》，兹節錄之。

《逸周書》有《謚法解》，謂謚法起於周初，爲周公旦太公望所制。自來學者宗之。然此乃僞託也。謚法之不起於周初，王氏國維於所著《遹敦跋》中已揭其覆。

《遹殷》（《周金文存》卷三，四〇）銘云："佳（唯）六月既生霸，穆王在䣛京（豐京），乎（呼）漁于大池。王卿酉（饗酒）遹御亡遣（無譴），穆王寴（親）錫遹雀（爵），遹拜首手頵（稽）首，敢對揚穆王休，用作文考父乙隓彝，其孫孫子子永寶。"

王跋云：此敦稱穆王者三。余謂即周昭王之子穆王油也。何以生稱穆王？曰周初諸王，若文、武、成、康、昭、穆，皆號而非謚也。

王氏所據古器除此《遹殷》外，尚有《獻侯鼎》（王誤作尊），及《考古圖》所載《戠殷》，《博古圖》所載《敔殷》。

《獻侯鼎》：生稱成王。

《䤂𣪕》：生稱穆公。

《敔𣪕》：生稱武公。

王氏即據以上四器爲之斷語曰："是周初天子諸侯爵上或冠以美名，如唐宋諸帝之有尊號也。然則謚法之作，其在宗周，共、懿諸王以後乎？

王氏所據之資料有限，而如《䤂𣪕》與《敔𣪕》，均未知其當屬於何世，故其所得之新説，僅能或之於謚法興起之時期，亦未能下肯定語，然已足破自來周初説之僞也。

余之所見有進於是者。蓋謚法之興，不僅當在宗周共、懿諸王以後，直當在春秋之中葉以後也。今試舉其例證。

第一，器在穆王以前者，除《獻侯鼎》外，尚有昭王時代之《宗周鐘》(《周金文存卷一補遺》)，爲王氏所遺……

銘中之卲王，即康王之子昭王瑕也。下文"卲各不顯祖考先王"卲各即昭格，昭乃後起字，金文所未見。《剌鼎》"啻卲王"(《周金文存》卷二、廿八)亦同此作。又本鐘乃昭王所自作器，銘末有"𤨠其萬年，輕保四國"二語𤨠，乃昭王自紀其名其字，當從害聲，蓋即瑕之本字也。

第二，器之在穆王以後者：

甲、《趞曹鼎》第二器(《周金文存》二、廿七，《集古遺文》三、卅一)

銘中之龏王即穆王之子恭王緊扈也。龏字，《周金文存》本拓不精，前人均未注意。余觀之，則分明作龏，與金文其他龏字無別。近見《集古遺文》摹印本，亦正作龏。足證余見之不孤。凡金文恭字均作龏。《大克鼎》之龏保即恭保，龔王亦即恭王。恭王在位年限，《史記‧周本紀》無紀録，《太平御覽‧八十五》引《帝王世紀》云"在位二十年"，《通鑑外紀》云"在位十年"，又引皇甫謐説在位二十五年。《皇極》《經世》等書復推算爲十二年，世多視爲定説。日本新城新藏博士初著《周初之年代》，采取十二年説，後著《上代金文研究》又改訂爲十年。今據此器則恭王明明有"十又五年"，彼二十五年説與二十年説雖未知孰是，然如十二年説與十年説皆非也。故有此器不僅可以證知恭王時尚無諡法，於向來長術亦提出一堅決之反證。周初之年代尚須得另作一番推算也。

乙、《匡卣》

此器初著録於《攗古録》(卷三之一第三二葉)，題作《匡簠》。《周金文存‧卷三補遺》亦録爲簠，後又收入《卣屬》卷四第八四葉，編者鄒安題云："此器前亦有匡字，誤列簠補内，今據此舊拓知匡爲人名，乃卣也。"

銘中之懿王即恭王子懿王堅也。懿字原銘作𫝊，《攗古》未釋。孫詒讓云："疑當爲嗣之異文。"(《古籀餘論》三卷七葉)余案孫説非是。《單伯鐘》"懿德"字作𫝊(《攗古》《從古》《憲齊》《周金文存》均有著録)。《禾段》皇母"懿龔孟姬"字作𫝊(《周金文存》三、一〇九)，均從𣶒省，恣省聲。此更省心作耳。新出《沈子段》"懿𨚵迺是子"字作𫝊，亦省心，作與此同。此欠之作𫝊者，繁冗文，猶𫝊之或作𫝊(《毛公旅鼎》)文也。

故有此器可知懿王時仍無諡法。

丙、《齊侯鐘》第五(此據《薛氏款識》卷八，《博古圖》廿二，作《齊侯鐘》三)

此銘兩言趄武靈公，孫詒讓謂即齊靈公。言趄武者，嘉美之稱，猶《國語‧楚語》載衛人稱衛武公爲叡聖武公

(《古籀拾遺》上十六葉)。今案此語至確。陳侯因𫲪鎛亦稱
其父桓公午爲孝武趄公，準此可知齊靈公生時已稱靈，
至齊靈公時亦尚無所謂謚法。然孫氏別有説，謂"銘首
'五月戊寅'"疑即齊靈公二十八年之五月望日，"是月壬
辰晦"，靈公卒，蓋叔及(案當作夷)甫受命而公即卒。此
説雖若可通，然僅能存疑而已。蓋依曆朔，靈公自中年
以後(假定以十五年伐萊之歲爲中年，當於魯襄公六年)
十六年、二十二年、二十五年、二十七年、二十八年之
五月均可以有戊寅，固不必限於二十八年之五月望日也。
而靈公之號之爲生號，尚有他證。

丁、《㝊壺》(《金文辭大系》插圖十三)

此壺即《西清續鑑·甲編》(十六卷第九葉)之"周齊
侯鐘"。原銘環列於壺面右行共二十七行，行各七字(重
文除外)。兩耳後加掩去字數不少，可屬讀者僅此一小
段，卻爲《續鑑》所刪。蓋銘本右行者，誤爲左行；又誤
將首行與尾相接，以致不能成讀。原摹者遂信手刪之
也。……第三段亦半泐然。諦省仍是𤫊字。𤫊自靈之異文，
從示，霝聲，與從巫霝聲同意。小篆靈一作靈，許慎以
爲從玉。案卜辭示或作Ｔ，若工(《殷虛書契前編》卷一葉
一)，恐此仍從示作之變也。然事尤有可推論者，《左傳》
中有次揭一事(襄十三年)：

楚子疾，告大夫曰："不穀不德，少主社稷，生十年
而喪先君，未及習師保之教訓，而應受多福。是以不德
而亡師于鄢以辱社稷，爲大夫憂。其㥦多矣。若以大夫
之靈，獲保首領以殁於地，唯是春秋窀穸之事，所以從
先君於禰廟者，請爲靈、若、厲，大夫擇焉。"莫對。及
五命乃許。秋，楚共王卒，子囊謀謚。大夫曰："君有命
矣。"子囊曰："君命以共，若之何毀之？赫赫楚國，而君

臨之，撫有蠻夷，奄征四海，以屬諸夏，而知其過，可
不謂共乎？諸謚之共。”大夫從之。

　　案此乃出於僞託。楚共王三十一年(是年卒)當齊靈
公二十二年。其時靈公猶生稱靈，而此已以靈、厲爲謚
且爲惡謚，斷無是理。謚之有惡謚，其事已足證謚法之
僞。蓋古之爲人臣者無是權力以詛咒其君主也。古代字
少，故例多假借，而義多引伸。因之一字數義，即相反
之義亦往往而有。

　　例以厲言，《説文》云“厲，旱石也。從厂。”此即厲
之本義。段玉裁云：“旱石者，剛於柔石者也。”《禹貢》
“厲砥砮丹”，《大雅》“取厲取鍛”，引伸之義爲“作”也，
見《釋詁》。又“危”也，見《大雅・民勞傳》，虞注《周
易》。又“烈”也。俗以義異異其形。凡砥厲字作礪，凡勉
厲字作勵，惟嚴厲字作厲。而古引伸假借之法隱矣。凡
經傳中有訓爲惡訓爲病訓爲鬼者，謂厲，即癘之假借也。
訓爲遮列者謂厲，即迾之假借也。《周禮》之“厲禁”是
也。有訓爲涉水者謂厲，即濿之假借。如《詩》“深則厲”
是也。有訓爲帶之垂者，如都人士垂帶而厲。《傳》謂厲
即烈之假借也。烈，餘也。凡此已可云紛挐，而義之出
於引伸者，又爲高，爲上，爲奮，爲起；其出於假借者，
又爲利，爲賴(參看《經籍纂詁・去聲八・霽》)。然而厲
之本義無善，無其引伸之義，多爲善美之詞，其假借爲
癘者，始含惡意也。古之王侯多以厲爲名號者，乃取其
善美之義，特因周厲無道而竄死，於是字因人而惡，僞
創謚法者乃以假借之義傅會之，而爲惡謚耳。

　　靈爲惡謚，亦同此解。靈之稱始於晉靈公，當魯文
七年，十四載而爲趙穿所弑。未幾有陳靈公，當魯文十
四年，十五載而爲夏徵舒所弑。又未幾有鄭靈公，當魯

宣四年，不一載而爲公子歸生所弒。此三君者，年相逮，
號相同，不幸而同遭弒禍，於是靈字遂亦不幸而含凶咎
之意矣。然自三靈而後，靈之號猶相繼不絶。除此齊靈
公而外，周有靈王，蔡有靈侯，楚有靈王，衛有靈公。
逮於戰國，則秦有靈公，趙有武靈王，靈之號不盡惡。
靈爲惡謚，蓋在衛靈以後。衛靈無道，爲儒者所深忌，
故僞爲楚共王遺囑者，以靈、厲並稱也。

戊、《洹子孟姜壺》（詳見《殷周青銅器銘文研究》下
册）

《史記·田敬仲完世家》："田文子事齊莊公……文
子卒，生桓子無宇。田桓子無宇有力，事齊莊公甚有
寵。"本銘載齊侯女孟姜爲桓子妻，正其甚有寵之明證。
銘所記者，乃文子死後齊侯請命於天子册桓子爲卿，此
事當在齊莊公五年或六年，蓋文子於三年秋猶諫齊侯之
厚禮欒盈，則文子之死當在是年或翌年。齊莊公六年夏
五月爲崔杼所弒，則桓子之爲卿當在五年與六年之間也。
齊莊公六年，當魯襄二十五年，其時孔子方四歲。而桓
子已生稱桓，是證在春秋中葉以後猶無所謂謚法也。

以上在穆王以後者，凡五器。其時均甚明晰，是證
謚法之興，不僅當在宗周恭、懿諸王以後且直當在春秋
之中葉以後。王氏所舉《敔敦》與《成鼎》（舊稱《穆公鼎》）
同時。《成鼎》亦云"武公令我率公朱車百乘"，二器乃同
是夷王時器。余於《兩周金文辭大系》中已證之。《敔敦》
雖未能明定其年代，然觀其文辭體例，大抵亦當在夷厲
之世，此時代之器銘而生稱武公穆公，固其所宜矣。

據證之見於古器物中者已如上述。至其見於典籍中
者，尤舉不勝舉。如《尚書·酒誥》"王若曰"，古本作
"成王若曰"。《顧命》"越翌日乙丑王崩"，古本作"成王

崩"。《孟子》書中"孟子見梁惠王""孟子見梁襄王"等等，前人或以爲後録書者所加，或以爲諸王没後之追述，蓋皆爲謚法舊聞所囿，未必盡然也。惟此等典籍上之資料，亦難引爲究極之證明，蓋已傳世過久，實無從斷言其必無後人之改竄也。然亦有一二事，饒有可推闡之價值者，今附論之於次。

《左傳·宣公十二年》載楚莊王語云："武王克商，作頌曰：載戢干戈，載櫜弓矢。我求懿德，肆于時夏，允王保之。"此語在今《周頌·時邁篇》中。又《國語·周語》祭公謀父引此詩爲"周文王之頌"，韋注："文公，周公旦之謚。"此固臆説，疑文公即文王未受命以前之稱號，要與"武王克商作頌"之説不合。蓋傳聞異辭，古人各據所聞以爲説耳。

又《作武》其卒章曰"耆定爾功"。

此語在今《周頌·武篇》中。

其三曰"鋪時繹思，我徂維求定"。

此語在今《周頌·賚篇》中。

其六曰"綏萬邦，屢豐年"。

此語在今《周頌·桓篇》中。

凡此所稱，與今《詩》次第不合，足證今之《周頌》乃是斷簡殘篇。事因當作別論，於此所欲論列者，如今《詩·武篇》中有"於皇武王，無競維烈"，又有"嗣武受之，勝殷遏劉"。《桓篇》亦言"桓桓武王"。凡有此稱號之詩，而楚莊王均以爲武王所作，足徵魯宣楚莊時代之世，説並未以文武爲謚也。

其次爲《吕氏春秋·古樂篇》之一節：

"周文王處岐，諸侯去殷三淫而翼文王。散宜生曰'殷可伐也'。文王弗許。周公旦乃作詩曰：'文王在上，於昭于天，周雖舊邦，其命維新'，以繩文王之德。"

此以《大雅·文王篇》爲周公所作，且作於文王在生之時。而文王已稱文王。案今《詩》第六章有"殷之未喪師，克配上帝"。吕氏之説殆不足信。然足見與吕不韋同時代之學者，尚絲毫未疑及文王之當爲謚，即未絲毫疑及謚法之當作於周初也。

準上，余疑謚法之興當在戰國時代。其時學者慣喜托古作僞，《逸周書》即一僞托之結晶。《謚法解》，其結晶之一分子也。細案其文之構成，乃摭拾前代君號，而以其人其事爲傅會。一字數解者，因同號之君不一，而尤以惡謚爲無理。幽、厲、靈、夷、愍、煬、荒、躁，有善義。它如哀可讀愛，悼可讀卓，亦未追思也。殤之一字，或是追號，然不足以云謚矣。又周末二王，爲慎靚，爲赧，而《謚法解》無靚、赧二字，則是該文蓋作於慎靚以前矣。

第六章　周人宗教思想

整理者按：宗教作爲一種特殊的社會意識形態，指人對超自然的神秘的敬畏與崇拜，從而引伸出的信仰及其儀式活動體系，寄寓了人的精神追求和終極關懷。

有謂中國爲無宗教之國度，是言也，不盡可信。吾國固無如印度佛教、猶太、基督教等之偉大宗教産生，然人民之宗教思想無時無之，無地無之。茲將周人崇拜對象如天命、上帝、鬼神、祖、考妣等所顯示之宗教思想(天帝崇拜、鬼神崇拜、祖先崇拜)述之如後。

一、天・天命

郭沫若君據金文而作《周彝中之傳統思想考》，其第一節爲《宗教思想》，茲録之。

宇宙之上有至上神主宰，曰天。

《大豐𣪯》：“王祀于天室降，天亡(無)尤王。”(出處詳《大系索引下》，無標注者準此。)

《大盂鼎》：“故天翼臨子，瀗保先王、□有四方。”

曰皇天。

《大克鼎》：“𦔮古𦔮(友，讀爲佑)于皇天。”

《毛公鼎》："不顯文武、皇天弘猒厥德，配我有周，膺受大命。"

又"辪皇天亡㖑（無斁）臨保我有周，不巩（丕鞏）先王配命"。

又"用印卲皇天，繉繉（綢繆）大命"，𨨏王義楚鍴"用𨶾于皇天"。

曰皇天王。

《宗周鐘》："我隹司配皇天王，對作宗周寶鐘。"

另，金文多有言"天""大命""天命"者。

《大盂鼎》："不顯玟王受天有大命。"

《叔夷鐘》："專受天命。"

《秦公𣪘》（鐘銘同）："不顯朕皇祖受天命。"

又"嚴龏寅天命，保𧰼乒秦"。

能錫人以福佑。

《曾伯𣪘簠》："天錫之福。"

有威可畏。

《大盂鼎》："𨶾奔走畏天畏（威）。"

《毛公鼎》："敃天疾畏（威）。"

《班𣪘》："三年靜東國，亡（罔）不咸斁天畏（威）。"

人受生於曰命。

《蔡姞𣪘》："綽綰永命獼乒生霝冬（終）。"

《齊子仲姜鎛》："用求可考命彌生。"

禍亂自天而降。

《師𧽼𣪘》："天疾畏降喪。"

《𧽼盨》："輔天降喪。"

《威鼎》："用天降喪于上國。"

帝之所在曰帝所。

《叔夷鐘》："虩虩成唐（湯），又敢（有嚴）在帝所。"

二、帝・上帝

天亦曰帝，所謂德合天地曰帝。

《𤙸鐘》："先王其嚴，在帝左右。"

曰上帝。

《大豐毁》："衣祀（殷祀）于王，不顯考文王，事喜（熹）上帝。"

曰皇帝。

《師訇毁》："肆皇帝亡𦣞，臨保我有周。"

案此語與上舉《毛公鼎》文同例。故皇帝即皇天，亦即上帝。《書・吕刑》："皇帝哀矜，庶戮之不幸。"又"皇帝清問下民"，均是上帝。舊説爲帝堯，非也。

曰皇上帝，其下有百神。

《宗周鐘》："隹皇上帝百神保余小子。"

大無司誓與大司命，乃神名。則南宫子亦必係神名。上天子者，上帝也。又凡尊彝樂器，多爲祭器而作，其例不可勝舉。

上帝能命。

三、上・嚴

天亦曰上。

《大豐毁》："文王監在上。"

《宗周鐘》："昌邵各（昭格）不顯祖考先生，其嚴在上。"

《虢叔旅鐘》："皇考嚴在上，翼在下。"

《番生毁》："不顯皇祖考穆穆，克誓(哲)氒德，嚴在上。"

《叔向父毁》："其嚴在上。"

《井尸二女鐘》："前文人其嚴在上。"

《士父鐘》："用喜侃皇考，其嚴在上。"(《周金文存》叔氏鐘)

《詩·大雅·文王》："文王在上。"此"上"即上天、天帝。

上亦曰嚴。

《秦公毁》："邵皇祖，其嚴御各(格)……畯毚在天，高弘有慶。"

《洹子孟姜壺》："洹子孟姜用氣嘉命，用蘄眉壽。"

死後其靈不滅曰嚴。

《宗周鐘》："其嚴在上，熊熊數數，降余多福。"

《猶鐘》："先王其嚴在帝，左右數狄(遏)不龏，數數熊熊，降福無疆。"

《克盨》："皇祖考數數熊熊，降克多福。"

《虢叔旅鐘》："皇考嚴在上，翼在下，數數熊熊，降旅多福。"

《叔向父毁》："其嚴在上，降余多福綵鼇。"

《井尸妄鐘》："前文人其嚴在上，數數熊熊，降余厚多福亡疆。"

《士父鐘》："其嚴在上，數數熊熊，降余魯多福亡疆，(與也)康右(佑)屯(純)魯。"

例見上多以"數數熊熊"爲嚴之形頌。案此乃靈魂不滅之觀念也。《孝經·聖治章》："孝莫大於嚴父，嚴父莫大於配天，則周公其人也。昔者周公郊祀后稷以配天，宗祀文王於明堂以配上帝。"邢昺注："嚴父爲尊嚴其父。"今案嚴、儼古字通。（金文嚴或作敢，亦同音通用之例。）《釋名·釋言語》："嚴，儼也，儼然人憚之也。"

靈魂不滅儼然如在，故謂之嚴。嚴父者，神其父也。又統觀彝銘諸例，神其祖若父以配上帝之事，即人臣亦可爲。蓋謂人死而魂歸於天堂也。

四、神·鬼

《書·大禹謨》："乃聖乃神。"《孔傳》："聖無所不通，神妙無方。"

鬼神能與人以禍福，故祈之以延年壽，以蕃子孫。

《宗周鐘》："佳皇上帝百神，保余小子朕猷有成止競。"

《毛公鼎》："余小子圂湛于囏，永鞏先王。"

鞏字余讀爲攻。《周禮·春官》大祝掌六祈，以同鬼神示"五曰攻六曰說"。鄭注："攻說則以辭責之。"

鬼神與生人無殊，祀之用牲。

《令彝》："甲申明公用牲于京宮，乙酉用牲于康宮，咸既用牲于王。"

此於人王與神鬼同用牲，即視神鬼爲有人格之證，或以生人用牲，事不經見，疑器爲僞。不知牲猶畜也，獸也。《周禮·膳夫》："膳用六牲。"鄭注："六牲，馬牛羊豕犬雞也。"又掌客"牲三十有六"，均生人用牲之證，何不經見之有。

《小盂鼎》："用牲啻（禘）周王，口王成王。"

《剌鼎》：“王啻（禘）用牡于大烝啻邵王。”

用甹。

《令彝》：“明公錫太師甹，金小牛曰用禱，錫矢甹，金小牛曰用禱。”

用璧玉、鼎彝、鐘鼓。

《洹子孟姜壺》：“于上天子用璧玉。備一鬲于大，無鬲折（誓）于（與）大。鬲命用璧，兩壺八鼎于南宮子，用璧二，備玉二鬲，鼓鐘一肆（肆）。”

通達鬼神之命者有卜。

《舀鼎》：“王若曰：舀，命女更乃祖考，鬲卜事。”

有筮。

《小盂鼎》：“卜有我王鼻鼻從。”

鼻字舊未識。以文義推之，當是筮字。鼻蓋盛著之器，從廾以奉之。

設立約辭以要信於鬼神之事有誓。

《曶攸從鼎》：“王令省史南以即虢旅，旅迺使攸衛牧誓曰：我弗具付曶從其且（租）射（謝）分田邑，則殊（誅），攸衛牧則誓。”

《散氏盤》：“矢卑（俾）盞且鬲旅，誓曰：我旡（既）散氏田，器有爽，實余有散氏心賊，則爰千罰千。傳棄之、盞且鬲旅則誓。迺卑（俾）西官襄、武父誓曰：我既付散氏濕田墙田，余有爽宷，爰千罰千。西宮襄、武父則誓。”

案此二例所立誓，原非對鬼神以爲要約。然如洹子《孟姜壺》有“大無司誓”之神，則古人所以爲誓，仍在借神力以爲束縛也。

有盟。

《魯侯角》：“魯侯作爵用障集茜甹虘臨盟。”

此器原銘分爲兩截，自來未得其讀。余有專文釋之，見《殷周青銅器銘文研究》上册。

《陳**肪**毁》："罪盟**祗**神，虔罪悁忌。"

亦謂之鬼。

《陳**肪**毁》："罪盟**祗**(鬼)神，虔罪懷忌。"

能降子孫以福佑。

五、父(考)·母(妣)·祖·前文人

父之嚴曰考，其配曰母。父以上曰祖，其配曰妣。

《齊子仲姜鎛》："用**昌**用孝于皇祖聖叔，皇妣聖姜。皇祖又成、惠叔，皇妣又成、惠姜，皇考**遵**仲，皇母。"

此器列祖妣二世，聖叔、聖姜，其曾祖妣也。古人凡祖以上均稱祖。如《**羡**毁》"**羡**作皇祖益公、文公、武伯，皇考罪伯"。**龔**彝(《考古圖》三·三)列祖三世。近出亞若鼎亦列舉祖乙妣乙祖巳妣癸二世。

《叔夷鐘》："用孝**昌**于皇祖、皇妣、皇母、皇考。"

《陳逆簠》："**目昌**目孝于大宗皇祖、皇妣、皇考、皇母。"

以上三器以祖妣考母對舉。

《叔皮父毁》："朕文考弗公眔，朕文母季姬。"(《貞》五、世、九)

《仲**虘**父毁》："朕皇考遲伯王母遲姬。"(同上)

《史伯碩父鼎》："朕皇考釐仲王母泉母。"(《博古》二·九)

《師趛鼎》："文考聖公文母聖姬。"(《存》二、世五)

《諶鼎》："其皇考皇者比君。"(《貞》三、二十)

《頌鼎》及《殷壺》諸器："皇考龏叔,皇母龏姒。"

《召伯虎殷》："我考我母。"

以上七例以考母對言。《爾雅·釋親》："父爲考,母爲姒。父之考爲王父,父之姒爲王母。"均與古不合。殆秦漢人語。《堯典》有"如喪考姒"之語,乃僞託也。説詳《甲骨文字研究·釋祖姒》。

遠祖謂之高祖。

《叔夷鐘》："夷典其先舊,及其高祖。虡虡成唐,有嚴在帝所,專受天命,削伐顕(夏)司敗缶靈師伊少臣隹輔,咸有九州,處禹之堵(都)。"

此鐘乃齊靈公時器。銘中已明言之成唐即成湯。叔夷乃春秋中葉人,而稱成湯爲其高祖。可知高祖即遠祖之謂。卜辭有高祖夒,高祖王亥,高祖乙(即大乙,亦即湯也)。均稱其先公先王爲高祖,與此鐘合。《釋親》"曾祖,王父之考爲高祖王父曾祖,王父之姒爲高祖王母"亦非古語。

統稱之曰前文人。

《井人妄鐘》："用侃喜前文人,前文人其嚴在上。"

《兮仲鐘》："用侃喜前文人。"(《存》一、六三)

《善鼎》："隹用錫福于前文人,秉德共屯。"(《存》二、十九)

《追殷》："用喜孝于前文人,用祈匄眉壽永命。"(《存》三、廿五)

彝銘中多文祖文考之稱,亦屢見文母文姑,則前文人乃統祖姒考母之通稱,不必限於祖考。《書·大誥》:"予曷其不于前寧人圖功攸終,又予曷敢不于前寧人攸受休畢。"寧即文之異文玟字之誤(凡本篇文字均誤爲寧。寧武、寧王、寧考,實當爲文武、文王、文考),僞傳於前句訓爲"前文王安人之道"，以安訓寧，復揭文王字蓋《尚書》古本必有一本作"前文人"，一本誤爲"前寧人"，故僞孔者兼用之而説"文人"爲文王，大謬。又文侯之命"追孝于前文人"，僞傳"追孝於前文德之人"，亦順文爲解而已。

《𨚫王義楚鍴》："用𣍘于皇天，及我文考，永保怡(臺，我也)身，子孫[永]寶。"

凡彝銘多於祖若考祈求延年益壽、貽孫翼子之事，舉天而言者，此例僅見。

以祝戰勝。

《禽𣪘》："王伐𣥹侯。周公某(謀省，讀如誨)禽，祝禽有脤，祝王錫金百寽。"

以匄治平。

第七章　文字

治文字學者，每以《史籀》以前之文字名之曰古文。然古文一詞含義欠晰。昔賢所述之古文，蓋實有所指。

《史記》所謂古文者，若《五帝德》，若繫姓，若《諜記》，若《春秋曆譜諜》，若《國語》，若《春秋左氏傳》，若孔子弟子籍，凡先秦六國遺書，非當時寫本者，皆謂之古文。(見王靜安先生《〈史記〉所謂古文說》)

《漢書》所謂古文者，乃指孔子壁中書，蓋自前漢末葉亦然。《說文·叙》記亡新六書，一曰古文，孔子壁中書也；二曰奇字，即古文而異者也(見王先生《〈漢書〉所謂古文說》)。《說文》所謂古文者，皆指漢時所存先秦文字言之也(見王先生《〈說文〉所謂古文說》)。由是可知古文一詞界說不明。

有謂籀文以前之文字名曰古文者，似非妥當，然不若以周初文字、春秋戰國各國文字呼之為宜也。

居今之世而欲觀吾國最古之文字，則有殷墟卜辭。除此外則有商之銅器、周之彝銘。古人鑄器意在服用，其或施以文鏤，巧其形制以求美觀，或為先民發揮愛美之本能，其有銘者僅為私人日記之類，於器無足輕重。及後乃有專為勒銘而作器之事，如《周官·司約》："凡大約劑書於鼎彝"，如《舀鼎鬲》《攸從鼎》。《格伯鼎》《散氏盤》等是也。《墨子·魯問篇》云："攻其鄰國，殺其民人，取其牛馬粟米貨財，則書之於竹帛，鏤之於金石，以為銘於鐘鼎，傳遺後世子孫。"如《小盂鼎》《宋周鐘》

《大克鼎》《兮甲盤》等是也。此時之彝器與竹帛同科。直古人之書史也。有周而後，書史之性質變而爲文飾，如鐘鎛之多韵語，以規惄之款式鏤刻於器表，其字體亦多作波磔而有意求工。如齊國《差𦈏銘》亦韵語勒於器肩。中國以文字爲藝術品之習尚當自此始。大抵周初之銘文字體謹，春秋中葉則漸舒散而多任意出之。春秋中葉以後至戰國末年，字多有意求工，開後世碑銘文體與文字美術之先河。以上乃論周代文字今昔之變遷也。若以地域而論，可分爲南北二系。江淮流域諸國南系也，黃河流域北系也。南系字多秀整，北系字多渾厚，此其大較也。

降至戰國，諸侯不統於王，各國各自爲政。是以言語異聲，文字異形。王静安先生言戰國時秦用籀文，六國用古文，其文云：

　　余前作《〈史籀〉篇疏證序》，疑戰國時秦用籀文，六國用古文。並以秦時古器遺文證之。後反覆漢人書，益知此説之不可易也。班孟堅言："《倉頡》《爰歷》《博學》三篇文字多取諸《史籀》篇而字體復頗異，所謂秦篆者也。"許叔重言："秦始皇帝初兼天下，丞相李斯乃奏同文字，罷其不與秦文合者。斯作《倉頡》篇，中車府令趙高作《爰歷》篇，太史令胡毋敬作《博學》篇。皆取《史籀》大篆，或頗省改，所謂小篆者也。是秦之小篆本出大篆，而《倉頡》三篇未出大篆，未省改以前所謂秦文即籀文也。"司馬子長曰："秦撥去古文。"揚子雲曰："秦剗滅古文。"許叔重曰："古文由秦絶。"案秦滅古文，史無明文。有之，惟一文字與焚《詩》《書》二事。六藝之書行於齊魯，爰及趙魏，而罕流布於秦（猶《史籀》篇之不行於東方諸國）。其書皆以東方文字書之。漢人以其用以

春秋中葉以後，至戰國末年，字之筆畫極求美化，或考作波磔，時有鳥篆出現，字畫多變，爲鳥形，此種字體以南銅器爲尤甚。

書六藝，謂之古文。而秦人所罷之文與所焚之書皆
此種文字，是六國文字即古文也。觀秦書八體中，
有大篆無古文。而孔子壁中書與《春秋左氏傳》，凡
東土之書用古文不用大篆，是可識矣。故古文、籀
文者，乃戰國時東西二土文字之異名，其源皆出於
殷周古文。而秦居宗周故地，其文字猶有豐、鎬之
遺，故籀文與自籀文出之篆文，其去殷周古文，反
較東方文字（即漢世所謂古文）爲近。自秦滅六國，
席百戰之威，行嚴峻之法，以同一文字。凡六國文
字之存於古籍者，已焚燒剗滅，而民間日用文字又
非秦文不得行用。觀傳世秦權量等始皇廿六年詔後
多刻二世元年詔，雖亡國一二年中而秦法之行如此，
則當日同文字之效可知矣。故自秦滅六國以至楚漢
之際十餘年間，六國文字遂過而不行。漢人以六藝
之書皆用此種文字，又其文字爲當日所已廢，故謂
之古文。此語承用既久，遂若六國之古文即殷周古
文，而籀篆皆在其後。如許叔重《說文·序》所云者，
蓋循名而失其實矣。

王先生之說近以彝銘證之，實未盡然。郭沫若《麤羌
鐘銘考釋》（見《金文叢考》）云：

　　曩者王國維倡爲戰國時秦用籀文，六國用古文
說，自以爲"不可易"。學者已多疑之。今此器乃戰
國時韓器，下距嬴秦兼併天下僅百六十年，而其字
體上與秦石鼓、《秦公設》中，與同時代之商鞅量、
商鞅戟，下與秦刻石、秦權量相較，並無何等詭異
之處。僅此已足證王之臆說而有餘矣。

第八章　學術

自周民族崛起西北，其文化即逐漸開展。及滅殷後有周公之製禮作樂，文物制度燦然大備。自是繼長增高，乃成吾國學術之源泉。

史　官

考周之學術，大抵出於官守。清人盛稱周代學術本於王官(章實齋主之，見《校讎通義》)。諸學之中尤以史學爲淵藪，而史官之最著者首推史佚，其後世掌周史(梁玉繩《古今人表考》史佚亦曰尹逸)。尹吉甫尤著稱於宣王之朝。有史而後有法。故法學出於史官。《周官》："太史掌邦法，内史掌八枋(即法)。"律學之所自出也。有史而後有文，故文學亦出於史官。周之典册，皆史所爲。而尹吉甫以史學世家而兼爲詩人。其詩有孔碩肆好穆如清風之美。《史籀》大篆以教學僮，實爲文字學之祖。近世人論周代史官之學術者，以龔定庵之文爲最詳。

龔自珍《古史鈎沉論》(見《定庵續集》)

周之世官，大者史。史之外無有語言焉，史之外無有文字焉，史之外無人倫品目焉。史存而周存，史亡而周亡。……是故儒者言六經，經之名，周之東有之。夫六經者，周史之宗子也。《易》也者，卜筮之史也。《書》也者，記言之史也。《春秋》也者，記動之史也。《風》也者，史所采於民，而編之竹帛、付之司樂者也。《雅》《頌》也者，史所采於士大夫也。《禮》也者，一代之律令，史職藏之故府而時以詔王者也。"小學"也者，外史達之四方，瞽史論之賓客之所爲也。今夫宗伯雖掌禮，禮不可以口舌存。儒者得之史，非得之宗伯。樂雖司樂掌之，樂不可以口耳存。儒者得之史，非得之司樂。故曰：五經者，周史之大宗也。……諸子也者，周史之小宗也。故夫道家者流，言稱辛甲；老聃、墨家者流，言稱尹佚。辛甲、尹佚官皆史。聃實爲柱下史。若道家，若農家，若雜家，若陰陽家，若兵，若術數，若方技，其言皆稱神農黄帝。神農黄帝之書，又周史所職藏。所謂三皇五帝之書者是也。……劉向云："道家及術數家出於史。"不云餘家出於史，此知五緯二十八宿異度而不知其皆繫於天也，知江河異味而不知皆麗於地也。故曰諸子也者，周史之支孽小宗也。

劉師培又衍之曰："六藝掌於史官，九流出於史官，術數方技諸學亦出於史官。"

西周之學，官師合一。至春秋而天子失官，學校不修。故官師之學分裂而爲私家之學。其踪蹟見於《莊子·天下篇》。莊子泛稱百家，未稱某氏之學爲某家。漢司馬談《論六家要旨》遂有法家、名家、道家之名。劉向《别録》、劉歆《七略》則分爲九流十家，而各溯其所出，並謂其起於王道既微，諸侯力政之時。大抵自春秋而私家之學始興，至戰國而大盛耳。學術之分裂，非一時之事。始則由天子畿内分而之各國，繼則由各國之學轉而爲私家。史書亦多紀其事者。如《史記·太史公自序》云："昔在顓頊命南正重以司天，北正黎以司地。"唐虞之際，紹重黎之後，使復典之，至於夏商。故重黎氏序天地，其在周，程伯休父其後也。當宣王時失而爲司馬氏。司馬氏世典周史。惠襄之間司馬氏去周適晉。自司馬去周適晉，分散，或在衛，或在趙，或在秦，此學者由天子畿內分而之各國之證也。

《史記·儒林傳》云：“孔子閔王路廢而邪道興，於是論次《詩》《書》，修起禮樂。適齊，聞韶，三月不知肉味。自衛返魯，然後樂正，《雅》《頌》各得其所。……自孔子卒後，七十之徒散遊諸侯，大者爲師傅卿相，小者友教士大夫，或隱而不見。故子路居衛，子張居陳，澹臺子羽居楚，子夏居西河，子貢終於齊……”此各國之學轉而入私家之證也。

當春秋之初，諸侯之國已各自爲教（見《管子·大匡篇》）。其風氣之不同，殆由所傳之學說不同之故。既而一國之中又各自爲風氣，有守其先代之學而不廢者，有數典而忘其祖者。官學日微，而私之師弟則不分國界，故國學變爲師弟之家學焉。

自周代官守不修，學術分裂，於是有九流十家之學。十家之中以道家爲最早，儒家次之。

道　家

道家當以老子爲首。老子之學以自隱無名爲務，故其事蹟不彰。史但稱其爲周守藏室之史，生於陳，以仕於周，並非楚人。世之論者以《史記》有楚苦縣人一語遂以爲楚人。實則老子生時苦縣屬陳，尚未屬楚。《史記索隱》及《正義》言之甚明。老子既自晦其蹟，故述老子之學，言人人殊。儒家則重其習於禮（《小戴記·曾子問篇》記孔子問禮於老聃），法家則稱其生於術，《韓非子·解老篇》所謂"有國之母"。母者，道也。道也者，生於所以有國之術。方士則目爲神仙(見《列仙傳》)釋氏則謂同佛教(《後漢書·襄楷傳》桓帝時楷上書曰："或言老入夷狄，爲浮屠。")，甚至傅會爲耶穌教，(嚴復評老子前有德國哲學家謂耶和華之號即起於老子之夷希微説，見黑格兒《哲學歷史》)傅會爲民主政治(亦見嚴復評語)，傅會爲革命家(見胡適《中國哲學史大綱》)。見智見仁，各以己意爲説。即此足見老子之學無所不包。此莊子所謂之爲博大真人也。老子之學，莊子謂其出於古之道術。《藝文志》稱其出於史官。老子云："執古之道以御今之有，能知古始，是謂道紀。"其所謂古始非常久遠，不限於有文字以來之歷史，亦不限於羲農黃帝以來之有道術者。故常抉摘天地造化之根源，而不爲後世制度文物所圉。此老子之學所以推倒一切也。然東方之人積習耕稼，偏於仁柔，往往以弱制强，而操最後之勝算。老子習見其事實，故反復申明此理，而後世之人因不能出其范圍。

《老子》以"道法自然"爲哲理根本，又喜言對待之理。如美惡、巧拙、智愚、善不善、有無、剛柔、强弱、難易等等，對子雙方彼此依存、相互轉換。老子病世人之競争於外而不反求於内也，於是教人無爲。其教人以無爲，非謂絶無爲也，掃除人類一切後起之知識情欲，可從本根用功，故曰："爲學日益，爲道日損。損之又損，以至於無爲。"其下即承之曰："無爲而無不爲。"後世怠惰苟安者，託無爲之名以飾其誣老子之學也厚矣。

儒　家

儒家之開創者爲孔子。有謂孔子之學説爲中國文化之中心。何則？自孔子以前數千年之文化，賴孔子而傳。

自孔子以後數千年之文化，賴孔子而開。其實孔曾求教於老，老孔共爲中國學説之源。近世吾國雖受歐化影響，孔子學説漸有動搖，然其在中國文化關係之大，是爲不可磨滅之事實。

孔子生卒年月日説者不一。清人孔廣牧《先聖生卒年月日考》云："先聖之生年從《史記》（《史記·十二諸侯年表》魯襄公二十二年孔子生），月從《穀梁》（《春秋穀梁傳·襄公二十一年》冬十月庚子孔子生），日從《公羊》《穀梁》（均爲庚子），卒於魯哀公十六年，實七十三歲。

孔子之學博大精深，欲究其自來，不外有得之於家庭者。《左傳·昭公七年》孟僖子曰："孔丘，聖人之後也，而滅於宋。"臧孫紇有言曰："聖人有明德者，若不當世，其後必有達人。今其將在孔丘乎?"有得之於社會者。《史記·孔子世家》："孔子爲兒嬉戲，常陳俎豆，設禮容……"《周禮》："蓋見老子學鼓琴師襄子。"《仲尼弟子列傳》云："孔子之所嚴事，於周則老子，於衛蘧伯玉，於齊晏平仲，於楚老萊子，於鄭子産，於魯孟公綽……"孔子之學雖來自各方，其好學不倦亦成爲至聖之要也。

孔子終身宣教仁與禮，而以仁學爲根本。其學目的先爲成己，後爲成物。成己者，克己修身之謂也。己身修好，而後牖世覺民。《論語》所記師弟問答之言，時時以爲政爲言。孔子見世之衰微，邪説之橫行，欲以其所學蘄致用於世。而其政治思想以仁爲基礎。惜其道不行，退而整理先典。生平不以著述爲重，然其時，禮樂廢，詩書缺。苟世無孔子爲之撰述，古代文化復何從考見乎?自漢高祖祀孔子(見《史記·孔子世家》)，後代帝王莫不禮祀，足見其説爲統治者所倚重。太史公立《孔子世家》而稱至聖，有以哉。

戰國諸子

　　降及戰國，諸子飆起。諸子之名始立於劉向。至《隋書·經籍志》復以子爲部目，子書之名由是而定。有謂其名不當，但無以易之也。諸子之中，子思、孟軻，儒家也，荀況爲儒家另支。列子、楊朱、莊周，道家也。墨翟、禽滑，墨家也。慎到、申不害、商鞅，法家也，韓非集法家大成。尹文、惠施、公孫龍，名家也。孫臏、兒良，兵家也，《孫子兵法》爲兵家杰構。其他學派不明。各家並舉，而彼此不一。如《莊子》以宋鈃、尹文並舉，《荀子》以墨翟、宋鈃並舉。由此可知宋鈃之學兼有墨家名家之性質矣。綜計諸家之書，凡七十九家，千二百四十三篇。何戰國時人之著作若是之盛歟？以國籍言，齊人最多。衛有商君，韓有韓非，作者雖少，已足爲其國光。辜榷諸邦，惟燕最遜。燕爲晚進之國，其文化劣於中土，即此可見矣。諸子之學影響及於當時，其初以墨學爲最盛。南被楚越，西及秦國。故其時有東方之墨者，南方之墨者，西方之墨者，世稱爲顯學。及後墨家衰而法家、縱橫家大盛，同時與此二家相頡頏者則有陰陽家，此戰國時學術之大略也。

參考要籍

《詩經》

《尚書》

《禮記》

《左傳》

《公羊傳》

《穀梁傳》

《孟子》

《爾雅》

《史記》

《史記志疑》

《史記會注考證》

《國語》

《國策》

《春秋繁露》

《路史》

《繹史》

《讀史方輿紀要》

《說文解字》

《觀堂集林》

《古史新證》

《甲骨學文字編》

《甲骨學商史編》

《甲骨學商史論叢》

《殷虛書契考釋》

《甲骨文研究》

《殷周青銅器銘文研究》

《青銅器時代》

《金文叢考》

《崔東壁遺書》

《養素堂文集》

《孫淵如文集》

《日知録》

《十駕齋養新録》

《癸巳存稿

梁啓超《中國文化史》

夏曾佑《中國古代史》

柳詒徵《中國文化史》

衛聚賢《古史研究》

吕思勉《先秦史》

黎東方《先秦史》

顧頡剛《中國疆域沿革史》

宗周、成周與西周、東周

目　録

整理者按：此篇作者 20 世紀 40 年代中期擬於任教西北大學之際，約與《商周史》同期。

宗周、成周、西周和東周等名稱，在史籍中極爲常見，但是説法多有分歧，且有些説解不免謬誤。將這些概念搞清楚，對於讀先秦史是有好處的。

宗周

宗周之得名，有如下數説。一爲自周武王滅殷商，建都於鎬（一作鄗或滈），天下朝宗於周，故曰"宗周"。如《史記·伯夷列傳》説："武王已平殷亂，天下宗周。"《史記·周本紀》云："宣王即位，二相輔之，修政法文武成康之遺風，諸侯復宗周。"《資治通鑑》赧王三十四年，武公曰："西周之地，絕長補短，不過百里，名爲天下共主。"注曰："言天下共宗周以爲諸侯主。"宗周兩字在上面的引文看來，周人爲天下或諸侯所宗，故曰宗周。《帝王世紀》説："武王自豐居鎬，諸侯宗之，是爲宗周。"這種説法，爲治史的人所采取。近人童書業先生在所著《春秋史》中説："宗周者，表周室爲天下之宗主也。"

宗周之得名，又有以爲周室宗廟所在之地名爲宗周，就是説宗周不僅是都邑，而且是宗廟所在之地。周人銅器上的銘文所説的宗周，就是指周人宗廟之所。如同簋、大克鼎等的銘詞就是如此。

又有人説周爲天下所宗，王都所在，皆得稱之（見《尚書正義》）。如《尚書·多方》中説："王來自奄，至於宗周。"吕氏注曰："王者定都，天下之所宗也。東遷之後，定都於洛，則洛亦謂之宗周。"清人孫星衍《尚書今古文注疏·多方》疏中有曰："周之東遷，無復西都，亦名東都王城爲宗周。"《穆天子傳》中所用的宗周，據日人小川琢治在《穆天子傳地名考》（劉厚滋譯，載《禹貢》半月刊第七卷第六七合期中）説穆王自宗周西征，宗周就是洛陽。洛陽在東周時爲天子都邑，同時又爲宗廟所在，如銅器《令彝》中有"京宫""康宫"，均爲宗廟，故洛邑也可稱爲宗周。

宗周一詞又可稱爲周宗。《詩·小雅·雨無正》中説："周宗既滅，靡所止戾。"這裏所用的周宗和"赫赫宗周，褒姒滅之"的宗周文義相同，由此可知宗周亦可名爲周宗。宗周可簡稱爲周，《逸周書·世俘解》："武王朝至燎於周。"這裏周就是宗周。又如《尚書·武成》説："王朝步自周。"《召誥》中説："王朝步自周，則至於豐"。這兩處所用周，都是説的宗周。

通常宗周專指鎬京而言，《詩·小雅·正月篇》説："赫赫宗周，褒姒滅之。"傳云："宗周，鎬京。"疏曰："周幽王在鎬，故鎬京爲宗周。"此種説法很多，不一一例舉。宗周又稱爲西都，《通鑑外紀》説："初武王作邑於鎬京，謂之宗周，是爲西都。"這裏所謂西都，古代黄河流域的中游是帝王活動區域，周人根據地偏在西方，所以稱周地爲西土，因此名周之都城爲西都。尤其是周自東遷以後，雒邑名曰東都，而鎬京自然稱作西都了。宗周一詞有時不僅專指鎬，且兼豐而言，《逸周書·酆保解》："維二十三祀庚子朔，九州之侯，咸格於周，王在酆。"這裏所説的周，當然是宗周，而言王在酆，可見酆也是宗周了。程大昌《雍録》中説："武王繼文，雖改邑於鎬，而豐宫不移徙，每遇大事，如伐商作洛之類，皆步自宗周而往，以其事告於豐廟，不敢專也。鎬在豐東二十五里，故既可步往，可朝發而夕至也。《左傳》曰康有酆宫之朝，則康王雖都鎬，而其受朝，仍在豐地，是亦循武王宗豐之意也。"周武王時雖都鎬京，而豐爲文王建都之所，此地仍然爲周室宗廟之地，它有稱爲宗周的條件。

宗周不僅專指豐和鎬，而有時是指豐、鎬一帶地方。如《竹書紀年》中説："幽王十一年，申人、繒人及犬戎入宗周，殺王。"《國語·魯語》説："幽滅於戲。"韋注説："戲，戲山，在西周也。"戲離鎬京有數十里之遥，幽王死於戲，可見犬戎所入的宗周，是指鎬京一帶的地方。周自穆王以後，都於西鄭（《漢書·地理志》注臣瓚言），《竹書紀年》説："懿王十五年自宗周遷於槐里。"《史記索隱》引宋忠曰："懿王自鎬徙都犬丘，一曰廢丘，今槐里是也。"周自穆王以後，都城常有遷移，史言自武王至平王東遷以前的一段，名爲西周，是可以的。若是稱穆王以後的周仍爲宗周的含義又不同了。除以上所述外，近人（如陳夢家）有謂宗周疑即徙都豐鎬前的舊都岐周，此可聊備一説。

劉節《宗族的函義》云："宗周，當然是周人的宗廟，又因宗廟所在之處定爲周人的發祥地，這是豐鎬所以稱宗周的原因。"

童書業《春秋史注》五八："宗周者，表周室爲天下之宗主也。"

此就"宗周"的内涵而言。宗周具體所指，一爲鎬京。《史記·周本紀》云："成王自奄歸在宗周。"《正義》曰："伐奄歸鎬京也。"《尚書·序》、《竹書紀年》成王十九年所記宗周，皆指鎬京。

二爲豐京。《左傳》記"康王有酆宮之朝"，《竹書紀年》厲王十年記"玁狁侵宗周西鄙"，指豐爲宗周。

三爲洛邑。《禮記·祭統》載東周"宮於宗周"，是時鎬已封秦，宗周謂洛邑也。孫星衍《尚書今古文注疏》"多方疏"曰："平王東遷無復西都，亦名東都王城，爲宗周。"

故泛義的"宗周"指周天子所在地，天下宗奉之處。

成周

　　成周的建置，周武王滅殷後，殷王朝雖被顛覆，但是殷人的勢力依然很大，他想在東方建置一個軍事和政治的據點來控制東土，於是選擇了洛陽，認爲這是一個建置城堡的適宜地方。《史記・周本紀》載："我（武王）南望三涂，北望嶽鄙，顧詹有河，粤詹雒伊，毋遠天室，營周居於雒邑而後去。"《逸周書・度邑篇》也有這樣的記載："我南望過於三涂，我北望過於嶽鄙，顧瞻過於有河，宛瞻延於伊雒，無遠天室。"武王這一計劃没有完成就死了。繼其位的成王承其遺志，仍在這裏建置。《史記・魯世家》説："乙未王（成王）朝步自周，至豐，使太保召公先之雒相土，其三月，周公往營成周雒邑。"《逸周書・作雒篇》説："周公敬念於後曰：'予畏周室不延，俾中天下，及將致政，乃作大邑成周於土中。'"《竹書紀年》説："成王五年遷民於洛邑，遂營成周。"又説："七年甲子周文公誥多士於成周，遂城東都。"《左氏・桓公二年》傳説："武王遷九鼎於洛邑。"杜注説："時但營洛邑，未有都城，至周公乃卒營洛邑，謂之王城。"關於建置成周，司馬遷有總結性的論斷。《史記・周本紀》後，太史公曰："學者皆稱周伐紂，居洛邑，綜其實不然。武王營之，成王使召公卜居，居九鼎焉，而周復都豐鎬。至犬戎敗幽王，周乃東徙於洛邑。"由上述的材料看來，成周的建置是始於武王，至成王時使召公、周公完成之。

　　成周得名由來，有好幾種解釋。《史記・周本紀》説："康王命作策畢公分居里，成周郊。"《集解》引孔安國的話解説："分別民之居里，異其善惡。成定東周郊境，使有保護也。"這是將"成"字當作動詞用，成爲定義，可能不是説成周之名。《公羊傳》説："成周，東周也。"何休曰："名成周者，周道始成，王所都也。"童書業先生在《春秋史》注説："成周者，表周道之成。"這和何休的説法是一樣的。鄭康成《書序》説："居攝七年，天下太平，而成此邑，乃名成周。成周之名，是在成王時也。"《逸周書·王會篇》説："成周之會。"孔晁注説："王城既成，大會諸侯及四夷也。"鄭、孔兩人的解釋成字有成功或完成的意思。侯外廬先生在《中國社會史》第五章中説："我以爲洛邑名曰成周，亦是以成（城）的要件爲理由。"

"成周"一名在史籍中有各種不同的名稱。可以簡稱爲成，如《小臣單觶》銘文："王后返，克商，在成師。"這裏所説成師，就是成的八師。此爲成周簡稱作成之證。可簡稱爲周，郭沫若先生《兩周金文辭大系》稱"頌鼎有王在周東邵宮"。郭沫若説："彝器凡單稱周，即指成周。"又可簡稱爲東，如《詩·車攻篇》"駕言徂東"。《毛傳》説："東，洛邑也。"又簡稱爲新邑或新大邑。《尚書·多士》説："惟三月周公初於新邑洛。"噉尊銘有"王作新邑"。《尚書·康誥》説："作新大邑於東國洛。"所謂"新邑""新大邑"，都是指所建置的成周説的。有時也稱爲東都，東國或成國。也可簡稱東。敦煌六朝寫本作東都雒邑也，似當作：東，東都雒邑也。

成周，洛邑，王城的所在。《逸周書·王會篇》載："成周之會。"王應麟補注曰："成周者，洛邑之總名。"成王命周公營成周，卜澗水東，瀍水西，爲朝會之地，謂之王城，是爲東都。《逸周書·作雒篇》曰："乃作大邑成周於土中，城方千七百二十丈，郛方七十里，南係於洛水，北因於郟山，以爲天下之大湊。"《史記正義》引《括地志》説："故王城一名河南城，本郟鄏，周公新築，在洛州河南縣北九里苑内東北隅。自平王以下十二王皆都此城，至敬王乃遷都成周，至赧王又居王城也。"由上所述可知雒邑乃有兩城，一爲成周，一爲王城。段玉裁在《説文解字注》中説："漢雒陽縣，周之成周也；漢河南縣，周之王城也。"趙翼在《陔餘叢考·東西周》文中説："武王定鼎於郟鄏，周公營以爲都，是爲王城，則河南也；周公又營下都，以遷殷頑民，是爲成周，則洛陽也。平王東遷，定都於王城，其時所謂西周者，豐鎬也；東周者，王城也。及王子朝之亂，敬王徙都成周。《公羊傳》曰：'王城者何？西周也；成周者何？東周也。'則是時王城爲西周，而成周爲東周矣。"《春秋大事表》說："今河南府洛陽縣城內西偏，是爲王城。"黃以周《儆季雜著土地考》云："昔周公營河南以爲郡，戰國時所謂西周也。又營洛邑以居殷之頑民，謂之成周，戰國時所謂東周也(《通鑑》誤)。成周爲周之下都，又因以王城爲上國，其王城西地，曰上國之地，亦曰上地。"從上面所引各書來看，王城和成周的方位大致明白了。但是我們要知道，王城在西周(宗周)時爲東都，自平王遷都於此，始改稱王城。按王城在洛水之北，古時名爲洛(一作雒)邑；成周在洛水之南，所以稱爲洛陽。關於這一點，讀史的人是不可不知的。

成周和王城的方位，上面已經說了。但是也有人持不同見解，童書業先生說王城爲成周的內城(見《春秋王都辨疑》，載《禹貢》半月刊)，認爲王城和成周是一地，這是值得商榷的。王城和成周是兩地，但在政治上的用途怎樣呢？呂祖謙《大事記題解》曰："孔子序《洛誥》云'周公，營成周'，則成周乃京都總名，河南成周之王城也。洛陽，成周之下都也，王城非天子時會諸侯則虛之。下都則保釐大臣所居治事之地，周人朝夕受之，習見既久，遂獨指以爲成周矣。"實際情況，王城爲王宮所在之地，故周代的統治者爭奪王位，必入王城。成周爲周室宗廟所在之地，其政治地位不如王城之重要。

關於王城究竟在什麼地方，考古研究所在洛陽開展了考古工作。在洛陽西郊的澗水兩岸展開了以尋找王城爲中心的考古工作。經過幾年的努力，找到一座範圍頗大的東周城址，目前正在繼續進行深入的勘察。據考古所一報導說：周王城是經歷一年的工作才從地下重新被發掘出來的。城西臨澗河，每邊長約 3000 米。發掘證明，這座王城在春秋晚期到西漢早期曾經歷了一個繁榮時期。

西周與東周

歷史上爲人所習知的，豐鎬爲西周，平王遷洛後爲東周。而東遷後又有東西周之稱，初學歷史的人常搞不清楚，而史籍上的記載有時也説得欠明白，現將這方面的情況附帶説一下。

東遷後的東西周，成周稱爲東周，其時較早，王城稱爲西周，恐在分治以後，始有西周之稱。分治的情況，《韓非子·内儲説下》云："公子朝，周太子也，弟公子根，甚有寵於君，君死，遂以東周叛，分爲兩國。"《韓非子·難三》又云："公子宰，周太子也，公子根有寵，遂以東州反，分而爲兩國。"韓文説得很簡略，只説分爲兩國，其他未談。《史記·蘇秦傳》："蘇秦者，東周雒陽人也。"《正義》説："敬王以子朝之亂，從王城東遷雒陽故城，乃號東周，以王城爲西周。"這一種説法可以説是韓非子所説的補充，還不是東西周分治。關於東西周分治的經過，《史記》在《周本紀》和《趙世家》中所説的都不很清晰，而《三家注》也談得不明白，所以後代學者作了考證。元人吳澄作有《東西周辨》，他説："東西周之名，蓋起於考王封弟（名揭）於王城，以續周公之官職，是爲桓公，桓公生威公，威公生惠公，以其長子襲爵，仍居王城，是西周武公。惠公又封其少子班於鞏，以鞏與下都在東，故稱東周。"這種説法仍欠圓滿清晰。趙翼關於這一問題也有論述，兹節録之。趙氏《陔餘叢考》説：

平王東遷，定都於王城，其時所謂西周者，豐鎬也；東周者，王城也。及王子朝之亂，敬王徙都成周……是時王城爲西周，而成周爲東周矣。及考王封其弟揭於王城，是爲河南桓公，桓公之孫惠公，又自封其少子班於鞏，號曰東周，則此東周又自西周之王城分出，而並非敬王所都之成周矣。分封於鞏者，曰東周。而河南惠公本在王城，則仍西周之號，此東周西周皆在河南，而周王之都於成周自若也。《戰國策》所謂周王者，都於成周之王也。所謂東周君西周君者，則河南之都於王城及分封於鞏者也。東周謂韓王曰：西周者，故天子之國也。曰故天子國，明乎是時，西周已非天子所都也。顯王二年趙與韓分周爲二，於是東西各爲列國者，即河南之東西周也。而顯王抱空名尚在成周，直至赧王始滅，則仍是敬王所遷之東周也。

對於東西周説解的文章，除了吳澄、趙翼以外，就我所知道的還有鮑彪《國策注》，吕祖謙《大事記》，顧棟高《春秋大事表》，崔述《考信錄》等書中都有論列，而最簡明扼要的是清初顧祖禹（1631—1692）《讀史方輿紀要》中的叙述，該書説："東西（周）之名，前後凡三變。初言東西周者，以鎬京對洛邑而言。中間言東西周者，以王城對成周而言（春秋昭公二十年，王子朝在王城時，謂之西王；敬王居成周，在王城之東時，謂之東王）。最後言東西周者，則以河南對鞏而言也。"

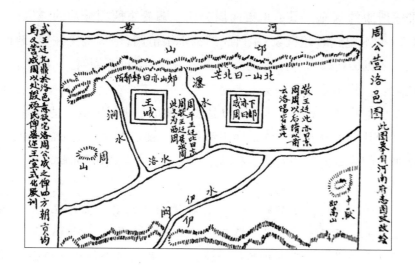

馮永軒　著

馮天瑜　整理

馮永軒集

（下）

荆楚文庫編纂出版委員會

武漢大學出版社

略論封建制度
與井田制度

目　録

引　言

　　封建制度和井田制度古今中外的學者討論很多，但是論者不是墨守舊章，就是大逞己見，到今天沒有一個令人滿意的結論產生，故關於這兩個問題還有鑽研的必要。近來學習社會發展史的風氣瀰漫全國，而封建和莊園是其中的重要問題，尤其是在中國社會發展史中有很多的人不知其究竟，常有將這些問題來問我的，因此，也要研究出來，以供留心這些問題的人參考。"封建"和"井田"有連帶的關係，也可以說是一體的兩面，將這兩個問題合併討論有許多的方便，所以本文名爲"封建制度與井田制度"。

　　整理者按：作者對"封建"的研究完成於20世紀40年代任教西北大學期間，故將此文收入"馮集"。50年代國內普遍學習社會發展史，以《聯共(布)黨史》五種社會形態說爲圭臬。此際作者雖接納五形態遞進說，但始終認定封建的"封土建國"本義，對封建制作階段性辨析，批評郭沫若關於封建社會的泛化且籠統的論說。作者這一觀點在《論中國中央集權專制政體形成的原因》一文中有所伸發。

　　作者對井田制的界定爲"從奴隸社會到封建社會的一種土地制度的名稱"，其前後階段的具體狀態有別——由大地產制向莊園制轉化。

　　作者識"封建""井田"，先遍引相關論說，再斷以己意。

甲 封建制度

一、"封建"得名

"封建"二字，始見於《左傳·僖公二十四年》："周公弔二叔之不咸，故封建親戚，以藩屏周。"又見於《詩·商頌·殷武》："命於下國，封建厥福。"

"封建"二字也可省爲一字"封"，就是分封的意思，例如：《史記·周本紀》："武王追思先聖王，乃褒封神農之後於焦。"就是一個例子。又可單用爲"建"，例如，《詩·魯頌·閟宮》："王曰叔父，建爾元子。"建，也就是封邦建國。

二、封建界說

"封建"二字，解釋的人很多，現在將各家所下的界說，選擇幾種來談一談。許慎《説文解字·土部》説："封，爵諸侯之土也，從之從土從寸，寸者守其制度也。"

孫曜《春秋時代之世族》第二章第一節《封建制度》説："封建者，一姓得王，遍封其宗族及功臣於各處爲諸侯，而諸侯又各於境内分封其宗族及功臣爲大夫，諸侯有國，大夫有采邑，以爲在上者之屏藩，是爲封建制度。"

張蔭麟《中國史綱》第二章第一節《封建制釋義》説："封建社會的要素是這樣：在一個王室的屬下，有寶塔式的幾級封君，每一個封君雖然對於上級稱臣，事實上是一個小區域的世襲政長而兼地主。"《大英百科全書》中亞丹氏(G. B. Adams)謂封建制度有五大原則："一、供屬的關係 二、農民耕地無所有權 三、農民對於地主有各種服役的義務 四、互相間有忠誠及保護的關係　五、雙方合同決定了一切權力關係。"歐人基佐給封建主義所下的界説，和亞丹氏所説的大同小異，現在不必引證了。

郭沫若在《甲骨文字研究‧釋封》中説："是故封建之事，在古本樹畿封，建社壇之意，如今人之所謂殖民，與爵土分封建立屏藩之事有別。"郭氏又在《古代研究的自我批判》中説："古時所謂'國'，本是等於部落的意思，所謂封建藩衛，也不過是建置大小不等的各種殖民部落而已，異姓之國是原有的部落，同姓之國則多係從新建設的。"

侯外廬《中國古代社會史‧自序》説："古書'封建'二字不同於近代語法，封邦一字，乃指築城建國。"

以上所引各説，都有偏於某一面，而没有顧及這個制度的真意義。現在給封建制度下一個明確的界説：

> 封建制度是農民依附於地方(lord，可統稱地主)的一種制度，地主中有王、諸侯、大夫的分別，就是前面所引的寶塔式的幾級封君。也就是説天子于某國(封土，feud good)封於諸侯，這叫做分封(infeudation)，諸侯又收土地分封給他的大夫，大夫所得的叫做采邑(fief)，這叫做再分封(subinfeudation)。土地都爲各級地主所佔有，領得土地的農民，對於地主有各種義務。封建主在他的封土内有無上的威權，農民(奴)要絶對服從和任其剥削，這種制度，就是封建制度。

三、封建制度的起源

"封建"原起，説者紛紛：慎重的人不下判斷，像宋元之際馬端臨《通考序》説的："封建莫知其始也。"有的説起於遠古，如南宋羅泌《路史‧封建后論》中説："封建之事，自三皇建之於前，五帝承之於后，而其制始備。"在《國名紀序》裏又説："列土分茅，自有民始。"清代馬驌《繹史》也是這樣說法，他說："封建肇於三皇，至五帝而制備，歷夏洎商、爰周郅隆，其法尤密矣。"羅、馬兩人所說的純是臆斷，不能令人相信。近人熊得山《中國社會史研究》說封建制度始於夏，也是不可靠的說法。

梁任公先生在《先秦政治思想史》第五章《封建及其所生結果》文中說："后儒多言封建爲唐虞以來所有，其實非也。夏殷以前所謂諸侯，皆邃古自然發生之部落，非天子所能建之能廢之，真封建自周公始。"王靜安先生在《殷周制度論》中有這樣的一段文章，他說："與嫡庶之制相輔者，分封子弟之制是也。商人兄終弟及，凡一帝之子，無嫡庶長幼，皆爲未來之儲貳，故自開國之初，已無封建之事，刓在后世……周人既立嫡長，則天位素定，其餘嫡子庶子，皆視其貴賤賢否，疇以國邑，開國之初，建兄弟之國十五，姬姓之國四十……"王先生在這段文章裏雖没有明說封建制度始於周初，而其意是始於周，梁、王兩先生都主張封建始於周，現在主張這種說法的人很多。

我的見解，封建制度的形成，自有它的步驟，在奴隸制度内部已經孕育了以後的封建生產方法。（見華崗《社會發展史綱》）根據甲骨文的材料，封建制度確是至少發生在殷高宗武丁的時候，如武丁時諸婦被封的有婦姘，婦好，婦姐……諸子受封的有子畫，子宋，子奠……還有封建功臣的。（參考胡厚宣《甲骨學商史論叢·殷代封建制度考》）殷的中葉以后，土地的使用，日漸重要，而封建發生，也是自然的道理，到周初，封建制度已經"郅隆"，其法尤密。這正合乎社會發展的規律。

四、封建制度的特徵

說到封建制度的特徵，有些地方和它的界說相類似，但界說並不能包舉特徵，所以將封建制度的特徵另立一個節目來談一談。郭沫若在《古代研究的自我批判》論所謂"封建"制中說："封建社會是由奴隸社會蛻化出來的階段。生產者已經不再是奴隸，而是被解放了的農工，重要的生產工具，以農業而言，便是土地已正式分割，歸爲私有，而剥削者的地主階層出現；在工商方面則是脱離了官家的豢養，而成立了行幫企業。建立在這階層上面的國家是靠着地主和工商業者所獻納的税收所維持着的。這是我們現代所説的封建社會。"郭説封建社會特徵，驟然一看，覺得是對的，其實犯了籠統而不明確的毛病。封建社會裏有前期後期分別，前期的經濟政治有些和後期不同，那裏像郭先生用極簡單的兩句話就將它的特徵説完了呢！封建生産的徵候約如下述：一，自然經濟的統治。二，直接生産者被分與一般生産手段，尤其是土地，不僅此也，直接生産者且附着於土地。三，農民對地主的人格的依存。（所謂"超經濟的强制"）這一强制的形式和程度是各各不同的，從農奴的狀態起到農民的等級的毫無權利爲止。四，技術之極端低下而墨守成例的狀態，因爲經濟的經營是在小農的手中，此種小農既受窮困所壓迫，又受人格依存和智力愚昧所屈辱。這種説法，不像郭鼎堂先生所説的偏而不全。同是叫着封建制度，但是西歐的封建制多少有點和中國不同。上説是在一般意義上論"封建制"的。

封建制度的特徵不可籠統的説，分成幾個階段來講，較爲合理。像西歐的封建制度的發展，初期是自然經濟盛行，家庭工業附屬於農業；中期是城市與鄉村分離，在政治關係上，封建割據盛行；末期是君主專制主義時期，這時封建制已成生産力發展的障礙，就到解體的時期了。各期的生産力和生産關係多少都有點區別，籠統的説，不足以表現它的特徵。

乙　井田制度

一、井田制度的有無問題

近二十年間，關於井田制度的有無問題辯論激烈，胡適之主張我國沒有施行過井田制，他給廖仲愷的信中説："不但'豆腐乾塊'的封建制度是不可能的，'豆腐乾塊'的井田制度也是不可能的。井田的均產制乃是戰國時代的烏托邦。戰國以前從來沒有人提及古代的井田制。孟子也只能説'諸侯惡其害己也，而皆去其籍'。這是'託古改制'的慣技。韓非所謂'無參驗而必之'就是這一種。此外如《詩經》的'雨我公田''南東其畝''十畝之間'，似乎都不是明白無疑的證據。……"

除了胡適之不承認古代有井田制度，郭沫若從前也有這樣的主張。他在《中國古代社會研究·周金中的社會觀》第三節《周金中無井田制的痕蹟》中説："井田制是中國古代史上一個最大的疑問。……周金中有不少的錫土田或者以土田爲賠償抵債的記錄，我們在這裏面卻尋不出有井田制的絲毫的痕蹟。"郭先生最後很堅定地説："周代自始至終並無所謂井田制的施行。"過了十幾年後，他又肯定周施行過井田制，在《古代研究的自我批判》中説："這個問題，在前被人否定過，也被我自己否定過的，現在我卻要肯定它，而且認爲這是解決殷周社會組織的一個極重要的關鍵了。我也算經過了十五年的探討而來，決不是一時的心血來潮，爲了要自圓其説，而任意的翻云覆雨。井田制是斷然存在過的，我們可以得到很多的證明。例如田字本身便是一個證據，這個象形文是有圖畫價值的，古代必然有過豆腐乾方式的田制，才能夠產生得出這樣四方四正，規整劃分的田字。田字在甲骨文字裏面已經就是這樣，幾千年來都沒有改變。"

我是主張古代有井田制的，下面略陳理由。

二、論井田制的本質及其起源

井田制度有些人承認在古代曾施行過的，但它究竟是一種什麼制度，論者的意見又不一致。

有主張井田是均產制度的反映。

廖仲愷答胡適之信中說："井田制度我假定它是上古民族由遊牧移到田園，由公有移到私有當中一個過渡制度。以社會進化的程序看來，在先生所謂'半部落半國家的時代'這種井田制度不只是可能的，而且是自然會發生的。試考究歐洲古代'均地制度'（Agrarian System）的沿革，和經濟農政學者對於土地公有私有問題互相聚訟的學說，便曉得中國古代的井田制度似乎不是可以理想否認的事。……"

廖先生主張井田制就是均產制度，他的文章很長，這裏不多引證了。梁任公先生在早年也有這樣的主張，他在《讀孟子界說》中說："井田爲孔子特立之制，所以均貧富。《論語》所謂'不患寡而患不均'，井田者，均之至也，平等之極則也。"

有以"井田"是土地共有制的。

主張這種說法的胡漢民在答胡適之信中說："井田制是中國古代土地私有制未發生以前的一種土地共有制。——這不是土地私有制發生後的均產制，我們應該分別。"又說："井田是計口授田，土地公有，古代相沿的一個共產制度。"郎擎霄《中國民食史》中也是這樣的主張，他說："中國古代井田之制，即現世社會主義家所謂之土地公有法。"

柯金以井田爲公社的耕地，他在《中國古代社會》第四章《土地之分配及稅制》中說："井田的實質是什麼？公社的耕地之一塊地，由公社耕種，其生產物則繳給上層……所以井田制度——這是在中國存在了好幾世紀的土地分配制度。根據其社會的實質言，'井'是比鄰而居的公社，以家庭的分地及公田之存在爲前提，在經濟上差不多是滿足自己一切需要一個獨立的小世界，土地之耕作是應分的而且有嚴格的規定。同時

'井'——公社——是賦稅的單位，而且是行政的及軍事的分配之基礎。"

以上的這些說法，也有人反對，羅竹秋在《中國古代土地制度之研究》中説："我國周代土地既非私有，亦非共有，復非不定的占有，又非分散的占有，只一處劃爲一區，而且各田畝間設有道路溝洫，就是耕作的强制，也似乎没有實行的必要……其外形，也頗與古代德國的馬克共同團體相類似，但考其成立經過和根本精神，則大有差異……"

有以井田是莊園制度的。

劉大鈞《中國古代田制研究》説："蓋封建之世，民不得私其田，不獨中國爲然，歐洲中古亦復如是。歐洲之封建田制（Feudal Manor System）實可與我國井田法互相發明。田地爲邦主（Feudal Lord）之所有，按時授之於民，一夫若干，皆有定數，一也；田有一易，再易（two-field and three-field system）之分，一易者倍之，再易者三之，與《周官》大司徒制地域之法同，二也；田以外復授以萊，爲牛馬牧地，唯不按口分給，《周官‧遂人》則一夫授田五十畝至二百畝，三也；人民以收入之一部與邦主，名若賦稅，實爲田租，其供教會之用者，且從什一之制（tithe），四也；人民納租之外，更必計日服役，戰時則爲君前驅，五也。……"

吕振羽《中國社會史綱》第二卷《莊園制度的成立和其組織》説："周初革命集團運用其革命政權，把殷代的國有土地宣佈爲'王土'，這是他們第一個重大的措施。……這個措施的重大，即在於摧毁了奴隸主統治的社會基礎，鞏固了革命的基礎。他們怎樣去建立新的土地秩序呢，殷的國有土地是存在於一種村落公社即'邑'的區分形態下，在公社内存在着貴族下層自由民和奴隸之階級的生産組織。周朝新國家的王以這種土地去分賜其左右和其臣屬，也是依照着原來土地區分的形式去行使的，並不是把原來的公社即'邑'的土地組織分裂。……受有'田''邑'的王的左右，又以之分賜其自己的左右。……原來公社的政治機構，現在則移入新的土地所有者手中，便轉化而爲領邑的政治結構。……周代國家新統治者，一方面又以這種新社會的政治的經濟的組織原理，適應到其自己社會原來的組織上去，把其自身的原來氏族社會，也引向封建主義的莊園制度轉化……一方面，他們政治力量所達到的區域，或者在影響下面成長着新的因素，漸次轉化爲莊園制度的組織，或照樣，去直接建立封建莊園制……孟軻所解釋的'井田制度'的内容——無論在土地分配上，生産組織上，便完全符合於初期封建時莊園制的内容。"

郭沫若反對井田制是莊園制，他主張井田是奴隸社會中的産物。在《古代研究的自我批判·施行井田的用意》一節中説："爲什麼要施行這樣豆腐乾式的井田呢？這顯然是由於兩層用意所設計出來的：一是作爲榨取奴隸勞力的工作單位，另一是作賞賜奴隸管理者的報酬單位。"又説："要之孟子式井田制不能認爲莊園。土田雖見分割，並非私有……不能認爲封建制的特徵。""這三個字(初税畝)，這的確是井田制的死刑宣佈，繼起的莊園的湯餅會。"

梁任公先生晚年對於中國古代的田制有進一步的研究，他在《先秦政治思想史》第八章《經濟狀況之部分的推想》裏面説："吾儕所最欲知者，古代田制——或關於應用土地之習慣——變遷之蹟何如。凡社會在獵牧時代，其土地必爲全部落人所公有。如現在蒙古、青海皆以'某盟某旗牧地'爲區域名稱，即其遺影也。蓋獵牧非廣場不可，故地只能公用而無所謂私有。及初進爲農耕時，則亦因其舊，以可耕之地爲全族共同産業。《詩·周頌》云：'貽我來牟，帝命率育。無此疆爾界。'(《思文》)此詩歌頌后稷功德，言上帝所賜之麥種；普徧播殖，無彼我疆界之分。最古之土地制度蓋如是。其後部落漸進爲國家，則將此觀念擴大，認土地爲國有。故曰：'普天之下，莫非王土。'(《詩·北山》)此種國有土地，人民以何種形式使用之耶？據孟子云：'夏后氏五十而貢，殷人七十而助，周人百畝而徹。'(《滕文公上》)孟子所説，是否爲歷史上之事實，雖未敢盡信，但吾儕所能以情理揣度者：一，農耕既興以後，農民對於土地所下之勞力，恒希其繼續報酬，故不能如獵牧時代土地之純屬公用，必須劃出某處面積屬於某人或某家之使用權。二，當時地廣人稀，有能耕之人，則必有可耕之田，故每人或每家有專用之田五七十畝乃至百畝，其事爲可能。三，古代部落，各因其俗宜以自然發展，制度斷不能劃一。夏殷周三國，各千年世長其土，自應有其各異之田制。……大抵三代之時，原則上土地所有權屬於國家，而使用權則耕者享之。國家對於耕者，徵輸其地力所產什之一或九之一。此所徵者，純屬公法上之義務，而非私法上之酬償。除國家外，無論何人，對於土地，只能使用，不能‘所有’也。然而使用權享之既久，則其性質亦漸與所有權逼近矣。故謂古代凡能耕之民，即能‘所有’其土地使用權，亦無不可。換言之，則謂土地私有制在事實上已成立，亦無不可。惟使用權是否可以買賣，史籍中無明文可考。……其後土地私有制又換一方向以發展焉。夫所謂‘普天之下，莫非王土’者，本屬公權的意味。質言之，則土地國有而已。雖然，事實上既以君主代表國家，君與國易混爲一談，寖假而公權私權之觀念亦混，於是發生一種畸形的思想，認土地爲天子所有，天子既‘所有’此土地，即可以自由賜予與人，故用封建的形式，‘錫土姓’（《書·禹貢》文），‘錫之山川，土田附庸。’（《詩·閟宮》文）是即天子將其土地所有權移轉於諸侯也。諸侯既‘所有’此土地，又得自由以轉賜其所親暱，故卿大夫有‘采地’有‘食邑’……是即土地所有權移轉於諸國之臣下也……”

關於井田制度起源的主張，古今中外研究中國古代史的人意見也極不一致。《文獻通考上》（卷一）説“黃帝經土設井，以塞爭端，立步制畝，以防不足。使八家爲井，井開四道，而分八宅，鑿井其中。……”《玉海》引李衛公問對也説：“黃帝始立邱井之法，井分四道，八家處之，其形井字，開九方焉。”

主張井田制度始於殷代的人很多。因孟子説過“殷人七十而助”，這就是井田制度的證據，朱熹《孟子集注》説：“商人始爲井田之制，以六百三十畝之地，劃爲九區，區七十畝，中爲公田，其外八家，各授一區。”柯金在《中國古代社會》中也説：商是井田制創始者的一個侯國。也有説中國的井田制度是來自巴比侖的。郭沫若在《中國古代社會研究》中説：“小川博士所述據云係據安培爾（G. Humbert），魯諾曼（L. Lenormant），加尼亞（Cagnat）諸氏之研究，及斯丟瓦特約翰司

（Stewart Iones）著《羅馬史之友》。……然由上簡略之撮述，亦可得一個重要的暗示。大抵古代田制或有與羅馬制度相彷彿之處，故先秦學者始據以創立井田說，且此事亦關於人種問題，殷周均西來，周人曆法月行四分制與西方之週法相類，則古代東西民族早有文化上之交通，殊屬意中事。羅馬制度恐亦不必起源於羅馬，其濫觴或當求之於巴比侖……”關於井田制的本質，上面所引的幾個人的主張，有的純屬於臆測——像均產說，公有說；有的說法是當然而不是所以然——像郭、呂二人的言論；又井田的起源各說，不是略而不備，就是矜奇立異。現在關於這兩點，作比較詳盡的討論。

土地的使用，在原始社會裏已經有了，到奴隸佔有制中，它在生產方面就比較重要，到封建社會，土地是主要生產資料。恩格斯在《家族私有財產及國家的起源》第六章《羅馬的氏族和國家》中說：“土地共有，這在原始時代，自部落所有的土地實行分配的時候起，是常有之事。在拉丁各部落中間，我們看到，土地一部分爲部落所有，一部分爲氏族所有，一部分爲個別農戶所有，那時個別農戶尚未成爲個別家庭。”又在第七章《克勒特人及日耳曼人底氏族》中說：“自證明差不多一切民族都有過氏族底共同耕地，以及以後共產主義家族公社底共同耕地以後，自證明這種共同耕作被土地底分配於各個家族及其定期重行分配辦法取而代之以後；自從確定這種耕地底定期重行分配辦法，在日耳曼本國有些地方，直至保存到今日以后，甚至關於這個問題就不用再提了。”這是恩氏說土地在原始社會裏的情況，在奴隸社會中土地又怎樣呢？恩氏在前書第八章《日耳曼人國家底形成》中說：“農業在全部古代世界是個決定的生產部門，現在牠又獲得了以前的意義。在意大利，那從共和制末期起就包括了差不多全部領土的大莊園制（Latifundium，應譯爲大地產，不可叫做大莊園制——引者注）已用二種方法來利用：或者當作牧場，在那裏居民被牛羊所代替，看管牛羊，僅用幾個奴隸就行了；或者當作別莊，那裏用大群奴隸，從事大規模的園圃工作，半供主人奢侈之用，半爲向市場出售。”這是奴隸社會中的土地的情況。由原始社會到奴隸社會的土地的使用説了一個大概，而對於封建時代的莊園制度，曾少提及。我再將奴隸時代的大地産和封建時代的莊園制度興起與組織作稍詳的補述，拿來作爲我國的井田制的參考。這樣一來，井田制的有無及其本質和起源諸問題都可迎刃而解。

大地産（Latifundium）是土地集中制，在奴隸社會裏是必然的發生。考茨基在他所著的《基督教之基礎》第二篇第一章《蓄奴制度》中説：“我們便在羅馬帝國中有看見一種與近代經濟程序極相類似的經濟程序：小工業日趨衰落，大規模的生産日漸發展，大地産則擴大得更快。……波爾曼 Pöhlmann 在所著《古代共産及社會主義史》中曾由僞著昆體良‘講演錄’引及一段‘貧民反對富人的哀詞’，這段話把大地産發展的情形敍述得非常精到。……那個農民歎道：‘我並非常常都是富人的鄰人。有一個時候，住在我四週的農場中的都是獨立的農民，他們是同等富有的人，他們很和藹地耕着他們的小小的田土。現在便大不同了！舊日供養這一切公民的土地，現在已變成一幅大規模的耕地，而爲一個富人的所有品了。他的地産已向着各方面而發展；他所吞併了的農民家宅已被拆毀，各種祖先神像已被破壞。從前的地主已不能不別離他們的祖先的神靈而帶着妻子搬到別處去。在這幅廣大土地上的工作是一種統一的偉大工作。無論在什麼地方，財富都好像用一壁墻圍着我的樣子。這裏有富人的花園，那裏有他的田土；這裏有他的葡萄園，那裏有他的樹林或草地。我原本也是想離開此地的，但我卻找不到一處没有富人爲鄰的地方。因爲有什麼地方不是富人私有地産呢？……”同書第二篇第二章《國家的生活》中又説：“高利貸資本和大地産又往往有極親切的關係。”這是大地産在奴隸社會中發展的情形。殷格蘭姆在他的《奴隸制度史》第三章《古羅馬的奴隸制度》中也説：“田園地域之顯著的擴張——大地産（Latifundia）的發生——遂使主人不能知道他的奴隸，奴隸是否有爲其目的而勞動的意思，主人也不得而知。有效果的監督竟也因監視人而更爲不易了，於是遂用鎖將奴隸鎖縛起來。……”

大地産不僅在羅馬有，在迦太基也有。考茨基説：“迦太基也藉航業而變成了偉大和富有；迦太基所出産的是水手，而不是農民。牠所發展的不是一種農民經濟，而是利用廉價的俘虜奴隸的大地産制度，和小規模的採礦事業。"（見所引前書第二篇第二章）

大地産是奴隸主所有，是貴族私有土地，而土地内的行政權是屬於土地所有者的。這種土地制度分爲兩種：一爲田莊（villa），是貴族（奴隸主）的直轄田地；二爲佃租地。田莊又分爲兩種：一是別墅（Villa Urbana），在都市之内，是貴族的邸宅；一是農莊（Villa Rustica），以耕地爲主，這兩種都使用奴隸。佃租地則佃租給 Kolonus，其報償則爲租税與力役。奴隸主把一切工作委在奴隸身上，而自己在都市別墅裏，過其驕奢淫逸的生活。

奴隸社會中的土地制度大概就是上面所說的，郭鼎堂説井田是奴隸時代的産物，這話是對的，在大規模的耕着，其中阡陌縱橫，這是當然的事，而一塊的大小，看牠的所處的地方而定，未必定一塊爲某千畝了。我國殷商是奴隸社會，這是大家所共認的。殷代農業發展究竟怎樣，治中國古代史的人主張又不一致了。

郭沫若在《中國古代社會研究·導論》中説："商代的産業是以牧畜爲本位。"在《詩書時代的社會變革與其思想上的反映》中説："殷代末年是牧畜最發達的時期，也是農業已經發現了的時期。"郭氏這種論調很多，我不多引了。侯外廬在所作《中國古代社會史》第二章裏也説：根據文獻提出的公式，殷代似留在野蠻末期的畜牧兼栽培階段。郭、侯兩人的説法，我不贊同。我的主張是：

盤庚以前是以牧畜爲主要的生産，農業副之；盤庚以後，農業是主要生産，牧畜副之，關於這種史料，在古書和古文字中證據極多，不必多説了。殷代末期既是農業已經發達，按着社會發展的規律來説，像羅馬的大地産制度的産生乃是應有的事。有人説井田制是創始於殷人，徵之於事實，是千真萬確的。殷時的井田制與羅馬的大地産是名異而質同的一種制度。説它是自西方巴侖來的，是爲無稽。奴隸社會的末期，生産力和生産關係發生矛盾，奴隸不堪受奴隸主的壓迫和剝削，及周武王渡河北伐，殷紂的奴隸軍隊倒戈降周，殷代奴隸社會滅亡，代之而起的，卻是農奴主對於農奴的剝削的封建國家。因奴隸的怠工，生産低落，有些奴隸主自願將土地租給農奴耕種，生産可以增加。而奴隸社會中的大地産制度轉化爲莊園制度，這是極自然的事。有人説奴隸社會中的大地産是中世紀莊園(Manor)的先驅，而 Kolonus 是中世紀的農奴(Serf)的先驅，可知先後的脈絡關係了。周朝繼殷商而統治中國，實施封建制度，而封建制的領主，就徧佈各地了。由大地産轉化爲莊園制度。

何炳松所編譯的《中古歐洲史》當中有一段話："吾人欲明中古貴族之地位及封建制度之起源，不能不先知當日地主之狀況。當沙里曼大帝時代，西部歐洲一帶，地多分裂而爲鉅大之地産，有着羅馬時代之 Villas。此種分裂之由來，已不可考。此種鉅大之地産，亦名曰封土(Manor)。(即莊園——引者注)類似佃奴種之，終身不得離其地，並受地主之約束。同時佃奴並須代種地主之私地，凡地主及佃奴日用之需，皆取資於封土。……"這就是由大地産制度轉化爲莊園制度的確證。我國井田制度是從奴隸社會到封建社會的一種土地制度的名稱，不過其含義有先後的區別罷了。

總之，封建制度和井田制度都是創始於殷，到周代稍微變質并着力施行，這是社會發展規律無庸置疑的事。

論中國中央集權專制政體形成的原因

王靜安先生在他所作的《殷周制度論》裏面説："中國政治與文化之變革，莫劇於殷周之際。"王先生説了很多的事實，以殷周之際，是舊制度廢而新制度興。但舊制度和新制度是什麽，王先生僅舉出些上層組織，而最基本的經濟情況没有説出來。而殷周之際劇烈的變革，用社會的發展來説，就是奴隸社會的崩潰，新封建制度興起的變革。凡是社會發展到從這一種生產方式變到另一生產方式，變革當然是劇烈的。秦統一六國，建立了中央集權的專制政體，這是一個重大的變革。像郡縣制度替代領邑制度，佃農制度替代農奴制度，官僚制替代等級從屬制等，這也是舊制度廢而新制度興的一大變革。它變革的原因雖不是由這一樣生產方式轉到另一生產方式，但它是由封建制進到君主專制政體。經濟基礎上也有些變化，秦自商鞅變法後登庸不以門第而以戰功，貴族之特權已去；新貴不與之采田而與之實禄米，新貴亦遂爲君主之雇員，而無舊日之威勢。政權漸集中於君主，此由封建制度而專制制度之一重要關鍵也。所以説秦代也是中國政治與文化變革的劇烈的時期。

秦始皇帝的統一六國，開從古以來所没有的中央集權制，那些唯心論的人説嬴政的功成業就，不是説由於他有過人的天才（見勞幹《秦漢史》），就是他的成功是由於天助。（見《史記·六國表序》）還有人説秦的統一，是由於先秦學者統一學説的效果，關於這一點，那些人以這種理論大肆鋪張，説儒家、道家、墨家、法家都有這類思想，尤以法家主張帝國的統一，武力的統一，秦就是以這種手段完成中央集權的。（見梁任公先生《先秦政治思想史》）又有些機械唯物論者説封建社會以後，曾經有過商業資本時代，外國的社會學家有這樣主張的，中國研究社會史的人有不少的盲從附和，説秦的中央集權專制政體的形成，就是商業的發達。陶希聖在他的《中國政治思想史》第二册第一章一篇《統一國的條件與性質》説：

拉狄克在中國歷史之理論的分析中説：當封建末期由封建社會產生一種新的商業資本階級，秦朝的政權就建築在這種階級上的，同時，依靠它以反對一切舊的封建勢力。

由封建經濟的分權國家轉化爲奴隸經濟的統一集權國家，以秦爲初次的了，自足自給的莊園制已開始分解於春秋的末期。代之而起者乃是奴隸經濟及分散獨立小農經濟，獨立經營小農場的農家與商業都市相接觸，有如前章所詳述。由是農村經濟愈倚賴於商業都市……商業經濟使各地漸互相倚賴，這就是統一國家可以成立的一個重要條件。

李麥麥在《中國封建制度之崩潰與專制君主制之完成》中説：

……在新的經濟關係上使小諸侯有併吞小諸侯的可能，春秋時代七十余國的小諸侯便不斷地爲大諸侯所兼併。迄至戰國只有十幾國，到戰國末，關東以外祇有六國了。中國的封建諸侯不斷地爲大諸侯所兼併，即表示中國的商業資本不斷的勝利。商品經濟需要的是全國的統一的市場，牠必須根本消滅封主的統治，且要肅清牠們到最後的程度。因此，歷史便擁戴出一個商人的兒子秦始皇出登中國歷史舞臺，來完成他空前未有的歷史任務。

呂振羽在《秦代經濟研究》（見《文史》一卷·三號）中説：

……再説回到商業資本，秦始皇的統一，商業資本在其對商路的要求上，大概曾盡了一個相當的作用。

以上所引的幾家的文章，都是以商業資本發達，是統一國家形成的原因。這理由雖不必完全否認，但不可認爲是決定統一的唯一的因素。柯金在《中國古代社會·論亞細亞生產方法》中説：

造成亞洲專制政體的時期，是自然經濟的時期，當時交換只限於剩餘品，當時一切都是爲滿足生產者自己的消費而生產。顯而易見在這一時期，商業在國家統一中並不是決定的因素。……在中國我們看到發達的商業較國家統一爲晚。但是這並不是説，商業不曾有過，牠在發展的不十分高的階段上，爲的是要在造成國家的統一起著決定的作用。……

姜蘊剛《中國古代社會史》第四章第二節《政治尊嚴論》中也説：

　　秦始皇帝之種種做法是政治的，許多人誤會秦之統一，也是商業的政治，這是絕對的錯誤。

戰國時代商業已很發達，這是事實，但商業發達的是東方各國（像齊的臨菑，吳國的故城，其大幾等於今日的北京，魏的大梁，趙的邯鄲都是著名都市），而西方秦國雖有商業發生，在國家生產方面，倒是以農業爲主，要説秦的統一，是商業資本的緣故，這是很機械的以歐洲社會發展的公式來套入中國，實在太勉强了。

有人說灌溉事業是中國集權專制的國家發生的原因。主張這種説法的雖是指着古代的，但我國的真正集權政治是從秦始皇起，事實上就是指着秦朝而説的。

黑格爾、瓦爾加、馬札爾、威特福格爾（Wittfogel），諸人都是這種主張。

普列漢諾夫給邁其尼柯夫書中説：

　　進行這種（灌溉）制度的中央政權獲得很大的勢力，並且成爲專制的政體。

馬札爾也有這樣的理論。日本的法西斯主義的秋澤修二也認爲“人工灌溉”是規定中國“中央集權”及“官僚體制”統治的另一“要因”。

　　水的問題是中央集權國家形成的原因，這理論已早爲人所不愿提及了，這裏不批判它。

　　馬克思在他給查蘇利奇的信中這樣説過：

　　　　正是此種孤立——這一公社與别公社缺乏生活間的聯繫，這種限於一地的小世界，在他存在的地方，到處都在公社上生長出多少集中的專制政體。

　　恩格斯在《反杜林論》中也説過：

　　　　古代的公社，祇要在他們繼續存在的地方——從印度到俄國——都構成最殘酷的國家形式——東方專制政體的基礎。

　　恩氏又在《論俄國社會的發展》中説："祇要是在這樣的社會形式（公社）佔優的地方，他便常常造成了專制政治。……"

　　因爲馬、恩有這樣的言論，於是就以這一理論定爲是中國的集權國家形成的原因。日人秋澤説："關於中國集權的專制的統治之第一個根本規定的要因，是中國農村社會之根本特徵的農村共同體，及與農村共同體的關係相關聯的那種父家長制的諸關係。""中國社會經濟之一個重要的特徵的農村共同體，又是父家長制存在的基礎，從而也就是中央集權的專制主義的一個基礎。"呂振羽説："所謂農村共同體，在中國自春秋以後，就成了僅存的殘余。"（見《殷周時代的中國社會》）拿這種理由來説明中國的中央集權專制國家的形成也是不充分的，不必多説了。

　　有人以秦的中央集權的形成，是奴隸制的復活。郭沫若在他的《十批判書》中《呂不韋與秦王政》節裏説：

　　　　呂不韋是代表著新興階層的進步觀念而企圖把社會的發展往前推進一步的人，秦始皇則相反，他是站在奴隸主的立場，而要把社

會往後扭轉，事實上他是成功了一忽，他創造出了一個短時的大奴
隸制的中央集權社會。……因此，秦始皇時代實在是奴隸制的大逆
轉。

郭先生這一些話，驟看起來很覺新奇動人。秦始皇時代是不是一個
奴隸制的時代，很成問題。並說："他是成功了。"一制度倏然而來，倏
然而去，於理難通。

有人説外族的侵略，是促進國家集中的原因。柯金在他的《中國古
代社會‧論亞細亞生產方法》中説：

農作人的周圍——以河水灌溉的區域周圍——住居有牧畜的民
族，易得利益的可能性常常引誘他們，他們看見鄰近的農業國家內
那種資金，他們可以從牠裏面得到生存的資料，當他們因爲種種原
因感到他們的經濟的生產品不夠的時候。……中國印度及埃及也描
畫給我們一樣的情景。這種情景便造成自衛之必要，而這種自衛的
機能不是個別的公社所能擔負的。自然，這並不是"最終的"原因，
這一進步的因素，雖沒有最大的限度，然而總是促進了國家的集中。

柯金的這段話，雖不是指着秦朝的統一六國就是這樣的。然而他的
這種言論很容易被人認爲是秦統一的原因。日本的白鳥庫吉在他的《蒙
古史研究序》裏就有這樣的主張，節錄如次：

漢土文化不起於氣候温暖之南方揚子江方面，實起於北方黃河
流域，是何故乎？蓋此流域之地質爲黃土，最適於耕作。又在輸入
西域文物上占最便利之地位。且此方面，北接蒙古沙漠，不絕受戎
狄之侵害。因其刺戟與壓迫，故漢人社會，早能結合；而文化自煥
發於其間。當戰國時代，燕趙秦三國各築長城於此境，以防胡貉。
秦始皇既滅六國，即犧牲無數之人力與財力，以築萬里長城。由是

觀之，漢人如何以防備北邊爲國家要務，亦可見矣。秦始皇帝統一中國之後，未幾冒頓單于起於朔漠，建匈奴帝國。……以與中國相對，實東洋史上之壯觀也。匈奴之統一，雖亦與秦漢相同，亦有内部原因，但大局上觀之，南北二國之競爭，實其主因。漢人爲防禦計，匈奴爲侵略計，各謀國家之團結，以求生存也。

拉狄克在《中國歷史之理論的分析》中說：

中國國家是在農民與游牧民族鬥爭中而産生的。

沙發諾夫說：

游牧人的干預，總常常發生在中國封建制度自身不能立足的時候。

馬札爾也這樣主張。

白鳥庫吉的理論和柯金、拉狄克、馬札爾是相同的，他們都以秦的統一中國是有外患的侵略爲其主因，這話是不正確的。

有人說秦的統一，是僻處一隅，而無後顧之憂的地理原因，以秦佔有關中的建瓴之勢，所以能統一天下，地理原因不是說完全沒有，而若以純粹地理的原因爲決定性的來說是不足以解釋的。又有人說"主要的原因還是人的關係：就是說人才，人定下的制度，人保持着的傳統思想，與當權者的氣魄"。（見黎東方《先秦史》）這些也不足以爲秦統一六國的全部原因。

秦的統一六國，而建立中央集權的專制政體的原因，就經濟方面說，中國自春秋戰國以後，封建領主破產，土地轉入新興地主手中，農奴變成可以出賣勞力的農民，商業也很發達，富商和新興地區都成爲新的統治階級。在政治上，新興官僚代替世襲的貴族。秦地不惟沃野千里，且東通三晉，西南緊接隴蜀，交通便利，貨物雲集。自鄭國渠開成後，水利大興，農業甲於各國，自經商鞅變法後，民風大變，荀卿說：“入境，觀其風俗，其百姓樸，其聲樂不流汙，其服不佻，甚畏有司而順，古之民也。及都邑，官府百吏肅然，莫不恭儉敦敬忠信而不楛，古之吏也。入其國，觀其士大夫，出於其門，入於公門，出於公門，歸於其家，無有私事，不比周，不朋黨，倜然莫不明通而公也，古之士大夫也。觀其朝庭，其間聽決，百事不留，恬然若無治者，古之朝也。”我們看了這一段文章，就知道秦國的習尚勤奮整肅，確是蓬蓬勃勃的新氣象，山東的腐朽政治，那裏能和有朝氣的秦國相抗衡呢？

社會的發展主要的原因決定於經濟的條件，其次的是軍事、政治、文化……其他條件，所以如此發展，都是受經濟條件影響而成的；但這些受經濟條件影響所形成的各條件，也反過來或多或少的影響經濟的發展。

葛烈柯夫等提出問題：“爲什麼在具有重大的封建制度殘餘的和具有微弱的資本主義因素的民族中仍然形成了中央集權國家呢？”作者指出國防底利益作爲一個加速中央集權國家形成的條件。在匈牙利、奧地利和俄羅斯，早在資本主義關係戰勝以前便已形成了中央集權的國家，抵禦土耳其人、蒙古人和其他東方民族底侵略的國防底利益是需要有能力制止侵略攻勢的中央集權國家底立即形成的。

近人吳景超以爲“士對於創造君主集權國家及打破封建社會的貢獻，實無懷疑”。

茨凡特可夫和阿累波夫把事情描寫成這樣，仿佛主張國防利益是創造中央集權國家的主要條件，而事實上，中央集權國家之形成過程在自衛需要底影響下的加速，在任何程度上也沒有排除經濟因素。在拔都侵入俄羅斯領土之前，難道俄羅斯人沒有意識到自衛底需要嗎？我們可以不懷疑，關於政治統一底益處和封建割據底害處，那時候的俄羅斯人不是不知道的，《伊戈公出征歌》的作者號召一切封建公國趨向團結，並帶着悲哀情調確認着一件事實，這便是“王公分道揚鑣”的事實，可是統一没有實現，於是俄羅斯便受到韃靼的長期束縛。在十四世紀末特别是在十五至十六世紀，就不是這樣了。封建制度還没有根除，而中央集權國家卻已鞏固，並在十六世紀得到了巨大的力量。這是爲什麽呢？因爲在封建割據的俄羅斯底各部分之間經濟聯係已經成熟，國內市場已經長成，而最後則變成全俄羅斯的市場。這說明，資本主義還没有發展起來，它可能剛剛産生，而國防底利益是需要有能力制止侵略攻勢的中央集權國家的支撑，但中央集權國家的建立，根本在於社會經濟的驅動。

整理者按：本文值得注意的關鍵處在於，作者將"封建制"與"君主專制政體"加以區分，指出從封建制轉化爲中央集權專制政制完成於秦統一六國，内容包含郡縣制替代領邑制，佃農制度替代農奴制度，官僚制替代等級從屬制。並稱"由封建制度而專制制度"是"舊制度廢而新制度興的一大變革"。這是對於將秦以降稱封建社會的泛化封建觀的救正。而此文撰述，正值泛化封建觀盛行之際，昭示其獨立特行之學術精神。

中國史學史

目　　録

本書之內容

  史學史，乃研究史學發展歷史的學問，吾國往昔無此著作。近年雖漸有是類書出，而精美之作，仍未一見。梁任公先生有纂中國史學史之意，惜未竟其志而卒。梁先生在其《中國歷史研究法補編》中提出史學史的做法："中國史學史最少應對於下列部分特別注意：一、史官，二、史家，三、史學的成立及發展，四、最近史學的趨勢。"

  余之此編中，於"史官"一端，蓋闕而未論，因於《史學通論》中敘述之矣。至如"史家"，吾雖未專門立論，而於講某史籍時而其作者之事蹟，並述及之。又若"史學"的發展，余於史籍的形成及演繹中言之。近數十年來，吾國治學風氣丕變，尤於史學方面，更月異而歲不同。最近史學工作之成就及趨勢，不可忽而不言。就各家分類視之，史學種類固為繁多，然正史、編年、紀事本末三種尤為重要。① 余於此三者，詳加討論，而其它史類，或約略言之，因內容過多，恐不能授完者也。

---

① 黃宗羲《談孺木墓表》云："史之體有三，年經，而人與事緯之者，編年也；以人經之者，列傳也；以事經之者，紀事也。"

史籍之種類

中國史學史者，乃闡述吾國史學演變之學也。學者欲悉其原委，首須於汗牛塞屋之群書中，知何爲史籍。是者若明，進而探究其種類及演化歷程，逐類研討，而史學史之真諦即得矣。

吾國昔賢不重分類，史籍爲經部之附庸，清人錢竹汀《元史・藝文志・序》云："自劉子駿校理祕文，分群書爲七略。""曰六藝者，經部也；詩賦者，集部也；諸子、兵書、術數、方技，皆子部也。《世本》《戰國策》《楚漢春秋》《太史公書》《漢著記》則入之《春秋》類；《古封禪群祀》《封禪議對》《漢封禪群祀》入之《禮》類；《高祖傳》《孝文傳》入之《儒家》類。是時固無四部之名，而史家亦未別爲一類也。"

史籍在魏晉以前，均書歸經部，自荀、阮二氏出，始經史分立。宋王應麟《玉海》曰："歷代國史，其流出於《春秋》。劉歆叙《七略》，王儉撰《七志》，《史記》以下，皆附《春秋》。荀勖分四部，《史記》舊事入丙部，阮孝緒《七録》，記、録、紀、史、傳，由是經與史分。"後之學者，又有謂史之範圍甚廣，宇宙間之書，無不可目之爲史。若章實齋《文史通義・易教上》曰："六經皆史也。古人不著書，古人未嘗離事而言理，六經皆先王之政典也。"又《報孫淵如書》曰："盈天地間一切著作皆史也。"

上述諸説，衡之於理，未爲不當。若以學術分類言之，則陷於馬虎不清矣。晚近西歐學術昌明，其分類法，至爲精密，可爲他山之助也。吾國史部分類，各家意見極不一致，兹録其最習見者，以明其概。

《四庫書目》之分類(十五目)

正史　編年　紀事本末　別史　雜史　詔令奏議

　　　　傳記　　史鈔　　載記　　時令　　地理　　職官

　　　　政書　　目録　　史評

《書目答問》之分類(十四目)

　　　　正史　　編年　　紀事本末　　古史　　別史　　雜史　　載記

　　　　傳記　　詔令奏議　　地理　　政書　　譜録　　金石　　史評

梁任公先生之分類(十目)

　　　　正史　　編年　　紀事本末　　政書　　雜史　　傳記　　地理

　　　　學史　　史論　　附庸

　　史籍的編纂，因時而進，先秦出現之《書》爲最早的記言史籍；《春秋》爲傳世最早的編年史籍，闡發者有《春秋左氏傳》《春秋公羊傳》《春秋穀梁傳》；《國語》《戰國策》爲國別史籍；《世本》爲譜牒史籍。秦漢以下出現《史記》爲紀傳體通史，《漢書》爲紀傳體斷代史，繼之有《後漢書》《三國志》等歷朝正史；《華陽國志》等地方志和各種譜牒著作；《史通》等史論；《通典》《通志》《文獻通考》等典制書；《資治通鑑》等編年通史。明清出現《明儒學案》等學術專史，《讀通鑑論》等史評，《十七史商榷》《廿二史劄記》等考史，《文史通義》等史論。

論正史

　　自司馬遷作《史記》，創立紀傳體，班固繼起，僅易通史爲斷代，其書體制，皆步趨子長。嗣後歷代作者，陳陳相因，與經相對，遂尊之爲正史。是類史籍，著作宏多，蔚爲大觀。

　　正史之名，始於①《隋書·經籍志》，正史類首列司馬遷《史記》，繼以班固之《漢書》。《隋志·正史叙》曰："世有著述，皆擬班、馬以爲正史。"由此觀之，所謂正史者，即紀傳體也。《叙》又曰："雜史屬詞比事，皆不與《春秋》《史記》《漢書》相似，蓋率爾而作，非史策之正也。"由此視之，古人所謂正史者，不唯紀傳體而已，而編年之《春秋》，亦謂之正史也。到劉知幾論史，所謂正史者，能記録一朝大典者俱屬之。上有《尚書》《春秋》《史》《漢》《三國》，下至干寶《晉紀》、裴子野《宋略》（皆編年）、和苞《漢趙記》，田融《趙書》（皆僞史）皆羅致也，初不分其爲紀傳或編年也。故《四庫總目》曰："司馬遷改編年爲紀傳，荀悦又改紀傳爲編年。劉知幾深通史法，而《史通》分叙六家，統歸二體。則編年、紀傳，均正史也。其不列正史者，以班、馬舊裁，歷朝繼作，編年一體，則或有或無，不能使時代相續，故姑置之，無他義也。"

　　章實齋補《史考釋例》曰：《隋志》以紀傳爲正史，而編年則稱爲古史。其實馬、班皆法《春秋》，命其本紀謂之春秋考紀，而著録家未之察也。《唐志》知編年之書後世亦未嘗絕，故改《隋志》古史之稱而直題爲編年類，事理固得其實，然未盡也。《隋志》題古史，猶示編年之體本爲正也。《唐志》以紀傳爲正史，而直以編年爲編年，乃是別出編年爲非正史

---

① 梁阮孝緒，其《正史削繁》一書，今雖不傳，疑其所謂正史，即《七録》所謂國史，取別於僞史者也。

矣。是以宋人論史，乃惜孫盛、習鑿齒之倫不爲正史，幾於名實爲倒置矣。又曰：編年之書，出於《春秋》，本正史也，乃馬、班之學盛，而史志著録皆不以編年爲正史。

自清乾隆間欽定《史記》以下至《明史》二十四部爲正史，由是正史之範疇確定矣。

章實齋《論修史籍考略》："舊例以二十一家之書，同列正史，其實類例不清。馬遷乃通史也，梁武《通史》、鄭樵《通志》之類屬之。班固斷代專門之書也，華、謝、范、沈諸家屬之。陳《志》分國之書也，《十六國春秋》《九國志》之類屬之。《南、北史》斷取數代之書也，薛、歐五代諸史屬之。《晉書》《唐書》集衆官修之書也，宋、遼、金、元諸史屬之。"

梁任公以官書爲正史，然官書不限於正史，正史亦不盡官書也。

正史集結篇

何謂正史，前已言之，而正史之數，代有增加，茲略述之。

【三史】：錢大昕《十駕齋養新錄》曰："《續漢書·郡國志》今錄中興以來郡縣改異及春秋三史。"案此三史，即《史記》《漢書》《東觀漢記》也。《三國志·吳志·呂蒙傳》注引《江表傳》，"權謂蒙曰：孤統軍以來，省三史諸家兵書，大有益"。

王鳴盛《十七史商榷》曰：以《史》《漢》爲三史，始於司馬彪《續漢書·郡國志》，其時范蔚宗書未出，所據《後漢書》，當是謝承或華嶠書。若《三國志·吳志·呂蒙傳》之三史，則並無謝、華所作，恐是指《戰國策》《史記》《漢書》，逮唐陳州司法孫愐《唐韵·序》，亦稱"九經三史"，此則指馬、班、范矣。唐人設有三史科，以此科舉應得第者頗多。

【四史】：王鳴盛《十七史商榷》曰：《史》《漢》《三國》，備於晉初。《晉》及《南、北朝》，完於唐太宗高宗之世，而書猶深藏宮庭，既無刻板，流佈人間者少。故學者所習"三史"，《三國》而止。唐宋以來，學者皆曰"五經三史"，竊以爲宜加以陳壽，稱四史，以配五經，良可無愧，其餘各史皆出其下。今坊間所刊"四史"，即以《史》《漢》《三國》爲準。然"四史"之目，不自今始。《四庫》"史鈔"存目有明穆文熙《四史鴻裁》四十卷，指《左傳》《國語》《戰國策》《史記》而言。"學部"圖書目又有不知撰人《四史外戚傳》四卷，則係指《晉書》《齊書》《魏書》《隋書》四者。此乃自立名目，非通行四史之名也。

【五史】：唐令狐德棻嘗謂高祖曰："近代以來，多無正史，梁、陳、齊猶有文籍，周、隋遭大業亂離，多有遺缺，宜及今耳目猶接，及早修之。"《舊唐書·長孫無忌傳》云："高宗顯慶元年五月，長孫無忌等上史官所撰梁、陳、齊、周、隋《五代史志》三十卷。"近羅叔言撰《五史講義》一書，係指《史》、《漢》(前後漢書)、《三國》、《晉書》也。

【七史】：晁公武《郡齋讀書志·正史》曰：嘉祐中，以宋、齊、梁、陳、魏、北齊、周舛謬亡闕，始詔館職讎校，曾鞏等以秘閣所藏多誤，不足憑以是正，請詔天下藏書之家，悉上異本，久之始集。治平中，鞏校定南齊、梁、陳等三書上之。劉恕等上《後魏書》，王安國上《周書》，政和中始畢，皆頒之學官，民間傳者尚少，未幾遭靖康丙午之亂，中原淪陷，此書幾亡。紹興十四年，井憲孟爲四川漕，始檄諸州學官，然往往亡闕不全，收合補綴，獨少《後魏書》十許卷。最後得宇文季蒙家本，偶有所少者，於是七史遂全，故命眉山刊行焉。

王鳴盛《十七史商榷》曰：七史者，《隋書》先已校成，想《晉書》又在前，故不及。

【八史】：趙翼《廿二史劄記》卷九曰：南北八朝史，《宋書》成於齊，《齊書》成於梁，《魏書》成於北齊，其餘各史皆唐初修成，然雖成於唐初，而天下實未嘗行也，觀蘇洵等《進陳書表》云："《陳書》與《宋書》《魏》《齊》《梁》等書，傳之者少，秘書所藏亦多脫誤。嘉祐六年，始詔校讎，因臣等言'恐館閣所藏不足以完，請詔京師及天下藏書家，悉上之'。"至七年冬，始稍稍集，因得藉以參校。又劉攽等校《北齊書》云：《文襄紀》，其首與《北史》同，而未多取魏孝靜帝紀，其與侯景書，則載《梁書·侯景傳》內，此外序列尤無倫次，蓋原書已散佚，後人雜取《北史》及《高氏小議》等書以補之者，是宋時並已失其原本，雖購之天下，亦終無由訂正也。可見各正史在有唐一代，並未行世。蓋卷帙繁多，唐時尚無鏤版之法，必須鈔録，自非有大力者不能備之，惟南北史卷帙稍簡，鈔寫易成，故天下多有其書，世所見八朝事蹟，惟特此耳。

【十史】：錢大昕《十駕齋養新録》曰：《宋史·類事類》有《十史事語》十卷，《十史事類》十二卷，李安上《十史類要》十卷。《十史》者，自三國至隋十代三史也，馬、班、范三家不在其數。

【十三史】：《十駕齋養新録》曰：《宋史·藝文志·文史類》有吳武陵《十三代史駁議》十二卷，《目録類》有宗諫《注十三代史目》十卷，商仲茂《十三代史目》一卷，《類事類》有《十三代史選》三十卷。吳武陵，唐人。蓋唐時以《史記》、前後《漢書》、《三國志》、晉、宋、齊、梁、陳、魏、齊、周、隋書爲十三代史也。

【十五史】：《十七史商榷》曰：孫愐《唐韵·序》又稱史、漢、三國志、晉、宋、後魏、周、隋、陳、梁、兩齊書。案其所舉凡十有三，不數南北史故也，兼數則爲十五。

【十七史】：《十七史商榷》曰：《史》《漢》《三國》備於晉初，直至宋仁宗天聖二年，方出禁中所藏《隋書》，付崇文院雕版，嘉祐六年並梁、陳等史，次第校刊，其工蓋至英宗方粗就。觀校者稱仁宗云云，則可見歷代年蹟，粲然明著。然其中如《魏書》，以學者陋之而不習，亡逸不完者已無慮三十卷，校者各疏於逐篇之末。《北齊》亦多闕者，《宋書》第四十六卷亦闕，蓋皆以《南、北史》補之。又改劉昫《舊唐書》爲《新唐書》，改薛居正《五代史》爲《五代史記》，合乃爲十七史。《宋史·藝文志·史鈔類》有周護《十七史贊》三十卷，不知作者《名賢十七史確論》一百四卷。十七史之名，始見於此。《十駕齋養新録》曰：宋人於十三史之外，加以《南北史》及《唐五代》，於是有十七史之名。

【十八史與十九史】：《十駕齋養新録》曰：元曾之先撰《十八史略》二卷，蓋於十七史之外益以宋事(取材於李燾《續資治通鑑長篇》)也。明初臨川梁孟寅益以元事，稱《十九史略》。

【二十一史】：顧炎武《日知録》曰：宋時只有十七史，今則並宋、遼、金、元四史爲二十一史，但遼、金二史尚無刻本，南北齊、梁、陳、周書，人間傳者亦罕，故前人引書多用《南、北史》及《通鑑》，而不及諸書，亦不復宋、遼、金者，以行世之本少也。嘉靖初，南京國子監祭酒張邦齊等請校史書，十一年七月成。至萬曆中，北監又刻二十一史，其版視南監稍工，而士大夫遂家有其書。

《十七史商榷》曰：明嘉靖初南京國子監祭酒張邦齊、司業江汝璧等請校刊史書，欲差官購索民間古本，部議恐滋煩擾，世宗命收監中十七史舊版考對修補，仍取廣東《宋史》版付監，《遼》《金》二史無版者，求善本翻刻，十一年七月成，總謂二十一史。

《十駕齋養新録》曰：萬曆中，北監刊二十一史，其版視南監稍工，然校刊不精，訛舛甚多，且有不知而妄改者。

陸啓浤《客燕雜記》云：監版二十一史修於萬曆二十三年，頗無差僞，崇禎十二年重修之，古字難讀，悉遭改易。

【二十二史①】：《日知録》曰：《舊唐書》病其事之遺闕，《新唐書》病其書之晦澀。嘗兼二者刻之爲二十二史，蓋於二十一史外，增加《舊唐書》也。錢大昕《二十二史考異》即爲《史記》《漢書》《後漢書》《三國志》《晉書》《宋書》《南齊書》《梁書》《陳書》《魏書》《北齊書》《周書》《隋書》《南史》《北史》《唐書》《新唐書》《五代史》《宋史》《遼史》《金史》《元史》，改舍《新五代史》，而增續《漢書》（《考異》所列之數爲二十三②，因續《漢書》併入《後漢書》中，爲二十二）。

【二十四史】：《匯刻書目》云：乾隆四年，欽定二十四部，皆爲正史，命武英殿校刻。同治元年，新會陳氏復刻殿本。道光十七年武英殿重修，並刻遼、金、元三史。二十四史者，乃《史記》《漢書》《後漢書》《三國志》《晉書》《宋書》《南齊書》《梁書》《陳書》《魏書》《北齊書》《周書》《隋書》《南史》《北史》《舊唐書》《新唐書》《舊五代史》《新五代史》《宋史》《遼史》《金史》《元史》《明史》。

【二十五史】：《元史》以短期内修成，其間乖誤百出，學者病之，柯鳳蓀先生《新元史》成，人咸謂可入正史之林。民國七年，徐世昌爲大總統時，明令以是書加入正史，是以近日有二十五史之稱。

【二十六史】：近有以趙爾巽《清史稿》加於二十五史而名爲二十六史者。

---

① 趙翼《二十二史劄記》所列之二十二史即《史記》《漢書》《後漢書》《三國志》《晉書》《宋書》《齊書》《梁書》《陳書》《南史》《魏書》《齊書》《周書》《北史》《新/舊唐書》《五代史》《宋史》《遼史》《金史》《元史》《明史》。

② “二十三史”，《二十二史劄記》卷二十一云：我皇上開四庫館，命諸臣就《永樂大典》中甄嫌排纂其缺逸者，則採宋人書中之徵引薛史者補之，於是薛史復爲完書，仍得列於正史，遂爲二十三史。數此二十三史者，乃《日知録》所云之二十二史加《舊五代史》也。

《清史稿·邵晉涵傳》云：集薛五代史成，呈御覽，館目請仿劉昫《舊唐書》之例，列二十三史，刊佈學官，詔從之。

張元濟百衲本《史記》後序云：遜清文治盛，稱乾隆高宗初立，成《明史》，命武英殿開雕，至四年竣工，繼之者二十一史。其後又詔增劉昫《唐書》與歐宋新書並行，越七年遂成武英殿二十三史。

正史分論

整理者按："正史"之稱有多説，前已紹介，此取紀傳體正史説列之，計有二十五部，分論如次。

《史記》

【作者生平事蹟】

司馬遷①，字子長，漢左馮翊夏陽人，即今陝西韓城縣。自謂生龍門，耕牧河山之陽。年十歲，則誦古文，二十而南游江淮，上會稽，探禹穴，窺九疑，浮於沅湘，北涉汶泗，講業齊魯之都，觀孔子之遺風，鄉射鄒嶧，厄困鄱、薛、彭城，過梁楚以歸。於是任爲郎中，奉使西征巴蜀以南，略邛、筰、昆明，還報命。

是歲，天子始建漢家之封，而太史公留滯周南，不得與從事，故憂憤且卒。而子遷適使返，見父於河洛之間，卒三歲，爲太史令，紬史記石室金匱之書，五年而當。太初元年十一月甲子朔旦冬至，天曆始改，建於明堂，諸神受記，於是論次其文。七年遭李陵之禍，幽於縲紲，身毀不用矣。故述往事，思來者。於是卒述陶唐以來，至於麟止，自黃帝始。（以上節錄《史記·太史公自序》）

太史公生卒年月不可考，王鳴盛《十七史商榷》云：以其行事推之，生在漢景帝中，卒於昭帝初。王靜安先生《太史公係年考》，謂生景帝中五年，其卒年絕無可考。惟據《漢書·宣帝紀》載，武帝後元二年遣使殺

---

① 約公元前 145 年——不可考。

長安獄囚，内謁者令郭穰夜至郡邸獄云云。案《續後漢書·百官志》知，内謁者令即中書謁者令，亦即中書令，然則其時遷已不在中書，計當前卒矣，大約遷之年，代與武帝相終相始也。

【《史記》之名稱】

《史記》一書，又名《太史公傳》。《史記·龜策傳》褚少孫曰："臣以通經術，受業博士，以高第爲郎，幸得宿衛，出入宮殿中十有餘年。竊好《太史公傳》。"

又作《太史公書》。《史記·孝武帝紀》注韋稜曰：《褚顗家傳》云"少孫宣帝時爲博士，事大儒王式，故號爲'先生'，續《太史公書》"。

又作《太史公記》。《漢書·楊敞傳》："敞子忠，忠弟惲，惲母，司馬遷女也。惲始讀外祖《太史公記》，頗爲《春秋》。"楊惲將外祖是著獻漢宣帝，得以公開發行。

又作《太史公》。《漢書·藝文志》"馮商續太史公篇"韋昭曰："馮商受詔續《太史公》十餘篇，在班彪別録。"《藝文志》有《太史公》百三十篇。

應劭《風俗通》或稱《太史記》，考"史記"爲古時泛稱古史也①。東漢時人始將司馬遷史著稱《史記》，《三國志·魏志·王肅傳》載明帝問王肅"司馬遷以受刑之故，内懷隱切，著《史記》，非貶孝武，令人切齒"之語，始以共名爲專名。劉子玄撰《史通·六家篇》云："遷因魯史舊名，目之曰《史記》。"張守節《史記正義·論史例》曰："古者帝王，右史記言，左史記事，言爲《尚書》，事爲《春秋》，太史公兼之，故名曰《史記》。"似不免慮之一失。

【内容】

《史記》所述，上自黄帝，下迄漢武。有謂《春秋》之後，沿爲編年、記事二種。記事者，以一篇記一事，而不能統貫一代之全；編年者，又不能即一人而各見其本末。司馬遷參酌古今，發凡起例，創爲全史。本紀以序帝王；世家以記侯國；十表以繫時事；八書以詳制度；列傳以志

---

① 梁玉繩《史記志》疑謂"史記"之名出於班彪父子，觀《漢書·五行志》及《班彪傳》可見。《公羊·僖公二年》，宫之奇諫曰，《記》"脣亡齒寒"。解詁曰："記，《史記》也"。

人物，然後一代君臣政事，賢否得失，總彙於一編之中。自此例一定，歷代作史者，遂不能出其範圍，信史家之極則也。（見《廿二史劄記》卷一）

《十七史商榷》卷一云：“司馬遷創立本紀、表、書、世家、列傳體例外，後之作史者，遞相祖述，莫能出其範圍。”

《史記》體例，説者多謂爲創，其實乃述而非作。“本紀”爲編年體，本於《春秋》，而其名則本於《禹本紀》，古又有《尚書世紀》，遷用其體，以序帝王。“表”則昉於周之譜牒。“書”則本於《尚書》“禹貢”“洪範”“吕刑”等篇，史遷以紀朝章國典。“世家”，《史記·衛世家》贊“余讀世家言”云云，是在《史記》以前，已有此體，遷用之以紀王侯諸國。“列傳”，古書凡記事立論及解經者，皆謂之傳，傳有以時爲綱者，如《左傳》；又有以人爲綱者，此體《史記》以前已有之，如《史記·伯夷列傳》曰：“其傳曰，伯夷叔齊，孤竹君之二子也。”

秦嘉謨《世本輯補》云：“《史記》之本紀世家列傳，皆本於世家。”

朱希祖《史學通論》謂“表”與“書”亦本於世家，謂表爲表裏字，世表之表，乃譜之假借字。世本有帝系及王侯大夫譜，即表之所本。《世本》有《作篇》，記占驗、飲食、禮樂、兵農、輿服、圖書、器用、藝術之原，《史記》八書，即本於此。

【十篇有録無書】

《漢書·司馬遷傳》謂，《史記》内十篇有録無書。顏師古注引張晏曰：遷没之後，亡《景紀》《武紀》《禮書》《樂書》《兵書》《漢興以來將相年表》《日者列傳》《三王世杰》《龜策列傳》《傅靳列傳》，凡十篇。元帝、成帝間，褚少孫補之，因此有“馬遷《史記》未卒業，本未爲完書”。又有謂史公已訂成全書，其十篇之缺，乃後人所遺失，非史公未及成而有待於後人補之也。梁任公先生《讀〈史記〉》云：“《史記》之有缺，非亡佚，而原缺也。而今本乃百三十篇，一無所欠，其果爲遷書之舊耶，否耶？”

《廿二史劄記》謂，褚少孫補《史記》不止十篇，文繁不録。康有爲《僞經考》卷二云：“當成帝時，東平王宇以叔父之尊，上疏求《太史公書》，朝廷不與，則外人見者絶少，其唯劉歆肆行竄入至易也。”

【注家】

宋裴駰，裴松之子，以徐廣《史記音義》粗有發音，殊恨省略，乃採九經諸史，並《漢書》及衆書之目，而爲《史記集解》。唐司馬貞撰《史記索隱》，凡三十卷，新舊《唐書》無貞傳。《十駕齋養新録》謂貞與賈徐諸人談議，當在中睿之世，計其年輩，蓋在張守節之前矣。張守節作《史記正義》。守節兩《唐書》亦無傳，而其《正義序》，稱開元二十四年八月，殺青斯竟。

【思想】

司馬談爲道家，馬遷思想受道家影響，有樸素唯物思想和辯證觀念，如遷常云"自然之勢"。又用經濟觀點解釋歷史事件，如在《貨殖列傳》及《平準書》中常論及經濟對歷史進程的作用。

《前漢書》

【作者】

班固(32—92)，字孟堅，年九歲能屬文。及長，遂博貫載籍，九流百家之言，無不窮究。所學無常師，不爲章句。永平初，東平王蒼以至戚爲驃騎將軍輔政，開東閣，延英雄，時固始弱冠，乃奏説蒼，蒼納之。父彪卒，歸鄉里。固以彪所續前史未詳，乃潛精研思，欲就其業，既而有人上書顯宗，告固私改作國史者。有詔下郡，收固繫京兆獄，盡取其家書。固弟超恐固爲郡所覈考，不能自明，乃馳詣闕上書，得召見，具言固所著述意，而郡亦上其書。顯宗甚奇之，召詣校書郎，除蘭臺令史，與前睢陽令陳宗、長陵令尹敏、司隸從事孟異，共成《世祖本紀》。遷爲郎，典校秘書。固又撰功臣、平林、新市、公孫述事，紀列傳二十八篇，奏之。帝乃復使終成前所著書，自永平始受詔，潛精積思二十餘年，至建初中始成。

《史通·正史篇》云：固後坐竇氏事，卒於洛陽獄，書頗散亂，莫能綜理。其妹曹大家博學能屬文，奉詔校叙。又撰高才郎馬融等十人，從大家受讀，其八表及天文志等，猶未克成，多是待詔東觀馬續所作。又有班固之妹班昭作之説，《後漢書·曹世叔妻傳》云："兄固著《漢書》，其八表及天文志未及竟而卒，和帝詔昭就東觀藏書踵而成之。"有謂《漢書》全出班固之手，後世以八表及天文志或以昭作，或以爲馬續作，皆未可信，昭與續僅爲校輯而已。

【名稱】

《漢書·叙傳》曰："探纂前記，綴輯所聞，以述《漢書》，爲《春秋》考紀(即帝紀)，表志傳凡百篇。"又述，《叙傳》曰"凡《漢書》"。觀此，知《漢書》之名，乃班固自完也。《金樓子·聚書篇》云："又使孔昂寫得《前、後漢》《史記》《三國志》。"《漢書》加前字，始見於此。

班書又名《西漢書》，見《舊唐書·李德裕傳》。

【内容】

班固撰書凡百篇，後人分爲一百二十卷(帝紀十三卷，表十卷，志十八卷，列傳七十九卷)。盧文弨《讀史札記》云：唐以前人，於古書卷目，往往不敢輕改。《漢書》本一百卷(十三紀八表十志七十傳)，師古注之，則其文繁矣。或析爲二，爲三，爲五，分計之，當爲一百二十卷。而顏氏並不改百卷之舊，一卷之中只以上、中、下別之。

《漢書》内容，自高祖，終於王莽，十有二世，二百三十年，爲斷代之史。趙甌北《廿二史劄記》云：《漢書》，武帝以前，紀傳多用《史記》原文，惟移換之法，別見剪裁。又云：武帝以前，王侯公卿，皆用《史記》舊文，間有《史記》無傳而增之者。

《漢書》體裁，雖依馬遷之舊，而名稱略有變易。爲本紀，《漢書》只用紀字；十志，猶《史記》之八書也。

【注家】

《十七史商榷》曰：據叙例，注《漢書》者，師古以前，凡五種，一服虔，二應劭，三晉灼，四臣瓚(朱希祖有《臣瓚姓氏考》，見《中國史學》第一期)，五蔡謨。師古據此五種，折衷而潤色之。

《舊唐書》七十三卷本傳：顏籀，字師古，齊黃門侍郎之推孫也。其先本居琅邪，世仕江左。及之推，歷事周、齊，齊滅，始居關中。

師古貞觀十一年爲秘書少監，時承乾在東宮，命師古注《漢書》，解釋詳明，承乾表上之。《本傳》又言：師古叔父游秦撰《漢書決疑》十二卷，爲學者所稱，師古注《漢書》，多取其義。今叙例竟不及游秦，全書中亦從未一見。《本傳》載師古典刊正，引後進爲讎校，抑素流，先貴勢，富商大賈亦引進之。物論稱其納賄。太宗謂曰："卿學識可觀，但事親居官，未爲清論所許。"師古之爲人如此。攘叔父之善而没其名，殆亦其一弊乎？(《新唐書》一百九十八卷《儒學師古傳》與《舊唐書》略同)

唐時，房玄齡以顏師古所注《漢書》文繁，令敬播掇其要，爲四十篇。

《後漢書》

【作者】

范曄(398—445)，字蔚宗，順陽(今河南南陽淅川)人，侍中范泰之第四子，南朝宋史學家。少好學，善爲文章，嘗爲征南大將軍檀道濟司馬，後因事左遷爲宣城太守，不得志，乃删衆家《後漢書》，成一家之言。陳振孫《直齋書録解題》謂，范氏删取《東觀漢記》以下諸家之書，以爲一家之作。王先謙《後漢書集解述略》謂，范書因於華氏之六事，大都寥寥數句，不關紀傳正史，實因嶠辭未善，而加以改正，不得因此遂謂其悉本華書。

【名稱】

范蔚宗《獄中與甥侄書》云："既造後漢，轉得統緒。"據此，則《後漢》之名，范所自命，"書"字亦范自加，蓋取與班氏《前漢書》相應，此云《後漢書》，乃駢文省字法也。

【内容】

《史通·正史篇》曰：曄作《後漢書》，凡十紀，十志，八十列傳，合爲百篇，會以罪被收，其十志未成而死。《隋志》著録其書作九十七卷，兩《唐志》皆作九十二卷，唯《宋志》作九十卷，與今本合。梁人劉昭曾爲范書作注，凡得一百八十卷。昭以范書無志，乃取司馬彪續漢書之八志，並爲作注，得三十卷，以補其闕。今《後漢書》一百三十卷（内帝後紀十二卷，列傳八十卷，志三十卷，共一百三十卷）。

【注家】

盧文弨《鐘山札記》云：《續漢書》乃晉司馬彪所著，書不傳，而志三十卷附范蔚宗《後漢書》之後而傳。梁剡令劉昭又爲之注，於彪本注，進爲大字，其所未備，注以補之，故稱注補。毛氏汲古閣刻本尚不以續志間范書之中，而監本乃欲與《史》《漢》一例，遂移置列傳之前，且不題司馬彪之名，又易劉昭“注補”爲“補注”，皆失本來史目矣。

《十七史商榷》卷二十九云：《梁書·文學傳》劉昭，字宣卿，平原高唐人，幼清警，外兄江淹早稱賞之……集《後漢》同異，注范蔚宗書一百八十卷，世稱博悉……昭注范氏紀傳、司馬氏志，今世所行紀十三卷，志三十卷，傳八十卷，即其本也……唐章懷太子賢（高宗第六子名賢，字明允，謚章懷）既用其本改其注矣。於志仍用昭注。注紀傳易，注志難，避難趨易也……爲章懷太子注范蔚宗《後漢書》者，張大安、劉訥言、格（《郡齋讀書志》作“革”）希元、許叔牙、成玄一、史藏諸、周寶寧等……唐劉知幾《史通》第五卷云：范蔚宗之删《後漢》，簡而且周，疏而不漏，蓋云備矣。而劉昭採其所捐以爲補注，言書非要，事皆不急，譬人有吐果之核、棄藥之滓，愚者重加捃拾，潔以登薦，持此爲工，多見其無識也……

《三國志》

【作者】

陳壽（233—297），字承祚，巴西安漢人，蜀漢及西晉史學家。少師同郡譙周，仕蜀爲觀閣令史。入晉累官至治書侍御史。撰《三國志》《古國志》及《益都耆舊傳》等書，晉惠帝元康七年卒。

《晉書·陳壽傳》云：壽撰魏吳蜀《三國志》凡六十五篇，時人稱其善敘事，有良史之才。夏侯湛時注《魏書》，見壽所作，便壞己書而罷。張華深善之，謂壽曰："當以《晉書》相付耳。"其爲時所重如此。范頵等表曰："陳壽作《三國志》，辭多勸誡，明乎得失，有益風化，雖文艷不若相如，而質直逼之。"

《壽本傳》論曰："丘明既没，班馬迭興，奮鴻筆於西京，騁直詞於東觀。自斯已降，分明競爽，可以繼明先典者，陳壽得之，江漢英靈，信有之矣。"

【内容】

《郡齋讀書志》曰：《三國志》六十五卷，《魏》四紀，二十六列傳；《蜀》十五列傳；《吳》二十列傳。以魏爲紀，而稱漢、吳曰傳，又改漢曰蜀，世頗譏其失。

陳壽作《三國志》，取法《國語》，三國並傳，各依國勢，略示區分。魏帝稱紀，後稱皇后；蜀則稱主、稱后；唯吳孫權稱主，其餘稱名，妻稱夫人。承祚此等區分，或有正統歸魏之思，再爲處境若斯，不得不爾。

司馬温公《與劉道原書》云：周、秦、漢、晉、隋、唐皆當混一天下，傳祚後世子孫，微弱播遷，猶承祖宗之業，今全用天下法，臨統諸國，其餘蜀、魏、吳、宋、齊、梁、陳、魏、齊、周五代諸國，地醜德齊，不能相一，名號匹敵本非君臣者，皆用列國法。至如劉備雖曰承漢，然族屬疏遠，不能紀其世數名字，亦猶宋高祖自稱楚元王後，李昇自稱吳王恪後，是非難明，今並同之列國，不得以漢光武、晉元帝例爲比，陳壽《三國志》或亦此意也。

【名稱】

據《陳壽傳》文，則知"三國志"之名，乃壽自定。唯吳列蜀前，《晉書》誤倒，非壽原本然也。六十六卷，《晉書》作六十五篇，古人"卷"與

"篇"義常通。

【注家】

《十七史商榷》卷三十九"裴松之注"曰:《宋書》六十四卷《裴松之傳》云:"字世期,河東聞喜人。年二十拜殿中將軍、員外散騎侍郎……元嘉三年……上使注陳壽《三國志》。松之鳩集傳記,增廣異聞,既成,奏上。上喜曰:'此爲不朽矣。'"

《廿二史劄記》卷六云:宋文帝命裴松之採《三國》異同,以注陳壽《三國志》……其表云:壽書銓叙可觀,然失在於略,時有所脱漏。臣奉旨尋詳,務在周悉,其壽所不載,而事宜存録者,罔不畢取;或同説一事而辭有乖雜,或出事本異,疑不能判者,皆鈔内以備異聞。此松之作注大旨,在於搜輯之博,以補壽之闕也。其有僞謬乖違者,則出己意辨正,以附於注内。

松之以救壽書簡略爲己任,其注所引書凡五十餘種(又作百四十餘種)。網羅宏博,六朝舊籍今所不傳者,尚一一見其崖略。《四庫提要》評裴松之注曰:引諸家之論,以辨是非;參諸家之説,以核僞異。傳所有之事,詳其原委;傳所無之事,補其闕失;傳所有之人,詳其生平;傳所無之人,附以同類。松之之作,乃開注家新例,若王晫之注《唐餘録史》(見《書録解題》),朱彝尊之注《五代史》,此遵用此法也。

錢大昕《廿二史考異》列舉裴注所引書名凡百四十種,文繁不録。

唐劉知幾《史通·補注篇》云:少期集注國志,以廣承祚所遺。而喜聚異同,不加刊定,恣其擊難,坐長煩蕪。觀其書表獻,自比蜜蜂兼採,但甘苦不分,難以味同萍實者矣。子玄之評,未爲無當。

《晉書》

【作者】

房玄齡(579—648)等二十一人合著。

《舊唐書·房玄齡傳》云：貞觀十八年，玄齡與褚遂良受詔重撰《晉書》。於是奏請許敬宗、來濟、陸元仕、劉子翼、令狐德棻、李義府、薛元超、上官儀等分功撰録，以臧榮緒《晉書》爲主①。李淳風修天文、律曆、五行三志；太宗自著宣、武、陸機、王羲之四論，於是總題曰"御撰"。

《直齋書録解題》云，《唐書·藝文志》：修《晉書》有房玄齡等二十人，其凡例則發於敬播。

《十七史商榷》卷四十三云：《晉書》作者最多，王隱則有《晉史》，虞預則有《晉書》，孫盛則有《晉陽秋》，干寶則有《晉紀》，鄧粲則有《元明紀》，謝沈則有《晉書》，習鑿齒則有《漢書春秋》，徐廣澤則有《晉紀》，郗紹則有《晉中興書》。自徐廣以上八家，並見今《晉書》八十二卷，而廣與郗紹俱見《南史》三十三卷。其後齊臧榮緒括西、東晉爲一書，紀録志傳凡百一十卷，見《南齊書·高逸傳》，又見《南史·隱逸傳》。梁沈約亦作《晉書》百一十卷，見《梁書》約本傳。夫王隱等以晉人記晉事，載録未全，固必須改作，即沈約在臧榮緒之後，卷數又同，諒不過潤色，臧書亡佚，猶未足深惜。若臧榮緒既勒成司馬氏一代事蹟，各體具備，卷帙繁富，諒有可觀，即以垂世，有何不可。乃唐貞觀中，房玄齡奏令狐德棻重修《晉書》，德棻爲先遣，其類例既多所諷定。而河東人敬播又同定之，其餘則預東者凡十有八人，共撰此書，見《新唐書》一百二卷及一百九十八卷。於是，遂號其書爲太宗御撰，而榮緒之書竟廢，吾爲榮緒憤之。

《廿二史劄記》卷七云：唐初修《晉書》，以臧榮緒本爲主，而兼考諸家成之。今據《晉》《宋》等書列傳所載，諸家之爲《晉書》者，無慮數十種……當唐初修史時尚俱在，必皆兼綜互訂，不專據榮緒一書也。

---

① 余友冉晉叔先生作《唐修〈晉書〉撰人考》，其結論謂"重修《晉書》的撰人共有二十四個，即唐太宗、房玄齡、褚遂良、許敬宗、來濟、陸元仕、劉子翼、盧承基、李淳風、李義府、薛元超、上官儀、崔行功、辛丘馭、劉元之、楊仕卿、李延壽、張文恭、令狐德棻、敬播、李安期、李懷儼、趙弘智等"。

【內容】

《晉書》有帝紀十，志二十，列傳七十，載記三十，共一百三十卷。《史通·正史篇》云：“紀十，志二十，列傳七十，載記三十，並叙例目錄，合爲百三十二卷。”

“載記”之名，始用於《晉書》。《後漢書·班固傳》謂，固撰新市、平林、公孫述等僭僞事，爲載記若干篇。此《晉書》載記之所本也。

論《晉書》者，謂當時修史諸人，皆文咏之士，好採詭謬碎事，以廣異聞，又史論競爲艷體，此其所短也。然當時史官如令狐德棻等，皆老於文學，其紀傳叙事，皆爽潔老勁，迴非《魏》《宋》二書可比。而諸僭僞載記，尤簡而不漏，詳而不蕪，視《十六國春秋》不可同日語也。其列傳編訂亦有斟酌。

《宋書》

【作者】

沈約（441—513），梁武康人，字休文，篤志好學，博通群籍，善屬文，仕宋及齊，累官司徒左長史。沈自言年二十許便有選述之志，又終身史職，故於累朝掌故周晰條貫。其《自序》稱於齊武帝永明五年春，被敕撰《宋書》，至六年二月紀傳畢功，表上之。

《十七史商榷》卷五十三曰：約卒天監十二年，年七十三，永明五年，年四十七。《約傳》言：“百日數旬，革帶移孔，精神素非强健，四十七八，已值衰暮。”其書一年便就，何速如此？蓋《宋書》自何承天、山謙之、蘇寶生、徐爰遞加撰述，起義熙，迄大明，已自成書。約僅續成永光至禪讓十餘年事，删去桓元、譙縱、盧循、馬魯、吳隱、謝混、郗僧施、劉毅、何無忌、魏咏之、檀憑之、孟昶、諸葛長民十三傳而已。玩約上書表自見，本極徑省，故易集事。

《廿二史劄記》卷九云：沈約於齊永明五年奉敕撰《宋書》，次年二月即告成，共紀、志、列傳一百卷。古來修史之速，未有若此者。今案其自序而細推之，知約書多取徐爰舊本而增删之者也。宋著作郎何承天已撰《宋書》紀傳，止於武帝功臣，其諸志，惟天文、律曆，此外悉委山謙之。謙之亡，詔蘇寶生續撰，遂及元嘉諸臣。寶生被誅，又以命徐爰。爰因蘇、何二本，勒爲一史。起自義熙之初，迄於大明之末，其臧質、魯爽、王僧達三傳，皆孝武所造。惟永光以後，至亡國十餘年，記載並缺。

今《宋書》内永光以後紀傳，蓋約等所補也。其於爰書，稍有去取者。爰本有晉末諸臣及桓元等諸叛賊並劉毅等與宋武同起義者，皆列於《宋書》，約以桓元、譙縱、盧循身爲晉賊，無關後代；吳隱、郗僧施、謝混義止於前朝，不宜入宋；劉毅、何無忌、諸葛長民、魏咏之、檀憑之志在匡晉，亦不得謂之宋臣，故概從删除。是約所删者，止於此數傳，其餘則皆爰書之舊，是以成書若此之易也。

【内容】

《宋書》有帝紀十，志三十，列傳六十，共一百卷，沈約修《宋書》特重文人，全書以一傳獨爲一卷者，有謝靈運、顔廷之、袁淑、袁粲。

約上書表云：“本紀、列傳，繕寫已畢，合志表七十卷，臣今奏呈。所撰諸志，須成續上。”據此，則紀傳先成，志係續上。今約書紀十卷，傳六十卷，適合七十卷之數，外有志三十卷，而無表，與《梁書》本傳所云“著《宋書》百卷”適合，則上書表中“志”“表”二字乃衍文也。

《南齊書》

【作者】

蕭子顯(489—537)，字景陽，齊高帝道成之孫，豫章王嶷之子，好學工文。子顯作《齊書》，有所本。《廿二史劄記》卷九有《齊書舊本》一文，兹録之：

《齊書》亦有所本，建元二年，即詔檀超與江淹掌史職。超等表上條例："開元紀號，不取宋年，封爵各詳本傳，無假年表。立十志：律、曆、禮、樂、天文、五行、郊祀、刑法、藝文，依班固；朝會、輿服，依蔡邕①、司馬彪；州郡依徐爰；百官依范蔚宗；日蝕舊載五行，應改入天文志。帝女應立傳，以備甥舅之重。又立處士、列女傳。"詔內外詳議，王儉議，以爲"食貨乃國家本務，至朝會，前史不書，乃伯喈①一家之意，宜立食貨，省朝會。日月應仍隸五行。帝女若有高德絕行，當載《列女傳》，若止於常美，不立傳"。詔"日月災隸天文，餘如儉議"。此齊時修國史體例也。又有豫章熊襄著《齊典》，沈約亦著《齊紀》二十卷，江淹撰《齊史》十志，吳均撰《齊春秋》，俱見各本傳。今按蕭子顯《齊書》，但有禮樂、天文、州郡、輿服、祥瑞五行七志（禮志、樂志合爲一，故又作七志），而食貨、刑法、藝文仍缺。列傳內亦無帝女及列女，其節義可傳者，總入於《孝義傳》。改"處士"爲"高逸"，又另立《倖臣傳》，其體例與超、淹及儉所議者，皆小有不同，蓋本超、淹之舊而小變之。超傳內謂"超史功未就而卒，淹撰成之，猶未備也"。此正見子顯之修《齊書》，不全襲前人也。

【名稱】

《齊書》又名《南齊書》，因易與《北齊書》混，故加"南"字以區別之（稱《南齊書》者，見宋章俊卿引《館閣書目》及曾鞏叙）。

《史通》謂之南史。

【內容】

《南齊書》有紀八，志十一，列傳四十，合五十九卷。《梁書·蕭子顯傳》云：著《齊書》六十卷。《隋書·經籍志》亦作六十卷。其作六十卷者，子顯欲仿沈約，自序一卷附於後，未及成而未列入耶？

章俊卿引《館閣書目》云：《南齊書》本六十卷，今存五十九卷，亡其一。

---

① 蔡邕。

《梁書》

【作者】

《梁書》作者，今本署名姚思廉（557—637）撰。

姚思廉，本名簡，以字行。魏徵，字玄成，曲成人。按《梁書》本爲姚察（533—606）所撰，其子思廉續成之。而察又本之梁之國史也。察之《梁書》雖據國史，而行文則自出爐錘，直欲遠追班、馬。蓋六朝爭尚駢儷，即序事之文，亦多四字爲句，罕有用散文單行者，《梁書》則多以散文行之。

《十七史商榷》卷五十三云：姚察在陳爲吏部尚書，當陳宣帝太建末，即奉敕撰《梁史》。入隋，歷太子內舍人、秘書丞、北絳公，始自吳興遷居關中，爲雍州萬年人。察學兼儒史，見重於二代。當隋文帝時，嘗訪察以梁、陳故事，察每以所論載奏之。於是開皇九年，敕並成梁、陳二史，遣內史舍人虞世基索本上進，藏於內殿，而書猶未成，臨亡屬之思廉繼其業。思廉少仕陳，爲揚州主簿，入隋爲漢王府參軍……貞觀初，遷著作郎、宏文館學士。三年又受詔，與秘書監魏徵同撰梁、陳二史，思廉採謝炅等諸家梁史，續成父書……成《梁書》五十卷……魏徵雖裁其總論，其編次筆削，皆思廉之功也。

《舊唐書·令狐德棻傳》謂：“德棻嘗從容言於高祖曰：‘竊見近代已來，多無正史，梁、陳及齊，猶有文籍，至周、隋遭大業離亂，多有遺闕。當今耳目猶接，尚有可憑。如更十數年後，恐事蹟湮没。陛下既受禪於隋，復承周氏歷數，國家二祖功業，並在周時。如文史不存，何以貽鑒今古？如臣愚見，並請修之。’高祖然其奏，下詔……大理卿崔善爲、中書舍人孔紹安、太子洗馬蕭德言可修梁史……貞觀三年，太宗復敕著作郎姚思廉修梁、陳史……武德已來創修撰之源，自德棻始也。”察修撰之源雖德棻始，梁、陳二書，實思廉專典其事。

【名稱】

《梁書》又作《梁史》。

【内容】

本紀六卷，列傳五十卷，合爲五十六卷。然《梁書》本紀凡四，以《武帝本紀分》三卷，故爲六卷。《四庫提要》云：《舊唐書·經籍志》及思廉本傳，俱云五十卷。《新唐書》作五十六卷。劉子玄《史通》謂："姚察有志撰勒，施功未周，其子思廉，憑其舊稿，加以新録，述爲《梁書》五十六卷，則《新唐書》所據爲思廉編目之舊，《舊唐書》誤脱'六'字審矣。"

《陳書》

【作者】

南朝姚察（533—606）、其子唐人姚思廉撰。

《四庫提要》云：劉知幾《史通》謂："貞觀初，思廉奉詔撰成二史，彌歷九載，方始畢功。"而曾鞏《校上序》謂："姚察録梁、陳之事，其書未就，屬子思廉繼其業。武德五年，思廉受詔爲《陳書》。貞觀三年，論撰於秘書内省。十年正月壬子，始上之。"是思廉編輯之功，固不止於九載矣。知幾又謂："《陳史》初由顧野王、傅綷各爲撰史學士，太建初中書郎陸瓊續撰諸篇，姚察就加删改。是察之修史，實兼採三家。考《隋書·經籍志》有顧野王《陳書》三卷、傅綷《陳書》三卷、陸瓊《陳書》四十二卷，即察所據之本。而思廉爲《傅綷》《陸瓊》傳詳述撰著，獨不言其修史，篇第殊爲疏略。至《顧野王傳》稱其撰國史紀傳二百卷，與《隋志》卷帙不符，則疑《隋志》舛僞，思廉所記，得其真也。"

【内容】

本紀六卷，列傳三十卷，合三十六卷。案《陳書》凡五本紀，《高祖本紀》分上、下二卷，故及六卷。曾鞏《陳書·序》，晁公武《郡齋讀書志》皆謂六本紀，誤。

《南史》

【作者】

李延壽，字遐齡，唐代史家，相州人。《唐會要》云："先是宋、齊、梁、魏、齊、周、隋天下分隔，南方謂北爲'索虜'，北指南爲'島夷'，互相詆毀，延壽父思所以改正，事未成而卒。延壽乃續父業，謂之《南史》《北史》，百八十篇，詳於北而略於南，以唐承隋，隋承周故也。"

《南史》《北史》原委，見於李延壽自序：其父大師，少有著述之志，以宋、齊、梁、陳、魏、齊、周、隋南北分隔，南謂北爲"索虜"，北謂南爲"島夷"，其史皆詳於本國，而略於他國，欲仿《吳越春秋》體編年紀之。客於侍中楊恭仁家，有宋、齊、梁、魏四代史，因漸次編輯，未畢而沒。延壽欲繼先志，適在顏師古、孔穎達名下佐修，因及齊、梁、陳等五代舊事目所不睹者，合之家中舊本，參訂編次，尚多所闕。貞觀十五年，令狐德棻奏延壽同修《晉書》，因復得入內府勘究宋、齊、魏三代之事。十七年，褚遂良又奏延壽佐修《隋書》十志，因益得披尋校勘。時史局中梁、陳、周、齊、隋《五代史》已畢，以"十志"未成，故未頒行。延壽不敢使人鈔錄，乃手自繕寫。又於此正史外，參考雜史一千餘卷，然後成書。前後凡十六年，既迄事，呈令狐德棻閱畢，始表上之，時已高宗之世，此《南史》《北史》始末也。

【內容】

本紀十卷，列傳七十卷，合八十卷。

《魏書》

【作者】

魏史始作於鄧淵，崔浩、高允相繼修輯，皆編年體。至李彪、崔光，乃分紀傳，崔鴻、王遵業爲之續補，溫子昇作《孝莊紀》，王暉業撰《辨宗室録》。官私所撰不一，其人至天保二年，魏收（507—572）承敕博採諸家，勒成《魏書》。

《十七史商榷》卷六十五云："魏收《魏書》撰成於齊文宣帝天保五年，史稱收褒貶肆情，時論不平。范陽盧斐、頓丘李庶、太原王松年，並坐謗史，受鞭配甲坊，衆口沸騰，號爲'穢史'。時僕射楊愔、高德正用事，收皆爲其家作佳傳，二人深助之，抑塞訴辭，不復重論，亦未頒行。收既以魏史招怨，齊亡之後，盜發其冢，棄骨於外。隋文帝以收書不實，命魏澹、顔之推、辛德源別撰。煬帝又敕楊素、潘徽、褚亮、歐陽詢別撰。愚謂魏收手筆雖不高，亦未見必出諸史之下，而被謗獨甚，乃其後改修者甚多，而總不能廢收之書，千載而下，他家蓋已亡，收書巋然特存，則又不可解。"

魏自拓跋珪創業，至孝武帝與高歡不協，乃西關入中，依宇文泰，歡別立，善見未帝，是爲東魏，而孝武爲西魏。魏收在北齊修《魏書》，欲以齊繼魏爲正統，故自孝武後，即以東魏孝静帝繼之，而孝武後諸帝不復作紀。故今亡《魏書》，乃魏及東魏之史也。魏澹作《魏書》，以西魏爲正統，自是正論。惜其書不傳，清人謝啓昆另撰《西魏書》，以次於《魏書》之後。

【內容】

帝紀十二，列傳九十二，志十，共一百三十卷。帝紀十二爲卷十四，以太武帝、孝文帝兩紀，各分上、下卷也。列傳九十二爲卷九十六。志分二十卷。共一百三十卷。

《北齊書》

【作者】

李百藥（564—648），字重規，定州安平人，安平公德林之子也。《史通·正史篇》曰：李德林在齊預修國史，創紀傳書二十七卷。至開皇初，奉詔續撰，增多齊史三十八，以上送官，藏之秘府。貞觀初，敕其子中書舍人百藥仍其舊録，雜採他書，演爲五十卷。

《廿二史考異》云：“百藥修史在唐貞觀初，乃南監本每卷首題云‘隋太子通事舍人李百藥撰’，明人之無學如此。”

《十七史商榷》卷六十五云：唐太宗貞觀元年，李百藥受詔撰《北齊書》，十年成。案：《舊唐書·李百藥傳》，“修齊史成”，非謂《齊書》，且無“北”字，王氏誤。

《北史·王邵傳》論久在史官，既撰《齊書》，兼修《隋典》……《史通·載言篇》云：“王邵撰《齊》《隋》二史，其所取也，文皆詣實，理多可信。”

【名稱】

《北齊書》又稱爲《齊史》，見上引《史通·正史篇》（《舊唐書·李百藥傳》亦作《齊史》）。《郡齋讀書志》《直齋書録解題》均題爲《北齊書》，加“北”以別於南朝之蕭齊，殆始於宋人。

【内容】

本紀八卷，列傳四十二卷，共五十卷。

《周書》

【作者】

令狐德棻（583—666）主修。

　　《陔餘叢考》云：《周書》敘事繁簡得宜，文筆亦極簡勁，本令狐德棻所撰也。德棻在當時修史十八人中最爲先進，各史體例皆其所定，兼又總裁諸史（北齊、周、隋、梁、陳、五代史），而《周書》乃其一手所成。武德中詔修各史，德棻已奉與庾儉修《周書》。貞觀中再詔修諸史，德棻又奉敕與岑文本修《周書》。繼又引崔仁師佐修，是同修者雖有數人，而始終其事者，德棻也。李延壽南、北二史，亦先就正於德棻，然後敢表上，則可知德棻宿學，爲時所宗矣。

【內容】

　　本紀八卷，列傳四十二卷，共五十卷。

《北史》

【作者】

　　李延壽，其事蹟已見前。

【內容】

　　本紀十二卷，列傳八十八卷，共一百卷。《四庫提要》曰：《北史》一百卷，《文獻通考》作八十卷，誤也。

　　《北史》所載爲魏、齊、周、隋四代之事，其文悉本舊史，延壽自謂除其冗長，捃其菁華，若文之所安，則因而不改，不敢苟申管見。

《隋書》

【作者】

　　魏徵（580—643）等撰。

　　《史通·正史篇》曰：初太宗以梁、陳及齊、周、隋氏並未有書，乃命學士分修，使秘書監魏徵總知其務，凡有贊論，徵多預焉。始以貞觀三年創造，至十八年方就。合爲《五代紀傳》，並目録凡二百五十二卷。書成，下於史閣。唯有十志，斷爲三十卷，尋擬續奏，未有其文。又詔於志寧、李淳風、韋安仁、李延壽同撰。其先撰史人，唯令狐德棻重預其事。太宗崩後，刊勒始成，其篇第雖編入《隋書》，其實别行，俗呼爲《五代史志》。

《十七史商榷》卷六十五云：《隋書》紀、傳，每卷首題特進魏徵上，志則題太尉長孫無忌等奉敕撰，其實貞觀十五年命諸臣修志，無無忌名，直至永徽三年無忌始受詔監修，見本傳。蓋書已垂成，無忌適逢其會，因而表進，遂題名卷端也。内《天文》《律曆》《五行》三志獨出李淳風筆。《五行志》序相傳是褚遂良作。案本傳，未嘗受詔撰述，蓋但爲一序而已。

同書又云：其同撰《隋書》有顏師古、孔穎達、許恭宗三人。

《新唐書》一百九十八卷云：敬播，河東人。貞觀初，顏師古、孔穎達撰次《隋史》，詔播詣秘書内省參纂。

有云列傳爲顏師古、孔穎達等所作。

【名稱】

《隋書》，《史通》作史志之部分，稱《五代史志》。

【内容】

帝紀五，列傳五十，志三十(本爲十志，分爲三十卷)。

《舊唐書》

自天福六年至開運二年六月成書，歷時四年四月。

【作者】

署名(後晉)劉昫(887—946)等撰，實爲趙瑩(885—951)監修。

《廿二史劄記》卷十六有《舊唐書源委》一文，兹録之：

晉出帝開運二年六月，監修國史劉昫、史官張昭遠以新修《唐書》紀、志、列傳並目録凡二百三卷上之。賜器幣有差(《晉紀》)。此《舊唐書》所以首列劉昫名也。然薛、歐二代，俱不載其有功於《唐書》之處，但書其官銜監修國史而已。蓋昫爲相時，《唐書》適迄功，遂由昫表上，其實非昫所修也。

唐末播遷，載籍散失，自高祖至代宗尚有紀傳，德宗亦存實錄，武宗以後六代，唯武宗有實錄一卷，餘皆無之(《五代會要》)。梁龍德(龍德，後梁末帝)元年，史館奏請："令天下有記得會昌以後公私事蹟者，鈔錄送官，皆須直書，不用詞藻，凡內外臣僚奏行公事，關涉制置沿革，有可採者，並送官。"(《晉紀》)①

唐長興中，史館又奏："宣宗以下四朝未有實錄，請下兩浙、荊、湖等處，購募野史及除目朝報，逐朝日曆、銀臺事宜、內外制詞、百司簿籍上進，若民間收得或隱士撰成野史，亦命各列姓名請奏賞。"從之。(《後唐紀》及《五代會要》)。聞成都有本朝實錄，即命郎中庾傳美往訪，及歸，僅得九朝實錄而已(《後唐紀》)。

可見《唐書》因載籍散佚，歷梁、唐數十年未潰於成，直至晉始成書，則纂修諸臣搜剔補綴之功不可泯也。今據薛、歐二史及《五代會要》諸書考之：

晉天福五年，詔張昭遠、賈緯、趙熙、鄭受益、李爲光同修唐史，宰相趙瑩監修。(《晉紀》)瑩以唐代故事殘闕，署能者居職，纂補實錄及正史。(《瑩傳》)賈緯丁憂歸，又奏以刑部員外郎呂琦、侍御史尹拙同修。(《晉紀》)瑩又奏請："據史館所缺《唐書》實錄，下敕購求。況唐咸通(懿宗)中宰相韋保衡與薛仲、蔣伸、皇甫煥(一作'煥')撰武宗、宣宗實錄，皆因多事，並未流傳。今保衡、裴贊(撰僖宗、懿宗兩朝實錄)現有子孫居職，令其進納，量除官賞之。會昌(武宗)至天祐(昭宗)，垂六十年，李德裕平上黨，有武宗伐叛之書；康承訓定徐方，有武寧本末之傳。凡此之類，令中外臣僚有撰述者，不論年月多少，並許進納。"從之。(《五代會要》)是此事趙瑩爲監修，綜理獨周密，故瑩本傳謂："《唐書》

---
① 此引文應出自《梁紀》。——整理者注

二百卷，瑩首有力焉。”

昭宗一朝全無紀注。天福中，張昭遠重修唐史，始有《昭宗本紀》。（《五代史補》）是張昭遠於此事搜輯亦最勤，故劉昫上《唐書》時，與昭遠同署名，昭遠尋加爵邑，酬修史之勞也。（《晉紀》）

賈緯長於史學，以武宗之後無實錄，採次傳聞，爲唐年補錄六十五卷，入史館，與修《唐書》。（《緯傳》）今《舊唐書》會昌以後紀傳，蓋緯所纂補。

又趙熙修《唐書》成，授諫議大夫，賞其筆削之功。（《熙傳》）

是則《舊唐書》之成，監修則趙瑩之功居多，纂修則張昭遠、賈緯、趙熙之功居多，而《劉昫傳》並不載經書修書之事，今人但知《舊唐書》爲昫所撰，而不知成之者乃趙瑩、張昭遠、賈緯、趙熙等也，故特標出之。

《唐書》源流尚有：

高祖至武宗《十六朝實錄》

韋述《國史》

柳芳《唐史》

溫大雅《大唐創業起居注》

裴庭裕《東觀奏記》

賈緯《唐朝補遺錄》

顏雲、羅知猷、陸希聲、司空圖、錢翊、馮渥等，同撰《宣懿僖三宗實錄》

《十七史商榷》卷六十九云：吳縝《進新唐書糾謬表》云：“唐室三百年，傳世二十帝，興衰之蹟，未有完史。暨五季天福之際，有大臣趙瑩之徒，綴輯舊聞，次序實錄，草創卷帙，粗興規模，僅能終篇，聊可備數。我仁宗皇帝臨文咨嗟，申命名儒討論潤色，積十有七年，成二百餘卷。”案《舊唐書》向來皆云出劉昫，宋刻每卷首列昫名，此乃以爲趙瑩。《新五代史·雜傳·劉昫傳》當後唐有“監修國史”之言，“國史”即《唐書》，至《趙瑩傳》則無此語，薛居正《舊五代史·瑩傳》：瑩於後唐位尚卑，晉高祖時方爲門下侍郎、同平章事、監修國史。後唐以唐爲本朝，故稱《國史》，至石晉革命，似不及復名《國史》。但此書始自唐明宗之長興，成於晉出帝之開運，歷年宰輔，皆領其事，俱以監修列銜，晉人遂仍其故稱，而吳縝因有趙瑩修《舊唐書》之語。

《十駕齋養新録》卷六云：予嘗疑《五代史·劉昫傳》不載修《唐書》事，後讀《義門讀書紀》謂昫在唐明宗朝爲門下侍郎，監修國史，國史即《唐書》也。《義門》此言，欲以補縫歐公之闕，今考之，殊不然。莊宗自祖父以來，附唐屬籍，滅梁之後，祀唐七廟自稱中興，以唐史爲國史，固其宜矣。但宰相監修國史，沿唐故事，雖有監修之名，初無撰述之實，昫之監修，不過宰相兼銜而已。《五代會要》：晉天福六年二月，敕户部侍郎張昭（本名昭遠。後以避劉智遠諱，但名昭）、起居郎賈緯、秘書少監趙熙、吏部郎中鄭受益、左司員外郎李爲先等修撰唐史，仍令宰臣趙瑩監修。其年四月緯丁憂，以吕琦爲户部侍郎，尹拙爲户部員外郎，令與張昭等同修唐史。開運二年，史館上新修前朝李氏書、紀、志、列傳共二百二十卷，並目録一卷，賜監修宰臣劉昫、修史官張昭、直館王申等繒彩銀貨各有差。其云前朝李氏書，避晉高祖嫌，名權易之耳。修《唐書》乃在後晉之世，初命趙瑩監修，瑩罷相（按趙瑩此時出任節鎮）而昫代之。何氏未考《五代會要》，乃臆造此説耳。歐公於趙、劉二傳俱不及監修，而於《賈緯傳》云："與修《唐書》"，蓋以監修無秉筆之職，例不當書。如《新唐書》刊修，但載歐、宋二人傳，何嘗及監修之曾公亮哉？此史家之成例，不可議其缺漏。

《日知録》卷二十六云：（《舊唐書》）纂於劉昫，後唐末帝清泰中爲丞相，監修國史。至晉少帝開運二年其書始成（原注）。《册府元龜》言，户部侍郎張昭遠、起居郎賈緯、秘書少監趙熙、史部郎中鄭受益、左司員外郎李爲光[①]等修，上並賜繒彩銀器，並及前朝劉昫，當時避晉高祖嫌，名或謂之《李氏傳》。

【名稱】

《舊唐書》一名《唐史》，又作《李氏書》，均見上文。其名爲《舊唐

---

① 《五代會要》中爲李爲先。——整理者注

書》者，宋曾公亮《進新修唐書表》有語"省於舊"之文，其後劉、歐二書率以舊、新爲別。

【內容】

本紀二十，志三十，列傳一百五十，凡二百卷。

《新唐書》

【作者】

北宋歐陽修（1007—1072）、宋祁（998—1061）等撰。

《廿二史劄記》卷十六云：宋仁宗以劉昫等所撰《唐書》卑弱淺陋，命翰林學士歐陽修，端明殿學士宋祁刊修，曾公亮提舉其事，十七年而成，凡二百二十五卷。修撰紀、志、表，祁著列傳。故事，每書首只用官尊者一人，修以祁先進，且於《唐書》功多，故各署以進。（《修傳》）祁奉詔修《唐書》十餘年，出入卧內，嘗以稿自隨，爲列傳百五十卷。（《祁傳》）論者謂《新書》事增於前，文省於舊。此固歐、宋二公之老於文學，然難易有不同者。《舊書》當五代亂離，載籍無稽之際，掇拾補葺，其事較難。至宋時，文治大興，殘編故册，次第出見，觀《新唐書・藝文志》所載唐五代事，無慮數十百種，皆五代修《唐書》時所未嘗見者，據以參考，自得精詳。又宋初績學之士，各據所見聞，別有撰述。如孫甫著《唐史記》七十五卷，每言唐君臣行事，以推見當時治亂，若身歷其間，人謂終日讀史，不如一日聽孫論也。又趙瞻著《唐春秋》五十卷，趙鄰幾追補《唐實録》會昌以來《日曆》二十六卷，陳彭年著《唐紀》四十卷。（以上見《宋史》各本傳）諸人博聞勤採，勒成一書，多見精核，歐、宋得借爲筆削之地。又呂夏卿熟於唐事，博採傳記雜説數百家，又通譜學，創爲世系諸表，於《新唐書》最有功。（《宋史・夏卿傳》）宋敏求嘗補唐武宗以下六世實録百四十卷，王堯臣修《唐書》，以敏求熟於唐事，奏爲編修官。（《宋史・敏求傳》）是刊修新書時，又得諸名手傾助，宜其稱良史也。

　　《十七史商榷》卷六十九，宋、歐修書不同時，云：

　　吳縝《新唐書糾謬》自序云："《唐書》紀、志、表則歐陽公主之，傳則宋公主之……"愚考二公修書不相通知，其實乃本不同時也。考《宋史》第二百八十四卷《宋祁傳》，言其修《唐書》在仁宗天聖之晚年，歷明道、景祐、寶元、康定，至慶曆中告成，以書成進左丞云云。凡閱十餘年，自守亳州，出入內外，常以稿自隨。此言十餘年，而吳縝則云十七年，又言二十年。又第三百十九卷《歐陽修傳》於"遷翰林學士俾修《唐書》"一段之下，即繼之以"知嘉祐二年貢舉"云云，則修之修《唐書》乃在嘉祐之前至和年間事，距祁稿成時相去已十餘年，其下又繼以"加龍圖閣學士、知開封府。旬月，改群牧使。《唐書》成，拜禮部侍郎、兼翰林傳讀學士"，而此下又接云"修在翰林八年"云云，則修書凡歷六七年之功書成，上距祁稿成約又二十餘年矣。更證之以《歐陽公年譜》，逐年鑿鑿指出至和元年甲午八月戊申，詔公修《唐書》，嘉祐五年庚子七月戊戌，上修《新唐書》二百五十卷，庚子推賞，轉禮部侍郎。然則二公修書不同時明矣。吳言十七年者，專指初次宋所修而言，云二十年者，合前後兩次所修而言。祁與其兄庠同登第授官，史言天聖初，而歐公之登第授官則天聖八年，年輩名位稍在其後，祁不爲紀、志、表，非以讓歐，蓋用其所長，先撰各傳，餘姑闕如。歐學問文章，與祁異趣，成名之後，天下重之甚於祁，未必肯壹遵祁軌躅，上二百五十卷時，恐或有改竄祁稿者。

　　吳縝《自序》哲宗元祐四年作中有云"書自頒行，迨今幾三十載"。又云"方《新書》來上，朝廷付裴煜、陳薦、文同、吳申、錢藻校勘。若校勘止於執卷唱讀，案文讎對，則二三胥吏足辦，何假文館之士？必討論擊難，刊削繕完，乃稱其職，而五人者曾無建明，但襲故常，惟務暗默，自後遂頒之天下"。案自元祐四年逆溯至嘉祐五年恰三十年，蓋上進未幾即頒行，然則宋雖撰傳，而總匯裁定，實出歐公一手。

　　又有宋祁不僅作列傳，且有紀、志。王得臣《麈史》①云：宋祁別撰

---

① 王得臣又有《揮麈録》。

紀、志。高似孫《史略》亦云，祁雖作百五十傳，亦曾自作紀、志，今宋氏後居華亭者有其書。

《新唐書》之資料：

宋敏求：《唐武宗以下六世實錄》

孫甫：《唐史記》

陳彭年：《唐紀》

趙鄰幾：《會昌以來日曆》

《舊五代史》

【作者】

北宋薛居正（912—981）主撰。

《十七史商榷》卷九十三云：《宋史》第二百六十四卷《薛居正傳》："太祖開寶五年，自吏部侍郎、參知政事，兼淮南、湖南、嶺南等道都提舉三司水陸發運使，又兼門下侍郎，監修國史，又監修五代史，逾年畢，賜以器幣。"其下乃云"六年拜門下侍郎。平章事"云云。第二百十卷《宰輔年表》則於五年書"居正加參知政事兼提點三司，淮、荊、湖、嶺南諸州水陸轉運使事"，於六年四月戊申書"居正自參知政事加監修《五代史》"，九月書"居正自吏部侍郎、參知政事加門下侍郎、同平章事，仍兼都提點湖南等路轉運使事、監修國史"。如傳，則似居正之監修國史、《五代史》皆在五年矣。竊謂《傳》之文有誤，而《表》又有傳寫之誤，何則？《玉海》第四十六卷《藝文》門引《中興書目》云："開寶六年四月二十五日戊申，詔梁、後唐、晉、漢、周五代史宜令參政薛居正監修，盧多遜、扈蒙、張澹、李穆、李昉等同修。七年閏十月甲子，書成，凡百五十卷，目錄二卷，賜器帛有差。其事凡記十四帝五十三年，爲紀六十一，志十二，傳七十七。"此與《年表》所書之目俱合，可以無疑。監修必係六年，非五年。

《廿二史劄記》卷二十一云：宋太祖開寶六年四月，詔修梁、唐、晉、漢、周《書》，其曰《五代史》者，乃後人總括之名也。七年閏十月，書成，凡一百五十卷，目録二卷，監修者爲司空同中書門下平章事薛居正，同修者爲盧多遜、扈蒙、張澹、李昉、劉兼、李穆、李九齡。（見《宋史》及《郡齋讀書志》《玉海》所引《中興書目》）皆本各朝實録爲匯本，此官修之史也……至金章宗泰和七年，詔只用《歐史》，於是《薛史》漸湮，惟前明《永樂大典》多載其逸文，然已割裂淆亂，非薛史篇第之舊。恭逢我皇上開四庫館，命諸臣就《永樂大典》中甄録排纂，其缺逸者則採宋人書中之征引薛史者補之。於是《薛史》復爲完書，仍得列於正史，遂成二十三史之數。今覆而按之，雖文筆迥不逮《歐史》，然事實較詳，蓋《歐史》專重書法，《薛史》專重學識，本不可相無。以四五百年久晦之書，一旦復出，俾考古者得參互校訂，所以嘉惠後學，誠非淺鮮也。

案乾隆四十年七月初三日，進書表，其列名編輯之事者，有陸錫熊、紀昀、邵晉涵等三人，其實邵晉涵所輯也。《清史稿·邵晉涵傳》云："在史館時，見《永樂大典》採薛居正《五代史》，乃薈萃編次，得十之八九，復採《册府元龜》《太平御覽》諸書，以補其缺，並參考《通鑑長編》諸史及宋人説部、碑碣，辨證條繫，悉符原書一百五十卷之數。"

近聞《薛史》原書世有存者①，往歲商務印書館揭文徵求，迄今其原作未出，是乃學術之一憾事也。張元濟《史記·後序》云："曩聞贛南故家尚存缺帙。"

【名稱】

本名《梁、唐、晉、漢、周書》，其曰《五代史》者，後人總結名之也。陳振孫《直齋書録解題》稱歐史爲《新五代史》，則《舊五代史》之名當

---

① 章太炎謂，在皖人汪允中家，後轉於丁乃揚家。

亦始於宋代矣。

【内容】

《梁書》二十四卷，《唐書》五十卷，《晉書》二十四卷，《漢書》十一卷，《周書》二十三卷，《世襲列傳》二卷，《僭僞列傳》三卷，《外國列傳》二卷，志十二卷，凡爲紀六十一卷，志十二卷，傳七十七卷，共一百五十卷。

《新五代史》

【作者】

北宋歐陽修主撰。

《玉海》引《中興書目》云：《五代史記》歐陽修撰……修歿後，熙寧五年八月十一日，詔其家上之。十年五月庚申，詔藏秘閣。《宋史》本傳云，奉詔修《唐書》紀、志、表，自撰《五代史紀》，《薛史》係官書，而《歐史》則私撰也。

《郡齋讀書志》云：《五代史記》七十五卷，皇朝歐陽修永叔以薛居正史繁猥失實，重加修定，藏於家。永叔歿後，朝廷聞之，取以付國子監刊行。《國史》稱其可以繼班固、劉向，人不以爲過……

【名稱】

歐史本名《五代史記》，《郡齋讀書志》、王應麟《玉海》均仍以其名稱，《直齋書録解題》《宋史·藝文志》作《新五代史》，高似孫《史略》作《歐陽修五代史》，亦作《五代新史》。案：歐公此書，欲追從太史公書，故以"史記"爲名。

【内容】

本紀十二卷，列傳四十五卷，考(即志)三卷，世家十卷，《十國世家年譜》一卷，《四夷附録》三卷，共七十四卷。

【注家】

徐無黨注。《南江書目》云，徐無黨注，發明義例，疑親得修所口授者，然有解詁，而不詳故實與音義，是亦史注之別體也。王得臣《揮塵録》云，吳縝初登第，因范景仁而請於文忠，願予官屬之末，文忠以其年少輕佻拒之。逮《新書》成，指摘瑕疵，爲《糾謬》一書，又撰《五代史纂誤》，以正《歐史》之失，已亡佚。清四庫館臣自《永樂大典》中輯出《五代史記纂誤》三卷。

《宋史》

【作者】

元脫脫（1314—1356）、阿魯圖（？—1351）先後主持修撰。

《元史·順帝紀》云：至正三年三月，詔修遼、金、宋三史，以中書右丞相脫脫（又做托克托）爲都總裁官，鐵木兒塔識（一作“帖睦爾達世”）、張起岩、歐陽玄、吕思誠、揭傒斯爲總裁官。五年十月辛未，《遼》《金》《宋》三史成，右丞相阿魯圖進之（脫脫於四年五月辭官，阿魯圖繼爲右丞相）。

案：《遼》《金》《宋》三史非一時所成，故《新元史·惠宗本紀》云：“至正三年三月，詔修《遼》《金》《宋》三史。四年三月，中書右丞相脫脫等表進《遼史》一百一十六卷。十一月，中書右丞相阿魯圖表進《金史》一百三十七卷。五年十月辛未，阿魯圖表進《宋史》四百九十六卷。至是，三史告成。”《元史》所舉總裁官有誤，考《宋》《遼》《金》三史總裁官皆列脫脫銜，以脫脫乃都總裁官也，其餘則鐵木兒塔識（一作“帖睦爾達世”）、賀惟一、張起岩、歐陽玄四人總裁三史，吕思誠則第總裁《遼史》，而二史不與；揭傒斯則總裁《遼》《金》二史，而《宋史》不與，李好文、王沂、楊宗瑞則總裁《宋》《金》二史，而《遼史》不與。今三史卷首具載可考也。

元代修《宋》《遼》《金》三史，成之不及三年，其實三史皆有舊本也。宋亡後，董文炳在臨安主留事，曰：“國可滅，史不可滅。”遂以宋史館諸記注書歸於元都，貯國史院。（見《元史·董文炳傳》）此《宋史》舊本也。

【名稱】

《元史·托克托傳》云：“以義例未定，或欲以宋爲世紀，遼、金爲載記，或以遼立國在宋先，欲以遼、金爲北史，宋太祖至靖康爲《宋史》，建炎以來爲《南史》，各持論不決。”至順帝時，詔宋、遼、金各爲一史，於是“宋史”一名遂定。

【内容】

本紀四十七，志一百六十二，表三十二，列傳二百五十五，凡四百九十六卷。

《宋史》繁蕪，《遼》《金》二史多闕略，昔人有欲重修者，元末周以立因三史體未當，欲重修而未能。明正統中，其孫叙思繼先志，乃請於朝，詔許自撰，詮次數年，未及成而卒。（《明史·周叙傳》）

嘉靖中，廷議更修《宋史》，以嚴嵩爲禮部尚書兼翰林學士董其事。（《嚴嵩傳》）然亦未成書也。

惟柯維騏《宋史新編》合三史爲一史，以宋爲主，而遼、金附之，並列二王於本紀，褒貶去取，義例頗嚴，閲二十年始成。（《柯維騏傳》）

又祥符王維儉，字損仲，嘗苦宋史蕪穢，手自刪定爲一書。（《王維儉傳》）

據列朝詩序，謂“損仲家圖籍已沉於汴梁之水”。

《遼史》

【作者】

元時脱脱等，已見前述。

　　契丹本荒野之俗，記載夙少。至興宗時，耶律孟簡上言："本朝之興，幾二百年，宜有國史以垂後世。"興宗始命置局編修。主其事者有耶律古裕(一作"谷欲")、耶律庶成、蕭罕嘉努(一作"蕭韓家奴")等。至天祚帝干統三年，又詔耶律儼①纂太祖以下諸帝實錄，共成七十卷，於是遼世事蹟粗備。金熙宗皇統中，又詔耶律固、伊喇因(一作"移剌因")、伊喇子敬(一作"移剌子敬")等續修《遼史》，而卒業於蕭永琪，共紀三十卷，志五卷，傳四十卷，皇統七年上之。此金時第一次所修也。章宗又命伊喇履提控刊修《遼史》，黨懷英、郝俣充刊修官，伊喇益、趙渢等七人爲編修官，凡民間遼時碑志及文集，悉送上官。同修者又有賈鉉、蕭貢、陳大任等，泰和元年，又增三員，有改除者，聽以書自隨。懷英致仕後，昭大任繼成之。(俱見各本傳)此金時第二次所修也。

　　至元修《遼史》時②，耶律儼及陳大任二本俱在，《后妃傳·序》云："儼、大任《遼史·后妃傳》大同小異，酌取以著於篇。"而曆象閏考中，並註明儼本某年有閏，大任本某年無閏。尤可見其纂時悉本儼、大任二書也。

【內容】

本紀三十卷，志三十二卷，表八卷，列傳四十五卷，國語解一卷。

《金史》

【作者】

至正四年十一月，阿魯圖表進《金史》，脫脫以前中書右丞相仍都總

---

① 《遼史》取材：耶律儼《實錄》內有帝紀、志、列傳。陳大任《遼史》內有帝紀、志、列傳。《契丹國志》。

② 元修《遼史》之總裁官爲帖睦爾達世、賀惟一、張起岩、歐陽玄、呂思誠、揭傒斯六人。

裁，列在阿魯圖後，然修史人銜名仍爲脱脱，以其爲都總裁也。①

《廿二史劄記》卷二十七云：《金史》叙事最詳核，文筆亦極老潔，迥出《宋》《元》二史之上。説者謂多取劉祁《歸潛志》、元好問《壬辰雜編》以成書，故稱良史。然《好問傳》：“金亡後，累朝實録在順天張萬户家，好問言於張，欲據以撰述，後爲樂夔所沮而止。”是好問未嘗得實録底本也。今《金史》本紀即本張萬户家之實録而成。

【名稱】

《金史》。

【内容】

本紀十九卷，志三十九卷，表四卷，列傳七十三卷，凡一百三十五卷。清乾隆時，校正《金國語解》一篇。

清施國祁《金史詳校序》曰：“文筆甚簡，非《宋史》之繁蕪；載述稍備，非《遼史》之闕略；叙次得實，非《元史》之訛謬。”

《元史》

【作者】

宋濂（1310—1381）、王禕（1321—1373）主撰。

明太祖洪武二年，得元十三朝《實録》（元朝實録自太祖至寧宗，凡十五種，而名爲“十三朝實録”者，除未即位之《睿宗實録》及《順宗實録》也），命修《元史》，以宋濂、王禕爲總裁。二月，開局天寧寺。八月，書成，而順帝一朝史獨未備。乃命儒士歐陽佑（是時採書之官尚有黄盅、危於懭、吕復諸人）往北平採遺事。明年二月，詔重開史局，閲六月，書成。

明修《元史》，洪武二年先成本紀三十七，志五十三，表六，傳六十

---

① 元修《金史》之總裁官，除修《遼史》之六人外，增李好文、楊宗瑞、王沂。

三，目録二。翌年續成紀十，志五，表二，傳三十又六，厘分附麗，共成二百一十卷。

朱彝尊《曝書亭集·徐一夔傳》云：一夔，字大章，天台人。以文見知危素，授以建寧教授牒。吳元年六月，詔儒臣纂禮書，敕中省舉素志高潔、博古通今士，非深知經術者勿遣，於是一夔首被征。開局於天界寺，草創既就而還。會《元史》成，而元統後無事蹟可征收，有事續修，王禕以一夔薦，一夔報以書，曰："近代論史者莫過於日曆。日曆者，史之根底也。至起居注之設，亦專以甲子起例。蓋紀事之法無逾此也。元則不然，不置日曆，不置起居注，獨中書置時政科。遣一文學掾掌之，以事付史館。及易一朝，則國史院據付修《實録》而已，其於史事固甚疏略。幸而天曆間虞集仿《六典》法，纂《經世大典》，一代典章，文物粗備。是以前局之史，既有十三朝《實録》，又有《經世大典》可以參稽，廑而成書。若順帝二十六年之事，既無《實録》可據，又無參稽之書，惟憑採訪以足成之。竊恐事未必核，言未必馴，首尾未必貫穿也。"

有謂，《元史》本紀爲依據元朝歷代實録，而作志類爲依據《經世大典》，列傳爲依據元代編纂之《后妃傳》與《功臣傳》。

《十駕齋養新録》云：《五行志》，胡翰撰，其《序論》載文集中。《外國傳》則宋僖撰，《靜志居詩話》載其《寄宋學士詩》云"修史與末役，乏才愧群賢。强述《外國傳》，荒疏僅成篇"。謂自高麗以下悉其手筆，然此數篇最爲淺率⋯⋯

前書卷九又云：《元史》纂修始於明洪武二年，以二月丙寅開局，八月癸酉告成，計一百八十八。其後續修順帝一朝，於洪武三年二月乙丑再開局，七月丁未書成，計一百四十三。綜前後僅三百三十一日，古今史成之速，未有如《元史》者；而文之陋劣，亦無如《元史》者。蓋史爲傳信之書，時日促迫，則考訂必不審，有草創而無討論，雖班、馬難以見長；況宋、王詞華之士，徵辟諸子皆起自草澤，迂腐而不諳掌故者乎⋯⋯

《日知録》卷二十六云：《元史》《列傳》八卷速不台，九卷雪不台，一人作兩傳。十八卷完者都，十九卷完者拔都，亦一人作兩傳，蓋其成書不出於一人之手。《宋濂序》云：洪武元年十二月，詔修《元史》，臣濂、臣祎總裁。二年二月丙寅開局……順帝時無《實錄》可徵，因未得爲完書。上復詔儀曹遣使行天下，其涉於史事者，令郡縣上之。三年二月乙丑開局……凡前書有所未備，頗補完之，總裁仍濂、祎二臣，而纂錄之士獨趙壎，終始其事，然則《元史》之成，雖不出於一時一人，而宋、王二公與趙君亦難免於疏忽之咎矣……

【名稱】

《元史》。

【內容】

本紀四十七卷，志五十八卷，表八卷，列傳九十七卷，共二百十卷。

按：《元史》乃兩次修成，第一次成紀三十七卷，志五十三卷，表六卷，傳六十三卷；第二次成紀十卷，志五卷，表二卷，傳三十六卷，合計之爲二百十卷。

《元史》史料來源表

元史篇名	史料根據	備考
太祖本紀	太祖實錄	元朝秘史、聖武親征錄
太宗本紀	太宗實錄	元朝秘史、聖武親征錄
定宗本紀	定宗實錄	成宗朝追修
憲宗本紀	憲宗實錄	成宗朝追修
世紀本紀 14	世祖實錄 210	姚遂、李謙、王惲、張昇、馬紹、張九思、李之紹
成宗本紀 4	成宗實錄 56	元明善、程鉅大、鄧文源、暢師文
武宗本紀 2	武宗實錄 50	元明善、蘇天爵
仁宗本紀 3	仁宗實錄 60	元明善、曹元用、袁桷、廉惠山、海牙
英宗本紀 2	英宗實錄 40	謝端、曹元用、馬祖常、廉惠山、海牙
泰定本紀 2	泰定實錄	成遵、王結、張起巖、歐陽玄
明宗本紀 1	明宗實錄	成遵、謝端

續表

元史篇名	史料根據	備考
文宗本紀 5	文宗實錄	成遵、王結、張起巖、歐陽玄、蘇天爵
寧宗本紀 1	寧宗實錄	謝端
順帝本紀 10	第二次補修	
天文志 2		郭守敬
五行志上		郭守敬等
五行志下	第二次補修	
曆志	授時曆議	李謙
曆志	授時曆經	許衡、王恂、郭守敬等
曆志	庚午元曆	耶律楚材
地理志 6	大元一統志	
河渠志 1		郭守敬、歐陽玄、河防記
河渠志 3	第二次輔修	
禮樂志 5	經世大典　第七禮典　上	
祭祀志	經世大典　第七禮典　郊祀宗廟　社稷等門	
祭祀志 6	第二次補修	
輿服志 3	經世大典　第七禮典　上　輿服	
選舉志 4	經世大典　第七禮典　上　學校　藝文　貢舉等門	
百官志	經世大典　第五治典	
百官志 8	第二次補修	
食貨志	經世大典　第六賦典	
食貨志 5	第二次補修	
兵志 4	經世大典　第八政典(后半部)	
刑法志 4	經世大典　第九憲典	
后妃表	經世大典　第四帝系表	

續表

元史篇名	史料根據	備考
宗室世系表	經世大典　第四帝系表	
諸王表	經世大典　第四帝系表	
公主表	經世大典　第四帝系表	
三公表　上	經世大典　第五治典篇三公章	
三公表　下	第二次補修	
宰相表　上	經世大典　第五治典篇宰相年表	
宰相表　下	第二次補修	
后妃列傳一 宗室列傳二 功臣傳七十	至正八年 呂思誠　賀惟一　張起巖　楊宗瑞　黄溍等 修后妃　功臣列傳	
儒學列傳二 良吏列傳二 忠義列傳四 孝友列傳二 隱逸列傳一 列女列傳二		
釋老列傳一	濟①世大典　第七典禮　下　釋道二類	
方技工藝傳一 宦官列傳一 奸臣列傳一 叛臣列傳一 逆臣列傳一		
外國列傳三	經世大典	

---

①　疑爲《經世大典》。——整理者注

《新元史》

【作者】

柯劭忞(1848—1933)，字鳳蓀，山東膠州人，修《新元史》，三十年始成。

自宋、王《元史》成，即有不滿其内容者，至清邵遠平作《元史類編》，錢大昕作補《氏族表》《藝文志》，魏源作《元史新編》，洪鈞著《元史譯文證補》，屠寄成《蒙兀兒史記》，柯劭忞作《新元史》。

【名稱】

日本東京帝國大學文學部東洋史學系教授會柯劭忞《新元史審查報告》曰：本論文名爲《新元史》，此可知"新元史"之名乃柯先生之自定也。

【内容】

本紀二十六，表七，志七十，列傳一百五十四，共二百五十七卷。

《明史》

【作者】

張廷玉(1672—1755)等撰。

《清史稿·藝文志序》曰，順治時即有議修《明史》之詔，惟其時區宇未寧，日不暇給，是以石渠未建，猶未遑焉。

《廿二史劄記》卷三十一云：近代諸史自歐陽公《五代史》外，《遼史》簡略，《宋史》繁蕪，《元史》草率，惟《金史》行文雅潔，叙事簡括，稍爲可觀。然未有如《明史》之完善者。蓋自康熙十七年，用博學宏詞諸臣分纂《明史》，葉方藹、張玉書總裁其事，繼又以湯斌、徐乾學、王鴻緒、陳廷敬、張英先後爲總裁官，而諸纂修皆博學能文、論古有識。後玉書任志，廷敬任本紀，鴻緒任列傳，至五十三年，鴻緒傳稿成，表上之，而本紀、志、表尚未就，鴻緒又加纂輯。雍正元年再表上，世宗憲皇帝命張廷玉等爲總裁，即鴻緒本，選詞臣再加訂正，乾隆初始進呈，蓋閱六十年而後訖事。古來修史，未有如此之日久而功深者也。惟其修於康熙時，去前朝未遠，見聞尚接，故事蹟原委多得其真，非同《後漢書》之修於宋，《晉書》之修於唐，徒據舊人記載而整齊其文也。又經數十年參考訂正，或增或刪，或離或合，故事益詳而文益簡。且是非久而後定，執筆者無所狗隱於其間，益可徵信，非如元末之《宋》《遼》《金》三史，明初之修《元史》，時日迫促，不暇致詳，而潦草完事也……

明末余姚黃宗羲輯《明史案》二百四十四卷，於《明史》立三例：一、國史取詳年月；二、野史取當是非；三、家史備官爵世系。又閱明人文，集二千餘家，成《明文海》四百八十二卷，典章人物一代淵藪。《明史》規模締構於宗羲，其所著者，關史事者宣付史館；史局大案，必咨之。弟子鄞縣萬斯同博通諸史，尤熟於明代掌故，康熙詔修《明史》，徐元文爲監修，延斯同至京師，以布衣參史局，諸纂修以稿至，主者皆送斯同復查。元文後，張玉書、陳廷敬、王鴻緒等位總裁官，皆延請有加禮。《明史稿》五百卷，斯同所手定也。

阮葵生《茶餘客話》云："修《明史》之時，延萬季野至京師主其事。時萬老矣，兩目盡廢，而胸中羅全史，信口衍說，貫串成章。時錢亮工尚未達，亦東海門下士，才思敏捷，受而籍之。錢晝則徵逐朋酒，夜則晉接要津，夜半始歸室中。季野踞高足床上坐，錢就炕几前執筆，隨問隨答，如瓶瀉水。錢據紙疾書，筆不停輟，十行並下。而其間受託請移衮鉞，乘機損益點竄，諸史官之傳記，略無罅漏。史稿之成，雖經史官數十人之手，而萬與錢實屍之。萬以老諸生係國史絕續之寄，洵非偶然……"

《明史》纂修自順治二年五月起，至雍正十三年十二月成書。（有謂《明史》成於乾隆四年七月，其實此時乃武英殿刊刻《明史》之時，非成書之時也。）

而纂修各官分撰篇目，有尤侗、毛奇齡、湯斌（斌撰天文志、曆志、五行志……）、方象瑛、朱彝尊、施閏章、汪琬、沈珩……

太祖本紀、高文昭章睿景純七朝后妃傳至江東李文進、龍大有列傳四十七篇，出湯荆峴；成祖本紀出朱竹垞；地理志出徐健庵；食貨志出潘次耕；曆志出吳志伊、湯荆峴；藝文志出尤西堂；太祖十三公主至曹吉祥傳一百二十九篇，出汪堯峰；熊廷弼、袁崇焕、李自成、張獻忠諸傳，出萬季野；流賊、土司、外國諸傳出毛西河。（見梁任公《中國近三百年學術史》）

姜宸英《刑法志》。（見《昭代名人尺牘小傳》）

【名稱】

《明史》。

【內容】

本紀二十四卷，志七十五卷，表十三卷，列傳二百二十卷，凡三百三十二卷。

《清史稿》

【作者】

清史館館長趙爾巽（1844—1927）①，其於《發刊綴言》云：爾巽承修清史十四年矣。任事以來，慄慄危懼。蓋既非史學之專長，復值時局之多故，任大責重，辭謝不獲，蚊負貽譏，勉爲擔荷。開館之初，經費尚充，自民國六年，政府以財政艱難，銳減額算。近年益復枯竭，支絀情狀，不堪縷述，將伯呼助，墊借俱窮。日暮途遠，幾無成書之一日。竊以爲清史關係一代典章文獻，失今不修，後來益難著手，則爾巽之罪戾滋重。瞻前顧後，寢饋不安，事本萬難，不敢諉卸。乃竭力呼籲，幸諸帥維持，並敦促修書同人黽勉從事，獲共諒苦衷，各盡義務，竭蹶之餘，

---

① 趙爾巽乃趙爾豐之兄，《清史稿》有傳；其父文穎，《清史》亦有傳。爾巽光緒三十四年爲四川總督。

大致就緒。本應詳審修正，以冀減少疵纇。奈以時事之艱虞，學說之龐雜，爾巽年齒之遲暮，再多慎重，恐不及待。於是於萬不獲已之時，乃有發刊《清史稿》之舉，委托袁君金鎧經辦，數月後當克竣事。誠以史事繁鉅，前史每有新編，互證得失。《明史》之修，值國家承平，時歷數十年而始成，亦不無可議之處，誠戛戛乎其難矣。今兹史稿之刊本，未臻完整，夫何待言。然此急就之章，較諸元史之成，已多時日。所有疏略紕繆處，敬乞海內諸君子切實糾正，以匡不逮，用爲後來修正之根據……中華民國十六年丁卯八月二日，趙爾巽時年八十四歲。

爾巽，漢軍正藍旗人，爲清史館館長，兼代館長爲柯劭忞，總纂有王樹枏、吳廷燮、夏孫桐等，此書有以孫中山先生革命爲不當，故國民政府曾一度禁止發行，現已有數處刊印矣，因與正史體例同，故述之。

【名稱】

原名《清史稿》。

【內容】

本紀二十五卷，志一百四十一卷，表五十三卷，列傳三百一十五卷，共五百三十四卷，後增志、傳，各五百三十六卷。

《清史稿》分纂姓名

一、本紀二十五卷　柯劭忞總纂

太祖紀　鄧邦述　金兆蕃　稿　爽良　復輯

太宗紀　鄧邦述　金兆蕃　稿

世祖紀　鄧邦述　金兆蕃　稿

聖祖紀　鄧邦述　金述蕃　稿　爽良　復輯

世宗紀　鄧邦述　金兆蕃　稿　爽良　復輯

高宗紀　吳廷燮　稿

仁宗紀　吳廷燮　稿　爽良　復輯

宣宗紀　吳廷燮　稿

文宗紀　吳廷燮　稿　袗良　復輯

穆宗紀　吳廷燮　稿　李哲明　復輯

德宗紀　瑞洵　稿　李哲明　復輯

宣統紀　瑞洵　稿　袗良　復輯

二、志一百三十五卷　王樹枏總纂

天文志　十四卷　柯劭忞　稿

災異志　五卷　柯劭忞　稿

時憲志　五卷　柯劭忞　稿

地理志　九卷　馮熙　秦樹聲　王樹枏　復輯

禮志　十二卷　張書雲　王大鈞　萬本端　分稿

樂志　八卷　張採田　稿

輿服志　四卷　何葆麟　稿

選舉志　八卷　張啟後　袁勘準　朱希祖　分稿　張書雲　復輯

職官志　六卷　全兆豐　駱成品　李景濂　徐鴻寶　分稿

食貨志　六卷　姚永樸　李嶽瑞　李哲明　吳懷清　分稿

河渠志　四卷　何葆麟　稿

兵志　十二卷　俞陛雲　秦望瀾　田應璜　袁克文　分稿

刑法志　三卷　王式通　等　分稿　許受衡　復輯

藝文志　四卷　章鈺　吳士鑒　稿　朱師轍　復輯

交通志　四卷　羅忼矙　等　分稿　吳　復輯

邦交志　八卷　李家駒　吳廣霈　劉樹屏　分稿　戴錫章　復輯

三、表五十三卷　吳廷燮總纂

皇子表　五卷　吳士鑒　稿

公主表　一卷　吳士鑒　稿

外戚表　一卷　吳士鑒　稿

諸臣封爵表　五卷　劉師培　稿

大學士表　二卷　吳廷燮　稿

軍機大臣表　二卷　唐邦治　稿

部院大臣表　十卷　吳廷燮　編

疆臣表　十二卷　吳廷燮　編

藩臣部表　三卷　吳廷燮　編

交聘表　二卷　吳廷燮　編

四、列傳三百十六卷　夏桐蓀　金兆蕃　總輯

后妃傳　一卷　鄧邦　述　金兆蕃　奭良　稿

諸王傳　七卷　鄧邦　述　金兆蕃　奭良　稿

大臣傳　二百五十三卷　衆手分稿　馬其昶　金兆豐　復輯
金梁　補

循吏傳　四卷　夏桐孫　復輯

儒林傳　四卷　繆荃蓀　馬其昶　稿　金梁　補

文苑傳　三卷　馬其昶　稿　金梁　補

忠義傳　十卷　章鈺　復輯

孝義傳　三卷　繆荃蓀　稿　金兆蕃　復輯

遺逸傳　二卷　繆荃蓀　王樹枏　稿　金梁　復輯

藝術傳　四卷　夏桐孫　復輯

疇人傳　二卷　陳年　稿　柯劭忞　復輯

列女傳　四卷　金兆豐　復輯

土司傳　六卷　繆荃蓀　稿

藩部傳　八卷　吳廷燮　吳燕紹　稿

屬國傳　四卷　韓樸　存稿

[附]《廿二史劄記・各史例目異同》

　　古者，左史記言，右史記事。言爲《尚書》，事爲《春秋》。其後沿爲編年、記事二種。記事者，以一篇記一事，而不能統貫一代之

全；編年者，又不能即一人而各見其本末。司馬遷參酌古今，發凡起例，創為全史。本紀以序帝王，世家以記侯國，十表以繫時事，八書以詳制度，列傳以志人物，然後一代君臣政事，賢否得失，總匯於一編之中，自此例一定，歷代作史者遂不能出其範圍，信史家之極則也。魏禧序《十國春秋》，謂："遷僅工於文，班固則密於體。"以是為《史》《漢》優劣。不知無所因而特創者難為功，有所本而求精者易為力。此固未可同日語耳。至於篇目之類，不必泥於一定，或前代所有而後代所無，或前代所無而後代所有，自不妨隨時增損改換。今列二十二史篇目異同於左：

本紀

古有《禹本紀》《尚書世紀》等書。遷用其體以叙述帝王。惟項羽作紀頗失當。故《漢書》改為列傳，《三國志》亦但有《魏紀》而吳、蜀二王皆不立紀，以魏為正統也。《後漢書》又立《皇后紀》，蓋仿史漢《呂后紀》之例，不知史遷以政由后出，故高紀後，即立后紀。至班固則先立孝惠紀，孝惠崩，始立后紀。其體例已截然，以少帝既廢，所立者非劉氏子，故不得以偽主紀年，而歸之於后也。若東漢則各有帝紀，即女后臨朝，而用人行政皆編在帝紀內，何必又立后紀？《新唐書·武后》已改唐為周，故朝政則編入后紀。宮闈瑣屑事，仍立后傳，較有斟酌。《宋史·度宗本紀》後，附瀛國公及二王，不曰帝而曰瀛國公、曰二王，固以著其不成為君，而猶附於紀後，則以其正統緒餘，已登極建號，不得而沒其實也。至馬令、陸游《南唐書》作李氏本紀、吳任臣《十國春秋》，為僭大號者皆作紀，殊太濫矣。其時已有梁、唐、晉、漢、周稱紀，諸國皆偏隅，何得亦稱紀耶？《金史》於太祖本紀之前，先立世紀以叙其先世，此又仿《尚書世紀》之名，最為典切。

世家

《史記·衛世家》贊："余讀世家言"云云，是古來本有世家一體，遷用之以記王侯諸國。《漢書》乃盡改為列傳（按《班固傳》改世家爲列傳，係其父彪變例）。傳者，傳一人之生平也，王侯開國，子孫世襲，故稱世家。今改作傳，而子孫嗣爵者，又不能不附其後，究非體矣。然自《漢書》定例後，歷代因之，《晉書》於僭僞諸國數代相傳者，不曰“世家”，而曰“載記”，蓋以劉、石、苻姚諸君有稱大號者，不得以侯國例之也。歐陽修《五代史》，則於吳、南唐、前蜀、後蜀、南漢、北漢、楚、吳越、閩、南平皆稱世家。《宋史》因之，亦作十國世家。《遼史》於高麗、西夏，則又變其名曰“外記”。

表

《史記》作十表，仿於周之譜牒，與紀傳相爲出入。凡列侯將相三公九卿功名表著者，既爲立傳，此外大臣無功無過者，傳之不勝傳，而又不容盡没，則於表載之。作史體裁，莫大於是。故《漢書》因之，亦作七表。以《史記》中三代世表、十二諸侯年表、六國表皆無與於漢也。其餘諸侯，皆本《史記》舊表，而增武帝以後沿革以續之。惟外戚恩澤侯表，《史記》所無。又增百官公卿表，最爲明晰。另有古今人表，既非漢人，何煩臚列。且所分高下，亦非定評，殊屬贅設也。《後漢》《三國》《宋》《齊》《梁》《陳》《魏》《齊》《周》《隋》及《南、北史》皆無表。《新唐書》宰相、方鎮、宗室世系三表。薛《五代史》無表。歐《五代史》亦無表。但有十國世家年譜。《宋史》有宰相、宗室二表，《遼史》立表最多，有世表、皇子表、公主表、皇族表、外戚表、游幸表、部屬表、屬國表。多則傳可省，此作史良法也。《金史》宗室、交聘二表。《元史》后妃、宗室世系、諸王、公主、三公、宰相六表。《明史》諸王、功臣、外戚、宰輔、七卿，共五表。後人有因各史無表，而補之者：伏無忌、黃景作諸王、王子、功臣、恩澤侯表。邊韶、崔寔、延篤作百官表，皆不傳。袁希之又有《漢表》，熊方有《後漢表》，李燾作《歷代宰相年表》。皆所以補前人之缺。近人萬斯同又取歷代正史之未著表者一一補之，凡六十篇，益以《明史》表十三篇，最爲詳贍。

書志

八書乃史遷所創，以紀朝章國典。《漢書》因之，作十志。律曆志則本於律書、曆書也。禮樂志則本於禮書、樂書也。食貨志則本於平準書也。郊祀志則本於封禪書也。天文志則本於天官書也。溝洫志則本於河渠書也。此外又增刑法、五行、地理、藝文四志。其後律曆、禮樂、天文、地理、刑法，歷代史皆不能無。《後漢書》改地理爲郡國。又增禮儀、祭祀、百官、輿服四志。《三國》無志。《晉》《宋》《齊》書大概與前書同。惟《宋書》增符瑞志。《齊書》亦有祥瑞志。《梁》《陳書》及《南史》無志。《魏書》改天文爲天象，地理爲地形，祥瑞爲靈徵，餘皆相同，而增官氏、釋老二志。《齊》《周》及《北史》皆無志。《隋書》本亦無志，今志乃合梁、陳、齊、周、隋並撰者。其藝文則改爲經籍。《新唐書》增儀衛、選舉、兵制三志。薛《五代史》志類有減無增。歐《五代史》另立司天、職方二考，亦即天文、地理而變其名也。《宋史》諸志與前史名目多同。惟《遼史》增營衛、捺鉢、部族、兵衛諸志，其國俗然也。《金》《元》二史志目與《宋史》同，惟少藝文耳。《明史》志目與《宋史》同，其藝文志内，專載明人著述，而前代書流傳於世者不載。

列傳

古書凡記事、立論及解經者，皆謂之傳，非專記一人事蹟也。（説見《陔餘叢考》）其專記一人爲一傳者，則自遷始。又於傳之中，分公卿將相爲列傳，其儒林、循吏、酷吏、刺客、游俠、佞幸、滑稽、日者、龜策、貨殖等，又別立名目，以類相從。自後作史者，各就一朝所有人物傳之，固不必盡拘遷史之舊名也。如《漢書》少刺客、滑稽、日者、龜策四傳，而增西域傳。蓋無其人不妨缺，有其事不妨增。至外夷傳則又隨各朝之交兵通貢者而載之，更不能盡同也。惟貨殖一款，本可不立傳，而《漢書》所載貨殖，又多周秦時人，與漢無涉，殊亦贅設。《後漢書》於列傳，儒林、循吏、酷吏外，又增宦者、文苑、獨行、方術、逸民、列女等傳。《三國志》名目有減無增。《晉書》改循吏爲良吏，方術爲藝術，不過稍易其名。又增孝友、忠義二傳。其逆臣則附於卷末，不另立逆臣名目。《宋書》但改佞幸爲恩倖。其二兇亦附卷末。(二兇：劉劭、劉浚)《齊書》改文苑爲文學，良吏爲良政，隱逸爲高逸，孝友、忠義爲孝義，恩倖爲倖臣，亦稍變其名。其降敵國者，亦附卷末。《梁書》改孝義爲孝行，又增止足一款。其逆臣亦附卷末。《陳書》及《南史》亦同。惟侯景等另立賊臣名目。《後魏書》改孝行爲孝感，忠義爲節義，隱逸爲隱士，宦者爲閹宦，亦稍變其名。其劉聰、石勒、晉、宋、齊、梁俱入外國傳。《北齊》各傳名目，無所增改。《周書》增附庸一款。《隋書》改忠義爲誠節，孝行又爲孝義，餘者與前史同。而以李密、楊玄感次列傳後。宇文化及、王世充附於卷末。《北史》各傳名目大概與前史同，增僭僞一款。《舊唐書》諸傳名目，亦與前史同，其安祿山等，亦附卷末，不另立逆臣名目。《新唐書》增公主、藩鎮、奸臣三款。逆臣中又分叛臣、逆臣爲二，亦附卷末。薛《五代史》增世襲一款。歐《五代史》另立家人、義兒、伶官等傳。其歷仕各朝者謂之雜傳。又分忠義爲死節、死事二款。又立唐六臣傳。蓋五代時事多變局，故傳名亦另剙(創)也。《宋史》增道學一款及周三臣傳，餘與前史同。《遼史》改良吏爲能吏，餘與前史同，另有國語解。《金史》無儒學，但改外戚爲世戚，文苑爲文藝，餘與前史同。另有國語解。《元史》增釋老，餘亦與前史同。《明史》各傳名目亦多與前史同，增閹黨、流賊及土司傳。

論編年體

吾國古史，厥惟編年。編年之祖，首推《春秋》。《穀梁傳》曰："《春秋》編年，四時具，然後爲年，上尊天紀，下正人事。"此編年之意也。《崇文總目·編年》云："春秋之後，繼以戰國，諸侯交亂，而史官廢失，策書所載紀次不完，司馬遷始爲紀傳書志之體，網羅千載，馳騁其文，其後史官悉用其法……"自司馬遷作《史記》，紀傳體之史，大盛於吾國，而編年體之製作，似未若紀傳體之輝煌。

然自《春秋》以還，亦有體大思精之作，梁任公《中國歷史研究法》曰：

與紀傳體並時者爲編年體。賬簿式之舊編年體，起原最古……其內容豐富而有組織之新編年體，舊說以爲起於《左傳》。雖然，以近世學者所考訂，則左氏書原來之組織殆非如是。故論此體鼻祖，與其謂祖左氏，毋寧謂祖陸賈之《楚漢春秋》。惜賈書今佚，其真面目如何，不得確知也。漢獻帝以《漢書》繁博難讀，詔荀悅要刪之；悅自述謂：'列其年月，比其時事。撮要舉凡，存其大體；以副本書。'又謂：'省約易習，無妨本書。'語其著作動機，不過節鈔舊書耳。然結構既新，遂成創作。蓋紀傳體之長處，在內容繁富，社會各部分情狀，皆可納入；其短處在事蹟分隸凌亂，其年代又重復，勢不可避。劉知幾所謂：'同爲一事，分爲數篇，斷續相離，前後屢出……又編次同類，不求年月……故賈誼與屈原同列，曹沫與荊軻並編。'此皆其弊也。《漢紀》之作，以年繫事，易人物本位爲時際本位，學者便焉。悅之後，則有張璠、袁宏之《後漢紀》，孫盛之《魏春秋》，習鑿齒之《漢晉春秋》，干寶、徐廣之《晉紀》，裴子野之《宋略》，吳均之《齊春秋》，何元之《梁典》……（現存者僅荀、袁二家）蓋自班固以後，紀傳體既斷代爲書；故自荀悦以後，編年體亦循其例。每易一姓，紀傳家既爲作一書，編年家復爲作一紀，而皆係以朝代之名，斷代施諸紀傳，識者猶譏之；編年傚顰，其益可以已矣。宋司馬光毅然矯之，作《資治通鑑》，以續《左傳》。上紀戰國，下終五代，千三百六十二年間大事，按年紀載，一氣銜接。光本邃於掌故（觀所著《涑水紀聞》可見），其別裁之力又甚强（觀《通鑑考異》可見）。其書斷制有法度。胡三省注而序之曰：'溫公遍閱舊史，旁採小說，抉摘幽隱，薈粹爲書。而修書分屬，漢則劉攽，三國迄於南北朝則劉恕，唐則范祖禹，皆天下選也，歷十九年而成。'其所經緯規制，確爲中古以降一大創作。故至今傳習之盛，與《史》《漢》埒。後此朱熹因其書稍加點竄，作《通鑑綱目》，竊比孔氏之《春秋》，然終莫能奪也。光書既訖五代，後人紛紛踵而續之；卒未有能及光者，故吾國史界，稱前後兩司馬焉。

論《資治通鑑》撰著之原委

【作者】

司馬光（1019—1086），字君實，陝州夏縣人。父池，天章閣待制。光生七歲，凜然如成人，聞講《左氏春秋》，愛之，退爲家人講，即了其大旨。光歷事英宗、神宗、哲宗三朝，大用於元祐際，奮身許國，揭萬代之規模，張膽極言，切一時之利病。資治體則已詳於《通鑑》，舉事要則咸備於《曆書》。因患歷代史繁，人主不能遍覽，遂爲《通志》八卷以獻，英宗悦之，命置局秘閣，續其書。神宗名之爲《資治通鑑》。

司馬光何爲而作《資治通鑑》耶？觀其《進資治通鑑表》中之自述，可以知其作書之意也。其言曰：

> 臣性識愚魯，學術荒疏，凡百事爲，皆出人下，獨於前史，粗嘗盡心，自幼至老，嗜之不厭。每患遷、固以來，文字繁多，自布衣之士，讀之不遍，況於人主，日有萬機，何暇周覽？臣常不自揆，欲刪削冗長，舉撮機要，專取關國家興衰，繫生民休感，善可爲法，惡可爲戒者，爲編年一書，使先後有倫，精粗不雜……

由光文推之，光之作書者，由於性喜史書，欲有所貢獻；再由於感舊史之繁重，欲作簡要之通史，以備人主之觀覽；三由於欲借史實對君主進規諫，俾勵精圖治也。

【《通鑑》編集之經過】

《通鑑》原名《通志》，前已言之。神宗賜名爲《資治通鑑》，並爲之序，始有今名。光以治平三年受詔撰《通鑑》，至元豐七年十二日戊辰，書成奏上，凡越十九年而後畢。光於《進書表》云：

爲編年一書。使先後有倫，精粗不雜，私家力薄，無由可成。伏遇英宗皇帝，資睿智之性，敷文明之治，思歷覽古事，用恢張大猷，爰詔下臣，俾之編集。臣夙昔所願，一朝獲伸，踴躍奉承，惟懼不稱。先帝仍命自選辟官屬，於崇文院置局，許借龍圖、天章閣、三館、秘閣書籍，賜以御府筆墨繒帛及御前錢以供果餌，以内臣爲承受，眷遇之榮，近臣莫及。不幸書未進御，先帝違棄群臣。陛下詔膺大統，欽承先帝志，寵以冠序，錫以嘉名，每開經筵，常令進讀。臣雖頑愚，荷兩朝知待如此其厚，隕身喪元，未足報塞，苟智力所及，豈敢有遺！會差知永興軍，以衰疾不任治劇，乞就冗官，陛下俯從所欲，曲賜容養，差判西京留司御史臺及提舉西京嵩山崇福宫，前後六任，仍聽以書局自隨，給之禄秩，不責職業。臣既無他事，得以研精極慮，窮竭所有，日力不足，繼之以夜，遍閱舊史，旁采小説、簡牘盈積，浩如煙海，抉摘幽隱，校計毫釐。上起戰國，下終五代，凡一千三百六十二年，修成二百九十四卷。又略舉事目，年經國緯，以備檢尋，爲目録三十卷。又參考群書，評其同異，俾歸一途，爲《考異》三十卷。合三百五十四卷，自治平開局，迨今始成……

讀光之《進書表》，編集之原委即瞭然矣。然此書之成，由於王安石得勢，司馬光賦閑多年，終成此巨製也。

《通鑑》分修諸子

《通鑑》内容浩瀚，卷帙繁多，《四庫全書總目》云：“其殘稿在洛陽者，尚盈兩屋。”即此可知收集之勤也。温公作此書時，多得通儒碩學之助，宋邵伯温《聞見録》謂：《通鑑》以《史記》、前後《漢書》屬劉攽，以唐逮五代屬范祖禹，以三國、六朝至隋屬劉恕（晁説之《嵩山集》言“三國歷七朝至隋”，《通考·經籍》改作“九朝”）。胡注《通鑑》序言：“漢則劉攽，三國、南北朝則劉恕，唐則范祖禹。"又有謂，周秦八卷本溫公自修，原名《通志》，溫公與范帖云"恕修五代"（《溫公集‧與劉道原書》謂："道原五代長編，計不日可成。"全謝山有《通鑑分修諸子考》）。

溫公之作《通鑑》，得力於此三人甚多，茲收此三人之事蹟約略言之。

劉恕（1032—1078），字道原，其先世京兆萬年人。祖受爲臨川令，葬於高安，因家焉。恕年十八登進士第，初爲鉅鹿主簿，尋遷知和州、翁源二縣。會司馬光受詔修《資治通鑑》，奏以恕同司編纂，轉著作郎。熙寧四年，以忤王安石，乞終養，改秘書丞，仍令就家續成《通鑑》外紀，遂終於家。

劉恕長於史學，極爲溫公所推重。讀司馬光《十國紀年序》云："尋詔光編次歷代君臣事，仍謂光曰：'卿自擇館閣英才共修之。'光對曰：'館閣文學之士誠多，於精專史學，臣得而知者，唯和川（應作'州'）令劉恕一人而已。'上曰：'善。'退即奏召之，與共修書。凡數年，史學之紛錯難治者，則以諉之，光蒙成而已。"

劉攽（1023—1089），字貢父，號公非。與兄敞同登慶曆六年進士第，官至中書舍人，史稱攽未冠通五經。司馬光修《資治通鑑》，自辟所屬，極天下之選，而任《史記》、前後《漢書》者，攽也。蘇軾草制，稱其能讀典、墳、丘、索之書，習知漢、魏、晉、唐志故，其爲人所推重如此。

范祖禹（1041—1098），字純甫，一字夢得，華陽人，嘉祐八年進士。治平中，司馬光修《資治通鑑》，祖禹爲編修官，分掌唐史，在洛十五年不事進取。書成，光薦爲祕書省正字。祖禹著有《唐鑒》二十四卷，上自高祖，下迄昭宣，撮取大綱，繫以論斷，爲卷十二，後呂祖謙爲作注，分爲二十四卷。

【《通鑑》之內容】

《通鑑》之作，乃上續左氏，其所以託始於威烈王二十三年命韓、趙、魏爲諸侯者，《郡齋讀書志》謂："不敢續《春秋》之故。"而《文獻通考》一百九十三卷採《容齋隨筆》云："司馬公修《通鑑》，辟范夢得爲官屬，嘗以手帖論績述之要，大抵欲如《左傳》叙事之體。"《通鑑》自周威烈王二十三起，至後周世宗顯德六年止，凡一百十三主，一千三百六十二年。其書詳節則爲周紀五卷，秦紀三卷，漢紀六十卷，魏紀十卷，晉紀四十卷，宋紀十六卷，齊紀十卷，梁紀二十二卷，陳紀十卷，隋紀八卷，唐紀八十一卷，後梁紀六卷，後唐紀八卷，後晉紀六卷，後漢紀四卷，後周紀五卷，此外又有《通鑑目録》三十卷，《通鑑考異》三十卷。

【《通鑑》之藍本】

司馬光著《通鑑》以十七史爲依借，除於正史外，兼採有關之雜史，《治平資治通鑑事略》云："正史之外，旁採他書。"光於《進通鑑表》云："遍閱舊史，旁採小説。"《四庫總目》云："其采用之書，正史之外，雜史至三百二十二種。"

【《通鑑》之影響】

司馬公之《通鑑》，譽之者謂爲中古以降一大創作，非過論也。故其影響極大，《史》《漢》之後，紀傳體尊爲正史。《通鑑》之後，繼作者踵作，其影響殆可與《史》《漢》並肩而無愧。

【關於《通鑑》之注釋及補訂者】

《通鑑》網羅宏富，體大思精，而名物訓詁，浩博奧衍，非淺學所能通，故須注釋。司馬光門人劉安世嘗撰《音義十卷》，世已無傳，今之所傳以元時胡三省注爲最有名。

《四庫全書總目》云："南渡後注者紛紛，而乖謬彌甚。至三省乃匯合群書、訂訛補漏，以成此注。元袁桷《清客集》載《先友淵源録》稱'三省天台人，寶祐進士，賈相館之。釋《通鑑》三十年，兵難稿三失。乙酉歲，留袁氏家塾，日手鈔《定注》。己丑寇作，以書藏窖中得免'。桷稱《定注》，今作《音注》，疑出三省自改。三省又稱，初依經典釋文例，爲廣注九十七卷。後失其書，復爲之注，始以考異以所注者散入《通鑑》各文之下。曆法、天文則隨目録所書而附注焉。"

【胡三省《資治通鑑釋文辨誤》之原委】

《四庫總目》云："元胡三省撰《通鑑釋文》本南宋時蜀人史炤所作，

淺陋特甚。時又有海陵所刊釋文，稱司馬康本。又蜀廣都費氏進修堂版行《通鑑》，亦以注附之，世號‘龍爪通鑑’。皆視史炤本略差，而實相蹈襲。三省既自爲《通鑑音注》，復以司馬康釋文本出僞託，而史炤所作僞謬相傳，恐其疑誤後學，因作此書以刊正之，每條皆先舉史炤之誤，而海陵本、龍爪本與之同者，則分注其下，其已見於此書者，《音注》之中即不復著其説。”

《十七史商榷》卷一百云：“平心論之，炤誠不能無誤，但首創音釋，實屬有功。胡自揣用力已深，其注足以傳世，恨炤先有《釋文》，既攘取之，又攻擊之，隱善揚惡，用心私曲，却所不免，後人遂因胡之《釋誤》，欲廢炤書，今幸尚存而無鏤版，恐終歸泯滅。”

三省學長於地理，以閻氏若璩之卓識亦極推之，而其餘一切亦略皆貫通。

《通鑑胡注舉正》一卷，清陳景雲（字少章）撰。《四庫總目》云：“是書皆參訂胡三省《資治通鑑音注》之誤，凡云十三條，而所正地理居多，頗爲精核。”

《通鑑地理通釋》十四卷，宋王應麟撰。《四庫總目》云：“是書以《通鑑》所載地名，異同沿革，最爲糾紛，而險要阨塞所在，其措置得失，亦足爲有國者成敗之鑒，因各爲條例，釐定成編……其中徵引浩博，考核明確，而叙列朝分據戰攻，尤一一得其要領，於史學最爲有功。”案是書雖題曰《通鑑》，實是泛考古今地理，不專釋《通鑑》，大略本《通典》。

《通鑑答問》五卷，亦王應麟撰寫。《通釋》俱刻附《玉海》後。

《通鑑問疑》一卷，宋劉義仲作。義仲，道原子，字壯輿。

上述各書乃爲《通鑑》作注釋，除此外，復有依《通鑑》而稍加變更而另成名目者，有朱熹之《通鑑綱目》，袁樞之《通鑑紀事本末》，均爲受溫公書影響所成之作也。

【關於續《通鑑》者】

《通鑑》終於周顯德六年，五代以後事則闕如，後之愛《通鑑》者乃起而續之，今擇其著者言之。

《續資治通鑑長編》五百二十卷，宋李燾著。《四庫全書總目》云：燾博極群書，尤究心掌故，以當時學士大夫各信所傳，不考諸實錄正史，家自爲説，因踵司馬光《通鑑》之例，備採一祖八宗事蹟，薈萃討論，作爲此書。以光修《通鑑》時先作《長編》，燾不敢言《續通鑑》，故但謂之《續資治通鑑長編》。

《建炎以來繫年要録》二百卷，宋李心傳撰。《四庫總目》云：心傳，字微之，井研人，官禮部侍郎。是書述高宗朝三十六年事蹟，仿《通鑑》之例，編年繫月，與李燾《長編》相續，寧宗時曾被旨取進……

《宋九朝編年備要》三十卷，宋陳均撰。《四庫總目》稱：均，字平甫，號雲岩，莆田人。端平初有言是書於朝者，敕下福州宣取，賜均官迪功郎……其書取日曆、實錄及李燾《續資治通鑑長編》刪繁撮要，勒成一帙，兼採司馬光、徐度、趙汝愚等十數家之書，博考互訂，始太祖至欽宗，凡九朝事蹟。

《續宋編年資治通鑑》十五卷，宋劉時舉撰。《四庫總目》云：時舉里貫無考……是書所記，始高宗建炎元年，迄寧宗嘉定十七年，當成於理宗之世。

《通鑑外紀》十卷，目録五卷，劉恕撰。司馬公《通鑑》書不及周威烈王之前，考古莫知，適從恕欲，以"包犧至未命三晉爲諸侯"爲《前紀》，本朝一祖(太祖)四宗(太宗、真宗、仁宗、英宗)一百八年可請實録、國史於朝，爲《後紀》。恕因不能作後紀，故"前紀"改名"外紀"。

《通鑑續編》二十四卷。《四庫全書總目》云：舊本題元陳桱撰。桱，字子經，奉化人，流寓長洲，後入明爲翰林編修……題元人者誤也……桱以司馬氏《通鑑》、朱子《綱目》並終於五代。其周威烈王以上雖有金履祥《前編》，而亦斷自陶唐。因著此書，述盤古至高辛氏，以補金氏所未備，爲第一卷。次摭契丹在唐及五代時事以志其得國之故，爲第二卷。其二十二卷皆宋事，始自太祖，終於二王，以繼《通鑑》之後。故以"續編"爲名。

《御批通鑑輯覽》一百十六卷，乾隆三十二年，清臣奉敕撰。《四庫總目》云：是書排輯歷朝事蹟，起自黄帝，訖於明代。編年紀載，綱目相從。目所不該者，則別爲分注於其下。而音切訓詁、典故事實，有關考證者，亦詳列焉。

《資治通鑑後編》一百八十四卷，清徐乾學撰。《四庫總目》云：是編以元、明人續《通鑑》者陳桱、王宗沐諸本，大都年月參差，事蹟脱落。薛應旂所輯，雖稍見詳備，而如改《宋史》"周義成軍"爲"周義"，以胡瑗爲朱子門人，疏謬殊甚。皆不足以續司馬光之後。乃與鄞縣萬斯同、太原閻若璩、德清胡渭等，排比正史，參考諸書，作爲是編……其書起宋太祖建隆元年，迄元順帝至正二十七年。凡事蹟之詳略先後有應參訂者，皆依司馬光例，作《考異》以折衷之，其諸家議論足資闡發者，並採系各條之下。間附己意，亦依光書之例，標"臣乾學曰"以別之……年經月緯，犁然可觀，雖不能遽稱完本，而視陳、王、薛三書，則過之矣。

《宋元資治通鑑》一百七十五卷，明薛應旂撰。《四庫全書總目》云：是編續司馬光《資治通鑑》而作，朱彝尊《静志居詩話》嘗譏其孤陋寡聞。爲王偁、李燾、楊仕良、徐夢莘、劉時舉、彭百川、李心傳、葉紹翁、陳均、徐自明諸家之書，多未寓目。並《遼》《金》二史亦削而不書。唯道學宗派特詳爾。今核其書，大抵以商輅等《通鑑綱目續編》爲藍本，而稍摭他書附益之。於《宋》《元》二史，未嘗參其表志。故於元豐之更官制，至元之定賦法，一切制度，語多暗略，於本紀、列傳亦未條貫，凡一人兩傳，一事互見者，異同詳略，無所考證，往往文繁而事復。

其他補《通鑑》周威烈王以前事蹟者，有金履祥《通鑑前編》十八卷，明楊時偉《春秋編年舉要》等，不一一列舉，而畢沅之《續通鑑》、夏燮之《明通鑑》，其精密遠過前人矣。

【關於《讀通鑑論》】

《讀通鑑論》，王船山作。船山，名夫之，字而農，明衡陽人，崇禎末舉鄉試。入清，浪遊不仕，後愈隱晦，最後歸衡陽石船山，學者稱"船山先生"。船山因《通鑑》所紀史實而發爲議論者，全書計十六書，附《宋論》十五卷。

　　史論文章易尚浮議，而船山是書斯弊較少，所發議論多合情理，不爲矯激之言。其以"勢—理—天"議史，揭示歷史演化之真諦。昔梁任公先生語人曰："讀《通鑑》，可兼讀王船山之《讀通鑑論》，以助讀者之興。"是書爲學者所重視可知矣。

　　推薦閱讀陳垣《書〈全謝山通鑑分修諸子考〉後》。

論紀事本末體

《四庫書目》云：古之史策，編年而已，周以前無異軌也。司馬遷作《史記》，遂有紀傳一體，唐以前亦無異軌也。至宋袁樞，以《通鑑》舊文，每事爲篇，各排比其次第，而詳叙其始終，名曰《紀事本末》，史遂又有此一體。夫事例相循，後謂之因，其初皆起於創。其初有所創，其後即不能不因。故未有是體以前，微獨紀事本末創，即紀傳亦創，編年亦創。既有是體以後，微獨編年相因，紀傳相因，即紀事本末亦相因也。因者既於二體之外，別立一家。今亦以類區分，使自爲門目。凡一書備諸事之本末，與一書具一事之本末者，總匯於此。其不採紀事本末之名，而實爲紀事本末者，亦並著錄。

《文史通義·書教下》曰："司馬《通鑑》病紀傳之分，而合之以編年，袁樞《紀事本末》又病《通鑑》之合，而分之以事類。按本末之爲體也，因事命篇，不爲常格，非深知古今大體，天下經綸，不能網羅隱括、無遺無濫。文省於紀傳，事豁於編年，決斷去取，體圓用神，斯真《尚書》之遺也。"

清閔萃祥《匯刊七種紀事本末序》曰：

古者記事之書，左氏、司馬氏尚矣。左氏以事係年，創編年之始例；司馬氏變爲紀傳，則又以事係人。爲體雖殊，而記事一也。後之史家，未有能出其範圍者。顧古之爲史，事簡而易明；後世多務，記說彌繁，綜一年之所聚，萃一人之所爲，累紙盈寸，起訖未窮。且年不一事，事不一人，端緒既繁，引申非易，學者欲求一事之本末，原始而要終，則編年者患其前後隔越；紀傳者患其彼此錯陳，自非傳觀强識，融會於中，有未易明其條例者矣。袁氏有見於此，乃作《通鑑紀事本末》，揭事爲題，類聚而條分，首尾詳備，巨細無遺，一變編年紀傳之例，而實會其通，誠記事之別格，而史學之捷徑也。繼是而作者，則有陳氏邦瞻之《宋元紀事本末》，谷氏應泰之《明史紀事本末》，高氏士奇之《左傳紀事本末》，楊氏榮之《三藩紀事本末》，張氏鑒之《西夏紀事本末》。於是乎上下古今，舉編年紀傳，所有莫不提綱挈領，燦然大備。

《十七史商榷》卷一百云：《通鑑紀事本末》四十二卷，宋建安袁樞機仲撰。《宋史》第三百八十九卷《樞傳》云："樞喜讀《資治通鑑》，苦其浩博，乃區分其事而貫通之。"趙與籌序云："《通鑑》以編年爲宗，《本末》以比事爲體。編年，則雖一事而歲月遼隔；比事，則雖累載而脈絡貫聯。故讀《通鑑》者如登高山，泛鉅海，未易遽窺其津厓。得《本末》而閱之，則根幹枝葉，繩繩相生，不待反復它卷而瞭然在目。故《本末》者，《通鑑》之戶牖也。"今考此書分《通鑑》爲二百三十九事，一事爲一篇，頗便下學，覺《綱目》不作無害，而此書似不可無。若乃有《通鑑》，又有金履祥之《通鑑前編》，有《綱目》，又有南軒之《綱目前編》，而且有《通鑑前編》，又有沈朝陽之《前編紀事本末》，蛇足不已，則吾不欲觀之矣。

梁任公先生《中國歷史研究法》云：善鈔書可以成創作。荀悅《漢紀》而後，又見之於宋袁樞之《通鑑紀事本末》。蓋編年體以年爲經，以事爲緯，使讀者能瞭然於史蹟之時際的關係，此其所長也。然史蹟固有連續性，一事或亘數年或亘百數十年，編年體之紀述，無論若何巧妙，其本質總不能離賬簿式。讀本年所紀之事，其原因在若干年前者或已忘其來歷，其結果在若干年後者苦不能得其究竟，非直翻檢爲勞，抑亦寡味矣。樞鈔《通鑑》，以事爲起訖，千六百餘年之書約之爲二百三十有九事。其始亦不過感翻檢之苦痛，爲自己研究此書謀一方便耳。及其既成，則於斯界別辟一蹊徑焉。楊萬里叙之曰："搴事之成，以後於其萌。提事之微，以先於其明。其情匿而泄，其故悉而約。"蓋紀傳體以人爲主，編年體以年爲主，而紀事本末體以事爲主。夫欲求史蹟之原因結果以爲鑒往知來之用，非以事爲主不可。故紀事本末體，於吾儕之理想的新史最爲相近，抑亦舊史界進化之極軌也。章學誠曰：本末之爲體，“文省於紀傳，事豁於編年。決斷去取，體圓用神……在袁氏初無其意，且其學亦未足語此……但即其成法，沉思冥索，加以神明變化，則古史之原，隱然可見”。(《文史通義·書教下》) 其論當矣。樞所述僅局於政治，其於社會他部分之事項多付闕如。其分目又仍涉瑣碎，未極貫通之能事，然彼本以鈔《通鑑》爲職志，所述不容出《通鑑》外，則著書體例宜然。即提要鈎玄之功，亦愈後起而愈易致力，未可以吾儕今日之眼光苛責古人也。樞書出後，明、清兩代踵作頗多。然謹嚴精粹，亦未有能及樞者。

上引各家之文，論紀事本末體之緣何而作，是體之長處何在，均詳言之矣。睹章實齋之言謂，紀事本末一體，蓋本於《尚書》，實即《尚書·金滕》《顧命》之演變也，有袁氏創紀事本末體，未知亦有所本也。古之《世本》，即紀事本末體也。又若元魏時，常山王遵曾孫暉招集儒士崔鴻等，撰録百家要事，以類相從，名爲《科録》，亦紀事本末體也。要之，古人以事爲經之作，不乏人作，惟至袁樞，而此體大顯耳。

自袁氏《通鑑紀事本末》出，仿作者有明馮琦《宋史紀事本末》，明陳邦瞻《元史紀事本末》[①]，明張鑑《西夏紀事本末》，清高士奇《左傳紀事本末》，李有棠《遼史紀事本末》《金史紀事本末》，谷應泰《明史紀事本末》，倪在田《續明史紀事本末》，彭孫貽《明朝紀事本末補編》，楊陸榮《三藩紀事本末》。

紀事本末體略如上述，復有仿本末體而義例特殊者，如清代馬驌《繹史》是也，其書録開闢至秦末之事，每卷以一事標目，詳其始末，此乃紀事本末體之微變者。

---

① 《四庫提要》云，馮琦欲仿《通鑑紀事本末》，論次宋事，分類相比，以續袁樞之書，未就而没。後又南昌劉日梧得其遺稿，因屬邦瞻，增訂成編，大抵本於琦著者十之三，出於邦瞻者十之七。

論三通

吾國史籍繁博，而紀傳、編年、紀事本末三者，爲史中三大體例，前已述之。除此三者外，有專言政事或典制之書，亦爲學者必習之籍。昔者杭世駿課士必以"四通"，謂杜佑《通典》、鄭樵《通志》、馬端臨《文獻通考》、司馬光《資治通鑑》也。而曾國藩亦嘗語人曰："人而不讀'四通'，何以爲通人？"此所謂"四通"者，於《通典》《通志》《通考》之外，益以秦蕙田之《五禮通考》，擯《通鑑》而不數焉，"三通"之見重於學者，由是可見也。

"三通"之名，爲近來所習用，然三書之內容頗不相類，故自《宋志》以訖，《四庫全書總目》列《通志》於"別史"。"別史"者，乃陳振孫①《書錄解題》所創立，以處上不至於正史，下不至於雜史者。《通志》政事、典制兼言，故列於別史中也。如此類集，亦非得宜，因《通志》中之紀傳、譜略兼而有者，可入別史，若僅有其略，則又入於政書類矣。是以近者稱《通志》爲總輯史者。（見金毓黻《中國史學史》）此乃邇時所創之新名也。《通典》《通考》二書，目錄家列於政書類，以其書專言典制也。政書之名，始用於錢溥②《祕閣書目》。後之著錄家多其名《通典》《通志》《通考》三書，自來分類者，皆分別部居，而世又習以"三通"連稱，故吾仍以舊説，以"三通"概之。《四庫提要·通志下》云，與杜佑、馬端臨並稱"三通"③標目。

---

① 宋時人，字伯玉。
② 明松江人。
③ 言及鄭樵《通志》，《四庫提要·通志下》云，與杜佑《通典》、馬端臨《文獻通考》並稱"三通"。

《通典》二百卷　唐杜佑撰

杜佑（735—812），字君卿，京兆萬年人。先，劉知幾之子秩，於開元末採經史百家之言，倅周禮六官所職，撰分門書三十五卷，號曰《政典》，大爲時賢所賞，房琯以爲才過劉更生。杜佑得其書，以爲條目未盡，因廣其所闕，參以開元禮，勒成《通典》二百卷，凡分八門：曰食貨，曰選舉，曰職官，曰禮，曰樂，曰兵刑，曰州郡，曰邊防。所載上溯唐虞，訖於唐之天寶，肅代以間有沿革，亦附載注中。

《通志》二百卷　宋鄭樵撰

鄭樵（1104—1162），字漁仲，興化軍莆田人（今福建），好著書，不爲文章自負，不下劉向、揚雄，居夾漈山，謝絕人事，學者稱“夾漈先生”。（劉壎《隱居通議》云“自號夾漈”）《四庫提要》云：“通史之例肇於司馬遷。故劉知幾《史通》述二體則以《史記》《漢書》共爲一體，述六家則以《史記》《漢書》別爲兩家；以一述一代之事，一總歷代之事也。其例綜括千古，歸一家言；非學問足以該通，文章足以熔鑄，則難以成書。梁武帝作《通史》六百二十卷，不久即已散佚。故後有作者率莫敢措意於斯。”樵負其淹博，乃網羅舊籍，參以新意，撰爲是編，凡帝紀十八卷，皇后列傳二卷，年譜四卷，略五十一卷，列傳一百二十五卷。其平生之精力，全帙之菁華，惟在二十略而已。《通志》二百卷在宋時，唯二十略通行於世，博學如馬端臨亦未睹全書。元時而世最易者仍爲二十略。二十略者，一曰氏族，二曰六書，三曰七音，四曰天文，五曰地理，六曰都邑，七曰禮，八曰謚，九曰器服，十曰樂，十一曰職官，十二曰選舉，十三曰刑法，十四曰食貨，十五曰藝文，十六曰校讎，十七曰圖譜，十八曰金石，十九曰灾祥，二十曰草木昆蟲。

《文獻通考》三百四十八卷　元馬端臨撰

馬端臨（1254—1323），字貴輿，江西樂平人，宋宰相廷鸞之子也。

咸淳中，漕試第一，會廷鷥忤賈似道去國，端臨因留侍養，不與計偕。元初，起爲柯山書院山長，後終於台州儒學教授。是書凡《田賦考》七卷，《錢幣考》二卷，《戶口考》二卷，《職役考》二卷，《征榷考》六卷，《市糴考》二卷，《土貢考》一卷，《國用考》五卷，《選舉考》十二卷，《學校考》七卷，《職官考》二十一卷，《郊社考》二十三卷，《宗廟考》十五卷，《王禮考》二十二卷，《樂考》二十一卷，《兵考》十三卷，《刑考》十二卷，《經籍考》七十六卷，《帝系考》十卷，《封建考》十八卷，《象緯考》十七卷，《物異考》二十卷，《輿地考》九卷，《四裔考》二十五卷。

其書以杜佑《通典》爲藍本。（録《四庫提要》）其自序云：凡叙事，則本之經史而參之以歷代會要，以及百家傳記之書，信而有證者從之，乖異傳疑者不録，所謂文也。凡論事，則先取當時臣僚之奏疏，次及近代諸儒之評論，以至名流之燕談，稗官之紀録。凡一話一言，可以訂典故之得失，證史傳之是非者，則採而録之；所謂獻也。其載諸史傳之紀録，而可疑稽諸先儒之論辨而未當者，研精覃思，悠然有得，則竊注己意，附其後焉，命其書曰《文獻通考》。爲門二十有四，卷三百四十有八，此書門類既多，卷繁帙重，未免取彼失此，然其條分縷析，使稽古者可以案類考，又其所載宋制最詳多，《宋史》各志所未備，案語亦多能貫穿古今，折衷至當，雖稍遜《通典》之嚴簡，而詳贍實爲過之，非鄭樵《通志》所及也。

自"三通"書出，後世有繼作者，如清乾隆三十二年敕撰《續通典》。杜佑《通典》終於天寶之末，《續通典》則自唐肅宗至德元年，訖明思宗崇禎末年。又如《清通典》則自清初至乾隆五十年。

乾隆三十二年，又敕撰《續通志》二十略。其內容：二十略自五代始，訖於明，其紀傳自唐始，訖於元，遼、金附之。又有《清通志》不撰紀傳，僅有二十略，其目與鄭志同。

清乾隆十二年，敕撰《續文獻通考》。馬氏《文獻通考》訖於宋之嘉定，明臣王圻起而繼作，爲《續文獻通考》二百五十四卷，門類頗多增擴，然識解乖駁，援據蕪雜，高宗命廷臣加以改作，成《續文獻通考》二百五十卷，自寧宗以後，訖於明莊烈帝，其采取王圻舊本者十分不及其一。《清文獻通考》所錄，自清開國，訖於乾隆五十年，又有《續清文獻通考》者，清末劉錦藻撰，其書起於乾隆五十一年，訖於宣統三年，全書四百卷，門類同《清文獻通考》，惟增外交、郵傳、實業、憲政四門。

論史評——推理派

史評一門，西歐各國史學界均極重視，用作史學之南鍼，而是類著作號稱夥頤。吾國向稱爲史學最發達之邦，而史評專書寥寥無幾。自歐風東漸，有欲倣仿他人之長而倡導之者，值此啓蒙時期，佳作仍未多睹。吾國史評之書雖不若他書之多，而亦有一二部尚可稱道者，如劉子玄之《史通》、章實齋之《文史通義》是也。有謂："世皆怪此等人才之少，不知此等人必值史學趨向大變之時而後生，其勢不能多也。"（呂思勉《史通評》）

近代著録家多別立史評①一門。史評有二，一爲批評史蹟者，二爲批評史書者。梁任公先生"史書分類第九"，"史論"析爲三類：一曰理論，如《史通》《文史通義》等是也；二曰事論，爲歷代史論，王夫之《讀通鑑論》是也；三曰雜論，如趙翼《廿二史劄記》、王鳴盛《十七史商榷》是也。吾之史評者，專指理論類也，其他兩項暫存而不述。

吾國史學理論之書，要以劉知幾、章學誠二家之作爲最善美且有條理系統，非若片言簡文之可比也。茲收二家史學分述之。

（一）劉知幾《史通》

劉知幾（661—721），字子玄，以避玄宗嫌，故以字行，彭城人，幼年父藏器，爲授古文《尚書》，業不進，及聞諸兄講《春秋左氏傳》，則能辨析所疑，以爲書能如是，讀之何難，由遂通覽群史，擢進士第，蓋其

---

① 姚永樸《史學研究法·史原章》：考史評之類，有三，一爲論史之體例，後世如《史通》是也；一爲論史之書法，後世如尹起莘《綱目發明》、劉友益《綱目書法》、張自勳《綱目續麟》是也；一爲論史之人物事蹟，後世如范祖禹《唐鑒》、胡寅《讀史管見》是也。其發源皆起於三傳。

喜治史學，嗜之若飢渴，殆出於天性也。武后時，官著作佐郎，轉左史。曾以本官兼修國史，歷中宗、睿宗，至玄宗立，又除著作郎，累官至左散騎常侍。開元九年，遭貶謫，卒年六十一。劉氏治史之經過，其於自序中詳述之，苟欲知其究竟，一讀是文可也。

　　劉氏著作之存於今者，厥惟《史通》。《四庫提要》"史部史評類"云："此書成於景龍(中宗年號)四年。凡內篇十卷，三十九篇。外篇十卷，十三篇。蓋其官秘書監時與蕭至忠、宗楚客等爭論史事不合，故發憤而著書者也。其內篇《體統》《紕繆》《弛張》三篇，有録無書。考本傳稱著《史通》四十九篇，則三篇之亡，在修《唐書》以前矣。內篇皆論史家體例，辨別是非。外篇則述史籍源流，及雜評古人得失。文或與內篇重出，又或牴牾。觀開卷《六家篇》，首稱自古帝王文籍，外篇言之備矣。是先有外篇，乃擷其精華以成內篇，故刪除有所未盡也。"按提要作者所見，《史通》爲內府藏本，與今上海涵芬樓影印之明萬曆刊本文有不同。萬曆刊本此兩句作"自古帝王編述文籍，史言之備矣"。若萬曆刊本爲劉氏原文，則提要之推測非確論矣。

　　《史通》之名，其原序云：

　　　　昔漢世諸儒集論經傳，定之於白虎閣，因名曰《白虎通》。予既在史館而成此書，故便以《史通》爲目。且漢求司馬遷後，封爲史通子，是知史之稱通，其來自久。博採衆議，爰定茲名。

　　論史之書，其途有二，一曰揚榷利病，一曰闡明義例。揚榷利病者，主於分析，闡明義例者，貴乎綜合，二者相資，未何偏廢。或謂《史通》一書以揚榷利病爲職志，善於用析，以演繹法爲論列者，此爲知其一不知其二之言也。劉氏於外篇之首，冠以《史官建置》及《古今正史》二篇，序而列之，以明源流所自。內篇首述六家、二體，以明史學之類。若《史通》者，以史官、正史、六家、二體爲內外篇之綱領，論史者之總樞也。蓋非洞究源流，則史例無以明。所謂闡明義例，貴乎綜合，誠亦莫大乎是，豈僅主於分析以揚榷利病爲職志哉？又若自内篇題目以下，迄於自序，而内篇終焉，外篇則爲雜作。劉氏論史，好指陳利病，言非一端，亦非絶口不談義例。或謂其專揚榷利病爲職志，似非真達《史通》之旨也。《四庫提要》謂："内篇皆論史家體例，辨別是非。外篇則述史籍源流，及雜評古人得失。"是言得之。

自《史通》出後，有爲其注釋者，如明王惟儉之《史通訓故》，清黄叔琳之《史通訓故補》、浦起龍之《史通通釋》。浦氏書後出，又用力勤，故最精密，然勇於改字，又所下按語染時批點之習，是其小疵。近人陳漢章有《史通補釋》二卷。吕思勉之《史通評》，雖名爲評，實爲注補也。有爲其刊正者，最早則爲唐柳燦之《史通析微》十卷，又名《柳氏釋史》。明人陸深有《史通會要》三卷。清人紀昀有《史通削繁》，删去劉氏《載言》《表歷》《疑古》《點煩》四篇，以其繆於聖人，故删去之。紀氏之爲，有謂生於專制之時，不得不爾。有爲《史通》續作者，近人張爾田撰《史微》内篇八卷，名似《續史通》，其書乃以明諸子之出於史，與專治史學者有別，不得謂爲《史通》之倫也。最近又瑞安宋慈抱撰《續史通内外篇》，内篇凡二十篇，外篇凡五篇。

（二）章實齋《文史通義》

吾國論史之書，夙稱精審者，唐有劉知幾之《史通》，清有章學誠（1738—1801）之《文史通義》，千載相望，駢號絶作。劉、章二氏，雖同爲史論名家，然亦有相異者。劉知幾別出經生而自成史家，章學誠綜賅經學而貫以史例，劉氏之業專，而章氏之學大者，其不同者一也。劉知幾著書言史法，章學誠發凡籀史意，劉氏之裁斷有法，而章氏之議論入微，其不同者二也。劉知幾議館局纂修之制，章學誠明一家著述之法，劉氏之論備，而章氏之道尊，其不同者三也。（《章氏家書·二》曰："吾於史學蓋有天授，自信發起例，多爲後人開山，而人乃擬吾於劉知幾。不知劉言史法，吾言史意；劉議館局纂修，吾議一家著述。截然兩途，不相入也。"）明乎章氏之不同於劉氏而後，可與讀章氏之書。

清代學術，自顧亭林先生提倡實學後，樸學大興，而漢學大師踵起，蔚爲風氣。章學誠生於舉世溺於訓詁、音韵、名物、度數之時，謂"君子學以持世，不宜以風氣爲輕重"。(《文史通義》外篇，家書五)治學蘄於明道，立言必有宗旨。言道之不離於事，將以實事求是，砭宋儒之空。明經之不外於史，亦以疏通致遠，救漢學之碎。理貴實證，言不離宗，又推其説，施之於一切立言之書，而條其義例，比於子政，辨章舊聞，一人而已！大抵"章氏之學，其縝密繁博，或不逮休寧、高郵諸儒遠甚！即其文事僅蔓，亦不如孔廣森之博，然識足以甄疑似，明正變，提要挈領，卓然有以見夫經史百家之支與流裔而得大原，則有非休寧、高郵諸儒所能諦言者！蓋休寧、高郵諸儒之學精於核；而章氏之學善於推。休寧、高郵諸儒之學審於析；而章氏之學則密於綜。休寧、高郵諸儒所用以爲學之術徑，惟章氏能會其通；亦惟章氏能匡其敝！ (劉承幹《章氏遺書序》)漢學之風大盛，章氏則召世疾。(詳見張爾田《章氏遺書序》)乾嘉之世，而敢與樸學相對抗者，浙東之史學爲最有力之支也。

章學誠，字實齋，浙江會稽人，乾隆戊戌進士，官國子監典籍。其先世由浦城遷居山陰，再徙而籍道墟，稱"道墟章氏"，後又自道墟遷居紹興府城，至學誠蓋百年矣。父鑣，字驤衢，號勱堂，乾隆壬戌進士，官湖北應城知縣。少孤，喜讀書，而家貧不能購書，則借讀於人，隨時手筆記録，孜孜不倦，晚年匯所劄記，殆盈百帙。嘗得鄭氏《江表志》及五季十國時雜史數種，欲鈔存之，嫌其文體破碎，隨筆删潤，文省而義意更周，仍其原名，加題爲《筆氏別本》。又喜習書，繕五經文，作方寸楷法，尤喜《毛詩》《小戴氏記》，凡寫數本，手不知疲，嘗恨爲此二事所掣，不得專意劄録所未見書。每還人所借，有劄未盡者，悵悵如有所失，蓋好且勤也如是。然聚書無多，仕官所歷，隨身三數千卷，最重余姚邵廷寀念魯《思復堂文集》。廷寀嘗及事同邑黃宗羲黎洲，講肆宗陽明，而學問則貫串群史，蓋衍浙東學術之緒，而爲鑣家學之所自出也。

浙東學術，始余姚黃宗羲，蓋出山陰劉宗周蕺山之門，而開鄞縣萬斯大充宗、斯同季野兄弟經史之學；再傳而得鄞縣全祖望謝山，三傳而得余姚邵晉涵二云，皆以史學有聞於當世；而晉涵，廷寀從孫，與學誠驩好。學誠之學，可謂集浙東學術之成者；其好學深思，於史學蓋有天授，一本之於父鑣。鑣嘗辨《史記》索隱，謂十二《本紀》法十二月，十《表》法十干諸語，斥其支離附會。而學誠時年未弱冠，亦議鄧氏《函史》上下篇卷，分配陰陽老少爲非；特未能遽筆爲説耳。然幼而多病，一歲中，銖積黍計，無兩月功，資又椎魯，日誦才百餘言，猶汲汲不中程，十四受室，尚未卒業《四子書》！顧拙於記誦，神於解會。初鑣之聚徒授經也，評點詩文，爲及門稱説，深辟村塾傳本之謬執訓詁；獨究古人立言宗旨。聽者罕會。而學誠尚爲群兒嬉戲左右，聞父言，則私心稱喜決疑質問，間有出成人擬議外者。年十六，侍鑣應城官舍，童心未歇，從學於江夏柯紹庚公望；紹庚工書，善舉業，而學誠則無意於應舉文，獨好爲詩賦，紹庚意以爲恨，曰："文無古今，期於通也。時文不通，詩古文辭，又安能通也？"顧學誠不屑其言。春秋佳日，賓從聯騎出遊，歸必有所記述，見者相與嘆賞，學誠益喜自命。又取《春秋左氏傳》刪節事實。鑣見之乃誨曰："編年之書，仍用編年刪節，無所取裁。曷用紀傳之體分其所合？"於是力究紀傳之史，而辨析體例，日夜鈔録《春秋内外傳》及衰周、戰國子史輒復以意區分，編爲紀表志傳，作東周書凡百餘卷，自命史才，大言不遜。然於文字承用轉詞助語，猶未嘗得一當也。

自以讀書當得大意，方年少氣鋭，專務涉獵，四部九流，泛覽不見涯涘，好立議論，高而不切，攻排訓詁，馳騖空虛，蓋未嘗不惘然自喜。獨怪休寧戴震東原振臂而呼曰："今之學者無論學問文章，先坐不曾識字。"既駁其説，就而問焉，震應之曰："予弗能究先天後天、河洛精蕴，即不敢讀'元亨利貞'；弗能知星躔歲次、天象地表，即不敢讀'欽若敬授'；弗能辨聲音律吕、古今韵法，即不敢讀'關關雎鳩'；弗能考三統正朔、周官典禮，即不敢讀'春王正月'。"學誠聞震言則大愧，徒以天性高朗，沉潛不足，故於訓詁考質多所忽略，而神解精識，乃能窺及古人所未到處。年二十歲，購吳兆宜《注庾開府集》。中有"春水望桃花"句，注引《月令章句》"三月桃花水下"。既爲鑣所見，則抹去注而評於下曰

“望桃花於春水之中，神思何其綿邈”！學誠讀之，頗覺有會，回視《吳注》，意味索然矣。自後觀書，遂能別出意見，不爲訓詁牢籠，雖時有魯莽之弊，而古人大體，乃實有所窺。廿一二歲，骎骎向長，縱覽群書，於經訓未見領會，而史部之書，乍接於目，便似夙所攻習，意所不愜，輒批抹涂改，疑者隨時劄記以俟參考。嘗謂“讀書劄記貴在積久貫通”。自稱“廿三四時所筆記者，後雖亡失，然論諸史於紀、表、志、傳之外，更當立圖；列傳於儒林、文苑之外，更當立史官傳。此皆當日之舊論也。惟當時見書不多，故立說鮮所徵引耳。其識之卓絕，則有迨老不能易者”。年二十三，始游北京，應順天鄉試，自是三應舉，三報罷。年二十八，始讀《史通》。既累舉不得意，肄業國子監，乃問學於大興朱筠竹君。筠既通儒碩望，一見許以千古，獨言及時文，則曰：“足下於此無緣，不能學，然亦不足學也。”學誠請益，曰：“家貧親老，不能不望科舉。”筠曰：“科舉何難？科舉何嘗必要時文。由子之道，任子之天，科舉未嘗不得。即終不得，亦非不學時文之咎也。”與曩者所聞柯紹庚言不同。乃大服，顧旅困不能自存，遂依筠以居，侘傺無聊甚，然由是得見當世名流及一時聞人之所習業，討論講貫，備知學術源流同異以證曩昔之所治學，有幼時所見，至是證其至當不可移者。乃知一時創見，或亦有關天授，特少小學力未充，無所取證，不能發揮盡致耳。從此所學益以堅定。

年三十一，實爲乾隆三十三年，中順天鄉試副榜，而國子監司業仁和朱芬元春浦爲同考官，見學誠對策言《國子監志》之得失，驚嘆不已，怪六官師儒，安得遽失此人。於是名稍稍聞。既而朱筠以翰林侍讀學士出提督安徽學政，與偕者胥一時名士，而學誠與焉，所與上下議論，欣合無間者，最稱邵晉涵。時學誠方學古文辭於朱筠，苦無藉手，晉涵輒據前朝遺事，俾學誠試爲傳記以質文心，其有涉史事者，若表志、記注、世系、年月、地理、職官之屬，凡非文義所關，覆檢皆無爽失，由是與晉涵論史契合隱微，沒齒不貳。然晉涵長於學，而學誠善於裁。方當乾隆御宇，四庫館開，廣獻書之路，遺籍秘册，薈萃都下，學士侈於聞見之富，別爲風氣，講求史學，非馬貴與之所爲整齊類比，即王應麟之所爲考逸搜遺。獨學誠語於晉涵曰："史學不求家法，則貪奇嗜瑣，但知日務增華，不過千年，將恐大地不足容架閣矣。"晉涵聞之，撫膺嘆絕。欲以斯意刊定前史，自成一家。時議咸謂前史榛蕪，莫甚於元人修宋、遼、金三史，而措攻則《宋史》尤難。晉涵雖慨然自任，嘗據宋事與史策流傳大違異者凡若干事，燕閑屢爲學者言之。學誠因言："俟君書成，余更以意爲之，略如二謝、司馬諸家之《後漢》，王隱、虞預之《晉書》，各自爲家，聽抉擇於後人。"晉涵曰："何如？"學誠曰："當取名數事實，先做比類長編，卷帙盈千，可也。至撰集爲書，不過五十萬言，視始之百倍其書者，大義當更顯也。"晉涵曰："如子所約，則吾不能，然亦不過三倍於君，不至騖博而失專家之體也。"學誠曰："願聞立言宗旨。"晉涵曰："宋人門户之習，語録庸陋之風，誠可鄙也。然其立身制行，出於倫常日用，何必廢耶？世之士大夫博學工文，雄出一代，而於辭受取予、出處進退之間，不能無箪豆萬種之擇，本心既失，其他又何議焉？此著宋史之宗旨也。"學誠聞其言而聳然。

　　然晉涵嘗爲總督湖廣尚書鎮洋畢沅秋帆諟定所撰《宋元通鑑》，以續司馬光書，則請姑標《宋元事鑒》，言："《説文》史訓記事，又《孟子趙注》亦以天子之事爲天子之史，見古人即事即史之義。"宛轉遷避，蓋取不敢遽續司馬光書，猶世傳李燾所續，謙稱爲《長編》爾。

　　學誠嘗以馬、班而後，二十一家義例不純，體要多舛，世士以博稽言史，則史考也；以文筆言史，則史選也；以故實言史，則史纂也；以議論言史，則史評也；以體裁言史，則史例也。唐宋至今，積學之士，不過史纂、史考、史例；能文之士不過史選、史評。其間獨推劉知幾、曾鞏、鄭樵皆良史才，生史學廢絕之後，能推明古人大體。然鄭樵有史識而未有史學，曾鞏具史學而不具史法，劉知幾得史法而不得史意。故欲偏察其中得失利病，爲校讎之學，上探班固、劉向，溯源官禮，下賅《雕龍》《史通》，甄別名實，品藻流別，約爲科律，爲《文史通義》一書。

　　《文史通義》者，章氏著書以明"文史通"之義爾。昔人論劉勰知文不知史，劉知幾知史不知文，讀章氏書，而文史可以各識職矣。

章氏之著《文史通義》，始於乾隆三十七年，自以辨論之間，頗乖時人好惡，故不欲多爲人所知。至嘉慶時，始擇其近情而可敢者，稍刊一二，以爲就正同志之質，亦尚不欲遍示於人。學誠死後三十一年，即道光十二年，其書始大部刊行，至民國九年，章氏之學始漸顯於世，而章氏遺書亦於是年刊行焉。

近人有將章氏全書約爲五類者：曰通論，如原道、原學等是也；曰窮經，經解、易教等是也；曰核史，史德、文釋等是也；曰衡文，言公、文集等是也；曰校讎，宗劉、互著等是也。章氏之學包蘊甚富，命名"文史"即見其非專論史學也。若就其論史之語言之，其貢獻之大者，一爲主"六經皆史"之説，二爲記注、撰述之分離，三爲通史之倡導，四爲方志學之建立，五爲校讎學之闡明。此外，章氏嘗以"因事命篇"爲作文之極則。而於袁樞之紀事本末，章氏盛贊之，以爲體圓用神，真得《尚書》之遺也。章氏此種主張，極合於近世新史學之體例。章氏於史學上貢獻特多宜乎，爲邇時治史者所推崇，雖有疵短之者（如王壬秋、李慈銘等是也），然無損其爲魁杰也。

總之，吾國關於史學理論之書，夙稱善少，其故蓋由於文士立言務求相勝。品騭譏彈，學者不取，是以史論之作極稀也。有謂："世皆怪此等人才之少，不知此等人必值史學趨向大變之時而後生，其勢不能多也。"（見吕思勉《史通評》）

論最近史學之趨勢

古人云，一代有一代之文學。征之往昔，是言不誣。文學如此，史學亦然。有謂學術之丕變由於風氣之轉移。吾以風氣之形成，必先有他力爲之啓導，如近廿餘年來新史學之出現於吾國者，乃受歐風之激盪，學者借他山之助以治國史，於是蔚爲風氣，史學界爲之新。此學風者，乃受西學東漸之賜也。又若近年來，國人對於上古史之整理，此風氣之起，固一面受外來學說之影響，他方又爲因古物之發現，予一整理之資也。王靜安先生於《最近二三十年中國新發見之學問》文中有云：

> 古來新學問起，大都由於新發見。有孔子壁中書出，而後有漢以來古文家之學。有趙宋古器出，而後有宋以來古器物、古文字之學。惟晉時汲冢竹簡出土後，即繼以永嘉之亂，故其結果不甚著。然同時杜元凱注《左傳》，稍後郭璞注《山海經》，已用其說。而《紀年》所記禹益伊尹事，至今成爲歷史上之問題。然則中國紙上之學問賴於地下之學問者，固不自今日始矣。

故吾曰學術風氣之形成非偶然也，最近史學之趨勢，本此以尋，不難獲其端緒也。

一、史前史之研究

史前史之研究，在西洋早即蔚爲風氣而成績卓著，吾國史學界向不注此。近廿餘年來，始爲治史者所重視，值此萌芽之時，成績雖未

大著，而探討有人，亦爲可慶幸事也。兹收近廿餘年研究之所得，約
略述之。

脫里波留（Tripolije）①石器遺址

陶器花紋相同，覺近東與遠東古陶器關係甚密。河南古址與近東古
址之間必有連接之蹟。甘肅有發見石器可能性。民國十二年，安特生、
白萬玉前往考古，查於青海沿岸遺址、河谷遺址（貴德黄河河谷、西寧
河谷、洮河河谷），四時定的葬地遺址（在洮河西岸），鎮番西部沙漠中
的沙漠遺址，所得石器甚多，粗陶於沙井，鎮番發見胹爲豐富，由是綜
合前後發見，爲六大時期：

一、新石器時代末期與新石器時代及銅器時代過渡期：

1. 齊家期（寧定縣）

2. 仰韶期

3. 馬廠期（甘肅碾伯縣）

二、紫銅器時代及青銅器時代初期：

4. 辛店期（甘肅洮沙縣）

5. 寺窪期（狄道縣）

6. 沙井期（鎮番縣）

遺存時間自西元前三千五百年至一千五百年。

西陰村遺存之發現

民國十五年，清華大學研究院李濟（1896—1979）、袁復禮（1893—
1987）二先生往陝西夏縣西陰村灰土嶺考查，發掘所得有石斧、石鏟、石
刀、石硾、石鏃，又有骨鏃、骨針、骨簪、骨錐及雕刻之骨環，粗陶中
有繩紋，彩陶有各種彩色花紋，此外有猪骨、貝殼片及蠶繭化石，時間
爲新石器時代。

---

① 位於今烏克蘭。——整理者注

城子崖遺存之發現

民國十九年，中央研究院考古組李濟、董作賓（1895—1963）、梁思永（1904—1954）、吳金鼎（1901—1948）等，與山東省政府合作，發掘山東歷城縣東龍山車站北城子崖石器時代文化。在譚城下層所得遺物，陶器粗糙，以豆爲多，尚有鬲、玉，及與殷墟相類之卜骨，有鑽灼無刻字。石器有石斧、石錛、石鏃、石刀、石鏟。骨器有骨錐、骨針、骨簪。陶器有鬲、鼎、斝，有黑陶及白陶。此次所發掘上層爲銅器時代遺址，係古之譚城，下層爲新石器時代遺址。

除上述各重要發現外，民國十九年，南京古物保存所衛聚賢、張鳳、王庸，於南京栖霞山西北甘夏鎮掘得石斧、石鏟、石錛、石鑿、石鐘、石刀、石鉞，石鏃、石環、石扣；骨器、陶器均甚多。定爲新石器時代遺存。

鄂爾多斯遺存之發現

民國二十二年，天津北疆博物院法國神父李桑（E. Lisent），於鄂爾多斯黃土層中發現竈址、羚羊、鴕鳥卵、犀、袋鼠與石灰岩之石器，及纖美小形之碧玉石器氏，定爲五萬年前人類之遺物。

此外有日本人濱田耕作之於貔子窩（遼寧），八木奘三郎之於石碑嶺（長春），駒井和爱之於元寶山（張家口）、龍口三寧屯（寧安西南）等地發掘於史前遺存，所得均夥。

民國三十六年夏，裴文中（1904—1982）與古生物學家尹贊勛於甘肅洮河流域發現史前人類遺址多處，採得古物二十餘種。此次發現以古代人類居住之石灰住室最重要。

二、古史之補正

吾國上古史之紛亂，人皆知之，幾不可理董，晚近地不愛寶，古器寖出，可爲治古史之資料。由是，學者不以其紛繁而却步，研究上古史之風氣反日盛一日，兹述大略。

以甲骨文字而整理殷商史

王静安先生於《最近二三十年中中國新發見之學問》中云：

　　殷虚甲骨文字，此殷代卜時命龜之辭，刊於龜甲及獸骨上。光緒戊戌己亥間，始出於河南彰德府西北五里之小屯。其地在洹水之南，三面環之。《史記·項羽本紀》所謂'洹水南，殷虚上'者也。初出土後，濰縣估人得其數片，以售之福山王文敏。文敏命秘其事，一時所出，先後皆歸之。庚子，文敏殉難，其所藏皆歸丹徒劉鐵雲。鐵雲復命估人搜之河南，所藏至三四千片。光緒壬寅(廿八年)，劉氏選千餘片，影印傳世，所謂《鐵雲藏龜》是也。丙午(光緒卅二年)，上虞羅叔言參事始官京師，復令估人大搜之，於是丙午以後所出，多歸羅氏。自丙午至辛亥，所得約二三萬片。而彰德長老會牧師明義士(T. M. Menzies)所得亦五六千片，其餘散在各家者尚近萬片。近十年中乃不復出。其著録此類文字之書，除《鐵雲藏龜》外，有羅氏之《殷虚書契前編》《殷虚書契後編》《殷虚書契菁華》《鐵雲藏龜之餘》，日本林泰輔博士之《龜甲獸骨文字》、明義士之《殷虚卜辭》(*The Oracle Records of the Waste of Yin*)，哈同氏之《戩壽堂所藏殷虚文字》，凡八種。而研究其文字者，則瑞安孫仲容比部，始於光緒甲辰(卅年)撰《契文舉例》。羅氏於宣統庚戌(二年)撰《殷商貞卜文字考》，嗣撰《殷虚書契考釋》《殷虚書契待問編》等。商承祚氏之《殷虚文字類編》，復取材於羅氏改定之稿。而《戩壽堂所藏殷虚文字》，余亦有考釋。此外，孫氏之《名原》亦頗審釋甲骨文字，然與其《契文舉例》皆僅據《鐵雲藏龜》爲之，故其説不無武斷。審釋文字自以羅氏爲第一，其考定小屯之爲故殷虚，及審釋殷帝王名號，皆由羅氏發之。余復據此種材料作《殷卜辭中所見先公先王考》，以證

《世本》《史記》之爲實錄；作《殷周制度論》以比較二代之文化。然此學中所可研究發明之處尚多，不能不待於後此之努力也。

王先生此文出後，有關於甲骨文字之新作者甚多，此類著作不唯審釋文字，於治古史亦有莫大之助也。王先生由《殷卜辭中所見先公先王考》旋擴爲《古史新證》一書（清華國學院以是書作教材），此風一開，治者踵起，如郭沫若《中國古代社會研究》，多取材於甲骨，又作《甲骨文字研究》二冊，其中多有關古史。郭氏又作《卜詞通纂》一卷、《考釋》三卷，徐協貞作《殷契通纂》，朱芳圃作《甲骨文商史編》，胡厚宣作《甲骨學商史論叢》。

而殷虛遺物之發掘方興未艾，諸家研究之所得，於殷代之世系、方國、文化、制度、風俗、政治、社會産業、征伐諸端益爲明瞭。凡舊史之闕漏，前人所不知者，皆得補苴與糾正矣。學者向此途努力者甚多，將來成績或更輝煌也。

以金文而研究古史

古代彝器爲治文字學及史學所重視，古即如此。許叔重《説文解字叙》中已言之矣①。而成爲專門學問，則自北宋始，如歐陽修之《集古錄》，趙明誠之《金石錄》，薛尚武之《鐘鼎彝器款識》，聶崇義之《三禮圖》，呂大臨之《考古圖》，王黼之《宣和博古圖》。自宋代以還降至元明，學者趨重玄談，研究金文之風驟衰。至清乾隆中葉以後，治此學者風起雲涌，如阮元、翁方綱、孫星衍、錢大昕、瞿中容、李宗瀚、吳榮光、鮑康、陸耀遹、黃易、陳介祺、吳式芬、劉心源、吳大澂、王懿榮、端方、吳雲、潘祖蔭、武億、嚴可均、張廷濟、李遇孫、劉喜海、徐謂仁、楊守敬、畢沅、羅振玉、王静安等，此乃卓卓大者。阮元以古器銘文有"甲乙"等字者定爲商器。吳清卿《愙齋集古錄》則以"甲乙"等字爲祭器之

---

① 《説文解字叙》："郡國亦往往於山川得鼎彝，其銘即前代之古文。"——整理者引

數，多不標商器，然於《亞形母癸敦跋》中云："商器文簡，多象形文字。"吳氏書中有不標年代，存疑之意也。民國五年，上虞羅氏著《殷虛古器物圖録》一卷，附説一卷，後又作《殷文存》。北平王氏作《續殷文存》。杭州鄒氏著有《周金文存》。十九年，關百益先生著《殷虛古器物存真》第一集，附《圖考》一卷。嗣後，中央研究院在安陽續有發掘，所得銅器見載於發掘報告者甚多。以此治史之文散見於報章、雜志者不一而足，而著成專書者，如郭沫若之《中國古代社會研究》《殷周青銅器銘文研究》《金文叢考》《金文大系》等書，以金文爲治古史之資，此風已臻極盛，將來成績之彪炳可預期也。

三、四裔史之研究

吾國境内，古今多外族居住，如匈奴、鮮卑、突厥、回紇、契丹、女真、西夏、蒙古等。各族不惟有悠久之歷史，且有廣大之土地，而各族中有專書記其往事者，有或附於諸史之内，語焉不詳，且多訛誤。自清中葉以後，有不滿昔人之作書而重爲之作者接踵而起，後又受外來之資料，益助長之。而吾國近數十年來，古今外族遺文之發現，更促治此之盛。王靜安先生《最近二三十年中中國新發見之學問》中云：

中國境内，古今所居外族甚多，古代匈奴、鮮卑、突厥、回紇、契丹、西夏諸國，均立國於中國北陲，其遺物頗有存者，然世罕知之，惟元時耶律鑄見突厥闕特勒碑及遼太祖碑。當光緒己丑(十五年)，俄人拉特禄夫訪古於蒙古，於元和林故城北訪得突厥闕特勒碑、苾伽可汗碑、回鶻九姓可汗碑三碑。突厥二碑皆有中國、突厥三種文字，回鶻碑並有粟特文字。及光緒之季，英、法、德、俄四國探險隊入新疆，所得外族文字寫本尤夥。其中除梵文、佉盧文、回鶻文外，更有三種不可識之文字。旋發見一種爲粟特語，而他二

種則西人假名之曰第一語言、第二語言。後亦漸知爲吐火羅語及東
伊蘭語（發明粟特語者爲法人哥地奧 Rodert Gauthiot。吐火羅語者爲
西額 Sieg 及西額林 Sieging 二氏，東伊蘭語則爲伯希和之所創通也。
又釋闕特勒碑之突厥語爲丹麥人湯姆生 Thomsen）。此正與玄奘《西
域記》所記三種語言相合。粟特語即玄奘之所謂窣利，吐火羅即玄
奘之睹貨羅，其東伊蘭語，則其所謂葱嶺以東諸國語也。當時粟特、
吐火羅人多出入於我新疆，故今日猶有其遺物。惜我國人尚未有研
究此種古代語者，而欲研究之，勢不可不求之英、法、德諸國，惟
宣統庚戌（二年）俄人柯智禄夫大佐於甘州古塔得西夏文字書。而元
時所刻河西文《大藏經》，後亦出於京師，上虞羅福萇乃始通西夏文
之讀。今蘇俄使館參贊伊鳳閣博士（Ivanoff）更爲西夏語音之研究，
其結果尚未發表也。

　　近世東西洋各國學者，以古器物、古文字學、古代語言研究吾國邊
疆各民族史，風氣極盛，成績斐然。國人受此激盪，奮起直追者頗不乏
人。近廿年來，除翻譯外國名著以補吾國史書所載之不足者外，學者以
他人之法治異族之史，又以遼、金、元三史之簡略訛誤，得前人所未見
之資料，以補正三史之闕舛。

　　如王静安先生之《韃靼考》《萌古考》《西遊記校注》《聖武親征録校
注》《蒙韃備録箋證》《黑韃事略箋證》。沈乙庵之《蒙古源流箋證》（張爾
田增補並校審）。又有《元朝秘史注》。陳垣有《元西域人華化考》。皆爲
蒙古史史料之研究。

　　近陳寅恪、王静如兩先生精通西夏圖書，凡河西文《大藏經》悉能譯
讀。吾國於西夏史尤屬簡陋，今後收集西夏遺文，譯其文意，以作該史
之資，將來之成就未可限量也。

　　民國十九年、二十年間，熱河省主席湯玉麟發掘遼陵，得聖宗、興
宗時哀册石刻。先是法人牟里（Mull，一譯“閔宣化”）遊歷遼陵，亦發見
遼興宗帝后二哀册，皆契丹國書也。湯氏所發見者，爲聖宗及仁懿皇后、

欽愛皇后漢文哀册，又道宗帝后漢文及契丹國書兩種哀册。契丹國書之二石皆五六百字，然治是者不能明其音讀，以是可貴之史料，尚不能利用也。

近年又發見女真國書，一為河南開封之宴臺碑，二為吉林之金太祖誓師碑，三為遼寧海龍楊木山之收國二年碑，四為柳河界之金太祖大破遼軍、息馬立石碑，皆漢文與女真國書並刻，此亦為研究女真史之可貴史料也。

近人丁文江等考究西南夷之語文，著為《爨史》。自東鄰日本出師侵略中國中原，各大都邑相繼淪陷，學者為避烽火，爭競西南各省，由是西南各民族之語文習尚為治史者所樂取。近十年來，苗、猺等族之史、文散見於各書報者，時有所見，其成就未可菲薄。

現努力於四裔史者甚衆，此亦為吾國史學趨勢之一也。

四、疑古派之治史

疑古風氣發生於吾國甚早。往者不論，清代此風猶上昇未歇。如崔述（1739—1816）推翻秦漢以來傳說中不足信之事實，稍後又有康有為（1858—1927）、崔適（1852—1924）懷疑經史。晚近顧頡剛（1893—1980）重張是幟，以"層累地造成的古史"之見解，將傳說中之古史詳細説明。奉之者以此式一立，而中國古史偽誤之部分始有澄清之希望，而真信之史蹟亦始有建立之可能矣。近代疑古派對於古史均以懷疑態度視之，其中之大者，一為堯舜之存疑，二為夏禹之有無，茲分述之。

（一）堯舜之存疑

堯舜向為儒家所奉拜，其事蹟具見於《堯典》《舜典》。成書自來，説者不一。曾鞏《南齊書序》謂："為堯舜時人所修。"劉逢祿《尚書今古文集》卷一謂："為夏史官所修。"魏源《書古微》卷一謂："為周史官所修。"

然據墨子《明鬼篇》所稱之"《尚書》首夏書，其次商周之書"。似墨子所見之《尚書》以夏書爲首篇，並無《堯典》。趙翼《陔餘叢考》定《堯典》爲後世追述之詞，頗爲可。《堯典》既不足信，而所載之堯、舜、禹之有無成問題矣。日本白鳥庫吉爲"堯舜禹抹殺論"，市村瓚博士爲"質堯舜禹抹殺論"以難之。吾國對於是問題，以一九二三年二月顧頡剛始（見《讀書》雜志第九期《顧氏與錢玄同先生論古史書》），旋引起各方辯論，兩方駁辯雖烈，然無正確之結論，是問題之解決尚有待於地下遺物之發掘不可。

（二）禹之有無

近廿餘年來，上古史中除堯舜有無問題之外，而爭論最烈者，爲禹之有無問題。自顧頡剛提出無禹問題後，引起吾國史學界軒然大波。然禹之事蹟見於古籍及銘文較堯舜爲多，如《尚書》中之《堯典·大禹謨》《禹貢》等篇，固屬可疑，而《書·立政》有"以陟禹之蹟"，《呂刑》有"禹平水土"，《詩·文王有聲》有"豐水東注，維禹之績"，《閟宮》有"纘禹之緒"，《殷武》有"設都於禹之績"，《論語》有"禹吾無間言"。是經傳中述禹者甚多，而顧氏以禹之傳説起於西周，堯舜起於春秋，至在楚越民族中，禹之神話更多，此種史料未可一概抹殺。禹鑄鼎，見於《史記·封禪書》。夏后開鑄，見於墨子《耕柱篇》，《齊侯鑄鐘》銘文有："咸有九州，處禹之堵。"《秦公敦》銘文有："宅禹賚（蹟）"，王静安先生《古史新證》定爲齊景公、秦共公物。而禹又見《春秋》金文，顧氏因《説文》有"禹，蟲也，從内，象形，獸足蹂地也"之語，遂謂禹爲九鼎上所鑄動物之一，約爲蜥蜴之類；又因《商頌》"洪水芒芒，禹敷上下方"之語，遂謂禹爲上帝所派之神而非人；又因《論語》有"禹稷躬稼而有天下"之語，遂謂禹爲耕稼國家之王。自其説出後，辨之者、譏之者大有其人。總之，治學固貴懷疑，而若好奇立異，望文生訓，則爲爲學之大忌。顧氏所辦之《古史辨》，迄今猶在續出，足徵疑古風氣尚彌漫於史學界也。

五、以唯物論解釋歷史

自馬克斯[1]著《資本論》，用生産方法分自古以來經濟制度爲四大階段。德人 A. Thalheimer[2] 所著 *Introduction to Dialectical Materialism Ch. XII, XIII* 歸納爲公式如下：一、原始社會的生産方法；二、奴隸社會的生産方法；三、封建社會的生産方法；四、資本社會的生産方法。本此公式而治史者，謂經濟爲下層建築，而文化制度等爲上層建築，如下層發生變動，而各上層建築無不隨之而變動，以此爲治學之方法，名爲唯物史觀派。

吾國近年來，學術界受此影響甚巨，以此方法治中國史者不乏其人。如郭沫若氏之《中國古代社會研究》及其一切著作，無不執此法以衡歷史。又若陶希聖、薩孟武等之"新生活派"，即以此法治史相號召。晚近翦伯贊、周谷城等作《中國通史》亦取此道。而一般青年以此爲法，嗜之者衆，此亦吾國史學新趨勢也。

六、通史之編纂

吾國舊日所謂通史，《史記》一書實爲嚆矢，其組織不爲今人所滿意。歷史中缺乏良好通史，已爲國人所周知，而需要之急迫，有刻不容緩之勢，其所以難産者，蓋有故也。通史義例之洪紛，其大因也。

何炳松（1890—1946）《通史新義·序》云：

> 吾國近年來，史學界頗受歐化潮流之激盪，是以努力於通史編

---

① 即馬克思。——整理者注
② 即塔爾海瑪，著有《現代世界觀》等。——整理者注

纂者頗不乏人。其對於西洋史學原理之接受，正如一般政治學家、經濟學家、新文學家同，一時頓呈飢不擇食、活剝生吞之現象。偏而不全、似是而非之通史義例，因之遂充斥於吾國現代之史著中。彼曾習統計學者，以爲研究歷史應用統計法焉；彼曾習生物學者，以爲研究歷史應用進化説焉；彼曾習自然科學者，以爲研究歷史應用因果律焉；彼曾習經濟學者，以爲研究歷史應用經濟史觀焉；彼曾習論理學者，以爲研究歷史應用分類法焉。一時學説紛紜，莫衷一是，大有處士横議、百家争鳴之概，誠不可謂非吾國史學界復興之朕兆也。

何氏之言，確爲吾國未能産生良好通史之大因。比來中國人思想複雜，作者與讀者各有主觀。故同一通史也，甲謂之是，而乙謂之非，作者乏良史之才，常詳其所長而忽其所短。近數十年來，坊間所出通史多矣，而學者仍嘆無通史可讀，通史之在吾國仍爲急切問題，而國人自此努力者日多，完美之著作或不難誕生也。

通史者何？有謂爲普遍史之稱，又有謂取古今史實之全部，而爲概括之記述，以求其時間之遞嬗、空間之聯繫爲原則者，是謂之通史，其文貴簡要有序。

通史意義究若？章實齋《答客問》云：

史之大，原本乎《春秋》。《春秋》之義，昭乎筆削。筆削之義，不僅事其始末，文成規矩已也。以夫子"義則竊取"之旨觀之，固將綱紀天人，推明大道。所以通古今之變，而成一家之言者，必有詳人之所略，異人之所同，重人之所輕，而忽人之所謹，繩墨之所不可得而拘，類例之所不可得而泥，而微茫秒忽之際，有以獨斷於一心，及其書之成也，自然可以參天地而質鬼神，契前修而俟後聖，此家學之所以可貴也。

　　何炳松氏通史之定義，實未盡當。而章氏謂"通古今之變"，則爲通史之要義。何氏固因美人魯濱孫《新史學》第六篇，以歷史爲連續性，而斷代不妥。本此以撰通史者，有章太炎之《中國通史略例》、梁任公先生所擬《中國通史》目錄，此皆建議之作，新通史之出現尚待國人之努力焉。

七、專史之編纂

　　何謂專史？即專門史之謂也。自全部史實中，抽出其一部，而爲比較詳盡之記述，其於時間之遞嬗、空間之聯繫，亦以範圍收縮之故，而易於尋求者，是之謂專史，文貴詳盡，比次應有法。

　　吾國專史之作，若昔之《通典》《通考》，繼之則有述學術淵源之《明儒學案》《宋元學案》，最近有各種專史之產生。

　　專史之重要，不唯可洞悉一事之原委，而有關他史亦極重大。梁任公先生於《中國歷史研究法補編·緒論》中云："無好專史，即無好通史。若各專史完美，合之即爲一良好通史矣。通史爲近日學術界最迫切之要求，而專史之需要，亦爲當今極須努力之工作。"梁先生分專史爲五項：一爲人的專史；二爲事的專史；三爲文物的專史；四爲地方的專史；五爲斷代的專史。後述各種專史之作法，文長不錄。

　　專史之作，吾國早即有之，前已述之。而近日受歐風之影響而作者，如雨後春笋，不乏佳著。哲學方面有胡適（1891—1962）《中國哲學史大綱》，馮友蘭（1895—1990）《中國哲學史》；經學方面有皮錫瑞（1850—1908）《經學歷史》；文化方面有柳詒徵（1880—1956）《中國文化史》；文學方面有王靜安先生《宋元戲曲史》。此間僅舉數種以見其概。國人自此邁進者日多，無待覼縷焉。

史部目録學

目　　録

第一編　總論

第一章　何謂目録學

何謂目

《説文》："目，人眼象形，重童子也。"許君以二畫爲重瞳，非也。

甲文目作 𥄉　諸形　金文 𥄉　諸形

目本爲人目，引申爲凡目、節目、條目、篇目、書目、色目。

凡目：《春秋繁露》曰：目者，編辨其事也，凡者獨舉其事也，是單獨事件曰凡，諸事爲目。

節目：《禮記・學記》：善問者如攻堅木，先其易者，後其節目，是繁多之事爲節目。

條目：《漢書・劉向》：傳校中秘書各有條目。

篇目：《漢書・藝文志》：向輒條其篇目。

書目：《宋書・藝文志》有隆安。《四庫書目》。

色目：色色目目，元時指西域人。

何謂録

《説文》："録，刻木録録也。"小徐曰：録録猶歷歷也，一一可數之兒。剥下裂也，録刻割也，或從卜作𠨕。

《説文》："録，金色也。"録與綠同。

《公羊・隐十年》《春秋》録内而略外。

錄　簿錄

何謂目録

《文選》：任昉《爲范始興作求立太宰碑表注》引《七略》云，《尚書》有青絲編目録。

《漢書·叙傳》："劉向司籍九流以别，爰著目録，略序洪烈，述藝文第十。"

書目與目録、書目録

目録：目为篇目、録谓叙録。劉向校書條其篇目，録而奏之，蓋詳著每書某篇第幾，謂之篇目。校竟奏上各爲序，謂之序録，合而言之，則曰目録。《舊唐志》引册暖，《古今書録序》曰：覽録而知旨，觀自而愁詞。

日人桂五十郎《漢籍題解》云："目，條件也，要目也，録，符號也，目録者，條件或要目記録之義也。"

日人服部宇之吉《目録学概说》云："目録者書物之分類登録也。"

何謂目録学

章实齋於《信摭》文中，反对目録学之名称。宋翔鳳則重視目録學，其《鐵琴銅劍樓書目序》曰："自目録之學興，而古今載籍存亡之數可得而參稽，凡师儒学術盛衰之源，亦有所考鏡。"

唐圆照《貞元釋教録序》云："夫目録之是興也，蓋所以别真僞，明是非，記人代之古今，標卷部之多少，摭拾遺漏，删夷駢。贅欲使正教合理，經言有緒，提綱舉要，歷然可觀。"

1. 綱紀群籍簿屬，甲乙之學也——目録家之目録
2. 辨章学術，剖析源流之學也——史家之目録
3. 鑑别舊槧校讎，異同之學也——藏書家之目録
4. 提要鈎玄，治學涉徑之學也——讀書家之目録

目録學者，綜合群籍，類居部次取便檢尋，是其粗也；辨别源流，詳究義例，使載籍之存佚可稽，學術之盛衰可考，是其精也。至於記撰人，標卷第，别真僞，拾漏遺，明校勘，研版刻，是其末而已矣。

目録學者，圖書簿記之法也。杜定友《校讎新義》："所以便檢查而利求學，故有其目必有其書；有其書，即可究其學。"

第二章　目録學之内容及種類

甲、内容

版本

校讎

目録

分類即圖書館學

書史

乙、種類

龔定庵謂目録有三種：

1. 朝廷官簿　如荀勖《中經新簿》　宋《崇文總目》《館閣書目》明《國史經籍志》。

2. 私家著録　如晁武公《郡齋讀書志》　陳振孫《書録解題》。

3. 史家著録　如《漢書·藝文志》《隋書·經籍志》。

史家著録一體，祇據祕府所藏，其不入祕府者不載。荀勖之簿，王儉之志，長孫無忌之於隋，劉昫之於唐，皆同此例。惟阮孝緒《七録》兼及王公士庶之家，蓋處士山林著述，北國史經籍志，可比至欧陽《新唐》取唐人自著之書，一切採入，於是著録之體爲之一變。

有分爲一書目録　群書目録　私人藏書目録。

公共圖書館目録　方志目録　考訂家目録，如《讀書敏求記》《經籍考》。

彙刻本目録，如顧修《彙刻書目》。

爲特種人所編之目録，如龍啓瑞《經籍舉要》　梁先生《國學入門書要目》及其讀法。

鑒賞家目録，如《天禄琳琅書目》。

若就專門學術分類，則有《佛經目録》《道藏目録》。

史部目録

杜定友《校讎新義》史部目録類云："目録之體有藝文校讎之類，有考證補遺之類，有題跋疏解之類，有私家藏書之類，有引用書目之類，有版本年代之類，有書品章志之類，有藏書典守之類，有專書目録之類。"

第三章　目録學之功用

一、對於圖書館之功用

甲、採買時可備查考

乙、閲覽時可備稽尋

丙、插架時可備依循

二、對于作者之功用

可助作者獲得資料

三、對於讀者之功用

王鳴盛《十七史商榷》曰："目録之學，學中第一緊要事，必從此問塗，方能得其門而入，然此事非苦學精究，質之良師未易明也。"

江藩《師鄭堂集》曰："目録者，本以定其書之優劣，開後學之先路，使人人知某書當讀，某書不當讀，則爲易學而成功且速矣。吾故嘗語人曰：目録之學，讀書入門之學也。"

張文襄公《書目答問》曰："讀書不得要領，勞而無功，知某書宜讀，而不得精校精注本，事倍而功半。"

其在《輶軒語·語學》中曰："汎濫無歸，終身無得；得門而入，事半功倍。"

四、辨章學術之功用

甲、編次圖書爲綱紀　鄭樵《通志總序》云："學術之苟且，由源流之不分，書籍之散亡，由編次之無紀。"《通志·校讎略》云："書籍之亡者，由數例之法不分也，類例分則百家九流各有條理，雖亡而不能亡也。"

乙、考證典籍之存亡。

丙、稽核私家之庋藏。

丁、覽別書籍之真偽。

戊、存論書名之異同，部居之出入，卷帙之增減，作家之譌敚。

己、辨章書籍之版刻，與繆本之流傳。

第四章　古今書目分部異同

漢代經學家、目録學家劉向編修中國第一部官修目録《七略》，將諸書分爲六藝略、諸子略、詩賦略、兵書略、術數略、方技略，前加總論性的輯略，共爲"七略"，形成六略三十八類圖書分類法。以後又有多種分類法。如：

晉荀勖《中經簿》分甲、乙、丙、丁：甲部(六藝小學)　乙部(諸子)丙部(史部)　丁部(詩賦)。

王儉《七志》　經典志(六藝小學史記雜傳)　諸子志　文翰志　軍書志　陰陽志　術藝志　圖譜志

梁阮孝緒《七録》　經典録內篇　記傳録內篇　子兵録內篇　文集録內篇　術技録內篇　佛法録外篇　仙道録外篇

《隋志》　小序　經　史　子　集

《舊新唐志》(《舊唐書》名《經籍志》，《新唐書》名《藝文志》)　甲部經録　乙部史録　丙部子録　丁部集録

《通志·藝文略》　經類　禮類　樂類　小學類四　史部五　諸子類六　天文類七　五行類八　藝術類九　醫方類十　類書類十一　丁部集録。

《四庫提要》　經　史　子　集

經、史、子、集四部分類法自唐代以下，沿用一千三百年。

經　《六藝略》二　甲部一，《經典志》一　《經典録內篇》　經　甲部經録　經部　經學一　經，小學二。

史　丙部三　《記傳録內篇》　史乙部《史録》　史部第五　史部　地理五史學七　金石八。

子　《諸子略》三　乙部二　《諸子志》二　《子兵録內篇》　丙部子録

諸子三　小學十二。

《兵書略》五　《軍書志》四。

《術數略》六　《陰陽志》五　《術技録内篇》。

《方技略》七。

道　《仙道録》外　《道經》。

佛　《佛法録外》。

集　《詩賦略》四　丁部四　《文翰志》三　《文集録》内　集　丁部集録　文類十二　集　詞賦第十集　圖譜志七。

後世在四部分類基礎上，又有增類。

孫星衍《祠堂書目》　經學一　小學二　諸子學三　天文四　地理五醫律六　史學七　金石八　類書九　書画十　詞賦十一　小説十二。

張之洞《書目答問》　經　史　子　集　叢書　別録。

第五章　目録學在史學上之位置

一、先秦目録與典籍、史官

《周禮》外史掌書，外令掌四方之志，掌三皇五帝之書，達書名於四方，小史掌邦國之志。

《左傳·昭二年》：韓宣子来聘，觀書大史氏，見《易》《象》《魯春秋》，曰："周禮盡在魯矣。"

又《昭十二年》：楚左史倚相能读《三墳》《五典》《八索》《九邱》。

莊子曰：孔子西藏書於周室，子路言，周室守藏史老聃可以與謀。

列國亦有史　《春秋》載晉有史趙，史蘇，董狐，屠黍，史墨。

齊有南史　虢有史嚚　魯有史克　衛有史華龍滑。

二、目録學與史志

張爾田《〈漢書·藝文志〉舉例》序云：夫目録之學何昉乎？昉於史，而大別則有三：《七略》《中經簿》《崇文總目》則官家之目録也；《直齋解題》《郡齋讀書志》，下至《絳雲樓》《愛日精盧》諸書，則藏家之目録也；各史藝文、經籍諸志，則史家之目録也。三者惟史家目録其體最尊。《隋書·經籍志》序既以經籍之用，探源於史，而《史部簿録類》則云古者史官既司典籍，蓋有目録以为綱紀。徵之古周官五史皆掌書，而外史且達書名於四方。既有書名，則必有目録以載之。目録之見於史者，厥惟班氏《藝文志》，《班志》之部居群籍也，考鏡源流，辨章舊聞，不訽訽侈談卷册，與藏家目録殊；不斷斷詳論失得，與官家目録亦異，蓋所重在學術故也。

沈曾植《漢書·藝文志》舉例序云："《漢志》者，歷代史家志經籍，目録家次著録者之祖也。"

三、史志与目録学

史志之志目録者始於《隋志》之簿録篇，《漢志》未著史家無目録之可言，而各史志有名爲簿録篇者（《隋志》），有称目録類者（《唐志》），有称簿録類者（補遼金元三《藝文志》）。史志之栏，目録常有部類不明，不著存佚，只記當代諸弊。

《隋書·經籍志》云："謝靈運造《四部目録》。"又云：王亮、謝朏造《四部書目》。

第二編　史部目録

第一章　史書在群籍中的位置

《説文》："史，記事也，從又持中。中，正也。"

江永《周禮疑義舉要》云："凡官府簿書謂之中，故諸官言治中，受中，小司寇斷庶民獄訟之中，皆爲簿書，猶今之案卷也。此中字之本義，故掌文書者謂之史，其字從又從中。又者，右手以手持簿書也。吏字、事字，皆有中字。天有司中星，後世有治中之官，皆取此義。"

吳大澂《字説》謂："史象手執簡形，古文中作史……無作中者。"

王靜安師："謂史爲盛筴之器"，史字從又持中，"義爲持書之人，與尹之從又持筭（象筆形）者同意矣"。

章實齋云："'六經皆史'之説，百家九流出於王官，則天下之學惟史而已。"其説固持之有故，然含胡類例，亦有目録學家所不取。

史書與經書之分合

古代目録，史書統轄於六藝之中，蓋以史本出於六藝之《春秋》，劉《略》、班志《六藝略》之《春秋》家，即爲史部。觀劉、班以司馬遷之《太史公書》及馮商之續《史記》，併附入於《春秋》家，内不復別立部目，可證此經史合一也。自荀勗出史記於六藝《春秋》之内，別立丙部①，李充

---

① 荀勗《中經新簿》中，丙部所記有：史記、舊事、皇覽部、雜事。

亦然，但改丙爲乙耳。自是以後，雖有王儉仍本到班合史記於經典之內,[1] 然至阮孝緒仍出之。至唐初修《隋史》，而史部確實成立，一分而不可復合，蓋以經書只有此數，後人注疏亦不離其宗，而史書則與日俱增，盡附於六藝之《春秋》家，其勢不能。此史部與經部分合之變遷也。

魏禧《左傳經世》序曰："讀書所以明理也，明理所以通用也，故讀書不足經世，則雖外極博綜，内析秋毫，與未嘗讀書同。經世之務莫備於史，禧嘗以爲《尚書》史之大祖，《左傳》史之大宗。"

錢大昕《元史·藝文志》序曰："晉荀勖撰《中經簿》，始分甲乙丙丁四部，而子猶先於史。至李充，字弘度，晉人，爲著作郎，重分四部，五經爲甲部，史記爲乙部，諸子爲丙部，詩賦爲丁部，而經史子集之次始定。"

有以史學爲經學之附庸，或爲文學之別子。

《廿二史劄記》序（錢大昕）：

> 昔宣尼贊修六經，而《尚書》《春秋》實爲史家之權輿。漢世劉向父子校理秘文爲六略，而《世本》《楚漢春秋》《太史公書》《漢著紀》列於《春秋》家，《高祖傳》《孝文傳》列於儒家。初無經史之别，厥後蘭臺、東觀，作者益繁，李充、荀勖等剙立四部，而經史始分。

此述經史由合到分的歷程，當爲確論。

---

① 此史記是王儉著《經典志》中的一個類目。

第二章　史書分類

　　《漢書·藝文志》未著史家　　馬端臨云：班固本《七略》無史門，故以古來及秦漢之史附於《春秋》之末。後世史家漸多，故志藝文者，以史自爲一家，難以列之聖經之後矣。（見《文獻通考》）

　　《隋書·經籍志》　史分十三類

　　一、正史　二、古史　三、雜史　四、霸史　五、起居史　六、舊事　七、職官　八、儀注　九、刑法　十、雜傳　十一、地理　十二、譜系　十三、簿録

　　《新舊唐書》二志　史部易古史爲編年　霸史爲僞史　舊事爲故事雜傳爲傳記　譜系爲譜牒　簿録爲目録

　　鄭樵《通志》　史分十三類

　　一、正史　二、編年　三、霸史　四、雜史　五、起居注　六、故事　七、職官　八、刑法　九、傳記　十、地理　十一、譜系　十二、食貨　十三、目録

　　焦竑《經籍志》　史分十五類

　　一、正史　二、編年　三、霸史　四、雜史　五、起居注　六、故事　七、職官　八、時令　九、食貨　十、儀注　十一、法令　十二、傳記　十三、地理　十四、譜牒　十五、簿録

　　《史通》六家

　　尚書家　春秋家　左傳家　國語家　史記家　漢書家

　　《尚書》紀事本末之體所出也。

　　《春秋》編年之體所出也。

　　《崇文總目》十三

《晁公武郡齋讀書志》 史分十三類

一、正史 二、編年 三、實錄 四、雜史 五、僞史 六、史評 七、職官 八、儀注 九、刑法 十、地理 十一、傳記 十二、譜牒 十三、目錄

陳振孫《直齋書録解題》 史分十六類

一、正史 二、別史 三、編年 四、起居注 五、詔令 六、僞史 七、雜史 八、典故 九、職官 十、禮注 十一、時令 十二、傳記 十三、法令 十四、譜牒 十五、目錄 十六、地理

尤袤遂《初堂書目》 史分十八類

一、正史 二、編年 三、雜史 四、故事 五、雜傳 六、僞史 七、國史 八、本朝雜史 九、本朝故事 十、本朝雜傳 十一、實錄 十二、職官 十三、儀注 十四、刑法 十五、姓氏 十六、史學 十七、目錄 十八、地理

黃虞稷《千頃堂書目》 史分十八類

一、國史 二、正史 三、通史 四、編年 五、別史 六、霸史 七、史學 八、史鈔 九、地理 十、職官 十一、典故 十二、時令 十三、食貨 十四、儀注 十五、政刑 十六、傳記 十七、譜系 十八、簿録

《四庫全書》 史分十五類

一、正史大綱 二、編年 三、紀事本末 四、別史 五、雜史 六、詔令奏議 七、傳記 八、史鈔 九、載記皆參考紀傳者也 十、時令 十一、地理 十二、職官 十三、政事 十四、目錄 皆參考諸志者也 十五、史評參考論贊者也 舊譜牒一門，然自唐以後譜學殆絕，玉牒既不頒於外，家乘亦不上於官，徒存虛目，故從刪焉。

《四庫全書總目提要》史部總序

章實齋《史籍考》(見姚名達《章實齋先生年譜》)

《史籍考》總目

一、制度 二卷

二、纪傳部　正史　國史　史稾

三、編年部　通史　斷代　記注　圖表

四、史學部　考訂　義例　評論　蒙求

五、稗史部　雜史　霸史

六、星曆部　天文　曆律　五行　時令

七、譜牒部　專家　總類　年譜　別譜

八、地理部　總載　分載　方志　水道　外裔

九、故事部　訓典　章奏　典要　史書　戶書　禮書　兵書　刑書　工書　官曹

十、目錄部　總目　經史　詩文(即文史)　圖書　金石　叢書　釋道

十一、傳記部　記事　雜事　類考　法鑒　言行　人物　別傳　內行　名姓譜錄

十二、小説部　瑣語　異聞

梁任公《中國之舊史學》

史學

第一 正史	甲 官書　廿四史
	乙 別史　華嶠《後漢書》　習鑿齒《漢晉春秋》

第二　編年——《資治通鑑》

第三 紀事本末	甲 通體　《通鑑紀事本末》《繹史》
	乙 別體　《平定某某方略》《三案始末》

第四 政書	甲 通體　《通典》《通考》
	乙 別體　《唐开元禮》《大清会典》
	丙 小紀　《漢官儀》

第五 雜史	甲 綜記　《國語》《國策》
	乙 瑣紀　小説新語　唐代叢書
	丙 詔令奏議　四庫另列一門

第六 傳記	甲 道體　《满漢名臣傳》《國朝先正事略》
	乙 別體　某帝實錄　某人年谱

第七　地忘 {
甲　通體　各省通志　《天下郡國利病書》
乙　別體　紀行
}

第八　學史——《明儒學案》《漢學師承記》

第九　史論 {
甲　理論　《史通》《文史通義》
乙　事論　歷代史論　《讀通鑑論》
丙　雜論　《廿二史劄記》《十七史商榷》
}

第十　附庸 {
甲　外史　《西域圖考》《職方外紀》
乙　考據　《禹貢圖考》
丙　注釋　裴松之《三國志注》
}

第三章　正史結集述略

《四庫全書總目提要》史部　正史類曰："正史之名，見於《隋志》，至宋而定，著十有七。明刊監版，合宋、遼、金、元四史爲二十一。皇上欽定《明史》，又詔增《舊唐書》爲二十有三。近蒐羅《四庫》，薛居正《舊五代史》得裒集成編，欽稟睿裁，與歐陽修書並列，共爲二十有四。……蓋正史體尊，義與經配，非懸諸令典，莫敢私增，所由與稗官野記異也。"

《十駕齋養新録》：

三史

《續漢書·郡國志》"今録中興以來郡縣改異，及《春秋》、三史會同征伐地名"，三史，謂《史記》《漢書》及《東觀記》也。《吳志·呂蒙傳》注引《江表傳》權謂蒙曰："孤統軍以來省三史、諸家兵書，大有益。"又《孫峻傳》注引《吳書》留贊好讀兵書及三史。《晉書·傅休奕傳》撰論三史故事，評斷得失。《隋書·經籍志》有《三史略》二十九卷，太子太傅張温撰，皆指此自唐以來《東觀》失傳，乃以范蔚宗書當三史之一。

十三史　十史

宋史《藝文志》文史類，有吳武陵《十三代史駁議》十二卷。目録類，有宗諫《注十三代史目》十卷，商仲茂《十三代史目》一卷（晁氏《讀書志》作殷仲茂，蓋宋史避諱改殷爲商）。類事類，有《十三代史選》三十卷，吳武陵唐人。蓋唐時以《史記》《前後漢書》《三國志》《晉宋齊梁陳魏齊周隋書》爲十三代史也。

又類事類有《十史事語》十卷，《十史事類》十二卷，李安《上十史類要》十卷。十史者，自三國至隋十代之史，馬班范三家不在其數。

十七史

宋人於十三史之外加以《南北史》及《唐五代》，於是有十七史之名。《宋史·藝文志》史鈔類有《十七史贊》《名賢十七史確論》一百四卷，類事類有王先生《十七史蒙求》十六卷(陳振孫云或曰王令也)，《通鑑長編》大中祥符八年七月上作《讀十九史詩》賜近臣，和十九史之名，它無所見，或即十七之譌。

十八史　十九史

元曾先之撰《十八史略》二卷，蓋於十七史之外，益以宋事也。

明初臨川梁孟寅益以元事，稱《十九史略》。

監本二十一史

《日知錄》："嘉靖初，南京國子監祭酒張邦奇等請校刻史書。"《南雍志》略謂："嘉靖七年錦衣衛閑住千戶沈麟奏準校勘史書，禮部議以祭酒張邦奇、司業江汝璧博學有文，才猷亦裕，行文使逐一校對修補，以備傳布，欲差官購索民間古本，部議恐滋煩擾，上命將監中十七史舊板考對修補，仍取廣東《宋史》板付監，遼金二史無板者購求善本翻刻。十一年七月，祭酒林文俊等表進。"至萬曆中，北監又刻《十三經》《二十一史》，其板視南稍工，然校勘不精，訛舛彌甚，且有不知而妄改者。北監本《十三經注疏》，並始於萬曆十四年，至廿一年畢工，《二十一史》則開雕於萬曆廿四年，至卅四年竣事，板式與《十三經》同。

杜氏《通典》，馬氏《通考》，鄭氏《通志》總論

厲鶚《樊榭山房文集》序言：

> 通天地人曰儒，儒者蓋無所不通之謂，天地人之故殼於典制，列於政術，紛論雜出於經史百氏之中，非貫穿而會粹，折衷而指歸，具上下千古之學，識而殫精銳志於數十年之久，則傳世行遠，往往難之。唐京兆杜佑著《通典》、宋鄱陽馬端臨著《文獻通考》、莆田鄭樵著《通志》，世所稱爲"三通"者，皆百王憲章之所寄，歷代掌故之所存，寧易優劣其間乎？若綜而論之，則《通典》《通志》之得失，均

當以《通考》爲斷，何也？古者右史記言，《尚書》是也。左史記動，
《春秋》是也。而《周禮》一書則六官之典燦，如列眉一代之制，洞若
觀火。司馬遷繼獲麟作《史記》，特荊例爲八書，以該前代之制。班
氏之十志因之。唐初則於志寧、李淳風、顏師古等作《隋書》諸志，
該五代之制。論者以爲各盡其才，故文詳而事核。劉秩本《開元六
典》，傲《周禮》六官，法爲《政典》三十五篇，自黃帝迄唐天寶末。
佑以爲未盡，廣之爲《通典》，凡八門，二百卷，於遷固諸人書志之
後，沿革損益，先經後史，無不旷分而縷析之。馬氏以爲綱領宏大，
考訂該洽，蓋如江河有源，星宿有斗，服膺至矣。若夫節目未備，
去取偶乖，如敍選舉則漢魏秀孝之科，與銓選不分，敍典禮則康成
讖緯之言，與古制相混，此其有大醇而不無小疵者也。其後宋代宋
白作《續通典》，失傳已久。魏了翁作《國朝通典》，迄未成書。而鄭
氏《通志》稱焉夾漈之爲，此書也，先紀傳，後二十略，凡爲二百
卷，編摩抄撮，積數十年之功，淳熙中獻於朝，用爲樞密院編修官。
其自序有云：江淹有言，修史之難無出於志，今總天下之大學術，
而條其綱目，名之曰略，其五略，漢唐諸儒所得而聞，其十五略，
漢唐諸儒所不得而聞也，其言頗涉於夸。今按其書，若氏族、六書、
七音等略，考核詳而議論精，誠爲獨得之學，至天文、地理、器服，
則失之太簡，若禮及職官、選舉、刑罰、食貨五略，盡襲《通典》之
全文，而於天寶以後紹興以前銓次無聞，難免馬氏疏略剽竊之譏。
然亦有故焉，鄭氏居閩海深山之中，寶書祕冊目所未睹，初詣臨安，
朝廷擬借三館之儲，以資采擇，館職諸公皆不欲而罷，則其書之簡
率，亦若有阨之者，獨《藝文》一略於《經》則疑子夏之詩小序，而信
張商英之僞三墳於史，則尊馬遷而詆班氏，其言可謂是非之公乎？
馬端臨生二子之後，爲二十四考，勒成三百四十八卷，自田賦至四
裔，俱效《通典》之成規，自天寶以前增其事而析其類，於天寶後至
宋嘉定末，則續而成之，其補《通典》所未備者，則經籍、帝系諸
考，而氏族、六書、七音，則心折鄭氏，故無作焉。其他間引《通

志》，而糾繆者多矣。孔子夏禮能言，杞不足徵，殷禮能言，宋不足徵，文獻不足故也。馬氏出自相門，於金匱石室之藏，以及名卿鉅儒之文集，前輩勝流之燕談，皆嬗之世守，得之見聞，而又具高世之識，以決其是非同異之所定，所謂文獻足徵，其在斯乎。故夫三通之書，杜氏開其原，馬氏竟其委，鄭氏其支流也，合之浚儀王氏之《玉海》，慈谿黃氏之《日鈔》。儒者欲通天地人之故，舍是無由矣。

明雲間王圻作《續文獻通考》。
《竹書師春》一卷 佚 載《經義考》
黃伯思中(長睿)曰："晉太康二年，汲郡民不準盜發魏襄王冢，得古竹書凡七十五篇。"晉征南將軍杜預云："別有一卷，純集《左傳》卜筮事，上下次第及其文義皆與《左傳》同，名曰師春。師春似是鈔集人名也，今觀中秘所藏師春，乃與預說全異。預云：純集卜筮事，而此乃記諸國世次，及十二公歲星所在，併律呂諡法等，末乃書易象變卦又非專載《左氏傳》，卜筮事由是知此非預所見師春之全也。然預記汲冢他書中有易陰陽說，而無《象·繫》，又有紀年三代並晉魏事，疑今，師春蓋後人雜鈔紀年篇耳，然預云紀年起自夏商周，而此自唐虞以降皆錄之。預云紀年皆三代王事，無諸國別，而此皆有諸國。預云紀年特記晉國，起殤叔次文侯、昭、侯，而此記晉國世次，自唐叔始，是三者又與紀年異矣。及觀其紀歲星事，有杜征南洞曉陰陽之語，由是知此書亦西晉人集錄，而未必盡出汲冢也。然臣近考辨祕閣古寶器，有宋公縬餗鼎，稽之，此書縬乃宋景公名，與鼎名合，而太史公記及他書，皆弗同，由是知此書尚多古事，可備考證，固不可廢云。"

史 學 通 論

目　　録

何謂史及歷史

首述"史"

《説文》史部："史，記事也，從又持中。中，正也。"段玉裁注曰："《玉藻》：動則左史書之，言則右史書之，不云記言者，以記事包之也。從中者，君舉必書，良史書法不隱也。"徐顥《説文解字注箋》曰："史，從中，與吏從一同意，於吏字下云：吏之言理也，奉法爲治，故從史，史者法令掌故之書也，法令必一，乃可施行，故從一……從一從史會意，言一遵法令也。"

清代經學家江慎修(永)《周禮疑義舉要》云：

凡官府簿書謂之中，故諸官言治中受中，小司寇斷庶民獄訟之中，皆謂簿書，猶今之案卷也，此中字之本義。故掌文書者謂之史，其字從又從中，又者右手，以手持簿書也。

清代金石學家吳清卿(大澂)《説文古籀補》曰：

史者記事也。象手執簡形，中作申，無作中者。推其意，蓋以中當作冊，即冊之省形，冊爲簡冊本字，持中，即執冊之象也。

王静安先生《觀堂集林》釋史曰：

　　江氏以中爲簿書，較吳氏以中爲簡册者得之。顧簿書何以云中，亦不能得其說。……是中者，盛筭之器也。……筭與簡册本是一物，又皆爲史之所執。則盛筭之中，蓋亦用以盛簡。……史之本義爲持書之人。引伸而爲大官及庶官之稱。又引伸而爲職之稱。

　　綜合三家之説，江、王二氏之説較長，吳氏謂中乃册之省形，雖言之成理，但無佐證耳。史字小篆作𠁁，金文作𠁁(見《邾鐘》)、𠁁(見《格伯敦》)、𠁁(見《師寰敦》)、𠁁(見《史晨觶》)、𠁁(見《史彝》)，柯昌泗曰：從口者記言也。又作𠁁𠁁等形。甲骨文作𠁁𠁁𠁁等形。史之本義乃持簡册之人，後演爲史官，非書名也，《說文》："史，記事也。"《說文解字》序曰："黄帝之史蒼頡。"(《世本》云："沮誦倉頡作書，並黄帝時史官。")是史爲史官之顯徵也。

　　吾國史籍，在漢以前不名爲史，古人以乙部之書原出於《尚書》《春秋》，故古之史書多稱《尚書》或曰《春秋》。如孔衍之書曰《漢尚書》《後漢尚書》。魏墨子佚文言"吾見百國春秋"，《管子·山數篇》言"《春秋》記成敗"。《國語·楚語》言"教以《春秋》"，是古代史官，喜以《春秋》名其書。嗣後作者仿之，有吕不韋《吕氏春秋》，司馬彪《九州春秋》。除此二名外，又有書《志》《乘》《檮杌》《典略》《紀傳》等稱，至梁武帝太清三年修通史，陳許亨作《梁史》，隋牛弘著《周史》，唐李延壽作《南北史》，《隋志》改《太史公書》爲《史記》，自是以降，世人始稱史傳爲史矣。今人相沿呼歷史爲史。然其始非史之本誼也。而建之本誼，**初以記事之人爲史，後引伸以史官爲史，後更以史官所記之書爲史**，此不可不辨也。

　　清人王昆繩謂史乃官史，不可以名書。(見劉獻庭《廣陽雜記》卷一)其説固是，然史爲書名，施用已久，約定俗成，人已習聞，若强而更易，徒滋紛擾耳。

次述歷史

　　"歷史"一詞，通行於現代，有謂是名爲外來語者。殊不知**歷史之稱，見於吾國載籍者甚早**。蕭子顯《南齊書》曰："魚腹侯子響傳曰：積代用之爲美，歷史不以云非。"清世章實齋書中有數用"歷史"二字。其《修志十議》云："夫歷史合傳，獨傳之文具在。"《書靈壽縣志後》云："紀事可附地理，則歷史本紀可入地理志矣。"《史學別錄例議》云："故歷史紀傳，凡事涉互詳，皆比以旁注之義同入正文。"由此即知是名非譯自他國也明矣。

　　而歷史之名，究何自起？有謂爲歷代史之簡稱者，以宋人洪邁《容齋四筆》卷八有"歷代史本末"一條爲證，理或然也。

　　而堅謂譯自外文者如：

　　李泰棻《中國史綱》第一章《史之定義》云："歷史二字連用，始於日本。在吾國古籍則未之見。實則史固可矣，何須加歷。或云：古者天官掌曆，故云歷史，理或然歟。"

　　蕭一山《中國通史》第一講《史學概論》云："歷史二字之合用，始於日本。吾國在數十年前，從未有用之者，其用歷則皆與朝代等字合訓。如歷朝論略，歷代史論。自日本維新，文教輸入中土，於是時彥之士，襲日人之名詞而用之。相沿及今，幾不可易矣。實則史之一字，於義已賅，必以歷史直若蛇足耳。"又云："歷史二字合用者，通常史家之解説有二：一，古之史書，兼主曆法，故春秋編年，以歲時日用相繫，太公亦引春秋曆譜以爲年表，此歷史之名所由得也。二，《説文》：'歷，過也。'《尚書·召誥》曰：'維有歷年。'傳曰：'多歷年數。'故明張天如有《歷代史論》之作，清宋拙存有《歷代名臣言行録》之選，是則歷代云者，似即已往之幾多史實，經過久長時間之定稱也。"

　　景昌極《歷史哲學》第一章《總論》云："吾國史字，舊有史官、史書、史事三義，輓近所謂歷史，譯自西文，仍兼史事、史書而言。"鄭鶴聲《史與史字之解釋》云："近人通指史曰歷史，然古無是名也。有之，自清季始，蓋昉諸日人之説，非古訓也。而釋之者曰：歷專作歷，從二秝，古人開化時代，往往以禾記歲，歷學爲進步之學，所推不止一年，故從二秝，史所記亦不止一年，故稱歷史。"①（見王夢曾《國史講義》）又曰："秝從秝，古人以禾紀年，禾一熟則曰一年；從秝者，言不止一年也。經歷之歷字，曆日之曆字，故祇一字，後人始分爲二。史重經驗，故史亦得曰秝，曆字之義，以年著，史重編年，此物比志也。"（張相《西史講義》）。兩説雖各言之有理，自成其説，然事物記録，史之一字，已包含無遺，不必再加秝字，並爲疊名也。

"歷史"二字見於古籍甚夥，前已述之，何得謂始於日本及譯自西文也？謂歷史一詞，爲近世所習用則可，而謂吾國古無是名，乃淺陋之言也。

近世學者，喜談定義，其用意爲某學科得一正確之界説，使讀者一覽即知某學科之含義，其意誠至善也。然以簡括之文字，而欲括某學科之含義無遺，殊難事也。是以某一學科之定義，而厭人意，實所罕睹。歷史學亦復若是。然不可因其難周而弗言。茲擇其有綜合性者述之。

梁任公先生《中國歷史研究法》第一章《史之意義及其範圍》曰：

> 史者何？記述人類社會賡續活動之體相，校其總成績，求得其因果關係，以爲現代一般人活動之資鑑者也。其專述中國先民之活動供現代中國國民之資鑑者，則曰中國史。

英國牛津大學所出大字典，在歷史字下列一定義：謂歷史 A study of the growth of the nations and commiunities，此即謂歷史乃民族團體發展之

---

① 歷，甲骨文作 ，《説文》："歷，過也。從止，秝聲"，或從林足所經，皆木，亦得示歷意。甲文亦有 從秝。

研究。

歐洲語內之史字：西方古無史字，如希伯來人最古之史謂之 Bible，原意亦即書。此字與中國之書字無異。蓋上古西方腓尼基有城名 Bibles，其地出植物皮，可以寫字。西方如埃及、敘利亞皆用以作書。希伯來人亦用之，遂有 Bible 之寫成。故其書字由此得名，而實即最古之史。歐洲語內初無史字，至希臘時代有 Herodotus 者（漢譯希羅多德），週遊列國，始作書名 Historie，後人即以此爲史字之起源。故歐洲人稱其爲“歷史之父”（Father of History）。實則此希臘歷史家，卒在公元前 425 年，比之吾國作《春秋》之孔子卒在公元前 478 年，尚遲五十三年。此希臘人之書，至今尚存，而實似旅行見聞記之類。故希臘語所謂 Historie 者，實爲研究調查之意，其初並非有史書之意義。自拉丁文通用此字，而至今英法語所用之史字皆本於此。德語亦用此字，不過德人又造 Geschicht 字與希臘語之史字同用。（見陸懋德《史學方法大綱》第一編第一章）（按，陸說本於紹特韋爾《西洋史學史》第三章《書籍與文字》）又有謂西洋史名見於希臘語曰 Istoria 拉丁語曰 Historia 後英之 History 意之 Istoria，法之 Historie 皆本拉丁字，不過語尾變化。而西葡兩國之史字，今仍拉丁原字之 Historia，德語成立最晚，故譯爲 Geschicht。考希臘造字本意，含有研究、採索、調查三意義，而此三意義中，又含有學術、知識、經驗三特質。此西洋“史”名之起源也。（見李泰棻《中國史綱》第一章《史之定義》）

總之，歷史有二義：一爲事情之自身，一爲事情之記述。前者爲歷史，後者爲“寫的歷史”。（用馮友蘭《中國哲學史》語）吾人所述之歷史，即宇宙現象之記述也。（按：馮語係本於美國紹特韋爾《西洋史學史》之導言。導言云：“史之一字，其義有二：一爲事蹟之記載，一爲事蹟之本身。”）

何謂史學

"史學"一詞，昉於六朝《晉書》載記云："元帝大興二年，石勒自立爲趙王，以任播、崔濬爲史學祭酒。"《宋書‧雷次宗傳》云："文帝元嘉十五年，徵次宗至京師，於雞籠山聚徒教授，置生百餘人。會稽朱膺之，穎川庾蔚之，並以儒學監總諸生，時國子學未立，上留心藝術，使丹陽尹何尚之立玄學，太子率更令何承天立史學，司徒參軍謝元立文學。"史學之名，自是起矣。

西洋研究史學，有所謂史觀者(即史論)。即於繁雜紛錯之歷史變化中，推求其重要因素，以闡明其共同現象之謂也，易言之，即論究歷史本身演進變化之因果關係，而謀發現一般的原則之學問也。

章學誠《文史通義‧答客問上》云：

> 史之大原，本乎《春秋》之義，昭乎筆削；筆削之義，不僅事具始末，文成規矩已也。以夫子義則竊取之旨觀之，因將綱紀天人，推明大道。所以通古今之變，而成一家之言者。

章氏之言，亦即本之司馬遷之所謂"究天人之際，通古今之變"。是言也，即前之所謂即於繁雜紛錯之歷史變化中，推求其重要因素，以闡明其共現象之謂也。

總之，史學之含義與史或歷史顯有區別。而通常以史學與歷史同一意義觀之者，實非也。

吾國夙號歷史最發達之國家，而於史學原理一端，向爲治史者所忽。雖《左傳》內有"君子曰"，《史記》中有"太史公曰"，《通鑑》有"臣光曰"，皆論列史實，未可以史觀目之也。近數十年來，吾國學術受歐西激瀋，史學原論，漸爲史界所注意，苟參和中西之學説而研究之，精深之作，或可拭目而待焉。

治史之道，不僅須注重史料之真實，兼須重視作者裁斷。作者之裁斷是否允當，視其於史理修養如何以爲判。世之真確事蹟夥矣，不必均有意義及價值，苟求史事之有意義與價值，尚須有裁斷之工作。晉人臧榮緒（415—488）曰：“史無裁斷，猶起居注耳。”（《百喻經》）是爲千古名言。故考證史料之實否，爲第一步工作，而論史事之原因變化與結果及其已往現在與未來之關係，爲第二步工作。我國數千年來，史籍視他國爲獨昌，而於此道多忽而不究。今之治史者，宜努力於此，庶免英人韋爾思曰“距今二百年前，世界未有一著述是稱爲史者”（見《世界史綱》）之譏也。外人嘗言中國無史，豈真無史乎？無史學也！

論史學之起源

梁任公《中國歷史研究法》第二章《過去之中國史學界》曰：

> 最初之史烏乎起？當人類之漸進而形成一族屬或一部落也，其部族之長老，每當游獵鬥戰之隙，或值佳辰令節，輒聚其子姓三三五五圍爐縱談己身或其先代所經之恐怖所演之武勇……聽者則娓娓忘倦，興會飆舉，其間有格外奇特之情節，可歌可泣者，則蟠鏤於聽衆之腦中，渝拔不去，展轉作談料，歷數代而未已，其事蹟遂取得史的性質，所謂十口相傳爲古也，史蹟之起源，罔不由是。

梁先生所述即前章所言"歷史之本身"。進而再述"寫的歷史"，梁先生又言：

> 最初之史用何種體裁以記述耶？據吾儕所臆推，蓋以詩歌。古代文字傳寫甚不便，或且並文字亦未完具，故其對於過去影事之保存，不恃記録，而恃記誦。而最便於記誦者，則韵語也……於是乎有史詩。是故邃古傳説，可謂爲'不文的'之史，其'成文的'史，則自史詩始。我國史之發展，殆亦不能外此公例。

歷史之起源，起於卜辭之記事，如《甲骨文前編》卷三，頁十七：七日—壬申—雹，辛巳—雨，壬午亦雨。《甲骨文前編》卷八，頁八：庚辰令犬佳來，犬龟二若令。此二例純爲記事。

史之起源既言之矣，吾國史籍號稱最豐，其發達原因固多，而工具完備，亦其中之重要者。

　　柳詒徵《史原篇》曰：“國産多竹，編削爲書，可執可記，可閣可藏，是亦異於他族，而言史原者，所宜究也。”《王制》曰：“太史執簡記。”《國語·楚語》曰：“左執鬼中，皆執竹也。”與竹並用者，亦有木版，曰方。《聘禮》記曰：“百名以上書於策，不及百名書於方。”《中庸》曰：“文武之政，布在方策。”周官司書掌邦中之版，木版因與竹簡並用，然以其不利於編排，故用竹爲多。編集竹片則多曰册，重要之册以丌閣藏，則名曰典。司此要籍，因亦曰典。(《説文》：“典從册在丌上，尊閣之也。”)古史孔多，唐虞時已有五典。史克述《虞書》，“愼徽五典”。(《左傳·文公十八年》)《皋陶謨》稱五典五惇。是唐虞之前，心有若干典也。五惇之義，自來未析，稽之内則，蓋古惇史，記載長老言行，《皋陶謨》所謂五典五惇，殆即惇史所記，善言善行可爲世範者，故歷世尊藏，謂之五典五惇。惇史所記，謂之五惇，猶之宋元史官所編之書謂之宋史元史矣。

歷史之進化

　　歷史之任務，爲承先啓後。近雖有人不以歷史爲資鑑，其説亦非全是。人類所經歷之事，其稔知有利者，必欲後人知所趨向，否則必願後人知所避免。欲將其經驗傳諸後世，捨歷史無由。又若人類之聰明才力，古今不甚相遠。如事事無所憑藉，皆須從新創作，則今人之所成就，未必能逾古人，即稍呈進步，然其量有限，惟前人各種制作傳之於世，今人得以極短之時間，學前人窮年累月而成之事，更藉此舊制以啓新知，社會文明遂日見進步，歷史能完成此種責任，即所謂承先啓後也。人智既日有進化，而歷史之本身亦年異而歲不同也。

　　一、口傳時代　在未有文字以前，人類事蹟，全恃口傳。《史記・秦本紀》云：“秦……文公十三年初有史以紀事。”由引可知《史記》所載秦文公以前事，如非子牧馬等，乃秦人口傳也。當口傳時代，人類知識幼稚，而富於迷信，故所傳事蹟，概在人神之間。中外各國太古之世，罔不如斯。如火之發明，本由人力，而希臘古代神話謂有神人布洛美梭（今譯普羅米修斯，Prometheus）憫人民穴居之苦陳於主管之神，求賜民以火，終不得所請，布洛美梭鼓其悲憫之熱忱，駕一葉扁舟，向東上航，直至日邊，竊火而歸，以惠生民，世遂有火。紐西蘭亦有得火之神話。謂太古有一半人半神之英雄名曰瑪伊（Nalli），由地獄取得火種以賜人類，世始有火。南洋土人亦謂古有黑奴攀繩登天，竊火而歸，人間自是有火。由此可知上古時某一事物之産生，無不雜以神話，故又稱此時爲神話時代。

　　二、詩歌時代　在詩歌時代以前，有用符號記事者漸有用圖畫文字以記事實，再進步則爲詩歌。如希臘上古史即以荷馬（Homer）《奧得賽》（*Odýsseia*）及《伊里亞特》（*Iliad*）二詩爲藍本。吾國古代史料，如詠事之詩歌，即所謂史詩(Epic)，三百篇中《大雅·生民》，述周人祖先之事蹟，此如周之先世絕好史料。古代史書何爲而喜用詩歌體耶？固有韵之文易於誦讀及記憶，故此體特別發達。

三、說部時代　社會進步，人民讀史，喜詳其始末。而詩歌敘事，過於簡單，不饜讀者之望。於是有說部歷史產生。蓋其時之作者，知欲記一事，非有詳備之體例不能使人瞭某事之真相。而其時人智幼稚，分門別類之史，非爲作者所知，且印刷未興，書籍缺乏，敘一事，苟其中缺某資料，不得不以想當然之詞穿插而潤色之。由是史書遂成爲小說體裁。如希臘希羅多德(Herodotus)之《遺史》，日本之《源氏物語》，其性質皆爲說部史書。吾國古代如《晏子春秋》《越絕書》《穆天子傳》《山海經》等書亦屬此類。

四、資鑑時代　史學進步，遂有以"別善惡寓褒貶"爲主旨者。褒貶之作用，一寄於書法，直以史書爲龜鑑。吾國此種史書最多。如《春秋》《資治通鑑》《綱目》等是也。此所謂資鑑時代。此不惟中國爲然，希臘往古亦屬如此。美人魯濱孫力反此旨。彼云："某時代應謀適合自己道理，祖宗法於祖宗時固適合，但不可以舊法適合自己的現在。"(見《新史學》)

五、科學時代　資鑑時代之史書，其所褒貶，是否允當，爲一問題。如魏收之《魏書》，人稱穢史。近代科學發達，人知以己意爲褒貶之歷史，極難憑信，乃以科學方法整理歷史。科學方法治史所生特點，爲方法謹嚴與分工合作。魯濱孫於《新史學》第二章《歷史》中，反覆述歷史須變爲科學的，近來歷史成績輝煌，乃科學方法之賜也。

美國紹特韋爾《西洋史學導論》導言云：

　　吾人通常每以古代歷史爲出於詩歌傳奇之流，脫胎於神話，而具體於史詩。實則稍加思索，即知歷史並非始於可歌可誦之詩，而導源於最初之語言，然歷史之淵源，尚不止此，應與人類起源同其古，遠在冰川汎濫山谷之前，既非起於亞利安武士營寨之中，亦非起於古代繁盛都會之內，當人類初學呻吟，或用記號問答"曾有何事"之時，歷史即隨以俱生。

這是關於史之誕生與進化最初原的論說。

吾國“史界太祖”

吾國載籍，以史爲最夥，其多之故，梁先生曰：“國人回頭看的性質很强，常以過去經驗，做個人行爲的標準。這是無疑的，所以史部的書特別多。”（見《中國歷史研究法補編》）史籍既多，而吾國目録學者，有以史附於經，而又有以“六經皆史”“盈天地間一切著作皆史”之言（章實齋），實皆未當也。古籍中可稱爲史體權輿者，僅《尚書》《春秋》而已。劉子玄論吾國史學源於古代六家，《史通・六家》曰：

> 《尚書》爲記言家之祖，《春秋》爲記事家之祖，《左傳》爲編年家之祖，《國語》爲國別家之祖，《史記》爲紀傳通史家之祖，《漢書》爲斷代紀傳家之祖。

劉氏之分，亦未全當也。《尚書》爲紀傳體之權輿，不得僅以記言家目之；《春秋》者，以事繫日，以日繫月，以月繫時，以時繫年，至丘明作傳，體益密，而事益詳，於是編年之法大進。有謂若《左傳》者，雖以記事爲本，而記言亦至繁夥，典謨誥誓，後世無作，則《尚書》《春秋》二家固已讓《左傳》家獨步於史學界矣。又左氏紀一人，書一事，散見先後傳中，始末周備，稍爲條輯，即成列傳。太史公作《史記》，春秋時事，取《左傳》者泰半，謂《史記》之一部，蛻化於《左傳》，或無不可。左氏復爲外傳《國語》，分録周、魯、齊、晉、鄭、楚、吳、越八國事，起自周穆王，終於魯悼公，始創國別之體，秦漢以前，史體之可考見者如此。

古又有《世本》一書，《漢書・藝文志》著録《世本》十五篇。原注云：古史官記黄帝以來迄春秋時諸侯大夫。《漢書・司馬遷傳》《後漢書・班彪傳》皆言司馬遷删據《世本》等書作《史記》。據各家所稱引，知其内容有世家，有傳，有帝系，有王侯大夫譜，有《氏族篇》，有《居篇》，有《作篇》，由是觀之，《世本》亦正史之權輿也。

《尚書》《春秋》之體，或難貫串一代之全，或不能即一人一事而見其始末。司馬子長繼往開來，創爲完史。梁任公先生《中國歷史研究法》曰："史界太祖，端推司馬遷。"遷之年代後左丘約四百年，此四百年間之中國社會，譬之於水，其猶經百川競流波瀾壯闊以後，乃匯爲湖泺，恬波不揚。民族則由分展而趨統一，政治則革閥族而歸獨裁，學術則倦貢新而思竺舊。而遷之《史記》作於其間。遷之先，既世爲周史官，遷襲父談業，爲漢太史，其學蓋有所受。遷之自言曰："余所謂述故事，整齊其世傳，非所謂作也。"(《太史公自序》)然而又曰："考之行事，稽其成敗興壞之理……欲以究天人之際，通古今之變，成一家之言。"(《報任安書》)蓋遷實欲建設一歷史哲學，而借事實以爲發明。故又引孔子之言以自況。謂"載之空言，不如見之行事之深切著明"(《自序》)。舊史官紀事實而無目的，孔子作《春秋》時或爲目的而犧牲事實，其懷抱深遠之目的，而又忠勤於事實者，惟遷爲兼之。遷書取材於《國語》《世本》《戰國策》《楚漢春秋》……以十二本紀、十表、八書、三十世家、七十列傳組織而成。其本紀以事繫年，取則於《春秋》，其八書詳紀政制，蛻形於《尚書》；其十表稽牒作譜，印範於《世本》；其世家列傳，既宗雅記，亦採瑣語，則《國語》之遺規也。諸體雖非皆遷所自創，而遷實集其大成，兼綜諸體而調和之，使互相補充，而各盡其用，此足徵遷組織力之強，而文章技術之妙也。班固述劉向、揚雄之言云："遷有良史之材，善序事理。"(《漢書·本傳贊》)鄭樵謂："自《春秋》後，惟《史記》擅制作之規模。"(《通志總序》)諒矣。其最異於前史者一事，曰以人物爲本位。……後人或能譏彈遷書，然遷書固已皋牢百代，二千年來所謂正史者，莫能越其範圍。

梁先生之文述《史記》之制作及對於後世之影響。吾國古昔之著述，其內容屬之於史者固多，而爲有系統之組織，純述史事者，**端推《史記》，崇爲"史界太祖"**，與希臘希羅多德相頡頏，非虛譽也。

論史體

張爾田先生《史傳文研究法》，對於史體述之綦詳，茲錄之以作參
考。

　　夫載籍博矣，而史部尤繁。自祕閣所儲以及民間所行，官私著
述，浩如煙海。昔劉向《七略》，王儉《七志》，並以眾史合於《春
秋》。至阮孝緒《七錄》始立史部，蓋由其書既多，所以別為一類。
今以《隋書·經籍志》考之，乙部諸書，則有正史，有古史，有雜
史，有霸史，有起居注，有舊事，有職官，有儀注，有刑法，有雜
傳，有地理，有譜系，有簿錄，皆史也。後世著錄，區分益詳，不
特觀者無所適從，即作者亦苦難分別。既欲辨體，宜何道之從？曰
是不難，史文雖博，可以兩言約之：一曰成體之文，二曰不成體之
文而已。成體之文，所謂史也；不成體之文，則類乎史而不得謂之
史也。雖不得謂之史，而實為史之所取資，則其重要，且與史等。
蓋苟無不成體之文，則雖為歆為成體之文，而亦無所憑藉矣。

一、不成體之文

不成體之文，其大類約分為三，今試論之。

（一）史稿

此類皆隨時撰輯，以備後史採擇，而略具史裁者。昔尼父修《麟

經》，而先有未修之《春秋》，此類即所謂未修之史也。司馬遷抽史記石室金匱之書而述《太史公書》。漢法：天下計書，先上太史，副上丞相，敍事如《春秋》，中興以後，設蘭台、東觀以爲著述之所。改書體爲紀傳，詔班固等撰光武本紀及功臣、新市、平林、公孫述事，作列傳、載記二十八篇，又詔劉珍、李尤雜作紀、表、名臣、節士、儒林、外戚諸傳，黃景作諸王王子功臣恩澤侯表，南單于西羌地理志，曹壽等作順烈皇后傳，又增外戚入安思等後，儒林傳入崔篆諸人，又與延篤作百官表，順帝功臣等傳，號曰《漢紀》。其後蔡邕、楊彪、廬植迭有增加，以至建安，即今所行《東觀漢紀》是也，斯實爲官修國史之祖。

自是以來，歷代相沿，如曹魏則衛覬襲草創紀傳，吳則丁孚、項峻、韋曜等受敕撰《吳書》；晉時陸機始撰《三祖紀》，束晳又撰《十志》，王隱則受詔撰《晉史》，何法盛撰《中興書》，《宋史》則何承天草創紀傳，徐爰踵成前作。《齊史》則江淹受詔著《十志》，《梁史》則沈約、周興嗣等相繼撰録。崔浩、高允等撰國書又稱國史，太祖紀(即拓跋珪)乃鄧淵所爲，明元帝祀及今紀浩與允共爲之。元魏時召集文士崔浩等撰《國書》三十卷，高齊時陽休之等相繼注記，李德林預修國史又獨創紀傳書二十七卷，《隋史》則有王劭書八十卷，《唐志》既有實録，又別修國史以緯之。先是吳兢撰《唐書》未成，凡六十餘篇。開寶間韋述續撰一百二十卷，並史例一卷。肅宗時又命柳芳與韋述綴述吳兢所次國史，述死，芳續成之。然所作止於大歷。至宣宗乃詔崔龜從等分年撰次。至元和爲續《唐歷》三十卷。自宋以後，編次尤詳，如太祖、太宗國史，則呂夷簡、夏竦等所修；神哲徽欽四朝國史，則趙雄等所修；其列傳則王淮等所修；高孝光寧四朝國史，則李心傳所修；理宗時史嵩之上《中興四朝國史》，謝方叔又上《中興四朝志》。洪邁入史館，亦當修四朝帝紀及一祖八宗事蹟爲一書。遼金兩代史事，舉廢不恒厥職。元則但有脱卜赤顏(亦作脱必赤顏，譯爲《聖武開天記》及元代開國時一種起居注也，即今之《元祕史》)及實録等，而無正史。明代亦但有實録，其國史萬曆間大學士陳于陛曾建議創修事亦尋罷。惟有清國史乾隆中敕修，今存史戚，粗具規模而已。

此外又有起居注及實録。起居注亦謂之日曆，亦謂時政記；實録亦謂之紀年録。

起居注始於漢武禁中起居注(《穆天子傳》，目録家多列入起居注類，蓋即起居注之最古者)。至漢而其名始定，朱希祖有《漢起居注考》。謂漢武禁中起居注係僞書，朱氏《漢十二世著紀考》云：唐顏師古《漢書·藝文志》言《漢著記》，若奉之起居注，宋王應麟《玉海》言："《漢著記》，即漢之起居注，《漢書·藝文志·漢著記》百九十卷，《五行志》作《漢著紀》。《後漢書·馬融傳》作《建武注記》和《熹鄧皇后紀》作注紀。"

實録則昉自蕭梁。今見之於著録者，有周興嗣《梁皇帝實録》，《梁太清實録》等皆是隋唐以後，皆因之。五代時趙鳳紀後唐獻祖(朱邪赤心)懿祖(李國昌)太祖(李克用)前事，其名曰《紀年録》。宋則實録而外，又輔之以日曆，故五代李穀曰："起居注創於累朝，時政記興於近代。"宋汪藻亦云："書榻前議論之詞，則有時政記録柱下見聞之實，則有起居注。類而次之，謂之日曆；修而成之，謂之實録。"凡此，皆後世修史之底本也。歷代實録，今可見者，祇韓退之《順宗實録》，附《昌黎集》後。《宋太宗實録》殘本，聞江南藏書有之。《明實録》則自萬曆以上尚存，前代實録體裁於臣工多載言行，大臣卒，下略注其人之生平事實。惟清代實録，不載臣工言行事實，但録諭旨，與歷代實録不同，《清實録》曾兩次修改，其初有《太祖實録》而孝慈皇后另有實録。今所存實録，則乾隆間重修，原稿殘本存於內閣，今聞在國子監，如能整理，亦一代掌故也。他如王稱《東都事略》，李燾《續通鑑長編》，王世貞《嘉靖以來宰輔列傳》，萬斯同《明史稿》等書，雖屬私撰，而皆略具正史雛形，與野史記載，迥不同科，其流實繁，總歸此類。

萬季野曰："史之難爲，久矣！非論其世，知其人，具見其表裏，則吾以爲信，而人受其枉者，多矣。吾少館某氏，有列朝實録，吾默識暗誦，未敢有一言一事之遺也。長遊四方，從故家求遺書，旁及郡志邑乘，雜家志傳之文，莫不網羅參互。而要以實録爲旨歸。蓋實録者，直載其事與言而無所增飾者也。因其世以考其事，覈其言而平心察之，則其人之本末，十得八九矣。然言之發或有所由，事之端或有所起，而其流或有所激，則非他書不能具也。凡實錄之難詳者，吾以他書證之；他書之誣且濫者，吾以所得於實錄者裁之。約以義法而經緯其文，死不恨矣。此爲**史稿**言之也。”

（二）史纂

史之爲書，整齊故事，辨章舊聞，條流繁博，不獨資國史底稿，即足以載筆也。昔魯史官修《春秋》，先聚百二十國寶書；左丘明述傳亦先求周志、晉乘、楚杌、鄭書乃成。馬遷《史記》則採《世本》《國語》，載《國策》。《楚漢春秋》，麟止以前，鳩集國史，殷周以往，訪彼家人。班氏因之靡違前式綴孫卿之詞，以述刑法，採孟軻之書，用序，食貨、五形則本之更生，《洪範》傳律曆，則本之子駿，三統術劉昭續書志亦云：“律曆之志仍乎洪（劉洪）邕（蔡邕）所構，軍服之本即依董（董巴）蔡（蔡邕）所立，儀祀得於晚制，百官就乎故簿。”蓋史文不能虛造，故史事先貴博收。宋至和中，歐陽修、宋祁刊修《唐書》，修上言：“唐自武宗以下並無實錄，西京內中省寺諸司御史台及鑾和諸庫，有唐至五代以來，奏牘案簿尚存，欲差呂夏卿就彼檢尋。”從之。可見修史之業所資甚廣，固不能專恃史稿而已也。惟其如此，於是後人鳩集材料，往往分類勒成專書，以備後史之要删其書，維何則所謂**史纂**是已。

此類諸書約分數種，其有關於掌故儀制者則有如《通典》《通考》《會要》《會典》《通禮》《儀注》《則例》《格令》等書是也（清代官撰書外如《內閣月摺》《軍機隨手摺》，皆足以資史料。他如唐《開元雜報》，梁《宣底》，宋學士院《諮議報》，亦皆爲前史所摭採）。其有關於輿地者，則有《方州志乘》《一統輿圖》《宮殿簿》《風土記》等書是也。其有關於譜牒者則有如家傳、年譜、《四庫書目》等書是也。述故事者，則有名臣言行（朱熹《宋名臣言行錄》）、耆舊類徵（清李桓《國朝耆獻類徵初編》）。廣異聞則如《淮海亂離》（梁簡文帝子蕭大圜《淮海亂離志》敘侯景之亂）。《朝野僉載》《登科壁記》但考官除玉牒、仙源專諏帝系。荒裔則有《海國》

《康輶》之録。宫掖則有《酌中》(《酌中志》明劉若愚著)。彤管之編,條分件繫,類聚區分,其書大都聚斂而成,其事大都漁獵所得,或爲官修,或爲私撰,雖不能盡如史稿之純,而實足爲作史者筆削之資則亦不可廢也。至若《北夢瑣言》(宋孫光憲,字孟文)及《東京夢華》(元孟元若)《温公紀聞》《江氏類苑》之流,及涉及朝章國故者亦皆統歸此類。

章實齋曰:"比次之書,則掌故令史之孔目,簿書記注之成格,其原雖本柱下之所藏,其用止於備稽檢而供採擇,初無他奇也。然而獨斷之學,非是不爲取裁;考索之功,非是不爲按據,如旨酒之不離乎糟粕,嘉禾之不離乎糞土。是以職官故事、案牘圖牒之書,不可輕議也。然獨斷之學,考索之功欲其智,而比次之書欲其愚。亦猶酒可實尊彝,而糟粕不可實尊彝,嘉禾可以登籩簋,而糞土不可以登籩簋,理至明也。古人云:'言之不文,行之不遠'。'文不雅馴,薦紳先生難言之'。爲職官故事、案牘圖牒之難以萃合而行遠也,於是有比次之法。不名家學,不立識解,以之整齊故事,而待後人之裁定,是則比次欲愚之效也。舉而登諸著作之堂,亦自標名爲家學,談何容易耶?"此爲**史纂**言之也。

(三)史考

史之有待乎考也尚矣,一事也,記之者有詳略,傳之者有異同,不特真僞殽惑,亦且是非紊亂不歸一是,曷稱良史。司馬遷述《史記》當於《五帝本紀》發其例曰:"學者多稱五帝,然《尚書》獨載堯以來,而百家言黄帝,其文不雅馴,薦紳先生難言之。"又曰:"余並論次,擇其言尤雅者,故著本紀書首。"所謂言不雅馴與其言尤雅之分别,非參互稽求,豈易遽斷。此即作史者必待考據之一證。范蔚宗廣集學徒,窮覽舊籍,删煩補略,作《後漢書》,其所取資則《東觀記》也。今以勘之,或詳或略,有書不書,古人别識心裁,自當有説特未嘗專著一書,以曉後人耳。專著一書,以與正史相輔而行者,則實自司馬温公《通鑑考異》始。清初纂修《明史》亦嘗别著考異,逐條修改。其書未刊,藏諸廣内。近王頌蔚始輯出之,改題曰《明史擴逸》(又名《明史考證擴逸》),則知歷代修史皆有此種，以資審定明矣。此皆當時載筆者所自爲也。其有史成以後，後人追加考證者，則其類尤廣。《史記》則有譙周之《古史考》。《漢書》則有劉寶之《駁議》，姚察之《定疑》，顏游秦之《決疑》，李善之《辨惑》《前漢考異》（失撰人名）。《後漢書》則有劉攽之刊誤。《唐書》則有吳縝之《糾謬》。《五代史》則有吳縝之《纂誤》。乾隆四年刊刻諸史於武英殿，亦敕命諸儒臣分纂考證，列入卷中。其他然疑商榷之類尤不勝枚舉。對於古史或補或糾，雖所引證大都爲載筆者所棄餘，或亦爲傳寫所訛誤，要亦足爲史家所借鏡也。

至於病諸史太略，而搜剔餘滓，以彌縫闕失，如裴松之《三國志注》（松之注《三國志》實意在補志，與顏師古、章懷太子但明意義，詳訓故者不同）。彭元瑞《五代史注》《十國春秋》（清吳任臣）《遼史拾遺》（清厲鶚、楊復吉又有《遼史拾遺補》）。苟與史考有涉，亦當附庸此類。

王西莊曰："史家所記典制有得有失，讀史者不必橫生意見，馳騁議論，以明法戒也。但當考其典制之實，俾數千百年建置沿革，瞭如指掌，而或宜法或宜戒，待人之自擇耳。其事蹟則有美有惡，讀史者亦不必强立文法，擅加與奪，以爲褒貶也。但當考其事蹟之實，俾年經事緯，部居州次，記載之異同，見聞之離合，一一條析無疑，而若者可褒可貶，聽諸天下之公論焉。"（見《十七史商榷·序》）此爲**史考**言之也。

以上三類，以淺學觀之，則固皆史也。若例之以嚴格，則實類乎史而尚未成其爲史，何則史之爲文，貴真貴確。史稿雖係國史，然實爲當時一種記錄，或因時忌而諱其所諱，或徇黨局而所書非所書，僅足以備要刪而實不得資爲定論。史纂則分類採摭，繁簡區分，體既不純，例尤匪一。所謂俎豆之有司而非規矩之大匠。史考一門，比諸審查，有事前審查者，此爲修史者所必經，若《通鑑考異》等。有事後審查者，此爲研史者所有事，如《漢書辨惑》等，雖史學必資乎審查，而豈得以審查即爲史學？

蓋治史如治獄。史文爰書也，**史稿則兩造供詞，史纂則旁證人證，據而史考則律師之辯論也**。有兩造供詞，則旁證、人證據律師之辯論，而後爰書乃定。爰書固不能不憑供詞證據及律師之辯論，若但有供詞證據律師之辯論，而無爰書，則士師一官不幾等於虛設乎？由此論之，史稿、史纂、史考而不得爲史也，章章明矣。惟其不得爲史，是以謂之爲不成體之文。

二、成體之文——史之六家三體

知史稿、史纂、史考等未成體之文，然後可進而論成體之文矣。所謂成體之文者，即史之謂也。史之大別約有六家，而就其流析之，可分爲三體，三體又可總歸一體。

（一）六家

六家之説，昉自劉知幾《史通·六家》。然劉氏將《尚書》《春秋》判爲孔子刪定、筆削未必確當。

一曰《尚書》家，其先出於太古。至孔子得虞、夏、商、周四代之典，乃刪其善者定爲《尚書》，其所載録皆係典、謨、訓、誥、誓、命之文，雖堯舜直敘人事《禹貢》一篇，惟言地理，《洪範》總述災祥、顧命、都陳、喪禮，而綜其大體，要以訏謀號令爲歸，及《汲冢周書》、孔衍《漢魏尚書》等，皆其流亞，此即所謂**記言家**也。

二曰《春秋》家，其先出於三代。至孔子筆削魯史爲不刊之言，定將來之法。以事繫日，以日繫月。據行事，仍人道。就敗從明罰，因興以立功。後來如朱子《綱目》等書，略具其體，此即所謂**記事家**也。

三曰《左傳》家，其先出於左丘明。孔子既著《春秋》，丘明受經作傳。觀其敘事也，言見經文而事詳傳内，或傳無而經有，或經闕而傳存。其後，樂資、荀悦、干寶、王劭競相祖述，至司馬《通鑑》而集大成焉，此即所謂**編年家**也。

四曰《國語》家，其先亦出於左丘明。丘明既作《春秋内傳》，又稽其逸文，纂其別説，分周、魯、齊、晉、鄭、楚、吳、越八國，起自周穆，迄於魯悼，以邦爲區，而不以年爲緯。自是以後，如《戰國策》《春秋後語》《九州春秋》，尋其體統，如出一揆，此即所謂**國別家**也。

五曰《**史記**》**家**，其先出於司馬遷。遷病百家競列，事蹟錯糅，於是鳩集國史，採訪家人，上起黃帝，下窮漢武。紀傳以統君臣，書表以譜年爵，自有此體，而史裁如定，惟所記述不爲斷限。後來梁武、濟陰，下逮漁仲，紛紛仿效，蕉累遂深，孟堅後起，用專其美矣，此即所謂**通史家**也。

六曰《**漢書**》**家**，其先出於班固。司馬遷既撰《史記》，終於今上，太初以下，闕而不録。班彪因之，演成《後記》。至子固乃斷自高祖，盡於王莽。昔《尚書》紀周，事終秦穆。《春秋》述魯文，止哀公。《紀年》不逮於魏亡，《史記》惟論於漢始。班固則究西都之首末，窮劉氏之廢興，包舉一代，撰成一書，自是正史皆宗其例，此即所謂**斷代家**也。

（二）三體

斯六家者，必原其歸趣可得而言，《尚書》《春秋》尚矣，斯蓋史體初萌，明而未融，既屬經科，難以史論，左氏經傳，本爲春秋本事而作，發凡起例，緯月經年，史體創興，實始於此。而又自述《國語》以該括之，内傳爲縱，而外傳爲橫，内傳比事，事明而詞彰，外傳屬詞，詞顯而事著也。其後司馬遷病左氏之體直，而分之以類例。班固又病司馬遷之用疏，而檢之以繩墨。《史記》爲通，《兩漢書》爲局，《史記》貫百代，所以示該綜，《漢書》統一朝，所以嚴限制也。《國語》一家，文繩武繼，後代所行，則《左傳》《史記》《漢書》三家而已。三家之中又分二體。二維何，則一曰依年銓次之體，二曰依類敍述之體而已。依年銓次之體，亦謂之**編年體**，依類敍述之體亦謂之**紀傳體**。前者爲左氏之遺，而後者爲班馬之衍。

惟此外，尚有一體，是曰**紀事本末體**。章實齋嘗謂其"合於《尚書》"，其論袁樞《通鑑紀事本末》也有云："本末之爲體也，因事命篇，不爲常格，非深知古今大體，天下經綸，不能網羅隱括，無遺無濫。文省於紀傳，事豁於編年，決斷去取，體圓用神，斯真《尚書》之遺也。在袁氏初無其意，且其學亦未足與此，書亦不盡合於所稱。故歷代著録諸家，次其書於雜史……但即其成法，沉思冥索，加以神明變化，則古史之原，隱然可見。"（見《文史通義·書教篇》）其推挹斯體也，可謂至矣。

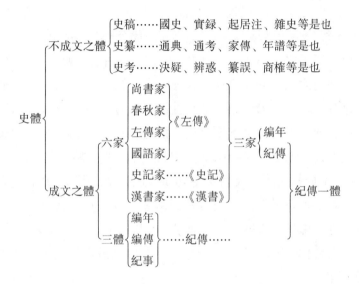

趙翼云：

　　紀事者以一篇紀一事，而不能統貫一代之全。編年者又不能即一人而如見其本末。司馬遷參酌古今，發凡起例，創爲全史。本紀以序帝王，世家以紀侯國，十表以繫時事，八書以詳制度，列傳以志人物，然後一代君臣政事，賢否得失，總彙於一編之中。自此例一定，歷代作史者遂不能出其範圍。（見《廿二史劄記》卷一《各史例目異同》）

斯真通論足法也。是紀傳一體未嘗無圓神方智之規，通變宜民之用。

論通史體裁

吾國古無"通史"之名，司馬遷作《史記》，上自黃帝，下訖漢武。劉知幾《史通·六家篇》列《史記》爲一家。《漢書》體例雖因襲《史記》，劉氏析爲二者。以司馬氏之書爲通史，班書爲斷代也。古昔雖無通史之名，而有通史之實。通史之名，昉梁武帝《梁書·武帝紀》云："太清二年通史成，躬製贊序凡六百卷。"章學誠《文史通義·釋通》曰："梁武帝以遷固而下斷代爲書，於是上起三皇下訖梁代，撰爲《通史》一編，欲以包羅衆史。史籍標通，此濫觴也。"《四庫全書總目》史部別史類《通志提要》曰："通史之例，肇於司馬遷。故劉知幾《史通》述二體，則以《史記》《漢書》共爲一體，六家則以《史記》《漢書》別爲兩家，以一述一代之事，一總歷代之事也。其例綜括千古歸於一成，非學問足以該通，文章足以镕鑄，則難以成書。梁武帝作《通史》六百二十卷，不久即已散佚，故後有作者率莫敢措意於斯。"

通史之名作何解乎？鄭樵《通志總序》云："百川異趨必會於海，然後九州無浸淫之患，萬國殊途必通諸夏，然後八荒無壅滯之憂，會通之義大矣哉。"其《上宰相書》又云："水不會海則爲溢水，途不通於變則爲窮途。天下之理不可以不會古今之道，不可以不通史家據一代之史，不能通前代之史，本一書而修不能會天下之書，散落人間靡所底定，安得爲成書。"鄭氏以通史者即會通之謂也。《通志總序》又曰："自《春秋》之後，惟《史記》擅制作之規模，不幸班固非其人，遂失會通之旨，司馬氏之門户自此哀矣。"鄭氏推重史遷者以其能會古今也。近人有謂"通史者即普通史之謂，取古今史實之全部而爲概括之，敘述以求時間之遞嬗，空間之聯繫爲原則者，是之謂通史"。又云："通史不如逕稱爲普通史。普通亦義同普遍，即含有概括敘述之意。其造端雖大，其措詞則簡。不必高語《史記》《通志》，以馬鄭諸氏爲師，一人閉戶而可殫，假之數年之歲月而可成，此即現代之所謂通史也。"（見金毓黻《中國史學史》第十章《最近史學之趨勢》）總之，通史者，即會通古今之謂也。

自梁武帝撰《通史》而後，後世源流漸別。章學誠《文史通義·釋通》曰："總古今之學術，而紀傳一規乎史遷，鄭樵《通志》作焉（《通志》紀傳部分可名之爲紀傳通史）；統前史之書志，而撰述取法乎官禮，杜佑《通典》作焉（《通典》可名之爲學術專史）；合紀傳之互文，而編次總括乎荀、袁，司馬光《資治通鑑》作焉（《通鑑》可名之爲編年通史）；彙公私之述作，而銓錄略倣乎孔、蕭（孔逭《文苑》、蕭統《文選》），裴潾《太和通選》作焉（似文學史）。此四子者，或存正史之規，或正編年之的，或以典故爲紀綱，或以詞章存文獻，史部之通，於斯爲極盛也。"章氏之言，以今類例衡之，通史中有紀傳、編年二者，外若《通典》及《太和通選》只得稱之爲專史。章氏不明乎此，亦目爲通史矣。

通史爲晚近所崇尚，章學誠推重於前，近日新史學者宣傳於後。用是遂成吾國史學界最重要之工作也。其所以爲近世學者重視者，因其便有六故也（見《文史通義·釋通》），一曰免重複，二曰均類例，三曰便銓配，四曰平是非，五曰去牴牾，六曰詳隣事。章氏雖僅就吾國舊史而言，即通諸現代西洋之所謂通史，亦無愧色。吾國近數十年來受此影響，從事通史撰述者頗不乏人。今就已出之書，其體裁通古今之史實。有以一朝代爲斷限者，有以數代爲一期者，有主不分期者，有以社會進化之順序爲階段者，有以生產方法經濟制度分期者，種種分法各呈史界。然各種分期之中又大別之爲二：一以朝代爲期，一以一事爲本末。而各體制究以何者爲完善乎？

　　　　梁武帝《通史》爲紀傳體之通史。
　　　　司馬温公《通鑑》爲編年體之通史。
　　　　荀悦《漢紀》爲斷代之通史。

　　張爾田《論史體》曰：吾則謂編年也紀事也，紀傳一體，皆足以賅之，何則？紀以包舉大端，傳以委曲細事，表以譜列年爵，志以總括遺漏。觀夫本紀之爲體也，繫日月而爲次，列歲時以相續，一朝大政纂要鈎玄，擬諸丘明豈非同軌。故劉知幾有言："紀者，編年也，傳者，列事也。編年者，歷帝王之歲月，猶《春秋》之經；列事者，録人臣之行狀，猶《春秋》之傳。《春秋》則傳以解經，《史》《漢》則傳以釋紀。"至於天文以下諸志，或以大致沿革爲始終，或以庶績興廢爲經緯，言行並載，本末畢賅。袁樞紀年又何足矜？若謂諸志，但詳典章掌故，而於行事首尾或嫌太略。則司馬遷本秦漢、楚漢之際，月表專詳劉項大事。而漢興以來，將相名臣年表，亦列一大事記一欄神而明之，非無前準，若乃事當衝要，必盱衡而備言，蹟在沈冥，不枉道而詳説，論其細則纖芥無遺，語其粗則邱山是棄。斯又編年、紀事二體之所未周而必假紀傳始能典備矣。故歷代以來皆以班馬爲正史之宗，而編年紀事爲別子。雖知幾嘗謂紀傳編年不可偏廢，然觀糾彈皆以《史》《漢》爲鵠，則固仍挈不祧之統以與班馬也。

　　張氏雖未明言通史應用紀傳體，而以紀傳爲極則，通史亦須本此，自在不言中也。

　　章太炎於所著《訄書》中撰《中國通史略例》，其目録分爲五，一表、二典、三記、四考紀、五別録。細目有六十餘篇，然無成書。章氏通史方案仍以紀傳爲主，但變傳爲別録耳。

　　有主集專史而爲通史者。

　　專史者乃專門史之謂也。即自全部史實中，抽出其一部而爲比較詳盡之叙述，其於時間之遞嬗，空間之聯繫，亦以範圍收縮之故而易於尋求者，是謂專史。

　　聚專史而爲通史者，此乃梁任公先生之主張。其在《中國歷史研究法補編》緒論中曰："因爲作通史本不是一件容易的事情，專史没有做好通史更做不好。若是各人各做專史的一部分，大家合起來便成一部頂好的通史了。"梁先生分專史爲五項，一、人的專史，二、事的專史，三、文物的專史，四、地方的專史，五、斷代的專史，擬合專史以成通史。

通史種類

(1) 檢撮群書者如《歷代紀元編》《歷代史表》。

(2) 彙錄史籍者如《崇文總目》《郡齋讀書志》。

(3) 逐年排纂者如《竹書紀年》《通鑑》。

(4) 以事分目者如《尚書》、九種紀事本末。

(5) 備具各體者如《史記》《通志》。

(6) 以人爲主者如《古今人表》《歷代名臣言行錄》

　　歐洲史體至羅馬帝國時，紀傳、編年、紀事本末各體皆有。但其通行之史書多紀傳、編年、紀事本末三體合。近英國劍橋大學(Cambridge)所編之《世界全史》，即用此體，有謂此類三體合用之體，最適於通史之用。

歷史何以要常常改作

歷史爲一時有進步之學問，絕非昔人譽某著作爲不刊之言，足爲萬世法之論也。歷史何以不能一勞永逸也？厥有數故，茲分述之。

一、歷史常隨時代而變遷也　史中事實常隨時代爲變遷，此乃勢所如此，不得不爾。如太平天國之起義也，前清政府目爲叛逆，爾時舉爲革命先驅。又如近時所印之《清史稿》，其中編纂者大半爲遜清遺老，故其書內容常有不滿革命之言論。故宮博物院列十九條以明此史稿之背逆與乖誤，請國民政府禁止發行。其十九條，計一、反革命　二、蔑視先烈　三、不奉民國正朔　四、列書僞諡　五、稱揚諸遺老鼓勵復辟　六、反對漢族　七、爲滿清諱　八、體例不合　九、體例不一致　十、人名先後不一致　十一、一人兩傳　十二、目錄與書不合　十三、紀表傳志互有不合　十四、有日無月　十五、人名錯誤　十六、事蹟之年月不詳載　十七、泥古不化　十八、簡陋　十九、忽略。此十九條中，尤以反對革命爲乖誤之大者。即此一例可知歷史常隨時代爲變遷也。

二、新材料之發現　魯濱孫謂歷史經常改作者，一由史家對於過去之知識常有增加，此即謂新材料隨時發現，可以補正舊史。如殷墟甲骨出土及各地銅器之發現，於是治史者得此新史料可補昔人所書上古史之不足，並對於上古史之一部分大有改造之必要。

三、方法之不同　古人治史亦有方法。如《史記》十二諸侯年表序，稱孔子作《春秋》"約其文詞，去其繁重，以制義法"。韓退之《進學解》云"春秋謹嚴"，此所謂義法謹嚴，即言治史之方法也。近日科學進步，常利用科學方法，故與古人不同。所謂科學方法者，即觀察、試驗、歸納、演繹、分析、比較等是也。美國人 E. G. Teggart 謂"用科學方法所研究之歷史即是科學"。古人治史雖有方法，然不若近時之精密，方法時有進步，歷史須時有改作。

　　四、解釋不同　歷史解釋者乃指明歷史內部各種關係之知識而言，解釋亦即所謂裁斷史論、史觀是也，然歷史解釋常有變更者，因社會環境常有變化，故歷史須常改作。德人哥德曰："各時代應作各時代之歷史。"誠哉是言也。紹特韋爾曰："吾人欲解釋歷史而求其完美，必綜合兩大原質於一處而後可，一爲心理，一爲物質。"歷史解釋不惟隨時代變化而變化，抑且與個人之主張而有異，此亦爲歷史須常改作之大因也。

論吾國史官之建置

    吾國史籍之豐，爲世界各國冠，有謂其發達之故，乃史官早即設立，且其地位崇高。爲史學蓬勃之大因（梁任公先生主此説）。又有謂史學之衰，衰於史官。人自負爲荀袁，家自稱爲政駿，王貌如鶴，黄吟似猿，口吐瓊音，手揮霄翰。無不深明忌諱之學，而善爲頌揚之文。如西京鴻筆，《東觀》直詞，曾有幾哉。（見陸紹明《史學稗論》載《國粹學》篇）後者涉及設局修史之弊，其詞不無過激。

    吾國史官古今有別，未可混而爲一。古之史官以記注爲要務，而不必當撰著之任。後之史官爲任撰著者，所獨擅而荷記注之職者，退而同於百司，不得以史官自號。如唐宗之起居郎、舍人，清之日講起居注，官雖有史職之名，而不預於撰著，是其證也。吾國史官設置之早，且歷代不輟。保存有人，故乙部之作，豐於他類也。

    史之初興，由文字以記載相傳。我國黄帝時蒼頡、沮誦始製文字，是二人同爲黄帝史官。如《世本》云："沮誦、蒼頡作書。"宋衷曰："黄帝之世，始應史官，蒼頡、沮誦居其職，爲黄帝左右史。"又有謂："黄帝時史官甚多，不僅左右二史，若《世本》載黄帝使羲和占日，常儀占月，臾區占星氣，伶倫造律吕，大撓作甲子，隸首作算數，容成綜此六術，著調曆。"宋衷曰："皆黄帝史官也。"

    至於三代，史官漸繁。夏有太史、左史、右史，商有太史，或曰内史、御史。甲骨上之貞人亦爲史官。周有大史、小史、内史、外史、左史、右史、御史、女史，而列國諸侯亦設史官，其位號一同王者，如魯、齊皆有太史，衛有太史、祝史，晉有史、太史、左史，趙有史、内史、御史，魏有御史，楚有史、太史、左史、史皇，鄭有太史、祝史，秦有御史、内史、秩史、長史及太史。今其他各小國均有史官之設。秦有天下，太史令及御史沿而不廢，御史即昔之柱下史也。

漢興之世，武帝時置太史公。《漢儀注》云："太史公，武帝置，位在丞相上。天下計書，先上太史公，副上丞相，序事如古春秋。遷死後，宣帝以其官爲令，行太史公文書而已。"漢武帝又有禁中起居注，王莽代漢，改置柱下五史，秩如御史。聽事，侍旁記述言行，蓋效古者動則左史書之，言則右史書之，此其義也。漢代中興，明帝以班固爲蘭臺令史，詔撰《光武本紀》及諸臣列傳、載記。又楊子山爲郡上計吏，獻所作《哀牢傳》，爲帝所異，徵詣蘭臺。斯則蘭室之職，蓋當時著述之所也。自章、和以後，圖籍盛於東觀，著作撰述於其間。又《漢書·儒林傳》載："建初中大會諸儒於白虎觀，考詳同異，連月而罷，肅宗親臨稱制，如石渠故事，顧命史臣著爲《通義》。"三國時，蜀有祕書著作，吳有左右二國史之職，魏明帝太和中，詔置著作郎，隸中書省，漢代著作東觀，有其名未有其官，至是始設置也。

晉沿魏制，置著作郎，隸中書。惠帝元康二年，改中書著作爲祕書少著作，隸祕書省，後別自置省而猶隸祕書，著作郎一人，謂之大著作郎，專掌史任，又置佐著作郎八人。東晉建都江左，亦置史官。《晉書·王導傳》云："中時興草創，未置史官。導始啓立是也。"

五胡云擾，各國亦多置史官。前趙有左國史著作，後趙有著作，成漢(李雄)有左國史，前涼有儒林，即中常侍，撰國紀於東苑，南涼有國紀祭酒，西涼及蜀國紀委之門下，前燕有起居注，後燕有著作，前秦有著作郎。

南北朝亦以祕書省著作郎或祕書丞當史職，掌著述校典之任，如北齊魏收以著作郎編纂《魏書》是其例也。間有特設史官名目者，但著作郎之職任不廢。元魏時又雜取他官以掌史任，魏又置起居令史，每行幸讌會，則在御左右，記錄帝言及賓客酬對。北齊有祕書監丞，領著作事。北周有著作上士、中士，而外掌起居。南朝常於祕書省置監丞一人，掌國之典籍。齊梁之世，又有修史學士，陳有撰史學士。

隋制於祕書省設監丞，領太史、著作二曹，太史曹偏於占候著述，校典之任在著作曹，煬帝以古有内外史，因置起居舍人二員，隸中書省。

中國史官建置之有定名，職守之有定制，蓋自唐開史館掌修國史始。劉子玄《史通·史官建置》篇曰："暨皇家之建國也，乃別置史館，通籍禁門。西京則與鷺渚爲鄰，東都則與鳳池相接。而館宇華麗，酒饌豐厚，得廁其流者，實一時之美事。"考唐初因隋舊制，史官屬祕書省著作局。及貞觀三年，置史館於門下省，以他官兼領，宰相監修。開元二十年，徙史館於中書省。天寶後，他官兼史職者曰史館修撰，初入爲直館。元和六年，登朝官領史職者爲修撰。大中八年，廢直館二員，增修撰四人分掌四季。咸亨以後，史臣多取外司，著作一曹，同虛設矣。門下省又置起居郎二人，天子御正殿，則郎居左，舍人居右，有命俯陛以聽，退而書之，季終以授史官。長壽二年，史館又收宰相所撰之時政記，未幾亦罷。唐創史館之制，歷代因之，遂成千古不易之局矣。

五季略同唐制，晉宰相劉昫監修《唐書》，賈緯爲起居郎，孫晟爲著作佐郎，此其可考者。

宋如唐制，亦置史館，設修撰、直館、檢討等官，取修撰最上一員判館事，史館與昭文、集賢列爲三館，以宰相爲監修國史（史館、集賢、昭文合稱崇文院三館）。元豐時，更官制，廢三館爲祕書省，別置史院，隸門下。紹聖時，復還祕書。若修實錄，則置實錄院修國史，則置國史院。門下省有起居郎、起居舍人司起居注、時政記，日曆所，著作郎佐掌之，合起居注及時政記以撰日曆。

遼有國史院屬翰林院，有監修國史、史館學士、史館修撰、修國史。起居舍人院屬門下省，著作局隸祕書監。

金國史院有監修國史、修國史、同修國史、修纂官、檢閱官等職，又有著作局隸祕書監。

元代亦有國史院，翰林、國史合而爲一，有修纂編修之官，祕書監領掌圖籍，著作郎佐徒有空名。除此之外，有承旨學士、侍讀學士、侍講學士、譯史、通事之設。

明承元制，亦有翰林、國史院之設，有修纂、編修、檢閱等官，其後省國史而專稱翰林院。

清初僅設文館，天聰十年改設內三院（曰國史，曰祕書，曰弘文），記注實錄皆內國史院士所掌。入關後沿明制設翰林院，置掌院學士、侍讀學士、侍講學士、修撰、編修、檢討等官，各修書史，以殿閣學士爲總裁，翰林院纂修書史及實錄、聖訓、本紀、玉牒等類，皆臨時或定期之敕纂。清代亦有起居注官之設，其名曰日講起居注官，掌侍直起居。凡侍直所聞，退而書之，具年月日及當直官於籍目成滿漢文各二帙，至次年按月編排彙爲總册，送內閣收藏，以爲將來修實錄之用。

民國成立，屢議籌設史館而未成，國史亦未編纂。元年十月二十日政府公佈國史館官制九條規定，國史館掌纂輯民國史、歷代通史，並儲藏關於史之一切材料。十二月十一日，特任命王闓運爲館長。三年五月二十五日，國史館成立；六年四月十九日，停辦；六月二十六日，以史館併入國立北京大學文科。八年八月，北京政府國務院復呈請附設國史編纂處，旋奉命批准處長爲塗鳳書（四川人），編纂爲王樹枏。

民國三年設立清史館；十六年八月，清史館館長趙爾巽撰《清史稿發刊綴言》，列清史館職名有館長、總纂、纂修、協修、提調等。

及國民政府奠都南京，屢有國史館重設之提議。直至民國二十八年始立國史館籌備處，以主持籌辦徵集史料及編纂國史等事宜。二十九年四月開始工作，其主要任務約有五端：一、擘畫國史館，組織史官制度及國史體例；二、設計檔案總庫條章；三、蒐聚史料；四、編輯中華民國史長編；五、審查《清史稿》。三十五年，國史館籌備完成；三十六年元月，國史館正式成立，任張繼爲館長，但燾爲副館長。

總之，吾國史館之名稱，有稱局、稱館、稱院之分。而史官名稱自後漢迄五代，多作著作郎，或曰著作佐郎，有時又有著作上士，著作中士（見《隋書·百官志》）。唐、宋、遼、元、明、清各代作修撰，宋、元、明、清又有編修、檢討，清及民國有總纂、纂修、協修等名，此爲一類也。又有撰史學士，或稱修史學士。齊、梁、陳各代有之，另有史館學士。遼時有之，此又爲一類也。第三類爲修國史及同修國史，此名稱宋、金二代有之，此吾國史館、史官之大略也。

史家地位之變遷

吾於《史學起源》一目中引梁任公先生《中國歷史研究法》言："最初之史，乃族部之長老所談己身或其先代所經驗之恐怖，所演之武勇等等。"魯濱孫《新史學》"歷史的歷史"亦言："最早之歷史家爲説書之人。"總之，在未有文字之前，先代事蹟全賴口傳，而口傳者必具知識廣博、經驗豐富，雖無史家之名，而其地位亦儼若後日之史家也。吾之此章所言史家，專以修史爲職志者，亦即有史以後之史家也。史家之地位隨時代而變遷。

侍臣時代 社會自有階級産生，一部落之酋長，其權力最高役屬臣下，寖演而爲帝王史家，即爲侍從帝王之官吏，是爲史官。史官位置有高下之分，有得近王者如太史、内史是也；有不近帝王者，爲閭史、州史等是也。修史之人既爲官史，所修之書則爲官書。

方技時代 周代之初，史官之地位尚高，然其後身分與聲價逐漸低落。又因其兼習曲藝，以求自見於社會，故社會但以執技者流視之，不復以其在文化上爲最高之權威也。《禮記·王制篇》稱"凡執技以事上者，祝史、射禦、醫卜及百工，凡執技以事上者，不移官，出鄉不與士齒"。其地位如何，由此可見。自周末以後，史家地位日降，及至漢世，此風未衰。司馬遷自謂："文史星曆，近乎卜祝之間，固主上所戲弄，倡優所畜，流俗之所輕也。"（《報任少卿書》）史家之地位不爲社會所重，可知矣。

代表君王時代 春秋以降，社會進步，人智發展，已往之史家不足以應時代之需要。孔子目擊當時之史官所載蕪雜，自作《春秋》以"別善惡，寓褒貶"爲最高目的。自此以後，吾國歷代修史皆以帝王爲歷史之中心。如以帝王紀年，定帝王之正統，爲帝王獎勵臣節，以是三者爲修史之義例，故有说"一部二十四史爲帝王家譜"，良不爲過也。

　　代表國民時代　吾國往時之歷史修史者只知以帝王爲中心，而不知國民，知有非常之人，而不知有社會。記奇特之大事，而忽普通尋常之事蹟。此種史籍於民族之蕃昌若何？社會之進化若何？殆無由窺見。至十八世紀以來，西歐政治逐漸民主化，而史家亦趨向此途。英國史家葛林（Green）於所著《英國人民簡史》（*A Short History of the English People*）中云："此書非英國帝王之史，亦非英國戰爭史，乃英國人民之歷史。"自此後，歷史家咸致力於人民生活之歷史，平民代非常之人而爲歷史中之主人翁，社會經濟發展，而爲史家研究之課題。

左史右史、記言記事釋疑

關於左史右史、記言記事之記載，古籍中常不一致，後之治經史者各執所見，以成其説。訖今猶未獲一的當之論。兹參取群書以詳言之。

有謂左史記言，右史記事（一作動）者。

《漢書·藝文志》謂左史記言，右史記事。事爲《春秋》，言爲《尚書》，《藝文類聚·史考》篇仍之。《漢書·荀淑傳》：孫悦奏所著《申鑒》曰：“古者天子諸侯有事必告於廟。朝有二史，左史記言，右史記事。事爲《春秋》，言爲《尚書》。”《隋書·經籍志》曰：“夏殷以上，左史記言，右史記事”，《考古類編·史學考》用之其他，若劉知幾《史通·史官篇》、章學誠《文史通義·書教篇》均取此説。

有謂動則左史書之，言則右史書之者。

《禮記·玉藻》曰：“動則左史書之，言則右史書之。”注云：“其書《春秋》《尚書》其存者”，疏云：“《春秋》是動作之事，故以《春秋》當左史，所書左陽，陽主動，故記動。《尚書》記言語之事，故以《尚書》當右史，所書右是陰，陰主静，故也。”《文心雕龍·史傳篇》：“左史記事者，右史記言者，言經則《尚書》，事經則《春秋》。”《史記·正義》曰：“左陽，故記動；右陰，故記言。”

有謂記言記動不宜分者。

王鳴盛《十七史商榷·綴言一》曰，《禮記·玉藻》篇：“云天子動則左史書之，言則右史書之，要之，其始雖分書，其後必合編。故《尚書》記言而亦間及於記動。《春秋》記動，《左傳》記言，以附益之。”

章學誠《文史通義·書教上》曰：“左史記言，右史記動，其職不見於《周官》，其書不傳於後世，殆禮家之惢文歟？後儒不察，而以《尚書》分屬記言，《春秋》分屬記事，失之甚也。夫《春秋》不能舍傳而空存其事目，則左氏所記之言不啻千萬矣。《尚書·典謨》之篇記事而言亦具焉。《訓誥》之篇記言，而事亦見焉。古人事見於言，言以爲事，未嘗分事言爲二物也。"章氏於其書中反覆言之：不應分事言爲二物也。

後世有以太史、内史即左史、右史，而以太史爲左史，内史爲右史者。

北朝经学家熊安生曰："周禮太史之職云：'大師抱天時與大史同車。'又襄公二十五年傳曰：'太史書曰：崔杼弑其君，是大史記動之事，在君左廂記事，則大史爲左史也。'按《周禮》内史掌王之八枋，其職云，凡諸侯及孤卿大夫則策命之，僖二十八年左傳曰：王命内史叔興父，策命晉侯爲侯伯。是皆言誥之事，是内史所掌在君之右，故爲右史。是以《酒誥》云：'矧大史友，内史友。'鄭注云：'大史、内史，掌記言記動。'是内史記言，大史記行也。(熊說見《周禮孔疏》)有以内史爲左史，大史爲右史者。"

清人黄以周非熊之説，而申論之曰《盛德篇》，内史、大史左右手也，謂内史居左，大史居右，觀禮大史是右是其證也。古官尊左内史中大夫，尊故内史左大史右玉藻。動則左史書之，言則右史書之，左右字今互訛。《漢藝文志》六藝論並云：左史記言，右史記事，可證熊氏謂大史、左史、内史、右史非也。其申《酒誥》大史、内史掌記言記行，謂大史記行，内史記言是也。鄭注《玉藻》云，其書《春秋》《尚書》，具謂右史書動爲《春秋》，左史書言爲《尚書》也。荀悦《申鑒》云："古者天子諸侯有事必告於廟。朝有二史，左史記言，右史記事。事爲《春秋》，言爲《尚書》"，與鄭注合。黄氏又云："《洛誥》云，作册逸誥，即史尹佚，以内史策命諸侯及孤卿大夫，與《春秋》王命内史，策命晉侯爲侯伯覈之，蓋尹佚内史也。"孔巽軒云：《國語》訪於辛尹，謂辛尹、尹佚並周史也。《左傳》以辛甲爲大史，則尹佚爲内史，此説是也。《大戴·保傳》篇云，營遠方諸侯，不知文雅之辭，應群臣左右不知已諾之正，凡此其屬少師亡任也。賈誼《新書》曰："古者史佚職之。"是史佚爲内史，主言語之事也，《史記》成王削桐珪與叔虞，史佚曰："天子無戲言，言則史書之。"是史佚爲内史而記言也。服虔《文十五年》傳注云：史佚周成大史，誤矣。《逸周書・史記解》云：召三公、左史，戎夫，曰："……乃取遂事之要戒，俾戎夫主之。"此則内史所謂凡四方之事，書内史讀之，則左史爲内史，明矣。春秋時列國皆有大史，而又別有左史，則左史非大史明矣（見《禮書通故》）。

以上所引熊、黄兩説。熊安生以大史爲左史，主託事；内史爲右史，主託言。黄以周以《大戴記・盛德篇》内史、大史左右手也。謂内史居左，大史居右，案《盛德篇》以内史、大史譬人之左右手也，未定孰左孰右也。而此篇下文亦作大史、内史左右手也。此又作何説也（王念孫謂此處大史、内史誤倒，吾謂古人爲行文之便，其倒未爲誤）。黄氏又以古官尊左，内史中大夫尊，故内史左，大史右爲證。古人尚左尚右原無一定證。諸各代之制，尚右時爲多，漢代尚以右爲尊。《漢書・高紀》云：漢廷臣無能出其右者。師古曰：古以右爲尊，視此，黄説古官尊左不確。且《周禮》大史在内史之前，不得以内史尊於大史也，大史在内史之上。《周禮・春官序官》大史三爵爲下大夫而内史之爵爲中大夫，《周禮》造作已晚，不甚瞭古制矣。大史之屬遠在内史之上，此不但《酒誥》《大戴記》可證，《曲禮》天子建天官先六天，大史與太宰同掌天官，蓋在卿位矣又案，《周書・顧命》則大史且太保之亞，太宗之上矣。反案之《小雅》《十月》之詩，内史乃敘在膳夫之下，其去卿士之遠可知。

大史、内史之紛拏既如上述，要以熊説爲長。清人莊有可《禮記集説》云：左右史皆太史之屬，言史之侍左右者不一人也，此語含胡無足取也。

有謂作册即内史者。

作册，官名。《彝銘》中至多其見於典籍者，《洛誥》有作册逸顧命言命作度（王静安先生謂：度爲人，名詞。郭沫若謂是動詞，言令作册之官籌畫也）。《史記・周本紀》有"作册畢公"。《漢書・律曆》引《逸畢命》曰："王命作册豐刑"，舊於作册不得其解。孫詒讓始疑爲内史之異名，其《古籀拾遺》下《周尤敦》跋云："内史掌册命之事，或即稱爲作册。"《書・洛誥》云："王命作册逸祝册。"又云："作册逸誥。"尹佚蓋爲内史，故謂之作册逸。《周禮正義》内史疏下亦著此説。

王静安先生《釋史》及《書作册詩尹氏説》復申孫詒讓旨，其文謂作册，亦稱作册内史(見《師艅敦宂盂》)，亦稱作命内史(見《剌鼎》)，亦單稱内史(見《虎敦》《牧敦》《揚敦》《豆閉敦》《趨尊》)。内史之長曰内史尹，或曰作册尹(見《師兑敦》《師晨敦》《宂敦》)，亦單稱尹氏(見《詩·大雅》《頌鼎》《克鼎》《師嫠敦》)，或稱命尹(見《伊敦》)，有以作册爲太史内史之總名者。

郭沫若《金文叢考·作册篇》云："余於作册即内史之説，不能無疑。考之顧命，畢公爲大史，而《史記》稱作策畢公，是大史，亦可稱作册也(王以《史記》之畢公爲誤，據《律曆志》所引畢命文謂壁中古文作'作册豐'，引'癸亥父已鼎，王賞作册豐貝'，其説不足信)。余意作册乃左史右史之通名，事與史同例，册者典册，非必册命，無論記言記事，均須製作典册，大史掌建邦之六典，建典猶言作册矣。作册爲兼名，其中自可包括内史，而内史非必即是作册。彝銘中每言'作册内史'者，蓋先舉其兼名，而後舉其别名，與今世生物學學名之兼别名並舉者，爲事正相同。"

謂作册常用以指大史者。

吳其昌《矢彝考釋》云："大概作册，雖爲大史内史之總名，然常用以指大史，而不甚用以指内史……蓋推原其朔，則凡掌龜策刀册可以略記文字者，皆謂之史。凡史皆可以作册，其後史漸多，則於群史擇一人爲之長，謂之大史，則其餘謂之小史矣，則其地位之高可知也。其後事漸繁，有國家之公事，有王室之私事，則復置一内史，以記王室之私事。而記朝廷國事之群史，爲小史，爲大史，爲作册，如故也。故作册常代稱大史，其後王室之私事漸繁，一内史不足以供事，則亦增置群内史，而擇其群中之一人爲之長，而謂之内史尹。其後，私權益擴，而公權益輕。内史已與作册相抗，故既有内史尹，亦復立作册尹，以儷之《周禮》作者據王權獨裁形成之秋。故其時王室私臣之爵級，反高於廊廟官庸一等也。"

吳氏謂内史爵級高於大史之故，其説近是，足破黄以周内史爲中大夫爵高於大史之説也。

有謂內史爲大士亦即右史者。

郭沫若《金文叢考·周官》質云："大士，余謂當即內吏。"《曲禮》"史載筆士載言"，士與史對言，自爲大史與大士。《玉藻》"動則左史書之，言則右史書之"，與載筆載言之說一致，則大史爲左史，大士爲右史。《大戴禮·盛德篇》"內史、大史，左右手也"。盧注大史爲左史，內史爲右史。《書·酒誥》"大史友內史友"，鄭注大史、內史掌記言記行（《禮記正義》《玉藻疏》引），是則大士即是內史矣。《左傳·襄三十年》，"鄭使大史命伯石爲卿"，《覲禮》"賜諸公奉篋服，大史是右"，此二大史均當作大士，蓋音之訛也。郭氏又云："准顧命文知太宰太宗在王之右（以階而言由西，以位而言則在王右），大史在王之左，與大史爲對之。大士亦稱內史，自在王右。如是六大之中之大祝大卜在王左矣。三左，即大史、大祝、大卜；三右，即大宰、大宗、大士。"

《周書·史記》云："維正月，王在成周，昧爽召三公、左史戎夫，曰今夕朕癉，遂事驚予，乃取遂事之要戒，俾戎夫言之，朔望以聞。"下文歷述皮氏華氏等所以亡，蓋皆《春秋》之記，此左史記動，《春秋》爲其書之。徵《禮記·祭統》"古者明君爵有德而禄有功，必賜爵禄於大廟，示不敢專也。故祭之日，一獻，君降立於阼階之南，南鄉，所命北面，史由君右，執策命之，再拜稽首，受書以歸，而舍奠於大廟"。此右史記言，《尚書》爲其書之徵也（見吕思勉《燕石禮記·左右史》）。

古人原重陰陽。左氏疏曰："左是陽道，陽氣施生，故令之記動。右是陰道，陰氣安静，故使之記言。"此説最得其理，左右二字古書極易錯誤。黃以周以《禮記·玉藻》動則左史書之，言則右史書之。左右字今互訛，此處左右爲不訛，而凡云"左史記言，右史記事"之左右二字，乃真互訛耳。

言爲《尚書》，事爲《春秋》，班、鄭皆主此説。後世有承之而不廢者，如趙翼《廿二史劄記》卷一《各史例目異同》云："古者左史記言，右史記事，言爲《尚書》，事爲《春秋》。其後沿爲編年、記事二種。"有主不應分事、言爲二者，章學誠是也。本文旨在闡明左史、右史，記言、記事之真諦，而於言事應否分離故略而不述。

歷史目的

治事爲學均須有目的。苟非是事則無成學，則無存在意義。昔章學誠《文史通義‧答客問上》曰：

> 史之大，原本乎《春秋》。《春秋》之義，昭乎筆削。筆削之義，不僅事具始末、文成規矩已也。以夫子義則竊取之旨觀之。固將綱紀天人，推明大道，所以通古今之變，而成一家之言者，必有詳人之所略，異人之所同，重人之所輕，而忽人之所謹。繩墨之所不可得而拘，類例之所不得而泥，而後微茫秒忽之際，有以獨斷於一心。及其書之成也，自然可以參天地而質鬼神，契前修而俟後聖，此家學之所以可貴也。

讀此知爲學貴有目的矣。古今中外治史者言史之目的者，夥矣。而所述或有不同者，因其對於歷史之解釋各有所見也。魯濱孫曰："歷史的觀念同目的，應該跟着社會同社會科學同時變更的"，即此義也。

梁任公先生《中國歷史研究法‧補編‧總論》第一章《史的目的》曰："歷史的目的在將過去的眞事實予以新意義或新價値，以供現代人活動之資鑑。"梁先生於求得眞事實舉出數法："曰鈎沉法，曰正誤法，曰新注意，曰搜集排比法，曰聯絡法。於予以新意義中主發潛闡幽，更正前誤，於予以新價値中謂，把過去事實從新估價，於供吾人活動之資鑑中。社會活動方面，有轉變的活動，有增益的活動。個人活動方面，分外的方面、內的方面兩種。"梁先生敘述詳盡，文長不録。

何炳松《通史新義‧導言》曰："歷史研究法與其他科學法同。其作用有二：一、研究史料，以決定留有此種遺蹟之過去特種事實爲何。二、事實決定之後，乃編比而成一種系統，以發見各種事實間之關係。"何氏又於第九章《編比之方法》云："社會事實互相影響之探討，實爲歷史研究之一大目的。"

何氏又於魯濱孫《〈新史學〉譯者導言》中曰：

> 歷史的功用，在於幫助我們來明白我們自己同人類的現在及將來。從前以爲歷史是前車之鑑，這是不對的。因爲古今狀況斷不是一樣的。就個人而論，我們要明白我們自己的現在，我們不能不記得我們自己的過去，歷史就是個人記憶的推廣。我們要研究歷史，並不是因爲過去可以給我們種種教訓，實在因爲我們可以根據歷史的知識來明白現在的問題。因爲唯有歷史可以説明現在各種制度。現在社會改良的潮流一日千里，我們要想有點貢獻，必先明白現在的狀況；要明白現在的狀況，必先知道他們的來歷。

法人朗格諾瓦（Ch. V. Langlois）、瑟諾博司（Ch. Seignobos）等所著之《史學原論》下篇《綜合工作》曰："在最近五十年來，史文造作之科學形式始行發展，而奠定其普通原則，則謂歷史目的，非以供人娛樂，非以給與實際行爲之鑑戒，亦非激發情感，彼僅爲純净簡單之知識而已。"（見李思純譯本）

班茲（Harry Elmer Barnes）所著《新史學與社會科學》第一章《史學之目的》曰："據新史家之意見，史學之目的，在以過去時代之盧山真面，介紹於現代，使之理解現代文化成立之經過與原因。夫如是，然後始能知悉吾人文化中之重要實質與進步，以及原始時代遺下之阻礙進步之殘餘。新興史學但求以最大之準確，探知人類過去之整個史蹟，至對於某一國家過去成績之欽仰衹應列入第二位。吾人所欲首先知曉者，厥爲事變發生之真實經過，如有可能，並應探知其發生之原因。在一切場合中，應首先注重真理，私人好惡與愛國狂熱次之。"

新興史學固承認歷史知識於扶助現代之改進，以及計畫將來確有價值，但對於修昔的底斯(Thucydides)、波里比阿(Polybius)等之見解，不能頒發一警告，否則，或有根據過去之教訓，製定歷史因果之定律者。此項定律雖不基於完全謬誤之前提，但其根據確爲脆弱之比擬(analogy)。依據新史學之意見，年代湮遠之局勢，罕有能用爲根據，以考驗現時或將來採用之方案是否合用者。蓋新史學視文化爲一大有機混合物，並認定：在過去事變之一般文化環境與現今局勢有絕大之差別，以故過去之事實，祇能供給吾人以不可恃之準則，以判斷現時政策之是否合用……(見董之學譯《新史學與社會科學》)。

綜合諸家之言論，謂歷史目的，在尋求過去事變發生之真實經過及其原因，此種求得信史之精神，自爲歷史極大任務，因社會事變真實經過常爲虛僞所掩蓋。求真方法隨科學進步，而進步各家謂借歷史知識，可以明白現在一切問題，此即所謂察往知來也。但於歷史記載已往人類善惡功過與其百事之廢置，可以垂勸戒示後世者。新史學家以過去之教訓爲不適用。乍言之，似覺真確實，亦未全是也。西洋古代至十九世紀初年之史學家，以教訓或娛樂讀者爲目的，非科學而陳腐，故近世學者痛斥之也。然既往史實果皆不足爲勸戒耶？

整理者按：清民之際姚永樸著《史學研究法》，內有《史義》一篇，稱史義有六，一曰追遠之義，所謂反本修古不忘其初；二曰合群之義，史可合一國之群，一方之群，一族之群；三曰資治之義，考興衰、審沿革，通古之變；四曰徵實之義，書法不隱，得其中正；五曰闡幽之義，發明人之所不見者；六曰尚通之義，各種門戶之見，匯之爲一，仰賴史也。究心歷史目的，此六義可參酌之。

如何讀史

魯濱孫曰："最初發明歷史的一定是說書的人，他的目的往往在於講述故事，不一定供獻一種有系統的科學知識。"

Polybius 說一個歷史家的目的，不應該用許多的奇異的軼事去驚動讀者，也不應記載或者曾經說過的話，也不應該同編戲曲的人一樣去分配史事。實在說起來，歷史家最重要的職務在於記載實在的事體，不問它怎樣平常。（以上均見何炳松譯《新史學》）

近世史學進步，歷史成爲科學。所以治史者對於史料加以嚴密批評，同時注重普通人及普通事，此即所謂民主化之歷史也。英之史學家葛林（Green）在所作《英國人民簡史》（*A Short History of the English People*）曰："此書非英國帝王之歷史，亦非英國戰爭史，乃英國人民之歷史也。"吾國舊時以歷史爲帝王家譜，現在平民成爲歷史主人翁。歷史既以普通人普通事爲重，讀史者宜努力於此，方合新史學之準則矣。

如何讀史？梁任公先生在其《中國歷史研究法補編》第一章曰：

如何讀歷史纔能變死爲活？纔能使人得益？依我的經驗，可以說有兩種，一種是鳥瞰式，一種是解剖式。

一、鳥瞰式　這種方法在知大概，令讀者於全部書或全盤事能得一個明瞭簡單的概念，好像乘飛機飛空騰躍，在半天中俯視一切，看物攝影，都極其清楚不過，又可以叫做飛機式的讀史方法。

二、解剖式　這種方法在知底細，令讀者於一章書或一件事能得一個徹始徹終的瞭解，好像用顯微鏡細察蒼蠅，把蒼蠅的五臟六腑看得絲絲見骨，這種方法又可以叫做顯微鏡的讀史方法。

　　讀史應注意普通人、普通事，非以是爲時髦爲趨新，人類進化非僅由非常之人非常之事可以測知，科學之發達，全由尋常事物爲根據，欲窺人群進化之全豹，普通人、普通事亦其中之重要因素也。魯濱孫曰："近世科學方法特點爲何？吾曰即爲注意微小的普通的與隱僻的重要。是可見常事之重要也。"吾國舊史以帝王大事爲主，歷代史家不知其誤，奉以爲法。故二千年來之史書，實與帝王家譜無異。王安石識《春秋》爲斷爛朝報，實則吾國其他史書罔不如是。故以平民爲主體之史，實多湮没不彰。吾人讀史，欲求此種史料，非細心搜尋及加以理解不爲功。

論史學與其他科學之關係

欲求某種學術之有進步，不惟須孜孜於本身之探討，兼視其他有關各科之是否有進步以爲斷。宇宙間各種學問互相錯綜，互相依賴，不有其他學科爲之輔助，獨謀發展難矣。朗格諾瓦於《新史學與社會科學》云："歷史須得應用其他社會科學，而其他社會科學皆未組織完備，故亦阻止歷史科學之成立。"魯濱孫於《新史學》曰："某種科學之生命全自其他有關各科而來，其本身之進步，全恃其他各種科學之輔導。"又云："歷史能否進步，與能否有用？視歷史能否與他種科學聯合也。"讀二氏之言，即知歷史與其他科學關係之密切也。

歷史内容，古今社會上一切活動及事物無所不包。治史者若於其有關各科無一定之基礎，欲求成績斐然，殊難事也。然各種科學均有深奧之學理。如令一人科科精通，再轉而治史，是力之難能，亦無須若此。其要者，歷史家能利用各科進步學說，以矯正謬見與幻想，其結果自有價值，茲擇與史學關係尤切之各科約略言之。

歷史與哲學　馮友蘭《中國哲學史》第一篇第一章："一時代之情勢及其各方面之思想狀況，能有影響於一哲學家之哲學。然一哲學家之哲學，亦能有影響於其時代及其各方面之思想。換言之，即歷史能影響哲學，哲學亦能影響歷史"，"英雄造時勢，時勢造英雄"本互爲因果也。一時代有一時代之時代精神，一時代之哲學即其時代精神之結晶也。研究一哲學家之哲學，固須"知其人論其世"，然研究一時代或一民族之歷史，亦須知其哲學。培根曾說："許多人對於天然界及政治宗教皆有紀述，獨歷代學術之普通狀況，尚無有人敘述紀錄。此部分無紀錄，則世界歷史似爲無眼之造像，最能表示其人之精神與生活之部分反闕略矣。"（見培根之《學術之進步》）敘述一時代一民族之歷史而不及其哲學，則如

"畫龍不點睛"，如培根所説。研究一時代一民族之歷史而不研究其哲
學，則對於其時代其民族必難有徹底的瞭解。"人之相知，貴相知心。"
吾人研究一時代一民族，亦當知其心。故哲學史之專史在通史中之地位
甚爲重要，哲學史對於研究歷史者亦甚爲重要。紹特韋爾《西洋史學史·
附錄》云："古代之初有哲學，實係一種考訂分析之科學，歷史不過其別名
而已。"

歷史與文學 吾國古昔史學爲經學之附庸，有時亦爲文學之別，於
文與史常無別。歷代修史之士皆爲能文之流，史與文界限至爲含胡，此
不惟中國爲然，歐洲在十九世紀以前亦爲如此。朗格諾瓦《史學原論·
下篇》曰："歷史之學直至一八五〇年爲止，在歷史家與一般公衆兩方面
觀之，僅繼續爲文學之一旁支。"一八二〇年法國史學家杜勞（Daurall）
謂："每一歷史家應先讀樂府名著，繼讀近世小説。"杜氏主讀歷史以研
究文體爲主。由此可知，文學習慣勢力在史學界極大。魯濱孫《新史學》
中亦云："昔時之歷史爲文學之一部分，其目的爲文學，史學與文學關
係本極密切，故中外均有史學爲文學之一旁支之時期。史書之良否不僅
視其内容豐贍與翔實如何以爲斷，抑且觀其文學技術優劣耳。"《元史·
揭傒斯傳》稱，李孟讀傒斯所撰《功臣列傳》，歎曰"是方可名史筆，若他
人直腾吏牘耳"。《史通·敍事篇》曰："史之爲務，必藉於文。"文學爲著
述之技術，而文學名著中且有可貴之史料，如吾國之《三百篇》及屈原
文。希臘荷馬之史詩，讀之不特覺其文之美妙，兼可採寶貴之史料。又
如讀全唐詩，由初、盛、中、晚各詩人所作中考察唐代社會各方情況，
必能獲其大概。文學之有關於史學可以想見也。苟專尚詞藻亦爲治史之
病。美國紹特韋爾於所作《西洋史學史·導言》中曰："凡文學家稱雄之
地，對於考訂史料之興趣，必不如其注意文情之生動爲多。史家之文章
愈工，則其考訂之工夫即愈少。"章學誠曰："記傳敍述之文全無法度，
要在明白峻潔切實有用，不致虚文害實事而已"，此言是也。

歷史與考古學 紹特韋爾在其《西洋史學史·導言》中曰："自有此
種科學化之歷史……遂引起多種之輔助科學，其最顯著者爲考古學

(archaeology)，將歷史範圍遠拓於筆傳或口傳記載之外。此種發展在十九、二十兩世紀時日有進步，爲現代學術界中最偉大成績之一。最近芝加哥大學教授白雷斯得(J. H. Breasted)所撰之《埃及史》，較之希羅多德之所記相去天壤，即此可見其成就之大。依白雷斯得研究之方法，科學探險家從沙漠中之斷碑殘石研究所得者，可以遠勝古代著稱之遊歷家在底比斯僧人處所耳聞者焉。吾國近數十年來地下遺存不絶出土，如殷墟之甲骨文、殷周之青銅器等，其器物及古文字(palaeography)，皆予史學以新之啓示。所以，現時對於上古史之知識，遠勝司馬遷，並於《史記》中所述上古部分，大有改造必要。又若敦煌石室之經典美術、西域之流沙墜簡等出現後，影響吾國歷史亦至巨。由是可知，考古工作與歷史關係縈切，治史學者不可不明考古學。

歷史與地質學 史之敘述地下材料常有不足，尤於史前史，非恃地下遺存不爲功。近數十年來，地質學有長足之進步，此不惟造就科學上之輝煌，而對於史學，其功亦至巨。如史前人類逐漸爲人所明瞭，而以往荒唐之謬説亦漸肅，此皆地質學之功績，是以吾人治史須明地質學。

歷史與地理學 輿地爲歷史中之最重要部分。治史苟不熟於此，即困難橫生。我國某一地名，古今屢變，且同一地名，甲處有，乙處亦有。如不瞭解地理之沿革，易有張冠李戴之危險。是以我國昔之學者研究某一地名，每費窮年累月之考索。至若某代之興亡，某地之有盛衰，常與地理關係異常密切。如中國、埃及、巴比倫等，何以開化最早？苟不悉地理，即不知其究。又若歐洲希臘雅典與斯巴達何以一尚文一重武？若不明其地理環境，亦不能知其底藴。歷史與地理之關係，是可知矣，治史者須注意及之。

歷史與社會學 在未述史學與社會學之關係前，須應知史學與社會學之分野，二者界限極易混淆。兹引義大利史學家沙耳非米尼之言(見周謙沖所譯《史學家與科學家》)，即知區別。沙氏曰："史學與社會科學之區別，一般人認爲是一個純粹年代的問題，史學家之所有事者，是研究過去的事實，再没有活的證人可資詢問。而社會科學家之所有事者，是研究當代的事實，他可以親身作直接的觀察……史學與社會科學的區別界線，不是一個年代學的問題，他是由於史學家與社會科學家所研究的目的之不同的結果。一個人研究某國某時的家庭組織，什麼因素決定了那種組織，什麼新環境改變了那種組織，這就是做的一種歷史研究的工作。無論他所研究的家庭種類，是屬於過去或現在的。如果一個人利用最大多數的國家與時代關於各種家庭組織的一切史料，藉以決定是否有若干共同之特點，可以形成種種法則（或定律），那他所研究的就是一個社會科學的問題……史學之所有事者，在再造事實。社會科學之所有事者，在發現共同一致之點，而由此推斷出定律來……我所謂‘史學’，就是以再造過去爲目的之一切研究工作，並無決定種種定律之企圖。所謂‘社會科學’，就是以決定人類行爲的定律爲目的之一切努力。”

史學與社會科學之區分既明，進言二者之關係。

夫史者，乃社會之寫照；社會，爲史之淵泉。紹特韋爾曰：“凡社會之歸納的研究皆屬歷史。”如歷史中之母系制度、父系制度、酋長制度、國家制度皆因何而有演變？非社會學不能明其究竟。又如，有嬌氏何感神龍首而生炎帝？姜嫄何以履大蹟即生后稷？又非社會學無以明其眞象。史之問題，半屬社會學，故非社會學不明治史也。

歷史與政治學　政治與人類關係之密切，其理易明，其事易見，無待多述。故昔人治史，常以政治爲史之重心。有謂過去之史，幾全爲政治史。如吾國著名之史籍《資治通鑑》，乃專供帝王參考之書。古人作史，其目的在“以古爲鑑，可知興替”。其所謂興替者，但指政治而言，其意甚狹。近人常有歷史不應偏重政治之論調，其言固是。而政治與人之關係至切，治史者亦不可不重之明之。史學家福利曼（F. A. Freeman）曰：“史爲以往之政治，政治即現在之史。”其言雖過偏，但亦有至理存焉。總之，治史者若不明政治學，則古今政治演變及善惡眞相無由而知，此治史必明政治之理由也。

歷史與經濟學　昔人以政治對人之關係至重，故舊史學家治史輒偏重於政治，而不知經濟有關於人類生活之重要，方對政治殆有過之。此不獨吾國爲然，西洋各國亦爲如此。歐人治史至十九世紀，始知注意歷史因果關係中之經濟原質，始知其勢力之重大，蓋與人相埒。進一步有費爾巴哈（Feuerbach）之物質主義之産生，力倡人爲慾望之動物，而非心理之動物之説，即所謂唯物史觀與經濟史觀是也。至馬克斯（Karl Marx）出採費爾巴哈之説而變通之，斷言歷史之原動力，應求之於物質生活之狀況中。馬氏在其《資本論》序文中云："視經濟組成之進化爲一種自然歷史之歷程，經濟物質爲歷史發祥之地"，故有人謂經濟知識愈多，歷史即愈富（見紹特韋爾《西洋史學史》附錄），本此説以研究歷史，知歷史上所演變無不與經濟有關。如吾國春秋戰國天下紛擾，諸子飆起。又若近百年來，國家形勢危岌，各派學説風起云湧。此二端如不以經濟學之理解釋之，絕難明其究竟。其他，若法國大革命之如何發生？海外殖民地因何而起掠奪？無不與經濟有關，此治史必明經濟學之理由也。

以上所述，不過略舉數科，以明其大概與歷史有關者，除已述者外，若人類學、年代學、心理學、藝術等均與史有密切之關係。治史者必須各科皆精，勢所不能。其要者，虛懷若谷，能採納各科之進步學説以爲己用，斯得之矣。魯濱孫曰："歷史能否進步與能否有用，視歷史能否與他種科學聯合而不仇視。"善哉是言也。

論史家之修養

昔劉知幾言："作史須具三長，曰才，曰學，曰識。"章實齋以史家僅具此三者獨爲不足，而補以史德。世論韙之，後之論史家修養者，多謂必須兼此四者。而四者中，孰先孰後？各家主張復不一致。劉知幾以才、學、識爲序，章實齋綴以德，梁任公先生以史德爲首，次史學，再次史識，最後史才（見《中國歷史研究法補編》第二章《史家的四長》）。又有以史學、史才、史識、史德爲序者，順序無關宏旨，何須多辯。

一、史德　史德者何？即謂史家心術須端正。元人揭傒斯謂"有學問文章而心術不正者不可與"（見《元史‧本傳》），即此之謂也。章實齋亦云："能具史識者必知史德，德者何？著書者之心術也。"梁任公先生於史德解釋中最重忠實，而史德不易養成。最常犯之病，一爲誇大，二爲附會，三爲武斷。是三者，史家應注意除去。總之，史學家應如科學家之態度及精神，以客觀事實爲準，不虛美，不隱惡，即得之矣。

二、史學　史學者何？即學之貴博而具精之謂也。清人李慈銘曰："未嘗讀書豈知作史。"然讀書雖尚博，尤須專精。古人謂一物不知，儒者之恥，此乃欺人之談。是故有謂欲求無所不知，即一無所知也。梁任公先生於專精方法舉出三條，一爲勤於鈔錄，仿顧亭林之作《日知錄》《天下郡國利病書》，陳蘭甫之作《東塾讀書記》，錢大昕之作《十駕齋養新錄》。二爲練習注意，梁先生舉某先輩云："不會讀書，書面是平的；會讀書，字句都浮起來了。"此所謂浮起者，即所注意之點也。三爲逐類搜求，即追尋某種資料，跟蹤追索。

三、史識　史識者，即史家之觀察力、別裁力之謂也。觀察須銳敏，即前人所謂讀書得間。梁先生謂觀察程序分爲兩種，一爲由全部到局部，此即謂不能瞭解世界，即不能瞭解中國。二爲由局部到全部，即謂觀察。

因一人之活動如何前進，如何後退，可以使社會改觀。此兩方並用，即可得事實之真相。梁先生又云："養成正確精密之觀察力，尚有兩事須注意者，一爲不要爲因襲傳統思想所蔽，二爲不要爲自己成見所蔽。"紹特韋爾曰："解釋歷史，必先求史識之豐富。"信是言也。

四、史才 史才者，有謂即章實齋所云："吾於史學蓋有天授，故能發凡起例，多爲後世開山。"非如李延壽之作史信乎？捋撦忽删忽存，毫無義例。梁先生謂史才爲作史技術。技術分爲二類，（子）組織，其中又分二事，一爲剪裁，二爲排列。排列中又析爲三法，一用前人記載聯絡鎔鑄套入自己話內。二用綱目體。三以正文變爲圖表。（丑）文采，其中分爲二，一爲簡潔，二爲飛動。關於如何養成史才問題，梁先生主多讀，少作，多改。關於技術一端，劉知幾《史通‧敘事》提出三事，一爲敘事尚簡，所謂尚簡者，即省其字句而意不變也。如《穀梁傳》稱郤克眇，季孫行父禿，齊使眇者逆眇者，禿者逆禿者，可改爲"齊使各以其類逆"，此爲省句之例。如《漢書》稱張蒼"年老口中無齒"，此可改爲"年老無齒"，此爲省字之例。二爲用晦，所謂用晦者，如《左傳》稱士會爲政"晉國之盜奔秦"，則政善可知。《漢書》稱翟公之門"可張雀羅"，則涼態可見。此爲略小存大，舉重若輕之例。二爲妄飾，所謂妄飾者，如《十六國春秋》稱苻堅"方食推案而詬"，而不知秦俗不用案食，應作"推盤"。《齊書》稱受洛干"免冠稽首"，而不知胡俗不用免冠，應作"脱帽"。此其病爲假託古詞，翻易今語，無以考時俗之不同，無以察古今之有異。此爲不可妄飾之例。劉知幾《史通》又有《直書》《曲筆》等篇，皆爲作史者之技術問題，學者亦當注意焉。

［附］文獻與史料

"文獻"一詞見于載籍甚夥,《論語》子曰:"夏禮吾能言之,杞不足徵也,殷禮吾能言之,宋不足徵也,文獻不足故也。足則吾能徵之矣。"釋之者"文"謂典册,"獻"謂秉禮之賢士大夫者,謂獻者即子貢所云"賢者識其大者,不賢者識其小者,識大識其承天治人之大,識小識其名物制度之細,是釋也"。似甚迂曲,簡言之,文獻者,即史料也。

馬端臨《文獻通考》總序曰:"文,典籍也;獻,賢也。"又云:"竊伏自念業紹箕裘,家藏墳索,插架之收儲,趨庭之問答,其於文獻蓋庶幾焉⋯⋯凡敘事則本之經史,則參之以歷代會要,以及百家傳記之書。信而有證者從之,乖異傳疑者不錄,所謂'文'也,凡論事則先取當時臣僚之奏疏,次及近代諸儒之評論,以至名流之燕談,稗官之紀錄,凡一話一言,可以訂典故之得失,證史傳之是非者,則採而錄之,所謂'獻'也。"馬氏之言較爲明晰,其所謂"獻"者,指時彥之言行,亦即與史有間之爲也。考獻與儀通,《虞書‧益稷篇》曰:"萬邦黎獻,共惟帝臣。"黎獻者,別乎黎民之稱也。其冥瞑無知者曰黎民,其秉行禮儀者曰黎獻,漢碑中黎獻作黎儀。《周書‧大誥篇》曰:"民獻有十夫。"伏生《大傳》作民儀,有十夫。民獻民儀者,即民之知禮而在位者也。又《酒誥篇》曰:"汝劼毖殷獻臣",即昔日有位于朝之臣,亦即世族之諳悉典章國故者也。由上述之言,即知"獻"本爲賢能之義。民獻獻臣乃有位博學之士。引申言之即爲賢者記事記言之典籍也。由是言之,文獻者,非史料而何。

史料者,前人或謂之簡。劉知幾《史通》云:"所謂書事記言,出自當時之簡,勒成删定,歸於後來之筆。"或謂之史,如鄭樵《與方禮部書》云:"有史有書,學者不辨史書,史者官籍也,書者書生之所作也,自司馬以來，凡作史者皆是書不是史。或謂之記注。"章實齋《文史通義‧書教上》曰："三代以上，記注有成法，而撰述無定名。三代以下，撰述有定名，而記注無成法。"所謂記注亦稱爲掌故，即爲史料。記注與撰述，均屬重要，且兩各相依而不可分。

整理者按：作者有較廣闊的史料觀。(一)取從前史籍，如《史記》據《左傳》《國語》《本世》《戰國策》；《漢書》采《史記》及劉向、劉歆父子書。(二)取各種原始文本，如《實録》(實載其事其言，無所增飾)，如郡志邑乘(載風土人情)。(三)參閱雜家傳記、筆記小説。(四)古來之實物，尤以金石文字爲貴。金—鼎銘，石—石上刻文。禹鼎、湯盤、泰山石刻、歷代錢幣，皆重要史料，古之制度、事變，考之古器物可知也。王國維先生以地下之實物比照紙上之遺文的"二重證據法"，兼之口述采風，可集成較完備的史料系統。作者所撰《西北史地論叢》《商周史》諸篇即取此法。

古 文 字 學

目　錄

一、何謂古文字學

釋古 《説文》："古，故也，從十口，識前言者也。"後世所謂十口相傳謂之古，以甲文、金文、石鼓文、匋文證之，有謂古字非從十口。

有謂古字即𡍼字，《國差𦉜》之𦉜所從之𡍼作𡊄，《麓伯敦》匋字所從之𡍼作𡊉，《師望壺》寶字所從之𡍼作𡊄，古字與𡍼字形體同，古字即是𡍼字。

有謂古字在甲文、金文中上半作𠂤或𠂤，乃盾字，古字應作𠂤𠂤者。盾即母，與干音近，《盂鼎》有𠂤。

文字 文者爲獨體，字爲合體，此二字渾言之其誼無異，分之有別。

古文字學 歐洲文字曰 palaeography，有譯作古字學，或古文字學者。Hieroglyphic 繪形文字。吾國古文字之名稱，始見於《漢書·郊祀志》曰："美陽得鼎，獻之，下有司議，多以爲宜薦見宗廟，如元鼎時故事，張敞好古文字，按鼎銘勒而上議曰：……臣愚不足以蹟古文。"古文字之省稱，古人所謂古文，有竹簡上之古文，即壁中書；有銘器上之古文，即鼎彝。

近代所稱爲古文字者，其内容一爲甲文(又名卜辭、卜貞文、甲骨文、龜甲文、契文、殷墟書契、殷虛文)。二爲金文(往時名爲鐘鼎文)。三爲匋文。四爲古鉨文。五爲貨布文。以時代分，則曰殷商系文字，曰兩周系文字，曰六國系文字，曰秦系文字。治古文字之資料，一爲古書；二爲古器物。殷商系器物：甲骨、銅器、玉器。兩周系器物：銅器、石磬。六國系器物：竹簡、銅器、匋器、古鉨、貨布、玉器。秦系器物：銅器、刻石、印章。

文字學何以又有古文字之稱 秦以前有多數文字，不得以古名之。

後經春秋戰國之變亂，及秦始皇統一宇内，而文字亦統一，代之以小篆及隸書，因是始名先秦之文字爲古文字。有謂小篆爲近古文字，隸書爲近代文字之祖。古文字學者，別是二者言之也。

文字既有古文字與近古文字之分，治斯學者，遂析爲二派，一宗許慎之《説文》，主字爲蒼沮所創，以六書爲造字原則。以《説文》證《説文》，不能破壞《説文》之内容。代表此派者，如章太炎、黃侃是也。銅器出土，吾國歷代均有所聞，清代以前，多爲古玩。清人有以金文爲治經史之資料，尤以甲骨出土後，治是者，不惟以古文字考證經史，且補正《説文》譌闕，清季如孫詒讓、吳大澂。輓近如羅叔言、王靜安先生。自是風氣啓後，獻身於此途者日衆。章太炎先生曾作《理惑論》，詆諆甲骨爲僞物，附和者有呂思勉。然天地間是非自公評，豈可以謾罵而消滅此新興之學術乎？

二、古文字資料之發見及蒐集

秦始皇焚書，復下挾書之令，吾國載籍幾湮没無存。至漢惠帝時，始除挾書之令。漢武時，廣開獻書之路，由是壁中古文得見於世。張蒼獻《春秋左氏傳》，宣帝時張敞好古文字，成帝時劉向用古文校今文，其子歆建立古文經，張敞外孫杜林得《漆書古文尚書》，後傳於衛宏，宏作《詔定古文官書》一卷，今佚。漢世所存古字書，有《史籀》十五篇，又有《倉頡》《爰歷》《博學》三篇，揚雄作蒙學課本《訓纂篇》，許慎作《説文解字》，此漢代古文字學之大概也。

魏時邯鄲淳有《三字石經》，每字作古、篆、隸三體，又有魏正始《三字石經》，亦用古、篆、隸三體。有謂此三字石經，乃衛覬、嵇康二人所書。晉太康二年有汲冢（汲郡魏襄王墓，或言安釐王冢）竹書出此，魏晉時古文字學之犖犖也。

唐時李陽冰有《古孝經》，李氏擅長小篆，與李斯齊名，史稱二李。唐初發見汧陽刻石，今稱爲石鼓文。五代徐鉉亦工篆書，摹寫嶧山刻石及會稽刻石，此唐及五代古文字學之厓略也。

宋代收藏古器物者		輯録古文字書	
劉 敞	《先秦古器記》	夏 竦	《古文四聲韻》
歐陽修	《集古録》	趙九成	《考古圖釋文》
吕大臨	《考古圖》	王 楚	《鍾鼎篆韻》
趙明誠	《金石録》	薛尚功	《廣鍾鼎篆韻》
王 黼	《博古圖録》	楊 鈞	《增廣鍾鼎篆韻》
王 俅	《嘯堂集古録》		
王厚之	《鍾鼎款識》	薛尚功	《鍾鼎彝法款識》

甲骨文發見加深對古文字的認識　殷商王室用甲骨卜占吉兇，卜占後皆刻文辭，間有與卜事有關之記事之文字。此即甲骨卜辭，簡稱甲骨文。殷墟卜辭發見於清光緒二十五年(公元一八九九年)，河南安陽西有城名殷虚，殷武乙所徙處也。今甲骨出土之處，正在今安陽縣西五里之小屯，當洹水之南(土人謂之安陽河)，即古之殷虛。甲骨出土後，福山王懿榮始事蒐藏，丹徒劉鶚，薈輯成書，瑞安孫詒讓別爲舉例，於是其學方顯於世，後又有羅叔言、王静安兩先生詳爲考證，其學益彬彬矣。近年來治甲骨之風益廣，然絶卓之士，不無憙務奇詭之論，凡一新興學術之初起，乃不可避免之現象，無足怪也。

商周青銅禮器總名彝器，其出土雖自宋即大盛，然一器之上文字達數百者，尚不多見。清代濰縣陳簠齋所藏之《毛公鼎》，陝西出土之《散氏盤》，道光間郿縣所出之《盂鼎》等大器，皆前人所未及見。自此等重器出現後，對於經史小學，咸有所補正，即於文字學一端言之，以金文而諟正許氏《説文》者，精萃之作，不絶呈現於藝林。金文之學，乃與文字學相得而益顯。可謂小學界之盛事也。

總之，自甲骨、彝器紛出，合斯二者，以究古代文字語言之系統，庶幾得所憑藉，可免摘埴冥行之虞矣。

由甲文、金文中之文字觀之，《説文》中有傳寫之譌者，如中彈得盌射等是也。有解説之誤者，如余爲對等字是也。有奪去者，如𢀩羊朋兔妥等字是也。有古一字而分爲二三者，如孚乳，卿鄉饗，它也等是也。

甲文、金文均有羊字，《説文》無。《説文》角部觧用角低卬便也。《毛詩》中之騂即羊字。甲文出土，此類字的來源方得彰顯。

《説文》中之對，從䇂從口從寸，或從士作對。漢文帝以爲責對而譌，言多非誠。對故去其口，以從士也。金文無從口作者，亦非從士。又許書(指許慎《説文解字》——整理者)從寸，古金文及卜辭均從又。甲文𢧵出土，昭示其造字本義：兩軍示威僵持，戰前抗衡。而《説文》講的是引伸義，未解本義。

又如"爪"字，《說文》🔣母猴也，其爲禽好爪，"爪，母猴象也"。下腹爲母猴形，王育曰：爪象形也（爪爲衍文），古文作🔣，象母猴相對。古金文及石鼓文並作🔣，從爪從象，絕不見母猴之狀。卜辭作🔣，象手牽象形，昭示"爪"字本義。

甲骨文出土與集成

殷商王室常用甲骨卜占吉凶，其卜法有采料之人，有貞卜之史，有寫刻之吏，有收藏之官。於卜占之後，十九皆刻文字，有卜辭，有兆辭，有占辭，有驗辭，亦間有刻與卜事有關之簡單記事之文字。

光緒廿五年（公元一八九九年）前之數十年以來，小屯村北濱洹水之殷虛農田中常有甲骨發見，土人以爲藥材，拾之售於藥店，謂之龍骨。小屯村有剃頭者，名李成，自後終身以售龍骨爲業。

光緒廿五年，王懿榮居京師，病疴服藥，用龍骨，購自達仁堂，見其上有契刻篆文，大爲驚訝，知其物古，乃至藥肆詢其由來，擇其文字校明者，盡購之。自是甲骨始重現於人間。山東濰縣有古董商名范維卿者，知王氏喜甲骨，售八百餘片於王氏。濰縣趙執齋藏有數百片亦爲王氏所得。計王氏前後所獲約一千四五百片。後王氏殉難，其所藏大部分售於劉鐵雲，一小部分贈天津新學書院，又一小部分於民國八年由唐蘭編爲《天壤閣甲骨文存》一書。

同時蒐求甲骨者尚有王襄及孟定生。

劉鐵雲奔走齊魯趙魏之郊，前後得三千餘片，後命其第三子大紳至安陽搜羅，又得千餘片，光緒二十九就其中選拓一千零五十八片，編爲《鐵雲藏龜》。宣統二年，劉氏以庚子買倉糧事，得罪流新疆死，所藏甲骨未出版一部分歸羅振玉，於民國四年印爲《鐵雲藏龜之餘》，又千餘片爲其中表卞子休所得，後售與上海英籍猶太人哈同夫人。羅氏於民國六年由王國維代編爲《戩壽堂所藏殷虛文字》付印，一部分歸葉玉森，葉氏以其中之小部分於民國十四年印爲《鐵雲藏龜拾遺》，一部分歸福開森，後由商承祚於民國二十二年編爲《福氏所藏甲骨文字》，一部分二千五百餘片於民國十五年爲商承祚及其友人合購，後由商氏選其文辭少見及字之變異者，手拓六百餘紙，於民國二十二年，編入《殷契佚存》，一部分歸吳振平，後由李旦丘於民國二十八年編印爲《鐵雲藏龜零拾》，一部分歸柳詒徵。大約今中央大學所藏之四百餘片，即其物，近已由季孝定摹印爲中央大學史學系所藏甲骨文字，一部分歸陳中凡，一部分歸沈維鈞，已由董作賓編入《甲骨文外編》，惟尚未付印一部分歸王瀣。

光緒三十年冬，小屯村地主朱紳掘得甲骨盈數車，大約爲西人得之。

光緒廿九年，美國駐濰縣宣教士方法斂，英國駐青州宣教士庫壽齡，在濰合購甲骨甚多，以其四百片讓於上海英皇家亞細亞學會博物館，後由及普生摹寫一過，發表於《中國雜志》二十卷六號，又以七十餘片讓與濰縣聯合文理學院校長柏爾根，後由明義士整理發表於《齊大季刊》第七十六期。

黃心甫購得六百版，端方購得千版，徐枋購得一千三四百版，大抵皆經范賈之手，黃氏之物即售出一部分，於民國二十四年由其子黃濬編入《鄴中片羽》中。端方之物聞至今尚有未售出者四百片，徐氏之物後售與燕京大學，於民國廿二年由容庚、瞿潤緡編爲《殷契卜辭》一書。又沈曾植、王瓘、黃仲慧、劉季纓、盛昱等皆有所得，惟未詳下落耳。

三、論中國文字之起源及其演變

吾國文字之起源，昔時治是學者，謂伏羲氏之八卦，即爲中國文字之開始。附會其説者，以八卦某卦爲某字，此不足據。劉申叔謂八卦係由巴比侖傳入，亦爲無稽。實則八卦爲一符號，其畫不若現時所見八卦之規則，如《歡堂集古録》三十二葉卣上刻三三形，即八卦類之符號也。

又有爲吾國文字乃蒼頡所造者。《荀子·解蔽篇》曰："好書者衆矣，而倉頡獨傳者壹也。"《韓非子·五蠹篇》曰："古者蒼頡之作書也，自環者謂之私，背私謂之公，公私之相背也，乃蒼頡固以知之矣。"《吕氏春秋·君守篇》："倉頡作書，是言倉頡作書，而不詳其爲何代人也。"《説文》序言："黄帝之史倉頡。"《論衡·骨相篇》言："倉頡四目，爲黄帝史"，此言蒼頡爲黄帝史官也。《河圖玉版》言："倉頡爲帝"，《春秋元命苞》言："倉帝史皇氏名頡，姓侯岡"，此言倉頡爲古之帝王。至於造字之初，《淮南子》言："史皇生而能書"，《孝經援神契》言："效象洛邑"，《河圖玉版》言："登陽虚之山，臨於玄扈洛汭之水，靈龜負書，丹甲青文以授之。"凡此傳説，荒渺無稽。惟《説文》序言"見鳥獸蹄迒之蹟，知分理之可相別異也，近取諸身，遠取諸物"等語，似得其真。

按文字之起源，初民之圖騰及文字畫，即爲文字之朔。徵諸世界各民族之古初，罔不若是，而必謂文字乃由於某人所造者，是昧於社會進化之理矣。

往時治文字學者，以六書爲製字之原則。而六書秩序之先後，班、許諸家，互不一致。班固六書順序以象形爲第一，而許叔重以指事爲首，自後小學家以象形、指事二者孰先孰後，紛紜聚訟，迄今猶争論不休。文字首爲圖畫，不惟中國邃古如此，由近世考古家所發見各民族之初文，無不然也。有謂象形文字有一萬年以上之歷史，此言雖未立據爲定論，要之圖畫文字必發生綦早也。

　　吾國文字成爲具體文字，究起興於何時，以可信之資料言之，當自殷商。因吾國目前所見之文字，僅以甲文爲最早，治古文字學者，自殷商始。或有謂甲文書法精美，絕非短時所製造，必有因襲，理固然也。時至今日，尚未見更先於甲文者，暫從此始，用傳信也。

　　吾國文字之演變，有分爲三期者：一、原始期，此期由圖畫文字進而爲象形文字。二、上古期，此期由象意（即會意）文字自興起至完成。三、近古期，此期由形聲字自興起至完成。此三期之演變，乃勢之必然，即人事寖繁故也。文字之遞變，由純象形變而爲會意，再變而爲形聲，自是而吾國文字形、音、義三者大備矣。

　　郭沫若以甲骨文字的形式自由，是一種原始的現象，所以覺着它前面的歷史不會太長。

　　徐中舒以周代的時候，夏後杞鄫的文化落後，不能與具有高度文化的商後宋國相比，而推論夏代原來尚無文字的使用。

四、如何治古文字學

　　有謂文字學為一枯燥無味之學問，此乃淺嘗輒止者之所言也。天地間高深之學問，其始治之也，無不感其苦，既孜孜不已，不為難所制，一至豁然貫通之境，無不左右逢源矣，治古文字學亦若斯。求學不可躐等，循序以進，困難自少。欲識古文，須先知小篆，因小篆易知。有知小篆之基，進辨古文則較易，此即所謂欲治古文字學，必先通《說文》。由《說文》再上窮金文、甲文，其困難可迎刃而解矣。

　　吾國秦以前之文字，極為紛歧，試觀甲骨刻辭，彝器銘文，常一字數形，隨意增省，吾人欲研究此紛歧之文字，必先就同文異體者綜合之，如金文中對揚二字，書法甚多，苟有難識，綜合各器物上之該字，細審之即辨矣。再分析之，如某字其偏旁作某形，以求其相同相異之點，而紛歧之故，可得而知也。許叔重《說文解字》，分別部居，合以古籀，為一有系統之著作，使後之治文字學者，得以窺見文字製作之原及流變，即其綜合之功也，惜其於異體所收未廣，彼時古器物出土尚少，許氏未之見也。晚清之際，吳大澂作《說文古籀補》，而後彝器文字，始有輯錄之專書，自是而後，又有《金文編》《甲骨文編》等書，予治古文字學以便利，此所謂綜合者也。亦即比次之法也。又若溯其本源，考其流變，湮晦者發明之，譌誤者校正之，合之可徵社會之演化，析之可考一字之歷史，此文字學也。用此法以治是者，如孫詒讓之《名原》、吳大澂之《字說》是也，此二術者，治古文字學者不可偏廢也。

　　下舉例說明二術在辨識古文字中的作用。

　　《說文》　友，古文作🔣，從羽乃從羽，傳寫之譌，從🔣為日之譌。《師遽方尊》作🔣。

合書 〔古文字〕 〔古文字〕 三合 〔古文字〕 〔古文字〕 辛亥貞

〔古文字〕	師嫠簋	〔古文字〕	貉子卣	〔古文字〕	無叀簋	〔古文字〕	師旂鼎
〔古文字〕	卯簋	〔古文字〕	同簋	〔古文字〕	無車鼎	〔古文字〕	對卣
〔古文字〕	變簋	〔古文字〕	召伯簋				
〔古文字〕	貉子卣	〔古文字〕	毛公鼎	〔古文字〕	師嫠簋	〔古文字〕	免簋
〔古文字〕	盂卣	〔古文字〕	克鼎	〔古文字〕	善鼎	〔古文字〕	無叀簋
〔古文字〕	仲戲盤						

除上述二者外，又有對照法，亦即比較法。吾國文字常由某一字逐漸分化，如人字變易其形態爲儿〔古文字〕，倒寫爲匕，反寫爲〔古文字〕。又有倒寫者，如子倒之爲〔古文字〕，〔古文字〕爲〔古文字〕，〔古文字〕羅叔言釋爲糞，實乃綦之倒書也。又有推勘法者，此法即由其上下文義推勘，此爲某字者，此法宋劉原父、揚南仲等常用之。如十何以知爲甲，〔古文字〕何以知爲叔，〔古文字〕何以知爲壽，甲文中之〔古文字〕，孫詒讓釋爲之，羅叔言從人，胡光煒、郭沫若等就其文義推之，如卜辭"俘人十〔古文字〕六人"，即俘人十又六人也，亦可釋爲有。又如金文中之〔古文字〕，舊釋爲束，或爲業，就其文義推之，實即棗字。前已述及之偏旁分析法，此法最確而且易於收效。如〔古文字〕，宋人釋爲敦，清人錢坫、嚴可均以〔古文字〕即皀字，因釋爲簋。又如《說文》分卿、鄉、饗爲三部，以甲文之偏旁觀之。三字實爲一字，又外有歷史考證法，研究某字發生及流變，如壺壹二字

金文壺歊—憨皆從壺。

小篆　歊—憨皆從壹。

齋　《説文》箴縷所紩衣，也從㳉𦥑，省象刺文也。陟幾切。七下齋部。

研究古文字誠爲不易，迄今異説紛紜，要以擇善而從，如古之圖形文字有以爲族徽者，有以爲紋飾者，且此種文字極易辨識，其認識之法：

(1)由實物比較，如上述之齋齋作𦥑，可由實物比較而得。

(2)由簡化文字比較，如變爲人，變爲，變爲。

(3)由分析偏旁而得，如，前人多謂不可識，於偏旁求實即厷字。

(4)追溯某字之根源，如不睹，不能知及，形雖變而本爲一物。不睹，不能知義，雖岐而同出一原。其他孳而爲，又演而爲，變爲成。

(5)圖形文字後只存一部，如，後省爲，爲。

(6)古文字中常有合書者，如，甲文中有一田。

古字難識又有爲契刻範鑄不精，使文字筆畫錯誤、脱漏、雜亂者，如卜辭中之方，甲文有僅作。又有因古器物殘破，或爲銅鏽所掩，如甲文中之，誤作巫，此乃之殘字，石鼓文中之工誤爲。

古文字造字法及其演變

象形：象身　象物　象土　。

象意：合體象形　會意字　指事字。

　　　象形字乃自然發生。

　　　象意字乃人爲也，如。

　　　本爲圖形文字，後變爲形聲字，如加凡聲爲鳳。

　　　本爲象意字，改爲形聲字，如改爲貫。

字形演變——

(1)由繁趨省，如 [字]省爲 [字]，[字]省作韋，[字]省作正。

(2)文字增繁，如｜ [字]十　[字][字][字]　工王壬。

　　　首上加一　　[字][字]　[字][字]　[字][字]

　　　首上加八　　[字][字]　[字][字]　[字][字][字][字]

　　　字末加一　　一下加 [字][字] 或八　[字][字][字]　[字][字][字]

　　　空中加點　　[字][字] [字][字][字][字] [字][字] [字][字]

五、古文字釋例

小　小

《説文》云："不多也"，段注云："不多則小，故古少小互訓通用，從小丿聲，丿書治切。"甲骨文少作中小等形，金文作小小等形。

林義光《文源》：小與少古同字一，金文、甲文小少二字小石之形，微小爲抽象之義，造字者借具體之物以表之，小少爲小石之形，與大象人形同。《説文》：沙，水散石也，水少沙見。《震盤》沙作湘，從水從小，小即少字，亦即小字，取其小石之形也。許慎云"水少沙見"，非也。

沙，《無叀鼎》作，《休盤》作。

《説文》云："畜父也，從牛土聲。"段注曰："土當作士，士者夫也。"

《剌鼎》中牡從士。甲文作牡，從牛、從羊、從犬、從鹿，牡爲畜父，則任所施矣，王静安先生謂："牡從士，非從土。"

《説文》云："畜母也，從牛匕聲。"

甲文作。

羅振玉《殷虚書契考釋》：母畜對牡而稱牝，猶母對父而稱匕。羊豕亦有牝，故或從羊，從豕，或從犬，或從馬。《説文》犯，牝豕也，按犯即犯。卜辭之，唐蘭釋为巴。

爲牝牡合文，殷人祭兼用牝牡。

牢 《說文》云："閑養牛馬圈也，從牛冬省，取其四周帀也。"

金文作 (《貉子卣》)， (《爵文》)。

甲文作 。羅叔言《殷虛文字類編》曰："牢爲獸闌，不限牛，故其字或從羊。或變作，或變作，遂與今隸同矣。"

葉玉森《挈契枝譚》云："牛曰大牢，羊曰少牢，卜辭言牢，則牢指牛，即大牢之省，言少牢則專指羊。"

卜辭中大牢少牢，牢字有時皆作宰，總之皆象獸闌。許云"從冬省"，非也。

咸 《說文》云："皆也，悉也，從口從戌，戌悉也。"

金文作 (《咸父乙簋》)， (《矢簋》)， (《國差瞻》)。

甲文作 。

羅振玉《增訂殷虛書契考》釋曰："伊尹咸戊之名，或但舉一字曰伊，曰咸……"王氏《經義述聞》云："巫咸今文作巫戊，《白虎通》用今文，故與古文不同。後人但知古文之作咸，而不知今文之作戊爲咸耳。今卜辭有咸戊，即巫咸矣。"

咸有殺誼，《漢志》引書《武成》，有咸劉商王紂。咸何有殺誼？咸從戌，戌，卜辭作 ，羅叔言釋戌云："象戉形，與戉殆是一字。古金文戌字亦多作 ，仍未失戉形。"《說文解字》作戌，云從戊含一，於是與戉形乃離爲二矣。

總之，咸與戌、戚等字形近，皆爲兵器，故有殺誼。

郭沫若《甲骨文字研究》釋干支曰："戌字象戉形，與戉殆是一字，羅氏之說確無可易。"

卜辭戉作 。有謂戉爲古戚字。《大雅》："干戈戚揚。"《傳》云："戚，斧也。"卜辭戚字正象斧。

㕥 《説文》助也。從口從又。

手口相助也，從又從口，臣鉉等曰：今俗別作佑。㕂 㕩、右左、佑佐。

金文作㕥(《毛公鼎》)、㕩(《散氏盤》)。

甲文作㕥 㕂 㕩。

羅叔言：㕥即《説文》之祐，彼爲後起之字矣。卜辭中左右之右，福祐之祐，有亡之有，皆同字。㕥又爲㕂之異體。

王静安先生：《説文解字》差，籀文從二作㕩，此作㕥，以差例之，乃左右之右字。

郭沫若《甲骨文字研究》："王氏以古左字必作㠯，因以㕥爲古字。" 余按：差，許書訓貳，此即籀文從二之意，籀文㕩字，仍以𠂇爲左，非以㠯爲左也。"王受㕥"者，當讀"王受有祐"，又作重文。

郭説待商。

周 《説文》："密也，從用從口。"㕩，古文周字，從古文及。

金文作囲(《免簋》王在周)，㘙(《免簋》)，㙡(《散盤》)，㘙(《克鐘》)。

甲文作田 囲 囲 囲，不從用口，亦不從古及。

周字在金文中作囲形，前人多釋爲鹵，假爲魯。吳大澂《魯公伐郑鼎》："㘙受多福"，始釋爲周字。孫詒讓之《契文舉例》，商承祚之《殷字類編》，容庚之《金文編》，孫海波之《甲骨文編》，均釋爲周。郭沫若《甲骨文字研究》釋寇：字固周字，其證有二：一爲《無惠鼎》之"王各于周廟"，作㘙，乃㙡之省，則知囲乃㙡之省；一爲畫字，古金文畫字從周，《毛公鼎》畫作㙏，《師兌敦》作㙏，《番生敦》作㙏，從周省，與《無惠

鼎》周字同，《録伯敦》作🔲，蓋琱字之省，琱亦通周。(《🔲皇父》作周娟
匜之周娟，🔲《皇父敦》作琱娟，即其明證)而《宅敦》則作🔲，從🔲省，
是🔲爲周之明證矣。又云：近出《大矢令彝》兩周公字，一作🔲，一作
🔲，此🔲爲周之鐵證。郭氏謂🔲字象田中有種植之形，是證周人以農
業之發達爲其特徵。

又有謂周爲古琱字。《説文》琱，“治玉也，從玉周聲。田象畫時所
用之器，所以盛顏料者也”。

葉玉森《説契》：🔲字異體作 🔲 🔲 🔲 🔲 等形，疑金文中之金字，
即由卜辭之🔲 🔲譌變，🔲 🔲 🔲 🔲象古代盛金粒之器，有界格；🔲
🔲象所得之金粒，厥後變🔲 🔲 🔲 🔲，爲全，爲八，爲人，仍注
🔲🔲於界格中，造字精意已失其半。卜辭婁言令某族鑿金，或言令某
族從某侯鑿金，是鑿固殷代之要政也。

🔲 《説文》：“大言也，從口庚聲。”亦作🔲，古文唐，從口易。
金文作🔲(《唐子且乙爵》)。
甲文作🔲🔲。
孫氏《契文舉例》釋爲唐。

王静安先生《古史新證》曰：“唐即湯也。”卜辭連言“唐大丁大口者”，
則爲湯可知。《説文》“口部昜喝”，古文唐，從口昜，與湯字形聲俱近。
《博古圖》載《齊侯鎛鐘銘》曰：“虩虩成唐，有嚴在帝所，勇受天命……”
又曰：“奄有九州，處禹之都，夫受天命，有九州……”成唐即成湯，非
成湯其孰能當之。《太平御覽》八十二及九百一十二引《歸藏》曰：“昔者
桀筮伐唐，而枚占熒惑不吉。”《博物志》亦有此文，夫夏桀之時有湯無
唐，唐必湯之本字，後轉作喝，復轉作湯，而其本名廢矣。

羅振玉曰：“王説是也，唐殆太乙之謚。”《〈史記·殷本紀〉集釋》引
謚法曰：“除暴去殘曰湯……”

葉玉森曰："按唐湯鴮古通，許書鴮古文唐，從口，疑從日之譌，即暘，經傳中未見鴮字，卜辭從日之字亦作從口，故暘譌爲鴮，《楚辭》"委兩館於咸唐"，注：咸唐，咸池也。又"飲予馬於咸池兮"，注：咸池，日浴處也。《文選·蜀都賦》"泪若湯谷之揚濤"，注：湯谷日所出也。《史記·五帝紀》曰暘谷，《索隱》：暘谷本作湯谷。是咸唐、湯谷、暘谷並爲一地，則唐、湯、暘之通假可以無疑。

《説文·口部》："語相訶歫也。從口歫辛(音愆)，辛，惡聲也，讀若櫱。"段注："歫，今之拒字。"五葛切。

羅振玉《殷虛書契考釋(增訂本)》：古文䇂與辛之別，但以直畫之曲否別之。許書辛部之辠之辭，金文皆從䇂，部首之辟，卜辭從，金文從，其文皆與同。又古文言、童、妾、龍、鳳諸字，則金文於言、童、妾三字從，卜辭則妾從，言從，龍字從，意均爲䇂之或體，蓋因字勢而絀申之耳。凡許書辛䇂二部所隸之字及部首之辟，口部之，皆應隸於號部。庚辛之辛字形與䇂之或體作字雖同，然卜辭與古金文從無一曲其末畫者，其初誼既不可知，則字形亦無由可説，次於庚部之後，但爲一部可矣。

王静安先生釋辠：余謂十干之辛，自爲一字，其字古文作或作，訓辠之辛，又自爲一字，其字古作、作、作。此二字之分，不在橫畫多寡，而在縱畫之曲直，何以證之？凡古文宰、辟、辠、辭、章諸字，其誼與辛字相關者，皆從或，其中直皆折而左，無一從若作者。又殷虛卜辭有字，即《説文》字，《説文》，語相訶歫也，從辛，是篆文之辛亦或作，蓋辛一字。

郭沫若《甲骨文字研究》釋干支：謂辛、䇂同字而異音，當係古之剞劂。《説文》：剞劂，曲刀也。一作剞剧。

葉玉森：卜辭辛作等形，其之一體填實之則成，末鋭

如鏃，上可受椎，似象一工用之器，與 ~~~ 之象迥別，……金文 ~~~ 之省
體或作辛與 ~~~ 相同，似作非庚辛之辛。

~~~ 　《説文》云："直言曰言，論難曰語，從口，辛聲。"

金文作 ~~~ 古鉢。~~~（《伯矩鼎》），~~~（《敕卣》）。

甲文作 ~~~ ~~~。

林義光《文源》：《説文》言'直言曰言，論難曰語，從口，辛聲'，按
辛與辛同字，辛非聲，言本義當爲獄辭，引伸爲凡言之稱，與辭字同義，
從辛，辛，罪人也。

郭沫若《甲骨文字研究・釋龢》：《爾雅》云："大簫謂之言。"《墨
子・非樂篇》引古逸書云："黄言孔章，黄乃簧省，言猶言笙簫也。"墨子
所非者爲樂，故舉此以爲證，孔書竊此入《伊訓》，而改爲"聖謨洋洋，
嘉言孔彰"，蓋不解言字古字，誤以爲言語之言。考言音古本同類字，如
許君："音"從口，辛聲。~~~ 從言合一，字於古金文每相通用，《王孫鐘》
之中 ~~~，盧旞。《沇兒鐘》作中 ~~~，盧旞。字雖不識，然同是一字，一從言
一從音作。又如《免簠》之錫 ~~~，《衣趩尊》之錫 ~~~ 衣，從音。《豆閉》之錫
汝 ~~~ 衣，則從言。《格伯敦》亦有此字，作 ~~~ ~~~，亦從言作，羅振玉謂從
音，殆通不别，是也。觀此所從之言字，並不從辛作，此又言之最古字，
從口象形，~~~ 若 ~~~，即簫管也。口以吹之，從八者，表示樂器之音波，
如鼓音爲彭，彭於骨文有作 ~~~ ~~~ 諸形，即以點畫爲音符也。

葉玉森：郭氏謂 ~~~ ~~~ 象簫管口以吹之，援《爾雅》大簫謂言作證。予
思古有人類，即有語言，先哲造字，似應先造言語之言。《釋文》本大簫
謂之言，之言作管，則言其省假，曰象吹簫必非朔誼，且 ~~~ 在 ~~~ 下，何
能象吹。卜辭龠字作 ~~~，下象編管，上象覆口，吹意自顯。如先哲造言
字象吹簫，則口字必倒覆於上作 ~~~ 或 ~~~ 方合。又按卜辭貞月諸辭，例如
"今月寧""今月亡戾""今月亡囚""今月亡來囏"等，今月下必繫吉或凶

之習語。殷虛卜辭內屢見"今月◇ 🔶"之辭，則◇ 🔶二字吉語即凶繇，是卜辭言字必非大簫之證，因疑卜辭吉字作🔶，乃從倒辛從口，🔶字則從辛從口。《說文》："辛，辠也。"先哲造言字即主慎，言出諸口即獲愆，乃言字本誼，納諸口即無愆乃吉字本誼，《易·繫辭傳》云"吉人辭寡，似吉之爲象"，亦主慎言。先哲造字法或以倒辛表示與辛相反之意。

歲　《說文·步部》："歲，木星也，越曆二十八宿，宣徧陰陽，十二月一次，從步，戌聲。"《律歷書》名五星爲五步。

金文作🔶(《毛公鼎》)、🔶(《曶鼎》)、🔶(《國差𦉢》)、🔶(《子禾子釜》)。甲骨文作🔶 🔶 🔶 🔶 🔶 🔶。

羅振玉《殷虛書契考釋》曰："從步，戌聲。《說文解字》作戌聲……"歲戌疊韵。

甲骨文之🔶，孫詒讓《契文舉例》釋爲戉。容庚《甲骨文之發現及其考釋》據《子禾子釜》之🔶斷爲歲字。

郭沫若《甲骨文字研究·釋歲》，因徐同柏釋《毛公鼎》"用歲、用政"爲"用鉞、用征"。以《虢季子白盤》"錫用戉用政(征)蠻方"辭例爲證，謂徐說較確。《予未子釜》之🔶爲戉字之別構，與戉爲一字，後用歲爲年歲，或歲星字，故二者遂致分化。卜辭之🔶乃歲字，《墨子·明鬼篇》"歲於祖若考"，《洛誥》"戊辰王在新邑烝祭歲"，並爲歲祭之證。

《爾雅·釋天》："夏曰歲，商曰祀，周曰年，唐虞曰載。"卜辭中稱歲者甚多，清人邵晉涵《爾雅正義》、郝懿行《爾雅義疏》均疑其說爲不足信，睹卜辭亦證《爾雅》有誤。

正　《說文》曰之直也。《說文》："正，是也。"從一目止。"🔶，古文正從二，二，古文上字。🔶，古文正從一足，足者亦止也。"《說文》段注謂，"正"之引申有"直"義。

金文作🔶(《瓤文》)，🔶(《龙母尊》)，🔶(《盂鼎》)，🔶(《鍾伯鼎》)。

甲骨文作 ▨ ▨ ▨。

金文甲文中之 ▨，後漸變爲 ▨ 爲正。有時作征用爲征伐，楊樹達謂正爲立直也。從止或口聲，口，古丁字也。或省作一畫，或作二畫，乃正字之變體，許云："從一從二，二，古文上字。"非也。

德　《説文》云："昇也，從彳，悳聲。"

金文作 ▨(《毛公鼎》)，▨(《盂鼎》)，▨(《秦公簋》)，▨(《克鼎》)。

甲骨文有 ▨ ▨ ▨。

有甲骨文作值，從彳，直聲，《易·剥》："君子得輿。"《釋文》："得，《京房》本作德。"德原爲得道之義，初民入山林川澤，往往失道，故以得道爲大，得爲大事，而特製德字。《廣雅釋詁》："德，得也。"行而得道爲德，路中得貝爲得，其義稍別矣。

甲骨文 ▨，孫詒讓《契文舉例》曰："《説文》德悳，皆以直爲聲母。乚部直，正見也，從十目乚。此 ▨ 從十目，而省乚，即直字。乚，匿也，讀若隱。"

羅振玉曰："《歷鼎》與此同，德，得也，故卜辭中皆借爲得失字。林義光《文源》釋《齺鼎》，▨ 道爲循道。"

得　《説文》云："行有所得也。從彳，尋聲。"▨，古文得。

金文作 ▨ ▨(《師望鼎》)，▨(《虢弔鐘》)，▨(《亞父癸卣》)。

甲骨文作 ▨ ▨ ▨。

羅振玉《殷虛文字類編》曰："此從又持貝，得之意也，許書從見，殆從貝之譌。"

御　《説文》彳部云："使馬也，從彳卸。"▨，古文御從又馬。

金文作，，，。甲骨文作![字]![字]![字]![字]![字]![字]![字]。

![字]，孫詒讓《契文舉例》疑爲紿之省文。

羅振玉《殷虛書契考釋》曰："![字]與午字同形，殆象馬策，人持策於道中，是御也。"作![字]者，亦見《盂鼎》。

王靜安先生《殷虛文字考釋》：御假爲禦字，説禦，祭也。

聞宥《殷虛文字孳乳研究》：羅釋御，是也，惟其説則未諦，![字]實不象馬策，![字]與![字]體析離，亦無持意，此午實爲聲，![字]象人跪而迎迓形。![字]，道也，迎迓干道，是爲御。《詩》"百兩御之"，箋曰："御，迎也。"近則客止，故又孳乳加止，諦言之當曰從行從![字]從止，午聲，其作![字]者，省文也，其訓迓者朔誼，他訓爲後起誼。又卜辭之![字]，截然兩文，金文《不![字]敦》蓋馭方與御追並出，可見二者絶不同用，許君乃誤合爲一，又誤以御省體爲卸。(經傳無御字明其非古)而以![字]釋![字]，去古誼遠矣。又云卜辭所出御字，多言迎尸之事，積久則爲祭之專名，如"御于祖辛"，"御于祖乙"是也，而其字則孳乳爲禦字，猶帝之孳乳爲諦，果之孳乳爲祼也。

![字] 孫詒讓《契文舉例》釋作申。

聞宥：卜文午字皆象交午之形，《儀禮注》所謂一縱一橫曰午是也。其作![字]![字]者，又通爲象約束麻絲形，其字則後來孳乳爲系字，此觀於《説文》，糸之古文作![字]而可知，古糸系字又不分，以糸象約，本有繫義，而![字]字卜文金文無之，當是後來所加之偏旁，許氏不達，誤析爲二。又云：卜辭![字]字，![字]與人體析離，亦無持意，此午實爲聲，小徐猶曰午聲可以爲證。

郭沫若《甲骨文字研究》：予疑當是索形，殆馭馬之轡也。其作![字]者，亦猶之龠之作龠，從日作者之丨，乃是策形，金文之作午者，殆誤以爲杵形而譌變。

葉玉森：卜辭午等形，譌變作土，如頗似馬策有節，填實作更肖。

龠 《説文》云："蓋也，從艸，合聲，龠，古文弇。"
甲骨文作。

陳邦懷《殷虚書契考釋》小箋曰："弇之初字從，皆象以宀，按物形。《説文解字》弇字古文作，從囘，殆由而譌，此字在卜辭中假借爲嫷。"

葉玉森：陳氏釋弇是也，惟謂假作嫷則非。許書訓弇爲蓋，奄爲覆。實則弇奄一字，揜掩並爲今文。《西山經》"崦嵫之山"，《穆天子傳》《列子》並作弇山，亦其證。他辭云：王入於弇(奄)。是弇爲國名。

農 《説文》云："耕也，從晨，囪聲。"段注謂耕人也。籀文農，從林。古文農，亦古文農。

金文作 (《散盤》)， (《史農觶》)，。
甲骨文作。

羅振玉《殷虚書契考釋》：《説文解字》："農，耕也，從晨，囪聲。"籀文從林作䢉，此從林從辰，或加又，象執事於田間，不從囪諆。《田鼎》作。予所藏《史農觶》作，並從田，《散盤》作，亦從卜，與卜辭同。從田，與《諆曰田鼎》《史農觶》同。知許書從囪者，乃從田之譌矣。

辰 《説文》云：“震也，三月，陽氣動，靁電震，民農時也。物皆生，從乙匕，象芒達；厂，聲也。辰，房星，天時也。從二，二，古文上字……㖕，古文辰。”

金文作 㞢（《矢簋》）， 㞢（《盂鼎》）， 㞢（《𦈡矦鼎》），

㞢（《臣辰爵》）。

甲骨文作 㞢㞢㞢㞢㞢㞢。

林義光《文源》曰：“《説文》云：‘辰，震也……’按古作㞢（《大敦》振之偏旁），實脣之古文，象上下脣及齒形。”

胡光煒《説文古文考》：卜辭辰之變形甚多。簡者作㞢，象人推㞢，㞢者，耒也。《説文》：“耒，手耕曲木也。”此正象之。案，服牛乘馬爲殷之先人所發明，自殷訖周，牛馬但以服箱耕稼之事，則以人力爲之，㞢本象人耕之形，故農從之。失農有辠，故耨從之。耕者有候，故辰星以此名。

郭沫若《甲骨文研究·釋干支》：辰實古之耕器，其作貝殼形者，如㞢，蓋蜃器也。《淮南·氾論訓》曰：“剡耜而耕，摩蜃而耨。”其作磬折形者，如㞢，則爲石器，其更加以手形者，如㞢（《伯仲父敦》），則示操作之意。又謂辰與蜃在古當係一字，蜃字從蟲例，當後起。《説文》祳，社肉盛之以蜃，故謂之祳字，於經典通作脈，是雖辰聲之字，亦從辰蜃，以會意祳亦逕或作蜃……

葉玉森《殷契鈎沉》謂㞢㞢從㞢㞢即厂，許君訓山石之厓㞢，㞢㞢乃手形，手撼厓石，會意爲振動，即古振字。

籍 《説文》云：“帝籍千畝也。古者使民如借，故謂之藉，從耒，

昔聲。”

金文作 🔲（《令鼎》），🔲（《農𢦏敦》）。

甲骨文作 🔲。

羅振玉《增訂考釋》釋爲埽，象人持帚，埽除之形。

陳邦懷《殷契拾遺》：按，耤字作🔲，從荅，即耤字，則所從之🔲必爲耒字無疑。卜辭極肖耤於人下增足形耳。卜辭及鼎文，人手所持握者，即許君説耒字所謂手耕曲木也。段氏據《廣韵》删手字，大失許君之意矣。《急就篇》顔注，手耕曲木也，古者倕作耒，當即本之許君，益足證段氏删手字未可信。卜辭所記耒臣，蓋殷之農官也。

徐中舒《耒耜考》曰：“即耤字小楷，臣疑即殷代農奴，亦即晉語之隸農。”

郭沫若《釋耤》曰，羅氏説於字形不合，因卜辭帚作🔲🔲諸形，多假爲婦，决無作🔲🔲之形者。且以埽字，按諸原辭無一例可通，所謂“小埽臣”“王其觀埽”……此乃耤之初字，象人持耒耜操作之形。郭氏又引《令鼎》之🔲，《農𢦏敦》之🔲田作證，且斷《毛公鼎》之🔲🔲即耤🔲……《番生敦》之🔲🔲，《師兌敦》之🔲🔲……並同。

卜辭有🔲，羅叔言《增訂考釋》曰：“《説文解字》奴，古文作🔲，從又。與許書篆文合。”

葉玉森曰：“卜辭🔲之異體作🔲🔲🔲🔲，所從之乀丿丿並爲耒形，先哲造奴字，蓋取女持耒之誼，古代役女子爲農奴，於兹可信。譌變作🔲，乃似從又矣。”

🔲 《説文》云：“卵孚也，從爪從子，一曰信也。🔲，古文孚，從采。采，古文保。"

金文作 。

甲骨中有![]字，葉玉森《殷契鉤沉》：予曰曩疑卜辭之![]，與![]爲一字。《説文》采，古文孚保。古文保從孚，又抱之或體作抱。《釋名》抱，保也。是采保古誼相通。卜辭中又有![]，象一大人抱子形，乃古抱字。

卜辭中又有![]字，即保字，且《辛父庚鼎》保作![]，《季保敢》作![]，並從人從子。

商器屢見![]形，舊釋子孫，實即卜辭![]字，當釋爲俘。既釋![]爲孚，因悟![]（《父丁爵》之![]），舊釋八子，實即八俘。《説文》："八，別也，象分別相背之形。"八與分，古聲誼並通，古即假八爲分，曰八俘即分俘，因分俘以鑄器以彰榮，紀武功也。又悟商器![]![]![]，舊釋析子孫，考觯文作![]![]，父癸爵作![]![]![]，從![]，乃八字之譌變，仍當讀八俘。即爵文繁變之式，由![]而變爲![]，再變爲![]、爲![]，省爲![]，八之形誼乃全晦。諸家釋![]爲析，爲黼形（孫詒讓説）爲俎形、几形（王國維説），爲非、爲斧戾形（丁山説），皆非。至丁山氏謂![]![]爲古國名，即冀字。郭沫若亦謂爲古代國族之名號，且謂抱子形，爲天黿，即古之軒轅氏，則更誤會矣。

 宋人多釋作"子孫"，羅叔言釋爲"子黿"，郭沫若釋爲"天黿"，孫海波釋爲"大黿"，聞一多謂爲從大從黽之"奄"字。

![]![] 羅叔言釋爲"相"，他家多釋爲"省"。

有釋爲"省"。王襄釋爲"徇"。郭沫若釋值爲"循"。葉玉森、孫海波釋爲"德"。孫詒讓、羅叔言釋爲"直"。

徇、伐同義。

孫詒讓釋爲"龜"，聞宥、董作賓從之。郭沫若釋爲"黽"，聞一多謂爲"兆"字。黽、兆古爲一字。兆，與告猶義同。

古時字少，一字常有數用，如：

《虢季子白盤》作，《頌鼎》作，《宋公欒戈》作欒。

《兮田盤》作諸，《免簋》作書，亦作都。

郭沫若釋"寇"、葉玉森釋"鑾"、林義光釋"璞"。唐蘭云："即璞之皋學也，於此當讀爲戡……戡周猶言伐周也。"

六、《説文》部首之甲文、金文考究

整理者按：部首是給漢字同一偏旁所立的類目，東漢許慎首創。部首可分兩類，一爲造字法，二爲檢字法。如横（一）、竪（丨）、撇（丿）、點（丶）、折（乛）等。以甲文、金文考之，部首本義方得彰顯，此未識甲文、少識金文之許慎所不能企及。本篇以甲、金文略糾許慎《説文》及段玉裁《説文注》之偏失。

一　《説文》云："惟初太極，道立於一，造分天地，化成萬物。"弌，古文一。段注云："凡言古文者，謂倉頡所作古文也。"

小徐本作"惟初太始"。

金文作一，甲文亦作一，古時文字單簡，一字最簡，何弌字更古於一乎？一字用途甚多，可以爲天、爲地、爲本、爲末、爲心、爲道。此爲符號故，可代表各類，而今但用爲數之始也。

二　《説文》云："高也。此古文上，丄，篆文上。"段氏曰："古文上字，蒙一而次之。"

金文作二，甲文作二、二，示平地之上。

示　《説文》云："天垂象，見吉凶，所以示人也。從二（古文上），三垂，日月星也。"示（古文示），段氏謂次示者，示從二，蒙二而次之也。

金文作示示示示。

甲文作示（有謂古文示象，神主之形，《説文》云："從二，三，垂日月星也。"非。見孫海波《甲骨文編》)。

胡光煒：**丅**，蓋象木表，所以代神，與**釆**同義。古祭人鬼，則立尸祭天神地祇，無尸則植表，以象神之所在，此立主之始，與**釆**皆爲表形也。(《〈說文〉古文考》)

甲文作**丅 工 主 帀 帀 亐**等形，**丅**爲最初文，從一，象天，從丨，意謂恍惚有神，自天而下，乃以丨爲象徵，變作**工**，亦神自天下地也。

有謂**丅**係木形，以代表神位，**帀**者加一神，**帀**者加二神。

三　《說文》云："數名，天地人之道也，於文一耦二爲三，成數也。"**弎**(古文三)。

金文作**三**，甲文作**三**。

《說文》所收古文弍字，亦不謂之爲古文，其理與古文弍同。段氏云："蒙**帀**有三垂而以三次之。金文甲文**帀**字有不作三畫者，次於**帀**，非當，且三字既爲部首，而所屬之字無一。"案：**三**字不應爲部首，宜隸於**一**下。

王　《說文》云："天下所歸往也。"董仲舒曰："古之造文者，三畫而連其中，謂之王。三者天地人也，而參通之者王也。"孔子曰："一貫三爲王。"

禾(古文王)，段氏謂蒙三而次之，從一，**田**，三也。

金文作**王 王 王 王**。

甲文作**大 大 禾 王 天 玉**。

羅振玉：《說文解字》王古文作**禾**，金文作**王**(《盂鼎》)、**王**(《格

仲尊》)

　　🗝（《者污鐘》）與《説文》所載古文同卜辭，從▲從△，並與山同。吳中丞釋爲古大字是也。卜辭或徑作大。王謂亦王字，其説甚確。蓋王字本象地中有火，故省其上畫，義已明白，且據編中所載諸文，觀之無不諧也。（《增訂殷虛書契考釋》）

　　葉玉森：卜辭王之異體作大 大 大 大 大 大 王 ▲ 上等形，謂△ 山象火，則卜辭火字及從火之字，無作此形者。以前六體填實之作▲ ▲ ▲ ▲ ▲ ▲，則▲ ▲上所加之橫畫，或一、或二、或三，可知其非象地或火之炎上。予疑▲ ▲象古代王者之笈冠，造字之始，冕旒未作，王者惟冠峻削之，冠上有田玉之飾，以表異於眾。卜辭玉作丰，作丰丰（瓊之偏旁），此從一從二從土及丰，並象玉飾，或飾一玉，或飾二玉、三玉，譌變作王，僅象玉與玉字同作▲，則猶近冠形作上，則朔誼全失。（《殷虛書契集釋》）

　　汪榮寶釋皇：古文皇字，即象其形，⊖象冠，川象冠飾，土象其架，與𡊨之從土爲象，象鐙足之形同例。

　　由汪氏之釋，有謂王即橫之古文者。《説文》橫，所以几器，從木廣聲，當爲置物之架，王象其形也。

　　王　　《説文》云：“石之美，有五德者，潤澤以温，仁之方也。䚡理自外，可以知中，義之方也。其聲舒揚，專以遠聞，智之方也。不撓而折，勇之方也。鋭廉而不忮，絜之方也。象三玉之連。丨，其貫也。”禹古文玉。段氏謂亦蒙三而次之。

　　金文作王 丰，甲文作丰（古玉或貝，皆以一貫五，此象連貫之形）。

丰，羅振玉釋甲骨文曰玉，卜辭亦作丰，或露其兩端，知丰即玉者。

　　按玉亦可作王，如豐字從玨，亦可作工工，巫從工即玉字也。

珏　《説文》云："二玉相合爲一珏。" 瑴 珏或從彀（段氏謂蒙王而次之，凡並之重之，而又有屬者，則別爲部，如珏之屬，有班瑞是也，並之重之，而無屬不別，爲部如祘，在示部之末是也）。

甲文作𤤴，古王或貝，皆以一貫五枚，二貫爲一珏，故𤰈版文作𤤴，就其枚言之，則曰珏朋，區就其貫言之，則曰工曰王。（王静安先生説）

按此，珏當隸於玉部，不當分爲部首。段氏謂其有屬，而班瑞列入玉部，或車部，有何不可。

甲文又有𤤴，王静安先生釋𤤴𤤴爲朋（王先生曰：殷時玉與貝皆貨幣也，而有焉以繫之，所繫之貝玉於玉，則謂之珏，於貝則謂之朋，然二者於古實爲一字）。朋字，金文作𤤴，甲文作𤤴𤤴𤤴𤤴。

釋器：玉十謂之區，區瑴雙聲。

吳大澂《乙亥敦釋文》云："二玉爲珏，三玉爲丰，十丰即三十玉也。"

古從玉之字，或從貝，《説文》玩亦作貦。

商承祚氏列𤤴及𤤴於鳳字下。

气　《説文》云："雲氣也，象形。"

段氏謂："文象形而次，此者爲其列，多不過三。"

金文作气气，隸變作乞。

士　《説文》云："事也，數始於一，終於十，從十、一。"孔子曰："推十合一爲士。"段氏謂："蒙上以一貫三，次之以十合三。"

金文作士，又有土形者（見《弔氏鐘》），作𡈼（《臣辰卣》），作士（《𣪘尊》）。金文十多作𠂤𠂤，士上是否從十待考。

甲文尚未見士字，但甲文中𢊠，王静安先生曰："從鹿從士，與從牛從士同義。鹿，牝者謂之麀，牡者謂之麤也。"按牡，《説文》牡，畜父，從牛土聲。甲文 ![字], 又有牝牡合文 ![字]。

牡,《説文》從土。段注曰:"土當作士,士者夫也。"王先生釋從士,可知士之上,非爲十也,而此字不應列爲部首,今入於一部。

![字] 《説文》云:"下上通也,引而上行,讀若囟。引而下行,讀若退。"段氏謂王,王中皆有 ![字],以 ![字] 之故,次之以 ![字]。

金文甲文作 ![字] 之形,皆另有義,無下上通之誼。金文甲文中之中,作 ![字],並不作中。從 ![字],上下通也。中字不應列入此部。

![字] 《説文》云:"艸木初生也。象 ![字] 出形,有枝莖也,古文或以爲艸字,讀若徹。"段氏謂蒙引而上行之 ![字] 也。

金文作 ![字],按《説文》云古文以爲艸字,是也。此正爲艸字之初文,以下之艸部,蓐部,茻部,皆應併入此部。

![字] 《説文》云:"物之微也,從八、![字],見而八分之。"

段氏謂仍蒙 ![字] 而次之。

金文作 ![字] 等形。

甲文作 ![字](作三點示微小之義,《説文》"從八、![字],見而八分之",非也)。

按金文甲文小字,並不從 ![字]。段氏之説誤也。

![字] 《説文》云:"別也,象分別相背之形。"段氏謂:"蒙小從八,而次之以八。"

金文作 ![字]。

甲文作八 八 八。

小既不從八，段氏之説不足據。

采 《説文》："辨別也，象獸指爪分別也。讀若辨。䏌，古文
采。"段氏謂："采者，八之類，皆象分別之形也，故次於此。"

金文作芣 芣。

采象獸指爪，此部番之古文𤲒，即爲是形，且即采字。

段氏謂"采者，八之類"，非通論也。

半 《説文》云："物中分也，從八從牛。牛爲物大，可以分也。"

段氏謂蒙八而次之。

金文作半。

按半可入於八部。

牛 《説文》："事理也，象角頭三，封尾之形也。"

段氏謂蒙半從八牛而次之。

金文作半 牛。

甲文作牛 半 半 半 半 半 牛。

《殷虛書契考釋》曰："《説文解字》牛觸人角，著橫木，所以告人也。
卜辭中牛字或從二，或從乚，乃象著橫木之形。"

犛、告兩部均宜隸此。

曰 《説文》云："人所以言食也，象形。"

段氏謂蒙告從口而次之。

金文甲文從口之字，有不作曰形而作口形者。

卜辭從凵之字，有作口者，如去，卜辭作𠶷。

段氏謂蒙告從口而次之，秩序顛倒。

ᑌ ᑌᑌ 界皆應隸此部。

金 《説文》云："趨也，從夭止。夭止者，屈也。"

段氏謂："有形不相蒙者，此是也。"

金文作 金 金 金 金。

甲文夭作 大，象疾走之形。

止 《説文》云："下，基也。象艸木出有址，故以止爲足。"

段氏謂："蒙走，從止而次之。"

金文作 止 止 止 止。

甲文作 止 止 止 止。

按走字應移至止部， 止 止 止 正 是 諸部均應併入 止 部。

走 《説文》云："乍行乍止也。從彳從止。"

段氏謂仍蒙止而次之。

金文作 走 走。

甲文辵常作 止 或 止。

按，應以 彳 爲部首，辵辵彳均隸於 彳 部。

[附]古文字小劄

《禺邗王壺》(二十多年前在河南衛輝出土，有二壺，爲法人寇爾所得)銘曰：禺邗王於黃池，爲趙孟斦邗王之惕金，台爲祠器。

英國葉慈教授，國人陳夢家、唐蘭二氏亦有考釋，馬衡、容庚皆有文論之，葉氏謂趙孟即趙鞅，魯哀公十三年黃池之會，吳晉爭長，趙鞅與其事，銘中所紀，即此役也。葉氏又謂禺雄音近通假，禺即王孫雄，邗當讀爲捍。馬氏讀禺爲遇，唐氏從之，又云邗爲攻吳之合音，邗王即吳王。陳氏主禺假爲吳，舉《戰國策·趙策》"吳干之劍"，《呂氏春秋·疑似篇》"劍之似吳干者"，讀禺邗與吳干同，禺邗王即吳王夫差。斦字唐讀擯介之介，陳云斦爲介之孳乳字，與匄通，當訓賜予。

惕爲惕之別構，惕錫古通，《易·夬》"惕號"，《釋文》"荀翟本作錫"，"錫金"謂錫與金也。

台即"以"字。

吳王壽夢之戈。

銘文：邗王是埜，乍爲元用。

埜，古野字。乍即"作"字。元用等於寶用。

"是埜"是邗王的名。

邗或省作干。干國後爲吳所滅，吳國也稱爲干國。

古書中凡稱干越的，即爲吳越。

勾吳、工獻，攻敔、攻吳。

鎛　　源自鈴鐘，平于，鈴是平于，也有曲于。

羽觴即文杯，漢代稱大杯，小杯，無耳杯之名。

鬼　甲文作□、□、□。

恆　□、□、□。

□、□、□。

災字各類

火害　　　志、突、災、秌、烖。

水害　　　巛、𝌖形象水𝌔、𝌕。

兵害　　　𝌙𝌚。

兵　　　古文作𝌛。𝌜即庚字，爲漢代更卒之本字。𝌝，郭云："象奉斧形，乃兵之初字。"

金文研究

目　　録

整理者按：金文指殷周間鑄於青銅器上的銘文。青銅禮器以鼎爲主，樂器以鐘爲主，故金文又稱"鐘鼎文"。禮器又名彝器。彝指盛酒器具，亦泛指宗廟祭器，其上銘文稱彝文。

一、銅器昉①於何書

《路史》曰："伏羲聚天下之銅製棘幣，黃帝箔金爲貨。"《通典》云："自太昊以來已有泉幣，太昊氏、高陽氏謂之金，有熊氏、高辛氏謂之貨。"

《史記·封禪書》云："黃帝作寶鼎三，象天地人也。"

《左傳·宣三年》："昔夏之方有德也，遠方圖物，貢金九牧，鑄鼎象物。"

《史記·封禪書》："禹收九牧之金，鑄九鼎象九州。"

《後漢書·郡國志》云："楊縣有荆山。"注引《帝王世紀》禹鑄鼎於此。

《管子·地數篇》云："伯高對黃帝曰：雍狐之山发而出水，金從之。蚩尤受而製之，以爲雍狐之戟。"

《越絕書》載風胡子之言，謂軒轅、神農、赫胥之時，以石爲兵。黃帝之時，以玉爲兵。禹穴之時，以銅爲兵。

章鴻釗《中國銅器鐵器時代沿革考》，見《禹貢》討論集。

日人梅原末治著《中國青銅器時代考》，胡厚宣譯，商務印書館出版。

---

① 昉(fǎng)，指日初明，有起始、起源意。——整理者注

馬衡《中國銅器時代》，見《古史辨》第二册。

《管子·小匡》云："美金以鑄戈劍矛戟，惡金以鑄斤斧鉏夷鋸欘。"美金，銅也；惡金，鐵也。

王褒《雲陽宫記》："兹峨山黄帝铸鼎於此。"

二、商周兩代何以多彝器

《墨子·耕柱》云：昔者夏后開使蜚廉折金於山川，而陶鑄之於昆吾……九鼎既成，遷於三國。夏后氏失之，殷人受之；殷人失之，周人受之。

《逸周書·大聚》云：武王乃召昆吾，而銘之金版。

阮文達公《商周銅器說》下篇云：三代時鼎鐘爲最重之器，故有立國以鼎彝爲分器者，武王有分器之篇(《書序》武王封諸侯班宗彝作分器)魯公有彝器之分(《左定四年》分魯公官司彝器，分康叔大呂，分唐叔姑洗，皆鐘也)是也。有諸侯大夫朝享而賜以重器者，周王予虢公以爵(《庄二十一年》鄭伯之享王也，王以后之鞶鑒予之，虢公請器，王予之爵，鄭伯由是惡王)晉侯賜子産以鼎(《左昭七年》晉侯賜子産莒之二方鼎)是也。有以小事大而賂以重器者，齊侯賂晉以地，而先以紀甗(《左成二年》)，魯公賄晉卿以壽夢之鼎(《左襄十九年》)，鄭賂晉以襄鐘(《左成十年》)，齊人賂晉以宗器(《左襄二十五年》杜臣宗器祭祀之器)，陳侯賂鄭以宗器(左襄二十五年)，燕人賂齊以斝耳(左昭七年)，徐人賂齊以甲父鼎(《左昭十六年》)，鄭伯納晉以鐘鎛(《左襄十一年》亦見《國語》)是也。有以大伐小，而取爲重器者。魯取郘鐘以爲公盤(《左襄十二年》)，齊攻魯以求岑鼎(《呂氏春秋》及《說苑》新序)是也。有爲述德徹身之銘以爲重器者，祭統述孔悝之銘，叔向述讒鼎之銘(左昭三年)，孟僖子述正攷父鼎銘(《左昭七年》)，史蘇述商衰之銘(《晉語》)是也。有爲自矜之銘以爲重器者，禮至銘殺國子(《左僖二十五年》)，季武子銘林鐘得齊兵(《左襄十九年》)是也。有鑄政令於鼎彝，以爲重器者。司約書約劑於宗彝(《周禮·秋官》)，晉鄭鑄刑書於刑鼎(《左昭六年》又《二十九年》)是也。且有王綱慶墜之時，以天子之社稷而與鼎器共存亡、輕重者，武王遷商九鼎於洛，楚子問鼎於周(《左宣三年》)，秦興師臨周，求九鼎(《戰國策》)是也。

《左宣三年》：桀有昏德，遷鼎於商……商紂暴虐，鼎遷於周。

《左桓二年》：武王克商，遷九鼎於雒邑。

《國策·東周策》：昔周之伐殷得九鼎。

《史記·封禪書》夏德衰，鼎遷於殷；殷德衰，鼎遷於周；周德衰，鼎遷於秦；秦德衰，宋之社亡，鼎乃淪伏而不見。

陳介視《致臻潘伯寅書》云：聖人製器尚象，皆有取義，雲雷取其發動而成文也，回文者是(又取施不窮)犧首羊首米粟取其養也，乳形者同。饕餮，取戒貪也。龍取其變，虎取威儀，虎文尤多，重威儀也。蝸取其潔，熊取其猛。綱目取其經緯也。

三、銅器之種類及用途

劉體智《小校經閣金文》分類如左：

樂器　鐘句鑼錞于鐃鈴磬銅鼓等。(《説文》：重文鑼兵器也。)

造飯器　鼎鬲甗釜鍪鍑。(《説文》：甗甑也。有足爲鼎，無足曰鍑。一作濩。觲切角也之義。)

飲器及酒器　卣罍壺尊爵觥瓠觶斝角斚舉彝(斝爲爵之大者，《説文》：斚，王爵也。夏曰琖，殷曰斝，周曰爵。斝，古人不僅以爲飲器，又以爲灌尊。)

盛飯器　敦簠簋豆盤盆銷盧盦。(《説文》：銷，小盆也，火玄切。)

溫器　鐎斗。(孫詒讓謂即《史記・李廣傳》之刁斗。)

盛調和器　盉。(和酒之用，見王師《説盉》。)

運湯飯器　匕勺栖

洗臉器　匜洗。(匜爲燕器，燕居安體之器也。)

啖盂　盂

燃火器　燈熏爐

鏡子　鑒鏡

度量衡　權量尺甬鍾

證器　符印買地券

兵器　戈戟句兵矛刀瞿劍匕首斧鉞鑿削鏃弩機

《觀堂集林・説觥》曰：

　　凡傳世古禮器之名，皆宋人所定也。曰鐘曰鼎曰鬲曰甗曰敦曰簠曰簋曰尊曰壺曰盉曰盤曰匜曰盦，皆古器自載之名，而宋人因以名之者也。曰爵曰觚曰觶曰角曰斝，古器銘詞中均無明文，宋人但以大小之差定之，然至今日仍無以易其説，知宋代古器之學，其説雖疏，其識則不可及也。

吉金文　古時以祭祀爲吉禮，故祭器範銅爲之者，曰吉金，如鼎彝之屬，其上之文曰吉金文，簡稱金文。

彝器與彝文　《左傳》："取其所得以作彝器。"爲宗廟之常器，如鐘鼎之類，彝器上之文名彝文。

禮器　《史記》："適魯觀仲尼廟堂，車服禮器。"禮器，祭器也。

宗器　宗廟祭祀之器也，廣義爲宗廟禮樂之器。《左傳》：重之以宗器。狹義爲祭器。《禮》：陳其宗器。注：宗器，祭器也。《左傳》：賂晉侯以宗器樂器。

庸器　《周禮·春官》：有典庸器。鄭司農云：庸器，有功鑄器銘其功。《左襄十九年》：以所得於齊之兵，作林鐘而銘魯功焉。

王師《説俎上》曰：傳世古器，樂器如鐘磬，煮器如鼎鬲甗脯，醢器如豆黍稷器如敦與簠簋，酒器如尊壺卣罍勺爵觚觶角斝盂，洗器如盤匜，兵器如戈戟矛劍。

鼎亦爲殉葬之器。《孟子》有前三鼎、後五鼎之説。周代殉葬鼎數因階級不同而有差異。如庶人一鼎，士三鼎，大夫五鼎，諸侯七鼎，天子九鼎。

《戰國策·周策》：顏卒謂齊王曰：周伐殷得九鼎，一鼎而九萬人，輓之九九八十一萬人。

《左傳宣三年》言：惜夏方有德也，遠方圖物貢金九牧，鑄鼎象物，百物而爲之備，使民知神姦。（《史記·楚世家》亦有此文）《吕氏春秋·適威篇》云：周鼎有竊曲，狀甚長，上下皆曲，以見極之敗也，是鼎非獨燭照神亦抑炯垂法戒。由是可知，鼎非僅爲食器。

王先生説：彝曰尊，有大共名之尊(禮器全部)，有小共名之尊(壺卣罍等總稱)，又有專名之尊(盛酒器之侈口者)。

彝則爲共名而非專名，爲禮器之總名。世之所謂彝，實乃敦也。

四、銅器之銘文

《禮記·祭統》：夫鼎有銘，銘者自名也，自名以稱揚其先祖之美而明著之後世者也。爲先祖者，莫不有美焉，莫不有惡焉。銘之義稱美而不稱惡，此孝子孝孫之心也。唯賢者能之。銘者論譔其先祖之有德善、功烈、勳勞、慶賞，聲名列於天下，而酌之祭器，自成其名焉，以祀其先祖者也。

款識　《漢書·郊祀志》曰：美陽得鼎獻之……今此鼎細小又有款識，不宜薦於宗廟。師古曰：款，刻也，識記也。識一作戠，即鐘鼎彝器上所刻之字也。《文房肆考》云：古器款居内而凹，識居外而凸。

銘文　銘詞

金文一作彝文　見《觀堂集林·説罍》。

周夢陽曰：《博古圖》古器俱有款識。款謂陰字，是凹入者；識謂陽字，是凸出者。款在外，識在内，夏器有款有識，商器無款無識，識音志。

古器多陰文，陽文甚少。

張世南《游宦紀聞》云：“款謂陰字，識謂陽字。”

楊慎云：“鐘鼎文隱起而凸曰款，以象陽。中陷而凹曰識，以象陰。”

五、辨別某器爲何代物之方法

郭沫若《殷周青銅器銘文研究序》，由原物之器製與花紋由銘文之體例與字蹟，可以作爲測定未知年者之尺度也。例如：

以花紋爲辨別法　彼膾炙人口之毛公鼎，前人均以爲周初之器。余初以其銘文如《尚書·文侯之命》不類周初之文，頗致疑慮，近得見其圖象。

以製作爲辨別法　其足乃甚低而作獸蹄之形，此決非周初所有之器制，凡周初之鼎與殷制相同。足均高而作圓柱形，上大下小其低而作獸蹄。

以語文爲辨別法　形者於春秋初年之器多見之，準此二者，余敢斷言毛公鼎者，必係宣平時代之物也。

比事法　以曆推算法　吳其昌以曆定毛公鼎之時代，如年月朔望不備，即難推算。

比辭法　以同出土之它物辨別法，如同時出土之某物，確知其年代，由此推知某物亦必某時代。

以稱謂爲準法　如小盂鼎銘文有云：周王□王成王。徐同柏、吳大澂、王靜安皆以爲成王時物，以稱謂推之，定爲康王時器。

以制度爲準法　宗法制度爲周公首創，若銘文有"子孫永寶者"，即爲周器。

六、研究金文之重要書目

梁

虞荔《鼎録》
《刀録》(陶宏景《古今刀劍録》)

宋

呂大臨《考古圖》
作者佚，南宋人《宣和博古圖》(有謂王黼或宋徽宗所作。)
《續考古圖》
《博古圖録》
王俅《嘯堂集古録》
劉敞《先秦古器記》
薛尚功《歷代鐘鼎彝器款識法帖》
王厚之《鐘鼎款識》
張掄《紹興內府古器評》
王靜安師有《宋代金文著録表》

明

《古器具名》
《宣德鼎彝譜》

清

《西清古鑑》

《寧壽鑑古》

《西清續鑑甲編》

曹載奎《懷米山房吉金圖》

劉喜海《長安獲古編》

吳雲《兩罍軒彝器圖釋》

吳大澂《恒軒所見所藏吉金録》《愙齋集古録》

吳榮光《筠清館金文》

徐同柏《從古堂款識學》

孫詒讓《古籀拾遺及餘論》

吳式芬《攈古録金文》

劉心源《奇觚室吉金文述及古文審》

朱善旂《敬吾心室彝器款識》

陳介祺《簠齋吉金録》

端方《匋齋吉金録》

民國

羅振玉《内府藏器著録表》《貞松堂吉金圖録》《古鏡圖録》《殷文存》

羅福頤《三代秦漢金文著録表》

關百益《新鄭古器圖録》

劉節《壽縣所出楚器圖釋》

容庚《寶蘊樓彝圖録》《武英磬彝器圖録》《金文編》及續

商承祚《十二家吉金圖録》

郭沫若《兩周金文辭大系圖録》《金文叢考》《殷周青銅器銘文研究》

王辰《續殷文存》

鄒安《周金文存》

劉體智《小校經閣金文》

吳其昌《金文氏族譜》

方濬益《綴遺齋彝器考釋》（全部十四册，商務印書館出版）

　　王静安師據錢坫、阮元、曹載奎、吳榮光、劉喜海、吳式芬、徐同柏、朱善旂、吳雲、潘祖蔭、吳大澂、劉心源、端方、羅振玉十四家作《清朝金文著録表》六卷。

　　其他若干印譜、泉志，亦爲金文之屬，書目多，不録。

七、銅器上圖象及文字製法

　　阮芸台曰：鐘鼎文字其製法有四，一則刻字於木範爲陰文，以泥抑之則爲陽文，然後以銅鑄之則成陰文。一則調細泥以筆書之於土範之上，一次書之不高則俟其燥而再加書之，使成陽文，以銅鑄之則成陰文矣。一則刻土範爲陰文，以銅鑄之則成陽文矣。一則鑄銅成後摹爲篆銘，亦陰文也。

　　劉師培《古代鏤金學發微》曰：古代美術以刻鏤爲最著，其鏤金之法刻鏤物象與刻鏤文字略同。《爾雅·釋器篇》云：金謂之鏤，木謂之刻。又云：鏤鋄也。《說文》云：鏤剛鐵可以刻鏤，從金婁。《夏書》曰：梁州貢鏤蓋鏤，本鋼鐵之名，可以鐫金，故鐫金亦謂之鏤。古人之鐫金也，其製法有二，一爲陽文，鑄器既成書之以漆，凡漆書所未加者，悉施鏨削之工，使所書之字隆起於其間，其形爲凸，即《詩經·旱麓篇》所謂追琢其章也，追與敦同。《爾雅》丘亦稱爲敦丘。郭臣云：今江東呼地高堆者爲敦，蓋敦爲隆起之形，追亦爲隆起之形，故曰追琢《毛傳》訓敦爲雕，是也，此古人刻陽文之法也。一爲陰文，鑄器既成，亦書之以漆，復於所書之文鑿之使深，與近世刻石之法略同，其形爲凹，古人所謂鍥，後儒或謂之鐫。《說文·刻字下》云：鏤也從刀，亥聲，叐古文刻。又《刉字下》云：劋也從刀，元聲。《刊字下》云：剟也從刀，千聲。《剟字下》云：刊也從刀，叐聲。此皆鑿物使深之義，此古人製陰文之法也。夫文字之勒於金者，其製法既有二端，則物象勒於金者，其製法大抵相同，此固不言可喻矣，特古人之勒於金者，雖文有陰陽之殊，總名曰鏤。

　　《墨子·非命篇》云：書之竹帛，鏤之金石，琢之盤盂。

八、論攻彝器^①彝文之益

釋彝器

尊彝合爲一詞，此乃禮器之總名。

尊　廣義：禮器全部。狹義：壺、卣、罍等器。專名：侈口盛酒器。

彝　指禮器全部，無狹義及專名。

敦　本名爲鐜，係黍稷之器，宋以來殷（即簋）與敦不別，則以殷爲敦，又以侈口（坦口）無蓋而圈之形的"敦""殷"稱爲彝。

簋　盛稻粱之器，有謂由竹木器到銅器。有器由陶器到銅器。

豆　盛肉或其他食品的器皿，古禮器，狀高腳盤。

禁　承尊之器。

彝器上之文字，稱鐘鼎文、彝文、吉金文、金文。

---

① 彝器，古代宗廟青銅器祭器之名，如鐘、鼎、尊、俎、豆等。其上文字（銘文）爲彝文。——整理者注

劉原父《先秦古器記》自序曰：禮家明其制度，小學正其文字，譜牒次其世諡。

吾謂：由彝器之製作與花紋，可以知古代美術之進步，由銘詞可知古代社會之狀況。

劉師培先生《論考古學莫備於金石》曰：吉金樂石古器僅存，足以發思古之幽情……及乾嘉之間考訂之學益精，由是治金石者或考六籍之異文，或窮六書之假借以考聲音訓詁之原，此則有資於小學者也，以武虛谷爲最著。而阮氏芸台兼工考鐘鼎，又錢竹汀、王蘭泉之流兼以碑文證史事，旁及曆術地輿官制，然啓其先者，實惟顧亭林、張弨若、翁覃谿、桂未谷之流，兼考書法之變遷，則又於考古之中兼寓賞鑒之意，可謂徵實之學矣。

九、金文释例

金文釋例

（一）言媵器例

凡媵器以遣女必著女之姓或並著其所商

中師父鼎　中師父作孝妓始寶尊鼎（憲五）

杞白每匕鼎　杞匕每匕作郱鞁寶貝鼎（憲甫集古錄五）

格伯作晉姬敦　佳三月初吉格伯作晉姬寶尊敦（憲八）

師寰父敦　師寰父作孝姞寶尊敦（憲八）

周棘生敦　周棘生作櫑娟勘媵敦（憲八）

孟姜敦　師趩父孫孫寂多父作孟姜尊敦（憲八）

杞伯每匕敦　文例同鼎（憲十）

函皇父敦　函皇父作周娟殷盂尊器敦鼎（憲十）

叔器父敦　叔器父作饎姬旅敦（卷十二）

巳侯敦　　巳侯作姜姓敦（卷十二）

叔向父敦　叔向父作婢妠尊敦（卷十三）

杞伯匕壺　　　　矢同鼎（卷十四）

馬季良父壺　馬季良父作鬹姶（同姶）尊壺（卷十四）

中伯壺　中伯作辛姬繸口口壺（卷十四）

李良父盉　李良父作朕始（同姶）賸貝盉（卷十四）

孟姜簠　佳正月陳侯作孟姜口賸簠（卷十五）

許子妝簠　用膡孟姜秦嬴（卷十五）

魯伯愈父簠　魯伯愈父作姬门簠（卷十五）

季良父簋　季良父作宋娟媵簋（卷十五）

中伯簋　中伯作嬴姬媵簋（卷十五）

遅簋　遅作姜渼簋（卷十五）

仲伯簋　雋叔作仲姬旅簋（卷十五）

遣叔簋　遣叔吉父作戠王姞旅簋（卷攗古錄三之二）

魯伯厚父殷　魯伯厚父作中姬俞媵殷（卷十六）

取膚殷　取膚二子商鑄殷用媵之趩妃（卷十六）

胖侯匜　胖侯作口妊（瑕）媵匜（卷十六）

周宄匜　周宄作救姜寶匜（卷十六）

取膚匜　文例同殷（卷十六）

齊侯匜　齊侯作口盂口女（良）寶匜（卷十六）

陳子子匜　隹正月初吉丁亥齘子子作媵孟马戠女媵鑑（卷十六）

穌甫人匜　穌甫人作嫚妃襄媵盨（卷十六）

函皇父匜　函皇父作周嫚匜（卷十六）

龏妊甗　龏妊媵甗（卷十二）

郩啓父鬲　郩啓父口朕（媵之省）其姝寶鬲（卷十七）

郩伯鬲　郩伯作媵（即媵）鬲（卷十七）

芮公鬲　芮公作鑄京氏口叔姬媵鬲（卷十七）

魯伯愈父鬲　魯伯愈父作郩姬仁媵鬲（卷十七）

伯口父鬲　伯口父作畢姬尊鬲（卷十七）

（三）善旅器例

言旅者多見於食器旅之言眾雨行器异勝侯篡盨又父作羋父旁勝中旅敦即為眾中作眾敦以為旅高且用

若作旅器而行器五一則眾解於父方矣

或者鼎　或者作旅鼎云（攗古録金文二之三）

曾篡伯鼎　用作寶旅鼎（三五三）

大司工篡　鄭白大司工吕叔山父作旅篡用富用孝（三五三）

白其父篡　唯白其父麿作旅祜（三五三）

郜公篡　郜公誠作旅篡用追孝于皇祖皇考（三五三）

犀伯魚父鼎　犀伯魚父作旅鼎（憲五）

季敲敦　季敲作旅敦（卷八）

鄭同媿鼎　鄭同媿作旅鼎(卷五)

城虢敦　城虢□生作旅敦(卷十)

伯庶父敦　伯庶父作旅敦(卷十二)

叔嚚父敦　叔嚚父作嬲婚旅敦

郜公藏簋　郜公藏作旅簋(卷十五)

尹氏簋　尹氏賓良作旅簋(卷十五)

虢叔簋〔　虢叔作旅簋(卷十五)

商丘叔　商丘叔作其旅簋(卷十五)

伯筍父簋　伯筍父作旅簋(卷十五)

善夫克簋　田作旅簋(卷十五)

中伯盨　中伯作嬭姬旅盨（卷十三）

項鬲盨　項鬲作旅盨（卷十三）

鄭義姜父盨　鄭義姜父作旅盨（卷十五）

白孝期盨　白孝期鑄旅盨（卷十五）

史燮盨　史燮作旅盨（卷十五）

伯太師盨　伯太師作旅盨（卷十五）

仲姬盨　憑叔作仲姬旅盨（卷十五）

剴叔盨　剴叔作旅盨（卷十五）

叔姞盨　叔姞作旅盨（卷十五）

周餶盨　周餶作旅盨（卷十三）

王婦匜 · 王婦遺孟姜作旅匜（卷十二）

伯高父甗 鄭氏白高父作旅甗（卷十七）

叔碩父甗 叔碩父作旅甗（卷十七）

子耕父甗 子耕父作旅甗（卷十七）

（三）自作例

南坊辨別 言自作者著其非受錫而作也非
祭器與媵器而自易是用之器再省言某作某
器者無別彼文倒多不叉錄

楚公鐘 楚公蒙自作寶大命脃鐘（卷三）

郗公脛鐘 自作龢鐘（卷二）

子璋鐘 自作龢鐘（卷三）

叔單鼎　唯黄孫子□於君　叔單自作鼎（攗二五二）

散叔朕鼎　隹八月初吉庚戌　叔朕自作饙鼎（三三三）

宋趞亥鼎　宋膺公之孫趞亥自作贈鼎（憲五）

懷鼎　襄自作飢□□（憲五）

鄧公敦　鄧公□□自作饋敦（憲十三）

史子伯簠　史子伯自作簠（憲十三）

鼒簠　鼒自作□簠（憲十三）

黄中匜　黄中自作□匜（憲十六）

余□匜　擇其吉金自作鑄女盤（憲十六）

□君扁　隹□□君□自作扁（憲十七）

（四）言擇其吉金例　此六自作器云倒而加言擇金必見

王孫鐘　王孫歗者擇其吉金自作鰥鍾（卷一）　群篇

郘公牷鍾　郘公牷擇毕吉金玄鏐口吕習作鰥鍾（卷一）

子璋鍾　子璋擇其吉金自作鰥鍾（卷三）王璋婦鍾父例同

沇兒鍾　擇其吉金自作鰥鍾（卷三）

蔡子妝簠　蔡子妝諆其吉金用鑄其簠（二三三）

余熨匜　擇女吉金自作鑄其盤（卷十七）

（五）學金作器例　此方見古代撰數立習師襄數記王美師農

俟濩秉立功宗稱其歐嶭王女羊丰孕羍金大致

仲文條父鼎　中俟父伐南准柬多金作寶鼎（二三三）此申

墜叡以王南征伐奉荊文皇甹作文戊甹東夐

兩此祖同

同

（六）錫貝例　古者以貝而寶龜至周廢貝行泉鼎彝云……錫貝者多因商或用此之器其書多方筆但

禽彝師旅鼎伯父𣪘卿鼎陵子盤雖多方筆……尚文言錫金……皆未或用此之器知殷用此間金貝

巳並用

紃彝　王□商（商賞之段）厥沚貝用作父乙彝（擴三三）方

宗魯彝　□□（圓）錫𩰫貝五朋用作父辛尊彝口（二三三）方

小子𦧜鼎　乙亥子錫小子射王商貝十朋師射用作史巳寶障（二三三）方

乙亥彝　巳亥王□畢公迺錫史話貝十朋（二三三）方

追叔彝　易天日龍叔休于小臣貝三朋臣𣪘對𣪘休用作父丁障彝（二三三）方

天君彝　天君賞𣪘年征人斤貝用作父丁障彝（二三三）方

朕尊

王錫小臣缺霾貝佳王來正口方佳王十祀又五肜日

〈三三三〉商方

肜日作三日非吾（？）□戊辰彝〈二三三〉崔王廿祀州

日同例〈二三三〉

庚五父乙鼎　　庚午□□□省北田三品□□亾□貝用乍父乙彝〈二三三〉

小臣靜彝　　隹十又月□王會□□京小臣靜卽事王賜貝五十朋

撫叔敦蓋　　隹王三月初吉癸卯撫叔受福于酉宮祿貝十朋〈二三三〉

大保鼎　　公錫旅貝十朋用乍父障彝〈二三三〉

庚申父丁角　　庚申王在束間王格宰槵从錫貝五朋〈二三三〉方

戊辰彝　　戊辰从師錫輺鲁廿户書貝〈二三三〉商方

禹尊　　禹尊貝于王用父甲彝障彝〈二三二〉

彥鼎 □卯尹商彥貝三朋用乍匕父丁尊彝（三三三）方

戊午彝 戊午子商□貝十朋刲匕父乙尊彝（三三三）方

丙申父癸角 丙申王錫簡亞器莢貝（三三三）方

辛子卣 辛巳王錫馭曰八貝一具（三三三）方

枲伯卣蓋 隹王八月莫白錫于姜（三三三）方

癸未斝 癸未王在圃觀京王賣粞仙貝（三三三）方

戊黃父丁鼎 戊寅王霾即馬酉錫貝（三三三）方

王宜人甗 王宜人方彝敖咸王商匕皽貝（三三三）方

橄卣 橄從師淮父伐于古启萬歷陽錫貝世受（三三三）方

季嫃鼎 遣小廋麦錫晟（小鼎馬貝）馬□（三三二）

師遽敦 玉乎師朕錫師遽（貝十朋（三之二）

效尊 玉錫公五十朋公錫辱涉才效玉休貝廿朋（三之二）

（七）錫金例 此炂盛于殷末固初之際

智鼎 錫智赤金鬯智爰休○玉智用綠金乍朕矢䐒寍白
 絲鼎 䒭鼎卅鼎（卷七）

公違鼎 公違省自東在新邑臣鄉錫金（卷七）方

師遽父鼎 䒭敳歷錫金（六）方

白誰父敦 䒭敳歷錫来金（十三）方

取尊 錫○金（卷十三）方

陵子盤 陵子口錫口只金一鈞用作寶尊簋（卷十七）方

（八）錫鋚例

錫女鬯卣一卣（卷四）

錫女鬯卣一卣（卷四）

錫女鬯卣一卣（卷四）

錫女鬯卣一卣（卷十二）

錫鬯卣一卣（卷十三）

毛公鼎

孟鼎

白晨鼎

衆白戎敦

吳尊

（九）錫鼎例

以鼎鬻馬錫媵其妣見於宗周者少左氏傳記取

郜大鼎于宋魯以吳壽夢鼎賄荀瓼晉以賜子產

莒二方鼎齊齊陳晉以紀甗玉磬徐賂齊以甲父之

鼎則春秋以來最盛

師田敦蓋　錫女玄襄朱市廟鼎三卣敦三（夢坡室薆古叢
編第一冊）此是西周器

魯公伐郤鼎　錫公舋鼎（國金文存三）錄文同

（十）錫車馬辨常例

錫車馬衍常弓矢甲兵衣服此服多見于宗周中葉

以下壽韠寧韋錫韠侯淑新純章簟甯而錫韠

玄衮赤舄銅朣鏤錫鞞韘浅幭鞶革金勒旂

王眜車馬諸倒父合

毛公鼎　錫女……金車蔉緟較……若虎輗冟轉茵靷金甬錯衡……金……錯金

朱斾二鈴（卷四）

盂鼎　錫女⋯⋯車馬，錫乎祖南公旂（卷四）

毛鼎　錫女⋯⋯攸勒鑾旂（卷四）

頌鼎　錫○⋯⋯纔旂攸勒（回）敦女同

師奎父鼎　錫○⋯⋯弌旂（回）

白晨鼎　錫女⋯⋯馬車盞韐文虎韕窒庚里幽攸勒衯（卷四）

馭方鼎　錫馭○⋯⋯馬四匹（五）

趞鼎　錫女⋯⋯纔旂（五）

大鼎　令馭珌珉卅匹錫大（五）方

巳亥鼎　重叔賣玐馬（憲六）方

魯公伐郘鼎　錫公朕馬（圖金三）鐘父同

奕侯敦　王枼南庚王錫奕侯馬三匹（蠡九）

師酉敦　錫女……攸勒（九）

師餗敦蓋　錫廿……攸勒（九）

師餗敦　錫女……攸勒（九）

豆閉敦　錫女……鑾游（蠡十）

柔白戎敦　錫女……金車榦朱虢斤虎冟熏裏蕚敦屋（蠡十三）

趩尊　錫趩……游（十三）

虢季子白盤　王錫乘馬是用左王（蠡十六）

（壬）錫弓矢夾甲例

毛公鼎　錫女……虎冪熏裏……魚蔔（蠡四）

安惠鼎　錫女…弓珥（四）

師嫠父鼎　錫世…戈瑚

師湯父鼎　錫盞弓豪彌矢畫彤弓彤矢（四）

白晨鼎　錫女…虎韠冪苟曾彤弓彤矢旅弓旅矢

駇方鼎　錫戲…矢玉曰（五）

魯公伐郜鼎　錫公…大曲彤矢（周金三）鐘父冏

豆閉敦　闌守斜抨君蘲馬弓矢（卷十）

条白戎敦　錫女…虎日寀裏（卷十二）

靜敦　王錫靜鞣列（卷十二）

冏敦　王錫同…弓矢（卷十三）方

虢季子白盤　錫用弓彤矢其央錫用戊用政繡方（卷十二）

（十三）錫衣例

毛公鼎　錫女⋯⋯朱市蔥黄⋯⋯錫女縷舄（卷四）

盂鼎　錫女⋯⋯口衣市舄（卷四）

無叀鼎　錫女玄衣帶毛（回）

頌鼎　錫○玄衣帶連赤市朱黄（四）敦生同

師奎父鼎　錫⋯⋯戴市昏黄衣衣帶毛（四）

克鼎　錫女叔市參同辯山（卷五）

白晨鼎　錫女⋯⋯玄褒衣幽夫赤（五）

趞鼎　錫女赤市幽○（五）

魯公伐郘鼎　錫女三襄冕（同金三）鏟笥

師□敦　錫女赤市朱黄中鑾（卷九）

師朕敦葢　錫□赤市半黄（九）

師嫠敦　錫女叔市金黄赤舃（九）

豆閉敦　錫女戠衣四市（卷十）

師虎敦　錫女戠衣（卷十一）

楊尊　錫女赤市緇市（十二）

吳尊　錫女．．．玄袞衣赤舃（卷十三）

趩尊　錫趩戠衣戴市同黄（十三）

（十三）錫玉例

毛公鼎　錫女（汝）三○郱圭瓚寶朱巿蔥黃玉環玉玦（卷四）

曶鼎　錫女赤環（四）

散方鼎　錫敦○○五彀（卷五）

乙亥敦　乙亥王錫口口□玉十半（卷七）方

師遽方尊　錫師遽瑂圭一環章四（卷十三）

（十四）錫臣僕例

齊鎛　侯氏錫之二百又九十又九邑□□□三人民都啚（卷二）

孟鼎　錫女邦嗣三白人□○敦邕于庶人六百又五十又九夫錫□□□□□□□（卷四）

克鼎　錫女井○○田于畯臣氏平臣妾（卷五）

魯公伐郱鼎　錫公三○瞍馬（貞金三）鐘炱同

周公敦　錫臣三品州人重人鬲人（揉車）方

（十五）錫地例　耤□漢言錫山土田

齊鎛　侯氏錫之邑二百又九十又九邑（憲三）

克鼎　錫女田于野錫女田于渒□廿□井□□□田于畯□呂氏□姜錫女□□申□□錫女田□□□錫女田非□□山（書三）

衛公叔敦　以命事晡賁百晡（憲九）方

大敦蓋　□乎吳師□大錫鐖□□里□□□□每日□□□□□

（十六）言錫休例

虢叔鐘　囟天子多錫□休（書二）

虢叔編鐘　文同上（一）

師望鼎 吾載壅錫休 （卷五）

天保鼎 錫休朱土 （卷七）

（十七）同時造器例

不嬰敦

周宣王代㺇狁則有 虢季子白盤 兮甲盤

周宣王伐淮夷則有 師寰敦 仲偁父鼎

無叀敦 曾伯黍簠 彔卣

師雘父代于古啟則有 楸卣 啟尊

師農鼎吊師穌敦蓋文皆言隹三年三月初吉

甲戌王正闇彔宮旦王各大室即位司馬卅右三器圖

知此器与同時作

農甫云隹十月又九隹王在斤雝甫云隹十又三月辛

卯王在斤　此二器當亦不同時所作

（十八）記器的量例

國佐鐕　鑄西郭寶鐕三東用實旨酒（攈三之一）

三東記鐕量　站容改下又云用實旨酒醴　礼記十數曰東庾

雝鐕容　庚寅曰東小不雝量旨東十末斛此鐕真不容也知

東是量名也　許印林釋此東爲把鐕瓶器層有頸可

把故曰把　計四東言四把也　此說碻然吾儕郤郤

見此器樓口廣肩無頸也器　把星者少杜巳閒矣

（十九）記造器之數例

器記容斗升之先

盠鼎 用為寶罍 鼎三 敦二(卷三) 敦又同鼎(十三)

函皇父敦(卷上)

自皇父鼎降十又敦八(即敦十又八)兩罍兩鑰

(廿)記造器物之價列

遣伯盠多簋 饙伯盠下寶算鑄簋用貝十朋又四朋(二三〇)

其貝云云詭造器之價

(廿一)一人前後異官例

盠八冊十七葉有史實敦同卷八葉有師實父敦

此同一人訢言器稱史者當在前稱師者當在後

頌鼎頌敦為史頌敦點同一人訢作

(廿三)賜人作下器例

此多見于殷器且非祝祠中作□□者疑玖記婦人作器

之祠□□□□婦人作□祭書殷佑□如此

婦闌觥　婦闌作父姑日癸尊彝□□□（卷廿二）

龜婦爵　龜婦□彝□□□（卷廿三）

南方敦　姚鬯毋作南方寶敦（卷八）

父母敦　若題（辛五丁□但知其从女）作父母彝（卷三）方

某婦鼎　（□□□）□□□□□□□鼎

（廿三）秋師某例　□師某□□□□惟師尚父當用（□□□□□）

師遽鼎　師遽（圖二三十五）

師𤼈敦　師𤼈（三 十三）

師艅父敦　師艅父（三 十三）

師兑敦　師兑（三 十五）

師虎敦　師虎（三 十五）

師𡪤敦　師𡪤（三 十六）伐淮夷事

師酉敦　師酉（三 二十）

師遽敦　師遽（全 三十七）

師田父𣪃　師田父（五 八十）

又方彝（三 百三）

師湯父鼎　師湯父（憲五）

師淮父𣪘　師淮父

旣尊　師㽙父

師承宫　諫𣪘（三 二十五）

師戲大宝　豆閉𣪘（三 二十六）

（廿四）名某兜例　稱某兜者皆徐器傅兜鐘文云余義

王孫鐘　沈兜（圖一 廿）

傅兜鐘　傳兜（一 二九）

𥦬兜鼎　𥦬兜（二 补遺）

（廿五）名者例

者諸鼎彝通用林諸某者皆基派之器（或者不在此例）並

王孫鼎　王孫遺者　（圖一二）

者淲鐘　（一　六十五）

者鼎　（二　四十）

者敦　（三　九十五）

者尊　（五　十三）

（廿二）言蔑歷例

（一）蔑歷　𣪘尊　𣪘蔑歷中葉父錫金　□

（二）蔑某歷　𣪘敦　王蔑𣪘歷　畢中孫子敦　王蔑段歷

（三）敻生敦　敻生穫邑歷　伯雖父敦　白雖父來自舒蔑永歷

十、金文中之蔑曆

"蔑曆"又作"蔑歷"，商周有勖勉之意，包括上級對下級的勉勵和下級的自勉兩層內涵。蔑曆二字在金文中有聯用和分用兩類，其例如下：

(一) 聯用之例

《競卣》：競蔑曆賞競章璋

《臥尊》：臥蔑曆仲羡父錫臥金

《秘卣》，師遽方彝又卣，《燮毀趨尊》，《師望鼎》諸銘文皆有是例

(二) 分用之例

《録戎卣》：伯雕父蔑録曆錫貝十朋

《録段卣》：伯雕父來自默、蔑録曆錫赤金

《遇甗宬鼎》競毀、敔毀、段毀、免觶、諸銘文亦有是例。

分用者，多似用作器者名，或代名詞介於其間。

蔑曆二字有軍事性質、二字均見於《説文》，蔑當即苜部蔑字，云蔑、勞目無精也，從苜從戍，人勞則蔑然也，從戍乃形近而偽。其作穰者當是米部之穰字。穰末也從米蔑聲，從禾與從米同意。曆字在甘部，云：和也，從甘從秝，秝調也，甘亦聲，讀若甬，作晉若曆地文之省……由軍事性質推之，曆當即讀爲鼎甲之蔑若則當讀爲免，免甬獨言解甲引伸之則爲免除征役，師望鼎毀，諸文以後義爲近。

金文中之蔑曆，蔑或作蔑，曆或作歷。宋人未言其義，阮文達於《臥尊》曰：即《爾雅》之䟂没後轉爲密勿，又轉爲亹勉。

吳退樓《兩罍軒彝器圖》釋以爲王所禦之食曆，爲調治之膳。許即林《趨尊》云：蔑有美義，曆訓和。

劉幼丹《奇觚室吉金文》述《説録敦》云：蔑，周語臣獨滅也。蔑曆言分其甘也。

徐籀莊釋《封敦》云：蔑曆獨云揚曆，蓋戀德戀功之意。

翁租庚釋師旀敦意與籀莊同

孫詒讓《古籀拾遺》説，《臥尊》云蔑，勞也。曆即歷之藉字，歷行也，凡云某蔑曆者，獨言某勞於行也。云王蔑某曆者，獨言王勞某之行也。

蔑爲勞，曆義爲相(《爾雅釋詁》)，有相助之意。

聞一多謂，蔑曆即巀歷，囟以血釁之之謂也。

［附］《金文略例》前言

　　自來著金石例者甚多，雖金石並稱，實皆石也，金例固無聞焉。蓋金例之難於纂述，厥有三端：字多之器，僅可僂指，太半奇零，不足備數，則取材難。器有真贋，文亦隨之，不加識別，終成蕪穢，則辨僞難。字形奇詭，考釋各殊，字且莫定，例於何有？則釋文又難。體大思精，動輒得咎，此古昔達人所由擱筆而歎也。福山王文敏公嘗欲與瑞安黃仲弢先生仿凌氏《禮經釋例》、劉氏《漢石例》之例，合撰此書，其後武進費氏亦欲爲之；皆賫志以歿，畏其難也。鼎不揣樗昧，於前人之所不能爲者，妄以自任，簡陋之誚，其何敢辭？特採蘭必先披荆，表道首宜列樹；千里由跬步而積，九仞自一簣而成。則是編也，雖率爾操觚不得與於著作之林；固將爲大輅之椎輪，導來者以先路，或亦考古家所不廢者歟？補正之功，敢俟賢哲。戊辰五月，鮑鼎識。

　　整理者按：鮑鼎(1898—1973)，鎮江人，字扶九，古文字、音韵學家，著《目録學小史》《金文略例》《〈鐵雲藏龜〉釋文》。其《金文略例》前言，陈述金文考究之難，對研習金文者有所啓迪，特附《略例》文頭。

聲　韵　學

目　　録

一、何謂聲韻學

何謂聲

聲爲字之發音，聲類之標目曰紐，亦合稱曰聲紐，西梵謂之體，亦謂之體文(見慧琳《一切經音義》)。古時又稱體語。《北史・徐之才傳》云："尤劇談體語，公私言聚，多相嘲戲。"章太炎先生《音理論》曰："收聲稱勢，發聲稱體，遠起齊、梁間矣。"近人每從西文子音 coneonant，擬之實屬不類，即其性質言之乃 intial 也。

何謂韵

吾國古無韵字。後世通行韵、韵二字，咸不見於《説文》。韵字始見《子曾侯鐘》，韵字始見於陸機《文賦》(采於載之遺韵)。古無韵、韵兩字，只有均字。《鶡冠子》曰：五聲不同，均然其可喜一也。《文選》成公《綏嘯賦》云：音均不均。曲無定制，李善注：均古韵字。

韵爲字之收音，西梵謂之聲勢，亦簡稱勢，有以英文母音 vowel，擬之亦屬不倫，實乃 final 也。

何謂音

《説文》：音，聲也。《樂記》曰："聲成文，謂之音。"吾曰："音者，發音收音之總合也。"鄭玄《樂記注》云："雜比曰音，單出曰聲。"

何謂聲韵學

吾國文字，一字之音可析爲二，曰發音，曰收音是也。前人以發音相同之字，名曰雙聲，收音相同之字稱爲疊韵。研究雙聲疊韵之學，曰聲韵學。治是學者，除用此名外，亦有稱爲韵學者。韵爲收音，非音之全體。治字音者，不能舍聲類而專言韵，此乃不妥當之稱也。有用音學之名者，如顧亭林之《音學五書》，江晉三《音學十書》是也。就原理言之，此名本無不合，而物理學中之音學相混，似亦可廢除。有稱爲音韵學者，即名義推之，亦欠允當。統觀諸名，要以聲韵學之名，無可非難，故吾取是名。

沈乙庵先生曰："文字有字原，有音原。字原之學，由許書《説文》以上溯殷周古文止矣，自是以上，我輩不獲見也。音原之學，自漢魏以溯群經，《爾雅》止矣。自是以上，我輩尤不能知也。明此，則知文字孰爲本義，孰爲引申、假借之義，蓋難言之。"

見王師《爾雅草虫鳥獸釋例》

王引之《經義述聞通説》，經文假借云："漢世經師作注，有讀爲之例，有當作之條，皆由聲同聲近者，以意逆之而得其本字，所謂好學深思，心知其意也。"

章太炎曰："不知小學者，謂方言有言而無正字，乃取同音之字互相攝代，亦有聲音小變，猝然莫知其何字者，如耳耿之作耳光，尻子之作鈎子，下輔之作下爬，亞要之作呼要是也。既非本義本形，惟强借常文，以著竹帛，終莫能曉其語根，故用差少耳。今之里語合於《説文》《三倉》《爾雅》《方言》者正多，雙聲相轉而字異其音，鄰部相移而字異其韵，審知條貫，則根柢豁然可求。余是以有新方言之作。"

二、聲韵变遷及分期

　　吾國字音不惟有地域之分，且有古今之變。以地域分者爲各地方音、方言，以時間分者，則有古聲韵、今聲韵之別。陳季立《讀詩拙言》云：自五胡亂華，驅中原之人入於江左，而河淮南北間雜夷言，聲間之變或自此始。然一郡之內，聲有不同，係乎地者也。百年之中語有遞轉，係乎時者也。有謂秦漢古音，今多存於閩粤。隋唐古音，多遺於江浙，此乃概略言之也。若詳言之，錢玄同《文字學·音篇》分爲六期：

第一期　紀元前十一世紀——前三世紀（周秦）

第二期　前二世紀——二世紀（兩漢）

第三期　三世紀——六世紀（魏晉南北朝）

第四期　七世紀——十三世紀（隋唐宋）

第五期　十四世紀——十九世紀（元明清）

第六期　二十世紀初年（現代）

魏建功《古音系研究》分爲七期：

第一時期　約當公元前十一世紀——前三世紀（周秦）

第二時期　約當公元前二世紀——二世紀（兩漢）

第三時期　約當公元前三世紀——六世紀（魏晉南北朝）

第四時期　約當公元七世紀——十世紀（隋唐五代）

第五時期　約當公元十一世紀——十三世紀（宋）

第六時期　約當公元十四世紀——十九世紀（元明清）

第七時期　約當公元二十世紀以來（現代）

又以韵書之有無爲分期標準——

甲　有韵書以前

乙　有韵書以來

又有以音之内容而分期者，有分爲兩期，曰古音時代，曰今音時代。有分爲三類者，曰古韵，曰今韵，曰等韵。此編分爲二類，寓等韵於今韵之中。

正月剛卯

靈殳四方

赤青白黄

四色是當

帝令祝融

以教夔龍

庶(同"庶")疫剛癉

莫我敢當

三、聲韵學沿革略說

　　吾國韵文發生甚早，而篇什亦極豐富。然論聲韵之書，古者蔑如，或者其書而今佚亡。江慎修《音學辨微》云：《周官》有論書協，《辭命》當有其書，今不存。古人對於字之讀法，偶有言及，如《管子》(《小問篇》)有開口闔口之名，《公羊》(《宣八年》)有內言外言之稱，《韓非·外儲》有徐呼急呼，劉熙《釋名》有舌頭舌腹。此皆於行文時，間述一二，未有專書。及至後世定紐者，始於唐之釋守温作《三十六字母》。所謂字母者，即紐也。然考魏晉迄於隋唐之反切，實有四十一紐，至清世陳蘭甫出，始加辨正。韵書始於魏李登之《聲類》，晉呂静之《韵集》，齊周顒之《四聲切韵》。然書多亡失。而隋陸法言《切韵》分韵爲二百六部，今日通行之《廣韵》之分部悉本《法言》之書。言古音者，始於采之吳域，明代陳第續有所作。自顧亭林出專究古韵，此道大明。清之江永、戴震、段玉裁、錢大昕、孔廣森、王念孫、江有誥、章太炎、黄侃等，彌縫前失，益發揮光大。

　　近日以語音學爲基礎而治古音，國內有汪榮寶、錢玄同、林語堂、唐鉞等，西洋漢學家有鋼和泰 Stael Holtein、高本漢 Kanlgzen 等執此法以考吾國古音，邇時爲發軔之期，將來成就未可以尺度限也。別有一事可爲聲韵學史上大書特書者，厥爲注音符號之創製。原製注音符號之用意，在普及教育，統一國音(見勞乃宣清光緒三十四年進呈《簡字譜録》)然於二者之效果若何？姑置弗論。而有功聲韵學，良非淺顯，吾國反切之難明，盡人皆知其故，因聲紐之繁多，韵攝之難明。自注音符號製出，前之所視爲艱難者，悉夷平矣，豈非一大快事乎？

四、爲何要治聲韵學

　　古人云：讀書須先識字，而識字不惟要辨形體、明訓詁，而於字之如何讀法尤爲重要。故聲韵學乃文字學中重要部分。世人於此多不研求，而出言讀文，輒謬誤百出。有人云：吾實罕見學人能讀數十字之文辭而音讀不惝怳者，非苛論也。治聲韵學之目的，不外審字音、明訓詁，知社會之演變數端。

小學拾屑

　　整理者按："小學"，商周時初指爲少兒設置的主要學習語文的初級學校，與研究國家和社會管理學問的"大學"相對應，故後來"小學"略指中國傳統語文學，包括文字、聲韵、考證諸學。先父前後師從黄侃、王國維二先生，研習小學終身。此篇爲其蒐集的小學知識片斷。

字　意

尺

周之一尺，漢之八寸。

夏以十寸爲尺。

商以十二寸爲尺。

周以八寸爲尺。

戰國一尺均爲清代營造尺七寸二分，一畝約當今日三分之一畝。

一石約當今之三平。

金

《後漢書·桓帝紀》：建和二年，大赦天下，賜河閒、勃海二王，黄金各百斤，彭城諸國王各五十斤。

《皇后記》：賜賈貴人黄金千斤，錢二千萬。

《戰國策·秦策》：黄金百書。

《齊策》：遣使者黄金千斤。

晉灼曰：凡言黄金，真金也。不言黄，謂錢也。

册

　　册　鄭引《鈎命决》云：《易》《詩》《書》《禮》《樂》《春秋》，策皆長二尺四寸，《孝經》謙半，之一尺二寸，《論語》策八寸，尺二寸者，三分居二又謙焉，此古制也。古文簡有二十五字，有二十二字者。

井　邑　里　黨

《説文》：九夫爲井，四井爲邑，四邑爲邱。

《周官·遂人》：五家爲鄰，五鄰爲里。

《大司徒》：五家爲比，五比爲閭，四閭爲族，五族爲黨。

升 时 歲 旬

《魯語》：衣不過七升之布。注云：八十縷爲升。

《晏子春秋》：晏子相齊，衣十布之衣。

《漢書·匈奴傳》：楊雄上書，遠不離二時之難。注云：三月爲一時。

以旬爲十年，始自唐人白樂天云：掌珠一顆兒三歲，鬢髮千莖父六旬。又偶吟云：且喜同年曲七旬。

士族

士族一詞在晉朝歷史中，因時代不同而含義亦有區別。魏晉之際社會中固有巨族小族云分，苟小族之男子以才器著聞，乃稱名士，則其人之政治及社會地位，即與巨族之子第無甚區別。小族之女子苟能以禮法特見尊重，則亦可與高門通婚，非若漢來士族之婚宦二事專以祖宗官職高下爲惟一之標準也。

南北朝末及隋唐時之士族，初並不專用其先代之高官厚禄爲其惟一之表徵，而實以家學及禮法等標榜於其他諸姓，如范陵盧氏，此山東士族中第一等門第也，然魏收著《魏書·盧玄傳論》云：盧玄緒業著聞，首應旌命，子系繼躓，爲世盛門，其文武功業，殆無足紀，而風重於時，聲高冠帶，蓋德業儒素有過人者。

氏族 部族 民族

人類發展的階段，由氏族、部落、部族到民族。

民族和部落是原始社會特徵的社會組織。

部族是部落形成以後民族形成以前，歷史上形成的人們的共同體。

民族是與資本主義共同出現的産物

黎東方在《先秦史》第三章中説：

姓族及其漢氏族之互結爲同盟，是三皇時代所已經開始有的。這些同盟愈結愈大，便成爲若干部族 peupleae。在氏族與部族之間又有所謂部落 Inike，爲同姓的或異姓的二三氏族所構成……像蚩尤所領率的九黎，已經不是部落，而是一個規模很大的部族了。

家族 利維斯(Rivers)説家族(family)有廣狹二義：廣義的家族包括所有親屬而言，狹義的家族只是包含兩親與子女的簡單的社會團體。

見林惠祥《文化人類學》。

我國古人解釋家族即九族，乃由宗族擴充，包括父族母族妻族。

宗族 我國古人解釋爲同姓同宗之族人，宗族僅以處族爲同姓。

近日有謂氏族即宗族者，按此二名，古時者有別。宗族者，爲同姓。因此，統其祖考之所自出，即所以係百世之正統也。

氏族

氏族，古人單稱氏或族，氏族之稱昔見杜預《春秋釋例》，氏此所以別子孫之旁出。

姓爲血緣，氏爲地域。

亞歷山大洛夫所編《哲學史》第五章三篇《歷史唯物論進一步的發展》中說：氏族這是同胞親族底群，其成員彼此之間已無確結婚，並且氏族是普那號安家族底母系形成起來的。

geno 即我國所謂同姓

clan 有譯爲圖

家族 farmily

小家族 donden familie

大家族 giono familie

氏族 Aype clan，有譯作宗族

父系氏族　Satenippe

母系氏族　mutenaippe

族，此爲歐陽尚書所說之九族，獨兼用女系(《白虎通》同古文家以上自高祖下玄孫爲九族，非也，俞陰甫謂其誤九世爲九族，一語破的)。

祭，此純乎男系也，族主親親，宗主尊尊。

今之楷書中有古籀行而小篆晦者

止　趾古文　兒，或作頶　貌，籀文
名　銘古文　厂：斤
襌　導古文　雞：鷄
㐱　兆古文　雛：鶵
羑　羨古文　雕：鵰
咳　孩古文　劍：劒
御　馭古文　栽：災
朙　明之古文
驅　毆之古文
綫　線之古文
勳　勛之古文
譙　誚之古文
頓首　拜頭叩地也，凶禮。
誚首　拜頭至地，吉禮。
非真有從山之峙——作跱。
從止之歧也——作岐。

釋　　名

卜辭中之𦥑爲放，當爲㚒，省讀爲嘉。
郖　娡爲僬王襄，羅振玉釋爲偅，然其字實爲黊印艱。
臣爲官名，並非奴隸。
娥、姅、好、嬃，皆爲人名，乃武丁之配偶。妃亦人名，本曰靈妃。妾其用，實同妻母與夾，乃配偶之意。
俘为爲俘虜之俘。

奚

奚　卜辭作 {image}，金文作 {image} {image}。《説文》"奚大腹也"，於古形不類，其舛至明。羅振玉以罪隸爲奚之本誼，其説確不可易，惟其以字象"從手持索以拘罪人"。

于省吾以爲，"奚字象以手提髮辮之形"，最爲通達。

殷代貴族皆蓄髮，若奴隸者則常剔其髮，留短辮以爲別也。

宗

《説文》：宗，祖廟也。《禮記》承我宗事，鄭臣宗事，宗廟之事也。宗之意，本與宮家室亞門等同宗廟之稱（胡厚宣《殷代宮廟考》）。

合祭之廟，則只用大宗小宗之名。

大宗者，大廟也。在大宗祭者，自上甲以下，之大示，即直系之先祖也。

小宗者，小廟也。在小宗祭，自上甲以下之小示，即直系以外之先祖也。

卜辭 {image}、{image}爲屋，丁爲神主，置神主於備祭之屋，祖廟之意甚明。

│

│　《説文》：下上通也，引而上行，讀若籮囟。引而下行，讀若退。予謂│之初誼，乃表木棍之形，亦爲樹表之意。│爲干狀，如父字以手持杖，是其證也。

丁

丁　胡光煒《説文古文考》：丁蓋象木表，所以代神，與 {image}同意，古祭人鬼則立尸，祭天地祇無植表，以象種之所杜，此立主之始，於 {image}皆爲表形也。

卜辭中有二示、三示、九示。王先生謂：蓋商人祀其先，自有差等。

丁

丁在卜辭中有作工 等形。許叔重以 ，天垂象見吉凶，所以示人也。從二三，垂日月星也。亦即近儒漢族崇拜三光之說，所由推演。陳獨秀謂初民祀神，以木杆之旁綴一直者，爲一神；二直者，爲二神。予謂初民有以木杆爲圖騰者，其丁之上，或左右有刻畫者，表其圖騰之意義也，初民即以神視之。

《公伐邾鐘》中攻字偏旁作 。

工

工 《說文》：工，巧飾也，象人有規榘，與巫同意。金文作 （《司工丁爵》），（《作妣戊鼎》），工（《不嬰簋》）。卜辭作工，又有 等形，其爲嶽器一望即知。

壬

壬 《說文》：位北方也。會極易生，故《易》曰龍戰者，接也。象人裹妊之形，承亥壬以子生之叙也，全與巫同意。

金文壬作工（《父壬爵》），（《無異簋》），（《喦攸比鼎》）。

卜辭壬作工（予謂工乃古之武器，古時兵器之字多從工形，爲戉）。甲文作 、戉作 。

玉

玉 卜辭豐字作 ，作 。

商承祚《殷虛文字類編》謂 即豐之省文。

巫

巫 《說文》象巫，在神幄中。奴象執事於神。許君謂從 ，象兩袖舞形。與舞形不類也。

金文作(《齊巫姜簠》)，卜辭作，象兩手奉玉。

癸

癸　孫詒讓《契文舉例》：玉，卜辭，即癸之異文。《說文‧癸部》，籀文作，從從矢，此下從，與醫作偏旁矢形同。上從，即癸上變體。羅振玉謂爲戣之本字。

卜辭中又有，羅振玉曰乃之變形。

金文癸作(《父癸鼎》)，(《𡚁癸爵》)，(《向盆》)。

卜

卜　《說文》：灼剝龜象，灸龜之形。一曰象龜，兆之縱衡也。

予謂卜除象灸龜之形，其初誼亦作木器者，爲攴。《說文》：小擊也，從又，卜聲。段注云：經典隸變作撲，此以手持卜，此卜必爲武器無疑。

卜亦可作外用爲，即外壬之合文。

干

干　《說文》：犯也，從一從反入。

金文作(《虔簠》)，(《干氏吊子盤》)，(《毛公鼎》)。

金文　從禾之字亦多從木，爲和字從禾，《雨陳肪》𣪘從木作扣。蘇字從從禾，《寬兒鼎》從木作蘇。

散氏盤

陳子怡作《散氏盤石鼓文地理考證》(《禹貢半月刊》第七卷第六七合期：……普遍爲"散氏盤"三字，其實未嘗吉金文述用"矢人盤"三字較適，而解釋亦不甚合，按文義當用"吳人盤"三字，蓋紀周王令吳人講武於散，遂而田獵於眉，三事也。銘中前紀封道，繼紀獵地範圍，繼紀在事各人之職守，繼紀吳人之誓詞……按其事，當在宣王之時。

此器清乾隆間出土於鳳翔，西安銅匠鋪某買得，欲從化銅，骨董商人蘇氏知之，倍價贖出，出售於某，運歸南方，其名始著。

夨

甲文作 夨 作 夨 作 夨，葉玉森：古訓夨即古文沃字。

金文之 夨 即由此化出。《詩經》衣"不吳不教"，《釋文》引何承天云：吳字誤當爲吳，然則古文之 夨 今文之吳，即一字明矣。此地當爲泰伯之初封，後竄南方，仍用舊稱，名曰勾吳。《師酉敲》：王在吳。《眉羌伯》： 夨 征眉寇。

淲即豐水。

大治即太湖。

西周稱咸陽原曰大原。

雲，今鄂縣。

古

卜辭中之 古，劉鶚釋爲中。孫詒讓釋爲啻之省，又云啻爲億之假借。

古

商承祚釋爲吉。董作賓謂由 古 形蛻變。

林義光謂 古 與吉其初皆爲古甲文中之 古 方即爲文。又云 古 方象圭塊，故古字可以土爲之。

聞宥曰：居與居同爲居字。《説文》居從屍古，誼無所取，段、朱諸氏改爲古聲，是也。此從屍從古，明其作居者，或爲古聲之省，或本別作午聲，以古從午得聲也。

卜辭有出，郭沫若釋爲雲，此正從十口，即王事靡盬之初文。

豐京

"王在䒑京"，吳釋爲豐京。

吳大澂曰：䒑京，舊釋旁京，非是彝器中屢見之文，疑即謂鎬京也。鎬不當從金，今從𣎵，象林木茂盛之意，正與豐京之豐同意也。旁京不見於經傳，必非旁字也。

《愙齋集古録·釋文賸稿》云：鎬京字必非從金，從高之字，《國語》《荀子》及《文選·西都賦》《水經注》皆作鄗。《説文》於鄗字下則云常山縣，世祖所即住，今爲高邑，於鎬字下則云温器也，武王所都在長安西上林苑中，字亦各此然。則鎬、鄗皆假借字，豐多豐芔，鎬多林木，從𦬇從旁，其爲鎬之本字無疑也。都邑不得稱，竊疑王莽命甄豐改定，古文從𦬇之字，今不多見，或皆莽時所改竄與？

語言　文字

語言是人類概念和思想等精神交通之聲音符號。

文字之形式（或書寫）符號。

語言文字均爲社會産物，在社會生活關係中可求得其發展。

語言文字隨社會變化而變化。

林惠祥《文化人類學》第六章——文字。

繪畫以表現思想記載事實，是文字發生的第一步工作，這種圖畫與真的圖畫不同，因其目的不在美感的抒寫，而在觀念的表現，故繪法也較爲簡單，這種圖畫實是介乎圖畫與文字之間，故稱圖畫文字 pictivewriting on pictography。

繪完全的圖，要有時間、耐性和技能三種條件，頗爲麻煩，故常有用經濟的手段繪一部分而代表全體的，例如一個戰士曾殺死四個敵人，爲要記載他，固可以繪一幅詳細的圖畫文字，但也可以用簡法只繪四個頭顱，在頸際繪一橫線，表示被刀砍斷，這樣便也可以表出同樣的意思了。但有些事物無論用完全的或部分的圖，都不能充分表現得來，那便須另用可爲象徵的圖形以暗示那種觀念，例如沮尼族印第安人 Zuni 畫一個蝌蚪，以表示夏天，因爲在那邊夏天蝌蚪極多，是可爲夏天的象徵。

[附] 波格達諾夫《社會意識學大綱》

文字發生於封建時代，其理由：一、爲經驗發達，僅依口傳，定爲煩難。二、爲空間相距遙遠之人關係日密。

僧侶記錄墓碑，銘封建君主之今文。商人書信成憑據，爲初期文字之典型。

文字起於繪畫。

在封建時代，文字記號之使用，爲僧侶之特權。

史記楚世家會
注考證校補

目　　録

馮天瑜序（節選）

　　本書是先父馮永軒先生對瀧川資言所輯《史記會注考證》的"楚世家"部分作的補充和訂正。

　　瀧川資言，又名瀧川龜太郎，是日本著名的《史記》專家。他根據日本所藏《史記》舊抄本並蒐集《史記》三家注①及三家注以後中日兩國研究《史記》的有關資料，運用乾嘉學派集注加考證的方法，纂《史記會注考證》這一集大成之作。瀧川曾自述該書寫作過程：

> 　　大正二年，予得《史記正義》遺佚於東北大學，始有珠纂述之志，編纂多年。仙臺齋藤報恩會捐財以充資料采訪之費。久保得二君校古抄於秘閣，藤塚鄰君購新刊於燕京以贈。服部宇之吉、市村瓚次郎二君謀之東方文化學院，刷印行世，校讎之勞，前則阿部吉雄君，後則勝又憲治郎君當之。諸君子之誼，不可諼也。昭和九年孟春。君山瀧川資言識。時年七十。②

　　瀧川資言《史記會注考證》的編纂，始於大正二年（1913），成於昭和九年（1934），前後二十餘載，正所謂"中年執筆，皓首成書"。從瀧川資言所作《史記考證引用書目舉要》一文可以得知，他直接參考過的中日兩

---

① （劉宋）裴駰《史記集解》、（唐）司馬貞《史記索隱》、（唐）張守節《史記正義》爲傳世的三種《史記》注釋本，通稱"三家注"。據《四庫全書總目提要》稱，把三家注散列《史記》正文下，合爲一編，始於北宋。但這種本子已經失書。北宋以後刊行的《史記》三家注本，把注釋刪去不少，而流傳於日本的舊鈔本《史記》卷子，還保存着北宋以前的《史記》和三家注的真面目。

② 瀧川資言：《書〈史記會注考證〉後》。

國有關《史記》研究的書籍達數百種之多，因而《史記會注考證》有資料翔實之長，僅就《史記正義》一項論，即超出宋以來刻本約千條之多，足見其用力之勤，故《史記會注考證》成爲《史記》研究者的座右之作。我國文學古籍刊行社曾於 1955 年出版該書影印本。

作爲"史家之絶唱，無韵之離騷"的《史記》，有"體圓用神"之譽，素以浩博著稱，又是兩千年前的作品，"三家注"也有千餘年之古，此後的研究成果則汗牛充棟，會注已屬不易，對會注進行考證更加難能。然而，智者千慮，必有一失，瀧川資言的《史記會注考證》不免若干缺失，如體例未精、校勘未善、采輯未備、無所發明、立説疵謬、多所剿竊、去取不明之類，中國學者魯實先等曾多有批評①。日本學者對該書也作過校勘補充，如五十年代水澤利忠的《史記會注考證校補》便是代表。先父是作，未對《史記會注考證》全書進行補正，而只用力於《楚世家》部分，這顯然與先父的楚史研究有關，是先父爲撰寫楚史所作的準備之一。

……

書稿係先父 20 世紀 40 年代初成，補充了瀧川氏所未能得見的金文、楚器物資料，還援引了瀧川氏忽略的傳世文獻中的一些資料，並運用嚴格的考據方法，對《史記會注考證》的《楚世家》部分加以補正。先父在從事這一工作時，注意到《楚世家》原著的如下特點：前篇質古簡峭，後篇多録自《戰國策》，筆意縱横跌宕。先父對前篇除作字意疏解，以便閱讀外，還着力補充史料，以豐富簡約的楚史前段；對後篇則尤加注意於史實的核定考辨，以去僞存真，糾正《楚世家》及"三家注"中某些望文生義、想當然造成的錯訛。時至 20 世紀 90 年代，楚史及楚文化研究已蔚爲大觀，其廣度與深度均不可同日而語，但包括先父在內的老輩學者昔時在艱苦條件下的辛勤勞作仍然自有其參考價值。

---

① 見魯實先：《史記會注考證駁議》，湘芬書局 1940 年版。

　　因五兄弟中只有我研習史學，算是"繼承父業"，故文稿存放我處，但一直苦於找不到出版機會。十餘年來，偶爾於清夜間翻閱文稿，深爲先父的治學精神所感染，又憶及先父剛直不阿的性格、嚴厲中深蘊親情的言談舉止，以及寒暑假中向我講授先秦典籍時議論風發的狀貌，激動之情往往不能自已。前幾年我曾數次將文稿交有關學者審閱，他們都一致肯定其學術價值，並對先父在楚史研究方面的篳路藍縷之功深表欽佩。去年夏天，湖北教育出版社武修敬社長以扶植學術事業的闊大胸襟，慨然接納這部發行量可能很小，排印難度却較大，因而無"經濟效益"可言的專門之書。我於楚史外行，加之案頭另有他務，此書相當繁難的校勘任務由張君博士承擔。張君英年博學，是楚學界的後起之秀，他在數周內即完成書稿核查引文等難度不小的工作，足見其才思之敏捷，學力之深厚。此間張正明、宋公文、王善才三先生也惠予關切其事，盧峰先生則細緻描摹書中甲骨文、金文。正因爲諸友人伸出援手，又承蒙湖北教育出版社的盛意，這部"劫餘"方獲面世，這既可爲楚學研究增添些許磚瓦，亦可告慰先父於九泉。

　　《史記會注考證》及先父"校補"所引諸書書名多用簡稱，如《左傳》文公十年，寫作文十年《傳》；班固《漢書·藝文志》，寫作《班志》，等等，現一仍其舊。另附録先父《説楚都》《有關楚史的幾個問題》二文①，可從中略見其所著"楚史"的部分構想。

1992 年 6 月 7 日

記於武昌沙湖之濱

---

　　① 整理者按：上述二文爲 20 世紀 60 年代初所作，故未收入文集。

弁　言

　　《史記》一書，不僅是我國輝煌的史學名著，就是在世界史籍中，也是一部傑作。替這部書作注釋的，有劉宋裴駰的《史記集解》，唐司馬貞的《史記索隱》，唐張守節的《史記正義》。這三書原來是標字列注，獨自成書的。到了北宋時，才把三書刻在本文各句之下，這就是所謂"史記三家注"。除此而外，爲《史記》作注解的，可以說代有其人，然仍是標字列注，從未有人像王先謙網羅《漢書》的注釋而做《漢書補注》和《後漢書集解》那樣。日本瀧川龜太郎匯合中日兩國史學家有關《史記》著述，編爲《史記會注考證》。這部書不盡人意的地方很多，但畢竟集中了相當豐富的參考資料，有便讀者的翻閱。該書中還有應注而未注的，有注而不詳明的，有考證而不正確的。我因要撰寫楚史，於民國三十七年初就將《楚世家》一篇檢出，作一番校補。

　　關於《楚世家校補》的體例，擬分爲以下幾個層次：依《史記·楚世家》文字次序，每段原文下羅列瀧川龜太郎《史記會注考證》(簡稱《考證》)、裴駰《史記集解》(簡稱《集解》)、司馬貞《史記索隱》(簡稱《索隱》)、張守節《史記正義》(簡稱《正義》)有關注釋，然後，筆者如對上述注家已注而不詳明處有所增補，在《補》欄列出；如對上述注家考證不確切處有所更正，在《補正》欄列出；未注而應該注的，則在《注》欄列出。

　　《史記》是一部精深博大的作品，僅就《楚世家》而言，即牽涉廣泛的文、史、政、經、哲諸方面的知識，以筆者有限的學力，從事上述補正工作，確乎難以勝任，故疏漏、謬誤之處一定不在少數，敬希大雅賜教。

馮永軒

1948 年 12 月

記於武昌礦局街

史記楚世家會注考證校補

重黎業之，吳回接之；殷之季世，粥子牒之。周用熊繹，熊渠是續。莊王之賢，乃復國陳；既赦鄭伯，班師華元。懷王客死，蘭咎屈原；好諛信讒，楚並於秦。嘉莊王之義，作楚世家第十。

——《史記·太史公自序》

《考證》 愚按，此卷首采《帝系》《鄭語》，漸及《左傳》《楚語》，中幅以後，采《楚策》最多。顧棟高曰：“案楚在春秋，吞併諸國凡四十有二，其西北至武關，在今陝西商州東少習山下，文十年《傳》。子西爲商公，即商州之雒南縣也，與秦分界。其東南至昭關，在今江南和州含山縣北二十里。昭十七年，吳楚戰於長岸，即和州南七十里之東梁山，與太平府夾江相對是也，與吳分界。其北至河南之汝寧府、南陽府汝州，與周分界。其南不越洞庭湖，全有今湖北十府八州六十縣之地，惟隨州爲隨國僅存。又全有河南之汝寧、南陽二府，光州一州，又闌入汝州之郟縣、魯山縣，河南府之嵩縣，開封府之尉氏縣，許州府之鄢城縣及禹州，與鄭接境。四川夔州府之奉節縣，與巴接境。江西之南昌南康，九江饒州，與吳錯壤。又全有江南之廬州、鳳陽、潁州三府，及壽州、和州之地，江寧府之六合，太平府之蕪湖，徐州府之碭山，則與吳日交兵處也。後廬壽之地，多入於吳。”

楚之先祖出自帝顓頊高陽。

《考證》 李笠曰：“案‘祖’字衍。《秦本紀》云：‘秦之先，帝顓頊之苗裔。’《越世家》云：‘其先禹之苗裔。’《趙世家》云：‘趙氏之先，與秦共祖。’先即先祖，此亦宜與諸處一例。”

《補》　一作“顓頊帝高陽氏”。顓頊之頊，《路史》作“畜”，又作“玉”，又作“顓帝”。《淮南子·天文訓》稱爲北方之帝。高陽，饒宗頤所作《楚辭地理考》有《高唐考》，謂高唐即高陽；丁山在所作《中國古代宗教與神話考》中有《高陽與高祖湯》節，他説：“高陽或是殷祖成湯的別名，不必是帝顓頊了。”丁氏在《顓頊與祝融》節中又説：“顓頊即高祖夒。”《左傳》文公十八年：“昔高陽氏有才子八人。”杜注：“高陽，帝顓頊之號。”本書《五帝本紀》“索隱”引宋衷云：“顓頊名高陽，有天下之號也。”張晏曰：“高陽，所興地名也。”《白虎通》云：“顓者專也。頊者，正也。能專正天人之道，故謂之顓頊也。”《莊子釋文》頊本作“旭”。《名疑》曰：“高陽氏名顓頊，姬姓，或曰妘姓，或曰風姓，號黑帝，又號元帝。”

高陽者，黃帝之孫，昌意之子也。

《考證》　以上本《帝系篇》。

高陽生稱，

《正義》　尺證反。

稱生卷章，卷章生重黎。

《集解》　徐廣曰：“《世本》云老童生重黎及吳回。”譙周曰：“老童即卷章。”

《索隱》　卷章名老童，故《系本》云：“老童生重黎。”重氏、黎氏二官代司天地，重爲木正，黎爲火正。案：《左氏傳》少昊氏之子曰重，顓頊氏之子曰黎。今以重黎爲一人，仍是顓頊之子孫者，劉氏云：“少昊氏之後曰重，顓頊氏之後曰重黎，對彼重則單稱黎，若自言當家，則稱重黎。故楚及司馬氏皆重黎之後，非關少昊之重。”愚謂此解爲當。

《正義》　《帝系》云：“顓頊娶於騰埠氏女生老童，是爲楚先也”。《世本》云：“老童取根水氏之子，謂之嬌禍，產重黎及吳回也。”

《考證》《帝系》及《山海·大荒西經》及《人表》並云：顓頊生老童。據此，則老童，顓頊之子也。《史》云："高陽生稱，稱生卷章。"《集解》引譙周云："老童即卷章。"據此則老童顓頊之孫也。所傳不同。陳仁錫曰："重黎本二人，重爲木正，黎爲火正，楚出黎後，世家合爲一人，誤。"張照曰："劉氏謂對彼重，則單稱黎。若自言當家，則稱重黎。夫南正重司天，北正黎司地，重黎者二者之名，猶夫周召爾，寧有對周而言，則單稱召，自言當家，則稱周召之理邪？"

《補》 黎字一作"犁"，《左傳》昭公二十九年："顓頊氏有子曰犁，爲祝融。"但《國語·楚語下》云："及少皞之衰也，九黎亂德，民神雜糅，不可方物……禍災薦臻，莫盡其氣。顓頊受之，乃命南正重司天以屬神，命火正黎司地以屬民。"據此，黎爲顓頊的臣屬。

重黎爲帝嚳高辛居火正，

《索隱》 此重黎爲火正，彼少昊氏之後重自爲木正，知此重黎即彼之黎也。

《正義》 此重黎，火正也，少昊之後重，木正也，則知此重黎則非彼重也。

甚有功，能光融天下，帝嚳命曰祝融。

《集解》 虞翻曰："祝，大；融，明也。"韋昭曰："祝，始也。"

《考證》 重黎爲帝嚳火正以下，采《國語·鄭語》。

《補》《左傳》僖公二十六年："夔子不祀祝融與鬻熊。"杜注："祝融，高辛氏之火正，楚之遠祖也。鬻熊，祝融之十二世孫。"此言不足信。祝字又作"柷"，見北魏吊比干墓碑。融又作"庸"，見《路史》。梁玉繩《人表考》卷二云："按祝融官名，黄帝已來有之。"丁山氏説："《帝系》見陸終而不見祝融，《國語·鄭語》則見祝融而不見陸終。賴春秋末葉邾公釛作鐘銘自稱'陸龏之孫'，方知陸終、祝融二名正是陸龏(融字初寫)一名所分化。"丁氏所述，可備一説。祝融，《淮南子·天文訓》："南方火也，其帝炎帝，其佐朱明。"《禮記·月令》："其帝炎帝，其神祝融。"朱明即祝融。又作"祝誦""祝龢"。

共工氏作亂，帝嚳使重黎誅之而不盡。帝乃以庚寅日誅重黎，而以其弟吳回爲重黎後，復居火正，爲祝融。

《考證》 梁玉繩曰："嚳誅重黎，史公之妄記也。初命之，而繼誅之，嚳是聖君，黎是功臣，寧有此乎？"

《注》 文籍中記載共工氏的傳説很多，史公謂"共工氏作亂"，是采用《國語·周語》的説法。小司馬作的《三皇本紀》中也有這樣的記載。有人説共工決不是某一個人的名字或某一個時期的官名，很可能是一個古老的氏族。如果這樣去理解它，古史纔可以讀得通。丁山氏所作《吳回考》，謂黎即吳回，吳回即楚公逆鎛銘所稱吳雷。大史公黎(犁)、雷本一聲之轉，漫然別吳回與犁爲二名，云帝以庚寅日誅重黎，復以其弟爲重後，且黎人名也，而誤以爲官號。

吳回生陸終。

《注》 邾公鈁鐘銘有陸䵣，王國維先生謂䵣字從蚰羣聲(羣古墉字)，以聲類求之，當是螽字，陸螽即陸終也。丁山氏説陸終，祝融二名，正是陸䵣(融字初寫)一名所分化。案：吳回、陸終二名合稱爲回陸(即禄)。《國語·周語》："昔夏之興也，融降於崇山；其亡也，回禄信於聆隧。"《左氏》昭公十八年《傳》："禳火於玄冥回禄。"疏云："楚之先，吳回爲祝融，或云回禄即吳回也。"《通雅》廿一，謂禄、陸音通，以回禄爲吳回、陸終之合稱。陸一作"六"，見《左氏》隱公元年《疏》。

陸終生子六人，坼剖而産焉。

《集解》 干寶曰："先儒學士多疑此事。譙允南通才達學，精核數理者也，作《古史考》，以爲作者妄記，廢而不論。余亦尤其生之異也。然按六子之世，子孫有國，升降六代，數千年間，迭至霸王，天將興之，必有尤物乎？若夫前志所傳。修己背圻而生禹，簡狄胸剖而生契，歷代久遠，莫足相證。近魏黃初五年，汝南屈雍妻王氏生男兒，從右胳下水腹上出，而平和自若，數月創合，母子無恙，斯蓋近事之信也。以今況古，固知注記者之不妄也。天地雲爲，陰陽變化，安可守之一端，概以常理乎！《詩》云：‘不圻不副，無災無害。’原詩人之旨，明古之婦人嘗有圻副而產者矣。又有因產而遇災害者，故美其無害也。”

《索隱》《系本》云：“陸終娶鬼方氏妹，曰女嬇。”

《正義》　陸終娶鬼方氏之妹，謂之女嬇，產六子，孕而不毓三年，啓其右脅，六人出焉。

其長一曰昆吾；

《集解》　虞翻曰：“昆吾名樊，爲己姓，封昆吾。”《世本》曰：“昆吾者，衛是也。”

《索隱》　長曰昆吾。《系本》云：“其一曰樊，是爲昆吾。”又曰：“昆吾者，衛是。”宋忠曰：“昆吾，國名，己姓所出。”《左傳》曰：“衛侯夢見披髮登昆吾之觀。”按：今濮陽城中有昆吾臺，是。

《正義》《括地志》：“濮陽縣，古昆吾國也。昆吾故城在縣西三十里，臺在縣西百步，即昆吾墟也。”

《考證》　長字衍，《帝系》無。張文虎曰：“索隱本作‘長曰’，《左傳疏》引作‘一曰’，本有異文，後人妄合寫之。”

《補》《帝系篇》作“其一曰樊，是爲昆吾。”昆吾一作“錕铻”“錕鋘”。昆吾一名，古有數解。有作官名，《逸周書·大聚解》：“乃召昆吾，冶而銘之。”《集解》引謝注云：“昆吾掌冶，世官。”《古史考》云：“昆吾氏作瓦。”有作地名，《山海經》中有昆吾山，出善金。有作國名，《墨子》曰：“昔夏后開使飛廉探金於山，以鑄鼎於昆吾。”似此昆吾爲國名。有作人名，《左傳》昭公十三年：楚靈王曰“皇祖伯父昆吾，舊許是宅”。有作金屬名，《列子·湯問篇》：“西戎獻錕铻之劍。”《河圖》曰：“瀛州多積石，名昆吾，可爲劍。”昆吾國，《國語·鄭語》云：“昆吾爲夏伯矣。”又云：“己姓昆吾、蘇、顧、溫、董。”昆虺王鐘，虺字與我字形相似，原作昆我，後乃作昆吾。

二曰参胡；

《集解》《世本》曰：“参胡者，韓是也。”

《索隱》《系本》云：“二曰惠連，是爲参胡。参胡者，韓是。”宋忠曰：“参胡，國名，斟姓，無後。”

《補》《帝系篇》作“其二曰惠連，是爲参胡。”《路史·國名紀》謂“妘姓”。

三曰彭祖：

《集解》虞翻曰：“名翦，爲彭姓，封於大彭。”《世本》曰：“彭祖者，彭城是也。”

《索隱》《系本》云：“三曰籛鏗，是爲彭祖。彭祖者，彭城是。”虞翻云：“名翦，爲彭姓，封於大彭。”

《正義》《括地志》云：“彭城，古彭祖國也。《外傳》云：殷末滅彭祖國也。虞翻云名翦。《神仙傳》云：彭祖諱鏗，帝顓頊之玄孫，至殷末年已七百六十七歲而不衰老，遂往流沙之西，非壽終也。”

《補》《帝系篇》作“其三曰籛（虞翻作翦），是爲彭祖。”《路史》謂字鏗。梁玉繩《人表考》：“按彭祖乃彭姓之祖，與老彭爲二人，有謂彭爲妘姓。”《續博物志》：“彭城縣，古彭祖國也。”

四曰會人；

《集解》《世本》曰：“會人者，鄭是也。”

《索隱》《系本》云：“四曰求言，是爲鄶人。鄶人者，鄭是。”宋忠曰：“求言，名也。妘姓所出，鄶國也。”

《正義》《括地志》云：“故鄶城在鄭州新鄭縣東北二十二里。《毛詩譜》云：‘昔高辛之土，祝融之墟，歷唐至周，重黎之後妘姓處其地，是爲鄶國，爲鄭武公所滅也。’”

《考證》 《帝系》會作"鄶"。

《補》 《帝系篇》作"其四曰萊言，是爲鄶人。"《世本》作"求言"。《詩》作"檜"。《路史》作"僧"，又作"鄶"。有謂鄶，今新鄭也。

五曰曹姓；

《集解》 《世本》曰："曹姓者，邾是也。"

《索隱》 《系本》云："五曰安，是曰曹姓。曹姓，邾是。"宋忠曰："安，名也。曹姓者，諸曹所出。"

《正義》 《括地志》云："故邾國在黃州黃岡縣東南百二十一里。《史記》云：'邾子，曹姓也。'"

《補》 《帝系篇》作"其五曰安，是爲曹姓"。曹姓始見《國語·鄭語》，名"安邾氏"。邾一作"鄒"，《路史》作"朱"。《廣韵》曹字注，安作"六安"，《路史》作"晏安"。曹當作"嬲"。郭沫若謂嬲爲曹姓之本字。

六曰季連，芈姓，楚其後也。

《索隱》 《系本》云："六曰季連，是爲芈姓。季連者，楚是。"宋忠曰："季連，名也。芈姓所出，楚之先。"芈音彌是反。芈，羊聲也。

《考證》 吳回生陸終以下，《帝系》。

《補》 《帝系篇》作"其六曰季連，是爲芈姓。"楚之姓，本爲"妳"字，芈爲同音假借字。妳或作"嫊"。

昆吾氏，夏之時嘗爲侯伯，桀之時湯滅之。彭祖氏，殷之時嘗爲侯伯，殷之末世滅彭祖氏。

《考證》 昆吾氏以下，《國語·鄭語》。

季連生附沮，

《集解》 孫檢曰："一作'祖'。"

《索隱》 沮，音才叙反。

《考證》 《帝系》作“付祖”。

附沮生穴熊。

《考證》 以上采《帝系》。

《補》 《帝系篇》作“季連産付祖氏，付祖氏産内熊”。有謂穴，沿“鬻”字而訛，穴又訛作“内”。

其後中微，或在中國，或在蠻夷，弗能紀其世，周文王之時，季連之苗裔曰鬻熊。

《考證》 《漢書·藝文志·道家》：“《鬻子》二十二篇，名熊，爲周師，自文王以下問焉，周封爲楚祖。”愚按《列子·天瑞》、賈子《新書·修政語》，亦引鬻熊言，與道家旨相似，今本《鬻子》十四篇，後人僞託。

《補》 鬻一作“粥”，又作“育”。《列子·黄帝篇》有“粥子”。鬻音糜，或音米。《説文》大徐云：“從䰞，米聲。武悲切。”小徐云：“從鬻米。”《説文》段注箋云：“楚本姓芈，音與米同，古假借用鬻，故稱芈熊爲鬻熊。”《世本》云：“鬻熊爲文王師，成王封曾孫繹於楚，子孫以熊爲氏。”《通志·氏族略》：“鬻，係出芈姓，祝融之後，周文王師鬻熊，受封於楚，子孫以熊爲氏。”《漢書·藝文志·道家》注云：“名熊。”《路史·國史紀》以鬻爲姓，熊爲名。

鬻熊子事文王，蚤卒。

《考證》 《藝文類聚》引史無“子”字。

《補》 《漢書·地理志》云：“爲文、武師。”按下文有“舉文、武勤勞之後嗣，而封熊繹於楚蠻”。應以“爲文、武師”爲確。

其子曰熊麗。熊麗生熊狂，熊狂生熊繹。熊繹當周成王之時，舉文、武勤勞之後嗣，而封熊繹於楚蠻，封以子男之田，姓芈氏，居丹陽。

《集解》 徐廣曰：“在南郡枝江縣。”

《正義》 潁容《傳例》云："楚居丹陽，今枝江縣故城是也。"《括地志》云："歸州巴東縣東南四里歸故城，楚子熊繹之始國也。又熊繹墓在歸州秭歸縣。《輿地志》云：秭歸縣東有丹陽城，周廻八里，熊繹始封也。"

《考證》 今湖北宜昌府歸州有古丹陽城，楚始封此，曰西楚。後徙枝江，亦曰丹陽，是爲南楚，今荆州府枝江縣是。

《注》 《孟子·萬章篇》："天子之制，地方千里，公侯皆方百里，子男五十里，凡四等。"《王制》所載與《孟子》同。《周官·大司徒》所記與《孟子》異。古時小國地方五十里。史公所謂"封以子男之田"，是采《王制》和《孟子》之説。郭嵩燾《史記札記》云："按周室封建諸侯，惟侯、伯二等，宋以殷後封公，其餘子男之國見於《春秋》者並三代以前封國，周因其故封而降爲子男，大率皆古王者之後，楚亦高陽氏之苗裔也，史公謂鬻熊事文王，傳四世至熊繹始受封，恐不然也。"

《補正》 丹陽究在何處？三家注及瀧川氏的《考證》所述，皆非。當以丹淅之丹陽爲是，詳予所作《説楚都》一文中。

楚子熊繹與魯公伯禽、衛康叔子牟、晉侯燮、齊太公子呂伋俱事成王。

《考證》 楚子熊繹以下，昭十二年《左傳》。

《補》 楚國爲何稱子，有謂子爲五等爵之子爵，此説是否正確，將於另文中詳之。熊，有很多人説是鬻熊之名，但楚人後以熊爲姓（氏）。劉節在《古考存·釋嬴篇》中説："古金文、《左傳》、《史記》中所見楚之先公先王，大都以熊爲名……其本字皆當作嬴，或寫爲熊，其後聲演爲酓，故楚器中大都作酓。例如酓章即熊章。楚之祖先，蓋出熊盈之族。……楚人本姓嬴，故史傳中楚王皆以熊爲號。更姓改物，則姓媸，史傳又作芈。酓字，金文又作歙。"丁山氏説："鬻熊爲熊，實即歙字聲轉。"徐中舒在《巴楚文化續論》中説："楚濮同出殷遺，並宗廩君，實有可能。……是楚又以酓爲姓。酓與廩古音同屬侵部，酓姓即當爲廩君之後。"

關於楚人姓氏，於另文詳之。

熊繹生熊艾，熊艾生熊䵣，

《索隱》　一作"黵"，音土感反。䵣，音但，與"亶"同，字亦作"亶"。

熊䵣生熊勝。熊勝以弟熊楊爲後。

《索隱》　鄒誕本作"熊錫"。一作"煬"。

《考證》　《人表》艾作"乂"，勝作"盤"，楊作"錫"。以盤爲乂子，以錫爲盤子。

熊楊生熊渠。熊渠生子三人。當周夷王之時，王室微，諸侯或不朝，相伐。熊渠甚得江漢間民和，乃興兵伐庸、

《集解》　杜預曰："庸，今上庸縣。"

《正義》　《括地志》云："房州竹山縣，本漢上庸縣，古之庸國。昔周武王伐紂，庸蠻在焉。"

《考證》　今湖北鄖陽府竹山縣，古庸國。

楊粵，

《索隱》　有本作"楊雩"，音吁，地名也。今音越。譙周亦作"楊越"。

《考證》　《漢書·南粵王傳》"略定揚粵"，顏師古曰："本揚州之分，故云揚粵。"

至於鄂。

《正義》　五各反。劉伯莊云："地名，在楚之西，後徙楚，今東鄂州是也。"《括地志》云："鄧州向城縣南二十里，西鄂故城，是楚西鄂。"

《考證》　今湖北省武昌府武昌縣，有鄂域。

《補正》 《考證》云："今湖北武昌府武昌縣有鄂城。"按武昌府，明、清兩代均有設置。武昌縣，清時屬武昌府，民國改江夏縣爲武昌縣。原武昌縣改名壽昌縣，不久又改爲鄂城縣。《考證》所云，文義含糊。

熊渠曰："我蠻夷也，不與中國之號謚。"乃立其長子康爲句亶王，

《集解》 張瑩曰："今江陵也。"

《索隱》 《系本》"康"作"庸"，"亶"作"袒"。《地理志》云江陵，南郡之縣也。楚文王自丹陽徙都之。

《考證》 《帝系》康作"無康"。

中子紅爲鄂王，

《集解》 《九州記》曰："鄂，今武昌。"

《索隱》 有本作"藝經"二字，音摯紅，從下文熊摯紅讀也。《古史考》及鄒氏、劉氏等無音藝經，恐非也。

《正義》 《括地志》云："武昌縣，鄂王舊都。今鄂王神即熊渠子之神也。"

少子執疵爲越章王，

《索隱》 《系本》無執字，越作"就"。

《考證》 "其長子"以下，本《帝系》。《帝系》執疵作"疵"，越章作"戚章"。

《補》 郭嵩燾《史記札記》云："按楚自熊通立，始僭號武王，當春秋之始，周室微矣。西周之世，王室雖衰，號令猶行於天下，必無僭稱王之理。《左氏傳》載熊繹、蚡冒皆稱名，以楚居蠻服，謚號未立，惟以名紀世而已，安得夷王之世遽有僭王之事哉？此史公誤也。"按：郭氏之言，可謂陳腐淺陋，考之古史，實不如郭氏所説。王國維先生有《古諸侯稱王説》一文，曰："古時天澤之分未嚴，諸侯在其國自有稱王之俗，即徐楚吳越之稱王者，亦沿周初之舊習，不得以僭竊目之。"又云："諸侯稱王，夏商已然，文王受命稱王，亦用商之舊俗也。”

皆在江上楚蠻之地。及周厲王之時，暴虐，熊渠畏其伐楚，亦去其王。後爲熊毋康，

《集解》 徐廣曰：“即渠之長子。”

毋康蚤死。熊渠卒，子熊摯紅立。

《索隱》 如此史意即上鄂王紅也。譙周以爲“熊渠卒，子熊翔立，卒，長子摯有疾，少子熊延立”。此云“摯紅卒，其弟殺而自立，曰熊延”。欲會此代系，則翔亦毋康之弟，元嗣熊渠者。毋康既蚤亡，摯紅立而被延殺，故《史考》言“摯有疾”，而此言“弒”也。

《正義》 即上鄂王紅也。

《考證》 “摯”字當衍，熊紅即上鄂王也，《正義》近是。

摯紅卒，其弟弒而代立，曰熊延。

《正義》 譙周言“摯有疾”，此言“弒”，未詳。宋均注《樂緯》云：“熊渠嫡嗣曰熊摯，有惡疾，不得爲後，別居於夔，爲楚附庸，后王命曰夔子也。”

《考證》 梁玉繩曰：“既云摯紅卒，則非弒矣，而云弒者蓋弒其子，史有脫文耳。”愚按：疑奪“子熊摯立”四字。僖二十六年《左傳》，夔子曰：“我先王熊摯有疾，而自竄於夔，是以失楚。”《國語·鄭語》孔晁注：“熊繹玄孫摯有疾，楚人廢之，立其弟延。摯自弃於夔，子孫有功，王命爲夔子。”韋昭亦襲孔注，但改繹玄孫爲繹六世孫，孔、韋必有所據。但《史》曰“弒”，《左傳》及孔、韋《鄭語》注，曰“竄”曰“廢”，所傳異耳。

《補》 《世表》作：“熊延，紅弟。”《左傳》僖公二十六年《傳》：“我先王熊摯有疾，鬼神弗赦，而自竄於夔。”劉文淇《疏證》云：“杜注：‘熊摯，楚嫡子，有疾不得嗣位，故別封爲夔子。’《楚世家》：‘熊渠後爲熊毋康，毋康蚤死，熊渠卒，熊摯紅立。摯紅卒，其弟弒而代立，曰熊延。'本疏據之。謂嫡子有疾,不得嗣立,《楚世家》無其事。又引《鄭語》孔晁注云:'楚鬻熊玄孫曰熊摯,有惡疾,楚人廢之,立其弟熊延,摯自弃於夔,其子孫有功,王命爲夔子。'《疏》所引孔晁注,今《楚語》韋注全襲之,惟改玄孫爲六世孫,此可證本《傳》以疾遜位之事。然《史記》之說,則顯與《傳》違。《索隱》云:'譙周以爲熊渠卒,子熊翔立,卒,長子摯有疾,少子熊延立。此云摯紅卒,其弟弒而代立,曰熊延。欲會此代系。則翔亦毋康之弟,元嗣熊渠者。毋康既蚤亡,摯紅立而被延弒。故《史考》言摯有疾,而此言弒也。'《史記志疑》云:'按熊摯、熊紅爲兄弟二人,皆熊渠子也,安得稱熊摯紅哉?《左傳》孔疏引孔晁注、韋昭《國語》注同。但熊延繼紅而立。孔、韋兩注皆缺紅一代,惟韋改繹玄孫爲繹六世孫,與《世家》合。余疑熊渠有四子,長爲摯,次康、次紅、次執疵。《世家》稱熊渠生子三人,以康爲長子,紅爲中子、執疵爲少子,不數摯者,必因廢疾竄處,不復齒之耳。熊延當即執疵,既代立而改名也。史於《世表》《世家》俱合摯、紅爲一人,殊誤。且既云紅卒,則非弒矣。而云弒者,蓋弒其子,史有脱文耳。《索隱》引譙周謂熊渠卒,子熊翔立。疑紅之改名。'按梁説是也。《史記正義》引宋均注《樂緯》云:'熊繹嫡嗣曰熊摯,有惡疾,不得爲後,別居於夔,爲楚附庸,后王命爲夔子也。'謂摯爲嫡嗣,尤可證因疾遜位之事。"楚公嘆鐘,有謂熊延之延,古音如誕,楚公嘆即熊延。

熊延生熊勇。熊勇六年,而周人作亂,攻厲王,厲王出奔彘。

《注》 《國語·周語》:"國人謗王……三年乃流王於彘。"

熊勇十年,卒,弟熊嚴爲後。熊嚴十年,卒。有子四人,長子伯霜,中子仲雪,次子叔堪,

《索隱》 一作"湛"。

《考證》 《鄭語》堪作"熊"。

少子季徇。

《索隱》 旬俊反。

《考證》 《鄭語》徇作"紃"。"有子四人"以下，《國語·鄭語》。

熊嚴卒。長子伯霜代立，是爲熊霜。熊霜元年，周宣王初立。熊霜六年，卒，三弟爭立。仲雪死。叔堪亡，避難於濮，

《集解》 杜預曰："建寧郡南有濮夷。"

《正義》 按：建寧，晉郡，在蜀南，與蠻相近。劉伯莊云："濮在楚西南。"孔安國云："庸、濮在漢之南。"按成公元年"楚地千里"，孔説是也。

《補》 《逸周書·王會解》："卜人以丹沙"。盧曰："卜即濮也。"宗周有及子，楊樹達先生謂及即濮。《國語·鄭語》作"叔熊逃難於濮"。沈欽韓謂濮即樊也。

而少弟季徇立，

《考證》 "叔堪亡"以下，本《鄭語》。

是爲熊徇。熊徇十六年，鄭桓公初封於鄭。二十二年，熊徇卒，子熊咢立。

《索隱》 噩，音鄂，亦作"咢"。

《考證》 《表》作"鄂"。

《補》 銅器楚公逆鎛，孫詒讓謂即熊咢。咢字作"噩"。熊勇十年卒，弟熊嚴爲後。

《注》 《人表》以熊嚴爲勇子。

熊咢九年，卒，子熊儀立，是爲若敖。

《考證》 宣十二年《左傳》云："若敖蚡冒，篳路藍縷，以啓山林。"

《補正》 《考證》云："宣十二年《左傳》云：'若敖蚡冒，篳路藍縷，以啓山林。’”若敖一詞已見僖公二十八年《傳》，杜注爲“楚之先君”。究作何解，詳見另文。《五行志》作“莫囂”。

楚公豪鐘，有謂豪即熊儀。

若敖二十年，周幽王爲犬戎所弑，周東徙，而秦襄公始列爲諸侯。二十七年，若敖卒，子熊坎立，是爲霄敖。

《索隱》　坎，苦感反。一作“菌”，又作“欽”。

《注》　《史侯表》作“寧敖”。

霄敖六年，卒，子熊眴立，

《集解》　徐廣曰：“眴，音舜。”

《索隱》　徐音舜。按：《玉篇》在口部，顧氏云：“楚之先，即蚡冒也。”劉音舜，其近代本即有字從目者。劉音舜，非。

是爲蚡冒。

《索隱》　古本“蚡”作“羒”，音憤。冒音亡北反，或亡報反。

《考證》　梁玉繩曰：“案：《韓子·和氏篇》謂‘厲王薨，武王即位’。《外儲説左上》亦稱‘楚厲王’。《楚辭》東方朔《七諫》云：‘遇厲、武之不察，羌兩足以畢斲。’是蚡冒謚厲王矣，史何以不書？”

《補》　蚡一作“妢”，又作“羒”、作“棼”。《左氏》文公十六年《傳》：“先君蚡冒，所以服陘隰也。”《國語·鄭語》注：“蚡冒，楚季紃之孫、若敖之子熊率。”

蚡冒十三年，晉始亂，以曲沃之故。蚡冒十七年，卒。蚡冒弟熊通弑蚡冒子而代立，是爲楚武王。

《考證》　梁玉繩曰：“武王之名，各本《史記》皆作熊通，而杜《世族譜》、《左》文十六、宣十二、昭廿二疏，及《釋文》引《世家》，並是熊達，桓二年疏，不引《世家》。亦是熊達，蓋今本誤。”

《補》 從本文看，蚡冒是熊通之兄。《左傳》杜注，蚡冒爲熊通（楚武王）之父。

武王十七年，晉之曲沃莊伯弑主國晉孝侯。

《考證》 桓二年《左傳》。

十九年，鄭伯弟段作亂。

《考證》 隱元年《春秋經》《傳》。

二十一年，鄭侵天子之田。

《考證》 隱三年《左傳》。

二十三年，衛弑其君桓公。

《考證》 隱四年《左傳》，事在武王二十二年。

二十九年，魯弑其君隱公。

《考證》 隱十一年《左傳》。

三十一年，宋太宰華督弑其君殤公。

《考證》 桓二年《春秋經》《傳》。中井積德曰："華督，宜言華父督。"

三十五年，楚伐隨。

《集解》 賈逵曰："隨，姬姓也。"杜預曰："隨國今義陽隨縣。"

《正義》 《括地志》云："隨州外城古隨國地。"《世本》云："楚武王墓在豫州新息。隨，姬姓也。武王卒師中而兵罷。"《括地志》云"上蔡縣東北五十里"是也。

《考證》 桓六年《左傳》。今湖北德安府隨州，即故隨國。

隨曰："我無罪。"楚曰："我蠻夷也。今諸侯皆爲叛相侵，或相殺。我有敝甲，欲以觀中國之政，請王室尊吾號。"隨人爲之周，請尊楚，王室不聽，還報楚。

《考證》 爲，去聲。之，往也。

《注》 郭嵩燾《史記札記》云："按隨、楚皆居江、漢之間，不與中國盟會，楚武王并兼諸國，而楚始強大，漸通中國盟會，無緣更假隨以通於周室。楚於是時已僭王矣，何假於周以尊其號哉？此亦史公好奇之過也。"

三十七年，楚熊通怒曰："吾先鬻熊，文王之師也，蚤終。成王舉我先公，乃以子男田令居楚，蠻夷皆率服，而王不加位，我自尊耳。"乃自立爲武王，

《考證》 宜言"自立爲王"。武字，諡號，後來史家所加。《管蔡世家》："楚公子圍弑其王郏敖，而自立爲靈王。"《衛世家》《鄭世家》皆云："楚公子棄疾弑靈王自立爲平王。"《司馬穰苴傳》"至常曾孫和，因自立爲齊威王"皆同一例。

與隨人盟而去。

《考證》 桓八年《左傳》云：夏，楚子合諸侯於沈鹿。隨不會，楚子伐隨，軍於漢、淮之間。隨侯禦之，戰於速杞，隨師敗績。秋，隨及楚平。與此不同。

於是始開濮地而有之。

《考證》 《國語·鄭語》。

五十一年，周召隨侯，數以立楚爲王。楚怒，以隨背己，伐隨。

《考證》 《左傳》無此事。

武王卒師中而兵罷。

《集解》 《皇覽》曰："楚武王冢在汝南郡鮦陽縣葛陂鄉東北，民謂之楚王岑。漢永平中，葛陵城北祝里社下，於土中得銅鼎，而銘曰'楚武王'，由是知楚武王之冢。民傳言，秦、項、赤眉之時，欲發之，輒頹壞填壓，不得發也。"

《正義》 有本注"葛陂鄉"作"葛陵鄉"者，誤也。《地理志》云新蔡縣西北六十里有葛陂鄉，即費長房投竹成龍之陂，因爲鄉名也。

《考證》 莊四年《左傳》。

子文王熊貲立，始都郢。

《正義》 《括地志》云："紀南故城在荆州江陵縣北五十里。杜預云國都於郢，今南郡江陵縣北紀南城是也。"《括地志》云："又至平王，更城郢，在江陵縣東北六里，故郢城是也。"

《考證》 梁玉繩曰："《左》桓二年疏謂：'漢《地理志》從《史記》，文王徙郢，《世本》及杜《譜》云武王徙郢，未知孰是？'《春秋地名攷略》云：'《左》昭二十三年，沈尹戌曰若敖、蚡冒至於武、文，猶不城郢。則居郢並不始武王。疑數世經營，至武、文始定耳'。"愚按：郢，今湖北荆州府治。

《補正》 楚文王，《呂氏春秋·真諫篇》作"荆文王"。熊貲，《淮南子·説山》注作"熊疵"，《主術》注作"熊庇"，庇當爲疵之譌，貲又作"訾"。郢，《考證》云："愚按：郢，今湖北荆州府治。"王鳴盛《蛾術篇·七國都》云："郢，今湖北荆州府治江陵縣。"這些説法，都不合乎實際。楚都一在江陵縣北有十餘里之紀南城，一在東北約五、六里之郢城，均與荆州府治或江陵縣治有一定的距離。

文王二年，伐申過鄧，

《正義》 《括地志》云："故申城在鄧州南陽縣北三十里。《晉太康地志》云周宣王舅所封。故鄧城在襄州安養縣北二十里。春秋之鄧國，莊十六年，楚文王滅之。"

《考證》 申，今河南南陽府南陽縣申城。鄧，今湖北襄陽府襄陽縣鄧縣故城。

鄧人曰："楚王易取。"鄧侯不許也。

《集解》 服虔云："鄧，曼姓。"

《考證》 莊七年《左傳》。顧棟高曰："申爲南陽，天下之膂，光武所發蹟處。是時齊桓未興，楚橫行南服，由丹陽遷郢，取荆州以立根基。武王旋取羅鄀，爲鄢郢之地，定襄陽以爲門户。至滅申，遂北向以抗衡中夏。然其始要非一朝一夕之故也。平王東遷，即切切焉，戍申與甫許，豈獨内德申侯，爲之遣戍，亦防維固圉之計，有不獲已。逮桓王莊王，六七十年之久，楚之侵擾日甚，卒爲所滅。自後滅呂滅息滅鄧，南陽汝寧之地，悉爲楚有，如河決魚爛，不可底止，遂平步以窺周疆矣。故楚出師，則申息爲之先驅；守禦，則申息爲之藩蔽。城濮之敗，而子玉羞見申息之老。楚莊初立，而申息之北門不啓，子重欲取申吕爲賞田，而巫臣謂晉鄭必至於漢。申之係於楚，豈細故哉！故論當日楚之形勢，東拒齊，則召陵之陘，爲咽喉之塞；西拒晉則少習、武關，通往來之道；南面扞吳，則鐘離、居巢、州來，屹爲重鎮，迨州來失，而入郢之禍始兆。楚之植基固而形勢便，使周歷猶綿延四百年，不遂並於楚者，桓、文之力也。"

六年，伐蔡，

《正義》 豫州上蔡縣在州北七十里，古蔡國也。縣外城，蔡國城也。

《考證》 今河南汝寧府新蔡縣，蔡故城。

虜蔡哀侯以歸，

《考證》 莊十年《春秋經》《傳》。

已而釋之。

《考證》 《管蔡世家》云："哀侯留九歲死於楚。"與此異。

楚彊，陵江漢間小國，小國皆畏之。十一年，齊桓公始霸，

《考證》 莊十五年《左傳》。

楚亦始大。十二年，伐鄧，滅之。

《考證》 莊十六年《左傳》。

十三年，卒，子熊囏立，

《集解》 《史記音隱》云："囏，古'艱'字。"

《考證》 杭世駿曰："按《左傳》，楚文王于魯莊十五年即位，至十九年卒，在位共十五年，《世家》《年表》，並不同。"

是爲莊敖。

《索隱》 上音側狀反。

《考證》 張文虎曰："《年表》'索隱'引《世家》作'莊敖'，此註音側狀反，是小司馬所見本作'莊'，而讀爲壯。今本作'杜'，蓋後人所改。"

《補》 《考證》引張文虎曰："莊，讀如壯，今本作'杜'。"除此外，《十二諸侯年表》作"堵敖"。

莊敖五年，欲殺其弟熊惲，

《索隱》 惲，音紆粉反，《左傳》作"頵"，紆貧反。

《考證》 梁玉繩曰："莊敖以魯莊二十二年立，二十二年見弒。五年當作'二年'，惲當作'頵'，'熊'字衍。"

惲奔隨，與隨襲弒莊敖代立，是爲成王。

《補》 熊惲之惲作"頵"，《公》《穀》文元作"髡"。

成王惲元年，初即位，布德施惠，結舊好於諸侯。使人獻天子，天子賜胙，曰：「鎮爾南方夷越之亂，

《注》 夷，平也。越，治也。見《廣雅詁》。《國語·周語》：「汩越九原。」汩，治也；越，亦治也。謂平治九州之土也。《説苑·指武篇》：「城郭不修，溝池不越。」越，治也。夷越與汩越同義，之字如其，夷越之亂，即平治其亂。史公行文，喜同義字連用，如「皆各」連用，見《武帝本紀》。「愈益」連用，見《秦本紀》。「尚猶」連用，見《貨殖列傳》。此例尚多，不枚舉了。夷越之亂，即平其亂。

無侵中國。」於是楚地千里。十六年，齊桓公以兵侵楚，至陘山。

《正義》 杜預云：「陘，楚地。潁川召陵縣南有陘亭。」《括地志》云：「陘山在鄭州西南一百一十里，即此山也。」

《考證》 陘山，《春秋經》《傳》作「陘」，今河南許州府郾城縣南。

《補正》 《考證》云：「陘山，《春秋經》《傳》作『陘』，今河南許州府郾城縣南。」但在《齊世家》「齊師進次於陘」下説，「陘，今開封府新鄭縣南三十里陘山」。杜説非是。按《左傳》僖公四年：「遂伐楚，次於陘。」《括地志》：「山在鄭州西南一百十里。」《方輿紀要》：「陘山在開封府新鄭縣南三十里。」陘山一作邢山。山脈綿亘甚長，齊、楚有召陵之盟，召陵在今河南郾城縣東三十里。以此推之，陘山在郾城爲是。總之，《考證》在《齊世家》與《楚世家》二文中，其説不一致。許州，據《大清一統志》所載，雍正二年昇爲直隸州。十二年又昇爲許州府，乾隆六年仍改府爲直隸州。由此可知許州設爲府，爲時甚短。而《考證》云「今河南許州府郾城縣南」，似欠妥當。

楚成王使將軍屈完以兵禦之，

《正義》 屈，曲勿反。完音桓，楚族也。

《考證》 《左傳》云：「使屈完如師。」蓋求盟也，與此異。

《補正》 《春秋》僖公四年《經》：「楚屈完來盟於師。」《齊世家》：

"夏，楚王使屈完將兵扞齊。"郭嵩燾《史記札記》説："楚制將兵者令尹也，屈完非楚令尹，亦不得將兵扞齊，此亦當從《左氏傳》。"郭氏所述不足信。

與桓公盟。桓公數以周之賦不入王室，楚許之，乃去。

《考證》　"齊桓公"以下，僖四年《左傳》。

十八年，成王以兵北伐許，

《集解》　《地理志》曰潁川許昌縣，故許國也。

《考證》　今河南許州府治東，有故許城。

許君肉袒謝，乃釋之。

《考證》　僖六年《左傳》。肉袒，去上衣，露肢體，意謂歸骨就刑戮，所以表其服順也。《左傳》云："許男面縛銜璧，大夫衰絰，士輿櫬。"史公以"肉袒"二字易之。

《補》　肉袒，《禮·郊特牲》："服之盡也。"《宋微子世家》："肉袒者，袒而露肉也。""肉袒"一簡稱"袒"。《左傳》昭公四年："賴子面縛銜璧，士袒，輿櫬從之。"

二十二年，伐黃。

《索隱》　汝南弋陽縣，故黃國。

《正義》　《括地志》云："黃國故城，漢弋陽縣也。秦時黃都，嬴姓，在光州定城縣四十里也。

《考證》　今河南光州，春秋黃國，有古黃城。伐黃，《左傳》及《年表》俱在二十三年，二十四年滅之。

二十六年，滅英。

《集解》　徐廣曰："年表及他本皆作'英'，一本作'黃'。"

《正義》 英國，在淮南，蓋蓼國也，不知改名時也。

《考證》 梁玉繩曰，“英即英氏，其滅未知何時。然楚成王二十六年，當魯僖公十四年，而僖十六年《春秋》云：‘齊人徐人伐英氏，則此書滅英，誤。此乃是滅黃之誤，元屬二十四年事，錯書於二十六年耳。”

三十三年，宋襄公欲爲盟會，召楚。楚王怒曰：“召我，我將好往襲辱之。”遂行，至盂，

《正義》 音于，宋地也。

《考證》 好往，以和好往會也。

《注》 盂，《公羊》曰“霍”，《穀梁》曰“雩”。洪亮吉云：“盂，雩音同，古字亦通。《公羊》作‘霍’，又以雩字近而誤也。”《一統志》，盂亭在歸德府睢州界。

遂執辱宋公，已而歸之。三十四年，鄭文公南朝楚。楚成王北伐宋，敗之泓，

《注》 《春秋經》僖公二十二年：“宋公及楚人戰於泓，宋師敗績。”沈欽韓云：“《寰宇記》泓水在宋州柘城縣西（有作‘北’）三十五里。《明一統志》云：‘即渙水支流也。’”

射傷宋襄公，襄公遂病創死。

《考證》 “宋襄公”以下，僖二十二、二十三年《左傳》。“楚王怒曰”十三字，史公以意補。

三十五年，晉公子重耳過楚，成王以諸侯客禮饗，而厚送之於秦。

《考證》 僖二十三年《左傳》。

三十九年，魯僖公來請兵以伐齊，楚使申侯將兵伐齊，取穀，

《集解》 杜預曰：“濟北穀城縣。”

《正義》　《括地志》云：“穀在濟州東阿縣東二十六里。”

《考證》　三十九年，當作三十八年。穀，山東泰安府東阿縣。

置齊桓公子雍焉。齊桓公七子皆奔楚，楚盡以爲上大夫。滅夔，夔不祀祝融、鬻熊故也。

《集解》　服虔曰：“夔，楚熊渠之孫，熊摯之後。夔在巫山之陽，秭歸鄉是也。”

《索隱》　譙周作“滅歸”，歸即夔之地名歸鄉也。

《正義》　《左傳》云“楚以其不祀祝融、鬻熊，使鬥宜申帥師滅夔，以夔子歸”是也。

《考證》　僖二十六年《左傳》。

《補》　夔與楚爲同姓國，祝融乃楚人所奉之大神，鬻熊爲楚人之先祖。夔人既不祀所奉之神與祖先，故楚滅之。古之商湯，因葛伯不祀而伐之，周武王數紂之罪，自弃其先祖肆祀不答（一作“報”）。楚成王殆師其意歟？夔，《公羊傳》作“隗”。

夏，伐宋，

《考證》　梁玉繩曰：“此上缺書‘三十九年’，但《春秋》圍宋在冬。”

宋告急於晉，晉救宋，

《考證》　梁玉繩曰：“‘晉救’上，缺書‘四十年’。”

成王罷歸。將軍子玉請戰，成王曰：“重耳亡居外久，卒得反國，天之所開，不可當。”子玉固請，乃與之少師而去。晉果敗子玉於城濮。成王怒，誅子玉。

《考證》　僖二十八年《左傳》。城濮，衛地，今山東曹州府濮州南有臨濮故城，即春秋城濮。

四十六年，初，成王將以商臣爲太子，語令尹子上。

《考證》 莊四年《左傳》，楚武王臣有令尹鬥祁、莫敖屈重。令尹之名，始見於此，其職當國，長於諸尹，在莫敖上，蓋武王所創置，他國未聞。顧棟高曰：“《左傳》桓六年，武王侵隨，其時鬥伯比當國主謀議，不著官稱。十一年，有莫敖屈瑕，時則莫敖爲尊官，亦未有令尹之號。至莊四年，令尹與莫敖並稱。嗣後莫敖之官，或設，或不設，間與司馬並列令尹之下，而令尹以次相授，至戰國猶仍其名。其官大都以公子或嗣君爲之，他人莫得與也。”顧炎武曰：“春秋時，列國官名，若晉之中行、宋之門尹、鄭之馬師、秦之不更庶長，皆他國所無，而楚尤多，有莫敖、令尹、司馬、太宰、少宰、御士、左史、右領、左尹、右尹、連尹、鍼尹、寢尹、工尹、卜尹、芊尹、藍尹、沈尹、蒍尹、囂尹、陵尹、郊尹、樂尹、宮廐尹、監馬尹、揚豚尹、武城尹，其官名大抵異於他國。”

子上曰：“君之齒未也，

《集解》 杜預曰：“齒，年也。言尚少。”

而又多内寵，紬乃亂也。

《考證》 紬，《左傳》作“黜”。言君之春秋尚富，而内嬖多，將來必有易樹之事，則亂從之矣。

楚國之舉常在少者。

《集解》 賈逵曰：“舉，立也。”

《考證》 中井積德曰：“舉，建置之意。”龜井昱曰：“舉，廢舉之舉。”

《補》 《左傳》昭十三年：“芈姓有亂，必季實立，楚之常也。”有以此爲楚人行少子繼承制之證，姑志之。常字，《左傳》作“恒”。

且商臣蠭目而豺聲，忍人也，

《集解》 服虔曰：“言忍爲不義。”

《考證》 中井積德曰：“忍，猶殘也。”

不可立也。”王不聽，立之。後又欲立子職而絀太子商臣。

《集解》 賈逵曰：“職，商臣庶弟也。”

商臣聞而未審也，告其傅潘崇曰：“何以得其實?”崇曰：“饗王之寵姬江芈而勿敬也。”

《集解》 姬，當作“妹”。

《正義》 芈，亡爾反。

《考證》 《左傳》無“王之寵姬”四字。杜注：“江芈，成王妹，嫁於江。”

《補》 饗，《左傳》作“享”。江，金文作‘邛’。凡江器之江，均作邛。

商臣從之。江芈怒曰：“宜乎王之欲殺若而立職也。”商臣告潘崇曰：“信矣。”崇曰：“能事之乎?”

《集解》 服虔曰：“若立職，子能事之?”

曰：“不能。”“能亡去乎?”曰：“不能。”“能行大事乎?”

《集解》 服虔曰：“謂弑君。”

曰：“能。”冬十月，商臣以宮衛兵圍成王。

《注》 《左氏》文公元年《傳》作“以宮甲圍成王”。《韓非子·內儲篇》：“於是乃起宿營之甲而攻成王。”

成王請食熊蹯而死，

《集解》 杜預曰：“熊掌難熟，冀久將有外救之也。”

不聽。丁未，成王自絞殺。商臣代立，是爲穆王。穆王立，以其太子宮

予潘崇，使爲太師，掌國事。

《考證》 "初成王"以下，文元年《左傳》。《左傳》太子之宮，作爲"太子之室"。室，家資也。

穆王三年，滅江。

《集解》 杜預曰："江國在汝南安陽縣。"

《考證》 文四年《春秋經》《傳》。安陽故城，在今河南汝寧府正陽縣。

《補》 穆又作"繆"。《年表》作"二年滅江"。

四年，滅六、蓼。六、蓼，皋陶之後。

《集解》 杜預曰："六國，今廬江六縣。蓼國，今安豐蓼縣。"

《考證》 文五年《左傳》：秋，楚成大心滅六。冬，楚公子燮滅蓼。"臧文仲聞六與蓼滅，曰：'皋陶庭堅，不祀忽諸'。"蓋六，皋陶之後；蓼，庭堅之後。庭堅八凱之一，與皋陶別人，史公合之爲一，誤。文十八年《左傳》杜注：'庭堅即皋陶字。"亦襲史公謬。六，今安徽六安州。蓼，今河南光州固始縣蓼城。

《補》 《帝王世紀》："六，偃姓，子爵。皋陶次子甄，是爲仲甄，封於六。"《水經·沘水注》：沘水出沘山。沘字或作"淠"。淠水西北逕六安縣故城西。縣，故咎陶國也。夏禹封其少子奉其祀。《潛夫論·姓氏篇》謂梁、葛、黃、徐、莒、蓼、六、英皆皋陶之後。聞今六安縣城尚有皋陶墓。蓼字又作"鄝"，《集韻》作"䢖"。《地理志》："六安，蓼故國。"《路史》謂六爲皋陶後，蓼爲庭堅後。今霍邱縣西北有蓼城，即古蓼國。

八年，伐陳。

《考證》 文九年《左傳》。

十二年，卒。子莊王侶立。

《考證》 莊王立，文十四年《左傳》。《春秋經》及《國語》，侶作

“旅”，《穀梁》作“呂”。

《補》 《荀子·性惡篇》作“莊君”。《後漢書·朱穆傳》作“楚嚴
(莊)”卜侶一作“旅”，按呂、胥本一字，旅爲胥之省文。

莊王即位三年，不出號令，

《考證》 梁玉繩曰：“案文十六年《左傳》，莊王二年，嘗乘馹，會
師而滅庸矣，何言三年無令乎?”

日夜爲樂，令國中曰：“有敢諫者死無赦!”伍舉入諫。莊王左抱鄭姬，
右抱越女，坐鐘鼓之間。伍舉曰：“願有進隱。”曰：

《集解》 隱，謂隱藏其意。

《考證》 隱，隱語也，又曰庾辭。漢《藝文志》有隱書十八篇，師古
注劉向《別録》曰：“隱書者，疑其言以相問，對者以慮思之。”《文心雕
龍》有《諧隱篇》。

“有鳥在於阜，三年不蜚不鳴，是何鳥也?”莊王曰：“三年不蜚，蜚將衝
天；三年不鳴，鳴將驚人。舉退矣，吾知之矣。”

《考證》 天、人，韵。

《補》 《滑稽列傳》：“不蜚則已，蜚則衝天；不鳴則已，鳴則驚
人。”此爲淳於髡說齊威王事。《韓非子·喻老篇》：“雖無飛，飛必衝天，
雖無鳴，鳴必驚人。”

居數月，淫益甚。大夫蘇從乃入諫。王曰：“若不聞令乎?”對曰：“殺身
以明君，臣之願也。”於是乃罷淫樂，聽政，所誅者數百人，所進者數百
人，任伍舉、蘇從以政，國人大説。

《考證》 王應麟曰：“三年不飛不鳴，《滑稽傳》謂淳於髡說楚威王，
此一事而兩見。”又曰：“莊王時有嬖人伍參，其子伍舉在康王時，康王，
莊王之孫。《吕氏春秋·重言覽》云：‘荆莊王立三年，不聽而好隱。成

公賈父入諫曰：願與君王隱。'《新序·雜事篇》云'士慶'。然則非伍舉也。"愚按：《韓非子·喻老篇》伍舉作右司馬，且云："處半年，乃自聽政，所廢者十，所起者九，誅大臣五，舉處士六，而邦大治。舉兵誅齊，敗之徐州，勝晉於河雍，合諸侯於宋，遂霸於天下。"《吕覽·重言》："明日朝，所進者五人，所退者十人，群臣大說，荊國之衆相賀也。"與此不同。

是歲滅庸。

《正義》 今房州竹山縣是也。

《考證》 文十六年《左傳》。庸，今湖北鄖陽府竹山縣東上庸故城。梁玉繩曰："事在二年，非三年也。"

《補》 庸一作"鄘"。《說文》："鄘，南夷也。"

六年，伐宋，獲五百乘。

《考證》 命鄭公子歸生伐宋，囚華元，獲樂吕，及甲車四百六十乘。《左傳》宣公二年，爲楚莊七年。

八年，伐陸渾戎，

《集解》 服虔曰："陸渾戎，在洛西南。"

《正義》 允姓之戎，徙居陸渾。

《考證》 陸渾故城，在河南河南府嵩縣。

遂至洛，觀兵於周郊。

《集解》 服虔曰："觀兵，陳兵示周也。"

《補》 《左傳》宣公三年："楚子伐陸渾之戎，遂至於洛，觀兵於周疆。"《左傳》僖公二十二年："初平王之東遷也，辛有適伊川，見被髮而祭於野者。曰：'不及百年，此其戎乎！其禮先亡矣。'秋，秦、晉遷陸渾之戎於伊川。"《史記·匈奴傳》："（襄王時）於是戎狄或居陸渾。"杜

注：“允姓之戎居陸渾，在秦、晉西北，二國誘而徙之伊川……至今爲陸渾縣也。”按：此族原居西北之陸渾，即瓜州。其後雖居伊川，名曰陰戎，而其舊號猶未廢，人且取其舊號以名其新居，故漢弘農郡有陸渾縣（采自顧頡剛《史林雜識》）。

周定王使王孫滿勞楚王。

《集解》 服虔曰：“以郊勞禮迎之也。”

楚王問鼎小大輕重，

《集解》 杜預曰：“示欲逼周取天下。”

對曰：“在德不在鼎。”莊王曰：“子無阻九鼎！楚國折鈎之喙，足以爲九鼎。”

《正義》 喙，許衞反。凡戟有鈎。喙，鈎口之尖也。言楚國戟之鈎口尖有折者，足以爲鼎，言鼎之易得也。

《考證》 馬驌曰：“問鼎亦窺之漸，故王孫滿阻之甚力耳。至折鈎之語，恐是太史公所增。”龜井昱曰：“陳大軍以耀威武，莊王之豪氣可想，史遷折鈎之言，必有所傳。”岡白駒曰：“無阻，猶勿恃也。”中井積德曰：“戈戟，鈎兵也，此鈎即戈戟之大名也，喙者戈戟之末尖如喙，足爲鼎。謂楚國之大，兵甲之多也，且鼎不足貴耳。”

王孫滿曰：“嗚呼！君王其忘之乎？昔虞夏之盛，遠方皆至，貢金九牧，

《集解》 服虔曰：“使九州之牧貢金。”

《補》 《王制》鄭注：“（九州之長）虞、夏及周皆曰牧。”《逸周書·度邑解》：“維王克殷，國君諸侯乃厥獻民征主九牧之師。”注云：“九牧，九州之牧也。”

鑄鼎象物，

《集解》 賈逵曰：“象所圖物著之於鼎。”

《補》《淮南子·本經訓》説："故周鼎著倕使銜其指，以明大巧之不可也。"謂周人鑄鼎畫像，鏤倕身於鼎，使自銜其指，以戒後世，明不當大巧爲也。畢沅説："《山海經·海外經》，周、秦所述也。禹鑄鼎象物，使民知神姦。按其文，有國名，有山川，有神靈奇怪之所際，是鼎所圖也。"郭沫若先生説："勃古期之器物……其有紋繢者，刻鑄率深沉，多於全身雷紋之中，施以饕餮文，夔鳳，夔龍，象紋等次之。大抵以雷紋饕餮爲紋繢之領守……饕餮、夔龍、夔鳳，均想象中之奇怪動物。《呂氏春秋》云：'周鼎著饕餮，有首無身，食人未咽，害及其身。'（《先識覽》）"

百物而爲之備，使民知神姦。

《集解》杜預曰："圖鬼神百物之形，使民逆備之也。"

《補》《集解》引杜預曰："圖鬼神百物之形，使民逆備之也。"按姦有害義，使民知神姦者，即使人知道如何避御鬼神，以免爲其所害。

桀有亂德，鼎遷於殷，載祀六百。

《集解》賈逵曰："載，辭也。祀，年也。商曰祀。"王肅曰："載祀者，猶言年也。"

《考證》載亦年也。《爾雅·釋天》云："載，歲也。夏曰歲，商曰祀，周曰年，唐虞曰載。"王説甚是。賈逵以爲辭，非。

《補正》載一作"飘"。載有記義。武億云："載，當記載之載，謂記年六百，與卜世三十，卜年七百句義同。"武説良是。按載字可作"曰"用，如《詩·載見》："載見辟王，曰求厥章。"載亦"曰"字，互文也。

殷紂暴虐，鼎遷於周。德之休明，雖小必重；

《集解》杜預曰："不可遷。"

其姦回昏亂，雖大必輕。

《集解》杜預曰："言可移。"

昔成王定鼎於郟鄏，

《集解》 杜預曰："郟鄏今河南也，河南縣西有郟鄏陌。武王遷之，成王定之。"

《索隱》 按《周書》，郟，雒北山名，音甲。鄏，謂曰厚鄏，故以名焉。

《補》 《說文·邑部》："鄏，河南縣直城門官陌地也。"《逸周書·作雒解》"北因於郟山"，有謂郟山在河南府城北。《水經注》京相璠云："郟，山名，鄏，地邑也。"有謂郟山亦曰邙山，又名平逢山。《漢書·地理志》："河南郡，河南，故郟鄏地。周武王遷九鼎，周公致太平，營以爲都，是爲王城。"

卜世三十，卜年七百，天所命也。周德雖衰，天命未改。鼎之輕重，未可問也。"楚王乃歸。

《考證》 宣三年《左傳》。莊王言，未知其所本。

九年，相若敖氏。

《集解》 《左傳》曰子越椒。

人或讒之王，恐誅，反攻王，王擊滅若敖氏之族。

《考證》 宣四年《左傳》。梁玉繩曰："《左傳》，越椒殺司馬蒍賈，因而攻王。非畏讒而反也。"

《補》 若敖一詞有兩用。一、楚之國君稱若敖，已見前。二、爲官名。《淮南子·修務訓》作"莫囂"。注云："莫，大也；囂，衆也。主衆之官，楚卿大夫。"這種解釋，不能令人滿意，擬作另文詳之。莫敖職位，亞於令尹、司馬。楚之屈氏，世爲莫敖，有謂後之典令，即莫敖之演變。

十三年，滅舒。

《集解》 杜預曰："廬江六縣東有舒城也。"

《考證》《年表》舒下有"蓼"字。宣八年《左傳》云："楚爲衆舒叛，故伐舒蓼，滅之。"衆舒猶言群舒，舒蓼即群舒之一，與穆四年所滅蓼自別，故此止曰舒。

《補》 舒一作"郐"。《唐書·宰相世家系表》云："舒氏出自偃姓，皋陶之後，舒有五名，曰群舒，曰舒蓼、曰舒庸、舒龍、曰舒鳩。"其地在安徽舒城、廬江一帶。

十六年，伐陳，殺夏征舒。征舒弒其君，故誅之也。已破陳，即縣之。群臣皆賀，申叔時使齊來，不賀。王問，對曰："鄙語曰，牽牛徑人田，田主取其牛。徑者則不直矣，取之牛不亦甚乎？且王以陳之亂而率諸侯伐之，以義伐之而貪其縣，亦何以復令於天下！"莊王乃復國陳後。

《考證》 宣十一年《左傳》，古鈔本，無"後"字，爲是。史公《自序》云："乃復國陳。"可證。

十七年春，楚莊王圍鄭，三月克之。入自皇門，

《集解》 賈逵曰："鄭城門。"何休曰："郭門也。"

鄭伯肉袒牽羊以逆，

《集解》 賈逵曰："肉袒牽羊，示服爲臣隸也。"

《考證》 肉袒，受刑之義。牽羊，示爲臣隸。

《補》 "肉袒"解見前。牽字，《鄭世家》作"繫"，乃古牽字。"牽羊"，羊柔順獸也。吾謂肉袒牽羊，乃表示謝罪而降服之義。

曰："孤不天，不能事君，君用懷怒，以及敝邑，孤之罪也。敢不惟命是聽！

《考證》 杜預曰："不天，不爲天所佑。"

賓之南海，

《考證》 賓，《左傳》作"實"。錢大昕曰："賓讀曰擯。"

若以臣妾賜諸侯，亦惟命是聽。

《考證》 若猶"或"也。

《補》 《左傳》僖公四年："楚子使與師言曰：君處北海，寡人處南海。"劉壽曾曰："《荀子·王制篇》'北海則有走馬、吠犬焉，然而中國得而畜使之。南海則有羽、翮、齒、革、曾青、丹干焉，然而中國得而財之。'注：'海謂荒晦絶遠之地，不必至海水也。'北海、南海，不必以實地證之。"《鄭世家》作"君王遷之江南，及以賜諸侯，亦惟命是聽""江南"二字，《史記》常用，然所指爲何？可考饒宗頤所著《楚辭地理考·江南解》。

若君不忘厲、宣、桓、武，

《集解》 杜預曰："周厲王、宣王，鄭之所自出也。鄭桓公、武公，始封之賢君也。"

不絶其社稷，使改事君，孤之願也，非所敢望也。敢布腹心。"楚群臣曰："王勿許。"莊王曰："其君能下人，必能信用其民，

《考證》 竹添光鴻曰："猶云必能誠信以用其國之民矣。"

庸可絶乎！"莊王自手旗，左右麾軍，

《考證》 十二字以《公羊傳》補。

引兵去三十里而舍，遂許之平。

《集解》 杜預曰："退一舍而禮鄭。"

《考證》 此退城下而盟也。宣十五年《左傳》云："宋華元曰：'敝邑易子而食，析骸而爨，雖然，城下之盟，有以國斃，不能從也。去我三十里，唯命是聽。'"

潘尪入盟，子良出質。

《集解》 潘尪，楚大夫。子良，鄭伯弟。

夏六月，晉救鄭，與楚戰，大敗晉師河上，遂至衡雍而歸。

《考證》 “十七年春”以下，宣十二年《左傳》。衡雍，河南懷慶府原武縣西北。

二十年，圍宋，以殺楚使也。

《索隱》 《左傳》宣十四年“楚子使申舟聘於齊，曰：‘無假道於宋。’華元曰：‘過我而不假道，鄙我也，鄙我，亡也。殺其使者必伐我，伐我亦亡也：亡一也。’乃殺之。楚子聞之，投袂而起。九月，圍宋”是也。

《考證》 楓山本“也”上有“故”字。

《補》 有作“以其殺楚使也”。

圍宋五月，

《考證》 五月當作“九月”，說在《宋世家》。

城中食盡，易子而食，析骨而炊。宋華元出告以情。莊王曰：“君子哉！”遂罷兵去。

《考證》 宣十五年《左傳》。梁玉繩曰：“莊王曰‘君子哉’，此史公隱括其事而爲言，猶《宋世家》云‘誠哉言也，非莊王有是語’。”

《補》 《左傳》宣公十五年：“宋人懼，使華元夜入楚師，登子反之床，起之曰：‘寡君使元以病告……’”《韓詩外傳》云：“……司馬子反乘闉而窺宋城，宋使華元乘闉而應之……”以上所述，似與史公之文有出入。

二十三年，莊王卒，

《考證》 宣十八年《春秋經》《傳》。

子共王審立。

《考證》 《晉語》審作“箴”。

《補》　《國語·魯語》《晉語》，共作"恭"。《吕氏春秋·權勛篇》作
"龔"，稱"荆龔王"。

共王十六年，晉伐鄭。鄭告急，共王救鄭。與晉兵戰鄢陵，

《考證》　河南開封府鄢陵縣。

晉敗楚，射中共王目。共王召將軍子反。子反嗜酒，從者豎陽谷進酒，
醉。王怒，射殺子反，遂罷兵歸。

《考證》　"晉伐鄭"以下，成十六年《左傳》。陽谷當作"谷陽"。子
反自殺，非共王射殺也。中井積德曰："'射'字疑衍。"

三十一年，共王卒，

《考證》　襄十三年《春秋經》《傳》。

子康王招立。康王立十五年卒，

《考證》　襄二十八年《春秋經》《傳》。《春秋》招作"昭"。

子員立，是爲郟敖。

《索隱》　員，音雲。《左傳》作"麏"。

《補》郟字一作"夾"。葬於郟，謂之郟敖。《地理志》："郟屬潁川
郡。"郟屬於鄭，後楚取之。郟敖名員，又作"麇"，作"麏"，作"卷"。

康王寵弟公子圍、

《集解》　徐廣曰："《史記》多作'回'。"

子比、子皙、棄疾。

《考證》　中井積德曰："稱公子比、公子黑肱可也，稱子干、子皙
可也，名與名連，字與字連。《左傳》可徵。史每稱子比、子皙，失稱謂

之正。"

郏敖三年，以其季父康王弟公子圍爲令尹，主兵事。

《考證》 襄二十九年《左傳》。梁玉繩曰："圍爲令尹在元年，此與《表》誤在三年。"

四年，圍使鄭，道聞王疾而還。十二月己酉，圍入問王疾，絞而弑之，

《集解》 荀卿曰："以冠纓絞之。"《左傳》曰："葬王於郏，謂之郏敖。"

《考證》 楚人謂未成君而死者爲敖，此已立三年，非未成君者，其稱郏敖，以無謚號也。

遂殺其子莫及平夏。使使赴於鄭。伍舉問曰："誰爲後?"

《集解》 服虔曰："問來赴者。"

《考證》 中井積德曰："圍也使鄭，舉爲介，圍之還，舉遂聘，故是時在鄭矣。"又曰："《左傳》曰伍舉問應爲後之辭，舉更爲後之辭而已，非改其他。"

對曰："寡大夫圍。"伍舉更曰："共王之子圍爲長。"

《集解》 杜預曰："伍舉更赴辭，使從禮告終稱嗣，不以篡弑赴諸侯。"

《考證》 竹添光鴻曰："稱寡大夫，便見臣不可繼君，説共王之子年最長，便見弟可以繼兄，巧手彌縫。"

子比奔晉，而圍立，是爲靈王。

《考證》 "圍使鄭"以下，昭元年《左傳》。

《補》 《吳世家》："楚公子圍殺其王郏敖而代立，是爲靈王。"圍又作"回"。《論衡‧吉驗篇》訛作"子圍"。易名"虔"。子比，共王庶子，字子干，爲王數日，自殺，葬於訾，實訾敖。

靈王三年六月，楚使使告晉，欲會諸侯。諸侯皆會楚於申。

《考證》 杜預曰："楚靈王始合諸侯也。"梁玉繩曰："申，楚地。《表》云合諸侯於宋地，誤。"

伍舉曰："昔夏啓有鈞臺之饗，

《集解》 杜預曰："河南陽翟縣南有鈞臺陂。"

《補》 伍應作"五"。五舉，《楚語》作"湫舉"，又作"椒舉"，五參之子。饗，《左傳》作"享"。《左傳》昭公四年："夏啓有鈞臺之享。"洪亮吉《詁》云："《汲郡古文》'夏啓元年，帝即位於夏邑，大饗諸侯於鈞臺。'《歸藏·啓筮》曰：'昔夏后氏啓筮，亨神於大陵而上鈞臺，枚占皋陶曰：不吉。'《連山易》曰：'啓筮，亨神於大陵之上。'酈道元云：'即鈞臺也。'《郡國志》潁川郡陽翟有鈞臺。惠棟曰：'魏大饗碑，夏啓均臺之亨。均，古鈞字，亨，古享字。'"

商湯有景亳之命，

《注》 《左傳》："商湯有景亳之命。"洪氏《詁》云："《汲郡古文》云：'帝癸二十八年，昆吾氏伐商，商會諸侯於景亳。'酈道元云：'所謂景亳爲北亳矣。'"《括地志》："宋州北五十里大蒙城，湯所盟地，因景山爲名。"有謂景亳即偃師，今偃師縣南十二里有景山。

周武王有盟津之誓，

《注》 《左傳》"周武有盟津之誓。"洪氏《詁》云："按《水經注》引《論衡》云：'與八百諸侯同此盟，《尚書》所謂不謀同辭也，故曰盟津，亦曰孟津。'《地理志》引《禹貢》作盟津。師古曰：'盟，讀曰孟津。在洛陽之北，都道所湊，故號孟津。孟，長大也'。"按"盟"爲正字，"孟"乃後起之名。

成王有岐陽之搜，

《集解》 賈逵曰：“岐山之陽。”

《補》 《左傳》：“成有岐陽之搜。”洪氏《詁》云：“《汲郡古文》云：‘成王六年，大搜於岐陽。’《晉語》云：‘昔成王盟諸侯於岐陽……’賈逵云：‘岐山之陽。’”按：岐又作“趨”“歧”。

康王有豐宮之朝，

《集解》 服虔曰：“豐宮，成王廟所在也。”杜預曰：“豐在始平鄠縣東，有靈臺，康王於是朝諸侯。”

《補》 《左傳》：“康王有豐宮之朝。”洪氏《詁》云：“《汲郡古文》云：‘康王元年，朝於豐宮’。服虔云：‘豐宮成王廟所在也。’《説文》：‘豐，周文王所都，在京兆杜陵西南。’”《括地志》：“豐宮，周文王宮也。”金文作“𡕷”。

穆王有塗山之會，

《注》 《左傳》：“穆有塗山之會”。洪氏《詁》云：“《汲郡古文》‘穆王二十九年，會諸侯於塗山。’《郡國志》：‘九江郡平阿，有塗山。’應劭曰：‘山在當塗’。”

齊桓有召陵之師，

《注》 《左傳》僖公四年：“師退，次於召陵。”《水經·潁水注》：“東南逕召陵縣故城南。”闞駰曰：“召者，高也，其地丘墟，井深數丈，故以名焉。”閻若璩《四書釋地》又續云：“邵陵故城，在今開封郾城縣東四十五里。”梁玉繩云：“郾城今屬許州。”

晉文有踐土之盟，

《注》 《左傳》僖公二十八年：“甲午，至於衡雍，作王宮於踐土。”《國語·晉語》注：“踐土鄭地，在今河内温地。”《呂覽·簡選篇》：“尊天子於衡。"注："文公率諸侯朝天子於衡雍。衡雍，踐土，今之河陽。"

君其何用?"靈王曰："用桓公。"

《集解》 杜預曰："用會召陵之禮也。"

時鄭子産在焉。於是晉、宋、魯、衛不往。

《考證》 梁玉繩曰："《左傳》，申之會不往者，魯衛曹邾四國也。《史》於《表》，改四國爲三，於《世家》，改曹邾爲晉宋，妄已。"沈家本曰："晉宋，疑曹邾之譌"。

靈王已盟，有驕色。伍舉曰："桀爲有仍之會，有緡叛之。

《集解》 賈逵曰："仍、緡，國名也。"

《補》《左傳》："夏桀爲仍之會，有緡叛之。"仍一作"扔"。賈逵曰："緡，有仍之姓也。"又曰："有仍，國名，後緡之家。"《索隱》云："未知其國何在"。《春秋經》桓五年"天王使仍叔之子來聘"。《穀梁經》《傳》並作"任叔"。仍、任音相近，或是一地，猶甫呂、虢郭之類。按《地理志》，東平有任縣，蓋古仍國。洪氏《詁》云："《韓非子》作'有戎之會'。《汲郡古文》云：'帝癸十一年會諸侯於仍，有緡氏逃歸，遂滅有緡。'"

紂爲黎山之會，東夷叛之。

《集解》 服虔曰："黎，東夷國名也，子姓。"

《補》《左傳》："商紂爲黎之搜，東夷叛之。"洪氏《詁》云："《韓非子》'黎丘之搜'。《汲郡古文》云：'帝辛四年大搜於黎。'服虔云：'黎，東夷國名也，子姓。'按《説文》，'䣓，殷諸侯。國在上黨東北'。"今考黎正在紂都之東百餘里。服虔曰'黎，東夷之國，是也'。杜注未見及此，而又注曰'疑'，蓋不考之故。"

幽王爲太室之盟，戎、翟叛之。

《集解》 杜預曰："太室，中嶽也。"

《補》 《左傳》："周幽爲大室之盟，戎狄叛之。"洪氏《詁》云："《汲郡古文》云：'幽王十年春，諸侯盟於大室。明年申人、繒人及犬戎入宗周弑王。'"

君其慎終！"七月，楚以諸侯兵伐吳，圍朱方。八月，克之，

《考證》 襄二十八年《左傳》云："慶封奔吳，吳予之朱方。"

《補》 《吳世家·索隱》引《吳地記》曰："朱方，秦改曰丹徒。"《郡國志》吳郡、丹徒，劉昭云："春秋時朱方。"有謂在今丹徒縣東南。

囚慶封，滅其族。以封徇曰："無效齊慶封弑其君而弱其孤，以盟諸大夫！"

《集解》 杜預曰："齊崔杼弑其君，慶封其黨，故以弑君之罪責之也。"

《補》 《左傳》："無或如齊慶封弑其君，弱其孤，以盟其大夫。"洪氏《詁》云："按《呂覽》載此事云：'毋或如齊慶封弑其君，以亡其大夫。'高誘注：'弱其孤，爲殺崔成、崔强，亡其大夫，謂崔杼强而死。'"

封反曰："莫如楚共王庶子圍弑其君兄之子員而代之立！"

《集解》 《穀梁傳》曰："軍人粲然皆笑。"

《考證》 中井積德曰："莫，當作'無'，《左傳》可徵，上文可例。"

於是靈王使（棄）疾殺之。

《考證》 以上昭四年《左傳》。中井積德曰："'棄'字疑衍，疾，速也。《左傳》作'使速殺之'。"愚按，錢大昕説同。

七年，就章華臺，

《集解》 杜預曰："南郡華容縣有臺，在城內。"

《補》《國語·楚語》:"靈王爲章華之臺。"注"章華,地名"。《吳語》曰:"乃築臺於章華之上。"

下令內亡人實之。

《考證》 昭七年《左傳》,事在楚靈六年。

八年,使公子棄疾將兵滅陳。

《考證》 昭八年《春秋經》《傳》,事在楚靈七年。

《補》 公子棄疾,靈王弟,即位後,易名熊居。《侯表》稱蔡公,即楚平王。

十年,召蔡侯,醉而殺之。使棄疾定蔡,因爲陳蔡公。

《考證》 昭十一年《左傳》。《左傳》云:"三月丙申,醉而執之。夏四月丁巳殺之。"中井積德曰:"陳蔡之'陳',疑衍,據《左傳》爲陳公者,別有穿封戌焉。"

十一年,伐徐以恐吳。

《集解》《左傳》曰使蕩侯等圍徐。

《考證》 徐,吳與國。

靈王次於乾谿以待之。

《考證》 乾谿,今安徽潁州府亳州東南。

《補》《吳世家》:"十二年,楚復來伐,次於乾谿,楚師敗走。"《集解》引杜預曰:"乾谿,在譙國城父縣南,楚東境。"陸賈《新語》:"楚靈王爲乾谿之館,築乾谿之臺,高五百仞,欲登浮云,窺天文。"乾,讀爲干,在今安徽亳縣東南。

王曰："齊、晉、魯、衞，其封皆受寶器，我獨不。

《注》《周本紀》："封諸侯，班賜宗彝，作分殷之器物。"《集解》引鄭玄云："宗彝，宗廟樽也。作分器，著王之命及受物。"《左傳》昭公十五年，周景王詰晉不獻彝鼎，王曰："叔氏，而忘諸乎？叔父唐叔，成王之母弟也，其反無分乎？"足徵周代對分器之有無，十分重視。

今吾使使周求鼎以爲分，其予我乎？"

《集解》　服虔曰："有功德，受分器。"

析父對曰：

《補》　析父，《楚語》作"僕父子晳"。又作"僕晳父""僕析父"。

"其予君王哉！

《集解》　賈逵曰："析父，楚大夫。"

《索隱》　據《左氏》此是右尹子革之詞，史蓋誤也。

昔我先王熊繹辟在荆山，蓽露藍蔞

《集解》　徐廣曰："蓽，一作'暴'。"駰案，服虔曰："蓽露，柴車素木輅也。藍蔞，言衣敝壞，其蔞藍藍然也。"

《考證》　《左傳》作"篳路藍縷"。篳如篳門之篳，荆竹也，篳路，以荆竹編車也。藍，所以染青也。縷，絲也。以藍染絲，織以爲衣，不用文采而用青衣，儉之至也。

以處草莽，跋涉山林以事天子，

《集解》　服虔曰："草行曰跋，水行曰涉。"

《考證》　楓山、三條本，山林作"山川"。

《補》　《左傳》昭公十四年："篳路藍縷，以處草莽。"宣公十二年："篳路藍縷，以啓山林。"

唯是桃弧棘矢以共王事。

《集解》 服虔曰："桃弧棘矢所以禳其災，言楚地山林無所出也。"

《考證》 桃，非桃茢之桃。竹添光鴻曰："貢任其土所産，不嫌粗薄，亦見楚祖先立國之瑣微。共，供也。"

《補》 《左傳》作"以共禳王事"。

齊，王舅也；

《集解》 服虔曰："齊吕伋，成王之舅。"

晉及魯、衛，王母弟也；

《注》 《左氏》昭公十二年《傳》："昔我先王熊繹與吕伋、王孫牟、燮父、禽父並事康王。"吕伋，一作"及"、作"級"、作"汲"，稱丁公。金文作"玎公"，太公子。王孫牟，康伯名髦，即王孫牟。張文虎曰："髦與牟聲絕不近。疑髦本作'髣'，傳寫誤。"燮父，《晉世家》云："唐叔子燮，是爲晉侯。"禽父，《魯世家》云："周公卒，子伯禽固已前受封，是爲魯公。"

楚是以無分而彼皆有。周今與四國服事君王，將惟命是從，豈敢愛鼎？"靈王曰："昔我皇祖伯父昆吾舊許是宅，

《集解》 服虔曰："陸終氏六子，長曰昆吾，少曰季連。季連，楚之祖，故謂昆吾爲伯父也。昆吾曾居許地，故曰舊許是宅。"

《考證》 孔穎達曰："許既南遷，故曰舊許，今屬鄭。"龜井昱曰："靈王欲取周鼎爲分器，既是大奇，又欲追虞夏以前舊宅，白手割取人之國，更大奇矣。"

今鄭人貪其田，不我予，今我求之，其予我乎？"對曰："周不愛鼎，鄭安敢愛田？"靈王曰："昔諸侯遠我而畏晉，

《考證》 龜井昱曰："遠我，以我爲僻遠也。"

今吾大城陳、蔡、不羹，

《集解》 韋昭曰：“二國，楚別都也。潁川定陵有東不羹，襄城有西不羹。”

《正義》 《括地志》云：“不羹故城在許州襄城縣東三十里。《地理志》云此乃西不羹者也。”

《補》 《左傳》洪氏《詁》云：“按《楚語》止舉陳、蔡、不羹，故曰：‘今吾城三國’。而此下云‘四國’，內外傳文多互異，非獨此也。韋昭解云：‘潁川定陵有東不羹城，襄城有西不羹亭。’所云不羹亭，似不可以國，杜注蓋誤（又杜預《春秋地名》襄城縣東南有不羹城，定陵西北有不羹亭，與韋注正別）。《水經注》：‘汝水又東南流，逕西不羹城南。’是必以定陵之不羹亭在東，故曰西不羹城以別之。”有謂東不羹在舞陽縣西北，羹音郎。

賦皆干乘，諸侯畏我乎？”對曰：“畏哉！”靈王喜曰：“析父善言古事焉。”

《正義》 《左傳》昭十二年，析父謂子革曰：“吾子楚國之望也，今與王言如響，國其若之何？”杜預曰：“譏其順王心如響應聲也。”按：此對王言是子革之辭，太史公云析父，誤也。析父時爲王僕，見子革對，故歎也。

《考證》 以上本昭十二年《左傳》，而誤以子革爲析父，又刪去析父規子革語，謂王喜析父善言古事，訛謬亦甚。

《補》 《國語·楚語》：“賦皆千乘，亦當晉矣，又加之以楚，諸侯其來乎？”

十二年春，楚靈王樂乾谿，不能去也。國人苦役。初，靈王會兵於申，僇越大夫常壽過，

《索隱》 僇，辱也。

《正義》 姓常，名壽過。

殺蔡大夫觀起。

《索隱》 觀，音官。觀，姓；起，名。

《補》 觀起之名，見於《左氏》襄公二十二年，《傳》云："楚觀起有寵於令尹子南。"《通志·氏族略》云："羋姓，謐螯子。"

起子從亡在吳，

《索隱》 從，音才松反。

《補》 觀從字子玉。

乃勸吳王伐楚，爲間越大夫常壽過而作亂，

《考證》 "爲"字，疑衍。《左傳》間作啓。啓，開也，導也。間，疑"開"之訛。

爲吳間。使矯公子棄疾命召公子比於晉，至蔡，與吳、越兵欲襲蔡。

《考證》 梁玉繩曰："案《左》襄廿二、昭十三《傳》，觀起爲令尹子南之寵人，非爲蔡大夫也。康王車裂，非靈王殺於申之會。起子從在蔡事蔡朝吳，非亡在吳國也。先是蓮、許、蔡、蔓四族開常壽過作亂，非觀起爲間也。起召公子比、公子黑肱襲蔡，非使吳、越召之也，非欲與吳、越也。蓋其時吳未嘗伐楚，何勸之有？何間之有？而襲蔡無吳、越，亦何緣合其兵？豈因昭十三年《傳》下文吳獲楚五帥，又滅州來而誤說之歟？"沈家本曰："按《左傳》，時越大夫常壽過作亂，非越兵。吳方與楚相距於乾谿，其無吳更明。"

令公子比見棄疾，與盟於鄧。

《集解》 杜預曰："潁川邵陵縣西有鄧城。"

《正義》 《括地志》云："故鄧城在豫州郾城縣東三十五里。"按：在古召陵縣西十里也。

遂入殺靈王太子祿，立子比爲王，公子子晳爲令尹，棄疾爲司馬。先除

王宮；觀從從師於乾谿，令楚衆曰："國有王矣。先歸；復爵邑田室。後者遷之。"楚衆皆潰，去靈王而歸。

《注》 《左傳》："先歸復所，後者劓。師及訾梁而潰。"

靈王聞太子祿之死也，自投車下，而曰："人之愛子亦如是乎？"

《考證》 龜井昱曰："自投於車下，顚墜而不自覺也，故曰'亦如余乎'。《左傳》哀二年，'太子懼，自投於車下，子良曰：婦人也'。定三年，'滋怒，自投於牀，廢於鑪炭'。並情之所極，不覺自投身也。"

侍者曰："甚是。"王曰："余殺人之子多矣，能無及此乎？"右尹曰：

《集解》 《左傳》曰右尹子革。

"請待於郊以聽國人。"

《集解》 服虔曰："聽國人欲爲誰。"

《考證》 中井積德曰："是要國人之助之意。"

王曰："衆怒不可犯。"曰："且入大縣而乞師於諸侯。"

《注》 《左傳》："若入於大都，而乞師於諸侯。"按此"都"字，作"邑"字解，與"縣"同義。《吳世家》："故遂伐楚，取兩都而去。"《正義》云："兩都，即鐘離、居巢。"是都爲邑之證。

王曰："皆叛矣；"又曰："且奔諸侯以聽大國之慮。"王曰："大福不再，秖取辱耳。"於是王乘舟將欲入鄢。

《集解》 服虔曰："鄢，楚別都也。"杜預曰："襄陽宜城縣。"

《正義》 音偃。《括地志》云"故鄢城在襄州安養縣北三里，在襄州北五里，南去荆州二百五十里。"按：王自夏口從漢水上入鄢也。《左傳》云"王沿夏將欲入鄢"是也。《括地志》云："鄢水源出襄州義清縣西界託仗山。《水經》云蠻水即鄢水是也。"

《補》 《左傳》："王沿夏，將欲入鄢。"應劭《漢書》注："沔水自江別至南郡華容，爲夏水，過郡入江。"服虔云："鄢，別都也。"《正義》引《括地志》云："鄢水源出襄州義清縣西界託仗(或作伏)山。"《水經注》云："出中盧縣界康狼山。"有謂古鄢水發源於今南漳縣北之七里山。

右尹度王不用其計，懼俱死，亦去王亡。

《考證》 今公子比以下，昭十三年《左傳》。

靈王於是獨傍偟山中，野人莫敢入王。王行遇其故鋗人，

《集解》 韋昭曰："今之中涓也。"

《考證》 《吳語》作"涓人"。涓，潔也，主潔清灑掃之事，褻近左右也。

謂曰："爲我求食，我已不食三日矣。"鋗人曰："新王下法，有敢饟王從王者，罪及三族，且又無所得食。"王因枕其股而臥。鋗人又以土自代，逃去。王覺而弗見，遂饑弗能起。

《考證》 以上本《國語‧吳語》。是時疑無三族之刑。

芋尹申無宇之子申亥曰："吾父再犯王命，

《集解》 服虔曰："斷王旌，執人於章華之宮。"

《正義》 芋尹，種芋園之尹也。

王弗誅，恩孰大焉!"乃求王，遇王饑於釐澤，奉之以歸。

《正義》 釐澤，上力其反。《左傳》云"乃求之，遇諸棘闈，以歸。"杜預曰："棘，里名，闈，門也。"

《考證》 《左傳》《吳語》，釐澤作"棘闈"。

夏五月癸丑，王死申亥家，

《正義》 《左傳》云"夏五月癸亥，王縊於芋尹申亥"是也。

申亥以二女從死，並葬之。

《注》《左傳》：“申亥以其二女殉而葬之。”申亥，芊尹，申無宇之子。申無宇，《古今人表》“無”作“亡”。《楚語》作“范無宇”。申亥亦曰“芊尹申亥”，亦曰“申亥氏”。

是時楚國雖已立比爲王；畏靈王復來，又不聞靈王死，故觀從謂初王比曰：“不殺棄疾，雖得國猶受禍。”

《考證》 中井積德曰：“比，無諡，故以初王稱之。”

王曰：“余不忍。”從曰：“人將忍王。”王不聽，乃去。棄疾歸。

《考證》 中井積德曰：“‘棄疾歸’三字無所屬，疑衍文。”

國人每夜驚，曰：“靈王入矣！”乙卯夜，棄疾使船人從江上走呼曰：

《補》《左傳》：“棄疾使周走而呼曰”。古“舟”與“周”通，如《詩·小雅》“舟人之子”。鄭箋云：“舟當作周。”

“靈王至矣！”國人愈驚。

《正義》 江上，即江邊也。

《考證》 陳仁錫曰：“靈王入矣，靈王至矣，二‘靈’字當削。”愚按：《左傳》無。

又使曼成然告初王比及令尹子皙曰：“王至矣！國人將殺君，司馬將至矣！

《集解》 杜預曰：“司馬謂棄疾。”

《考證》《左傳》“人”下無“將”字，此衍。言國人既殺君之司馬棄疾，將來殺君。

君蚤自圖，無取辱焉。衆怒如水火，不可救也。”

《注》《左傳》：“君若早自圖也，可以無辱。衆怒如水火焉，不可爲謀。”

初王及子晳遂自殺。丙辰，棄疾即位爲王，改名熊居，是爲平王。平王
以詐弑兩王而自立，

《正義》　兩王，謂靈王及子比也。

恐國人及諸侯叛之，乃施惠百姓。復陳蔡之地而立其後如故，歸鄭之侵
地。

《考證》　《左傳》云：“使枝如子躬聘於鄭，且致犫櫟之田，事畢弗
致。”

存恤國中，修政教。吳以楚亂故，獲五率以歸。

《集解》　服虔曰：“五率，蕩侯、潘子、司馬督、囂尹午、陵尹
喜。”

《正義》　率，所類反。五帥謂伐徐時蕩侯等五大夫也。督作“裻”，
音督。

平王謂觀從：“恣爾所欲。”欲爲卜尹，王許之。

《集解》　賈逵曰：“卜尹，卜師，大夫官。”

初，共王有寵子五人，無適立，

《注》　《左傳》：“初，共王無冢適，有寵子五人，無適立焉。”按：
適即“嫡”字。冢適，即嫡長子。

乃望祭群神，請神決之，使主社稷，而陰與巴姬埋璧於室內，

《集解》　賈逵曰：“共王妾。”

《正義》　《左傳》云：“埋璧於太室之庭。”杜預曰：“太室，祖廟
也。”

《考證》 《左傳》云：“祈曰：‘請神擇於五人者，使主社稷，當璧而拜者神所立也’。”

召五公子齋而入。康王跨之，

《集解》 服虔曰：“兩足各跨璧一邊。”杜預曰：“過其上。”

《考證》 龜井昱曰：“服説爲長。足跨之，故傳位至子，手過之，故郏敖不終，若跨而過上，遠於肘加焉。”

靈王肘加之，

《考證》 龜井昱曰：“《説文》‘肘，臂節也。’蓋張肱而拜，其臂節張而及璧上歟。”

子比、子晳皆遠之。平王幼，抱其上而拜，壓紐。

《考證》 “芋尹申無宇之子”以下，昭十三年《左傳》。楓山、三條本、宋本，“抱而入再拜”，作“抱其上而拜”。《左傳》“壓”上有“皆”字。龜井昱曰：“壓紐，當璧也。紐，系也。小兒拜起，傾仄無常，而再拜再壓，故曰‘皆’。《世家》去‘皆’字，抉龍眼耳。”

故康王以長立，至其子失之；圍爲靈王，及身而弒；子比爲王十餘日，子晳不得立，又俱誅。四子皆絕無後。唯獨棄疾後立，爲平王，竟續楚祀，如其神符。

《考證》 以上，史公以意補。

初，子比自晉歸，韓宣子問叔向曰：“子比其濟乎？”對曰：“不就。”宣子曰：“同惡相求，如市賈焉，

《集解》 服虔曰：“謂國人共惡靈王者，如市賈之人求利也。”

《考證》 傅遜曰：“同惡相求，指當時同心造亂之人，蔓居、成然等。”

何爲不就?"

《考證》 中井積德曰:"濟、就,宜連用其一也。此出兩字,言不相應。"

對曰:"無與同好,誰與同惡?

《集解》 服虔曰:"言無黨於内,當與衆共同好惡。"

取國有五難:有寵無人,一也;

《集解》 杜預曰:"寵須賢人而固。"

《考證》 寵,寵貴也。

有人無主,二也;

《集解》 杜預曰:"雖有賢人,當須内主爲應。"

有主無謀,三也;

《集解》 杜預曰:"謀,策謀也。"

有謀而無民,四也;

《集解》 杜預曰:"民,衆也。"

有民而無德,五也。

《集解》 杜預曰:"四者既備,當以德成之。"

子比在晉十三年矣,晉、楚之從不聞通者,可謂無人矣;

《集解》 杜預曰:"晉、楚之士從子比游,皆非達人。"

族盡親叛,可謂無主矣;

《集解》 杜預曰:"無親族在楚。"

《考證》 中井積德曰："族盡親叛，言相離叛，或死亡，無同心者也。"

無釁而動，可謂無謀矣；

《集解》 服虔曰："言靈王尚在，而妄動取國；故謂無謀。"

爲羈終世，可謂無民矣；

《集解》 杜預曰："終身羈客在於晉，是無民。"

亡無愛征，可謂無德矣。

《集解》 杜預曰："楚人無愛念者。"

王虐而不忌，

《集解》 杜預曰："靈王暴虐，無所畏忌，將自亡。"

《考證》 中井積德曰："以靈王之虐，而無所忌惡於子干，則其人不足畏也可知矣，非語靈王將亡。"

子比涉五難以弒君，誰能濟之！有楚國者，其棄疾乎？君陳、蔡，方城外屬焉。

《正義》 方城山在許州葉縣西十八里也。

苟慝不作，

《考證》 龜井昱曰："煩亂邪慝之事不生也。"

盜賊伏隱，私欲不違，

《集解》 服虔曰："不以私欲違民心。"

民無怨心。先神命之,

　　《正義》　謂埋璧之時也。

　　《考證》　龜井道載曰:"先神,祖先之神也。"

國民信之。羋姓有亂,必季實立,楚之常也。

　　《考證》　龜井昱曰:"文元年《左傳》楚子上曰:'楚國之舉,恒在少者。'楚之太祖季連,是陸終六子之季也。季紃是立,出《鄭語》。武王,蚡冒弟。成王,堵敖弟。"

子比之官,則右尹也;

　　《考證》　龜井昱曰:"比君陳蔡而威行方城外者,有間也。《晉語》以子干爲上大夫。"

數其貴寵,則庶子也。以神所命,則又遠之。民無懷焉,將何以立?"宣子曰:"齊桓、晉文不亦是乎?"

　　《集解》　服虔曰:"皆庶子而出奔。"

對曰:"齊桓,衞姬之子也,有寵於釐公。有鮑叔牙、賓須無、隰朋以爲輔,

　　《考證》　古鈔本,須作"胥"。《左傳》作"須"。

有莒、衞以爲外主,

　　《集解》　賈逵曰:"齊桓出奔莒,自莒先入,衞人助之。"

有高、國以爲內主。

　　《集解》　服虔曰:"國子、高子,皆齊之正卿。"

從善如流,

　　《集解》　服虔曰:"言其疾。"

施惠不倦。有國，不亦宜乎？昔我文公，狐季姬之子也，有寵於獻公。好學不倦。

《考證》 《左傳》倦作"貳"。

生十七年，有士五人，

《考證》 杜預曰："狐偃、趙衰、顚頡、魏武子、司空季子。"

有先大夫子餘、子犯以爲腹心，

《集解》 賈逵曰："子餘，趙衰。"

《正義》 子餘，趙衰。子犯，狐偃也。

有魏犨、賈佗以爲股肱，有齊、宋、秦、楚以爲外主，

《集解》 賈逵曰："齊以女妻之，宋贈之馬，楚享以九獻，秦送内之。"

有欒、郤、狐、先以爲内主。

《集解》 賈逵曰："四姓，晉大夫。"

《正義》 杜預云："謂欒枝、郤縠、狐突、先軫也。"

亡十九年，守志彌篤。惠、懷弃民，

《集解》 服虔曰："皆弃民不恤。"

民從而與之。

《正義》 以惠、懷弃民，故民相從而歸心於文公。

故文公有國，不亦宜乎？子比無施於民，無援於外。去晉，晉不送；歸楚，楚不迎。何以有國！"子比果不終焉，卒立者棄疾，

《正義》 《左傳》云："獲神，一也；有民，二也；令德，三也；寵

貴，四也；居常，五也。有五利以去五難，誰能害之！"杜預云："獲神，當璧拜也；有民，民信也；令德，無苛慝也；寵貴，妃子也；居常，棄疾季也。"

如叔向言也。

《考證》 "初子比自晉歸"以下，昭十三年《左傳》。

平王二年，

《考證》 二年，當作"六年"，下文"六年"當删。

使費無忌如秦爲太子建取婦。

《集解》 服虔曰：費無忌，"楚大夫。"

《索隱》《左傳》作"無極"，極、忌聲相近。

《正義》《左傳》云："楚子之在蔡也，郹陽之女奔之，生太子建。"杜預云："郹，蔡邑也。"郹，古覓反。

婦好，來，未至，無忌先歸，説平王曰："秦女好，可自娶，爲太子更求。"平王聽之，卒自娶秦女，

《考證》 以上昭十九年《左傳》。

生熊珍。

《考證》 錢大昕曰："《春秋》珍作'軫'。《伍子胥列傳》亦作'軫'。"

更爲太子娶。是時伍奢爲太子太傅，無忌爲少傅。

《補》 奢，伍舉之子。《淮南子》作"伍子奢"。詳《史記·伍子胥列傳》。太子建，字子木，後爲鄭人所殺。

無忌無寵於太子，常讒惡太子建。

《考證》 "更爲太子"以下，昭十九年《左傳》作奢爲師，無極爲少師。

建時年十五矣，其母蔡女也，

《考證》 與《左傳》異。

無寵於王，王稍益疏外建也。六年，使太子建居城父，守邊。

《集解》 服虔曰："城父，楚北境邑。"杜預曰："襄城城父縣。"

《正義》 父音甫。《括地志》云："城父故城在許州葉縣東北四十五里，即杜預云襄城城父縣也。"又許州襄城縣東四十里，亦有父城故城一所，服虔云"城父，楚北境"，乃是父城之名，非建所守。杜預云言成父，又誤也。《傳》及酈元《水經注》云"楚大城城父，使太子建居之"，即《十三州志》云太子建所居城父，謂今亳州城父縣也。按：今亳州見有城父縣，是建所守者也。《地理志》云潁川有父城縣，沛郡在城父縣，此二名別耳。

《考證》 使太子居城父，昭十九年《左傳》。《左傳》云："無極說楚王曰：'太子通北方，王收南方，是得天下也。'王說從之。"城父故城，在今河南汝州府寶豐縣。

無忌又日夜讒太子建於王曰："自無忌入秦女，太子怨，亦不能無望於王，王少自備焉。

《考證》 望，怨也。

且太子居城父，擅兵，外交諸侯，且欲入矣。"平王召其傅伍奢責之。伍奢知無忌讒，乃曰："王奈何以小臣疏骨肉？"無忌曰："今不制，後悔也。"於是王遂囚伍奢。而召其二子，而告以免父死。

《考證》 古鈔本，"子"下無"而"字。中井積德曰："'而召'至'父死'十一字，當爲衍文。"張文虎説同。

乃令司馬奮揚召太子建，欲誅之。太子聞之，亡奔宋。

《考證》　沈家本曰："《表》在七年。"

無忌曰："伍奢有二子，不殺者爲楚國患。蓋以免其父召之，必至。"

《考證》　"無忌又日夜讒太子"以下，本昭二十年《左傳》。

於是王使使謂奢："能致二子則生，不能將死。"奢曰："尚至，胥不至。"

《正義》　左傳云："伍尚爲棠君。"《括地志》云："揚州六合縣，本春秋時棠邑，伍尚爲大夫也。"

《補》　伍尚，奢之長子。《越絕書》曰"子尚"。又稱"棠君尚"。棠爲今之六合。

王曰："何也?"奢曰："尚之爲人，廉，死節，慈孝而仁，聞召而免父，必至，不顧其死。胥之爲人，智而好謀，勇而矜功，知來必死，必不來。然爲楚國憂者必此子。"

《考證》　"於是王使使謂奢"以下，史公以意補，《左傳》少異。

於是王使人召之，曰："來，吾免爾父。"伍尚謂伍胥曰："聞父免而莫奔，不孝也；父戮莫報，無謀也；度能任事，知也。子其行矣，我其歸死。"伍尚遂歸。

《考證》　"於是"以下，昭二十年《左傳》。

伍胥彎弓屬矢，

《注》　《伍子胥列傳》作"貫弓執矢"。《越絕書》作"介冑鷇弓"。

出見使者，曰："父有罪，何以召其子爲?"將射，使者還走，

　　《考證》　《左傳》無此事。

遂出奔吳。伍奢聞之，曰："胥亡，楚國危哉!"楚人遂殺伍奢及尚。

　　《考證》　"遂出奔吳"以下，昭二十年《左傳》。

十年，楚太子建母在居巢，開吳。

　　《正義》　廬州巢縣是也。

　　《考證》　梁玉繩曰："昭二十三年《左傳》'建母在鄖'，此與《吳世家》同誤。"

　　《補》　《左傳》昭公二十三年："楚太子建之母在鄖，召吳人而啓之。"

　　商承祚先生説："疑鄖即居巢"。鄖與居巢，是一地二名。梁玉繩在《史記志疑》中，因《左傳》作在鄖，就説《史記》作在居巢錯了，未免輕率武斷。

　　譚其驤先生在《鄂君啓節銘文釋地》（載《中華文史論叢》第二輯）中説：居巢的居是發語詞。居巢就是巢，故凡《左傳》裏的巢，《史記》皆居巢。古代江淮一帶的巢（即居巢）有好幾處，單是《左傳》所提到的，就不止一處，所以在昭公二十四年吳人滅巢之後，至定公二年又有一個爲吳所圍而克之之巢。前者當係群舒之屬中的一個小國，後者疑爲楚置在豫章地區的一個邑。

　　按居巢又作"居鄖"。

吳使公子光伐楚，遂敗陳、蔡，取太子建母而去。

　　《考證》　梁玉繩曰："《左傳》吳取建母在冬十月，敗陳、蔡乃鷄父之役，在秋七月，史公誤合爲一。又吳敗頓、胡、沈、蔡、陳、許，並楚爲七，故公子光曰'七國同役'，此與《吳世家》止言陳、蔡，亦疏。"

楚恐，城郢。

《正義》 在江陵縣東北六里，已解於前。按：《傳》城郢在昭公二十三年，下重言城郢。杜預云："楚用子囊遺言以築郢城矣，今畏吳，復修以自固也。"

《補》 楚人"城郢"，見於《春秋》數次。《左傳》文公十四年有"城郢"。襄公十四年有"子囊……遺言謂子庚，必城郢。"昭公二十三年："楚囊瓦爲令尹，城郢。"屢言"城郢"，"城"有增高加固之義。

初，吳之邊邑卑梁與楚邊邑鐘離小童爭桑，

《正義》 卑梁邑近鐘離也。

《考證》 王念孫曰："《太平御覽》引此，卑梁下有'女'字'。"是也。《吳世家》云："楚，邊邑卑梁氏之處女，與吳之邊邑之女爭桑。"《伍子胥傳》亦云："兩女子爭桑。"梁玉繩曰："諸處皆言是女子，獨此改稱小童，恐非。"

兩家交怒相攻，滅卑梁人。卑梁大夫怒，發邑兵攻鐘離。楚王聞之怒，發國兵滅卑梁。吳王聞之大怒，亦發兵，使公子光因建母家攻楚，遂滅鐘離、居巢。

《考證》 沈家本曰："《表》在十一年，與《春秋》合。"

楚乃恐而城郢。

《索隱》 去年已城郢，今又重言。據《左氏》昭公二十三年城郢，二十四年無重城郢之文，是《史記》誤也。

《考證》 張照曰："是申上文城郢之故，非此復城郢也，《史》原不誤，《索隱》《正義》兩家皆失之。"梁玉繩曰："城郢在滅二邑前一年，非因滅邑而後城郢，亦非因建母家，是《史》之誤耳。其所以誤者，蓋以建母之在郹爲在巢，遂以十年吳入郹，爲十一年之滅二邑也。《左》昭廿四年，楚爲舟師以略吳疆，吳踵楚滅二邑，《史》言釁起爭桑，必兩事俱有也。"

十三年，平王卒。將軍子常曰：“太子珍少，

《注》 囊瓦字子常，乃令尹子囊之孫，亦曰楚瓦。太子珍名壬，《御覽》作“任”。珍又作“軫”。

且其母乃前太子建所當娶也。”

《考證》 張照曰：“太子珍，《左傳》作‘太子壬’，《國語》及《越世家》又作‘軫’。”愚按：《春秋》及《伍子胥傳》亦作“軫”。

欲立令尹子西。子西，平王之庶弟也，有義。

《考證》 中井積德曰：“是時子常爲令尹，而子西非令尹，蓋《史》之誤耳。下文令尹子常，是矣。凡令尹、司馬之類，《史記》則稱‘將軍’，是後世之語，非當時之稱，皆非。”梁玉繩曰：“杜預云：‘子西，平王之長庶。’韋昭云：‘子西，平王之子，昭王之庶兄公子申。’此以爲平王庶弟，下文又云昭王弟，舛矣。”

子西曰：“國有常法。更立則亂，言之則致誅。”乃立太子珍，是爲昭王。

《考證》 “平王卒”以下，昭二十六年《左傳》。

昭王元年，楚衆不説費無忌，以其讒亡太子建，殺伍奢子父與郤宛。

《考證》 張文虎曰：“游、王、柯、凌本，父作‘尚’。”

宛之宗姓伯氏子嚭

《考證》 梁玉繩曰：“郤宛與伯氏不同族。”愚按：定四年《左傳》云：“楚之殺郤宛也，伯氏之族出，伯州犁之孫嚭，爲吳大宰以謀楚。”杜注：“郤宛黨也。”

及子胥皆奔吳，吳兵數侵楚，楚人怨無忌甚。楚令尹子常，誅無忌以説

衆，衆乃喜。

《正義》　名瓦。《左傳》云囊瓦伐吳。

《考證》　"楚衆不說費不忌"以下，本昭二十七年《左傳》。

四年，吳三公子奔楚，

《索隱》　昭三十年，二公子奔楚，公子掩餘奔徐，公子燭庸奔鐘離。此言三公子，非也。

《考證》　古鈔本，三作"二"。愚按：《年表》亦作二。又按昭三十年云云《索隱》，各本作《集解》，今從《索隱》單本。又按，據《左傳》昭二十七年，掩餘奔徐，燭庸奔鐘離。三十年，吳子使執之，二公子奔楚，楚子大封，而定其徙。《索隱》不備。

楚封之以扞吳。

《考證》　以上昭三十年《左傳》。

五年，吳伐取楚之六、潛。

《正義》　故六城，在壽州安豐縣南百三十二里，偃姓，皋陶之後所封也。潛城，楚之潛邑，在霍山縣東二百步。

《考證》　昭三十一年《左傳》。

七年，楚使子常伐吳，吳大敗楚於豫章。

《正義》　今洪州也。

《考證》　張照曰："《左傳》魯定二年秋，楚伐吳於豫章，是年楚昭之八年也。"

《補正》　豫章在壽州附近，不是洪州。

十年冬，吳王闔閭、伍子胥、伯嚭與唐、蔡俱伐楚，楚大敗，吳兵遂入郢，辱平王之墓，以伍子胥故也。

《考證》　辱平王之墓，本於定五年《穀梁傳》、《呂氏春秋·首時篇》、賈子《新書·耳痺篇》、《淮南子·泰族訓》，《左氏》不載。

《補》　《伍子胥列傳》："及吳兵入郢，伍子胥求昭王，既不得，乃掘楚平王墓，出其屍，鞭之三百然後已。"《年表》作"伍子胥鞭平王墓"。《越絕書》作"操鞭捶笞平王之墓"。墓在江陵城北，一云在枝江斑竹崗。

吳兵之來，楚使子常以兵迎之，夾漢水陣。吳伐敗子常，子常亡奔鄭。楚兵走，吳乘勝逐之，五戰及郢。己卯，昭王出奔。庚辰，吳人入郢。

《集解》　《春秋》云十一月庚辰。

《考證》　梁玉繩曰："己卯上缺書'十一月'。"

昭王亡也，至雲夢。

《正義》　《括地志》云"雲夢澤在安州安陸縣東南五十里"，是。

《考證》　李笠曰："'也'，疑即'亡'字之復衍。"

雲夢不知其王也，射傷王。

《考證》　梁玉繩曰："案《傳》，以戈擊王，王孫由於以背受之，中肩，非射傷王也。"

王走鄖。

《正義》　走音奏。鄖音雲。《括地志》云："安州安陸縣城，本春秋時鄖國城也。"

鄖公之弟懷曰："平王殺吾父，

《集解》　服虔曰："父曼成然。"

《正義》　成然立平王，貪求無厭，平王殺之。

今我殺其子，不亦可乎？"鄖公止之。然恐其弒昭王，乃與王出奔隨。

　　《正義》　《括地志》云："隨州城外，古隨國城。隨，姬姓也。"又云："楚昭王城在隨州縣北七里。《左傳》云吳師入郢，王奔隨，隨人處之公宮之北，即此城是也。"

吳王聞昭王往，即進擊隨，謂隨人曰："周之子孫封於江、漢之間者，楚盡滅之。"

　　《考證》　吳、隨皆與周同姓，故云。

　　《補》　《伍子胥列傳》作"周之子孫在漢川者，楚盡滅之"。《左傳》定四年作"楚實盡之"。僖公二十八年作"漢陽諸姬，楚實盡之"。

欲殺昭王。王從臣子綦乃深匿王，自以爲王，

　　《考證》　《左傳》《國語》子綦作"子期"。《左傳》云"子期似王"。杜注云："子期，昭王兄公子結也。"

謂隨人曰："以我予吳。"隨人卜予吳，不吉，乃謝吳王曰："昭王亡，不在隨。"

　　《考證》　陳仁錫曰："昭王當作楚王。"

吳請入自索之，

　　《考證》　梁玉繩曰："《左傳》無此語，恐妄。"

隨不聽，吳亦罷去。昭王之出郢也，使申鮑胥請救於秦。

　　《集解》　服虔曰："楚大夫王孫包胥。"

　　《考證》　申包胥，《國策》作"棼冒勃蘇"，棼冒即蚡冒，勃蘇即包胥。包胥蓋武王兄蚡冒之後，楚之公族，食邑於申，因以爲氏耳。

　　《補》　申包胥，《類篇》包作"鮑"。《鶡冠子・備知篇》作"申麃"。《韓非子》作"申胥"，又稱"包胥"。《戰國策》作"棼冒（《文選》注作

'樊')勃蘇"。稱曰王孫，曰棼冒，必楚之宗族。《戰國策·楚策一》吳師道補曰："棼冒即蚡冒。勃蘇、包胥聲近。"莊述祖云："棼冒，即楚之先蚡冒，其後爲蚡冒氏。猶若敖之後，爲若敖氏也。"

秦以車五百乘救楚，

《考證》 《左傳》云："昭王在隨，申包胥如秦乞師。"據此包胥自請也。

楚亦收餘散兵，與秦擊吳。十一年六月，敗吳於稷。

《集解》 賈逵曰："楚地也。"

《考證》 《左傳》云秦子蒲"使楚人先與吳人戰，而自稷會之，大敗夫概王於沂"。與此異。

會吳王弟夫概見吳王兵傷敗，乃亡歸，自立爲王。闔閭聞之，引兵去楚，歸擊夫概。夫概敗，奔楚，楚封之堂谿，

《正義》 《括地志》云："堂谿故城在豫州郾城縣西八十有五里也。"

《考證》 堂谿城，在今汝寧府西平縣。

號爲堂谿氏。楚昭王滅唐。

《集解》 杜預曰："義陽安昌縣東南上唐鄉。"

《正義》 《括地志》云："上唐鄉故城在隨州棗陽縣東南百五十里，古之唐國也。《世本》云：唐，姬姓之國。"

《考證》 唐，今湖北德安府隨州東南八十里唐城鎮。

九月，歸入郢。

《考證》 梁玉繩曰："《左傳》九月作'十月'。"愚按："十年冬"以下，本定四年、五年《左傳》，但辱平王墓，以《呂覽》《穀梁傳》補。

十二年，吳復伐楚，取番。

《正義》 片寒反，又音婆。《括地志》云："饒州鄱陽縣，春秋時爲楚東境，秦爲番縣，屬九江郡，今爲鄱陽縣也。"

《考證》 定六年《左傳》云："吳大子終纍敗楚舟師，獲潘子臣、小惟子及大夫七人。楚國大惕，懼亡。"與此異。

楚恐，去郢，北徙都鄀。

《正義》 音若。《括地志》云："楚昭王故城，在襄州樂鄉縣東北三十二里，在故鄀城東五里，即楚國故昭王徙都鄀城也。"

《考證》 定六年《左傳》云："遷郢於鄀。"龜井昱曰："楚之郢，猶晉之絳也。成六年《左傳》'晉人謀去故絳'，新絳未定，既稱故絳，此絳之名，通於所遷故也。今去郢北徙鄀都，又改鄀爲郢。"鄀，今湖北襄陽府宜城縣東北九十里，有鄀縣故城。郢本在江陵，吳以舟師泝江而上，一水可達，襄陽稍西北，吳既難犯，又居國上流，其勢易以制吳。

十六年，孔子相魯。

《考證》 孔子相魯，誤。説在《孔子世家》。

二十年，楚滅頓，

《集解》 《地理志》曰："汝南南頓縣，故頓子國。"

《正義》 《括地志》云："陳州南頓縣，故頓子國。應劭云古頓子國，姬姓也，逼於陳，後南徙，故曰南頓也。"

滅胡。

《集解》 杜預曰："汝南縣西北胡城。"

《正義》 《括地志》云："故胡城在豫州郾城縣界。"

《考證》 張照曰："《春秋經》滅頓，在魯定之十四年，滅胡，在十五年，滅胡之年，於楚昭爲二十一年，《年表》同，此作'二十年'。"竹添光鴻曰："楚之深仇者吳也，而吳强，楚不敢伐。以吳子入楚者蔡也，蔡猶足守國，亦未可伐。惟唐最弱，與吳入郢，即滅之。而頓，而胡，嘗與召陵之會者，故前年滅頓，今年滅胡。"

二十一年，吳王闔閭伐越。越王句踐射傷吳王，遂死。吳由此怨越而不西伐楚。

《考證》 張照曰："《左傳》及《吳世家》，吳王伐越而死，在魯定之十四年，於楚昭爲二十年。"梁玉繩曰："滅胡二十一年，錯簡也。當作'二十一年滅胡'而移於後文'不西伐楚'之下。"又曰："定十四年《左傳》'越大夫靈姑浮，以戈擊闔閭，傷將指死'，非句踐射傷之也。"

二十七年春，吳伐陳，楚昭王救之，軍城父。十月，昭王病於軍中，

《考證》《左傳》十月作"七月"。

《補》《左傳》襄公六年："昭王攻大冥，卒於城父。"《陳杞世家·正義》云："城父，亳州縣。"按：城父在今安徽亳縣東南，今名城父村。

有赤雲如鳥，夾日而蜚。

《集解》 杜預曰："雲在楚上，惟楚見之。"

《考證》《左傳》"有"上有"是歲也"三字。

昭王問周太史，

《注》《左傳》哀公六年："楚子使問諸周太史。"《説苑》引作"楚子乘馹東而問諸太史州黎。"洪氏《詁》云："鄭司農云：'太史主天道。'服虔云：'諸侯皆有太史，主周所賜典籍，故曰周太史。'一曰是時往問周太史。"

太史曰："是害於楚王，然可移於將相。"

《考證》《左傳》將相作"令尹司馬"。

將相聞是言，乃請自以身禱於神。昭王曰："將相，孤之股肱也，今移禍，庸去是身乎！"

《考證》　禱於神，以身代之也。岡白駒曰："庸，焉也。股肱之禍，即身之禍也。"愚按：《左傳》作"除腹心之疾，而寘諸股肱，何益？"

弗聽。卜而河爲祟，

《考證》　《左傳》"卜"上有"初昭王有疾"五字，"而"作"曰"。

大夫請禱河。昭王曰："自吾先王受封，望不過江、漢，而河非所獲罪也。"

《集解》　服虔曰："謂所受王命，祀其國中山川爲望。"

《正義》　按：江，荊州南大江也，漢，江也，二水，楚境內也。河，黃河，非楚境也。

《補》　《左傳》哀公六年："王曰：'三代命祀，祭不越望。江、漢、睢(沮)、漳，楚之望也。禍福之至，不是過也。不穀雖不德，河非所獲罪也。'"

止不許。孔子在陳，聞是言，曰："楚昭王通大道矣。其不失國，宜哉！"昭王病甚，乃召諸公子大夫曰："孤不佞，再辱楚國之師，今乃得以天壽終，孤之幸也。"

《考證》　"昭王病甚"以下三十二字，史公以意補。

《補》　《韓詩外傳》云："楚莊王寢疾，卜之曰：'河爲祟'。大夫曰：'請用牲'，莊王曰：'止。古者聖王之祭不過望，濉漳江漢，楚之望也。寡人雖不德，河非所獲罪也。'遂不祭，三日而疾有瘳。孔子聞之曰：'楚莊王之霸，其有方矣，節制守職，反身不貳，其霸不亦宜乎。詩曰嗟嗟保介，莊王之謂也。'"《史記》述此事作昭王，以時間推之，當以作昭王爲是。

讓其弟公子申爲王，不可。又讓次弟公子結，亦不可。乃又讓次弟公子閭，五讓，乃後許爲王。

《考證》 杜預曰：“申，子西；結，子期；啓，子閭；皆昭王兄也。”梁玉繩曰：“史以爲弟，誤。”

將戰，庚寅，昭王卒於軍中。子閭曰：“王病甚，舍其子讓群臣，臣所以許王，以廣王意也。

《考證》 《文選》司馬子長《報任安書》“欲以廣主上之意”。呂向注：“廣猶開也。”

今君王卒，臣豈敢忘君王之意乎！”

《考證》 《左傳》無此語，蓋史公以意補。

乃與子西、子綦謀，伏師閉塗，

《集解》 徐廣曰：“塗，一作‘壁’。”

迎越女之子章立之，

《集解》 服虔曰：“閉塗，不通外使也。越女，昭王之妾。”

《索隱》 閉塗即攢塗也，故下云惠王后即罷兵歸葬。服虔説非。

《正義》 《左傳》云“謀潛師閉塗”。按：潛師，密發往迎也；閉塗，防斷外寇也。爲昭王薨於軍，嗣子未定，恐有鄰國及諸公子之變，故伏師閉塗，迎越女之子章立爲惠王也。

是爲惠王。

《補》 《左傳》哀公六年：“逆越女之子章，立之而後還。”《墨子·貴義篇》作“獻惠王”。金文作“酓章”。

然後罷兵歸，葬昭王。

《考證》 "吳伐陳"以下，本哀六年《左傳》。凌稚隆曰："昭王舍其子而讓弟，與宋宣公之讓同，然公子閭受讓而仍立其子，其與穆公既立而後傳位於侄以致十世不寧者，相去遠矣。"

惠王二年，子西召故平王太子建之子勝於吳，以爲巢大夫，號曰白公。

《集解》 徐廣曰："《伍子胥傳》曰使勝守楚之邊邑鄢。"駰案：服虔曰："白，邑名。楚邑大夫皆稱公。"杜預曰："汝陰褒信縣西南有白亭。"

《正義》 巢，今廬州居巢縣也。《括地志》云："白亭，在豫州褒信東南三十二里。褒信本漢鄳縣之地，後漢分鄳置褒信縣，在今褒信縣東七十七里。"

《考證》 梁玉繩曰："白公之召，《左傳》追叙於哀十六年，莫知的在何時。此及《表》《伍子胥傳》書於惠王二年，恐是意揣爾。"

《補》 白公勝，《楚語》作"王孫勝"。亦簡稱"王孫"。

白公好兵而下士，欲報仇。六年，白公請兵令尹子西伐鄭。

《考證》 梁玉繩曰："此事《左傳》在哀十六年，爲楚惠十年，蓋追叙也。此與《年表》在惠六年，不知何見。"

初，白公父建亡在鄭，鄭殺之，

《考證》 建以費無忌讒奔宋，又避華氏之亂於鄭，鄭人善之，建與晉謀襲鄭，鄭遂殺建。

白公亡走吳，子西復召之，故以此怨鄭，欲伐之。子西許而未爲發兵。

《考證》 子西召勝以下，本哀十六年《左傳》。

八年，晉伐鄭，鄭告急楚，楚使子西救鄭，受賂而去。白公勝怒，乃遂與勇力死士石乞等襲殺令尹子西、子綦於朝，

《考證》 梁玉繩曰："晉伐鄭，爲魯哀十五年，在惠王九年，此誤八年也。《傳》云救鄭與之盟，不得言受賂。而白公作亂，在惠王十年，此亦誤在八年，《子胥傳》同誤。"

因劫惠王，置之高府，欲弒之。

《集解》 賈逵曰："高府，府名也。"杜預曰："楚別府。"

《考證》 高府，楚府庫之名，如魯有長府。

《補》 《淮南王書》："闔閭伐楚，五戰入郢，燒高府之粟。"據此，高府乃宮中府名。

惠王從者屈固負王亡走昭王夫人宮。

《集解》 服虔曰："昭王夫人，惠王母，越女也。"

《考證》 負王者，《左傳》作圍公陽。

白公自立爲王。月餘，會葉公來救楚，楚惠王之徒與共攻白公，殺之。

《補》 《左傳》哀公十六年："白公奔山而縊。"《列子·說符篇》："白公不得已（當作'也'），遂死於浴室。"《呂覽》作"法室"。高誘注："法室，司寇也。"按當以作法室爲是。法之訛爲浴，如郤之訛爲卻也。《呂氏春秋·分職篇》："九日葉公入，乃發太府之貨予眾。"注："葉公，楚葉縣大夫，沈諸梁，子高也。"叶葉公子高，楚左司馬沈尹戍之子，姓沈，名諸梁，字子高，食采於葉，一曰葉公諸梁。其事蹟亦見《荀子·非相篇》。

惠王乃復位。

《考證》 晉伐鄭以下，本哀十六年《左傳》。白公未嘗爲王，葉公，子高沈諸梁也。

是歲也，滅陳而縣之。

《集解》 徐廣曰："惠王之十年。"

《考證》 事見於《左傳》哀十七年，即楚惠十一年，徐說亦誤。

十三年，吳王夫差强，陵齊、晉，來伐楚。

《考證》 梁玉繩曰："《左傳》哀十九年，止有越侵楚，此以爲吳事，與《年表》並誤。"

十六年，越滅吳。

《正義》 《表》云，越滅吳，在元王四年。

《考證》 哀二十二年《左傳》。

四十二年，楚滅蔡。

《正義》 周定王二十二年。

四十四年，楚滅杞。

《正義》 周定王二十四年。

與秦平。

《考證》 徐孚遠曰："不言與秦惡，但言與秦平，記事亦疏。"

是時越已滅吳而不能正江、淮北；楚東侵，廣地至泗上。

《正義》 正，長也。江、淮北謂廣陵縣，徐、泗等州是也。

《考證》 《越世家》亦云："以淮上地與楚"，"與魯泗東方百里"。

《補》 泗水一名清河，自山東省泗水縣東陪尾山，西經曲阜、滋陽。又西南經鄒縣入運河。《水經注·泗水下》："孔子葬於魯城北泗水上。"胡三省曰："時楚蠶食魯國，有泗上之地。"

五十七年，惠王卒，子簡王中立。

《正義》 中音仲。

簡王元年，北伐滅莒。

《正義》 《括地志》云："密州莒縣，故莒國也。"言"北伐"者，莒在徐、泗之北。

《考證》 莒，在今山東沂州府莒州。

八年，魏文侯、韓武子、趙桓子始列爲諸侯。

《考證》 中井積德曰："三晉列爲諸侯者，魏文侯，韓景侯、趙烈侯是也，武子、桓子並其先世。此史之誤耳。"杭世駿曰："《周本紀》威烈王二十三年命韓、趙、魏爲諸侯，是年爲楚聲王五年，蓋後二十二年。"沈家本曰："《年表》不誤，《世家》蓋史公未及刪正也。"

二十四年，簡王卒，子聲王當立。

《正義》 《諡法》云"不生其國曰聲"也。

聲王六年，盜殺聲王，子悼王熊疑立。

《考證》 《年表》熊疑作"類"。

悼王二年，三晉來伐楚，至乘丘而還。

《集解》 徐廣曰："《年表》三年歸榆關於鄭。"

《正義》 《年表》云：三晉公子伐我，至乘丘，誤也，已解在《年表》中。《地理志》云"乘丘故城在兗州瑕丘縣西北三十五里"是也。

《考證》 《年表》乘丘作"桑丘"。梁玉繩曰："桑丘，燕地，楚肅王元年，齊伐燕取桑丘，可證。楚安保之乎？《世家》爲是，《通鑑》亦從之。"張文虎曰："《年表》無'公子'二字，乘作'桑'，《正義》誤衍。"錢泰吉曰："今本《年表》缺《正義》。"

《補》 《春秋》莊公十年："公敗宋師於乘丘。"沈欽韓云："《一統志》'乘丘故城在兗州府滋陽縣西北。'《漢書·地理志》泰山郡有乘丘縣。顏師古曰：'《春秋》莊公十年，公敗宋師於乘丘，即此是也。'"

四年，楚伐周。

《考證》《年表》周作“鄭”，此誤。

鄭殺子陽。九年，伐韓，取負黍。

《考證》 負黍，河南河南府登封縣。

《補》《左傳》定公六年：“鄭於是乎伐馮、滑、胥靡、負黍……”京相璠曰：“負黍，在潁州陽城縣西南二十七里，世謂之黃城也。”負黍，春秋時爲周邑，後屬鄭，後又屬韓。在今河南登封縣西南。

十一年，三晉伐楚，敗我大梁、榆關。

《索隱》 此榆關當在大梁之西也。

《正義》 年表云：悼王三年，歸榆關於鄭。按榆關，當鄭之南大梁之西也。榆關，在大梁之境，此時屬楚，故云敗我大梁榆關也。

《考證》 呂祖謙曰：“大梁，魏地，不知楚追三晉之師至於是歟？或者楚伐魏，而韓、趙救之，《世家》誤以爲三晉伐楚歟？”

楚厚賂秦，與之平。

《考證》 梁玉繩曰：“不言秦伐楚。但言楚賂秦，與上文書‘與秦平’同爲疏也。”

二十一年，悼王卒，子肅王臧立。肅王四年，蜀伐楚，取兹方。

《索隱》 地名，今闕。

《正義》《古今地名》云：“荆州松滋縣古鳩兹地，即楚兹方是也。”

《考證》 錢大昕曰：“《左傳》‘楚子重伐吳，克鳩兹’。杜預云：‘鳩兹，在丹陽蕪湖縣東，今皋夷也。’與兹方異。”

《補》 有謂兹方即鳩兹。《左傳》襄公三年：“楚子重伐吳，克鳩兹，至於衡山。”此一鳩兹，據羅田王廛强考證，在今湖北羅田縣境。似屬可信。然蜀伐楚，取兹方，以情勢論之，當以《正義》所説爲是。

於是楚爲扞關以距之。

《集解》 李熊説公孫述曰："東守巴郡，距扞關之口。"

《索隱》 按：《郡國志》巴郡魚復縣有扞關。

《考證》 扞關，在今湖北長陽縣西。

《補》 張琦《戰國策釋地》曰："古扞關，在今宜昌府長陽縣南七十里。或曰即夔州府東之瞿塘關。"

十年，魏取我魯陽。

《集解》 《地理志》云南陽有魯陽縣。

《正義》 《括地志》云："汝州魯山本漢魯陽縣也。古魯縣以古魯山爲名也。"

《考證》 魯陽，河南汝州魯山縣。

十一年，肅王卒，無子，立其弟熊良夫，是爲宣王。宣王六年，周天子賀秦獻公。

《考證》 《秦紀》云：獻公"二十一年，與晉戰於石門，斬首六萬，天子賀以黼黻。"張文虎曰："游、凌本，'公'誤'王'。"

秦始復强，而三晉益大，魏惠王、齊威王尤强。三十年，秦封衛鞅於商，南侵楚。是年，宣王卒，子威王熊商立。威王六年，周顯王致文武胙於秦惠王。

《考證》 《秦紀》作"天子致伯"。

七年，齊孟嘗君父田嬰欺楚，

《考證》 張文虎曰："'孟嘗君父'四字，旁註混入。"

楚威王伐齊，敗之於徐州，

《集解》 徐廣曰："時楚已滅越而伐齊也。齊説越，令攻楚，故云齊欺楚。"

《考證》 徐州,今山東滕縣薛城。

《補》 徐州之徐,或作"舒",《說文》作"郤"。小徐云:"古音涂,今音徐。"

關於楚國滅越的時間,《史記·越王句踐世家》說:"楚威王興兵而伐之,大敗越,殺王無疆,盡取故吳地至浙江,北破齊於徐州。而越以此散,諸侯子爭立,或爲王,或爲君,濱於江南海上,服朝於楚。"史公這段記載,就是說楚威王時滅越。《集解》引徐廣曰:"時楚已滅越而伐齊也。"即以此爲依據而云然。楚之滅越,實在威王之後,清人黃式三《周季編略》說楚之滅越,當在懷王二十二年。近人楊寬《戰國史》中說:"在公元前三〇六年(楚懷王二十三年)楚國乘越內亂,把越國滅亡了,把江東建設爲郡。"他在注中說得很詳細,文長不引了。

定海黃以周先生《儆季雜著·史越世家補並辨》中說:"而王無疆子玉復收餘兵,北保琅邪,以圖恢復,不克而薨。子王尊立,王尊薨,子王親立。王親失眾,楚考烈王元年興兵伐之,王親走南山,失琅邪。由是越失句踐舊都。自王玉至王親凡四十六年,卒爲楚滅。"黃先生在《辨》中又說:"徐廣考之不詳,乃謂楚圍徐州,而說越伐楚之故。"按:越王無疆之疆又作強。梁玉繩說:"史言楚殺無疆,盡取其地,越以此散,故云爲楚所滅。至謂無疆爲句踐十世,不知何據……疑十世是'七世'之訛"。

而令齊必逐田嬰,田嬰恐。張醜僞謂楚王曰:

《正義》 爲,音僞,言張醜爲田嬰故,僞設此辭。

《考證》《正義》本,楓山、三條本,僞作"爲"。王念孫曰:"僞讀爲'爲',爲人謀而不忠之'爲'。"

"王所以戰勝於徐州者,田盼子不用也。

《索隱》 盼子,嬰之同族。

《考證》《齊世家》齊威王謂梁王曰:"吾臣有盼子者,使守高唐,則趙人不敢東漁於河。"

盼子者，有功於國，而百姓爲之用。嬰子弗善而用申紀。

《考證》 《齊策》《秦策》申紀作"申縛"，齊將名。

申紀者，大臣不附，百姓不爲用。故王勝之也。

《考證》 楓山本，附作"與"。

今王逐嬰子，嬰子逐，盼子必用矣。復搏其士卒以與王遇，

《索隱》 搏，音膊，亦有作"附"讀。《戰國策》作"整"。

《考證》 王念孫曰："搏當作'摶'，摶與'專'同。"張文虎曰："宋本及舊刻正作'摶'。"

必不便於王矣。"楚王因弗逐也。

《考證》 "田嬰欺楚"以下，采《齊策》。

十一年，威王卒，子懷王熊槐立。

《注》 郭嵩燾《史記札記》云："案秦《詛楚文》：'熊相率諸侯之兵以加臨我。'自春秋之世，秦、楚無交兵事，惟僖公二十八年，從晉師與楚戰城濮而已。懷王十一年，五國合縱攻秦，懷王爲從長，則所云'率諸侯之兵以加臨我'者，正謂此也。城濮之戰在秦穆公二十八年，下距惠文王十七世，亦爲楚成王四十年，下距懷王亦十七世。《詛楚文》又云'熊相背十八世之詛盟'，爭差一世而已，則熊相即楚懷王無疑。《詛楚文》作在秦惠文王時，當爲得其實，史公謂懷王名熊槐，恐誤。"熊相，歐陽修《六一題跋》、董逌《廣川書跋》均謂爲楚之頃襄王。

魏聞楚喪，伐楚，取我陘山。

《正義》 《括地志》云："陘山在鄭州新鄭縣西南三十里。"

《考證》 梁玉繩曰："取，當作'敗'，《六國表》《魏世家》可證。"陘
山，在今河南新鄭縣南。

《補》 《戰國策·楚魏戰於陘山》鮑曰："在密縣。"吳曰："徐廣云：
'召陵有陘亭，密縣有陘山。'"張氏《戰國策釋地》曰："陘山在今開封府
新鄭縣南三十里，與密縣接界，楚北有汾陘之塞，即此。非召陵之陘亭
也。"

懷王元年，張儀始相秦惠王。四年，秦惠王初稱王。六年，楚使柱國昭陽將兵而攻魏，破之於襄陵，

《索隱》 縣名，在河東。

《考證》 破之於襄陵，《國策》不載，史公別有所本。襄陵，今山西
平陽府襄陵縣。

《補》 《戰國策·齊策》："昭陽爲楚伐魏，覆軍殺將，得八城。"柱
國有兩義：一、指國之都城，《戰國策·齊策》："安邑者，魏之柱國
也。"一爲官名，任此官者，本爲保衛國都之武官，後變爲戰爭的將領。
襄陵，《戰國策》鮑曰屬河東。張氏《戰國策釋地》曰："《漢志》陳留襄邑
縣，師古曰：'襄邑宋地，本承匡襄陵鄉也。'故城即今睢州治。《正義》
謂在兗州鄒縣，未詳所據。"

得八邑。

《索隱》 古本作"八邑"，今亦作"八城"。

《考證》 《齊策》作"八城"。黃式三曰："孟子書惠王自言南辱於
楚，即是。"

又移兵而攻齊，齊王患之。

《集解》 徐廣曰："懷王六年，昭陽移和而攻齊。軍門曰和。"

《考證》 中井積德曰："《集解》不稱出處，何也？豈別本邪？"

陳軫適爲秦使齊，齊王曰："爲之奈何？"陳軫曰："王勿憂，請令罷之。"
即往見昭陽軍中，曰："願聞楚國之法，破軍殺將者何以貴之？"昭陽曰：
"其官爲上柱國，封上爵執珪。"

　　《考證》　《齊策》作"爵爲上執珪"。上柱國，楚官名。高誘曰："楚
　爵功臣，賜以圭，謂之執圭，比附庸之君。"

陳軫曰："其有貴於此者乎？"昭陽曰："令尹。"陳軫曰："今君已爲令尹
矣，此國冠之上。

　　《索隱》　冠，音官。令尹乃尹中最尊，故以國爲言，猶如卿子冠軍然。
　　《正義》　冠，音官，後同。楚國之官，令尹最高，昭陽已爲令尹
　矣，若人冠冕在首□之上，不可更加。
　　《考證》　中井積德曰："'之上'二字，疑衍。"

臣請得譬之。人有遺其舍人一卮酒者，舍人相謂曰：'數人飲此，不足以
遍，請遂畫地爲蛇，蛇先成者獨飲之。'一人曰：'吾蛇先成。'舉酒而起，
曰：'吾能爲之足。'及其爲之足，而後成人奪之酒而飲之，曰：'蛇固無
足，今爲之足，是非蛇也。'今君相楚而攻魏，破軍殺將，功莫大焉，冠
之上不可以加矣。

　　《考證》　楓山本，"加"下有"冠"字。

今又移兵而攻齊，攻齊勝之，官爵不加於此；攻之不勝，身死爵奪，有
毀於楚：此爲蛇爲足之説也。不若引兵而去以德齊，此持滿之術也。"昭
陽曰："善。"引兵而去。

　　《考證》　"楚使柱國"以下，采《齊策》。

燕、韓君初稱王。秦使張儀與楚、齊、魏相會，盟嚙桑。

　　《正義》　徐廣曰："在梁與彭城之間也。"
　　《考證》　當在今河南歸德及安徽潁州府蒙城縣間。

《補》 嚙桑在今江蘇沛縣西南。

十一年，蘇秦約從山東六國共攻秦，

《考證》 梁玉繩曰："是時蘇秦已死四年，約六國者李兌也，《國策》甚明，此誤。《古史》及《西溪叢話》已糾之。"愚按：《趙策》云："李兌約五國以伐秦，無功，留天下之兵於成皋，而陰講於秦。"又云："五國伐秦，無功，罷於成皋，趙欲講於秦。"《魏策》云："五國伐秦，無功而還。"皆此事。

楚懷王爲從長。至函谷關，秦出兵擊六國，六國兵皆引而歸，齊獨後。

《考證》 梁玉繩曰："與秦戰者惟韓、趙，韓、趙破而四國不戰引歸，此非事實。"

十二年，齊湣王伐敗趙、魏軍，秦亦伐敗韓，與齊争長。

《考證》 梁玉繩曰："敗韓、趙也，此缺'趙'字。"

十六年，秦欲伐齊，而楚與齊從親，秦惠王患之，乃宣言張儀免相，使張儀南見楚王，謂楚王曰："敝邑之王所甚説者無先大王，雖儀之所甚願爲門闌之厮者亦無先大王。

《考證》 闌，與欄同，門遮也。厮，走卒也。楓山三條本，"先"作"過"。

敝邑之王所甚憎者無先齊王，雖儀之所甚憎者亦無先齊王。而大王和之，

《索隱》 和，謂楚與齊相和親。

是以敝邑之王不得事王，而令儀亦不得爲門闌之厮也。王爲儀閉關而絕秦，今使使者從儀西取故秦所分楚商於之地方六百里，

《集解》 商於之地，在今順陽郡南鄉、丹水二縣，有商城在於中，故謂之商於。

《索隱》 商於在今慎陽。案：《地理志》丹水及商屬弘農，今言順陽者，是魏晉始分置順陽郡，商城、丹水俱隸之。

《正義》 《荊江圖副》云："鄧州內鄉縣七里，張儀所謂商於之地。"

《考證》 商、於，二邑名。商，今陝西商州故商城是。於，今河南內鄉縣故於城是。

《補》 《荊州圖副》云："鄧州，內鄉縣東七里於村，即於中地也。"《通典》云："今有於村，亦曰於中，即古商於地。"商於在今河南淅川縣西。

如是則齊弱矣。是北弱齊，西德於秦，私商於以爲富，此一計而三利俱至也。"懷王大悅，乃置相璽於張儀，

《考證》 《策》，無此句。古鈔本，"置"作"致"。

日與置酒，宣言"吾復得吾商於之地"。群臣皆賀，而陳軫獨吊。懷王曰："何故？"陳軫對曰："秦之所爲重王者，以王之有齊也。今地未可得而齊交先絕，是楚孤也。夫秦又何重孤國哉，必輕楚矣。

《考證》 楓山、三條本，"又"作"有"。

且先出地而後絕齊，則秦計不爲。先絕齊而後責地，貝必見欺於張儀。見欺於張儀，則王必怨之。怨之，是西起秦患，北絕齊交。西起秦患，北絕齊交，則兩國之兵必至。

《索隱》 兩國，韓、魏也。

《考證》 顧炎武曰："謂齊、秦。"

臣故吊。"楚王弗聽，因使一將軍西受封地。張儀至秦，佯醉墜車，稱病不出三月，地不可得。

《考證》 穆文熙曰："秦人商於之約，初意亦欲嘗試於楚，如以城易趙璧之故事，非謂邊能欺楚也。不意懷王遂墮術中，以成秦人之詐，陳軫之策，亦藺生之謀也，惜不用哉。”

楚王曰：“儀以吾絶齊爲尚薄邪？”乃使勇士宋遺北辱齊王。

《考證》 張照曰：“《戰國策》‘遣勇士從宋遺齊王書，折卷絶交’，又《張儀傳》‘使勇士至宋，借宋之符，北罵齊王’，則宋遺非人名也。疑當作‘乃使勇士從宋遺書，北辱齊王’，落‘從’字‘書’字。説又見《張儀傳》。”

《補》 牛運震《讀史糾謬》第一《史記·楚世家》曰：“‘乃使勇士宋遺北辱齊王’。按楚無勇士宋遺，考之《戰國策》，乃云遣勇士從宋遺齊王書，則宋遺非人名也。太史公考據之學往往疏略輕率如此。”

齊王大怒，折楚符而合於秦。秦齊交合，張儀乃起朝，謂楚將軍曰：“子何不受地？從某至某，廣袤六里。”

《考證》 東西曰廣，南北曰袤。

楚將軍曰：“臣之所以見命者六百里，不聞六里。”即以歸報懷王。懷王大怒，興師將伐秦。陳軫又曰：“伐秦非計也。不如因賂之一名都，與之伐齊，是我亡於秦，取償於齊也，

《索隱》 謂失商於之地。

《考證》 徐孚遠曰：“亡，謂賂以名都也，若商於乃虛約也，不爲亡地。”中井積德曰：“亡下脱‘地’，《張儀傳》作‘出於秦’。”愚按：《策》同《史》文。

吾國尚可全。今王已絶於齊而責欺於秦，是吾合秦、齊之交而來天下之兵也，國必大傷矣。”楚王不聽，遂絶和於秦，發兵西攻秦。秦亦發兵擊之。

《考證》 “秦欲伐齊”以下，采《齊策》。

十七年春，與秦戰丹陽，

《索隱》 此丹陽在漢中。

《考證》 胡三省曰：此丹陽謂丹水之陽也。《班志》丹水出上洛冢嶺山，東至析入鈞水，地在武關之外。秦、楚交戰，當在此。

秦大敗我軍，斬甲士八萬，虜我大將軍屈匄、裨將軍逢侯醜等七十餘人，遂取漢中之郡。

《考證》 胡三省曰：自沔陽至上庸，皆楚漢中地。沔陽，今陝西漢中府沔縣。上庸，今湖北鄖陽府竹山縣。

楚懷王大怒，乃悉國兵復襲秦，戰於藍田，

《正義》 藍田，在雍州東南八十里，從藍田關入藍田縣。

《考證》 今陝西西安府藍田縣。

大敗楚軍。

《考證》 《楚策》張儀說楚懷王曰："楚嘗與秦搆難，戰於漢中，楚人不勝，通侯執圭死者七十餘人，遂失漢中。楚王大怒，興師襲秦，與秦戰於藍田，又却。"即此事。

韓、魏聞楚之困，乃南襲楚，至於鄧。楚聞，乃引兵歸。

《考證》 "遂取漢中之郡"以下，本《秦策》。鄧，今河南南陽府鄧縣。

十八年，秦使使約復與楚親，分漢中之半以和楚。

《考證》 梁玉繩曰："此與《屈原傳》同，而《張儀傳》又依《國策》言秦欲以武關外易黔中地，未定所從。"

楚王曰："願得張儀，不願得地。"張儀聞之，請之楚。秦王曰："楚且甘

心於子，奈何？"

《考證》 《左傳》："管召讎也，請受而甘心焉。"杜注："甘心，言欲快心戮殺之。"

張儀曰："臣善其左右靳尚，靳尚又能得事於楚王幸姬鄭袖，袖所言無不從者。且儀以前使負楚以商於之約，今秦楚大戰，有惡，臣非面自謝楚不解。且大王在，楚不宜敢取儀。誠殺儀以便國，臣之願也。"儀遂使楚。至，懷王不見，因而囚張儀，欲殺之。儀私於靳尚，靳尚爲請懷王曰："拘張儀，秦王必怒。天下見楚無秦，必輕王矣。"又謂夫人鄭袖曰："秦王甚愛張儀，而王欲殺之。今將以上庸之地六縣賂楚，以美人聘楚王，以宮中善歌者爲之媵。楚王重地，秦女必貴，而夫人必斥矣。夫人不若言而出之。"鄭袖卒言張儀於王，而出之。儀出，懷王因善遇儀，

《考證》 "囚張儀欲殺之"以下，采《楚策》。

儀因説楚王以叛從約而與秦合親，約婚姻。

《考證》 采《楚策》，語詳於《張儀傳》。

張儀已去，屈原使從齊來，

《考證》 屈原始見於此。先秦諸書，絶不見屈原事，但《史記》有之。黃式三曰："先是楚王聽張儀之欺，自恨不用屈原而至此，乃復用屈原。屈原因受命使齊，思合齊以報張儀之恥。屈原自齊反，張儀既釋。"

諫王曰："何不誅張儀？"懷王悔，使人追儀，弗及。是歲，秦惠王卒。二十(六)年，齊王欲爲從長，

《索隱》 按：下文始言二十四年，又更有二十六年，則此錯。云二十六年，衍字也，當是二十年事。又徐廣推校二十年取武遂，二十三年歸武遂，則此必二十年、二十一年事乎？

《考證》 二十六年，各本作"二十年"，今依《索隱》本。王念孫曰：

"正文本作'二十六年'，小司馬以爲當作'二十年'，今本依改。而又於注首加俗本'或作二十六年'，甚謬。"梁玉繩曰："此事在懷王二十六年，秦復取韓武遂之時，舊本作'二十六年'，甚是。蓋書中有韓得武遂於秦語，必錯簡也，當移於後文'三國引兵去'句之下，而衍'二十年'三字。徐廣但疑非二十年事，不加裁決，《索隱》以作'二十六年'者爲錯，殊昧情實。《通鑑·大事記》作'二十三年'，《古史》作'二十二年'，並非。"

惡楚之與秦合，乃使使遺楚王書曰："寡人患楚之不察於尊名也。

《考證》 岡白駒曰："爲下文王名成矣發。"

今秦惠王死，武王立，張儀走魏，

《考證》 梁玉繩曰："齊遺楚書，實在二十六年，當秦昭王時，儀死已久，不得言今秦惠王死，武王立，張儀走魏。蓋戰國之事，經辯士潤飾，多有差舛，不可爲據，《史》仍而不改耳。應作武王死，今王立。走魏作死魏。"

樗裏疾、公孫衍用，而楚事秦。夫樗裏疾善乎韓，而公孫衍善乎魏。

《考證》 樗裏疾母，韓女。公孫衍，魏人。

楚必事秦，韓、魏恐，必因二人求合於秦，則燕、趙亦宜事秦。四國爭事秦，則楚爲郡縣矣。王何不與寡人并力收韓、魏、燕、趙，與爲從而尊周室，以案兵息民，令於天下？莫敢不樂聽，則王名成矣。

《考證》 此時尚言尊周室，周室未全失爲共主。

王率諸侯並伐，破秦必矣。王取武關、蜀、漢之地，

《正義》 武關，在商州東一百八十里商洛縣界。蜀，巴蜀；漢中，郡也。

《考證》 武關，秦之南關，即《春秋》少習也，在今陝西商州東。

私吳、越之富而擅江海之利，韓、魏割上黨，

　　《考證》　上黨，山西潞安府。

西薄函谷，則楚之强百萬也。且王欺於張儀，亡地漢中，兵銼藍田，天下莫不代王懷怒。今乃欲先事秦！願大王孰計之。"楚王業已欲和於秦，見齊王書，猶豫不決，下其議群臣。

　　《考證》　業已，二字一意。

群臣或言和秦，或曰聽齊。昭雎曰：

　　《索隱》　雎，七余反。

"王雖東取地於越，不足以刷恥；必且取地於秦，而後足以刷恥於諸侯。王不如深善齊、韓以重樗裏疾，如是則王得韓、齊之重以求地矣。秦破韓宜陽，

　　《索隱》　弘農之縣，在澠池西南。

　　《考證》　宜陽故城，在今河南宜陽縣東。

而韓猶復事秦者，以先王墓在平陽，

　　《索隱》　非堯都也。

而秦之武遂去之七十里，

　　《索隱》　亦非河間之縣，則韓之平陽，秦之武遂，併當在宜陽左右。

以故尤畏秦。不然，秦攻三川，

　　《正義》　三川，洛州也。

　　《考證》　伊洛及河爲三川，秦置三川郡，漢改爲河南，今河南之河南府是也。

趙攻上黨，楚攻河外，韓必亡。楚之救韓，不能使韓不亡，然存韓者楚也。韓已得武遂於秦，以河山爲塞，

《正義》 河，蒲州西黃河也。山，韓西境也。

所報德莫如楚厚，臣以爲其事王必疾。齊之所信於韓者，以韓公子眛爲齊相也。

《正義》 眛，莫葛反，後同。

韓已得武遂於秦，王甚善之，

《正義》 昭雎言韓以得武遂於秦，西界至河山，必德楚，是昭王之甚善楚。

《考證》 “韓得武遂於秦”，錯簡，當移於後文“三國引兵去”句之下。

使之以齊、韓重樗裏疾，疾得齊、韓之重，其主弗敢弃疾也。今又益之以楚之重，樗裏子必言秦，復與楚之侵地矣。”

《正義》 言齊韓尊重秦相。秦相，樗裏疾。疾得齊韓尊重秦王，而齊韓又與楚親疾，必不敢弃也。今又益楚之重樗裏疾，疾必言秦王歸楚侵地。

《考證》 《正義》依桃源抄補，多譌誤。

於是懷王許之，竟不合秦，而合齊以善韓。

《集解》 徐廣曰：“懷王之二十二年，秦拔宜陽，取武遂，二十三年，秦復歸韓武遂，然則已非二十年事矣。”

二十四年，倍齊而合秦。秦昭王初立，乃厚賂於楚。楚往迎婦。

《考證》 《六國表》云：“楚迎婦於秦。”《屈原傳》云：“秦昭王與楚婚。”黃式三曰：“楚迎婦於秦，秦迎婦於楚，蓋互爲婚姻也。”凌稚隆曰：

“楚往迎婦，與前約婚姻相應。”

二十五年，懷王入與秦昭王盟，約於黃棘。

《考證》　胡三省曰：“《班志》南陽郡有棘陽縣。”愚按：棘陽縣，或謂之黃棘，今河南新野縣東北。

《補》　吳熙載《通鑑地理今釋》云：“黃棘，河南南陽府唐縣。”

秦復與楚上庸。

《考證》　懷王十七年，秦敗楚師虜屈匄，取上庸，至此與之。上庸，漢中要地。

二十六年，齊、韓、魏爲楚負其從親而合於秦，三國共伐楚。楚使太子入質於秦而請救。秦乃遣客卿通將兵救楚，三國引兵去。

《考證》　太子名橫。戰國之時，用他國之人爲卿曰客卿。通，其名。

二十七年，秦大夫有私與楚太子鬥，楚太子殺之而亡歸。二十八年，秦乃與齊、韓、魏共攻楚，殺楚將唐眛，取我重丘而去。

《考證》　眛，當作“眛”，又作“蔑”。重丘，此及《田完世家》《樂毅傳》同，《秦本紀》作“方城”。《荀子·議兵篇》：“兵殆於垂沙，唐蔑死。”《呂覽·處方篇》：“齊使章子與韓、魏攻荆，荆使唐蔑將兵應之，夾泚而軍。章子夜襲之，斬蔑於泚水之上。”重丘，蓋在泚水之上。

《補正》　《荀子·議兵篇》作“兵殆於垂沙”。《説文》云：“楚東有沙水。”《呂氏春秋·處方篇》作“荆唐蔑與齊章子夾泚水而軍”。泚水有二：一在河南南陽境，即今之唐河縣；一在安徽潛山縣。重丘又作重邱，重邱即泚邱。胡三省曰：“重丘即茈丘。”在河南沁陽縣境內。

二十九年，秦復攻楚，大破楚，楚軍死者二萬，殺我將軍景缺。

《考證》　《年表》云：“秦敗我襄城，殺景缺。”

懷王恐，乃使太子爲質於齊以求平。

《考證》　"懷王恐"以下，采《楚策》。

三十年，秦復伐楚，取八城。秦昭王遺楚王書曰："始寡人與王約爲弟兄，盟於黃棘，太子爲質，至歡也。太子陵殺寡人之重臣，不謝而亡去，寡人誠不勝怒，使兵侵君王之邊。今聞君王乃令太子質於齊以求平。寡人與楚接境壤界，故爲婚姻，

《正義》　壻之父爲姻，婦之父爲婚，婦之父母壻之父母相謂爲婚姻，兩壻相謂爲婭。

《考證》　《張儀傳》云"秦與楚接境壤界"，蓋當時語。中井積德曰："婚是婚娶之婚，外族爲姻。"

所從相親久矣。而今秦楚不歡，則無以令諸侯。寡人願與君王會武關，面相約，結盟而去，寡人之願也。敢以聞下執事。"

《考證》　"以聞"二字始見，猶言"上聞"，後世臣民上書天子時用之。《儀禮·特牲禮》："饋食主人及賓兄弟群執事，即位門外。"襄二十八年，鄭游吉聘楚曰："以歲之不易，聘於下執事。"《越語》"寡君勾踐之無所使，使其下臣種，不敢徹聲聞於天王，私下執事。"《左傳》僖二十六年，展喜告齊孝公曰："寡君使下臣犒執事。"翟灝曰："執事本謂從列與事之人，致書者謙不斥尊，若云陳達其左右者耳。"

楚懷王見秦王書，患之。欲往，恐見欺；無往，恐秦怒。昭睢曰："王毋行，而發兵自守耳。秦虎狼，不可信，有並諸侯之心。"

《考證》　梁玉繩曰："《屈原傳》作原語，《索隱》謂二人同諫，故彼此隨録之。"

懷王子子蘭勸王行，曰："奈何絕秦之歡心！"於是往會秦昭王。昭王詐令一將軍伏兵武關，號爲秦王。楚王至，則閉武關，遂與西至咸陽，

《索隱》 右扶風渭城縣，故咸陽城也，在水北山南，故曰咸陽。咸，皆也。

朝章臺，如蕃臣，不與亢禮。
《考證》 章臺，在渭南。蕃，讀爲"藩"。亢、抗同。亢禮，對等之禮。《禮記》："臣莫敢與君亢禮也。"

楚懷王大怒，悔不用昭子言。秦因留楚王，要以割巫、黔中之郡。
《考證》 巫郡，四川夔州府巫山縣。黔中，湖南常德以西及貴州境。

楚王欲盟，秦欲先得地。楚王怒曰："秦詐我而又強要我以地！"不復許秦。秦因留之。楚大臣患之，乃相與謀曰："吾王在秦不得還，要以割地，而太子爲質於齊，齊、秦合謀，則楚無國矣。"乃欲立懷王子在國者。昭睢曰："王與太子俱困於諸侯，而今又倍王命而立其庶子，不宜。"乃詐赴於齊，
《考證》 胡三省曰："詐言楚王薨，而請太子還王楚。"

齊湣王謂其相曰："不若留太子以求楚之淮北。"
《考證》 《齊策》齊湣王作"蘇秦"，其相作"薛公"，淮北作"下東邑"。高誘注："薛公，田嬰。下東邑，楚東邑，近齊也。"愚按：是時蘇秦、田嬰死已久，史公以意改，下東邑即淮北。

相曰："不可，郢中立王，是吾抱空質而行不義於天下也。"
《考證》 郢中，楚都。

或曰：
《考證》 《策》"或"作"蘇秦"。

不然，郢中立王，因與其新王市曰：'予我下東國，吾爲王殺太子，

《正義》 楚之下國，最在東，故云下東國，即楚淮北。

《考證》 胡三省曰："市，謂相要以利，如市道也。予，讀與。"

不然，將與三國共立之。'然則東國必可得矣。"

《考證》 "齊湣王"以下，本《齊策》。胡三省曰："三國，謂齊、魏、韓。"

齊王卒用其相計而歸楚太子。太子橫至，立爲王，是爲頃襄王。

《注》 頃襄王，《楚策》作"襄王"，《魯世家》作"傾王"，《淮南子·主術訓》作"傾襄"。有謂頃襄王又稱"莊王"。

乃告於秦曰："賴社稷神靈，國有王矣。"頃襄王橫元年，秦要懷王不可得地，楚立王以應秦，秦昭王怒，發兵出武關攻楚，大敗楚軍，斬首五萬，取析十五城而去。

《集解》 徐廣曰："年表云取十六城，既取析，又並取左右十五城也。"駰按：《地理志》弘農有析縣。

《正義》 《括地志》云："鄧州内鄉縣城，本楚析邑，一名酈，漢置析縣，因析水爲名也。"

二年，楚懷王亡逃歸，秦覺之，遮楚道，

《考證》 胡三省曰："遮其歸楚之路也。"

懷王恐，乃從間道走趙以求歸。趙主父在代，

《索隱》 主字亦或作"王"。

《正義》 父，音甫，武靈王也。

其子惠王初立，行王事，恐，不敢入楚王。楚王欲走魏，秦追至，遂與

秦使復之秦。

《考證》 古鈔本，使作“吏”。

懷王遂發病，頃襄王三年，懷王卒於秦，秦歸其喪於楚。楚人皆憐之，如悲親戚。諸侯由是不直秦。秦楚絕。六年，秦使白起伐韓於伊闕，大勝，斬首二十四萬。

《正義》 《括地志》云：“伊闕山在洛州南十九里也。”

《考證》 伊闕，山名，在今河南洛陽縣西南境。

秦乃遺楚王書曰：“楚倍秦，秦且率諸侯伐楚，爭一旦之命。願王之飭士卒，得一樂戰。”

《考證》 胡三省曰：“樂，快意也。言一戰以快其意。”

楚頃襄王患之，乃謀復與秦平。七年，楚迎婦於秦，楚、秦復平。十一年，齊秦各自稱爲帝，月餘，復歸帝爲王。

《考證》 秦齊稱帝，本《齊策》。

十四年，楚頃襄王與秦昭王好會於宛，結和親。

《考證》 宛，河南南陽府南陽縣。

十五年，楚王與秦、三晉、燕共伐齊，取淮北。

《考證》 淮北，今江蘇海州及山東沂州地。

十六年，與秦昭王好會於鄢。其秋，復與秦王會穰。

《考證》 鄢，湖北襄陽府宜城縣。穰，河南南陽府鄧州。

十八年，楚人有好以弱弓微繳加歸雁之上者，

《正義》 弱，小也。微，細也。繳，弋射也。歸雁，北向也。言小弓細弋，射北歸之雁，其矢加於背上。

《考證》 歸雁難射，所以爲名手，不必改"歸"作"鵻"。葉適曰："弱弓微繳加歸雁之上，虎肉臊而兵利身，人猶攻之。二事，皆《戰國策》所無，其文無異，意劉向所序，比遷時已有遺落也。"

頃襄王聞，召而問之。對曰："小臣之好射鶀雁，

《索隱》 鶀，音其，小雁也。

羅鸗，

《集解》 徐廣曰："吕靜曰鸗，野鳥也。音龍。"

《索隱》 吕靜音聾，鄒亦音盧動反，劉音龍。鸗，小鳥。

《考證》 中井積德曰："羅疑亦鳥名。"

小矢之發也，何足爲大王道也。且稱楚之大，因大王之賢，所弋非直此也。

《考證》 方苞曰："稱，去聲，衡量楚之强大也。"愚按：直，特也。

昔者三王以弋道德，五霸以弋戰國。故秦、魏、燕、趙者，鶀雁也；齊、魯、韓、衛者，青首也；

《索隱》 亦小鳧，有青首者。

《考證》 中井積德曰："青首是大鳧，非小鳧，然小於雁。"

騶、費、郯、邳者，羅鸗也。

《索隱》 騶費、鄒祕二音。

《考證》 錢大昕曰："《孟子》書有鄒穆公、費惠公，此文云泗上十二諸侯，則戰國之世，小諸侯存者尚多也。"愚按：《齊策》顔斶曰："當今之世，南面稱寡者二十四。"郯、邳蓋亦在其中。

外其餘則不足射者。見鳥六雙，

《索隱》 以喻下文秦趙等十二國，故云"六雙"。

《正義》 謂上秦魏燕趙齊魯韓衛鄒費郯邳者，合十二國也。

《考證》 《索隱》"下文"當"上文"之譌。

以王何取？王何不以聖人爲弓，以勇士爲繳，時張而射之？此六雙者，可得而囊載也。其樂非特朝昔之樂也，

《索隱》 昔，猶夕也。

其獲非特鳧雁之實也。

《考證》 實，讀若庭實之實。

王朝張弓而射魏之大梁之南，加其右臂而徑屬之於韓，則中國之路絶而上蔡之郡壞矣。

《考證》 上蔡，河南汝寧府。

還射圉之東，解魏左肘而外擊定陶，

《索隱》 還，音患，謂繞也。射，音石。解，音紀買反。

《正義》 圉，音語。城在汴州雍丘縣東。

《考證》 圉，今河南開封府杞縣南。定陶，今山東曹州府定陶縣。

則魏之東外弃而大宋、方與二郡者舉矣。

《正義》 言王朝張弓射魏大梁、汴州之南，即加大梁之右臂；連韓、郯，則河北中國之路向東南斷絶，則韓上蔡之郡自破壞矣。復繞射雍丘圉城之東，便解散魏左肘宋州，而外擊曹定陶，及魏東之外解弃，則宋、方與兩郡並舉。

《考證》 方與，山東濟寧州魚臺縣。

且魏斷二臂，顛越矣；膺擊郯國，大梁可得而有也。王繢繳蘭臺，

《集解》　徐廣曰：“繢，縈也，音爭。蘭，一作‘簡’。”

《正義》　鄭玄曰：“繢，屈也，江沔之間謂之縈，收繩索繢也。”按：繳，絲繩，繫弋射鳥也。若膺擊郯，圍大梁已了，乃收弋繳於蘭臺。蘭臺，桓山之別名也。

《考證》　橫田惟孝曰：“膺，胸前也，蓋郯當大梁前。”

飲馬西河，定魏大梁，此一發之樂也。若王之於弋誠好而不厭，則出寶弓，礛新繳，

《集解》　徐廣曰：“以石傅弋繳曰礛。礛，音波。”

《索隱》　礛作“磻”，音播。傅，音附。

射喝鳥於東海，還蓋長城以爲防，

《集解》　徐廣曰：“喝，一作‘獨’。還音宦。蓋，一作‘益’。益縣在樂安，蓋縣在泰山。濟北盧縣有長城，東至海也。”

《索隱》　喝，音畫，謂大鳥之有鈎喙者，以比齊也。還音患，謂繞也。蓋者，覆也。言射者環繞蓋覆，使無飛走之路，因以長城爲防也。徐以蓋爲益縣，非也。長城當在濟南。

《正義》　《太山郡記》云：“太山西北有長城，緣河徑太山千餘里，至琅邪臺入海。”《齊記》云：“齊宣王乘山嶺之上築長城，東至海，西至濟州千餘里，以備楚。”《括地志》云：“長城西北起濟州平陰縣，緣河歷太山北岡上，經濟州淄川，即西南兗州博城縣北，東至密州琅邪臺入海。《薊代記》云齊有長城巨防，足以爲塞也。”

朝射東莒，

《正義》　《括地志》云：“密州莒縣，故莒子國。《地理志》云周武王封少昊之後嬴姓於莒，始都計斤，春秋時徙居莒也。”

《考證》　東莒，今山東沂州府莒州。

夕發湨丘，

《集解》 徐廣曰："在清河。"

《正義》 《括地志》云："湨丘，丘名也，在清州臨淄縣西北二十五里也。"

《考證》 湨丘，即貝丘，今山東青州博興縣南有貝中聚。

夜加即墨，顧據午道，

《索隱》 顧，反也。午道當在齊西界。一從一橫爲午道，亦未詳其處。

《正義》 劉伯莊云："齊西界。"按：蓋在博州之西境也。

《考證》 今山東萊州府平度州，有即墨故城。午道，趙東齊西交午道也。中井積德曰："午道，蓋直南北之道，仍是子午道之意。"

則長城之東收而太山之北舉矣。

《正義》 言從濟州長城東至海，太山之北，黃河之南，盡舉收於楚。

西結境於趙

《正義》 言得齊地約結於趙，爲境界，定從約也。

《考證》 中井積德曰："結境，猶接境也。"

而北達於燕，

《索隱》 北，一作"杜"。杜者，寬大之名。言齊晉既伏，收燕不難也。

《正義》 北達，言四通無所滯礙。言燕無山河之限也。

三國布𣲮，

《集解》 徐廣曰："音翅。一作'屬'。"

《索隱》 亦作"翅"，同式豉反。三國，齊、趙、燕也。

《正義》 觗亦作"翅"，音式豉反。三國共布翅，言和同也。楚、趙、燕和同，而收關左，從不待而可成。

則從不待約而可成也。北遊目於燕之遼東而南登望於越之會稽，此再發之樂也。若夫泗上十二諸侯，左縈而右拂之，可一旦而盡也。

《考證》 《張儀傳》張儀説楚王曰："舉宋而東指，則泗上十二諸侯盡王之有也。"《索隱》云："邊近泗水之側，當戰國之時，有十二諸侯，宋魯邾莒之比也。"橫田惟孝曰："可一旦而盡，所謂不足射者。"

今秦破韓以爲長憂，得列城而不敢守也；

《考證》 橫田惟孝曰："秦雖破韓而不能有之，徒頓兵罷士，故曰爲長憂。"

伐魏而無功，擊趙而顧病，

《索隱》 顧，猶反也。

則秦、魏之勇力屈矣，楚之故地漢中、析、酈可得而復有也。王出寶弓，矰新繳，涉黽塞，而待秦之倦也，

《集解》 徐廣曰："酈或以爲'冥'，今江夏。一作'電'。"

《正義》 《括地志》云："故酈城在陝州河北縣東十里，虞邑也。杜預云河東太陽有酈城是也。"徐言江夏，亦誤也。

《考證》 析、酈皆在河南南陽府内鄉縣。

山東、河内可得而一也。

《正義》 謂華山之東，懷州河内之郡。

勞民休衆，南面稱王矣。

《考證》 中井積德曰："稱王，宜言'稱帝'，楚僭王已久矣。"

故曰秦爲大鳥，負海内而處，東面而立，左臂據趙之西南，右臂傅楚鄢郢，膺擊韓、魏，

　　《索隱》　謂韓、魏當秦之前，故云"膺擊"。俗本作"鷹"，非。

　　《正義》　膺作鷹，如鷹鳥之擊也。

　　《考證》　膺，胸也，《索隱》可從。橫田惟孝曰："擊當作繫。"

垂頭中國，

　　《索隱》　垂頭，猶申頸也。言欲吞山東。

處既形便，勢有地利，奮翼鼓鵄，方三千里，則秦未可得獨招而夜射也。"

　　《考證》　招，所謂鳥媒也。招以其類，招誘之。

欲以激怒襄王，故對以此言。襄王因召與語；遂言曰："夫先王爲秦所欺而客死於外，怨莫大焉。今以匹夫有怨，尚有報萬乘，白公、子胥是也。

　　《考證》　白公勝殺令尹子西，劫惠王，伍子胥入郢，鞭乎王墳，皆楚國事，所以取譬。

今楚之地方五千里，帶甲百萬，猶足以踴躍中野也，而坐受困，臣竊爲大王弗取也。"於是頃襄王遣使於諸侯，復爲從，欲以伐秦。

　　《考證》　方苞曰："此真戰國之文，而不見《楚策》中。"愚按：《國策》姚本、鮑本、吳本，皆不收此章，但張本有之，蓋依《史記》補入也。中井積德曰："徒鼓動楚王好戰之心耳，此非良士。"又曰："射不必中，戰不必勝，力勞而無獲，何樂之有？況楚之衰弱，射而無獲必矣。"

秦聞之，發兵來伐楚。楚欲與齊、韓連和伐秦，因欲圖周。

　　《考證》　呂祖謙曰："是時齊止餘兩城，爲燕所圍，何暇與楚連和伐秦？蓋所載不能無少差也。"

周王赧使武公謂楚相昭子曰：

《集解》 徐廣曰：“定王之曾孫，而西周惠公之子。”

“三國以兵割周郊地以便輸，而南器以尊楚，

《考證》 言欲取周寶更南輸楚也。岡白駒曰：“器，鼎之類。”

臣以爲不然。夫弒共主，臣世君，大國不親；

《索隱》 共主，世君，俱是周自謂也。共主，言周爲天下共所宗主也；世君，言周室代代君於天下。

《正義》 天下共尊，今欲殺之，故言殺共主。周世君天下，故言世君也。

以衆脅寡，小國不附。大國不親，小國不附，不可以致名實。名實不得，不足以傷民。

《考證》 岡白駒曰：“傷民，言起兵也。”

夫有圖周之聲，非所以爲號也。”昭子曰：“乃圖周則無之。雖然，周何故不可圖也?”對曰：“軍不五不攻，城不十不圍。

《考證》《孫子・謀攻篇》云：“用兵之法，十則圍之，五則攻之。”岡白駒曰：“我軍五倍於彼軍而後可攻，十倍於彼軍而後可圍。”

夫一周爲二十晉，公之所知也。

《正義》 言周王之國，其地雖小，諸侯尊之，故敵二十晉也。

《考證》 晉即魏。王念孫曰：“三國分晉，魏得晉之故都，故魏人自稱晉國。《孟子・梁惠王》曰：‘晉國天下莫强焉。’周霄曰：‘晉國亦仕國也。’《魏策》云：‘魏武侯與諸大夫浮於西河，稱曰：河山之險，豈不亦信固哉。王鐘侍王曰：此晉國之所以强也。’是晉即魏也。”

韓嘗以二十萬之衆辱於晉之城下，銳士死，中士傷，而晉不拔。

《考證》 此以一攻一者，與軍不五不攻者異。

公之無百韓以圖周，此天下之所知也。

《考證》 軍不五不攻，周既爲二十晉，非百韓以攻之則無功矣，而楚無其兵也。

夫怨結於兩周以塞騶、魯之心，

《索隱》 騶、魯，有禮義之國，今楚欲結怨兩周而奪九鼎，是塞鄒、魯之心。

交絶於齊，

《正義》 楚本與齊韓和伐秦，因欲圖周，齊不與圖周，故齊交絶於楚。

聲失天下，其爲事危矣。

《考證》 岡白駒曰："聲，即上文圖周之聲也。"

夫危兩周以厚三川，

《正義》 三川，兩周之地，韓多有之，言厚韓也。

方城之外必爲韓弱矣。

《正義》 方城之外，許州葉縣東北也，言楚取兩周則韓強，必弱楚方城之外也。

《考證》 三川，屬韓。方城之外，楚北境，與韓相接。《周策》亦云："魏有南陽鄭地三川，而包二周，則楚方城之外，危。"

何以知其然也？西周之地，絶長補短，不過百里。名爲天下共主，裂其

地不足以肥國，得其衆不足以勁兵。雖無攻之，名爲弑君。

《考證》 中井積德曰："疑有錯誤。"愚按：《通鑑》作"雖然攻之者"。

然而好事之君，喜攻之臣，發號用兵，未嘗不以周爲終始。是何也？見祭器在焉，

《考證》 胡三省曰："謂三代相傳之祭器，如九鼎之類。"是也。

欲器之至而忘弑君之亂。今韓以器之在楚，

《考證》 中井積德曰："句有錯誤。"

臣恐天下以器讎楚也。臣請譬之，夫虎肉臊，其兵利身，

《索隱》 謂虎以爪牙爲兵，而自利於防身也。

《正義》 虎有爪牙，以衛其身，若人身加兵，故其兵利身。

《考證》 黄式三曰："疑兵當作'皮'，謂肉不足食而皮足衣也。"愚按：原文自通，不必改兵爲皮。肉臊，喻不足肥國勁兵。兵利，喻名爲天下共主。

人猶攻之也。若使澤中之麋蒙虎之皮，人之攻之必萬於虎矣。

《索隱》 攻易而利大也。

《正義》 野澤之麋蒙衣虎皮，人之攻取必萬倍於虎也。譬楚伐周收祭器，其猶麋蒙虎皮矣。

《考證》 必萬於虎矣，各本作"必萬之於虎"，今從《索隱》本。

裂楚之地，足以肥國；詘楚之名，足以尊主。

《考證》 以喻麋肉可食。胡三省曰："詘讀曰黜，言黜其僭主之名也。"

今子將以欲誅殘天下之共主，居三代之傳器，

《索隱》 謂九鼎也。

吞三翮六翼，

《索隱》 翮，亦作“瓹”，同音歷。三翮六翼，亦謂九鼎也。空足曰翮。六翼即六耳，翼近耳旁，事具《小爾雅》。

《正義》 翮誤，當作瓹，音歷。《爾雅》云：附耳外謂之釴，款足謂之瓹，曲足鼎也，翼近鼎耳也。三翮六翼，即九鼎。

《考證》 張文虎曰：“《索隱》引《小爾雅》，今《小爾雅》無此文。”

以高世主，非貪而何？《周書》曰：‘欲起無先’，

《考證》 《周書》佚文。朱右曾曰：“不爲物先之意。”

故器南則兵至矣。”於是楚計輟不行。十九年，秦伐楚，楚軍敗，割上庸、漢北地予秦。

《正義》 謂割房、金、均三州及漢水之北與秦。

《考證》 胡三省曰：“漢北，漢水以北，宛、葉、樊、鄧、隨、唐之地。”

二十年，秦將白起拔我西陵。

《集解》 徐廣曰：“屬江夏。”

《正義》 《括地志》云：“西陵故城，在黄州黄山西二里。”

《考證》 今湖北宜昌府，楚西陵地。梁玉繩曰：“此缺‘拔鄢鄧’，説見《秦紀》。”

《補正》 此一西陵，若據徐廣所説，《括地志》所記與隴川的考證，以當時形勢推之，均屬不合。童書業先生所作《楚王酓章鐘銘西觴解》中説：“則西陵似即鄧，鄧者，《史記·正義》云：鄢、鄧二城，並在襄州。今襄陽東北二十里有鄧城，即其他(非方鄧國所在地)。西陵，蓋以山名，其所包範圍或甚廣，今襄陽、宜城間一帶山地皆謂之西陵。"此種看法，合乎實際情況，足證諸説之誤。

二十一年，秦將白起遂拔我郢，燒先王墓夷陵。

《集解》 徐廣曰："年表云拔鄢，燒夷陵。"

《索隱》 夷陵，陵名，後爲縣，屬南郡。

《正義》 《括地志》云："峽州夷陵縣是也，在荆州西。應劭云夷山在西北。"

《考證》 夷陵，今湖北宜昌府東湖縣。

《補》 《戰國策·秦策》應侯責武安君曰："楚地方五千里，持戟百萬，君前率數萬之衆，入楚，拔鄢、郢，焚其廟。"蔡澤曰："白起率數萬之師，以與楚戰，一戰舉鄢、郢，再戰燒夷陵。"又，頃襄王二十年，秦白起拔楚西陵，或拔鄢、郢、夷陵，燒先王之墓。《史記·六國表》："楚頃襄王二十年，秦拔我鄢、西陵，二十一年，秦拔我郢，燒夷陵。""秦昭王二十九年，白起擊楚，拔郢，更東至竟陵，以爲南郡。"《白起列傳》："後七年，白起攻楚，拔鄢、鄧五城。其明年攻楚，拔郢，燒夷陵，遂東至竟陵。"《平原君列傳》："白起，小豎子耳，率數萬之衆，興師以與楚戰，而舉鄢、郢；再戰而燒夷陵；三戰而辱王之先人。"

楚襄王兵散，遂不復戰，東北保於陳城。

《考證》 胡三省曰："陳即古陳國。《班志》，陳縣屬淮陽國。注云：'楚頃襄王自郢徙此'。"愚按：今河南淮陽縣，秦取郢爲南郡。

二十二年，秦復拔我巫、黔中郡。

《考證》 復拔，《秦紀》作"取"，《通鑑》作"定"。秦於是初置黔中郡。

二十三年，襄王乃收東地兵，

《考證》 胡三省曰：“東地，蓋楚之東地，淮汝之地也。”

得十餘萬，復西取秦所拔我江旁十五邑以爲郡，距秦。二十七年，使三萬人助三晉伐燕。

《考證》 張照曰：“《戰國策》齊、韓、魏共攻燕，燕使太子請救於楚，楚王使景陽將而救之。此云助三晉伐燕，與《楚策》異。”

復與秦平，而入太子爲質於秦，楚使左徒侍太子於秦。

《正義》 左徒，官名。爾時黃歇爲左徒，侍太子於秦也。

三十六年，頃襄王病，太子亡歸。秋，頃襄王卒，太子熊元代立，是爲考烈王。

《索隱》 《系本》元作“完”。

《補》 考烈王，《列女傳》作“楚考”，《越絕書》作“烈王”。楚器銘文有酓肯，肯又作“㱇”，馬叔平先生謂即考烈王。

考烈王以左徒爲令尹，封以吳，號春申君。

《注》 《春申君列傳》：“考烈王元年，以黃歇爲相，封爲春申君，賜淮北地十二縣。”屈原在楚懷王時曾任左徒，爲國王左右近臣。春申君的封地，《漢書·地理志·會稽郡》：“無錫有歷山，春申君歲祠以牛。”《越絕書》亦載有此文。此書中記春申君在無錫興造甚多，並云：“春申君，楚考烈王相也。烈王死，幽王立，封春申君於吳。三年，幽王征春申君爲楚令尹，春申君自使其子爲假君治吳。”

考烈王元年，納州於秦以平。是時楚益弱。

《索隱》 徐廣曰：“南郡有州陵縣。”

《考證》 州，今湖北武昌江夏縣。

六年，秦圍邯鄲，趙告急楚，楚遣將軍景陽救趙。

《考證》 張照曰：“《六國表》云‘春申君救趙’。”《春申君傳》云：“秦圍邯鄲，邯鄲告急於楚，楚使春申君往救。’此作‘景陽’，與彼互異。”梁玉繩曰：“此蓋因前十五年齊、韓、魏共伐燕，燕請救於楚，楚王使景陽將而救之，見《國策》，《史》緣此致誤。”

七年，至新中。

《索隱》 按趙地無名新中者，“中”字誤。鉅鹿有新市，“中”當爲“市”。

《正義》 新中，相州安陽縣也。七國時，魏寧新中邑，秦莊襄王拔之，更名安陽也。

《考證》 梁玉繩曰：“寧新中，魏地也。當在六年，又脱‘寧’字。”

秦兵去。

《集解》 徐廣曰：“年表云六年春申君救趙，十年徙於鉅陽。”

十二年，秦昭王卒，楚王使春申君吊祠於秦。十六年，秦莊襄王卒，秦王趙政立。

《考證》 錢大昕曰：“秦王政之立，五國《世家》皆書，而《韓世家》獨闕，此篇稱‘趙政’，又與他《世家》異。”

二十二年，與諸侯共伐秦，不利而去。楚東徙都壽春，命曰郢。

《正義》 壽春在南壽州，壽春縣是也。

《考證》 今安徽鳳陽府壽州，楚壽春邑。

二十五年，考烈王卒，子幽王悍立。

《注》 《戰國策·楚策》《史記·春申君列傳》《列女傳》《越絶書》等書中均謂幽王爲春申君之子。名悍，《六國表》作“悼”，《春申君傳》“索隱”作“捍”，《高祖紀》“索隱”作“擇”，楚器銘文有酓感，即熊悍。

李園殺春申君。

《考證》 李園殺春申君，見《楚策》《春申君傳》。

幽王三年，秦、魏伐楚。秦相呂不韋卒。九年，秦滅韓。

《考證》 張照曰："《韓世家》'正義'曰：亡在秦始皇帝十七年，是年在楚幽之八年。"

十年，幽王卒。同母弟猶代立，是爲哀王。

《考證》 《表》猶作"郝"。

哀王立二月餘，哀王庶兄負芻之徒襲殺哀王而立負芻爲王。

《考證》 幽王即李園女弟所生，幸於黃歇，黃歇進於考烈王者，非楚統也。《列女傳》以哀王爲考烈王遺腹子，以負芻爲考烈王弟，與《史》所言異，然亦楚裔也。

是歲，秦虜趙王遷。王負芻元年，燕太子丹使荊軻刺秦王。二年，秦使將軍伐楚，大破楚軍，亡十餘城。

《考證》 《年表》作十城。

三年，秦滅魏。四年，秦將王翦破我軍於蘄，

《索隱》 機、祈二音。

《正義》 音機，又音圻。《地理志》云"沛郡蘄縣也"。

《考證》 今安徽鳳陽府宿州南。

而殺將軍項燕。

《考證》 張照曰："《秦始皇本紀》作二十三年虜荊王，二十四年項燕自殺。"

五年，秦將王翦、蒙武遂破楚國，虜楚王負芻，滅楚名爲（楚）郡雲。

《集解》 孫檢曰："秦虜楚王負芻，滅去楚名，以楚地爲三郡。"

《索隱》 裴注頻引孫檢，不知其人本末，蓋齊人也。

《考證》 胡三省曰："秦三十六郡無楚郡，此蓋滅楚之時暫置耳。"錢大昕曰："秦始皇父名楚，故《始皇本紀》稱楚爲'荊'，滅楚之後，未嘗置楚郡也。孫氏謂滅去楚名，蓋得其實。楚郡之'楚'，是衍文，或者謂三十六郡之外有楚郡者妄也。"愚按：王鳴盛、梁玉繩亦以"楚"字爲衍，其説綦是，名字亦當衍。

太史公曰：楚靈王方會諸侯於申，誅齊慶封，作章華臺，求周九鼎之時，志小天下，及餓死於申亥之家，爲天下笑。

《考證》 《左傳》曰"縊"，不曰"饑"。

操行之不得，悲夫！勢之於人也，可不慎與？棄疾以亂立。嬖淫秦女，甚乎哉，幾再亡國！

《索隱》 幾，音祈。

《索隱·述贊》 鬻熊之嗣，周封於楚。僻在荊蠻，篳路藍縷。及通而霸，僭號曰武。文既伐申，成亦赦許。子圍篡嫡，商臣殺父。天禍未悔，憑姦自怙。昭困奔亡，懷迫囚虜。頃襄、考烈，祚衰南土。

附　　录

馮永軒先生生平

馮德清（1897—1979），字永軒，一字永宣，後以字行，湖北黃安（今紅安）人。父執輩名諱及生平不詳。有一姊，名諱亦不詳。有一弟，名喚德浩，年幼永軒約七八歲，曾就學燕京大學，後定居新疆。先生妻張秀宜（1901—1971），字稚丹，湖北黃安人，與先生育有五子，依次喚作天琪、天瑋、天璋、天瑾、天瑜。

編輯中，參考鏡借《湖北省志人物志·馮永軒篇》（馮天琪撰），《〈近代名人墨蹟〉卷首語》（馮天瑜撰），《〈史記楚世家會注考證校補〉序》（馮天瑜撰），及永軒先生日記等。

1897 年
9 月 21 日，生於湖北黃安（今紅安）城關附近馮家畈的一個自耕農家庭。

1904 年
半耕半讀，入私塾，耕讀八年。

1913 年
始就讀於河南省立第三師範附小（河南信陽與湖北黃安鄰接處）。

1916 年
以卓異成績從附小畢業，因其刻苦好學而又家道清貧，族中決定以學田收入資助，方得昇入中學及河南省立第三師範。

1921 年

以優異成績畢業於河南省立第三師範，破格留校任教。

1923 年

始求學於武昌師範大學(今武漢大學前身)。得黃侃先生指導，奠定古文字學、訓詁學根基。

1925 年

以同等學力投考清華學校研究院國學門，錄取爲第一期學員，與王庸、高亨、劉盼遂、方壯猷、徐中舒等爲同期同學。

受業於梁啓超、王國維先生，專攻歷史考據學，研究方向聚焦於"諸史中外國傳之研究"。

王國維具體指導先生研究，特開過一張書單，内含《蓬萊館地理叢書》(丁謙著)、《元史譯文證補》(洪鈞、廣雅叢書)等。

清華國學院期間，先生開始收藏文物。

1926 年

由王國維先生指導，以論文《匈奴史》從清華學校研究院國學門畢業。梁啓超、王國維兩位導師題詩相贈。梁先生贈一副楹聯："遙山向晚更碧，秋雲不雨常陰"，乃集北宋詞人周邦彦、孫洙詞句而成。王先生録寫陶淵明《飲酒》第二十首的前半部分相贈："羲農去我久，舉世少復真。汲汲魯中叟，彌縫使其淳。鳳鳥雖不至，禮樂暫得新。洙泗輟微響，漂流逮狂秦。《詩》《書》復何罪，一朝成灰塵。區區諸老翁，爲事誠殷勤。"

1927 年

任教於武漢中學。

與同鄉好友董必武共事，常暢論中國與世界前途。在武漢中學指導的幾名學生，後成爲黃麻起義的領導者，先後犧牲。

"大革命"期間，主持國共合作的黨義研究所。常以教師身份啟迪和資助當時黨義研究所的進步青年(如相隨工友詹才芳等)參加革命，與進步人士結下不解之緣。

1928 年

是年春，與張稚丹女士在武漢戀愛結婚。張女士其時在漢口任小學教員。

"大革命"失敗前後，先生掩護、資助共產黨員多人，自己也面臨險境，不得不離開武漢，輾轉沙市、宜昌等各地，以教書爲業，如曾任教於宜昌省立第四中學。

1929 年

是年 6 月，長子馮天琪出生。

1930 年

先生始任教於武昌省立女子高中，張稚丹女士此時在武昌省立第九小學等校教書。先生在武昌築有一套四室居所，除妻兒外，與其母(其時已患腿疾)、其姊同住，同時經常接濟馮、張子侄輩四五人以及老家親戚若干。

1933 年

次子馮天瑋(後過繼舅父張馨，更名張式谷)出生。

1935 年

張稚丹女士之長兄張馨(號敬丹)時任新疆教育廳廳長，膝下僅有二女而無子，先生將次子過繼於張馨，又因有研究西北史地之志，欲實地考察西北，是年春前往新疆。

4 月，先生偕張稚丹女士，四弟馮德浩，子馮天琪、馮天瑋，從武漢出發，先乘火車至北平，再換乘汽車西向大同、歸綏（今呼和浩特）等地，由北綫行進。

途中，5月7日至6月3日滯留歸綏，據先生1935年由漢赴新疆途中日記殘篇，情形如下：

5月7日，車微明時分抵大同，後經豐鎮，正午抵平地泉（即綏遠之集寧縣，元時爲集寧魯），前進抵卓資山（"卓資"一作"卓子"），再前進爲武川縣的下營，又前進到白塔車站，見歸綏新城，午後一時半抵歸綏車站。先生雇車到舊城中西旅社，繼見新綏汽車總站牟主任，牟請先生轉去勿候，稱兩月之內無先生所需之車。張稚丹女士央求亦無果。先生遂寫快信詢問天津總公司，並拍電報到新疆請張馨設法。

5月8日，先生偕妻兒往觀綏遠舊城大召、舍力圖召、小召。午餐後在寓休息，兼看冰心《平綏遊記》。其後到城外省黨部，後又到省立圖書館，由王姓管理員引導參觀，王爲先生介紹了幾位在綏遠之湖北人，並寫明住所。先生赴新城留園探訪在綏最久的屠義源，因屠到省府辦公而未遇，由屠之同鄉蕭先生接見。後由傳達引到屠先生辦公處。晚餐後，在寓看《平綏遊記》到篇末，見書中記載清華畢業學生蔣恩鈿任教於綏省立一女師範。經電話聯繫，先生雇車往謁蔣女士，相談約兩小時。先生由此知綏遠有清華八九人，歸綏中學就有六位。

5月9日，在寓讀王樹枏所作之《新疆小正》。午飯畢，與蔣恩鈿前往歸綏中學。與校長、清華同學霍世休交談，又遇米景沅、左登金、王鴻逵、郭清寰、李瑋等，相與談。張稚丹女士同蔣、李引至翟家花園看海棠。後諸人一同到西北飯店用餐。各位同學均表示，願幫先生交涉前行汽車事宜。

5月10日，閱馮承鈞《西域地名》。午飯後赴女師參觀。由蔣恩鈿處借閱顧頡剛《王同春開發河套記》、吳文藻《蒙古包》。

5月11日，先生午後獨自往視五塔召。晚間在寓閱王樹枏《新疆禮俗志》。

5月12日，蔣恩鈿偕北平軍分會駐綏代表張宣澤來。談約三小時。

當日四時許，先生接天津總公司來信，獲准乘最近一趟車西去。

5月13日，天氣驟寒，飛雪忽現，先生遂成一五絕。持天津總公司信往見新綏汽車站牟主任。赴新城省府往謝張宣澤，張爲先生介紹湖北同鄉趙、曾兩秘書，相與談。晚間，先生在寓閱有關西北及西北開發的刊物。

5月14日，先生偕妻兒，雇車遊觀綏遠昭君墓。

5月15日，閱日本人藤田豐八郎《西北之古地研究》。

5月17日，接張馨由新疆來電。

5月18日，先生與屠義源談。

5月19日，是日晨，先生與張稚丹女士同訪住綏砲二十一團團長李載青(黃安東屋嘴人)，未得見。午前，先生在寓看《新疆訪古錄》。午後五時，到新城屠先生家喫飯。李團長之侄許明科(字鐵鈞)來玩，與先生談起家鄉事情。

5月20日，晨八時，許明科同杜醫官來，與先生談約兩小時。食畢，李團長等人到先生旅社來談。分別後，先生在寓寫信。

5月21日，先生一行參觀大砲，後又至小召。當日，喇嘛開了正殿供先生等人參觀。午後四時許，先生至李團長公館。

5月22日，晨起在寓看《西北地方與文人》。十時許，北平同仁堂少老闆樂紹虞來訪，樂與李團長是親戚，在綏遠開一藥鋪，名宏達堂。

5月23日，先生偕妻兒等人遊玩北門外龍泉公園。

5月24日，整日在家未出。看《綏遠分省調查概要》一書。晚間，蔣恩鈿來談，先生發表其開發西北的主張。

5月26日，遊綏遠民政廳後園。

5月27日，午後到城外省立圖書館看報。

5月29日，許明科從李團長公館處借來汽爐，並贈送面等食物，供先生一家自炊，先生嘆"在綏似長居久安之慨"。

5月31日，到第一中學借閱杜詩、《文選李注義疏》。

6月3日，聽聞往西開的汽車次日將行，先生一家收拾行裝，交還從各戚友處借來之物品，又向各處去辭行。黃昏時候將行李送到汽車局。

6月4日至24日，先生與弟德浩、妻兒乘坐汽車，在綏迪道上度過20天，由歸綏，經大青山、武川、百靈廟等地，最北到居延海，終至迪化（又稱烏魯木齊）。由先生日記，知情形如下：

6月4日，為防沿途土匪，西開車輛共有八輛，編隊前行，不得分散。內僅有客車一輛，其餘皆為貨車。張稚丹女士與次子乘坐客車，先生及弟德浩、長子天琪在一貨車上。同伴有依勢欺人者，先生及家人亦在被欺之列，一度氣憤。車出綏遠城，經大青山（即陰山），一路在山間攀爬，進度很慢。正午時抵達武川。下午三點，車陷泥中，費時許久方才出坑。日暮時到召河，先生一家入住蒙古女子所開旅店。

6月5日，車出召河，抵百靈廟。先生在此作家信一封，攝影兩張。車開後，先生向司機出洋十元，得以改坐在貨車之駕駛室內。由百靈廟前行六十里後，車隊中有一輛車的司機因物品遺失，回轉去取，其餘車等候時，先生走入車旁之兩蒙古包，見到一群歐美人士，美、法、瑞典皆有，其中一人還曾伴斯文赫定同遊新疆。前行後忽有一車翻倒，再次折回百靈廟，滯留過夜。先生約同伴，找一蒙政委員會之職員作向導，參觀百靈廟。出廟後，參觀蒙政委員會。先生找到蒙古雲王、德王之住所，但二人均不在家。

6月6日，前日所翻車輛回綏遠修理，其餘車須停留等候。先生借機會到處參觀。當日晨起，先生領一家大小遊至河畔，在水中洗滌衣物，在此見數百名蒙古兵在旁下操。

6月7日，車離百靈廟，不久又有車壞須修，其餘車在曠野中搭起帳篷等候。

6月8日，先生與張稚丹女士攜手遊至山巔，"談了些關於人生問題"，玩了約兩小時。

6月9日，車開，至黑沙圖，黃昏時抵達烏泥烏蘇。晚飯後，先生等人就寢於一個蒙古包。當日共前行四百多里。

6月10日，沿途多沙灘，車不時被陷，正午時抵達鬆稻巔，傍晚抵達海牙阿馬圖。

6月11日，當日狂風大作，途中多沙，車仍然不時被陷，進行困難。自此日起，途中不見青草，先生僅見一片黃沙，車行幾十里路後停下。

6月12日，車至沙漠，進行甚慢，正午抵阿卜敦，復至銀根，此地緊接外蒙。傍晚，數輛車陷入沙中，先生步行至班定陶賴蓋。找到幾家山西商號，先生一家出錢自炊。先生識其中一山西商人，曾在外蒙經商，後因事變被迫出境，與之相談許久。

6月13日，途中仍以沙漠居多，黃昏時車抵察罕典禮俗。

6月14日，先生與白某因誤會而有小衝突。傍晚抵達二里子河（又名烏蘭愛里根）。

6月15日，當日大風，篷內鋪蓋都爲砂石掩覆。室外黃砂蔽天，先生無處可去，入汽車駕駛室內暫避。午後，風稍息，先生同一家大小到河邊洗衣被。

6月16日，至居延海。

6月17日，正午時抵蘆草井子。張稚丹女士到井邊洗物，有同伴彭某尋釁，張女士百方忍受，終於未起風波。當日晚抵達石板井子。

6月18日，是晚抵達火燒井子。

6月19日，過安西地界，約上午十一點抵公婆泉，午後三時入新疆地界。日落之前，車抵鴨子泉，先生在此住宿。

6月20日，當日出發百里後，一車又翻，正午時抵達廟兒溝。到哈密後，先生一家入住承順店，此店是堯樂博士司令所設之招待處。當日是馮天琪的六歲生日，先生惜"旅途中沒有東西給他玩耍"。

6月21日，堯司令來訪談許久。飯後，先生同德浩等人拜訪劉行政長，續訪堯司令。又到保安局去拜訪杜、藍兩局長，後訪同路的張績廷。晚五時許，堯司令及劉行政長公宴款待所有來客，先生一家大小皆赴宴。

6月22日，午後三時抵達七角井。先生一家落腳於一間髒破土房內。

6月23日，正午時抵木壘河，先生見當地縣長率人在街面求雨。午後四時抵古城子。先生入住文廟，縣長設的招待處即在此。先生與弟德浩拜訪兩湖會館，遇一黃陂人，一湖南人。蕭縣長至招待處與先生相談片刻。後來保安局長張局長及殷肇湘來，相贈食品，與先生稍談。

6月24日，車經孚遠，抵阜康少停，午後四時抵烏魯木齊。張馨夫人及女張式婉、張式琰出迎先生一行。

到後，先生任新疆師範學校校長、新疆編譯委員會委員長。與包爾漢等新疆政要、文化人交遊。並入民間搜集古籍、文物，獲左宗棠條幅、楊增新信札等清民之際名人墨蹟不少。

是年冬，張稚丹女士赴蘇聯塔什干師範大學學習俄文。

是年底，先生出烏魯木齊，至塔城遊觀，費時約一月。

1936 年

先生在迪化(烏魯木齊)居住近一年，除塔城外未去他地。

在新疆漸久，先生發覺新疆督辦盛世才陰險可怖，雖聲稱"進步"，却並非善輩。爲逃離險境，先生仿傚蔡鍔脫離袁世凱之法，稱母親病重、夫妻失和而不能共存，必須回內地，盛世才終答應放行。

是年，馮德浩在伊犁，馮天瑋已更名張式谷，過繼給張馨家。先生携長子天琪離開新疆，經河西走廊返鄂。據先生《東歸記》殘篇，所知4月18日至26日情形如下：

4月18日，十二時許車由烏魯木齊開出，經南大街及南關，晚五時許至達坂城，此地非常寒冷。先生在一土臺上就寢，能聞到臭氣，該店主不向旅客供應水。

4月19日，車出達坂城，前面車輛盡陷泥坑，費兩小時始出。路過險境，見無人區。入吐魯番境內。

4月20日，車離鄯善，午後三時抵七角臺，山谷中天氣驟冷且降小雨，七時許抵西鹽池，先生與天琪宿於髒小矮屋中，與數十人共擠。

4月21日，當日狂風怒吼，先生身穿皮襖尚覺不暖。八點時達七角井子。午後四時抵三堡。

4月22日，十一時抵達哈密。到站後，接受保安局、司令部、行政長公署三方檢查員搜索檢查。先生行李俱被翻亂，完畢後入住當地旅店。

4月23日，先生到舊城區訪劉行政長(新疆省政府秘書長魯繩伯之外甥)，應邀共餐，談約五小時。後至新綏汽車公司打聽赴肅州車輛，未果。午後，從旅店同伴中，先生聽聞東北義勇軍抗日情形，"十分難過"。慮及去歲來新疆取道蒙古草地，先生欲在返途中見識甘陝別外，儘管新綏汽車公司距蘭州段獲新疆省政府通過不久，組織尚沒就緒，仍力排衆議，毅然取道甘肅，不再走綏遠。

4月24日，訪堯司令於其公館，請幫助交涉汽車事，獲允許。

4月25日，至保安局謁杜局長，略事寒暄。

4月26日，午飯後與同伴遊哈密新城。又到"回王宮"。

後至蘭州，先生在一小客棧内被蝎咬傷腳部，幸無大恙。7月，先生與天琪抵達武漢。

是年，張稚丹女士在蘇聯産下第三子馮新道(後名天璋)，後取道西伯利亞、遠東海參崴，得以回武漢與先生團聚。

1937 年

先生任教於武漢。7月，抗日戰争爆發，不久董必武主持武漢八路軍辦事處工作，先生向該辦事處推薦數十名知識青年赴延安，這批人後來均成爲中共幹部。

1938 年

夏季，日寇入侵鄂境，武漢淪陷前夕，先生舉家離武昌，生活用品儘量縮減，而藏書及字畫等文物全數帶走，乘木船東下，先住竹林灣，遇長江發大水，村落一半被淹，樹上蛇蝎盤踞。後遷往黃岡山區黃安縣張家灣(張稚丹老家)，抵達後開箱櫃曬書籍。

抵鄂東山區後，先生開辦私塾。曾在張氏祠堂爲李顯軍部隊講課。李顯軍爲鄂東諸種抗日武裝中一股部隊的頭領，土匪出身，識字不多，卻有豪杰氣。過年時，李顯軍率部挑着酒肉前往私塾，見到先生，納頭便拜。

在鄂東山區期間，先生與湖北羅田人、方志學家王葆心先生（1867—1944）時常切磋鄂東史地及楚史諸問題。

鄉居期間，除開辦私塾外，先生還種菜，砍柴，揀香菇，飼養猪、羊、鷄鴨，以維持全家生計。然日軍反復"掃盪"鄂東山區，先生曾在八里灣附近眼見日軍從村前經過，不得不帶領家裏多次"跑反"（即逃難），衣物等抛却不少，而藏書、文物則始終保存完好，鄉間親友爲此肩挑背扛，出力甚勤。

是年，先生三子新道曾掉進污水塘，經搶救脱險。

2月20日（農曆正月廿一），先生第四子出生，命名啓聖（後名天瑾），取"殷憂啓聖，多難興邦"之意。

1939 年

在位於黄岡三解元（三里畈）的鄂東聯合中學執教，兼任高中部主任。張稚丹女士在聯合中學任初中語文教員。

1940 年

是年，先生繼續執教鄂東聯合中學。

張稚丹女士上半年在鄂東行署教育科當科員，秋季回湖北省立第二高中①任女生管理員。

在新疆的先生内兄張馨被盛世才殺害，先生四弟馮德浩被投入監獄，先生二子馮天瑋（張式谷）與表姐（張式婉、張式琰）在新疆開始數年流浪生活。

1941 年

任教於湖北省立第二高中，並任校長。

---

① 鄂東聯合中學後拆分爲湖北省立第二高中和湖北省立第二師範，前者爲今之黄岡中學。

在校運動會上，先生奪得短跑百米冠軍。

1942 年

是年下半年，先生拒絕當局要求，不肯加入國民黨，并抵制 CC 派入主二高，聯合湖北省立第二高中的豐道濟、王文錦、張旋平幾位名師集體辭職。鄂東行署派出四名官員、兩名勤務員騎馬來到租住在岩後灣的先生家，挽留至深夜。然先生不改去志。

在鄂東山區辭職無薪留居數月後，經友人介紹，先生赴安徽學院（位於安徽省立煌縣，今金寨）歷史系任教授。路途艱辛，先生翻山越嶺，全靠步行到達立煌。後又特地回到鄂東山區，推薦並帶領前湖北省立第二高中教師豐道濟、張旋平等人赴安徽學院（今安徽大學前身）任教。

此一時期，先生正式開始先秦史及楚史研究。

是年 2 月，先生第五子奎元（後名天瑜）出生於羅田三解元（二高所在地）。

1943 年

先生繼續任教於安徽學院歷史系，而張稚丹女士仍在湖北省立第二高中任女生管理員，住羅田岩後灣。

1944 年

上半年，張稚丹女士在湖北省立第二高中受 CC 派排擠而失業。是年秋，湖北省立第二高中原校長蔡禮成（CC 派）調走，張稚丹女士回到二高工作，在女生部（位於黃岡麻沖河）當職員。而先生仍在安徽學院任教授。

1945 年

8 月，抗日戰爭勝利，先生辭去安徽學院教授職位，率全家從黃岡返回武漢。返漢時，木船之中所運物品，主要仍然是藏書和文物。

由於戰前住宅在抗戰中被燒燬，僅剩大門邊的兩間小屋。先生歸漢後，遂先租，後以極低價買下張稚丹女士之同事（"大革命"時老共產黨員倪季丹，三十年代曾多次受馮家掩護）的物業，即今日之礦局街 23 號。

是年，先生在武漢實驗中學、湖北省第二臨時中學（位於武漢遠郊區）兩校兼課，每日步行到校（赴湖北省第二臨時中學須沿鐵路步行約二十里），黎明即起，踏月而行。某次途中，遇三名歹徒，先生空手應付，因青少年時練過武術，歹徒落荒而逃。

1946 年

受聘於位於西安小雁塔附近的西北大學，任歷史系教授。

此一時期，先生展開西北史地研究，其所著《商周史》《西北史地論叢》多成稿於此期。並撰成講稿《中國史學史》《史學通論》等。

先生在西北大學與黃文弼交往甚密，頻攜在西安就學的長子天琪赴黃家談叙。

先生常與天琪徜徉於西安小巷的舊書攤前、古董店內，尋訪古籍文物，乃至去茂陵等處拾揀秦磚漢瓦，收穫頗豐，畢生藏品得於此者不少。

其間，先生對國民黨政府抗戰勝利後的腐敗十分不滿，在課堂內外多有尖銳批評，被當局戴上"紅帽子"，常被國民黨青年軍復員學生尾隨、盯梢、"造訪"。

是年春，湖北省立第二高中搬至湖北浠水下巴河，張稚丹女士任初中教員，仍與馮家其餘諸子留居湖北。

1948 年

4 月 11 日，與盧懷琦、盧宗護、高元白等宴請清華國學院創始人之一吳宓於西安東大街天生樓。[1]

---

[1] 吳宓：《吳宓日記》（第十冊），吳學昭整理，三聯書店 1998 年版，第 377 頁。

　　某日散步，在西安街頭遇到盛世才(其時盛已被免去新疆實職，以農業部部長空銜閒居西安)，馮痛罵盛，盛連喚"對不起馮先生"，在護兵陪同下轉身落荒而逃。

　　是年，爲便於與在鄂之妻兒團聚，先生離開西北大學，赴長沙湖南大學任歷史系教授。

1949 年

　　年初，先生擔心南北分治，遂辭去湖南大學歷史系教授職位，回到武漢，中華人民共和國成立初期，先生任職於湖北省文保會。

　　先生曾在 1927 年前後資助湖北黨義研究所工友詹才芳，詹其後進入黃埔軍校受訓。1949 年 5 月，作爲解放軍將領的詹才芳南下，曾在武漢"遍尋馮先生"，因先生其時在湖南任教，二人遂失之交臂。

1950 年

　　先生執教於武昌實驗中學。

1954 年

　　調入湖北師範專科學校(後改爲武漢師範學院)，任歷史系教授。

　　先生繼續系統研究楚史，收藏古籍文物的情志也有增無已。

1956 年

　　在學生高維嶽(曾就讀於湖北省立第二高中、安徽學院)的力勸下，先生加入中國民主同盟。

1957 年

　　"反右"運動開始，時爲武漢師院歷史系教師、任院工會主席的高維嶽，奉院黨委之令主持過鳴放大會，"反右"運動起，立即被打成右派。

由於先生在一些場合表示，"高是老實人，不該整他"。矛頭遂馬上指向先生，他被戴上"以盟代黨"等大帽子，被指"積極配合右派分子惡性發展民盟"，"推動'改院'學潮(要求把'武漢師範專科學校'改爲'武漢師範學院')"，而先生又自覺"無錯可認"，更被視作"態度頑固"。

1958 年

是年初，在"反右補課"中，先生被戴上最後一批右派分子帽子，停發工資，只有基本生活費，以六十開外的高齡，下放到農場勞動。

1960 年

在天津大學上學的三子馮天璋，因與同學議論"反右""反右傾"是錯誤的，被作爲"反動集團案"成員而被捕。

1961 年

馮天璋被天津市法院定案爲"現行反革命集團成員"，勞動教養處分。先生再三考慮後，提筆給董必武寫信求救，董寫信給河北省省長劉子厚。後者派秘書去天津瞭解情況。

是年，先生被摘掉右派帽子。

1962 年至 1969 年

1962 年 10 月，天津市法院重審馮天璋案，天璋被撤銷處分，在天津市板橋農場直屬大隊工作。

先生此一時期潛心研究楚史，1962 年在《江漢學報》上發表論文《五水與五水蠻》。後又撰定《史記楚世家會注考證校補》一本。還曾對江陵出土文物作出重要闡釋。最終撰著成《楚史》文稿，全書約四十萬言，馮天瑜曾在 1963 年至 1965 年間協助先生謄抄。

其間連續幾年，北京大學考古系組織赴鄂考古隊專程來拜訪先生，請教江陵考古問題，先生還曾帶他們實地勘察。

60 年代中期，先生及張稚丹女士先後退休。先生以"摘帽右派"，張女士以"右派家屬"開始了無休無止的被街道居委會"專政"的歷程。

1965 年，張稚丹女士在社教運動後被工作組指派爲街道讀報員。後來某次劈柴時因忙於去讀報，不慎扎瞎左眼。

"文革"初期"掃四舊"，先生豐富的古籍收藏一再遭到掃盪，散佚、毀壞不少。1966 年，街道居委會的"紅城公社"用板車拉走先生珍藏的書籍、論著和苦心經營多年的《楚史》文稿（後不知所終）。

爲減少損失，馮天璋和馮天瑜通知張稚丹女士長年工作過的湖北省圖書館，該館以麻袋裝、板車運方式搶救走部分藏書。而先生收藏的字畫，因其一向放在幾只破舊的大箱子裏，置於家中閣樓上，抄家"掃四舊"者未能發現，大部得以保存。

1969 年，在"戰備"的名義下，先生及張稚丹女士被遣散回已無直系親屬的故鄉湖北紅安，經馮天瑜多次回家鄉與親戚聯絡，先生夫婦方落腳張家灣，幸得衆鄉親熱忱接待，獲得安身之地。

1971 年

長子馮天琪被派遣到新疆。

春季，張稚丹女士患丹毒症，回武漢治病，住在五子天瑜在漢口的僅有 11 平方米的宿舍，仍每日誦讀唐詩。7 月，因心臟病發作猝死。

先生半身不遂，近乎癱瘓，從農村回武漢醫治，與馮天璋一家擠居武昌老屋一室。

1978 年

先生家中所藏的"二十四史"百衲本捐獻給武漢師範學院，今藏湖北大學圖書館。

北京大學考古系組織赴鄂考古隊復來拜訪請教，先生臥床指導。

1979 年

是年初，先生被平反、改正。

2 月 10 日，先生病逝於家中。

2 月 16 日，湖北省洪山殯儀館舉行先生追悼會。

是年初，先生珍藏的數百枚古幣捐贈給武漢師範學院，今爲湖北大學博物館錢幣館基本館藏。

2014 年

清華大學國學研究院主編之《清華國學書系》收入《馮永軒文存》，由江蘇人民出版社於是年 1 月出版。

2018 年

五子馮天瑜遵先生遺願，將先生珍藏之古籍、書畫、信札連同馮天瑜自藏書畫捐贈武漢大學，武漢大學建“馮氏捐藏館”。

2019 年

會集馮永軒著作之《馮永軒集》上下卷作爲《荊楚文庫》之一種，由武漢大學出版社於是年出版。

（余婉卉初稿　馮天瑜修訂）

《馮永軒文存》導言

　　馮德清，號無塵，字永軒，一字永宣，後以字行。1897 年 9 月 21 日生於湖北黃安縣(今紅安)馮家畈一個自耕農家庭，七歲入私塾，十六歲就讀河南省立第三師範附小，三年後升入河南省立第三師範，又五年畢業於該校，因學業優異留任該校教師。二十六歲求學於武昌師範大學(武漢大學前身)，得文字學家黃侃(1866—1935)指導。二十八歲投考清華學校研究院國學門，獲錄爲第一期學員，受教於梁啓超(1873—1929)、王國維(1877—1927)等導師，專攻歷史考據學，畢業離京歸鄂，應同鄉友人董必武(1886—1975)之約，任教於武漢中學，又主持國共合作之黨義研究所，以教師身份啓迪資助進步青年。"大革命"失敗後，轉徙各地教書，後在武漢成家。三十八歲携妻張秀宜及二子、胞弟馮德浩遠赴新疆，任迪化(今烏魯木齊)師範學校校長、新疆編譯委員會委員長，治學交遊，尋訪古籍文物不倦。因察覺新疆統治者盛世才陰險可怖，三十九歲時離開新疆，回歸武漢。1938 年日寇入侵武漢前夕，舉家避居鄂東山區，執教湖北省立第二高中，曾任校長，後受中統系排擠，憤而去職，1942 年赴安徽學院歷史系任教授。抗戰勝利後，率全家返漢，四十九歲受聘西北大學歷史系教授，研究西北史地，遍訪流落坊間之古錢幣、古籍及秦磚漢瓦，講授商周史、古文字學、中國史學史、史學通論，撰有多種講義。1949 年初，去陝赴湘，任湖南大學歷史系教授，中華人民共和國成立前夕回到武漢。1954 年，由武昌實驗中學調入湖北師範專科學校(後改爲武漢師範學院)，任歷史系教授，得以系統研究楚史。"反右"運動中，戴上"右派"帽子，1961 年"摘帽"後潛心鑽研楚史。"文革"中備受摧殘，積累多年的著述及藏書遭到掃蕩。1969 年底被遣散回鄉，又癱瘓卧病，然終不改其學志。

1979 年初，馮永軒獲平反，同年 2 月病逝於武漢家中。先生生前身後，文物藏品捐贈湖北省圖書館、湖北大學博物館、武漢大學。其一生爲學低調沉着，不求揚名，學術履蹟幾被歲月烟塵埋没，生平事蹟、學術成就均亟待後學發掘。

一、生平

（一）

明朝初年，馮氏從江西遷往湖北麻城一帶。明中葉，該地由麻城析出，設爲黄安縣。馮氏聚族而居，於黄安城關附近形成馮家畈，族中之人多務農，亦有販茶、賣牛等經商者。馮永軒即出生於兼事茶葉小生意的中農家庭，幼年家境清貧，求學時參與稼穡。私塾八年，小學三年，勤勉向學，然家貧不能繼續供給學費，族中決定以學田收益資助，方得升入中學，可謂族産學田制的受益者，故而他在學成從業後，常以薪金資助侄輩，期回報早年族中助學之恩。

留校任教河南省立第三師範（位於鄂豫交界處信陽，與馮氏聚落相去不遠）兩年後，馮永軒考入武昌師範大學深造，適逢黄侃（號季剛）任教於該校。黄侃先生治學重視系統和條理，强調從形、音、義三者的關係中研究中國語言文字學，以音韵貫穿文字和訓詁，主張“爲學務精”，“宏通嚴謹”，生平不肯輕易著書，若非定論，不以示人，“惟以觀天下書未遍，不得妄下雌黄”，生前幾無著述出版。馮永軒能得其面授，可謂幸甚。在黄季剛先生指導下，馮永軒打下古文字學、訓詁學根基，此後的治學路數都深受影響，注重家法，講究根底，尊崇考據。儘管黄、馮二人居留武昌師範大學的時日都不長，然師生情誼就此結下，連綿未絶。黄先生辭世後，其後人仍與馮永軒及其家人保持來往，黄侃之子黄念田（1912—1976，四川大學中文系教授）每赴武漢，均宿於馮家。

　　1925 年，馮永軒以同等學力投考首次招生的清華學校研究院國學門。其時，清華學校正着手籌建大學部，在 1924 年 10 月的校務會議上通過了"大學籌備委員會"草擬的《清華大學之工作及組織綱要》，決定在"改大"的同時，籌備創建研究院，"聘宏博精深、學有專長之學者……爲專任教授……任講授及指導之事"，"備清華大學或他校之畢業生，對特種問題爲高深之研究"，以與大學本科相銜接，研究高深學術，造成專門人才。由於經費所限，經過多次探討，校方決定研究院先設國學門，"其内容約爲中國語言、歷史、文學、哲學等"，以後再按照經費及需要情形，逐漸添設各種科目。因研究院僅此一科，故通稱之爲清華國學研究院。

　　清華並非國内首創國學研究機構者，在此之前，北京大學於 1921 年初即創建研究所國學門，校長蔡元培（1868—1940）親自擔任研究所所長，沈兼士（1887—1947）任國學門主任。1923 年 4 月，東南大學國文系也議決設立國學院。同是"專修國學"，北大國學門旨在"整理國故"，而清華國學院另有抱負，其籌建者之一吳宓（1894—1978）曾謂：

　　　　故今即開辦研究院……惟兹所謂國學者，乃指中國學術文化之全體而言。而研究之道，尤注重正確精密之方法（即時人所謂科學方法），並取材於歐美學者研究東方語言及中國文化之成績，此又本校研究院之異於國内之研究國學者也。①

在吳先生的會通視野中，國學須融通西學，研究國學非爲復古守舊，而是"良以中國經籍，自漢迄今，注釋略具，然因材料之未備與方法之未密，不能不有待於後人之補正。又近世所出古代史料，至爲夥頤，亦尚待會通細密之研究"②，是以清華國學院師生須研究新材料，善用新方

① 吳宓：《清華開辦研究院之旨趣及經過》，《清華週刊》1925 年 9 月 18 日，第 351 期，第 1~2 頁。
② 吳宓：《清華學校研究院緣起》，《清華週刊》1925 年 3 月 13 日，第 339 期，第 51~52 頁。

法。

爲培養"以著述爲畢生事業者"及"各種學校之國學教師"，有三種情況符合清華國學院的報考學員條件：（甲）國内外大學畢業生，或具有相當之程度者；（乙）各校教員或學術機關服務人員，具有學識及經驗者；（丙）各地自修之士，經史小學等具有根柢者。考題在内容上分三部：第一部，經史小學，注重普通學識，用問答題；第二部，作論文一篇；第三部，專門科學，分經學、中國史、小學、中國文學、中國哲學、外國語（英文或德文或法文）、自然科學（物理學或化學或生物學）、普通語言學八門。考生於其中任擇三門，作出答卷，即爲完卷。經過嚴格選拔，馮永軒被録取爲清華國學院第一批學員，遂與劉盼遂（1896—1966）、徐中舒（1898—1991）、王庸（1900—1956）、高亨（1900—1986）、方壯猷（1902—1970）等爲同期同學。

入清華國學院後，馮永軒按學院規定常川住宿，屏絕外務，潛心研究。清華國學院略仿中國傳統書院及英國大學制度，研究之法，注重個人自修，教授專任指導，其分組不以學科，而以教授個人爲主，期使學員與教授關係異常密切，方能在此短時期中，於國學根底及治學方法，均能確有所獲。根據《研究院章程》的規定，清華國學院的教學方式分爲"普通演講"和"專題研究"。前者即課堂講授，由各教授就自己的專長和治學心得開課，供諸生必修或選修。後者即學員在某教授指導下進行某項課題研究。按規定，院内各教師所授課程和指導專題研究範圍應於開課前向學員公佈，以便他們在入學後根據自己"志向興趣學力之所近"，去自主地選擇自己的學習方向和研究專題，選定後分别向研究院主任和從業教授報告，經其認可後即行註册。

清華園中，馮永軒主要受學於梁啓超和王國維。梁先生的指導方向是諸子、中國佛學史、宋元明學術史、清代學術史、中國文學。王先生指導的學科範圍是經學①、小學②、上古史、中國文學。馮永軒直接師從

---

① 包括：（一）書、（二）詩、（三）禮。
② 包括：（一）訓詁、（二）古文字學、（三）古韵。

王國維先生，聚焦於"諸史中外國傳之研究"。其同窗選題則有：劉盼遂"詩經狀詞通釋"，吳其昌（1904—1944）"宋代學術史"，徐中舒"古文字學"，王庸"中西交通史"，方壯猷"詩三百篇之文學的研究"，高亨"詩騷連綿字輯釋"，等等。此屆學員的研究志趣較集中於中國文字學、學術文化史和中外關係，師從王國維和梁啓超。在指導馮永軒時，王先生特開過一張書單，內含《蓬萊館地理叢書》（丁謙著）、《元史譯文證補》（洪鈞、廣雅叢書）等。

研究院同學曾在辦公室職員衛士生（1899—1990）的引導下，進城參觀古物陳列所、京師圖書館。在京師圖書館參觀了館藏善本書，細觀了宋元明清版本。繼之參觀四庫全書室，觀看由熱河避暑山莊運京的四庫全書，凡 9000 餘函，160000 餘冊。又在吳宓和趙元任（1892—1982）的率領下，同學們入城參觀兄弟學校。如在燕京大學參觀其附設之藝文學校，尤其注意該校圖書館內西方漢學、東方學書籍，及教西人以華文華語之方法。又赴北京大學研究所國學門，在其古物展覽室觀看所藏之殷墟甲骨及古器古鏡、清內閣檔案、正在編輯整理的各書，及新由甘肅敦煌一帶得來之古物資料。梁啓超的友人張君勱 1926 年自上海來北平，梁先生率清華國學院一期生在北海松坡圖書館歡迎張先生，留下有紀念意義的合影。

清華國學院給弟子以文章與道德的雙重熏染。如清華研究院三期生藍文徵（1901—1976）在《清華大學國學研究院始末》中所言："研究院的特點，是治學和做人並重，各位先生傳業態度的莊嚴懇摯，諸同學問道心志的誠敬殷切，穆然有鵝湖、鹿洞遺風。""篤志學問、尊禮教授"是明確寫入章程的學員守則。

入學一年後，王國維指導，馮永軒撰寫畢業論文《匈奴史》①。按章程規定，清華國學院學員的研究期限，以一年爲率，但遇有研究題目較難，範圍較廣，而成績較優者，經教授許可，得續行研究一年或二年。

―――――――――――――

① 惜乎此文今已散佚。

1926 年 6 月 25 日，研究院第一届學生舉行畢業典禮。29 位畢業生中，有 15 位申請留校繼續研究一年，經教務會議討論准其申請。後來到校註冊繼續研究者，有劉盼遂、周傳儒（1900—1988）、姚名達（1905—1942）、吳其昌等 7 人。而馮永軒一年學滿後即選擇回鄂任教。他畢業之際曾獲師長推薦赴美留學，然因有砂眼而未獲簽證。

臨別時，導師梁啓超、王國維題詩贈予馮永軒。梁先生贈一副六言聯："遥山向晚更碧，秋雲不雨常陰"，乃集宋代詞人周邦彥、孫洙詞句。王先生則録寫陶淵明《飲酒》第二十首的前半部分："羲農去我久，舉世少復真。汲汲魯中叟，彌縫使其淳。鳳鳥雖不至，禮樂暫得新。洙泗輟微響，漂流逮狂秦。《詩》《書》復何罪，一朝成灰塵。區區諸老翁，爲事誠殷勤。"

清華國學院的學制不長，梁啓超指出："設研究院之本意，非欲諸君在此一年中即研究出莫大之成果也，目的乃專欲諸君在此得若干治學方法耳！"他還對學生説："研究院的目的，是在養成大學者，但是大學者不是很快很短的時間所能養成的。"

在清華同窗中，馮永軒與劉盼遂、徐中舒等人頗爲要好，離院多年皆有聯絡，其哲嗣也保持來往。1949 年以後，馮永軒長子馮天琪就曾去劉盼遂北京寓所。五子馮天瑜曾到四川大學拜訪徐中舒，與方壯猷之子方克立交往。清華同學間，學術切磋長期延續，從本書所録馮永軒古史著作可見，他持續關注劉節、徐中舒、吳其昌等同學的學術研究，並有自己的思索和回應。

梁啓超、王國維贈給馮永軒的詩聯，常年懸掛在馮家堂屋，歷經輾轉，滄桑不改。

（二）

結束清華國學院的學業後，馮永軒回到武漢，任教於武漢中學——1927 年"黄麻起義"的領導者多從此校畢業。時值"大革命"，武昌建立國共合作的黨義研究所，馮永軒爲主持人，並與董必武資助該所工友詹才芳等①。董、馮二人在教學、社會活動中密切配合，結下終生友誼。②

　　1928 年春，馮永軒在武漢與張秀宜(字稚丹，以字行)結婚。張稚丹 1901 年 8 月 8 日出生在湖北黃安八里區張家灣。張家有祖傳稻田七畝，棉地十餘塊，柴山三架，不足以供養全家 15 人。張稚丹 9 歲入私塾發蒙，11 歲上小學，少時即帶領張家灣近百女子反抗纏足，小學兩年後其父去世，於是在家邊勞動邊自修。1918 年，不顧當家的二兄反對，張稚丹逃到武昌上女師附小，25 歲左右就學於湖北省立女師。"大革命"時期，投讀中央軍政學校武漢分校，後遇武漢國民革命軍獨立十四師師長夏斗寅投靠北洋軍閥，武漢危急，該軍校解散，男生走上前綫，她與其他女生爲前綫運送手榴彈等武器裝備。與馮永軒成婚時，張稚丹正在漢口市立第四小學執教，時常赴武漢大學文學系旁聽，同時還與好友黃子固等秘密運送武器支援北伐。

　　"大革命"失敗後，多次協助共産黨人的馮永軒面臨險境，只得離開武漢，輾轉鄂省各地，仍以教書爲業，1930 年始任教於武昌省立女子高中。1935 年 4 月，馮氏夫婦携長子馮天琪、次子馮天瑋及四弟馮德浩，由武漢經山西、綏遠、甘肅至新疆。此次去漢赴新，起因是張稚丹長兄張馨(1891—1940，號敬丹)時任新疆教育廳廳長，膝下僅有二女而無男丁，希望以外甥天瑋③過繼爲子，馮張伉儷允諾後便送子前往。而馮永軒在清華國學院期間曾研究西北史地，也藉新疆之行實地考察。

　　赴新一途甚爲艱苦。④ 據馮天琪回憶，他們一行人僅從大同至迪化(今烏魯木齊)段就花了 48 天，同年 6 月 24 日方才抵達目的地。四五月

---

① 其中有鄂人詹才芳，憑藉馮永軒、董必武的資助赴廣州黃埔軍校，1949 年以後任廣州軍區司令，1955 年授中將，1949 年曾赴武漢尋找馮先生(其時在湖南大學任教)，惜未相遇。

② 1949 年董必武在中央任職後，每次回武漢必會拜訪馮先生。1960 年，馮先生第三子馮天瑋求學於天津大學，因爲與同學一起批評"反右"及"反右傾"而被打成"現行反革命團伙"，須接受勞改。受馮先生托付，董必武致信河北省(其時天津尚隸屬冀省)省長劉子厚，天瑋遂被"摘帽"，改爲勞動農場内部工作人員。1957 年，"反右運動"開始，馮先生被劃爲"右派"，董老來武漢時仍派車到礦局街接他相聚，可見困境見真誼。

③ 過繼後，馮天瑋更名爲張式谷。

④ 詳見本集所録《馮永軒日記》，後引文同出此處，不再贅注。

間，江漢已暖熱，北方尚奇寒，常常是風大沙狂，路勢險惡，本就不佳的車況因而雪上加霜，被迫多次折返，可謂“一去二三里，拋錨四五回”。他們飽受顛簸之苦，路上食物難以下咽，車停曠野時只有帳篷可宿。尤其是抵綏遠(今呼和浩特)之後，當地一時無客車赴迪化(烏魯木齊)，前行受阻，滯留多日。

行車、滯留途中，馮永軒不忘交遊，尋訪湖北同鄉、清華校友、當地軍政界人士。他更未廢閱讀，僅從其日記殘篇即可見他一路讀畢的書籍有：冰心《平綏遊記》，王樹枏《新疆小正》《新疆禮俗志》，馮承鈞《西域地名》，顧頡剛《王同春開發河套記》，藤田豐八郎《西北之古地研究》……讀完隨身攜帶的書卷，馮永軒再向友人借閱。

沿途，馮永軒訪察、體味民生習俗。他與車夫交談，記錄對方的輾轉履歷，打聽蒙古人風俗習慣。他留意街景世情，發覺綏遠“表面雖似堂皇，而人民生活之苦，人民嗜好之深，聽了實在痛心”。他瞭解到，當地居民吸食鴉片成風，烟土公賣，煙館密集，“私娼特多”。他認爲這種“不景氣”在“我國到處皆是，但未若此地之深”，深感老子所云“天地不仁，以萬物爲刍狗”，嘆“人民何辜，遭此不幸”。留宿曠野，馮永軒細察蒙古家庭的居所、飲食、畜牧、作息時間、性別、地位，又關切該地自然環境的變遷。如此“讀萬卷書，行萬里路”，他曾得出人類學、社會學式的結論——“同一事體，因知識有別，信仰就生差異，各地都是如此”。

既爲西北史地研究而行，馮永軒在西行遊訪中最留心史料、考據。讀王樹枏《新疆禮俗志》，亟待求證“蒙古人有兄弟三個，就須有兩個去當喇嘛”之規，並爲此詢問綏遠友人、蒙古喇嘛。翻檢《西北地方與文人》所記錄的河套開渠事，馮永軒對“王同春”之名印象頗深，知悉王“是一個老粗出身(北方人叫不識字的人爲‘老粗’)，而做出偉大的事業”，在綏遠“幾乎無人不知”，大贊此人“真是了不得的人才”。爲了細化書中所得，他在綏遠常打聽王同春父女的故事。一路尋遊綏遠舊城大召、舍力圖召、小召、昭君墓、百靈廟、新疆沿途的定湘王廟。他考辨到“召”是“召提”的省稱，由顏師古、杜甫的詩文，指出唐時就有此名，又據《僧史》《僧輝記》《唐會要》等文獻，認爲“拓”與“招”形近而訛爲“招”，指出"招"與"召"通，"召"即是寺廟。後來撰寫文章《"特勒"非誤辨》時，馮永軒就結合此次考察經歷，提到"蒙古地區的百靈廟，又有寫作百林廟，白令廟，實際是貝勒廟的音變"。

甫抵迪化，馮永軒即被招攬關内人才的"新疆王"盛世才（1895—1970）聘爲迪化師範學校校長，兼任新疆編譯委員會委員長。居留新疆時期，常與鮑爾漢（1894—1989）等新疆政要、文化名流交遊，又頻入民間搜集古籍、文物，獲高昌（今吐魯番）唐人寫經等出土文物，又獲左宗棠條幅、左營密札、楊增新信函等清朝、民國時期的名人墨蹟。1935年底，馮永軒外出赴塔城，遊訪約一月，《塔城遊記》便是此次出遊的産物。

新疆生活一年，馮永軒觀察到盛世才的野心勃勃、獨裁專斷，決計離開險境，遂以馮母在家鄉病重、馮張夫婦失和而難以共存等諸種藉口，請盛氏放行歸鄉，最終如願。此是1936年春，馮德浩、馮天瑋（張式谷）已在新疆定居，張稚丹在蘇聯塔什干學習俄文，馮永軒便携長子天琪踏上歸途。儘管許多人勸他們仍與來時一樣取道綏遠，但馮永軒"堅不允從"，他想經過甘陜"看一些另外的地方"，於是經由甘肅回湖北。可以想見，這番旅程又極盡艱險曲折。

1937年，盛世才大肆抓捕1933年"四一二"政變①的參與者，其中就有張馨。以後盛世才又捕殺陳潭秋、毛澤民等。馮永軒當年對盛世才的"野心家"估量得到證實。1944年，盛氏被蔣介石調往重慶任農林部部長（實爲削奪盛在新疆權力），張治中代表國民政府管轄新疆，馮、張兩家人至此才得知張馨早已於1940年遇害獄中，後在烏魯木齊郊區六道灣發掘其遺骨。馮永軒因敏感審慎，早期擺脱盛世才而幸免於難。

（三）

離開新疆重返湖北後，馮永軒繼續任教於武漢，1937年抗日軍興。1938年董必武主持八路軍武漢辦事處，馮永軒將二十多名學生介紹到

---

① 1933年4月12日，新疆發生政變，省主席金樹仁逃離省城，盛世才從而掌管新疆。

"八辦"，參加八路軍。1938 年夏秋之際，武漢淪陷前夕，馮永軒帶領全家人乘木船東下，在竹林灣一帶遭遇長江洪峰，再遷往位於鄂東黃岡山區的張稚丹老家黃安張家灣。逃難中，馮家極力縮減隨身生活物品，悉數帶走的是藏書、字畫及其他文物，稍覺安定即開箱晾曬書籍。

鄉居鄂東山區，馮永軒開辦私塾，亦事躬耕、飼養畜禽以維持日常家用。時有土匪出身、識字不多的抗日武裝頭領李顯軍，率部前往張氏祠堂聽馮永軒授課，逢年過節還帶人挑上酒肉叩拜馮先生。此可謂"盜亦有道"。

抗戰中，爲了躲避日軍掃盪，馮永軒多次挈婦將雛在山間輾轉避難。虧鄉親們肩挑背扛，馮氏收藏竟保存無虞。1939 年，馮永軒開始執教於鄂東聯合中學(湖北省立第二高中前身)，曾任二高校長。在後輩的回憶中，遠離學術中心的馮永軒爲學爲人竟無絲毫苟且，依然嚴守師道學禮，着裝莊重，講課旁徵博引，曾就一篇文章的標題談了兩節課。對於這段生活，永軒第四子馮天瑾曾有如下描述：

> 爲躲避日本鬼子殺害，人們翻越山嶺，艱難"逃反"。父親挑着擔子，擔子的一頭是三哥，一頭是我。
> ……
> 一次，父親以教導主任身份，在全校師生大會主席臺上講話，反對逮捕疑爲共產黨的青年學生，與國民黨委派的訓導主任發生衝突。父親拍桌大罵，獲得全場師生熱烈鼓掌支持。訓導主任灰溜溜地離開了會場。
> 顯然，學生很擁戴他，敬仰他"學無倦，教不誨"的精神。其實，他對學生很嚴。這兩者却是那麼自然地連在一起。
> 大哥給我講過這樣一個小故事：一幫男學生在一農家院子裏洗澡。院墻外走過幾個女學生。有幾個男生從院墻上面露出上身，朝女生嬉皮笑臉。女生告了狀。第二天，父親召集全班學生開會。
> "是哪幾個同學干的?"沒有承認的，也沒有揭發的。

　　"那好。全體跪下。"全班同學都跪下了。父親拄着文明棍，揚長而去。

　　過了一陣，有老師去看學生，說："好了。起來吧。"學生都不起來。只等到我父親來叫他們起來，風波才算結束。

　　我大哥也被罰過跪。那是一個秋天，大哥帶我們上山玩，用火柴點火燒草，沒想到風助火勢，一下子猛烈起來，我們措手無策。好在老鄉們看到了，過來很快把火滅了。父親知道後，大發雷霆，令大哥跪於打稻場中。也只有父親發話，大哥才敢起來。①

馮天琪則追憶，馮永軒由鄉民那裏得知，省二高的會計對當地一位村姑意圖不軌，言行輕薄，馮永軒義憤填膺，旋即痛斥、杖擊此人，直到旁人相勸方罷。

　　山居期間，馮永軒與國學大師、湖北羅田人王葆心（1867—1944）交往甚密。王葆心，字季薌，號晦堂，深造於兩湖書院，先後受聘爲潛江傳經書院、黃梅調梅書院、羅田義川書院院長，清季任職學部、禮部，民國時先後任職於湖南省官書報局、北京圖書館、湖北國學館，爲武昌高等師範學校、武漢大學教授，湖北通志館館長，他著述等身，於方志一門致力尤勤。抗戰期間與馮永軒一家相逢時，王葆心正退居羅田故里，任羅田縣志館館長，主纂《重修羅田縣志》。馮永軒常與他討論如何教育子女，切磋楚史及鄂東史地諸問題，永軒的長篇論文《五水與五水蠻》即積累素材於抗戰期間的鄂東鄉間。

　　1942 年下半年，時任職於湖北省立第二高中的馮永軒拒絕當局要求，不肯加入國民黨，抵制 CC 系入主二高，又聯合同校教師豐道濟、王文錦、張旋平等人集體辭職。鄂東行署聞訊後，派出數名官員騎馬來到馮家租住的岩後灣農舍，挽留、勸阻馮永軒，然馮永軒不改其志，一行人勸到深夜無功而返。

―――――――――――――

　　① 馮天瑾：《父母豐厚的遺產》。

賦閒近半年後，經友人介紹，馮永軒獲聘安徽學院(今安徽大學)歷史系教授。該校位於立煌(今金寨縣，其時爲安徽省府所在地)，地形崎嶇多山，馮永軒步行翻山越嶺抵達。1942 年，他又從立煌返回鄂東山區，推薦並帶領豐道濟、張旋平等當年陪他辭職的數人同赴安徽學院任教。馮永軒在安徽學院教授中國古代史、史學史、古文字學諸課程，相關論著撰於此艱苦環境。

1945 年抗戰勝利，馮永軒辭去安徽學院教授職位，帶上家人、藏品返回武漢。不久，他在武漢實驗中學、湖北省第二臨時中學兩校兼課。第二臨時中學遠離武漢城區，馮永軒每日步行到校，須沿鐵路走約二十里，於是黎明即起，踏月而行，某次途遇三名歹徒，幸而少時練過武術，赤手空拳令歹徒落荒而逃。

1946 年初，馮永軒被西北大學聘爲歷史系教授，遂携長子馮天琪居西安。此時西北大學教授生活清苦，馮氏父子二人栖身於一間平房內，家具簡陋，以三屜櫃代替專門書桌，冬天燒煤爐取暖，學校食堂僅供應糙米粗面大鍋菜。地緣之便，馮永軒再度展開西北史地研究，後來結集的《新疆史地論叢》多成稿於此時。他還以工整筆蹟在草紙上撰出講義《中國史學史》《史學通論》《商周史》。

課餘，馮永軒帶着天琪在西安尋訪古籍、文物，二人徜徉於城中小巷的舊書攤、古董店，還曾去茂陵等處拾揀秦磚漢瓦，收穫頗豐，馮永軒畢生藏品得於此者不少。每每尋古覓寶有所斬獲，他們會乘興去小酒館慶祝，叫上三兩白乾，兩碟小菜。大概因爲馮永軒幼年生活在鄂豫之交，兼具北方人的豪爽，頗能飲酒，與教授們會餐時，曾在"賽酒"中獲得"酒狀元"之名。正是在西安，1948 年春，馮永軒再次遇到來陝訪親、講學的昔日清華國學院主任吳宓，並與盧懷琦、盧宗護、高元白等人宴請雨僧先生於西安東大街天生樓。①

在西安，馮永軒與執掌西北大學歷史系的著名考古學家、西北史地

---

① 吳宓：《吳宓日記》(第十册)，吳學昭整理，北京三聯書店 1998 年版，第 377 頁。

學家黄文弼(1893—1966)成爲知交，常與天琪應邀去黄家改善伙食。其
時黄文弼携妻兒住在兩間平房内，其子黄烈是西北大學歷史系學生，後
來在社科院歷史所任研究員的黄烈始終與天琪、天瑜等馮家幾位兒子保
持來往。除研討西北史地外，黄馮二人還常議時政，頻發感慨。多年之
後，年已耄耋的馮天琪還記得黄文弼所述新疆考古的軼事趣聞。

1947 年，西北大學歷史系有兩個“中國青年軍”學生詢問老師馮永軒
持何種歷史觀，他當即直率答以“唯物史觀”，並與兩青年爭執到底，毫
不顧忌當時的政治氛圍。

馮永軒執教西安時，其妻張稚丹在武漢當教師，帶着馮家其他四個
兒子生活。馮永軒經常在兩地間奔波，而往返西安與武漢的火車破落緩
慢，旅途勞苦。1948 年底，馮永軒調往離武漢稍近的長沙，入湖南大學
歷史系任教。

（四）

1949 年初，馮永軒擔心南北分治，辭去湖南大學歷史系教授之職，
回到武漢與家人團聚，起初任職於湖北省文保會，一年後執教武昌實驗
中學。1954 年，任職於湖北師範專科學校的高維嶽一再爭取馮永軒調入
該校。高是當年省二高的學生，又曾追隨老師至安徽學院。因老學生誠
邀，馮永軒婉拒華中師範學院(1985 年更名爲華中師範大學)的延聘，赴
湖北師專，任歷史系教授。湖北師專前身爲 20 世紀 30 年代湖北師範學
院，1957 年與武漢師專合併，1958 年更名爲武漢師範學院[1]。任教期
間，馮永軒在全校師生中威望頗高，他繼續系統研究楚史，亦一如既往
地探尋、收藏古籍文物。

1957 年春夏，時爲武漢師範學院工會主席的高維嶽奉令主持“鳴放”
大會，“反右”開始，因而被打成“右派”。馮永軒曾在一些場合爲高辯
護，引火燒身，被戴上“以盟代黨”等大帽子。此外，在專業研究上，涉

---

[1]　1984 年，武漢師範學院改建爲湖北大學。

及當時流行的中國歷史分期問題，馮永軒始終不同意官方認定的"西周封建説"，被批作"態度頑固"。1958 年初"反右補課"，作爲武漢師院僅有的兩名教授之一，馮永軒被戴上最後一批"右派"帽子，以凑足該校"右派"名額。劃爲右派後，被降薪，下放農場勞改，全家以基本生活費過活，直到 60 年代初被"摘帽"。

摘掉"右派"帽子後，馮永軒再度專注學術。連續數個寒暑假，爲五子馮天瑜講授《論語》《孟子》全文和《史記》選篇。每日晨起，馮永軒"手不持片紙，不僅逐句吟哦經典原文，而且背誦程注、朱注等各類注疏，并聯繫古今史事，議論縱横"，天瑜則"記錄不輟，偶爾插問"，父親又申述鋪陳，如此由旦及暮。四十年後，已任武漢大學教授的馮天瑜在《回眸學術理路》一文中追憶了這一段庭訓的時光。①

此一期間馮永軒潛心於楚史，研究成果逐漸問世。1962 年在《江漢學報》上發表論文《五水與五水蠻》，後又改定《史記楚世家會注考證校補》一本，並撰寫約四十萬言的《楚史》，馮天瑜曾在 1963 至 1965 年間協助父親謄抄此稿。對於當時的江陵考古發現，馮永軒給出了頗有學術價值的闡釋，北京大學考古系組織的赴鄂考古隊爲此連續幾年專程來拜訪請教，馮永軒還一同赴江陵實地考古勘察。

20 世紀 60 年代初中期，馮永軒、張稚丹夫婦先後退休。馮以"摘帽右派"，張以"右派家屬"，成爲街道居委會的"專政"對象。"文革"初期，馮永軒積累多年的藏品一再遭到掃盪，散佚、毀壞者不計其數。某次"掃四舊"，居委會中的"紅城公社"成員抄走馮家的大量藏書，馮永軒長期苦心經營的《楚史》文稿從此不知所終。馮家於 1968 年將街道退還的藏書捐贈湖北省圖書館。1969 年，在"戰備"的名義下，馮張夫婦被遣散回紅安張家灣，他倆在故鄉已無直系親屬，其子天瑜反復回家鄉與親戚聯絡，歷盡曲折方使馮永軒、張稚丹在紅安張家灣獲安身之地。曾在抗戰期間受教於馮永軒的家鄉侄輩，對馮、張二老甚敬重、照顧，較武

---

① 見馮天瑜:《文化守望》，武漢大學出版社 2006 年版，第 492 頁。

昌街道一再受辱，二老在家鄉的境遇有所改善。

1971 年，張稚丹患丹毒，在五子天瑜僅有 11 平方米的家中治療、休養，後因心臟病突發猝死。此間，馮永軒中風癱瘓，被送回武漢，與三子馮天璋一家三代擠居一室。進入暮年，馮永軒常喚天瑜來陪伴。馮天瑜還記得，父親當年常常把他從睡夢中叫醒，問一些有關歷史、時政、文化的話題，諸如新近出土文物情況，乃至“一戰時美國總統是誰”，“龔自珍與魏源誰更早些”。1979 年初，馮永軒將珍藏的百衲版“二十四史”及自夏代貝幣至明清制錢的系統藏幣盡數捐獻給武漢師範學院（1984 年改稱湖北大學），今湖北大學博物館錢幣館的藏品主要爲馮氏所捐。1977—1978 年，北京大學赴鄂考古隊復來訪謁，臥病在床的馮永軒仍興致盎然地予以指導。

1979 年初，馮永軒在撥亂反正中“改正”右派。同年 2 月 10 日病逝於武昌家中。

二、著述

馮永軒一生，以治史爲志業，其學術訓練奠基於武昌高師，尤其是清華國學院。梁啓超、王國維等導師們以世界學問的眼光來對待國學，全院提倡以“科學方法”研究歷史，其一是重視材料，要求研究者詳盡佔有史料，縝密鑒別其真僞，强調“無史料即無史學”；其二是在乾嘉考據法中融入西方的綜合分析法、實證論，即王國維所謂“吾儕當以事實決事實”。

在王國維的“古史新證”課上，馮永軒注意到，導師講解其研究成果《殷卜辭中所見先公先王考》《續考》《殷周制度》等文時，尤爲標舉“古史二重證據法”。馮永軒又聽取了梁啓超向學生講授的治史“五種用功的方法”：

一、鈎沉法。將已經沉没了的事實，重新尋出。此類事實，愈古愈多。譬如歐洲當中世紀的時候，作《羅馬史》的人，專靠書本上的記載，所以所說的事情有許多靠不住的地方。後來在羅馬潘沛依等處，發現很多古代的器物材料，然後《羅馬史》的真相，這才逐漸明瞭。此類事實，在近代亦有許多，有待把它鈎出來。

二、正誤法。有許多事實，從前人記錯了，我們不特不可盲從，而且應當改正。

三、新注意。有許多向來爲史家不大注意的材料，我們應該特別注意它。例如歌謠的搜集，故事的采訪，其中很多含有歷史的成分。"我們研究歷史，要注意力集中，要另具只眼，把歷史上平常人所不注意的事情，作爲發端，追根研究下去，可以引出許多新事實，尋得許多新意義。"

四、搜集排比法。有許多歷史上的事情，把它一件件地分開看，看不出什麼道理，若是一件件排比起來，意義就很大了。所謂"屬辭比事，春秋之教"正是這個道理。

五、聯絡法。即前後聯繫起來看問題。許多歷史上的事情，乍看似無意義，亦沒有什麼結果，但是細細地把長時間的歷史，通盤聯絡起來，就有意義有結果了。

清華國學院研究視野偏重史學，導師梁啓超在"儒家哲學""古書真僞及其年代"等課上，也不忘給學生傳授治史方法，他往往從多種角度、多個層面對研究對象作全面系統總結，藉助校勘、考證、訓詁以及學術系統來分析書，而又隨時總結某一問題，總結時經常拿幾種書來比較，不僅使學生細緻得到了讀古書方法，同時打開了學術眼界。對於某些話題，梁任公先生還經常運用當時日、美、英等國學者的見解，使學生的眼光不僅放在中國學人的觀點上，而且接觸外國學界，養成廣開學術道路的習慣。① 這些都從方法論上啓發了馮永軒的學術研究。

---

① 姜亮夫：《憶清華國學研究院》，《清華舊影》，東方出版社 1998 年版，第 112 頁。

　　這種學術訓練延續至馮氏家學。馮天瑜記得，他少時常聽父親議及清人考據繁密，言必求據，如法官審案，孤證不決，務求旁證、反證，母子證（從同一源頭發展來的一連串證據）不及兄弟證（來源並列的若干證據）有價值，這在很大程度上塑造了馮天瑜的治學態度。

（一）

　　馮永軒自青年時代即對西北史地研究用力甚勤。近代意義的西北史地之學開創於晚清（代表學者有徐松、何秋濤、龔自珍、張穆、屠寄等），其觸機是道咸時期的西北邊疆危機，顯示了學人爲國家籌謀的憂患意識和務實精神。民國初年，受域外探險家、漢學家之新發現、新治學方法的啓迪，王國維、陳寅恪、陳垣、李濟、顧頡剛等人也陸續關注西北史地，它由此成爲顯學。

　　如前所述，馮永軒在清華國學院撰寫的畢業論文即聚焦於匈奴史。20 世紀 30 年代西行赴新疆途中，由其日記可知，他一路大約讀了 11 本書，其中 9 本有關西北史地。1935 年 5 月 15 日，他閱至日人藤田豐八郎所著的《西北之古地研究》，“因有所感，日人對我國邊疆早就注意研究，而我國人士還蒙然不知。我輩身爲學子，對此應負責研究，以期國人知如何開發西北，此次赴新即以此爲鵠的”。可知馮永軒治學的現實關懷和世界眼光。1946 年，他在西北大學與黃文弼成爲知交，黃先生是 1949 年以前唯一到過新疆羅布泊地區進行考察工作的中國考古學家，被稱爲“西北考古第一人”，黃文弼與馮永軒在西北史地研究上互爲益友。

　　惜乎馮永軒所撰《匈奴史》已散佚，其西北史地研究之成果今可見於論文集《新疆史地論叢》，由中國社會科學院民族研究所民族歷史研究室 1981 年印行，共收錄文章 10 篇。其中有些文章是馮永軒對新疆作了若干實地考察後寫出的。

　　《“特勒”非誤辨》寫於 1935—1936 年，後單獨發表於《西北史地》1984 年第 4 期。在此，馮永軒意在考辨蒙古和林所出唐碑之名應爲“闕特勤"還是"闕特勒"這一長期衆説紛紜的問題。如顧亭林認爲"勤"是錯字，而顧廷瑄又以爲"勒"是誤文。馮永軒從《洛陽伽藍記》、温大雅《大唐創業起居注》《舊唐書·張長遜傳》推斷，"特勤""特勒"是同一名的兩樣寫法。由伯希和《突厥名稱之起源》等文，馮永軒認爲該詞源自蒙古語系。由錢大昕《十駕齋養新録》、盛昱《跋闕特勤碑》等，他認爲"特勒"具體指可汗之子弟。結合諸種古籍，綜合音韵學知識，馮永軒的論斷是："特勤固不錯，而特勒也非誤。"

《回教傳入新疆考》一文首先論述了伊斯蘭教未傳入新疆前，其他宗教在新疆的興衰。馮永軒指出，祆教、景教、摩尼教等都是先到新疆，而後入於中原。通過考證，他認爲，伊斯蘭教由大食，經波斯、中亞，到新疆，進而抵甘肅，到長安的年代當以奧美耶朝 661 年至 748 年(唐高宗龍朔元年至唐玄宗天寶七年)之際較爲可信。經過實地察訪，馮永軒直陳，宋伯魯《新疆建置志》《新疆圖志》、魏源《聖武紀》《三州輯略》、李晉年《新疆回教考》、蘇聯歷史學家基列耶夫都以穆斯林帽子的顏色來作爲其分派的標準，這是一種"淺薄無知"之説。就他所見，穆斯林用布纏頭，多用黑白兩色，絕無派別意味。

馮永軒《新疆史地論叢》中其餘諸文也多在傳統考據的基礎上結合西方史學、人類學的眼光，解決饒有趣味的問題。

《斡耳朵之沿革》舉出"斡耳朵"(常作"宮帳")一詞在各國語言中的譯法，論者充分使用伯希和在《斡耳朵》中的考辨，列出"斡耳朵"一詞在中國書籍中的不同寫法，由此考察其沿革。

《準噶爾辨正》認爲有關準噶爾歷史的各種叙述很爲混亂，指出後來所稱的"準噶爾"不一定是原意。《厄魯特考釋》述録了《聖武記》《朔方備乘》《蒙古遊牧記》《新疆圖志》《元朝秘史》等籍，厘清厄魯特(又作額魯特)這一蒙古部族的歷史，並認爲此名從"阿爾泰"而來。

《塔城遊記》曾發表於 1946 年的《新學風》雜志。馮永軒自陳"性耽遊覽，尤喜訪古蹟"，該文筆始於他 1935 年冬冒着風雪的塔城之行，名爲"遊記"，實則少記叙遊歷而多地理志意味，側重考究當地歷史沿革、民族構成、民風世情、文教狀況等。

赴新疆前後，馮永軒時常翻閱清末新疆建省後的第一部全省通志《新疆圖志》，有感而寫下《評〈新疆圖志〉》一文。他在文中討論了該書的修纂時間，"據與其事者云"，認爲總序所言不然，非宣統元年，而是光緒三十四年。他厘清了該書的修纂者，指出"是書所舉纂校諸人，有因位高而得列名者，實則一文未作，徒擁虛號"。馮永軒以志書"貴在文簡事賅"的標準，認爲該書行文有缺陷。又經過考據，指出該書内容有缺失、顛倒、不確。

《新疆史地論叢》最後一篇《蘇武牧羊地》考辨，蘇武當年牧羊之地不在居延海、大同，他節錄岑仲勉《元初西北五城之地理的考古》，述居延名稱之演變，考證居延海在漢武之時爲漢軍據點。由此問題，他得出結論："各地修志書者，每喜將名人事蹟强爲牽入，其表彰先賢之意固善，而傅會穿鑿，易使不察者受其迷惑，後之修志者，於此可注意焉。"

（二）

任教西北大學歷史系期間，馮永軒撰就講義《中國史學史》《史學通論》。

20 世紀三四十年代，學人著述中國史學史蔚爲風潮。如金毓黻（1887—1962）1938 年初成《中國史學史》一書，後於 1944 年出版。金氏 1913 年考入北京大學中國文學門，也曾師從黃侃。又如方壯猷 1947 年出版《中國史學概要》，這也是其"中國史學史"課上的講稿。此外，衛聚賢（1899—1989）、曹聚仁（1900—1972）、盧紹稷、何炳松（1890—1946）、蒙文通（1894—1968）、羅元鯤（1882—1953）、周容、陸懋德、李則剛等學人，此時也撰寫了與中國史學史有關的論著。

馮永軒求學、治學時，恰逢史學史一門在中國學界興起。1919 至1920 年，北京大學史學系主任朱希祖（1879—1944）撰《中國史學概論》，講授"中國史學之起源""中國史學之派別"。數年後，梁啓超在《中國歷史研究法補編》中着力論述中國史學史做法。在《補編》分論三的第四章，梁氏講到"文化專史及其做法"時，以專節闡述"史學史的做法"，他説：

"中國史書既然這麼多，幾千年的成績，應該有專史去叙述他。可是到現在還沒有，也没有人打算做，真是很奇怪的一種現象。"至於這種專史如何開展，梁氏指出的方向是："中國史學史，最少應對下列各部分特别注意：一、史官；二、史家；三、史學的成立及發展；四、最近史學的趨勢。"而此時——20世紀20年代中期，馮永軒、衛聚賢、方壯猷恰在清華國學院受學於梁啓超，深受其影響，因此他們都講授並編寫《中國史學史》，並非巧合。

在《中國史學史》講稿中，馮永軒闡發和導師梁任公相似的意旨：

> 中國史學史者，乃闡述吾國史學演變之學也。學者欲悉其原委，首須於汗牛塞屋之群書中，知何爲史籍。是者若明，進而探究其種類，逐類研討，而史學史之真諦即得矣。

且馮永軒表示痛感"梁任公先生有纂中國史學史之意，惜未竟其志而卒"，分明有繼承其遺願之志。故而，與金毓黻的《中國史學史》大體相同，馮永軒此書是在"梁啓超設計的藍圖上寫出來的"①，馮永軒自述：

> 余之此編中，於史官一端，蓋闕而未論，因於《史學通論》中已述之矣。至如史家，吾雖未專就史家立論，而於講某史籍時而其作者之事蹟，並述及之。又若史學的成立及發展，余於史評中言之。近數十年來，吾國治學風氣丕變，尤於史學方面，更月異而歲不同。最近史學工作之成就及趨勢，不可忽而不言。就各家分類視之，史學種類固爲繁多，然於各類中，正史、編年、紀事本末三種尤爲重要。余於此三者，詳加討論，而其它史類，或約略言之，因内容過多，恐不能授完考也。

---

① 白壽彝：《中國史學史》第一册，上海人民出版社2006年版，第106~107頁。

可見，在結構上，馮永軒以史體爲經，時次爲緯，條析繩貫，區爲章節。全篇以排比材料爲主，有濃厚的史部目録學色彩，主體部分呈現爲一種書目解題式研究。

馮永軒《中國史學史》《史學通論》運用考據學方法，深入到傳統學術語境，但其理路又顯西學淵藪。他知道，史學史乃至史學能够成爲學科，其理念來自西學：

　　吾國昔賢不重分類，史籍爲經部之附庸……史籍在魏晉以前，均書歸經部，自荀、阮二氏出，始經史分立……晚近西歐學術昌明，其分類法，至爲精密，可爲他山之助也。

在講稿中，馮永軒觸及史學的成立、史學的主要內容、史學發展中的變化、史學發展與歷史文獻之關係等問題，他撰寫時吸收古今史家論述的成果，力圖把史學的源流、義例、發展及趨勢撰爲一書。

值得一提的是，馮永軒在《中國史學史》講稿中以專章《章實齋〈文史通義〉》，評述章學誠及其史學成就，其內容受錢基博（1887—1957）《文史通義解題及其讀法》啓發。此安排與學界潮流相關。章學誠在清代本不顯其名，而內藤湖南在撰著《中國史學史》時附録了《章學誠的史學》，推動了中國學者對章氏的重新發現。後來，梁啓超《中國近三百年學術史》把章學誠推爲“清代唯一之史學大師”；錢穆也在同名著作中列專章論述章氏其人其學，使之與清代大儒戴震享有同等的待遇；金毓黻的《中國史學史》把章學誠和劉知幾並列，是該書除了司馬遷、班固之外僅有的史學人物專章論述。馮永軒《中國史學史》講義遵循并伸發此一理路。

馮永軒所撰《史學通論》發揚梁啓超相關論著之長，貫通古今中外史論，系統評析史學。所撰《商周史》簡明而深切，多有建立在精密考訂基礎上的新判斷，爲難得之上古史專著。其《古文字學》《金文研究》《聲韵學》展示了厚實的文字學功底。

（三）

對於生長在楚地的馮永軒來説，荆楚文化研究在其學術生涯中佔有相當重要的地位。

近世之前，有關楚文化的研究多集中於《史記·楚世家》等文獻。20世紀20年代，安徽壽縣出土楚國器物，影響較大，楚史研究進入新階段。由於存世日記殘缺不全，今已無從得知馮永軒攻研楚史的起始時間、動因、契機，但可以肯定的是，早年養成的學術意識使他很早就以歷史學、人類學的眼光看待故鄉楚地的歷史及風土人物。

山居鄂東時期，以地緣之便，馮永軒積累了不少楚史研究材料，又與"楚國以爲寶"①的王葆心交往，爲日後的楚史研究奠定了基礎。馮永軒60年代前期在《江漢學報》上發表《五水與五水蠻》一文，考證了"五水"的確切所在，糾正了前人關於五水流域的諸多謬見，其中有一段指出黃安境內的倒水實際上是由西北往東南流，沿途任何一段都没有西流現象，"所以名爲倒水，是因爲以前寫地理書的人没有經過調查研究，又没有將前人的著作弄清楚，人云亦云，積非成是"，從中即可見他善於發揮實地考察的優勢。

關於楚國的都城，長久以來無定論，馮永軒40年代末撰就《説楚都》一文，但此文遲至他去世後的1980年2月才發表在《江漢考古》上。他在文中論述了楚國都城遷徙的綫索，指出楚國遷都的原因，其内容對今天的研究者而言近乎常識，但在當時的學界頗具啓發意義。

1965年冬至1966年春，湖北江陵望山楚墓出土越王勾踐劍等大批文物，1號墓竹簡207枚，内容主要是墓主卜筮祭禱的記録，2號墓存竹簡66枚，内容爲遣策。多年潛心撰寫《楚史》的馮永軒對此作出了重要闡釋，並如前所述，連續幾年指導並帶領北京大學赴鄂考古隊實地勘察。

本集所録《史記楚世家會注考證校補》是馮永軒對《史記》三家注以及

---

① 羅田政府重修王葆心墓時，董必武親筆題"楚國以爲寶，今人失所師"二語，以表墓門。

日本學者瀧川資言所輯《史記會注考證》之"楚世家"部分的補充和訂正。此稿考據嚴密，撰成於 20 世紀 40 年代，原名爲《〈史記會注考證〉之〈楚世家〉補正》。馮永軒去世後，其哲嗣馮天瑜清理遺物，在翻檢中發現這一手稿，後加以整理使之面世。其詳情可見馮天瑜所撰序言。

1992 年初夏，馮天瑜與湖北省博物館的王善才一同參加"炎黄文化與現代文明"學術研討會，得知王氏在 1962 年曾聽過馮永軒關於楚史的講座，並有筆記存留。不久，馮天瑜收到王善才從長陽考古點寄來的筆記，稍作文字整理後，成文《有關楚史的幾個問題》，從中可約略窺見馮永軒撰寫"楚史"的部分構想。

而令人唏噓的是，20 世紀 80 年代以來，學術界對楚史日益重視，其研究基礎即有馮永軒之貢獻。假如他 20 世紀 40 年代撰寫的《楚史》文稿能够刊發，其意義之重大不言自明。

三、收藏

不僅治學有成，馮永軒尤以文物收藏名世。他用心於此，非立基於雄厚資財，而是省吃儉用，傾其工薪以供。

就讀於清華國學研究院時，馮永軒即已開啓集藏文物，養成廣蒐精研意識。對於名家的只言片字，他有着相當的敏感。當聆聽梁啓超、王國維等導師的教誨時，他會隨手記錄談話所涉的史料，如"保塞之民""冉閔殺匈奴"等。馮家後人眼見，當年有些紙張和書目單一直爲馮永軒所珍視，總是不捨得丟棄，悉心保藏數十年。

輾轉各地任教，馮永軒把握一切機會搜尋文物。在新疆，他四處探訪，聯繫文物商，探訪當地人士，得到牛鑑、左宗棠及其部屬、曾國藩、王罃等人的真蹟，還收藏高昌(今吐魯番)出土唐人寫經數種、藏文巴利文佛經、回鶻文貨幣(錢式類開元通寶)等。據馮永軒長子天琪説，父親在烏魯木齊和魯效祖(字繩伯)往來最多，魯公在新疆多年，歷任府道各職，善書畫，家中收藏甚富，馮家父子常去魯宅賞鑒。在西安，馮永軒知道當時尚有大量古幣、古籍、書畫散落於這座千年古都，且價格低廉，如入寶山，收藏更勤。

每年從學校放寒暑假，馮永軒都會背上一大箱書畫、秦磚漢瓦、古錢幣歸家。1949 年以後，他更是頻頻出入於古董和古籍店鋪，工資半數耗費在購置書籍、字畫上。那時，漢口有位高姓古董商人常來馮家送貨，用藍布包着藏品，幾乎都會被馮永軒買去。馮家妻兒一見此商人，便料到家中又得破財。馮天瑜少時多次幫父親晾曬字畫，將錢幣用粗綫縫在馬糞紙上。

馮永軒收藏的字畫、錢幣等文物，大多放在幾隻破舊的大箱子內，置於堂屋的天花板上，"文革"間"掃四舊"者未能發現，得以幸存。馮天瑜於 2000 年將其中書畫部分整理出《近代名人墨蹟（馮永軒藏品）》，並於 2001 年出版。對於此書，北京大學教授夏曉虹撰有《學者的收藏》一文品評道：

> 不收價昂且易作僞的宋元明字畫，而以清朝以降人物墨蹟爲收藏重點，便構成了馮永軒先生藏品的最大特色。其價值已由馮天瑜謹慎地揭櫫爲："史學家或許可以從中獲得史料（如曾、左、李、胡、彭、翁、洪等人的字幅均未收入其文集），並體悟某種歷史現場感；美術家或許能從觀摩這些書畫作品中得到構圖、運筆的啓示。"①

此册呈現馮永軒收藏之笪重光、朱筠、俞樾、奚岡、張之萬、黃賓虹、陳衡恪、劉海粟、薛楚風、王霞宙等人的繪畫。而收錄的字幅，作者則有查士標、沈德潛、姚鼐、翁方綱、阮元、左宗棠、郭嵩燾、翁同龢、章炳麟、于右任等人。藏品可見馮永軒的交遊網絡，中有黃侃條幅

---

① 夏曉虹：《舊年人物》，文匯出版社 2008 年版，第 199 頁。

"行楷八言聯"、篆字扇面，梁啓超的宋詞集句、王國維的陶淵明詩幅，有鮑爾漢、王葆心、黄文弼、徐行可、錢基博、劉盼遂等馮永軒知交的信函。

近年馮永軒五子馮天瑜對家中文物作系統整理闡釋，出版《馮氏藏墨》《馮氏藏札》《馮氏藏幣》，合稱"馮氏三藏"，展現馮永軒及哲嗣收藏、研究文物的實績。

馮永軒藏書亦獨具一格，可見學術功力，是《中國藏書家通典》所收録的湖北籍學者藏書家之一，馮氏採自各地的總藏書量當有萬册以上。"文革"初期"掃四舊"，馮永軒的藏書未能像字畫、古幣、信札等藏品那樣幸免於難，被一再掃盪，其中一些善本、孤本或被撕毁，或充作街巷婦人糊鞋樣的廢紙。在一次更徹底的查抄行動前夕，爲減少損失，三子馮天璋和五子馮天瑜與父親商量後，決定搶在查抄者再次到來之前，將家中藏書捐給母親張稚丹長年工作過的湖北省圖書館，該館派人以麻袋裝、板車運的方式搶救馮氏部分藏書，因其過於散亂，加之當時湖北省圖書館亦處於混沌階段，一時無人收拾，待到有人過問時，完帙已經爲數不多。1977 年，馮家又將馮永軒所藏的百衲本"二十四史"等大型史籍，捐贈給武漢師範學院圖書館（即後來的湖北大學圖書館）。現今，如果瀏覽湖北省圖書館特藏部的藏書，還可看到馮永軒的藏書印，如"紅安馮氏圖書""馮德清字永軒""永軒珍藏""永軒所藏""馮永軒"等。

如今，馮家所遺古籍僅存數十種（因五子馮天瑜存於漢口工作單位以閱讀而幸免被抄），大多亦有馮永軒的藏書印。如《重刊章氏遺書》，留白處多有馮氏的校勘和讀史心得。陳邦彦在康熙五十三年的摹鈔本，雖書名已經不全，但字體依然清晰。鈐有"黄安馮氏珍藏"的《史微》《老學庵筆記》《古書疑義舉例》《古書疑義舉例補》等書，多有馮永軒的點校記和評語。武漢大學圖書館學專家李玉安在《芸草飄香垂後世：湖北藏書家馮永軒收藏小記》一文中還提到，馮氏所藏稿本中有《近農居掌故文稿》，初定爲民國學者陳屺懷（1872—1943）的書稿。陳屺懷本名陳訓正，一字無邪，爲民國政府秘書長陳布雷之堂弟，歷任浙江省政府委員、杭州市市長、浙江省民政廳代理廳長、西湖博物館館長、國民政府參事等多職，其文稿所著内容疑爲未定稿本，其中如《機器原始》《西藏風俗物産考》《石炭考》《跋海國聞見録》等 20 餘篇，多未見。①

馮永軒所藏古錢幣蔚爲大觀。1979 年初，馮家將馮永軒收藏的 3000多枚錢幣捐給武漢師範學院（今湖北大學）。1995 年，湖北大學建博物館，專設錢幣館，基本館藏爲馮氏所捐。這些藏品主要爲馮永軒任教西北大學時搜購，從夏商貝幣，戰國布幣、刀幣，楚鬼臉錢，秦半兩，漢五銖，魏晉以降列朝的制錢、年號錢，直到 1949 年以前的銅、鐵錢，銀、紙幣；有西夏、新疆鑄幣；有史思明、吳三桂、耿精忠、太平天國鑄造的貨幣；有日本、朝鮮貨幣；有張之洞官辦湖北造幣、英國伯明翰造幣、機制民國無孔幣、鄂豫皖邊區紙幣；有世界上幣幅最大的大明通行寶鈔；有非流通領域的生肖、鬭邪、祝壽等民俗幣，藏品之豐富足以呈現出一部簡明系統的錢幣發展卷帙。

馮永軒的學術研究與古籍文物收藏相輔相成。作爲學者，他的收藏旨趣遠不止於雅士之賞玩，而是蘊藉學養的載體。作爲史學家，馮氏藏品是一種歷史的積澱與縮影，其收集、整合需要融合多門學科知識内涵，馮永軒在收藏中深化了他對治學對象的内在體認，由此達致專精與會通並重。

馮永軒及五子馮天瑜收藏之書畫、信札，於 2018 年捐獻給武漢大學，武漢大學特建"馮氏捐藏館"，以珍藏并展示之。

本書收録馮永軒存世的 1949 年前作品。其中，《史學通論》《商周史》《古文字學》等由馮天瑜依父親手稿整理而成，首次刊發。原稿直排繁體者，改作橫排繁體；古文字密集篇什則就原稿影印。文中無標點或僅有簡單斷句者，一律改爲新式標點，專名號從略。

爲了保存作者的語言習慣、文字風格，對於原文專名（人名、地名、術語）及譯名與今不統一者，整理者未作改動；馮永軒引書，時作省略

---

① 李玉安：《芸草飄香垂後世：湖北藏書家馮永軒收藏小記》，齊魯書社《藏書家》第 14 輯，第 38 頁。

語，倘不失原意，整理者也未加更動引文；如確係作者筆誤、排印舛誤
與外文拼寫錯誤等，則予以改正。

（余婉卉初撰　馮天瑜修訂）

"馮氏三藏"序集

馮天瑜

　　黄安馮氏兩代自 20 世紀 20 年代起始，致力文物收藏與整理，已歷
90 餘年而未輟。藏品略分三類——書畫、信札、貨幣，合稱"馮氏三
藏"，近年筆者歸類編爲《馮氏藏墨》《馮氏藏札》《馮氏藏幣》三書由中華
書局于 2019 年年底出版，並作三序分別紹介"三藏"。

一、《馮氏藏墨》序

山高水長中有神悟，風朝雨夕我思古人。

　　　　　　　　　　　　　　　　　——左宗棠　八言聯

　　先父馮德清(1897—1979)，字永軒，以字行，又字永宣，號無塵，
湖北黄安(今紅安)人，出身自耕農家庭，1923 年入讀國立武昌師範大學
(武漢大學前身)，師從文字學家黄侃(1886—1935)。1925 年，清華國學
研究院開設，先父考取爲一期生，受業啓蒙思想家梁啓超(1873—1929)、
國學家王國維(1877—1927)、語言學家趙元任(1892—1982)("四大導
師"之一的陳寅恪第一期時尚未到清華)，並開始搜集文物，這發端於對
梁、王二先生惠賜墨寶及黄侃先生條幅的珍藏。梁啓超贈馮永軒六言對
聯，書宋詞集句。其原委略如：1924 年春夏，梁夫人李蕙仙(1869—
1924)病重住院，先生陪護數月間，從隨携《宋詞選》中擇句，組成聯語
二三百副。此後數年，手撰集句贈送友朋、弟子。先父 1926 年(丙寅)
從清華研究院畢業時，梁先生所贈，正是其中之一，上題"永軒仁弟"，

落款"梁啓超"，記時"丙寅四月"，白文名章"新會梁啓超印"，白文閒章
"任公四十五歲以後所作"，上聯"遥山向晚更碧"（北宋詞人周邦彦句）；
下聯"秋雲不雨常陰"（北宋詞人孫洙句）。同時王國維所贈條幅，撰東晉
陶淵明《飲酒詩》之一，上題"永軒仁弟屬"，落款"觀堂王國維"，白文名
章"静安"，朱文名章"王國維"。先父在國學院的研究題目爲"諸史中外
國傳之研究"，畢業論文《匈奴史》由王先生指導。此外，先父集藏黄侃
先生對聯多種。梁、王、黄條幅常年懸掛武昌馮家老屋，先父常談及三
先生道德文章，偶議逸聞（留下印象頗深的是：因梁啓超乃南海康有爲
學生，王國維乃遜帝宣統師傅，第二期開始任教清華研究院的陳寅恪戲
稱諸生爲"南海聖人再傳弟子，大清皇帝同學少年"。另還談及黄侃先生
與其師章太炎先生交誼的種種趣聞），故自幼我們兄弟對梁、王、黄三
位有一種家中長老的親切感。1927 年，王國維先生自沉頤和園昆明湖，
其時先父任教武漢，清華研究院在校學生（三期生）向校友發訃告。此訃
告連同王先生爲先父所開書目紙單，梁、王所贈詩幅，皆珍藏，歷經戰
亂、政亂，不離左右。這大約是馮氏收藏之端緒。

　　父親師承王學，致力古史考證及邊疆史地探究，素有赴西域考察之
志。大舅張馨（號敬丹）20 世紀 30 年代任新疆教育廳廳長，邀父親赴新。
其時統治新疆的盛世才（1897—1970）正以開明面目現世，招納内地進步
文化人士（如茅盾、杜重遠、薩空了、趙丹等），先父也在其列，1935 年
與先母張秀宜（1901—1971，號稚丹）帶我大哥、二哥赴新（二哥過繼給
大舅，故有張姓）。抵新疆首府迪化（今烏魯木齊），盛世才委以迪化師
範（當時新疆最高學府）校長、新疆編譯委員會委員長，禮遇甚隆。然父
親發現盛是野心家，陰鷙可怖，遂決計離新。父親雖在新疆一年，却集
藏頗豐：（1）吐魯番（古稱高昌）文書署名魏徵的手抄《妙法蓮華經》長卷
及貝葉經等。（2）清人墨蹟，一如清兩江總督牛鑒（1785—1858）對聯，
父親邊批兩處；又如畫壇"清六家"之首王翬的山水數幅（戊戌變法幕後
功臣張蔭桓素喜王翬畫作，戊戌後張充軍新疆，隨帶王畫多幅，存留迪
化，爲先父收藏）；三如左宗棠（1812—1885）率楚軍平定甘肅回亂，擊

敗阿古柏(1821—1877)，收復天山南北兩路時留下的手書八言聯，筆力遒勁，氣象雄闊。字幅多油蹟，估計是新疆人吃手抓羊肉時沾上的，另有左公篆字詩幅及部將給左公多封密札。父親對盛世才的觀察是準確的。父母離新後，大舅張馨被盛逮捕，繼遭屠戮(中共駐新代表陳潭秋、毛澤民、林基路也被盛殺害，與政治關係不大的趙丹也下獄五年之久)，隨父親赴新的四叔入獄，少時的二哥及兩位表姐顛沛流離數載。1944 年盛世才在新疆的權力被國府削奪，1945 年張治中主政新疆，與內地重新通郵，父母才聯繫上二哥，迎回武漢家中。

　　1938 年秋日寇侵佔武漢前夕，先父母舉家乘木船東下鄂東山區避難。父母的方針是，生活用品儘量縮減，而藏書及字畫、古器物全數帶走。鄉居數年，先父教過私塾，又在湖北省立第二高中執教，曾任該校校長。因日軍反復"掃蕩"，家裏多次"跑反"(逃難)，衣物多拋却，而藏書、文物則始終保存完好，鄉間親友爲此肩挑背扛，出力甚勤。在鄂東山區期間，先父與避居羅田的國學大家王葆心(1867—1944)時常切磋鄂東史地及西北文獻諸問題，王先生以七五高齡爲先父收藏高昌出土文書題寫橫批。1942—1945 年，先父應聘任安徽學院(安徽大學前身)教授，在極其困難的條件下，籌劃舉辦文物展覽，以期激勵師生及民衆愛國熱情。1945 年抗戰勝利，先父母率全家返回武漢，木船所運主要仍然是藏書和文物。年底先父應聘國立西北大學歷史系教授，所著《西北史地論叢》《商周史》《古文字學》《中國史學史》成稿於斯，此期也是藏品豐收之際。西安乃千年古都，20 世紀 40 年代中後期，舊籍、古器物遍於坊間，品真而價廉。先父與相隨西安就學的天琪大哥徜徉於街頭古董攤前、城郊漢唐陵園，時有收穫。大哥追憶詩云："秦陵探勝，茂陵訪古。偶得刀幣五銖，幸獲未央瓦當。喜不禁，父子且歌且舞。"先父對抗戰勝利後國民黨政府腐敗不滿，課堂上下多作批評，被當局戴上"紅帽子"，常有"職業學生"尾隨、盯梢。先父遂於 1949 年年初離開西北大學，轉任湖南大學教授。其時內戰正酣，似有劃江而治之勢，先父離湘回漢。中華人民共和國成立初期，先父任湖北師專(旋改爲武漢師範學院)歷史系教授，得以較系統地從事楚史研究，收藏古籍文物的情志有增無減。20 世紀 50 年代，余念中小學時，常見一位戴深度近視眼鏡的長衫客（大約姓高）造訪武昌老宅，其人總是挾着一個灰布包袱，神秘兮兮地走進父親書房，閉門良久，出來時多半只拿着叠成小方塊的包袱布。顯然，這位來自漢口的古董商又在父親處推銷了幾本古籍，或幾幅字畫。家中的衣食照例是簡樸的，且不説我做老五的歷來穿補舊衣裝，就是父母也没有一件完好的毛綫衣，工資半數用在購置書籍、古董上。家人早已對此視作當然，節儉是生活常態。

父母於 20 世紀 60 年代初退休，歸武昌礦局街老宅所在居委會管轄。1966 年"文革"爆發，居委會"掃四舊"之狂熱不讓於學校，老宅被抄家數次，頗豐厚的藏書一再遭掃盪，其中一些善本、孤本或被撕毁，或充作街巷婦人糊鞋樣的材料，父親作爲楚史研究先驅，其撰著多年的 30 萬言楚史稿本（1960 年前後余曾協助抄謄）也不知所終，嗚呼哀哉！爲减少損失，我們通知母親任職多年的湖北省圖書館，該館派人以麻袋裝、板車運方式從馮宅搶救部分藏書（省圖書館還派汽車到街道辦事處拖走一部分抄家後堆放那裏的馮家藏書）。父親跟跟蹌蹌尾隨板車走了好長一段路。今之湖北省圖書館特藏部還有若干蓋馮氏印章的古籍，它們是逃過抗日戰火、"文革"浩劫的幸存者。1996 年，筆者爲蕭放、孫秋雲、鍾年等君著《中國文化厄史》作序，追述中國歷史上慘烈的"書之十厄"，而家中藏書的遭際，過電影似地在眼前一一閃現。比藏書幸運的，是字畫、信札與古錢幣，因其一向放在八隻舊箱子裏，置於堂屋天花板之上的漆黑空間（無固定樓梯，須搭臨時梯子上去），抄家者未能發現。這樣，字畫、信札、古錢幣大部分得以保存。

先父收藏書畫，時代較久遠的是唐人佛經鈔本及明代畫作，主體乃清朝、民國文士手筆。

（一）字幅（包括條幅、扇面）

最早當爲簽署"貞觀六年魏徵"的唐代手寫佛經長卷。其他揮毫者是：

1. 文士書家。明清之際詩人查士標（1615—1698），禮部侍郎、詩人沈德潛（1673—1769），康熙五十三年狀元、書法家汪應銓（1685—1745），刑部尚書、乾隆"五詞臣"之一張照（1691—1745），"詩、書、畫三絕"鄭板橋（1693—1765），乾隆"五詞臣"之首梁詩正（1697—1763），其子、書法與劉鏞齊名的梁同書（1723—1815），與翁方綱、劉墉、梁同書並列的王文治（1730—1802），古文家、桐城派主將、擅草書的姚鼐（1731—1815），"清代四大書法家"中的兩位：翁方綱（1733—1818）、鐵保（1752—1824），思想家、數學家、戲曲理論家焦循（1763—1820），與袁枚齊名的詩人、詩論家、書畫家張問陶（1764—1814），嘉道間內閣大學士、總成《十三經注疏》的一代文宗阮元（1764—1815），道咸間文學家、篆刻家吳熙載（1799—1870），樸學家、章太炎老師俞樾（1821—1906），創內圓外方"張字體"的張裕釗（1823—1894），文史學家、《越縵堂日記》作者李慈銘（1830—1894），與虛谷、吳昌碩、任伯年等並稱"清末海派四杰"的蒲華（1839—1911），戊戌變法參與者、上海强學會發起人、金石學家黃紹箕（1854—1908），等等。

2. 重臣兼書法妙手。嘉慶間軍機大臣、禮部尚書那彥成（1763—1833），道光間兩江總督牛鑒（1785—1858），咸豐同治光緒間執掌軍政的曾國藩（1811—1872）、曾國荃（1824—1890）兄弟，左宗植（1804—1872）、左宗棠（1812—1885）兄弟，李瀚章（1821—1899）、李鴻章（1823—1901）兄弟，湖北巡撫胡林翼（1812—1861），兵部尚書彭玉麟（1816—1890），荆州將軍巴揚阿（？—1876），軍機大臣、總理各國事務衙門大臣沈桂芬（1818—1880），兵部尚書毛昶熙（1817—1882），閩浙總督何璟（1817—1888），光緒間出使英法大臣、較早倡導憲政的郭嵩燾（1818—1891），軍機大臣、藏書及金石收藏家潘祖蔭（1830—1890），戊戌變法中堅人物、同光兩代帝師翁同龢（1830—1904），湖南巡撫、金石學家吳大澂（1835—1902），光緒間出使美、西、秘大臣張蔭桓（1837—1900），狀元外交官、元史大家賽金花的丈夫洪鈞（1839—1893），書法名家、宗室中少有支持維新變法的盛昱(1845—1899)，管學大臣、中國近代學制奠基人張百熙(1847—1907)，等等。

3. 清民之際學人、政要。歷史地理學家、書法家楊守敬(1839—1915)，詩人樊增祥(1846—1931)，保路運動領袖、書法家劉心源(1848—1917)，戊戌變法主將康有爲(1858—1927)，同光體詩派代表陳三立(1853—1937，陳寶箴之子、陳寅恪之父)，民初江蘇都督、故宮博物院早期負責人莊蘊寬(1866—1932)，清末軍機大臣、民國總統徐世昌(1855—1939)，史學家屠寄(1856—1921)，主講兩湖書院、辛亥後以遺老終守的梁鼎芬(1859—1919)，清末湖南布政使、後爲僞滿洲國總理、書法家鄭孝胥(1860—1938)，張大千的兩位老師：晚號"梅道人"的海派畫家曾熙(1861—1930)、晚號"清道人"的書畫家李瑞清(1867—1920)，自强學堂—方言學堂提調、詩書精絶的程頌萬(1866—1932)，甲骨學開創者羅振玉(1866—1940)，國學大師章太炎(1869—1936)、梁啓超、王國維，近代出版業先驅、商務印書館總經理張元濟(1867—1959)，清末湖北憲政派代表之一、民初湖北省省長夏壽康(1871—1923)，清末憲政派領袖、民初衆議院議長、司法總長、教育總長湯化龍(1874—1918)，辛亥革命後四川副都督、廣東省省長朱慶瀾(1874—1941)，民國元老、書法家于右任(1879—1964)，北洋時期司法總長、教育總長、學者章士釗(1881—1973)，理學大師馬一浮(1883—1967)，早期同盟會員、國民黨中央執行委員鄧家彦(1883—1966)，文字音韵學家、章黃學派創立者黃侃(1886—1935)，等等。

(二)繪畫(立軸、橫幅和扇面)

此爲先父集藏重點之一，然一批精品(如鄭板橋、任伯年、吳昌碩、齊白石等大師畫作)於十幾年前損失，令人痛惜。作品尚存的有：明代弘治—萬曆間畫家陸治(1496—1576)，清初畫家笪重光(1623—1692)、黃雲(與石濤(1642—1707)爲友)，"清六家"之一王翬(1632—1717)，清中葉畫家錢載(1708—1793)、朱筠(1729—1781)、奚岡(1746—1803)、劉德六（1805—1876），有"畫石第一"之稱的周棠（1806—1876），軍機大臣、擅山水畫的張之萬（張之洞族兄，1811—1897），與任伯年、吳昌碩齊名的海上畫派吳公壽（1823—1886）、朱偁（1826—1900），清民之際畫家賀良樸（1861—1937）、與齊白石並稱"南黃北齊"的黃賓虹（1865—1955）、人物畫家王震（1867—1938，號白龍山人）、藝術教育家陳衡恪（1876—1923，陳寅恪兄）、逸筆超邁的陳曾壽（1878—1949）、兼通中西的黃山派代表劉海粟（1896—1994），等等。古文家、以翻譯西洋文學名作著稱的林紓（1852—1924，字琴南），山水畫也十分了得。

一些書畫、篆刻獲於先父友人，如國學家王葆心（1867—1944），沈肇年（1879—1973），篆刻大家唐醉石（1886—1969），文史學者關百益（1882—1965），文學史家、錢鍾書之父錢基博（1887—1957），考古學家黃文弼（1893—1966），思想史家劉盼遂（1896—1966），文化史家吳其昌（1904—1944），藏書家徐恕（1890—1959，字行可），"畫壇三老"張肇銘（1897—1976）、王霞宙（1902—1976）、張振鐸（1908—1989），畫家侯中谷（1890—1955）、薛楚鳳（1902—1976）、趙合儔（1902—1982）、徐松安（1911—1969）等。筆者少時多次在家中迎謁耄耋之齡的唐醉石，嘆服其制印的古拙、清雅，成年後方知唐老是西泠印社健將、東湖印社創始人；接待湖北文史館首任館長沈肇年；王霞宙曾來宅茶坐，談藝頗精；作品參加民國首屆美展的侯中谷盛年辭世，常被先父念及，其風骨遒勁的畫作常懸馮家廳堂；薛楚鳳曾任馮玉祥秘書，乃先父至交，畫作清峻古雅，題字常帶機鋒。

筆者自 20 世紀 70 年代末以來研習中國文化史及湖北史志，與學者、美術家優遊藝文，40 年來除購置張大千（1899—1983）山水扇面等作品外，所獲書畫乃多位師友所賜：畫家虛谷（1823—1896）、陳作丁（1922—2010）、湯文選（1925—2009），書法家黃亮（1903—1987）、曹立庵（1921—1991），作家茅盾（1896—1981）、姚雪垠（1910—1999），文學史家程千帆（1913—2000），國學家饒宗頤（1917—2017），享壽最高的辛亥革命志士喻育之（1889—1993）等，及健在如周韶華、歐陽中石、陳立言等所贈墨寶。

（三）書畫考訂

"書畫鑒藏千古事，山川吟嘯六朝人。"金石、書畫之學，創於宋代，清代此學復興，其收藏、著錄、考訂，皆本宋人成法，可謂精深博大，先父承其緒。少時我常聽其談及：一旦得寬餘，將著文介評藏品，以方便後人利用。父親的努力，散見於若干字畫的眉批、邊批，還可見於與先父切磋文物内涵的沈肇年、錢基博的遺墨。1957 年後灾禍迭興，先父母晚境艱難，上述工作中輟。

半世紀後吾輩重理舊物，續接先人未竟之業，常發水深難測之嘆。藏品作者生平材料，名士易得，知名度未彰者則頗費周折；考析贈受關係，辨讀行文、題籤（甲骨文、金文及篆、隸、行、草、楷）及印章（名章與閒章，朱文與白文，引首章、壓角章、鑒藏章等），抉發書畫信札意義内蘊，更須用心費力。經一番探幽致遠，也確有收穫，一些作品的美學價值、史料價值漸次昭顯，若干文化史中不可忽略人物（如焦循、張問陶、王錫振、蒲華、程頌萬、曾熙、李瑞清、馬一浮、林紓等）的書畫，原來在家藏中隱而未顯，今次得以"昏鏡重磨"，每有"發現新大陸"之快感。至於收藏故事，當年先父偶有談及，今日追憶、揣摩，參照藏品及相關文獻提供的綫索，每能打開新的認知門徑。編纂藏品的一項工作，是追溯書畫所涉詩文出處。在此一過程中，發現書畫所題詩文與傳世刻本多有差異，而且書家、畫家變通的文字，往往更爲生動或更爲準確（當然也有不太妥當的改動）。這裏存在兩種可能，一爲書家、畫家當年見到並引述别的版本；二爲書家、畫家有意變更原文（這種可能性更大），這也是書家、畫家的一種再創作。

本書並非考據學專著，主要功能是賞析書畫作品，爲了不影響閱讀節奏，各條釋文很少列出書畫題寫詩文與傳世刻本的差别，然這種比勘考據工作，從版本學、詮釋學視之，自有其學術價值，將另作專文闡述。整理昔賢遺墨，須國學知識（涉及史學、文學、哲學、宗教學以及書法、繪畫、文字、金石諸專學)的綜合運用，並仰賴歷史洞察力和藝術體悟力。老來事此，可以説是對少時身處文物叢中而未能系統研習的補課。名士文墨，歷來有贋品、仿作滲入，故"辨僞"是書畫之學不可或缺部分。我們在整理藏墨時，對一些歷時久遠而又署以大人物名號的作品特別用心反復研討，不敢貿然定論。如題籤"中書令臣魏徵重譯妙法蓮華經卷第五　貞觀六年二月十六日"的佛經手寫字幅，經認真考辨，特別是與大英圖書館東方部所藏斯坦因從敦煌莫高窟獲得的唐人鈔寫妙法蓮華經卷第二作比較，發現二者的材質(硬黄紙)、書寫格式、字形都十分相近。敦煌、吐魯番(古稱高昌)文書除被斯坦因等西方人運走外，尚有散留民間者，先父 1935—1936 年間在新疆以"編譯委員會委員長"身份獲得一件，當在情理之中，自此他將其視爲最重要的藏品，多次邀學者題跋：抗日戰爭期間在鄂東，國學大師王葆心撰"高昌出土唐人寫經"橫幅；在安徽，1945 年文物學者孫百朋作跋；抗戰勝利後任教西北大學，1947 年請西北大學歷史系關百益教授題詞；回武漢後，1953 年又有篆刻大家、西泠印社重鎮唐醉石題詞。這些精研文物的學者都仔細觀摹該寫經，認定其可靠性。綜合以上，可判斷高昌出土墨繪紙本爲唐人寫經，是馮氏藏墨中歷史最久遠的一件。筆者近年又請中國社會科學院榮譽學部委員、世界宗教研究所研究員楊曾文先生、中國唐史學會副會長胡戟教授審閲，他們認定爲"唐物無疑"。有些遺墨的真僞，經歷"肯定—否定—肯定"的辨正，如題籤"姚鼐"的草書詩幅，初以爲是姚作，後據壓角章，推斷是"同裏後學"手摹姚作；進而對印章"臣鼐私印""姬傳"反復考辨，又對以珍珠白在青箋上撰寫草書與傳世之姚鼐書法比照，基本認定此件係姚之手筆，壓角章乃收藏者補蓋之閒章。另如文尾"子瞻書"的字幅，曾以爲是後人冒充子瞻(蘇東坡)的贋品，經反復查覽比對，確認此件乃清末顧印愚(字蔗蓀)對蘇子瞻"元祐二年二月八日"《跋畫苑》一文的鈔件，以往我們忽略的顧印愚所鈐名章"蔗蓀"可證此情節。這些推測是否確切，入選藏品中是否另有贋品未能識別，切望方家法眼明辨，並不吝賜教。

　　馮氏藏品，由僅有公教薪水收入的學人在長達大半個世紀間，孜孜不倦地訪緝，節衣縮食地購置，終於集腋成裘，蔚爲藝文大觀。藏品又遭逢戰亂、政亂一再襲擾，歷盡坎坷方得以部分保存，它們遭遇的灾厄和今日得到的善待，以一粒水珠映照出中國現代文化史的曲折與悲壯。

　　隨着國家經濟文化實力的提昇，時下進入文物及藝術品集藏興盛期，"淘寶""鑒寶"已成熱門話題。這一輪次收藏熱的一個顯著特色，是文物及藝術品的市場售價被格外關注，並極度放大於臺面，人們言及藏品，津津樂道於拍賣價幾萬、幾百萬或幾千萬(近年甚至出現某一畫作數以億計的售價)，而對文物的歷史價值、美學價值的認知則退居次席。以上種種，似與筆者自幼的聞見大相異趣：先父每有收穫，評議的多是文物何等美妙，包蘊的史料價值何等深邃，從未言及某件值錢若干，將來會增值多少倍。對於以下兩種狀態我們充分理解：

　　(1)權力及資本擁有者往往青睐文物，中外帝王(如乾隆皇帝、法王路易十四、俄國女皇葉卡捷琳娜二世等)以及財團、金主，不乏文物收藏巨擘，搆成文物的會聚中心。

　　(2)在商品—貨幣發達時代，文物及藝術品判定含金量，是其價值的一種無庸迴避的衡量標尺；文物及藝術品論價授受，合理合法，無可非議；對文物及藝術品拍賣市場的培育，是集藏事業健康發展的需要。然而，筆者又確信：

　　(1)文物集藏並非只是寡頭專屬，而當有民衆參與、欣賞、利用。

　　(2)文物及藝術品首先是文化載體，不應降格成金錢等價物，如果集藏的主要目的衍爲金錢貯備與增值手段，藏品被銅臭淹没，實在是集藏事業的異化。中國現代收藏大家張伯駒(1898—1982)、王世襄(1914—2009)們將文物文化價值置於金錢之上，不惜破己財以護文物，傾力於保存、弘揚民族文化瑰寶，彰顯其存史、教化功能，指示了集藏事業的正道，我們對其表示敬意，並願追蹟後塵。友人何祚歡稱，收藏事業應多些文化，少些商業。余深以此議爲然。

　　有人詢問：馮氏藏品值金多少？余無以回答，因爲自己的文物市場知識幾近空白，也於此難生興趣，引動關注的只是文物的史料價值和藝術魅力。近40多年來，余不時於清夜翻檢圖籍、把玩藏品，沉醉於歷史現場感，在與先賢對話、相與辯難之際，思逸神超，偶爾迸放出意象奇瑰的火花，這可能是自己研習中華文化史的一種知識補充與靈感源泉。古哲今賢的書畫可供觀摹把玩，然其作爲形下之"器"，又包蘊形上之"道"。於學術有興趣者既可以從中獲取細節性史料，也可藉以領悟天道自然與人生哲理。

　　本書收入的歷史人物的字幅，多未收入諸人文集，故這批藏品係罕見甚至僅見之文獻，包藏難得的歷史文化信息。美術愛好者可以從觀摩書畫真蹟中得到構圖、筆法及題旨啓示，本書收入先賢墨蹟，可謂丹青溢彩，不乏藝術上的範本法帖。而林紓、姚雪垠、程千帆、饒宗頤及先父母等前輩學人，並非專業書畫家，然墨蹟所展示的功力，實在令我輩汗顏。觀其墨寶，也有敦促今之學者提昇人文素養（書道、文采僅爲其一）的意義在。而我們兄弟於藏品的認識價值、美學價值之外，還能透見先父那通常是藹然仁者、偶爾也如怒目金剛的形象，記憶起他爲余講授中華元典時的滔滔議論，以及母親在一旁傾聽時的慈祥目光。惠賜墨寶的多位師友，聯翩乘鶴西去。睹其遺墨，宛若再識音容笑貌，聆聽清教，不勝追懷之至！

2015 年 5 月 24 日於武昌珞珈山寓所

二、《馮氏藏札》序

烽火連三月，家書抵萬金。

——杜甫《春望》

　　"信"，含消息、函件之意，別稱書、緘、鴻雁、華翰等。"札"，本指古代用來寫字的小木片，引申爲公文及書信。造紙術發明前，我國的書寫材料，早期爲甲骨、石料、金屬（如青銅器），因其笨重，又采用紡織品（稱“帛”）、木片（書寫後稱“札”）或竹片（書寫後稱“簡”）。東漢以降，紙張成爲主要書寫材料，但信函仍習慣性地稱“書札”“筆札”“手札”，又稱“書簡”“尺牘”（牘，一尺長書寫文字的木版，引申爲公文或書信），更通常的稱呼是“信札”。信札是人類發明文字後傳遞信息的重要方式。我國現存較早寫在紙上的書札，是西晉陸機（261—303）的《平復帖》。陸機“少有奇才，文章冠世”（《晉書·陸機傳》），還是一位杰出的書法家，他爲了祈求友人病體康復而致信問候，此即《平復帖》（“平復”即康復），是存世較早的名人書法真蹟，也是存世較早的紙本書信（現藏北京故宮博物院）。魏晉時期，書札應用普遍，不僅有傳遞信息的實用功能，而且透現文學及思想成就，書法藝術也得以展示。魏晉士大夫崇尚玄學清淡，講求風度文采，其往還書信，文辭簡潔淵雅、書法勁拔瀟灑，鍾繇（151—230）、王羲之（303—361）、謝安（320—385）等文豪都是信札高手，文義、書法並美。此後千餘年間，這種信札傳統流播於文士，並影響民間，成爲中華文化典雅風範的一種表現，當爲今人繼承與發揚。至唐代，信札廣用，並出現專門用以寫信的紙張。明清以來，特別是民國年間，信紙愈益專門化，出現所謂“箋紙”（“箋”爲製作精良、尺幅較小的紙張）。箋紙，也稱詩箋、信箋，指以傳統雕版印刷方法，在宣紙上印以精美、淺淡的圖飾，爲文人雅士傳鈔詩作或信札往來的紙張。民國時著名的“十竹齋箋”“芥子園箋”，上有梅蘭竹菊等隱畫，或印有吳昌碩（1844—1927）、齊白石（1864—1957）、陳半丁（1876—1970）等人作的箋畫，十分清麗。本藏札多以箋紙書寫。信札收藏，或重其人（歷代名士書信入選），或重其書（筆法雄健的書信入選），或重其文（富於文采的書信入選）。本藏札有兼備三長者，有特具一長或二長者、其百餘通，主要是先父馮永軒（1897—1979）於 20 世紀 20—60 年代收藏的清代中期至民國年間文士、政要的書札手蹟，另收有先父友朋函件以及筆者師友來信。其編目爲：文士論藝、湘淮談兵、左營密函、花溪札叢、新疆政書、馮氏飛鴻。

(一)文士論藝

本目匯集清中晚期及民國間文士所撰信札，多有評議學術、藝文的內容。如清中葉著名思想家、揚州學派代表學者之一焦循（1763—1820），在致揚州學派宗師阮元（1764—1849）從弟阮亨（字梅叔，1783—1859）函中，於春江食鰣閑議之後，介紹自編《北湖小志》已然成書，而《（揚州）足征記》正在資料搜集，可見焦氏著述之勤，筆鋒又轉議書法大義。此函確爲雅士論藝佳品。又如清乾嘉之際四大書法家之一、文學家、金石學家翁方綱（1733—1818）致友人函中，討論某鈔本與刻本的優劣異同，力主"刻出一部正經書"，批評"明朝人千百種集，皆不成書耳"，表現了乾嘉學風的謹嚴及對明人編書粗製濫造的不齒。金石學家張廷濟（1768—1848）的一通短簡，評議玉龍鈎拓文及漢銅虎符，字字璣珠。曾門四弟子之一、晚清學者、書法大家張裕釗（1823—1894）與藏書家莫繩孫函商《經籍纂詁》補刷事。曾主持湖北學務的清末學者黃紹基（1854—1909）與友人書，議存古學堂開學事宜，並乞友人檢討《兵法史略學》《中國歷史》等教材。文學家陳衍（1856—1937），議《國學專刊》上海發行、《武夷山志》檢核、刊刻《通志》諸務，以及門人龍沐勛（龍榆生，1902—1966，20世紀最負盛名的三大詞學家之一）等注詩情形，指出"注詩頗難，不如先注其出正史者，次則諸子，次則大家詩集"，不啻爲注家方法之圭臬。歷任兩湖書院院長、湖北教育司司長的姚晉圻（1857—1916），爲某學堂定名與友人切磋，提出"滋蘭""清漢""規楚"或"楚規"諸名，並加文字考訓。李晉年（1860—1910），淵博的歷史地理學家，《新疆圖志》多出其手筆。此函戲擬八股一篇；又擬試帖詩《賦得政在養民》，再議兩碑釋文，表現了晚清士人的志趣情志。曾任江夏知縣、武昌知府的陳樹屏（1862—1923），函議"留學畢業生具有實在價值，定有應行考試地方"，又議教育會的職能。武昌方言學堂主事者、博學多藝的程頌萬（1864—1932）與黃庵議絲竹金石之學。美術教育家、書畫家、張大千（1899—1983）的老師李瑞清（1867—1920，號清道人）信函議書道精髓，又考析一碑文的歷史。吳其昌（1904—1940），與先父馮永軒爲清華國學院一期同學，後任武漢大學教授。其致外交家、漢學家時昭瀛（1901—1956）函，申述自己留日經費困難，議及講稿中國文化史第二部“社會之部”中某事，得李劍農先生（1880—1963）稱賞，七年前有期刊有意刊載，然吳氏慎重未發表，現因留學需款，遂拜託時氏推薦刊發。此目諸函，表現清民之際文士的生活百態及治學講藝情形。

（二）湘淮談兵

　　清咸豐同治光緒間形成湘系、淮系兩大軍政系統，權傾一時。湘淮兩系多儒將，往還書信切關大政，其文章、書法皆有可觀處。本書收集諸函，以致信者齒序排列，先後有——楚軍統帥左宗棠之兄左宗植（1804—1872），函中左宗植恭賀李鴻章（1823—1901）之兄李瀚章（1821—1899）由湖廣總督轉任浙江巡撫，並感謝對其子左瀓的訓誨；湘軍主帥曾國藩（1811—1872）致函李鴻章之弟李幼泉（1834—1873），詳論攻剿捻軍諸務，是一篇有史料價值的軍政文書，其正文當是曾國藩口述，由文案用工整楷書撰寫，信尾長篇批文，係曾國藩親筆，邊款“一等侯曾”。湘軍又一主將、咸豐間任湖北巡撫的胡林翼（1812—1861）致李續賓（1816—1858）書，論及在湖北與太平軍苦戰情形及湖北崇陽民心向背的狀況，稱崇陽“四次造反，遍地皆賊，賊勝則舉國慶賀，貢獻不絕；賊敗則士子掩卷而泣，農夫輟耒而嘆。人心至此，尚忍言哉！”民心向着太平軍，故胡林翼力主“宜殺”。這是清方高級將領關於當年人心向着太平軍的記述，也坦白了清軍濫殺的事實和出發點。湘軍重要將領彭玉麟（1816—1890）於戰爭之際致函王闓運（1833—1916），請其爲先慈撰文紀念；湘軍將領何璟（1816—1888）致弁嗣龍函中詳介漢水沿綫炮船數量及部署，此皆爲湘系要員對太平軍、捻軍作戰的記述。湘軍主將曾國荃（1824—1990）致祁寯藻（1793—1866）二函，議及與太平軍的戰事，第三函致其兄曾國藩，落款署“一等伯曾國荃”，顯係湘軍攻取天京、曾國荃封伯爵之後；第四函致李昭慶，議與捻軍作戰事，當在 1867 年主持湖北剿捻之際。本目還包括淮系主帥李鴻章、要員沈桂芬(1818—1880)、丁日昌(1839—1893)、張蔭桓(1837—1900)等論軍政事務的信函。狀元出身的史學家、外交家洪鈞(1839—1893，人們對他的另一身份更熟悉：賽金花的丈夫)青年時代給李瀚章寫信，言及光緒年間漢水航道情形。可見光緒間淮系影響漸超湘系，士子投效淮系者多矣。本目另附朱慶瀾(1874—1941)、湯化龍(1874—1918)等清末民國政要書信，可略觀其與曾李時代的聯繫與變異。

(三)左營密函

19 世紀 70 年代，清廷發生"海防"與"塞防"之爭。淮系主持人李鴻章主張放弃西北塞防，集中力量於東南海防。此時湘系主帥曾國藩已經辭世，湘系另一代表、時任陝甘總督的左宗棠(1812—1885)堅決反對放弃新疆，力主塞防、海防並重，並以高齡掛帥，率楚軍遠征新疆，平定沙俄支持的阿古柏(1820—1877)叛亂和回民起事。有詩紀其衛疆業績："大將籌邊尚未還，湖湘弟子滿天山。新栽楊柳三千里，引得春風渡玉關。"先父馮永軒景仰左公，20 世紀 30 年代在新疆工作時，集得左公條幅和詩箋手本，並匯集左公部將致左公軍情密札多通，此爲研究當年西北衛邊戰事的寶貴史料。劉祥匯 1874 年(左宗棠以欽差身紛出征新疆的前一年)密稟左宗棠，介紹西北地情民狀，特別逐個匯報西北軍政官員的政績品行，這顯然是左宗棠出征西北前夕瞭解當地民情官風的一種舉措。曾任甘南各軍提督的劉明燈(1838—1895)致函左宗棠，言及光緒元年甘肅發生的與"賊"之騎兵交戰情形，這是關於西北回民起事的記述。湘軍名將王德榜(1837—1893)時在廣西，他致函左宗棠，言及廣西軍隊北上之際，遭遇兩粵邊境戰事牽制，一時難以挺進西北。滿洲白旗人額爾慶額(？—1893)率吉林、黑龍江馬隊參與左軍平定新疆，其致左帥信札，言及入疆之初的情形。以後額爾慶額部收復吐魯番、迪化(今烏魯木齊)。左軍收復新疆是中國近代史的大事，西北領土得以保存實賴此役，而左軍將領致左宗棠密札是這場戰事的片斷記述，有史料價值。

（四）花溪札叢

花溪札叢在先父藏札中數量最豐，此次選取 42 通，反映晚清湖北教育文化在内憂外患中逆勢成長的情形，可見清末社會生活之側面。趙章典（1826—?），字花溪，湖北江夏人，生而磊落，交遊甚廣。往來最密者，爲"姻如弟"屠仁守（1832—1904）。屠係湖北孝感人。咸豐二年（1853），太平軍攻破武昌，趙家被難九人，趙章典以身救父，得免遭殺戮。屠仁守信中也記述自己"兩次爲賊所得"僥幸逃脱的窘境，目睹了家鄉孝感從繁華城郭化爲灰燼的瞬息巨變，他描述的"英、法覬直沽，苗、回亂雲貴，骷髏恣肆於蜀中。豫州捻匪號數十萬，屋無不焚，人無不擄"，"田園寥落，骨肉流離"，正是咸豐亂局的寫照。屠仁守自謂"遺落世事，厭弃詞翰，懶於治經"，但又終能自振，以爲"人不可不識憂愁，亦不可竟爲憂愁縛。睁開眼孔，則天地大；竪起脊梁，則山嶽凝"。凡此種種，皆是亂世文人千回百轉的心態投射。屠仁守與趙章典也論及時事，如左宗棠收復新疆，稱譽"左侯真天人，必令當軸處中，乃能運籌全局"，又指出"新疆雖有紅旂之捷，善後尤爲不易。外人窺伺已久，長蛇封豕，非伐狐搏兔之技可了"，指出新疆善後治理的艱難，實爲睿智卓見。趙章典作爲湖北文壇名宿，與友朋往來論藝。如廣東南海人謝朝徵著《白香詞譜箋釋》《郢中酬唱集》，來信商討校書誤字、賜助刊印諸事，體現清人文集流通之狀貌。又如湖北恩施人樊增祥（1846—1931），清末民初著名詩人、文學家，在漢江行後，作詩八首，録奉趙章典教正。樊增祥的這八首詩，清光緒十九年渭南署刻本《樊山集》中僅收録一首，且與信札手書有數處異文，如信札手書"短袂西風裏"句，刻本《樊山集》作"旅袂西風裏"，顯然優於刻本。至若其餘七首，刻本均失收，彌見這件信札手書的珍貴。本目還收録不少地方要員和社會名流的通信，如浙江鹽使、江西布政使黄祖絡（1837—1903），江南道監察御史陳懋侯（1837—1892）、安陸等府知府陳建侯（1837—1887）孿生兄弟，曾國藩幕僚、湖北光化縣知縣胡啓爵（1838—?），福建書法家蔡敦益（1853—1895），等等。通信内容涉及廣泛，從私人契據、飲食起居（如胡啓爵屢言爲痔患所苦），到子女教育、時事新聞，悉皆言意諄諄，深自肺腑。趙章典於咸豐六年（1856）"取二三交好所往來書札文詞"，匯爲一卷，名曰《同心言集》，取《周易·繫辭》"同心之言，其臭如蘭"之語，共計56篇，輯録與屠仁守、王嘉穀等人酬唱及研討詩畫之道的書信。本册札叢所選書信悉爲《同心言集》所未收録，可作爲《同心言集》稿本的姊妹篇，反映趙章典與晚清時賢的切磋往來。

（五）新疆政書

新疆有"亞洲心臟"之稱，晚清至民國，國家風雨飄搖，新疆成爲中外各種勢力的角逐之地。本目受信的中心人物張蔭亭，民國創建初期安徽大通紳商代表，皖系早期核心成員，生卒不詳，民國初年爲新疆軍事首腦之一，本册有多位新疆政要致函張氏，多稱其"旅長"。致信者以齒序排列如次：潘震（1851—1926），安徽當涂人，辛亥革命後，任新疆省國税廳籌備處處長，後任新疆省財政廳廳長；汪步端（1858—?），安徽當涂人，民國建立後塔城首任道尹；朱瑞墀（1862—1934），安徽人，1913年在新疆古城營務處負責軍需工作，後任新疆省政府主席；陸洪濤（1866—1927），江蘇銅山人，後任甘肅督軍、甘肅省省長。陸洪濤雖然不是安徽人，但出身皖系，其他三人均爲安徽人，因此他們在給張蔭亭的信中均自稱"鄉（愚）弟"。潘震信函用"新疆國税廳籌備處"箋紙，汪步端稱"俄亂方殷，邊防喫緊"。辛亥革命後，朱瑞墀與張蔭亭"同事北庭"（北洋政府），時有鄉關之思，而又相互慰藉："我先在省想蒙督軍慰留，不許出省，而南疆之盼望者尤多，時局艱難，尚望免任其難，共維大局。關内人心不靖，旋里一節，暫可不必作此計議也。"朱瑞墀稱"喀什文武、中外歷前任，久不相睦，此中細節，一言難罄，若兩方面有一方能識大體者，決不至於如前之決裂。弟到任後，比即以中外多事，推誠相布。嗣後均當確守範圍，和衷共濟。近月以來，所有一切，尚稱相安"，此係辛亥革命前後新疆喀什政局的記述，可資民國史參考。陸洪濤與段祺瑞（1865—1936）爲同學，作爲陝甘總督陶模（1835—1902）的隨從到甘肅，任甘肅常備軍第一標標統，辛亥革命後，陸洪濤部被編爲振武軍。1915年3月，陸洪濤爲隴東鎮守使，成爲甘肅的實力派。同年12月，袁世凱（1859—1916）稱帝，孫中山等興師討袁。陝西革命黨人胡景翼（1892—1925）、曹世英（1885—1944）諸人積極響應。陸洪濤致信張蔭亭："團長胡景翼、曹世英諸人，皆以與陳督軍（樹藩）交惡，先後稱兵佔據渭北、涇原各縣，屢攻省城。而盧匪亦以不得志於甘，由陝北鄜州、保安走耀縣竄三原，與渭北各股聯合，近日布滿乾、醴、興、武、盩、鄠、岐、鄜等處，衆已數萬。"反映的正是當時的史實。陸洪濤同時提到"西安戰事"進展："京派援陝奉軍，現已進駐咸陽，其興平、武功已經陝軍先後克復。又聞滇黨退出陝境。"記述奉軍、陝軍與滇軍交戰的情形。當時，奉軍因張作霖（1875—1928）投靠袁世凱而形成，陝軍旅長陳樹藩（1885—1949）效忠積極擁護袁世凱稱帝的陸建章（1862—1918），滇軍由蔡鍔（1882—1916）領導，武力討袁。陸洪濤、張蔭亭作爲甘肅、新疆的軍事頭目，密切關注"西安戰事"。陸洪濤給張蔭亭的信函中說："現在陝局糜爛日甚，川警又復頻來，隴上地闊兵單，三面受敵。""隴東三面與陝接壤，防務必更喫緊，弟惟有督飭將士，扼要堵擊，以盡我保境安民之責耳。"同時，他預估形勢，並提醒張蔭亭防禦外敵："近日長沙克復，合肥出山，南北問題可望有一定辦法。惟德、俄單獨媾和，迭見報紙，頃聞已成事實。果爾，則西北萬里之邊防宜早籌備禦之方略。"陸、張等人均寄望合肥（段祺瑞）出山，收拾亂局。時任寧夏總兵（寧夏護軍使）馬福祥（1876—1932）也致信張蔭亭："自去秋南北紛爭以來，亂者四起，吾甘狄道肅州之變可爲寒心，幸能迅速撲滅，不致星火燎原"，"陝局糜爛"，"而各界遣代表求援寧軍"，此爲寧夏形勢；"新省托鼎帥及台端維持，軍民相安，干戈不動，視內地爲樂國"，相比之下，張蔭亭治軍有方，新疆局勢穩定。所有這些，均可資民國史研究。張蔭亭事蹟，湮滅不彰。藉本信函可探吉光片羽。陸洪濤稱譽張蔭亭"據鞍矍鑠，依然伏波精神也", 可推知張蔭亭時或已年過六旬。伏波精神, 用東漢名將伏波將軍馬援(前14—49)的典故。馬援在62歲時, 請纓南征, "據鞍顧眄, 以示可用", 光武帝劉秀(前5—57)稱贊: "矍鑠哉是翁也。"陸氏又云: "回憶曩歲同舟, 不禁晨星之感。知公一言, 舊好必有同情。"足見關係匪淺。陸氏信函: "龍驤著績, 虎幄延釐, 軍中一範, 關外同欽", "勛高豹略, 令肅鴉軍, 引企戟門, 莫名鼓舞"諸語, 對張蔭亭贊譽有加; 馬福祥恭維張蔭亭"精神矍鑠, 威德炳揚, 功在異域, 誠傾遠荒, 知宿將風流不減, 定遠疇曩, 博望昔日也", 將之比作定遠侯班超(32—102)、博望侯張騫(前164—前114); 朱瑞墀對張蔭亭也有"勛高一代望重三邊"贊語; 可見這位蔭亭旅長的人望。周務學(1886—1921)的信函更是十分恭敬: "久欽鴻範, 沐惠露之均沾。遠隔龍門, 荷仁風之漸被。結蟻私於兩地, 徒鰲戴夫三山。敬維蔭亭旅長大人鼎被雲蒸, 泰祺日麗, 仰見金湯鞏固。""弟忝攝道篆, 時形愚拙, 驚心歲序, 虛擲駒光。"1918年任新疆阿爾泰道尹, 1921年白俄竄犯阿山, 城陷, 周自戕殉國。由此可以推測這組蔭亭旅長信函所反映的前後時間, 大致是從1914年到1920年之間。亂世紛紜, 給生活帶來極大不便。陶保廉(1862—1938), 新疆巡撫、陝甘總督陶模之子。隨父赴新疆巡撫任, 於光緒十七年(1891)辛卯四月, 作西北之行, 到達迪化(今烏魯木齊), 將隨行經歷著成《辛卯侍行記》。辛亥革命後, 他在給裕堂的信函中説: "自軍興以來, 商家多靠不住, 擬暫存橫濱正金銀行(上海有分行), 一年爲期, 其息約四五厘, 票據當代收存, 惟日人呆板, 非到期不得支取。到期時需原經手人領取, 或改票再存, 皆可。"可資經濟、貨幣流通研究之參考史料。

本册還有楊彝庚(1864—1928)寫給花溪(趙章典)的書信七通。楊彝庚1900年任甘肅提學使兼武備學堂總辦, 光緒三十三年(1907)年入疆, 1912年被袁世凱任命爲新疆督軍、省長。1928年通電擁護南京國民政府, 宣佈易幟, 不久被政敵刺殺, 主政新疆16年。這七通書信, 作於楊彝庚入疆後不久, 信中有"弟到此月餘, 局事已就緒"諸語。信函多叙家常, 如"偷閒課子作山居計, 度日尚可敷衍", 但貧病交加, 不免頹廢,自謂"精神疲憊，竟成老耄之軀。自顧生平，勞薪久積，直不能再爲子孫役耳"，"以寒士之生涯，進退每多顧慮，然以老憊思之，宜於冬間差滿暫退爲佳"，萌生隱退官場之意。所有這些，真實地記錄了楊彝庚主政新疆之前的生活境況。楊彝庚遇刺後，金樹仁(1879—1941)被推舉爲新疆省主席。1933年，金樹仁去職後，手握重兵的盛世才(1895—1970)，攝取了新疆最高統治權，成爲"新疆王"。盛世才統治初期，以開明面目現世，招納內地進步文化人，先父1935年應邀前往，抵新疆首府迪化(今烏魯木齊)，盛世才委以迪化師範(當時新疆最高學府)校長、新疆編譯委員會委員長，禮遇甚隆，不久先父發現盛的野心家面目，便於1936年設法離開新疆。

　　本目書信爲先父於1935—1936年間在新疆工作所集藏，其中涉及楊增新、朱瑞墀等新疆軍政人物的往來信件。朱瑞墀致我大舅張馨(字敬丹，1898—1940，任新疆教育廳長)函，內容尤其豐富。該信寫於1917年3月，稱"中德已失感情，駐京德使已離北京。此件關係絕大，不無可慮。英、俄兩領得此消息，固屬得意，而我之對待更形棘手。刻間俄領來署密告，言該俄皇現已遜位，彼京亦頗有風潮。印度亦叠起叛亂，英領已照會前來"，述及新疆喀什動亂，英、俄借機干涉；北洋政府擬對德宣戰，新疆與英、俄、德關係微妙；俄國發生革命(當指二月革命)、俄國沙皇遜位：新疆政界對動蕩局勢憂心忡忡，我大舅希望離開新疆，而督軍(當指楊增新)竭力挽留。這些情節構成第一次世界大戰後期深處亞歐大陸內地的新疆的社會生態。我四叔馮德浩在1939年後被盛世才關押牢獄，1950年先父尋找其弟下落，寫信給中華人民共和國初期新疆省府主席鮑爾漢(1894—1989，30年代與我父親相熟)，鮑立即復函，說明馮德浩及我大舅女兒的現狀。鮑信紙有"新疆省人民政府用箋"字樣，印章"鮑爾漢"，上漢文，下維吾爾文，此種印鑒少見。

　　以上信札爲西北近代史、民國史研究提供難得一見的材料。

(六)馮氏飛鴻

　　本目收有與清華國學院相關文書，如王國維(1877—1927)自沉頤和

園昆明湖後清華國學院在校生發出的訃告、清華國學院一期同學劉盼遂
(1896—1966)致馮永軒函二通等，論學議事，皆具學術史價值。1938 年
日軍侵佔武漢，父母遷居鄂東山區，家中什物多抛弃不顧，但文物書籍
悉數保存。父親在鄂東任省立第二高中校長，與避居羅田的國學大師、
方志學家王葆心(1864—1944)先生書信往還，切磋鄂東史地及文物考辨
諸問題，又及子女教育事宜(本册收王葆心致馮永軒信函七通)。父親在
艱苦的抗戰期間與多人通信，討論文物收藏、保護、展覽，於文化傳承
念念在茲。一代篆林宗師易忠籙(1886—1969)爲先父摯友，1928 年出任
湖北省圖書館館長，與先父四通信函中談及收藏信札、鑒賞書畫心得，
指出“昔人有以作一佳書畫如産一佳兒爲喻者，然則獲之者其樂又當云
何”，論斷清代著名學者張船山(1764—1814，名問陶)“於書畫用力相
若，當在其詩之上”，並於 1937 年 7 月 27 日介紹先父加入中國國學會。
20 世紀五六十年代與錢基博(1887—1957)、沈肇年(1879—1973)等文史
專家通信，辨識文物，求得學術“精進貫通”。圖書收藏大家徐恕(行可，
1890—1959)、段永恩(1875—1947)等與先父書信述“舊藏清鑒”之樂。
展讀諸函，前輩學人風貌歷歷在目。先父 20 世紀 40 年代先後任教於安
徽學院(今安徽大學)、西北大學，李則綱(1891—1977)、黄文弼
(1893—1966)、劉盼遂、彭澤陶(1898—1989)、張西堂(1901—1960)等
先生有多通書信往來，與先父討論教學、教務等話題，也依稀可見先父
當年所教科目有古文字學(金文)、考古學、史部目録學、聲韵學。當
時，李則綱爲安徽學院教務長，時賢稱李則綱先生與顧頡剛(1893—
1980)、聞一多(1899—1946)齊名。黄文弼爲著名考古學家、西北史地
專家，從 1927 年至 1966 年前後 39 年間先後四次赴新疆考察，對西北史
地和新疆考古研究多有貢獻，乃新疆考古的先驅者和奠基人、“西北考
古第一人”。劉盼遂是著名古典文獻學家、語言學家，與先父同考取清
華國學研究院第一期，爲先父至交。張西堂先生亦海内名家，時任西北
大學文學院院長和中文系主任。上述信札爲先父在北京、武漢、烏魯木
齊和西安等地集藏，裝訂成册並注有眉批，涉及人物有文人學者、軍政

要員，所議可供研究近現代史、楚文化史、西北邊疆史參考。信札呈現曾國藩、胡林翼、洪鈞等人親書筆墨，或雄健奔放，或優雅端莊，不讓一流專業書家。李瑞清信札，筆力蒼古，堪稱極品。張裕釗信札之書道頗見功力，其名刺（名片）亦有意趣。這批信札兼具史料價值和美學價值，可謂讀書人收藏之讀書人信札，體現了先父守護、傳承中華文化的拳拳之心。

　　本册最後收入致馮天瑜信三通，其一爲姚雪垠（1910—1999）函告拙稿發排以及他的《李自成》第五卷的創作與發表情況，其二、三爲程千帆（1913—2000）先生爲其外孫女在《人文論叢》發論文事致信筆者夫婦。往事歷歷，仿佛如昨。

2018 年 5 月 26 日於武漢大學人民醫院楚康樓 803 室

三、《馮氏藏幣》序

　　昔神農氏没，黄帝、堯、舜，教民農桑，以幣帛爲本。上智先覺變通之，乃掘銅山，俯視仰觀，鑄而爲錢。使内方象地，外圓象天。大矣哉！

——（西晉）魯褒《錢神論》

　　金錢是一個好僕人，却是一個壞主子。

——[法]小仲馬

　　筆者少時，父親在西北大學任教（1945—1949），寒暑假從西安回武昌，總是携帶一隻大木箱，我們兄弟好奇，迫不及待地打開箱子一觀内裏，父親一旁笑道：“裏面是好吃的‘點心’——大塊有字的是唐長安城墙磚，雕花的是漢代瓦當，較小的長方形、圓形‘糕餅’是戰國及漢唐青銅鑄幣。”在笑談中，兄弟們初識夏商“貝幣”，戰國燕“明刀”、齊“大刀”、趙“鏟幣”、楚“鬼臉錢”，以及“秦半兩”“漢五銖”和唐以下各種通寶錢。在實驗中學讀初中時(1954—1957)，假期我還從事一項勞務——用粗針將古錢幣以索綫縫在馬糞紙上。父母偶爾在一旁指點：某馬糞紙縫的是魏國布幣，某馬糞紙縫的是楚國蟻鼻錢，某馬糞紙縫的是新莽的貨泉……至於清代的"康熙通寶""乾隆通寶""光緒通寶"則是我們少時熟悉的錢幣，踢毽子往往以這些當年廣存民間的"通寶"做底板。今日整理出版先父大半個世紀之前的古幣收藏，不由得想起兒時經歷，引動對先父母音容笑貌間跳躍着的"貝幣—布幣、刀幣—半兩錢—五銖錢—通寶錢"的生動記憶。

貨幣，本質上是商品所有者與市場關於交換權的契約，是商品交換過程中的約定。貨幣包含以下意藴：第一，人們普遍接受的用於支付商品勞務和清償債務的物品。第二，充當交換媒介——價值、貯藏、價格標準和支付標準的物品。第三，購買力的暫栖處。

貨幣作爲政治經濟學範疇的術語，其含義爲：甲、由政府法律規定强制使用，可充當交易媒介、價值標準、記賬單位及延期支付的工具；乙、作爲交易媒介的流通物，包括硬幣、紙幣、銀行券。自古以來，貨幣形態的發展經歷了四個階段。第一，實物貨幣階段：以實物(糧食、布匹、毛皮、工具、陶瓷、家畜、裝飾品等)爲等價物，供交換用。第二，形制貨幣與稱量貨幣階段：貝幣、布幣、制錢皆屬形制貨幣，稱量貨幣由金、銀、銅、鐵、鉑金鑄成，模擬實物金屬幣的鎳幣等也爲稱量貨幣。第三，紙幣貨幣階段：價值符號(包括可流通金融證券，如支票、股票、債券等)。第四，電子貨幣階段：銀行卡、支付寶、微信。本書呈現的是第二類，主要是銅鑄幣。其命名藴含着豐富的歷史文化信息：第一，以幣面名字命名。如"齊刀""明刀""五銖""元寶""重寶""通寶"等。第二，以幣面圖案命名。如清代銀圓中央有盤龍紋，稱"龍洋"。第三，以幣體形狀命名。如東周"針首刀""圓首刀""三孔布"，秦以下"方孔錢"。第四，以錢幣重量命名。如秦"半兩"，漢文帝"四銖"，漢代通用的"五銖"。第五，以流通地區命名，如"邊幣"。

中國古代鑄幣的計量單位有文、陌、貫(吊、串)。錢、兩爲稱量貨幣的單位，而“文”是制錢系統的基本單位，一枚小平錢稱一文。而在錢孔中穿木條或繩頭，百文爲一陌，千文爲一貫(吊)，南北朝始縮水，北宋一陌爲 77 文，一吊爲 770 文。錢幣正面稱“面”，或“文”，又稱“月(röu)”。錢幣正面的文字稱“面文”，又稱“月文”。錢幣背面稱“背”，又稱“幕(màn)”，背面文字稱“背文”，也稱“好(hao)”。背面沒有文字稱“光背”，又稱“素背”“素幕”。錢幣內外郭之間無文字圖案的地方稱“肉”，厚者稱“厚肉”，薄者稱“薄肉”。錢幣背面凸起的圓圈稱“日”，又稱“日文”。錢幣凸起的圓弧稱“月”，又稱“月文”“甲文”“月痕”，圓弧向上稱“仰月”，向下稱“偃月”。從春秋戰國開始，錢幣始鑄文字。如本書收錄的齊國刀幣有銘文“齊之法化”等；賹化錢有銘文“賹六化”等；楚國鈽布幣正面有銘文“鈽錢當釿”，背面有銘文“楚”；魏國銳角布幣有銘文“垂”；安邑二釿布幣有銘文“邑二釿”。秦代貨幣銘文“半兩”，漢代貨幣銘文“五銖”，新莽貨幣銘文“布泉”。唐高祖貨幣稱通寶，銘文標示年號，合成“開元通寶”。宋以後通寶錢書寫年號成爲通例。不同朝代，錢幣形態不一，基本走勢是從單面文字到雙面文字，從“光背”到“日文”“月文”(標示幣值)。錢幣文字閱覽有左讀(由左向右讀)、直讀(按照錢幣文字上下、左右排列而讀，又稱“順讀”“對讀”)、旋讀(按照錢幣文字“上—右—下—左”排列而讀，又稱“環讀”)等方式。由於讀法不同，一些錢幣文字的釋讀不免產生分歧。如本書收錄的唐高祖武德四年(621)“開元通寶”，一般順讀爲“開元通寶”，但采用旋讀方式則讀爲“開通元寶”，從而形成“××通寶”“××元寶”兩種習稱。人們還根據錢幣的色澤情況分出生坑、老坑、熟坑。“生坑”指出土的錢，表面氧化嚴重；“老坑”指出土已久，銅銹被傳世色澤新掩；“熟坑”指未經入土的傳世古錢，一般呈黑色，光澤鮮亮。錢幣還有一些雅號。例如漢代出於聚財的願望稱“泉”(一說王莽取帝位後，忌於“劉”字之“金”“刀”，將“錢”改稱“泉”)。泉是四面八方匯集之意，又流向四面八方。泉字分解爲白、水，因而又稱“白水真人”。又如，“孔方兄”，銅錢內有方形孔，稱孔方；“錢”字由“金戈戈”組成，戈—哥同音，故“錢”稱“兄”，“孔方兄”稱呼由此而來。

本書展示中國各歷史階段的古貨幣(未收紙幣),皆屬形制貨幣和稱量貨幣。

(一)三代貝幣及龜幣

我國最早的貨幣——海貝,産於南海,由裝飾品演爲貨幣,沿用於夏、商、西周三代。"貝"字甲古文"⑳",從"⑳"(貝殼)原始形態演變而來,其甲骨文,字形像打開殼的貝,裏面的短畫代表貝的軟體。貝幣的計量單位是"朋","朋"字的甲骨文字形,如拜、拜,均像兩串玉(貝)串(丰)繫在同一根繩子(一)上,形成更大的一掛玉(貝)串。"朋"作爲貝幣的計算單位,過去有一朋二貝、五貝的説法,王國維、郭沫若等考證,"十貝爲朋"。漢字中凡與財富有關的字,多以貝爲偏旁,如買、貨、貴、貯、贖、資、財、購等,此爲貝幣通行的歷史遺蹟。公元前 16 世紀—公元前 11 世紀的商代墓葬中,發現成批銅貝(仿貝形的銅幣),這種仿貝形的銅幣曾流通,漢代有文獻記載鑄仿貝幣的銅幣流通。這是我國作爲世界上較早使用金屬鑄幣的一個顯著標志。三代以後,還有金仿貝幣、綠松石仿貝幣,先秦時曾流通,漢代已爲飾品,供賞玩。除海貝外,三代曾用龜甲做貨幣,梁啓超《中國古代幣材考·龜幣》説:"古代用龜幣,以全龜爲之者固多,然割裂之者亦不少。"人們食龜肉,以龜殼作貨幣使用,後又將龜甲上的一片片盾甲做成龜幣流通使用。春秋晚至戰國末,楚國以青銅鑄成形似龜甲、呈橢圓形的蟻鼻錢(鬼臉錢)。

(二)春秋戰國鑄幣

楚國將銅貝發展成一種有固定形制和銘文的"蟻鼻錢"。蟻鼻,喻小,蟻鼻錢意爲小錢;因其造型似鬼,又俗稱鬼臉錢。從天然貝到銅仿貝或銅仿龜甲,再到有固定形制和銘文的鑄貝,是中國古幣的發展軌蹟。中原腹地的趙、韓、魏三國和周王室流行布幣,仿農具鏟而來。而北部沿海的齊、燕地區流行刀幣,則是仿漁獵工具刀而來。這昭示鑄幣是由實物貨幣演進而來的。本書呈現較多的布幣（"布""鎛"通假，一種仿鏟狀農具的貨幣）主要是空首布，即有裝柄的空心鏟。由於其取相農鏟，形似鏟，故又稱鏟布。到戰國時，布幣主要是平首布，已無裝柄的空心鏟，形似鏟狀銅片。按形制之不同，可分爲尖足布、方足布、鋭角布、圓足布、三孔布等。齊、燕所用刀幣，分"燕明刀"（刀身面文"明"字）、"齊大刀"兩類，齊刀多有銘文"化"字而稱"刀化"。

（三）秦半兩、漢五銖等稱量錢

秦始皇掃平六國後，將秦國使用的"半兩錢"推廣全中國。此錢以半兩爲單位，錢文"半兩"與實重相符。"秦半兩"的出現，避免了以往錢文複雜難辨、輕重不一、幣值不明等混亂狀況。這是我國貨幣史上的一次變革。其外圓內方的形制，歷代沿襲，直至清末。西漢初期，承襲秦制，推行"半兩"錢。漢文帝前元五年（前 175），改鑄"四銖半兩"。漢武帝元狩五年（前 118）廢"半兩"，行"五銖"（二十四銖爲一兩）。"五銖錢"從西漢、新莽、東漢、三國、晉、南北朝、隋，沿用 739 年，是我國歷史上鑄行數量最多、行用地域最廣、時間最久的長壽錢。漢武帝的五銖錢制，至西漢末王莽稱帝時曾一度遭受破壞。王莽推行新政，發行三種新幣：（1）"錯刀"，值五千；（2）"契刀"，值五百；（3）大泉（重十二銖），值五十。後來又廢止"錯刀""契刀"，新鑄"貨布""貨泉"，史稱"新莽幣"。東漢光武帝建武十六年（40），又恢復五銖錢制度。至東漢末，董卓壞五銖錢，鑄小錢，開啓此後三四百年貨幣混亂的端緒。三國時期，劉備在蜀漢鑄行"直百錢"，孫權在東吳鑄行"大泉五百"；五胡十六國時期，後趙石勒鑄造"豐貨"錢，錢文"豐貨"，開始突破西漢以降的五銖錢制。

（四）南北朝以降趨於規範化的年號錢

四川成漢李壽漢興年間（338—343）鑄"漢興錢"，這是我國最早的年號錢。北魏孝文帝遷都洛陽後，鑄"太和五銖"，其後孝莊帝鑄"永安五銖”，齊文宣帝鑄“常平五銖”，北周静帝鑄“永通萬國”，皆年號錢。唐朝統一後，廢五銖錢，新鑄“開元通寶”（書法家歐陽詢題寫），年號錢流行，是我國錢幣史上的又一次變革。唐代除唐高宗、唐肅宗新鑄“乾封泉寶”“乾元重寶”年號錢外，通行貨幣多爲“開元通寶”。故本書所收唐代鑄幣種類不多。五代十國時期，南唐李環鑄行“唐國通寶”，前蜀王衍鑄行“乾德元寶”，周世宗鑄行“周元通寶”。其中，“唐國通寶”錢面文爲真書、篆書配對鑄造，是中國最早的對錢。宋太宗太平興國年間鑄行“太平通寶”錢，從此，中國貨幣歷代所鑄的基本都是年號錢。每逢皇帝改元，幾乎都會新鑄年號錢，並形成定制，歷經宋、元、明、清，長達千年。年號錢有 160 多種，其中兩宋 16 位皇帝改了 55 次年號，共鑄造 45 種年號錢，近占古代年號錢的 1/3。本書收録宋代年號錢共計 43 種。宋太宗“至道元寶”相傳由宋太宗手書，從而開創“御書錢”先河，後繼君王多相仿傚。有名的“大觀通寶”“崇寧通寶”，均爲宋徽宗“瘦金體”手書。以上豐富多元的錢幣形態，本書多有展現。遼、西夏、金、元政權，受中原文化影響，也先後鑄行錢幣，本書收有遼道宗“大安元寶”、遼天祚帝“天慶元寶”、西夏仁宗“天盛元寶”、西夏神宗“光定元寶”、金海陵王“正隆元寶”、金世宗“大定通寶”、金章宗“泰和重寶”、元順帝“至正通寶”等年號錢。朱元璋爲吳王時，鑄行“大中通寶”，流通較廣，書中收有小平錢、濟十、浙十、鄂十。明朝初年主要用紙幣，中葉以後主要用銀兩，銅錢發行量少，存世更少，一些皇帝在位時甚至没有鑄錢。明代年號錢有十種，本書有“洪武通寶”“萬曆通寶”“天啓通寶”三種。

（五）清代鑄幣的複雜狀態

清代的貨幣體系，沿襲明代中葉，以銀爲主，銀、錢並用，商務大數用白銀，民間習用銅錢。清代先後有 12 位皇帝，共使用 13 個年號（同治帝初用年號祺祥，旋改同治），年號錢 13 種。錢文有通寶、重寶、元寶之分。清代錢幣製造的機械化，是我國錢幣史上的一大變革。清末機制制錢的出現，使方孔圓形的傳統錢幣形式從根本上發生動摇，地位急劇下落，並逐步完全退出流通領域。清末及民國各省自鑄貨幣，如張之洞任湖廣總督時在湖北鑄幣。先父在新疆工作時獲多種地區流通的銀幣、銅幣（幣面有"迪化""喀什"等字樣）。在西安工作時獲川陝邊蘇區鑄市，上有"全世界無產者聯合起來"字樣。近代西方貨幣也逐漸進入中國市場，俗稱"洋錢"，廣東稱"番銀"。

（六）地方性政權鑄幣

　　本書還收有統一朝廷之外的各種鑄幣。安史之亂叛將史思明所鑄"順天元寶"。明末清初各地政權紛紛鑄行新幣。公元1644年，李自成推翻明朝，鑄行"永昌通寶"。同年，張獻忠在四川發行"大順通寶"，張獻忠戰死後，其義子東平王孫可望稱國主，鑄行"興朝通寶"。同時期，南明福王南京稱帝鑄造"弘光通寶"，南明魯王監國鑄行"大明通寶"，南明唐王福建稱帝鑄造"隆武通寶"，南明桂王稱帝鑄行"永曆通寶"。這些錢幣，本書悉有展現。清康熙發生"三藩之亂"，尚氏父子未鑄幣，吳氏政權鑄新幣"利用通寶""洪化通寶"，耿氏政權鑄"裕民通寶"。

　　本書呈現的中國古錢幣，係先父在新疆、安徽、陝西、湖南、湖北任教時集腋成裘的珍品。其中以在十三朝古都西安所獲較多。這批錢幣歷經抗日戰爭、"文革"等劫難而得以保存，實乃萬幸！先父最後一個任教單位是武漢師範學院（1984年更名湖北大學），其歷史系在"文革"期間停辦，1978年復建，本人協助退休多年的先父於1979年年初辭世前夕，將古錢幣全數及百衲本二十四史捐贈給武漢師範學院歷史系，以示對重建的支持。此批藏品成爲後來興建的湖北大學博物館錢幣館基本館藏（百衲本二十四史藏湖北大學圖書館古籍室）。

戊戌春記於武漢大學人民醫院楚康樓803室

載于《武漢大學學報（哲學社會科學版）》2019年第1期，第58~71頁。